Grenzüberschreitende Arbeitnehmertätigkeit im Internationalen Steuerrecht

Europäische Hochschulschriften

Publications Universitaires Européennes
European University Studies

Reihe II
Rechtswissenschaft

Série II Series II
Droit
Law

Bd./Vol. 3660

PETER LANG
Frankfurt am Main · Berlin · Bern · Bruxelles · New York · Oxford · Wien

Johannes Blankenheim

Grenzüberschreitende Arbeitnehmertätigkeit im Internationalen Steuerrecht

PETER LANG
Europäischer Verlag der Wissenschaften

Bibliografische Information Der Deutschen Bibliothek
Die Deutsche Bibliothek verzeichnet diese Publikation in der Deutschen Nationalbibliografie; detaillierte bibliografische Daten sind im Internet über <http://dnb.ddb.de> abrufbar.

Zugl.: Trier, Univ., Diss., 2002

D 385
ISSN 0531-7312
ISBN 3-631-50795-X

www.peterlang.de

Vorwort

Die vorliegende Arbeit wurde im Wintersemester 2002/03 vom Fachbereich Rechtswissenschaft der Universität Trier als Dissertation angenommen. Das Manuskript dazu wurde im Mai 2002 fertig gestellt.

Meinen aufrichtigen Dank schulde ich Frau Professorin Dr. Gabriele Burmester, die die Arbeit betreute, für die Ausbildung im Steuerrecht, ihre stetige Unterstützung, die angenehme Zusammenarbeit an ihrem Lehrstuhl für Deutsches und Internationales Finanz- und Steuerrecht am Fachbereich Rechtswissenschaft der Universität Trier und die zügige Erstellung des Erstgutachtens. Mein Dank gilt ebenso Herrn Professor Dr. Dr. h.c. Peter Bülow für die ebenso rasche Anfertigung des Zweitgutachtens.

Danken möchte ich auch der Begabtenförderung der Konrad-Adenauer-Stiftung für die finanzielle und ideelle Unterstützung der Graduiertenförderung. Erst dies machte eine ausschließliche Befassung mit dem Thema der Dissertation in den eineinhalb Jahren ihrer Erstellung möglich.

Ganz besonders danke ich jedoch meinen Eltern Mathilde und Hannepaul Blankenheim für ihre ständige Förderung und Unterstützung schon während der Schulzeit und des Studiums. Ein solcher Abschluss der akademischen Laufbahn wäre ohne sie sicher nicht möglich gewesen. Meinem Bruder Marcus und meiner Mutter sei gedankt für die kritische Durchsicht der Arbeit.

Mainz im Dezember 2002 — Johannes Blankenheim

Inhaltsverzeichnis

Abkürzungsverzeichnis

a.A.	anderer Auffassung
a.a.O.	am angegebenen Ort
ABl. EG	Amtsblatt der Europäischen Gemeinschaften
Abs.	Absatz
Abschn.	Abschnitt
a.E.	am Ende
AEAO	Anwendungserlaß zur AO v. 24.9.1987
a.F.	alte Fassung
AGGrenzg NL	Ausführungsgesetz Grenzgänger Niederlande
Anm.	Anmerkung
AO	Abgabenordnung
AÖFV	Amtsblatt der österreichischen Finanzverwaltung
Art.	Artikel
ASA	Archiv für schweizerisches Abgabenrecht
AStG	Außensteuergesetz
ATE	Auslandstätigkeitserlaß
ATR	Australian Tax Regards
Aufl.	Auflage
AÜG	Arbeitnehmerüberlassungsgesetz
Az.	Aktenzeichen
BAO	österreichische Bundesabgabenordnung
BayObLG	Bayerisches Oberstes Landesgericht
BayObLGZ	Entscheidungssammlung des Bayerischen Obersten Landesgerichts in Zivilsachen
BB	Der Betriebsberater
Bd.	Band
betr.	betreffend
BewG	Bewertungsgesetz
BFH	Bundesfinanzhof
BFH/NV	Sammlung nicht veröffentlichter Entscheidungen des BFH
BGB	Bürgerliches Gesetzbuch
BGBl.	Bundesgesetzblatt
BGH	Bundesgerichtshof
BlStSozArbR	Blätter für Steuerrecht, Sozialversicherung und Arbeitsrecht
BMF	Bundesminister der Finanzen
BReg	Bundesregierung

bspw.	beispielsweise
BStBl.	Bundessteuerblatt
BT-Drucks.	Bundestagdrucksache
BTR	British Tax Review
BV	Besloten vennootschap met beperkte aansprakelijkheid (Gesellschaft mit beschränkter Haftung niederländischen Rechts)
BVerfG	Bundesverfassungsgericht
CDFI	Cahiers droit fiscal international
CGI	Code général des impôts (französisches Steuergesetz)
CIR	Code des impôts sur le revenus (belgisches Einkommensteuergesetz)
DB	Der Betrieb
DBA	Doppelbesteuerungsabkommen
DBG	(schweizerisches) Bundesgesetz über die direkte Bundessteuer
ders.	derselbe
dies.	dieselbe
DStJG	Deutsche Steuerjuristische Gesellschaft e.V.
DStR	Deutsches Steuerrecht
DStZ	Deutsche Steuerzeitung
EFTA	
EFG	Entscheidungen der Finanzgerichte
EG-Vertrag	(Zitierung der Artikel im EG-Vertrag in der Fassung des Maastrichter Vertrags v. 7.2.1992)
EG	(Zitierung der Artikel des EG-Vertrags in der Fassung des Amsterdamer Vertrags v. 1.5.1999)
engl.	englisch
EStG	Einkommensteuergesetz
EStR	Einkommensteuer-Richtlinien 1999
ET	European Taxation
EU	Europäische Union
EuGH	Gerichtshof der Europäischen Gemeinschaften
EuZW	Europäische Zeitschrift für Wirtschaftsrecht
EWG	Zitierung des Vertrag zur Gründung der Europäischen Wirtschaftsgemeinschaft (EWG-Gründungsvertrag) v. 25.3.1957
EWR	Europäischer Wirtschaftsraum

f.	folgende
ff.	fortfolgende
F.	
FG	Finanzgericht
FGO	Finanzgerichtsordnung
FN	Fußnote
FR	Finanzrundschau
franz.	französisch
FS	Festschrift
GewStG	Gewerbesteuergesetz
GG	Grundgesetz
GmbH	Gesellschaft mit beschränkter Haftung
GmbHR	GmbH-Rundschau
GrS	Großer Senat
H	Hinweis (in EStR oder LStR)
h. Lit.	herrschende Literaturauffassung
HFR	Höchstrichterliche Finanzrechtsprechung
HGB	Handelsgesetzbuch
h.M.	herrschende Meinung
Hrsg.	Herausgeber
HS	Halbsatz
idF	in der Fassung
INF	Die Information über Steuer und Wirtschaft
IStR	Internationales Steuerrecht
i.S.d.	im Sinne des (der)
i.V.(m.)	in Verbindung (mit)
IWB	Internationale Wirtschaftsbriefe
JZ	Juristenzeitung
KG	Kommanditgesellschaft
KÖSDI	Kölner Steuerdialog
LIR	Loi sur l'impôt sur le revenu (luxemburgisches Einkommensteuergesetz)
LStDV	Lohnsteuer-Durchführungsverordnung
LStR	Lohnsteuer-Richtlinien 2001

m.E.	meines Erachtens
m.w.N.	mit weiteren Nachweisen
n.F.	neue Fassung
Nr.	Nummer
NV	Naamloze Vennootschap (Aktiengesellschaft niederländischen Rechts)
nv	nicht veröffentlicht
o.ä.	oder ähnliche
OECD	Organization for Economic Cooperation and Development
OECD-MA	OECD-Musterabkommen zur Vermeidung der Besteuerung auf dem Gebiet der Steuern vom Einkommen und Vermögen
OECD-Musterkommentar	Kommentar des OECD-Steuerausschusses zum OECD-Musterabkommen
OFD	Oberfinanzdirektion
OHG	Offene Handelsgesellschaft
OLG	Oberlandesgericht
öBMF	österreichisches Bundesfinanzministerium
ÖStZ	Österreichische Steuer-Zeitung
R	Richtlinie (in EStR oder LStR)
Rdvfg.	Rundverfügung
RFH	Reichsfinanzhof
RIW	Recht der internationalen Wirtschaft
RStBl.	Reichssteuerblatt
RWP	Rechts- und Wirtschaftspraxis
Rz.	Randziffer
S.	Seite
s.o.	siehe oben
sog.	sogenannt, sogenannte, sogenannten
SR	Systematische Rechtssammlung, Systematische Sammlung des Bundesrechts (Schweiz)
SRÜ	Seerechtsübereinkommen der Vereinten Nationen v. 10.12.1982, in Kraft getreten am 16.11.1994 (BGBl. II 1994, 1798)
StAnpG	Steueranpassungsgesetz
StbJb	Steuerberater-Jahrbuch

StBp	Die Steuerliche Betriebsprüfung
StEK	Steuererlasse in Karteiform
StHG	Steuerharmonisierungsgesetz (Schweiz)
StSäumnG	Steuersäumnisgesetz
StuB	Steuern und Bilanzen
StuW	Steuer und Wirtschaft
StW	Die Steuer-Warte
StWK	Steuer- und Wirtschafts-Kurzpost
SWI	Steuer & Wirtschaft international
u.a.	unter anderem
v.	vom
Vfg.	Verfügung
vgl.	vergleiche
VZ	Veranlagungszeitraum
WiB	Wirtschaftsrechtliche Beratung
w.N.	weitere Nachweise
Wpg	Die Wirtschaftsprüfung
WÜD	Wiener Übereinkommen über diplomatische Beziehungen v. 18.4.1961
WÜK	Wiener Übereinkommen über konsularische Beziehungen v. 24.4.1963
WÜRV	Wiener Übereinkommen über das Recht der Verträge v. 23.5.1969
z.B.	zum Beispiel
Ziff.	Ziffer

A. Einleitung

I. Bedeutung von Auslandseinsätzen

Die Globalisierung der Wirtschaft führt nicht nur zu einer immer größeren Marktpräsenz von Unternehmen in möglichst vielen verschiedenen Staaten der Welt, auch die Arbeitnehmertätigkeit „globalisiert" sich in zunehmendem Maße. Wo multinationale Konzerne, nationale Gesellschaften und selbst mittelständische Unternehmen den Schritt über die Grenzen wagen auf der Suche nach neuen Marktpotenzialen und der Sicherung bestehender Märkte und nationaler und internationaler Wettbewerbsfähigkeit, sind auch immer heimische Mitarbeiter beteiligt beim Aufbau neuer Betriebstätten oder Tochtergesellschaften. Dieser internationalen Entwicklung entsprechend sind aber auch immer häufiger Arbeitnehmer auf der Suche nach kurz- oder längerfristigen Arbeitseinsätzen im Ausland, werden von ihren Unternehmen für eine bestimmte Zeit grenzüberschreitend entsandt oder arbeiten häufig im angrenzenden Ausland unter Beibehaltung ihres grenznahen inländischen Wohnsitzes.

Für die einen Auslandseinsatz ihrer Mitarbeiter durchführenden Unternehmen geht es dabei um Know-How-Transfer vom Mutterland ins Ausland, Besetzung vakanter Positionen, Wahrnehmung unterschiedlichster Kontrollfunktionen auf oberster Führungsebene und kostengünstige Schulung ausländischer Kräfte und damit einer nicht zu unterschätzenden Entwicklungshilfefunktion.[1] Weitere Gründe für den Auslandseinsatz sind vorteilhafte Auswirkungen bei der Durchsetzung bewährter Unternehmenspolitik, Vermittlung der Unternehmensphilosophie der Muttergesellschaft und der im Heimatland geltenden Gütekriterien, der Einsatz erfahrener Führungskräfte, die Nähe zum Markt und Sicherung der Unternehmensinteressen vor Ort. Nicht zuletzt dient eine Arbeitnehmerentsendung als Instrument der Führungskräfte-Entwicklung der Qualifizierung der inländischen Führungsmannschaft, der aus personalpolitischer Sicht wünschenswerten Aneignung von Managementerfahrung, die die fachliche Qualifikation von Führungskräften ergänzen soll. Der Erfahrungsgewinn durch einen Auslandsaufenthalt insbesondere für angehende Führungskräfte der obersten Ebene basiert auf den teilweise im Ausland gegebenen Bedingungen größerer Verantwortung, oft höherer Arbeitsbelastung und allgemein schwierigerer Bedingungen. Bei jüngeren Führungskräften soll zudem Anpassungsfähigkeit gefördert

[1] Darstellung der betrieblichen Argumente von KIENBAUM in BURENS, Handbuch Auslandseinsatz: Band 1, Personalpolitik und Personalwirtschaft, S. 13 ff.; vgl. die Beiträge in MACHARZINA/WOLF, Handbuch Internationales Führungskräfte-Management, ebenfalls ansatzweise in HOGH, Internationale Entsendung von Führungskräften, S. 1 ff.

werden.[2] Häufig werden auch deutsche Arbeitnehmer für eine bestimmte Zeit ins Ausland abgeordnet, da vor Ort nicht die gewünschten Fachleiter oder leitenden Mitarbeiter zu finden sind.

Aus Sicht des Mitarbeiters bietet der Auslandseinsatz eine Ausweitung der eigenen Berufserfahrung, eine Verbesserung des Führungsverhaltens und Entwicklung der eigenen Persönlichkeit.[3] Unbestritten gilt der Auslandsaufenthalt als wichtiger Karrierebaustein, der der Verbesserung der eigenen Berufsmöglichkeiten dient, insbesondere die neu gewonnenen bzw. vertieften Sprachkenntnisse und die vertieften Einblicke in einen ausländischen Kulturkreis dürften diesem Ziel dienen. Der Mitarbeiter kann den Auslandsaufenthalt zur Erweiterung fachlicher und zwischenmenschlicher Kompetenz nutzen und neben der qualifizierten Wahrnehmung innerbetrieblicher Aufgaben seinen eigenen Marktwert steigern. Mit zunehmender Internationalisierung sämtlicher Tätigkeitsfelder streben daher zahlreiche Arbeitnehmer einen Arbeitsaufenthalt im Ausland zur Abrundung und Ergänzung ihrer Fähigkeiten an.[4]

Bei der steuerlichen Betrachtung des Themas geht es jedoch nicht nur um die Doppelbesteuerungsprobleme bei der Entsendung von hochqualifizierten Führungskräften oder konzerninterne Entsendungen von Mitarbeitern, sondern generell die Besteuerung von grenzüberschreitender Tätigkeit von Arbeitnehmern im Ausland. Dies betrifft auch Berufe, die eine Tätigkeit im Ausland gewöhnlich mit sich bringen (wie beispielsweise Flugpersonal oder Berufskraftfahrer), Menschen, die im Ausland tätig werden, weil dort ihre beruflichen Perspektiven besser sind als im Inland (beispielsweise Grenzgänger) oder gezielt für einige Jahre im Ausland arbeiten möchten, sowie Berufsgruppen, die z.B. „auf Montage" im Ausland tätig sind. Besonders betroffen von Auslandsentsendungen sind auch Arbeiter im Baugewerbe.[5]

Unter einer grenzüberschreitenden Entsendung ist der Wechsel des Tätigkeitsorts eines Arbeitnehmers auf Veranlassung seines Arbeitgebers ins Ausland zu verstehen.[6] Rechtliche Probleme bei grenzüberschreitenden Arbeitnehmertätig-

---

[2] Vgl. auch SCHANZ, Steuerliche Behandlung von Arbeitsentgelten und Versorgungsmaßnahmen bei Personalentsendungen vom Ausland ins Inland, in FISCHER, Besteuerung wirtschaftlicher Aktivitäten von Ausländern in Deutschland, S. 135 ff.

[3] Vgl. KIENBAUM in BURENS, Handbuch Auslandseinsatz: Band 1, Personalpolitik und Personalwirtschaft, S. 21 ff., Darstellung ebenso bei v. ECKARTSBERG, Auslandseinsatz von Stammhaus-Personal, S. 26 ff.

[4] Vgl. LEY, in KÖSDI 1996, 10788.

[5] Vgl. WICHMANN, Dienstleistungsfreiheit und grenzüberschreitende Entsendung von Arbeitnehmern, S. 19.

[6] Von dieser allgemeingültigen Definition kann auch hier ausgegangen werden, siehe auch FAJEN, in IStR 1995, 469 (470).

keiten und Entsendungen bestehen im arbeitsrechtlichen[7], steuerrechtlichen und sozialversicherungsrechtlichen[8] Bereich. Sie haben Auswirkungen in zwei verschiedenen Rechtsordnungen (Heimatland und Tätigkeitsland) sowie auf Arbeitnehmer- und Unternehmerseite.

II. Gegenstand der Untersuchung

Gegenstand dieser Untersuchung sind die Doppelbesteuerungsprobleme, die auf der Arbeitnehmerseite bei grenzüberschreitender Tätigkeit entstehen, und wie diese Doppelbesteuerung vermieden werden kann. Die dabei anwendbaren Methoden der Vermeidung der Doppelbesteuerung unterscheiden sich je nachdem, ob Arbeitnehmertätigkeit in DBA-Staaten ausgeübt wird oder in Staaten, mit denen kein DBA besteht (sog. Nicht-DBA-Fälle). In Nicht-DBA-Fällen kann eine Doppelbesteuerung nur nach unilateralen Maßnahmen des § 34c EStG sowie des auf § 34c Abs. 5 EStG beruhenden „Auslandstätigkeitserlasses" ausgeräumt werden. Methoden der Vermeidung sind dann Anrechnung bzw. Abzug der ausländischen Steuer oder Erlass der inländischen Steuer bzw. pauschalierte Festsetzung derselben.

Wird eine Auslandstätigkeit hingegen in einem Staat ausgeübt, mit dem die Bundesrepublik ein DBA abgeschlossen hat, so richtet sich die Zuordnung des Besteuerungsrechts sowie die Vermeidung der Doppelbesteuerung nach den in den DBA verankerten Regelungen über die Besteuerung unselbständiger Arbeit (im OECD-MA ist dies Art. 15) sowie den vereinbarten Methoden, entweder der Freistellung von der Steuer im Ansässigkeitsstaat oder der Anrechnung der ausländischen Steuer im Ansässigkeitsstaat (Art. 23A und 23B OECD-MA). Grundsätzlich hat die Bundesrepublik bei unselbständiger Tätigkeit die Freistellungsmethode in ihren DBA zur Vermeidung internationaler Doppelbesteuerungen vereinbart. Das international geltende Arbeitsortprinzip führt zu einem Besteuerungsrecht des Tätigkeitsstaats und in der Regel zur Freistellung der ausländischen Einkünfte bei Einbeziehung dieser in einen Progressionsvorbehalt im Ansässigkeitsstaat. Lediglich in Fällen kurzfristiger Auslandstätigkeit besteht eine Sonderregelung, die sog. „183-Tage-Klausel". Sind deren besondere Voraussetzungen erfüllt, also eine Auslandstätigkeit von weniger als 183 Tagen sowie keine Zahlung der Arbeitsvergütungen durch einen im Ausland ansässigen Arbeitgeber oder eine Betriebstätte gegeben, behält der Ansässigkeitsstaat sein Besteuerungrecht. Für Grenzgänger bestehen darüber hinaus in eini-

---

[7] Zu arbeitsrechtlichen Fragen bei Arbeitnehmerentsendungen vgl. WICHMANN, Dienstleistungsfreiheit und grenzüberschreitende Entsendung von Arbeitnehmern, Frankfurt am Main 1998; MÜLLER, Die Entsendung von Arbeitnehmern in der Europäischen Union, Baden-Baden 1997; GERAY, in IStR 1997, 556.

[8] Sozialversicherungsrechtliche Aspekte der Arbeitnehmerentsendung behandelt u.a. BERTRAM, in IStR 1996, 443.

gen deutschen DBA mit Nachbarstaaten spezielle Regelungen, wonach der Ansässigkeitsstaat das Besteuerungsrecht behält.

Besonderheiten gelten bei einer Auslandstätigkeit in einem Mitgliedstaat der Europäischen Gemeinschaft bzw. des Europäischen Wirtschaftsraumes. Das Einkommensteuerrecht aller Mitgliedstaaten wurde wesentlich durch die Rechtsprechung des Europäischen Gerichtshofs beeinflusst. Insbesondere werden die sich seit dem sog. „Schumacker"-Urteil des EuGH ergebenden Veränderungen in der Besteuerung grenzüberschreitend tätiger Arbeitnehmer dargestellt und auf ihre Praktikabilität und Gemeinschaftskonformität untersucht.

Keine nähere Behandlung finden besondere Vergütungsformen wie Mitarbeiterbeteiligungsprogramme durch „Stock-Options". Zusatzvergütungen durch sog. „Fringe Benefits" werden allenfalls im Ansatz erklärt, ebenso steuerlich optimierte Vergütungsmodelle durch eine auf einen inländischen und einen ausländischen Arbeitgeber aufgeteilte Gehaltszahlung, ein sog. „Split-Payroll". Auch Besonderheiten beim Werbungskostenabzug oder steuerfreier Erstattung von Kosten durch den Arbeitgeber, beispielsweise durch eine doppelte Haushaltsführung oder Umzugskosten, Geltendmachung von Fahrtkosten bei Benutzung eines privaten PKWs, Verpflegungsmehraufwendungen und Übernachtungskosten werden hier nicht vertieft. Gleiches gilt für den Abzug von Sonderausgaben. Details zu diesen Themen sind besser in Praxishandbüchern aufgehoben.

B. Grundlagen

Wird eine Person im Ausland nichtselbständig tätig, kann man von einer grenzüberschreitenden Arbeitnehmertätigkeit sprechen. Bei einer grenzüberschreitenden Entsendung kann man folgende Entsendungsformen unterscheiden: Entsendung innerhalb des internationalen Einheitsunternehmens, innerhalb des internationalen Konzerns, zu ausländischen fremden Unternehmen, zu ausländischen öffentlichen Organisationen, zu ausländischen Privaten und Entsendungen ohne festen Bezugspunkt.[9] Bleibt das Besteuerungsrecht im Inland bestehen, sind die beim Werbungskostenabzug bzw. der steuerfreien Kostenerstattung durch den Arbeitgeber relevanten Begriffe „Dienstreise", „Fahrtätigkeit", „Einsatzwechseltätigkeit" von Interesse. Ebenso kann die Geltendmachung der Kosten einer „doppelten Haushaltsführung", von „Umzugskosten" bzw. deren steuerfreier Erstattung durch den Arbeitgeber sowie die Zahlung eines „Kaufkraftausgleichs" relevant sein.

In den verschiedenen durch eine Arbeitnehmerentsendung berührten Rechtsbereichen wird der Auslandseinsatz nach unterschiedlichen Kriterien behandelt. Im Arbeitsrecht unterscheidet man bei Entsendungen nach ihrer Dauer zwischen[10]:

- Abordnung im Falle kurzfristiger Auslandstätigkeit bis sechs Monate,
- Delegation bei mittelfristigem Auslandseinsatz von sechs Monaten bis zu zwei Jahren, und
- Versetzung für längerfristige Auslandstätigkeit bis zu fünf Jahren.

Sowohl bei der Abordnung als auch bei der Delegation besteht das Arbeitsverhältnis mit dem Heimatunternehmen in der Regel fort, die in der Entsendevereinbarung getroffenen Regelungen haben jedoch Vorrang für die Zeit der Tätigkeit im Ausland.[11] Bei einer längerfristigen Versetzung ins Ausland wird in der Regel ein neues Arbeitsverhältnis mit dem Gastunternehmen begründet und das Arbeitsverhältnis im Heimatstaat ruht bzw. wird aufgelöst.[12] Der Inhalt der Entsendevereinbarung ist vorrangig, eine in diesen Fällen zu vereinbarende Rückkehrklausel führt zu einem Wiederaufleben des ursprünglichen Arbeitsverhältnisses nach Beendigung der Entsendung.

Im Sozialversicherungsrecht kann ein Wechsel des Arbeits- oder Wohnortes ins Ausland sowohl die beitragsrechtliche Seite als auch die Leistungsseite der So-

---

[9] Vgl. SIEFERT, Die Besteuerung bei der Entsendung von Arbeitskräften in das Ausland, S. 5.
[10] Vgl. GERAY, in IStR 1997, 566 (567).
[11] Vgl. GERAY, a.a.O. (FN 10); ZEHETMAYR, in IStR 1998, 257 (259).
[12] Vgl. GERAY, a.a.O. (FN 10).

zialversicherungen berühren.[13] Bei befristeten Auslandseinsätzen kann zum einen eine Sozialversicherungspflicht in zwei Staaten entstehen, zum anderen können in anderen Fällen mangels ausreichend langer Zugehörigkeit zum jeweiligen Versicherungsbereich nur geringere Leistungen erlangt werden. Solche Doppelversicherungen oder Versicherungslücken können durch Sozialversicherungsabkommen[14] oder besondere Regelungen des EU/EWR-Rechts[15] vermieden werden.

I. Begriff der nichtselbständigen/unselbständigen Arbeit

Um die Doppelbesteuerungsprobleme von grenzüberschreitender Arbeitnehmertätigkeit untersuchen zu können, bedarf es zunächst einer Feststellung, welche Art von Tätigkeit als nichtselbständige bzw. unselbständige Arbeit anzusehen ist.[16]

Unproblematisch ist das Verständnis von nichtselbständiger Arbeit nach deutschem Einkommensteuerrecht. Der Arbeitnehmerbegriff ist in § 1 Abs. 1 LStDV bestimmt. Danach sind Arbeitnehmer alle Personen, die im öffentlichen oder privaten Dienst angestellt oder beschäftigt sind oder waren und die aus diesem Dienstverhältnis oder einem früheren Dienstverhältnis Arbeitslohn beziehen. Arbeitnehmer sind auch die Rechtsnachfolger dieser Personen, soweit sie Arbeitslohn aus dem früheren Dienstverhältnis ihres Rechtsvorgängers beziehen. Ein Dienstverhältnis besteht gemäß § 1 Abs. 2 LStDV, wenn der Angestellte (Beschäftigte) dem Arbeitgeber (öffentliche Körperschaft, Unternehmer, Haushaltsvorstand) seine Arbeitskraft schuldet. Dies ist dann der Fall, wenn die tätige Person in der Betätigung ihres geschäftlichen Willens unter der Leitung des Arbeitgebers steht oder im geschäftlichen Organismus des Arbeitgebers dessen Weisungen zu folgen hat. Kein Arbeitnehmer ist gemäß § 1 Abs. 3 LStDV, wer Lieferungen oder sonstige Leistungen innerhalb der von ihm selbständig ausgeübten gewerblichen oder beruflichen Tätigkeit im Inland gegen

---

[13] Einführend zu den sozialversicherungsrechtlichen Aspekten, vgl. BERTRAM, in IStR 1996, 443.

[14] Sozialversicherungsabkommen bestehen mit folgenden Nichtmitgliedstaaten der EU bzw. des EWR: Bulgarien, Israel, Kanada, (ohne Quebec), Quebec, Marokko, Norwegen, Polen, Rumänien, Schweiz, Sowjetunion (Nachfolgestaaten), Tschechoslowakei (Nachfolgestaaten), Tunesien, Türkei, Ungarn, USA und dem ehemaligen Jugoslawien (Bosnien-Herzegowina, Kroatien, Slowenien, Rest-Jugoslawien), vgl. BERTRAM, in IStR 1996, 443 (445).

[15] Grundlegend für das Sozialversicherungsrecht innerhalb der EU/EWR ist die Verordnung 1408/71 über die Anwendung der Systeme der sozialen Sicherheit auf Arbeitnehmer und Selbständige sowie deren Familienangehörige, die innerhalb der Europäischen Union (EU) oder des Europäischen Wirtschaftsraumes (EWR) zu- und abwandern, ergänzt durch die Verordnung 574/72 über die Durchführung der Verordnung 1408/71.

[16] Das deutsche Einkommensteuerrecht verwendet den Begriff der „nichtselbständigen Arbeit" für Arbeitnehmertätigkeit, im DBA-Recht heißt dies „unselbständige Arbeit".

Entgelt ausführt, soweit es sich nicht um die Entgelte für diese Lieferungen und sonstigen Leistungen handelt.

Nach herrschender Auffassung wird dieser Begriff wie folgt konkretisiert: Der Arbeitnehmer unterliegt nach Art, Ort und Zeit seiner Tätigkeit den Weisungen eines Anderen, des Dienstherrn. Charakteristika sind: Schulden der Arbeitskraft, Eingliederung in den Betrieb eines anderen, in der Regel nur ein Auftraggeber, Aufsicht, Weisungsgebundenheit, Wahrnehmung fremder Interessen, geregelte Arbeits- und Urlaubszeit, kein Unternehmerrisiko sondern gleichmäßige erfolgsunabhängige Vergütung (aber Tantieme möglich), Aufwendungsersatz, der Arbeitgeber stellt Arbeitsraum und Arbeitsmittel zur Verfügung, Teilnahme an betrieblichen Sozialleistungen, Altersversorgung, Einbehaltung von Lohnsteuern und Sozialversicherungsbeiträgen.[17] Unselbständige Arbeit muss nicht nur aktives Tun sein, sondern kann auch ein Unterlassen darstellen, selbst das „Sich-Bereithalten" kann arbeitsrechtlich ein Anbieten unselbständiger Arbeit sein.[18] Ausübungsort der unselbständigen Arbeit ist regelmäßig dort, wo sich der Arbeitende körperlich aufhält, dies gilt auch für das „Sich-Bereithalten".[19]

In den von der Bundesrepublik abgeschlossenen Doppelbesteuerungsabkommen wird der Begriff „unselbständige Arbeit" in der Regel in der an Art. 15 des OECD-Musterabkommens orientierten jeweiligen Vorschrift zwar verwandt, er ist selbst in den Abkommen jedoch nicht definiert. Lediglich typische Einkünfte, die der Arbeitnehmer vom Arbeitgeber enthält, sind in Art. 15 Abs. 1 OECD-MA aufgezählt: Dies sind Gehälter, Löhne und ähnliche Vergütungen. Für den Begriff der unselbständigen Arbeit auf der Ebene der Doppelbesteuerungsabkommen gilt im Wesentlichen das gleiche Verständnis wie im deutschen Einkommensteuerrecht.[20]

II. Reisekosten, Umzugskosten, doppelte Haushaltsführung

Steuerrechtlich wird unabhängig von den arbeitsrechtlichen Begriffen in der Regel nur zwischen Dienstreise und Entsendung unterschieden.[21] Die Begriffe sind jedoch nicht voneinander abgrenzbar, denn eine „Entsendung" ist nicht ge-

[17] Vgl. TIPKE/LANG, Steuerrecht, § 9, Rz. 552; DRENSECK in SCHMIDT, EStG, § 19, Rz. 4 ff.; PFLÜGER in HERRMANN/HEUER/RAUPACH, Einkommensteuer- und Körperschaftsteuergesetz, § 19 EStG, Rz. 22, 29; ausführlich zum Begriff des Arbeitnehmers LANG, Die Einkünfte des Arbeitnehmers - Steuerrechtssystematische Grundlegung, in STOLTERFOHT, Grundfragen des Lohnsteuerrechts, DStJG Bd. 9 (1986), S. 15 (22 f.).

[18] Vgl. KRAUSE/SCHAUMBURG/WASSERMEYER, Besteuerung grenzüberschreitender Aktivitäten, S. 93; BFH v. 9.9.1970, BStBl. II 1970, 867.

[19] Vgl. KRAUSE/SCHAUMBURG/WASSERMEYER, a.a.O. (FN 18).

[20] Zum Begriff der unselbständigen Tätigkeit im Recht der Doppelbesteuerungsabkommen, vgl. unten unter Gliederungspunkt D II 1. b), Seite 112.

[21] Vgl. ZEHETMAYR, in IStR 1998, 257 (258).

setzlich normiert und nach dem dargelegten Verständnis lediglich ein Unterfall der Auslandstätigkeit von Arbeitnehmern. Die „Dienstreise" ist in den Lohnsteuerrichtlinen definiert. Bei kurzfristigen Auslandsentsendungen sind die Dienstreisevorschriften der R 37 bis 40 LStR zu beachten. Dieser Abschnitt der Lohnsteuerrichtlinien enthält Regelungen über Reisekosten und deren steuerliche Berücksichtigung. Reisekosten können - in einem bestimmten Rahmen - entweder nach § 3 Nr. 13, 16 EStG vom Arbeitgeber steuerfrei erstattet werden oder als Werbungskosten nach § 9 Abs. 5 i.V.m. § 4 Abs. 5 Nr. 5 EStG abgezogen werden. Von Dienstreisen zu unterscheiden ist die Fahrtätigkeit und Einsatzwechseltätigkeit.

Reisekosten sind nach R 37 Abs. 1 LStR Fahrtkosten, Verpflegungsaufwendungen, Übernachtungskosten und Reisenebenkosten, wenn diese so gut wie ausschließlich durch die berufliche Tätigkeit des Arbeitnehmers außerhalb seiner Wohnung und seiner ortsgebundenen regelmäßigen Arbeitsstätte veranlasst sind. Unterschiedlich sind die Regelungen, welche Aufwendungen erstattet werden können, je nachdem, ob eine Dienstreise, eine Fahrtätigkeit oder eine Einsatzwechseltätigkeit vorliegt, vgl. R 38 LStR.

Unter einer *Dienstreise* versteht man nach R 37 Abs. 3 LStR einen Ortswechsel einschließlich der Hin- und Rückfahrt aus Anlass einer vorübergehenden Auswärtstätigkeit. Eine Auswärtstätigkeit liegt nach Satz 2 vor, wenn der Arbeitnehmer außerhalb seiner Wohnung und seiner regelmäßigen Arbeitsstätte regelmäßig beruflich tätig wird. Eine Dienstreise ist nach dieser Vorschrift nur für die ersten drei Monate anzuerkennen, danach ist die auswärtige Tätigkeitsstätte als neue regelmäßige Arbeitsstätte anzusehen. Mit Ablauf dieses Drei-Monats-Zeitraumes ist die Dienstreise daher spätestens beendet. Die Überlegung dabei ist, dass es dem Arbeitnehmer innerhalb dieses Zeitraumes möglich ist, sich am neuen Arbeitsplatz so einzurichten, dass ihm höhere Aufwendungen als am Ort seiner früheren Tätigkeit nicht entstehen.[22] Der Dienstreisebegriff der Lohnsteuerrichtlinien weicht ein wenig ab von demjenigen, der sich aus § 4 Abs. 5 Nr. 5 Satz 2 EStG ergibt: Das EStG fordert lediglich das Vorliegen eines „Mittelpunkts der dauerhaft angelegten Tätigkeit", die LStR eine „regelmäßige Arbeitsstätte" und dass diese im Vergleich zu vorübergehenden Arbeitsstätten ein eindeutiges und bestimmendes Übergewicht besitzt.[23] Die regelmäßige Arbeitstätte ist nach R 37 Abs. 2 LStR der ortsgebundene Mittelpunkt der dauerhaft angelegten beruflichen Tätigkeit des Arbeitnehmers, der Arbeitnehmer muss an diesem Mittelpunkt wenigstens einen Teil der ihm übertragenen Arbeiten verrichten. Die durch einen Auslandseinsatz verursachten Reisekosten können vom Arbeitnehmer als Werbungskosten abgezogen werden, bzw. durch den Arbeit-

---

[22] GROSS, in IWB Fach 3 Deutschland Gruppe 6, S. 347 (365).
[23] Vgl. BFH v. 10.10.1994, BStBl. II 1995, 137; KAPISCHKE, in DB 1999, 454 ff.

geber steuerfrei erstattet werden. Die Berücksichtigung der Verpflegungsmehraufwendungen ist nur pauschaliert möglich, vgl. §§ 9 Abs. 5, 4 Abs. 5 Satz 1 Nr. 5 EStG; §§ 3 Nr. 13 und 16, 4 Abs. 5 Satz 1 Nr. 5 EStG und R 39 LStR.

Damit korrespondieren die Reisekostenregelungen der Lohnsteuerrichtlinien mit dem für Nicht-DBA-Staaten geltenden „Auslandstätigkeitserlaß"[24], der ab einer ununterbrochenen Auslandstätigkeit von mehr als drei Monaten eine Freistellung von der deutschen Einkommensteuer bei bestimmten Tätigkeiten vorsieht. Bei einer Steuerfreistellung der Einkünfte aus einer Auslandstätigkeit - sei es nach den Doppelbesteuerungsabkommen oder dem „Auslandstätigkeitserlaß" - könnten die damit im wirtschaftlichen Zusammenhang stehenden Werbungskosten nach § 3c EStG ohnehin nicht mehr abgezogen werden. Auf den „Auslandstätigkeitserlaß" wird später im Rahmen der Untersuchung noch vertieft eingegangen.[25]

Eine *Fahrtätigkeit* liegt gemäß R 37 Abs. 4 LStR bei Arbeitnehmern vor, die ihre Tätigkeit auf einem Fahrzeug ausüben, beispielsweise Berufskraftfahrer etc. Eine *Einsatzwechseltätigkeit* ist nach R 37 Abs. 5 LStR bei Arbeitnehmern gegeben, die bei ihrer individuellen beruflichen Fähigkeit typischerweise nur an ständig wechselnden Tätigkeitsstätten eingesetzt werden, diese üben nach H 37 LStR regelmäßig Bau- und Montagearbeiter, Mitglieder einer Betriebsreserve für Filialbetriebe sowie Auszubildende, bei denen keine Ausbildungsstätte als Mittelpunkt ihrer Ausbildungstätigkeit angesehen werden kann, aus. Da für Fahr- und Einsatzwechseltätigkeit die bei Dienstreisen vorgesehene Drei-Monats-Frist nicht gilt, können die Verpflegungspauschbeträge auch ohne zeitliche Beschränkung in Anspruch genommen werden.[26]

Steuerfrei erstattet werden können vom Arbeitgeber nach § 3 Nr. 16 und 64 EStG bzw. als Werbungskosten sind abzugsfähig nach § 9 Abs. 5 i.V.m. § 4 Abs. 5 Nr. 5 EStG neben den Reisekosten (R 37 bis 40 LStR): Kosten für eine doppelte Haushaltsführung für längstens zwei Jahre (R 43 LStR)[27], Umzugskosten (R 41 LStR)[28] und Kaufkraftausgleich (R 26 LStR).

---

[24] Offizielle Bezeichung: „Schreiben betr. steuerliche Behandlung von Arbeitnehmereinkünften bei Auslandstätigkeiten (Auslandstätigkeitserlaß)" vom 31. Oktober 1983, BStBl. I 1983, 470.

[25] Vgl. unten unter Gliederungspunkt C I, Seite 41 ff.

[26] Vgl. DRENSECK in SCHMIDT, EStG, § 19, Rz. 60.

[27] Zu den „notwendigen Mehraufwendungen" durch eine beruflich veranlasste doppelte Haushaltsführung gehören Fahrtkosten, Verpflegungsmehraufwendungen, Aufwendungen für die Zweitwohnung und Umzugkosten.

[28] Für deren Erstattung ist maßgeblich das Bundesumzugskostengesetz v. 11.12.1990, BGBl. I 1990, 2682 und die Auslandsumzugskostenverordnung v. 4.5.1991, BGBl. I I 1991, 1072.

III. Überschneidung der Steueransprüche

Grenzüberschreitende Tätigkeit von Arbeitnehmern ist mit Doppelbesteuerungsproblemen verbunden, da in der Regel sowohl der Wohnsitz- wie auch der Einsatzstaat Steuern auf die Vergütungen für die im Ausland geleisteten Tätigkeiten erheben. Es kann somit eine internationale Doppelbesteuerung entstehen, da sich Steueransprüche zweier oder mehrer Staaten überschneiden.[29]

Unter einer internationalen Doppelbesteuerung versteht man eine Besteuerung durch verschiedene Hoheitsträger, Identität von Steuersubjekt und Steuerobjekt im identischen Besteuerungszeitraum bei Gleichartigkeit der erhobenen Steuer.[30] Eine Doppelbesteuerung wird begrifflich von einer Doppelbelastung unterschieden: Diese kann einmal bei der mehrfachen Besteuerung des gleichen Steuerobjekts durch einen Hoheitsträger durch mehrfache Belastung ein und derselben Abgabengewalt eintreten, beispielsweise durch Besteuerung von ausgeschütteten Gewinnen einer Körperschaft bei dieser selbst und anschließend als Dividendeneinnahme beim Aktionär.[31] Ebenso möglich ist eine mehrfache Besteuerung des wirtschaftlich gleichen Steuersubjekts durch verschiedene Hoheitsträger.[32] Eine solche wirtschaftliche internationale Doppelbelastung ist gegeben bei einer „wirtschaftlichen Subjektidentität", wenn mehrere Staaten zwar dasselbe Steuerobjekt besteuern, die Erfassung aber bei verschiedenen, privatrechtlich selbständigen Einheiten, insbesondere bei verbundenen Unternehmen, erfolgt.[33] Da diese Doppelbelastung aber im Ergebnis zu den gleichen unerwünschten Ergebnissen einer wirtschaftlich mehrfachen Besteuerung von Erträgen führt, wird auch diese Doppelbelastung durch nationales Recht in einigen Fällen gemildert bzw. ausgeräumt. Ausprägungen dieses Gedankens im nationalen Steuerrecht waren §§ 26 Abs. 2, 2a und 5 KStG a.F.[34] sowie ist in den

---

[29] Grundlegend zu dieser Problematik DEBATIN in DEBATIN/WASSERMEYER, Doppelbesteuerung, Vorb. System. Teil Rz. 21 ff. (Stand: März 2001, 83. Erg.-Lieferung); DEBATIN, in AWD/BB 1966, 313; SCHAUMBURG, Internationales Steuerrecht, Rz. 12.1 ff.

[30] Vgl. DEBATIN in DEBATIN/WASSERMEYER, Doppelbesteuerung, Systematik I, Rz. 9 ff. (Stand: März 2001, 83. Erg.-Lieferung); SCHAUMBURG, Internationales Steuerrecht, Rz. 12.3.; KLUGE, Das Internationale Steuerrecht, Rz. B 20 ff.

[31] Steuerobjekt ist zu verstehen als Steuergegenstand oder Besteuerungsgut; zum Begriff TIPKE/LANG, Steuerrecht, § 7, Rz. 41ff.; BURMESTER, in StuW 1993, 221 ff.

[32] Vgl. DEBATIN in DEBATIN/WASSERMEYER, Doppelbesteuerung, Systematik I, Rz. 11 (Stand: März 2001, 83. Erg.-Lieferung); SCHAUMBURG, Internationales Steuerrecht, Rz. 12.4 f.

[33] Vgl. SCHAUMBURG, Internationales Steuerrecht, Rz. 12.5.

[34] In § 26 Abs. 2, 2a, und 5 KStG war die sog. „indirekte Anrechnung" der von ausländischen Tochter- und Enkelgesellschaften gezahlten Steuer geregelt. Auf Grund der Neufassung des § 8b KStG durch das Gesetz v. 20.12.2000, BGBl. I 2000, 1850, nach der Bezüge von Körperschaften aus Beteiligungen an anderen Körperschaften bei der Ermittlung des Einkommens außer Ansatz bleiben, wurden diese Regelungen überflüssig.

DBA Art. 9 OECD-MA.[35] Nach der Umstellung des körperschaftsteuerlichen Anrechnungssystems auf das Halbeinkünfteverfahren sind Dividendeneinkünfte von Kapitalgesellschaften - unabhängig davon, ob sie aus dem In- oder Ausland stammen - nach § 8b Abs. 1 KStG steuerfrei.

Ausgangspunkt für eine internationale Doppelbesteuerung ist immer die Besteuerung nach innerstaatlichem Recht. Nach den herkömmlichen Strukturen moderner Steuersysteme ergibt sich die Besteuerung immer entweder aus persönlichen oder sachlichen Anknüpfungspunkten.[36]

Eine *„persönliche Anknüpfung"* ergibt sich nach den meisten Steuerrechtsordnungen bei natürlichen Personen aus dem Wohnsitz oder dem gewöhnlichen Aufenthalt. Anders als in den Vereinigten Staaten ist in europäischen Steuerrechtsordnungen die Staatsangehörigkeit bei der Frage der unbeschränkten Steuerpflicht (sog. „Nationalitätsprinzip") nicht relevant.[37] Die auf die Person abstellende Besteuerung richtet sich nach deren persönlicher Leistungsfähigkeit und erstreckt sich daher nicht nur auf das im Inland, sondern auch auf das im Ausland erzielte Einkommen und Vermögen. Die in §§ 1 Abs. 1, 2 Abs. 1 EStG geregelte unbeschränkte Steuerpflicht verkörpert das „Prinzip der Welteinkommensbesteuerung" bzw. das „Steuerliche Totalitätsprinzip".[38] Diese zentrale Art der Anknüpfung an den persönlichen Bezug des Steuerpflichtigen an den Ort des Wohnsitzes nennt man „Wohnsitzbesteuerung". Mangels entgegenstehenden völkerrechtlichen Verbots kann die Steuergewalt auch auf auslandsbezogene Steuergüter ausgeweitet werden (sog. „Universalitätsprinzip").[39]

Ist eine persönliche Anknüpfung wegen fehlender Erfüllung der Voraussetzungen an Wohnsitz und gewöhnlichen Aufenthalt nicht gegeben, so greift möglicherweise die *„sachliche Anknüpfung"* ein. Diese kann vorliegen, wenn Personen außerhalb des besteuernden Staates ansässig sind und bemisst sich nach der Einkommenserzielung und dem Vermögen im Quellenstaat.[40] Man spricht hier vom „Prinzip der Territorialität", das die Steuerpflicht nach dem territorialen Bezug eingrenzt, und deshalb als „beschränkte Steuerpflicht" bezeichnet wird. Als Anknüpfungspunkte für die Besteuerung kommen theoretisch alle wirtschaftlichen Erscheinungen innerhalb des jeweiligen Staatsgebietes in Be-

---

[35] Vgl. SCHAUMBURG, Internationales Steuerrecht, Rz. 12.6. Art. 9 OECD-MA schreibt eine Gewinnkorrektur zwischen verbundenen Unternehmen in bestimmten Fällen vor.

[36] Vgl. DEBATIN in DEBATIN/WASSERMEYER, Doppelbesteuerung, Systematik I, Rz. 21 ff. (Stand: März 2001, 83. Erg.-Lieferung).

[37] Vgl. SCHAUMBURG, Internationales Steuerrecht, Rz. 5.8.

[38] Vgl. DEBATIN in DEBATIN/WASSERMEYER, Doppelbesteuerung, Systematik I, Rz. 21 ff. (Stand: März 2001, 83. Erg.-Lieferung).

[39] Vgl. SCHAUMBURG, Internationales Steuerrecht, Rz. 13.2.

[40] Vgl. DEBATIN in DEBATIN/WASSERMEYER, Doppelbesteuerung, Systematik I, Rz. 23. (Stand: März 2001, 83. Erg.-Lieferung).

tracht.[41] Diese Beschränkung auf wirtschaftliche Erscheinung innerhalb des jeweiligen Staatsgebietes entspricht der allgemeinen Regel des Völkerrechts, nur solche Sachverhalte der Besteuerung eines Staates zu unterwerfen, die einen tatsächlichen Anknüpfungspunkt zu diesem aufweisen.[42] Im Einkommensrecht der Bundesrepublik ist die beschränkte Steuerpflicht in §§ 1 Abs. 4, 49 EStG geregelt.

Wird ein deutscher Arbeitnehmer im Ausland für eine bestimmte Zeit tätig, so können auf Grund der im Folgenden anhand der deutschen Steuerpflicht geschilderten Situation in beiden Staaten Steuern erhoben werden. Die Ursachen der Doppelbesteuerungen basieren dabei auf folgenden Grundfällen:[43]

1. Konkurrierende zweimalige Wohnsitzbesteuerung,
2. konkurrierende Besteuerung in Wohnsitzstaat und Quellenstaat,
3. konkurrierende Besteuerung in zwei Quellenstaaten.[44]

In dieser Konstellation liegt eine juristische Doppelbesteuerung vor.

1. Unbeschränkte Steuerpflicht von Arbeitnehmern, §§ 1 Abs. 1, 19 EStG

Ein Arbeitnehmer ist in Deutschland mit seinen Einkünften aus nichtselbständiger Arbeit gemäß §§ 1 Abs. 1, 2 Abs. 1 Nr. 4, 19 Abs. 1 EStG unbeschränkt steuerpflichtig, wenn er seinen Wohnsitz (§ 8 AO) oder gewöhnlichen Aufenthalt (§ 9 AO) im Inland hat. Ist jemand unbeschränkt steuerpflichtig, so unterliegt grundsätzlich das gesamte im Inland und Ausland erzielte Einkommen (das sog. „Welteinkommen") der deutschen Einkommensteuer. Rechtspolitisch begründet wird dies damit, dass der Wohnsitzstaat für den Steuerpflichtigen erhebliche Leistungen erbringt und er daher mit seiner gesamten Leistungsfähigkeit von der Steuerpflicht erfasst werden soll.[45] Einkünfte eines Arbeitnehmer sind solche aus „nichtselbständiger Arbeit" gemäß §§ 2 Abs. 1 Nr. 4, 19 EStG.

Arbeitslohn sind alle Einnahmen in Geld oder Geldeswert, die durch ein individuelles Dienstverhältnis veranlasst sind, also die Gegenleistung für das Zurver-

---

[41] Vgl. SCHAUMBURG, Internationales Steuerrecht, Rz. 13.2.

[42] Vgl. SCHAUMBURG, Internationales Steuerrecht, Rz. 13.2, 14.4.

[43] Zu den Ursachen der Internationalen Doppelbesteuerung vgl. BURMESTER, Grundlagen internationaler Regelungskumulation und -kollision, unter besonderer Berücksichtigung des Steuerrechts, S. 248 ff ; JACOBS, Internationale Unternehmensbesteuerung, S. 8 ff.; KLUGE, Das Internationale Steuerrecht, Rz. B 29 ff.; SCHAUMBURG, Internationales Steuerrecht, Rz. 13.1; TILMANNS in MÖSSNER, Steuerrecht international tätiger Unternehmen, S. 121 ff.

[44] So schon SIEFERT, Die Besteuerung bei der Entsendung von Arbeitskräften in das Ausland, S. 23.

[45] Stellvertretend: STAPPERFEND in HERRMANN/HEUER/RAUPACH, Einkommensteuer- und Körperschaftsteuergesetz, § 1 EStG, Rz. 1.

fügungstellen der Arbeitskraft[46]: laufende und einmalige Bezüge, Barbezüge oder Sachbezüge, insbesondere Personalrabatte, Bezüge mit oder ohne Rechtsanspruch, auch von Dritten gewährte Bezüge (§ 38 Abs. 1 Satz 2 EStG) wie beispielsweise Trinkgelder (§ 3 Nr. 51 EStG), Werbungskostenersatz (vgl. § 3 Nrn. 12, 13, 16, 30 bis 32 EStG) durchlaufende Gelder und Auslagenersatz (§ 3 Nr. 50 EStG).[47] § 19 Abs. 1 Nr. 2 EStG zählt zu den Einkünften aus nichtselbständiger Arbeit insbesondere Gehälter, Löhne, Gratifikationen (diese werden aus besonderem Anlass gewährt, wie z.B. Weihnachtsgeld und Urlaubsgeld), Tantiemen (diese werden nach Geschäftsergebnis - also Gewinn und Umsatz - bemessen) und andere Bezüge und Vorteile, die für eine Beschäftigung im öffentlichen oder privaten Dienst bezahlt werden. Daneben sind nach § 19 Abs. 1 Nr. 2 EStG Wartegelder, Ruhegelder, Witwen- und Waisengelder und andere Bezüge und Vorteile aus früheren Dienstleistungen Einkünfte aus „nichtselbständiger Arbeit".

Entscheidend für die unbeschränkte Steuerpflicht eines ins Ausland entsandten bzw. grenzüberschreitend tätigen Arbeitnehmers in der Bundesrepublik ist, ob er noch seinen Wohnsitz oder gewöhnlichen Aufenthalt im Inland hat.[48] Die Merkmale von Wohnsitz nach § 8 AO und gewöhnlichem Aufenthalt nach § 9 AO sind oft gleichzeitig erfüllt. Obwohl sie im Gesetz „gleichberechtigt" nebeneinander stehen, werden traditionell bei Vorliegen eines Wohnsitzes nicht mehr die Merkmale des gewöhnlichen Aufenthaltes geprüft.[49] Gibt ein Steuerpflichtiger seinen Wohnsitz auf, muss als nächstes geprüft werden, ob noch ein gewöhnlicher Aufenthalt im Inland besteht. Ist auch dies zu verneinen, ist zu untersuchen, ob eine beschränkte Steuerpflicht nach §§ 1 Abs. 4, 49 EStG im Inland besteht oder der entsendete Arbeitnehmer zumindest erweitert beschränkt steuerpflichtig nach § 2 AStG ist.

---

[46] So die stetige Rechtsprechung und Verwaltungspraxis: BFH v. 17.9.1982, BStBl. II 1983, 39; v. 20.5.1983, BStBl. II 1983, 712; v. 11.3.1988, BStBl. II 1988, 726; v. 9.3.1990, BStBl. II 1990, 711; v. 24.10.1990, BStBl. II 1991, 337; v. 15.12.1995, BStBl. II 1996, 169; v. 22.11.1996, BStBl. II 1997, 254;
vgl. auch § 2 Abs. 1 LStDV und R 70 Abs. 1 Satz 1 LStR.

[47] Aufzählung bei TIPKE/LANG, Steuerrecht, § 9, Rz. 553.

[48] Die Frage, ob eine unbeschränkte Steuerpflicht besteht, hat auch Bedeutung für die Anspruchsberechtigung für das Kindergeld. Denn nach § 62 Abs. 1 EStG hat für Kinder im Sinne des § 63 EStG einen Anspruch auf Kindergeld, wer im Inland seinen Wohnsitz oder gewöhnlichen Aufenthalt hat bzw. unbeschränkt steuerpflichtig ist nach § 1 Abs. 2 EStG oder als solcher behandelt wird nach § 1 Abs. 3 EStG. Auf Grund des Kindergeldanspruches mussten sich auch schon einige Finanzgerichte mit der Frage, ob ein Wohnsitz im Inland besteht, auseinandersetzen. Beispielhaft zu nennen sind hier die Entscheidungen des FG Baden-Württemberg v. 27.3.1998, EFG 1998, 1526 und des FG Niedersachsen v. 15.1.1998, EFG 1998, 1524.

[49] KRUSE in TIPKE/KRUSE, Abgabenordnung, Finanzgerichtsordnung, § 9 AO, Rz. 1; RFH v. 15.12.1932, RStBl. 1933, 92.

a) Wohnsitz, § 8 AO

aa) Begriff

Den Wohnsitz hat nach § 8 AO jemand dort, wo er seine Wohnung unter Umständen innehat, die darauf schließen lassen, dass er die Wohnung beibehalten und benutzen wird. Dieser Begriff weicht erheblich von dem des bürgerlichen Rechts ab, nach dem gemäß § 7 BGB ein Wohnsitz dort begründet wird, wo jemand sich ständig niederlässt. Dies geschieht durch tatsächliche Niederlassung verbunden mit dem Willen, den Ort zum ständigen Schwerpunkt der Lebensverhältnisse werden.[50] Der Wohnsitz wird aufgehoben, wenn die Niederlassung mit dem Willen tatsächlich aufgegeben wird, den Schwerpunkt der Lebensverhältnisse nicht am bisherigen Wohnsitz zu belassen; erforderlich sind also Aufgabewille und Aufhebung der Niederlassung.[51] Im Gegensatz zu dieser mehr auf Absicht und Willensfähigkeit betonenden Definition des BGB stellt § 8 AO ausschließlich auf den äußeren Tatbestand ab, subjektive Momente sind unbeachtlich.[52] Schon nach der Rechtsprechung des Reichsfinanzhofes war die Frage nach dem steuerlichen Wohnsitz nach rein äußeren tatsächlichen, wirtschaftlichen Kriterien zu beurteilen[53], im Gegensatz dazu hängt die Entscheidung nach §§ 7, 8 BGB von einer rechtsgeschäftlichen Willensentscheidung des Betroffenen ab. Der RFH führte aus, dass die persönliche Auffassung des Inhabers für den Wohnungsbegriff nicht ausschlaggebend ist, es müssen vielmehr objektive Merkmale einer Wohnung gegeben sein.

Der steuerrechtliche Wohnsitz des Ehegatten ist grundsätzlich von dem des anderen Ehegatten unabhängig. Regelmäßig wird ein verheirateter Steuerpflichti-

---

[50] BayObLG v. 30.4.1985, BayObLGZ 1985, 158 (161); HEINRICHS in PALANDT, Bürgerliches Gesetzbuch, § 7, Rz. 6.

[51] HEINRICHS in PALANDT, Bürgerliches Gesetzbuch, § 7, Rz. 12.

[52] Vgl. RFH v. 24.6.1936, RStBl. 1936, 834; v. 16.11.1939, RStBl. 1939, 1209; BFH v. 4.6.1964, BStBl. III 1964, 535; v. 28.8.1968, BStBl. II 1968, 818; v. 14.11.1969, BStBl. 1970, 153; v. 23.11.1988, BStBl. II 1989, 182; BIRKHOLZ, in DStZ/A 1979, 247; HELLWIG in HÜBSCHMANN/HEPP/SPITALER, Abgabenordnung, Finanzgerichtsordnung, § 8 AO, Rz. 9; KÜHN/HOFMANN, Abgabenordnung, Finanzgerichtsordnung, § 8 AO, Nr. 3; RUNGE, in BB 1977, 182; BFH, BStBl. III 1964, 462; KRUSE in TIPKE/KRUSE, Abgabenordnung, Finanzgerichtsordnung, § 8 AO, Rz. 2. Anderer Auffassung ist MÖSSNER, Steuerrecht international tätiger Unternehmen, Rz. B 13, wonach die gesetzliche Definition als subjektives Element die Absicht, die Wohnung dauerhaft beizubehalten und diese zu benutzen, enthält. Das subjektive Element entziehe sich jedoch der unmittelbaren Feststellung durch die Finanzbehörden, weshalb das Gesetz nicht auf die Absicht selbst abstelle, sondern das Vorliegen von Indizien verlange, die einen sicheren Rückschluss auf die Absicht erlauben.

[53] Beispielhaft sind hier zu nennen die Entscheidungen RFH v. 24.6.1936, RStBl. 1936, 762; v. 8.1.1937, RStBl. 1937, 108; v. 16.11.1939, RStBl. 1939, 1209.

ge jedoch dort seinen Wohnsitz haben, wo sich seine Familie aufhält.[54] Ein mehrfacher Wohnsitz ist möglich. Es kann auch an einem Ort sein Wohnsitz und an einem anderen sein gewöhnlicher Aufenthalt bestehen.[55]

(1) Wohnung

Unter Wohnung sind die objektiv zum Wohnen geeigneten Wohnräume zu verstehen, die den Verhältnissen des Steuerpflichtigen entsprechen, so dass sie ihm ein Heim bieten können.[56] Die Räume müssen eingerichtet sein, so dass der Inhaber sie jederzeit ohne wesentliche Veränderungen als Wohnsitz benutzen kann und sie ihm nach Größe und Ausstattung ein seinen Lebensverhältnissen entsprechendes Heim bieten.[57] Demgemäß sind Räume, die nur eine notdürftige Unterbringungsmöglichkeit zum vorübergehenden Aufenthalt bieten, keine Wohnung, da der Inhaber dort gar nicht wohnen kann. Nicht als Wohnung in diesem Sinne gelten daher bloße Übernachtungsmöglichkeiten, beispielsweise in der Wohnung von Verwandten[58] oder Hotelzimmern[59].

Problematisch ist die Frage, ob es sich bei der Wohnung auch um eine den persönlichen und wirtschaftlichen Verhältnissen angemessene Unterkunft handeln muss. Teilweise wurde dies verlangt und das Vorhandensein einer Wohnung im Sinne des § 8 AO verneint, wenn die Räume nicht dem Lebensstil des Betroffenen im Ausland entsprochen haben.[60] Dagegen wird eingewandt, das § 8 AO für derartige Unterscheidung keine Anhaltspunkte biete, es komme auf Größe und Ausstattung einer Wohnung nicht an, wenn die Räumlichkeiten generell zum Wohnen ausreichen.[61] Dem ist m.E. zuzustimmen. Wenn der Steuerpflichtige sich auf Dauer mit einer nicht seinen allgemeinen Lebensverhältnissen angemessenen Unterkunft begnügt, ist dennoch eine Wohnung gegeben, denn es ist seine ureigene Entscheidung, wieviel Geld er für sein Wohnen aufwendet.[62]

Ebenso nicht erforderlich ist eine abgeschlossene Wohnung im Sinne des BewG[63], es genügt ein möbliertes Zimmer. So können auch möblierte Zimmer-

[54] RUNGE, in BB 1977, 182 (183).
[55] SZYMCZAK in KOCH/SCHOLTZ, Abgabenordnung, § 8, Rz. 5.
[56] HELLWIG in HÜBSCHMANN/HEPP/SPITALER, Abgabenordnung, Finanzgerichtsordnung, § 8 AO, Rz. 13; SZYMCZAK in KOCH/SCHOLTZ, Abgabenordnung, § 8, Rz. 5.
[57] HELLWIG in HÜBSCHMANN/HEPP/SPITALER, Abgabenordnung, Finanzgerichtsordnung, § 8 AO, Rz. 13.
[58] BFH v. 24.10.1969, BStBl. II 1970, 109; v. 25.1.1989, BStBl. 1990, 687.
[59] FG Münster v. 22.2.1984, EFG 1984, 636.
[60] FG Baden-Württemberg v. 2.5.1985, EFG 1985, 483; FG Köln v. 23.5.1982, EFG 1982, 607.
[61] MÖSSNER, Steuerrecht international tätiger Unternehmen, Rz. B 16 m.w.N.
[62] So auch BIRKHOLZ, in DStZ/A 1979, 247.
[63] Vgl. Anwendungserlass zur AO (AEAO), zu § 8 - Wohnsitz Nr. 1, (BMF-Schreiben v. 18.1.1990, BStBl. I 1990, 50.

oder Hotelunterkünfte bei ledigen Personen, die am Ort des Wohnsitzes arbeiten, wohnsitzbegründend wirken.[64] Selbst Barackenunterkünfte[65], Ferien-, Wochenend- oder Jagdhäuser[66] können eine Wohnung im steuerlichen Sinne darstellen, wenn sie mit einer gewissen Regelmäßigkeit genutzt werden. Ebenso können Campingwagen bei Dauermiete auf einem Campingplatz eine Wohnung im Sinne des § 8 AO sein, wenn keine Stadtwohnung vorhanden ist.[67]

Räume jedoch, die überwiegend für geschäftliche und betriebliche Zwecke genutzt werden, können keine Wohnung darstellen. „Wohnung ist der Raum, der einem Menschen für sein Privatleben zu Verfügung steht", so eine grundlegende Definition des BFH in einer älteren Entscheidung.[68] Demnach scheiden auch Übernachtungsmöglichkeiten in Geschäftsräumen[69], auf einem Betriebsgelände[70] oder im Bauwagen[71] als Wohnung aus.

(2) „Innehaben"

Nach § 8 AO ist ebenfalls das „Innehaben" der Wohnung erforderlich. Innehaben bedeutet die tatsächliche und rechtliche - gegebenenfalls auch abgeleitete Verfügungsgewalt des Steuerpflichtigen über die Wohnung und deren für längere Zeit erkennbare Beibehaltung.[72] Alle Umstände des Einzelfalls sind hier zu berücksichtigen, die nach der Lebenserfahrung auf ein Beibehalten und Benutzen schließen lassen.[73] Der Steuerpflichtige muss sie also ständig benutzen oder doch wenigstens immer wieder mit einer gewissen Regelmäßigkeit oder Gewohnheit in sie zurückkehren.[74]

Nach bisheriger Rechtsprechung von RFH und BFH bedeutet „Innehaben" auch die tatsächliche Benutzung der Wohnung.[75] Kürzere Unterbrechungen der

---

[64] GROSS, in IWB Fach 3, Gruppe 6, S. 347 (349); BFH v. 4.8.1967, BStBl. III 1967, 727.
[65] RFH v. 25.9.1941, RStBl. 1941, 770; BFH v. 30.8.1989, BStBl. II 1989, 956.
[66] RFH v. 24.6.1936, RStBl. 1936, 834; v. 3.4.1941, RStBl. 1941, 290; BFH v. 4.6.1964, BStBl. II 1964, 535.
[67] FG Hamburg v. 9.10.1973, EFG 1974, 66; FG Niedersachsen v. 5.2.1986, EFG 1987, 170; FG Rheinland-Pfalz v. 16.3.1994, EFG 1994, 784.
[68] BFH v. 4.8.1967, BStBl. III 1967, 727.
[69] RFH v. 9.5.1940, RStBl. 1940, 562.
[70] BFH v. 6.2.1985, BStBl. II 1985, 331.
[71] FG Niedersachsen v. 18.4.1977, EFG 1978, 111.
[72] HELLWIG in HÜBSCHMANN/HEPP/SPITALER, Abgabenordnung, Finanzgerichtsordnung, § 8 AO, Rz. 24; TIPKE/KRUSE, Abgabenordnung, Finanzgerichtsordnung, § 8 AO, Rz. 6; BIRKHOLZ, in DStZ/A 1979, 247 (248)
[73] KRUSE in TIPKE/KRUSE, Abgabenordnung, Finanzgerichtsordnung, § 8 AO, Rz. 9.
[74] BFH v. 23.11.2000, BStBl. II 2001, 294; KÜHN/HOFMANN, Abgabenordnung, Finanzgerichtsordnung, § 8 AO, Nr. 8 b).
[75] RFH v. 24.6.1936, RStBl. 1936, 834; RFH v. 20.9.1934, RStBl. 1934, 1388; BFH v. 24.4.1964, BStBl. III 1964, 462.

Wohnungsbenutzung sind unschädlich.[76] Eine dauernde Nutzung der Wohnung ist nicht erforderlich, es genügt die Nutzung über Jahre hinweg regelmäßig zu bestimmten Zeiten über einige Wochen. Fehlt es überhaupt an einer Nutzung, so handelt es sich nur um eine „Scheinwohnung", die den Wohnsitz weder begründet noch aufrechterhält. Die Beibehaltung der Wohnung für längere Zeit muss erkennbar sein, sie muss dem Steuerpflichtigen dadurch als Bleibe dienen, dass er sie ständig oder doch mit einer gewissen Regelmäßigkeit und Gewohnheit nutzt.[77]

Ein Aufenthalt von längerer Dauer ist erforderlich für das Nutzen von Räumen „wie eine Wohnung", ein nur gelegentliches Verweilen während unregelmäßig aufeinander folgender kurzer Zeiträume zu Erholungszwecken reicht nicht aus.[78] Nicht festgelegt ist jedoch eine exakte zeitliche Grenze, von der ab eine gewisse Regelmäßigkeit der Benutzung angenommen werden kann. Das „Innehaben einer Wohnung" unter Umständen, die darauf schließen lassen, dass der Steuerpflichtige sie beibehalten und benutzen wird, drückt u.a. ein Zeitmoment aus, das sich auf die in Betracht kommende Wohnsitzbegründung bezieht und von dort aus gesehen in die Zukunft gerichtet ist.[79] Dem § 8 AO ist zwar nichts zu entnehmen über die beabsichtigte Dauer, für welche Zeit die Wohnung beizubehalten und zu benutzen ist, nach Auffassung des BFH kann zur Bestimmung des in den Begriffen „Beibehalten" und „Benutzen" enthaltenen Zeitmoments als Anhaltspunkt auf die Sechsmonatsfrist des § 9 Satz 2 AO zurückgegriffen werden.[80] Die Grundgedanke dieser Frist, ab wann ein Aufenthalt kein vorübergehender mehr sei, liege auch dem § 8 AO zugrunde, weil die Absicht einer von vorneherein nur vorübergehenden Innehabung einer Wohnung keinen Wohnsitz im Sinne der Vorschrift begründet. Im Umkehrschluss wird man auch eine Untervermietung einer Wohnung für einen über sechs Monate hinausgehenden Zeitraum als Unterbrechung des „Innehabens" einer Wohnung ansehen müssen.[81] Andererseits ist bei einem Wechsel des Wohnsitzes innerhalb der ersten sechs Monate eines Kalenderjahres eine unbeschränkte Steuerpflicht bis zum Zeitpunkt der Wohnsitzverlegung anzunehmen; die Sechsmonatsfrist des § 9 Abs. 2 AO kann lediglich einen Anhaltspunkt für die Frage des Wohnsitzes darstellen, wenn während eines Veranlagungszeitraumes ein Wohnsitz begründet worden ist und unklar bleibt, wie lange der Steuerpflichtige die Wohnung

---

[76] BIRKHOLZ, in DStZ/A 1979, 247 (248).
[77] BFH v. 24.4.1964, BStBl. III 1964, 462; BFH v. 4.6.1964, BStBl. III 1964, 535; HELLWIG in HÜBSCHMANN/HEPP/SPITALER, Abgabenordnung, Finanzgerichtsordnung, § 8 AO, Rz. 29; RUNGE, in BB 1977, 182.
[78] BFH v. 23.11.1988, BStBl. II 1989, 182; v. 22.4.1994, BStBl. II 1994, 887.
[79] BFH v. 30.8.1989, BStBl. II 1989, 956.
[80] BFH v. 30.8.1989, BStBl. II 1989, 956.
[81] Vgl. MÖSSNER, Steuerrecht international tätiger Unternehmen, Rz. B 18.

innehat, so dass die Absicht der dauernden Innehabung der Wohnung zweifelhaft ist.[82]

bb) Begründung und Aufgabe des Wohnsitzes

Die Beantwortung der bei grenzüberschreitender Arbeitnehmertätigkeit für die Besteuerung wichtigen Frage, ob der Heimatwohnsitz aufrechterhalten oder aufgegeben wurde, richtet sich nach der nach außen in Erscheinung tretenden Betätigung des Steuerpflichtigen, die auf Beibehaltung oder Aufgabe des Wohnsitzes gerichtet ist. Aus diesem sog. „objektiven Wohnsitzbegriff"[83] folgt unter anderem auch, dass der An- und Abmeldung bei der Ordnungsbehörde keine ausschlaggebende Bedeutung zukommt[84], dies kann lediglich ein Indiz sein. Begründung und Aufgabe des Wohnsitzes sind selbständige Handlungen, unabhängig von den ihrer Verwirklichung dienenden Rechtsgeschäften, also An- und Verkauf eines Hauses, Mieten und Kündigung einer Wohnung etc.[85] Es kommt vielmehr auf die Verwirklichung und Beseitigung der äußeren Umstände an, an die der Wohnsitzbegriff geknüpft ist,[86] innere Einstellung und Willensrichtung sind nicht relevant, wenn sie mit der äußeren Gestaltung im Widerspruch stehen.

Die Aufgabe des inländischen Wohnsitzes beim Auslandsaufenthalt kann unterstellt werden, wenn keine Umstände ersichtlich sind, die auf Beibehaltung einer inländischen Wohnung schließen lassen.[87] Der Steuerpflichtige muss demnach seine Gewohnheit zur periodischen Rückkehr in die Wohnung für unabsehbare Zeit abgelegt haben.[88] Eindeutig ist auf eine Aufgabe des inländischen Wohnsitzes zu schließen, wenn die Wohnung aufgelöst ist oder nicht benutzt wird, und zwar weder durch Angehörige noch durch den Steuerpflichtigen selbst,[89] bzw. eine bisher genutzte Wohnung im eigenen Haus oder Eigentumswohnung

---

[82] FG Saarland v. 5.3.2001, JURIS-Online.

[83] Vgl. BFH v. 10.11.1978, BStBl. II 1979, 335; v. 23.11.1988, BStBl. II 1989, 182.

[84] Dies ist die ständige Rechtsprechung der BFH, siehe BFH v. 14.11.1969, BStBl. II 1970, 153; v. 12.4.1978, BStBl. II 1978, 494; v. 10.11.1978, BStBl. II 1979, 335; v. 23.10.1985, BStBl. II 1986, 133; v. 23.11.1989, BStBl. II 1989, 182; v. 17.5.1995, BStBl. 1996, 2.

[85] HELLWIG in HÜBSCHMANN/HEPP/SPITALER, Abgabenordnung, Finanzgerichtsordnung, § 8 AO, Rz. 35; schon bei BECKER/RIEWALD/KOCH, Reichsabgabenordnung, Bd. I, S. 729 wird die Begründung des steuerlichen Wohnsitzes als „Realakt mit rechtlicher Wirkung" bezeichnet.

[86] KÜHN/HOFMANN, Abgabenordnung, Finanzgerichtsordnung, § 8 AO, Nr. 5.

[87] RFH v. 5.11.1936, RStBl. 1936, 1159; v. 12.1.1939, RStBl. 1939, 329; BFH v. 26.7.1972, BStBl. II 1972, 949.

[88] BIRKHOLZ, in DStZ/A 1979, 247 (249); RFH v. 18.2.1937, RStB. 1937, 382; FG Hamburg v. 16.4.1959, EFG 1959, 241.

[89] RFH v. 26.5.1937, RStBl. 1937, 733.

unbefristet vermietet wurde.[90] Ebenso ist der Wohnsitz auch aufgegeben, wenn die Wohnung vollständig geräumt wird und die Möbel ins Ausland mitgenommen oder im Inland gelagert werden, denn das Vorhandensein einer Wohnung im steuerlichen Sinne kann nur angenommen werden, wenn auch eine entsprechende Wohnungsausstattung vorhanden ist.[91] In jedem Fall ist die Aufgabe des inländischen Wohnsitzes anzunehmen, wenn ein Inländer endgültig ins Ausland auswandert.[92] Begleitet die Familie den Arbeitnehmer auf seinem Auslandseinsatz und wird die bisherige Wohnung für den Zeitraum des Auslandseinsatzes weitervermietet, so ist ebenfalls eine Wohnsitzaufgabe anzunehmen.[93] Keine Aufgabe des inländischen Wohnsitzes liegt nach Auffassung des BFH durch eine vorübergehende Unterbrechung im Innehaben einer inländischen Wohnung vor, falls die Umstände bestehen bleiben, die auf die Beibehaltung einer solchen - wenn auch anderen - Wohnung schließen lassen.[94] Diese Voraussetzungen lägen jedenfalls dann vor, wenn ein Steuerpflichtiger beim Auszug aus seiner Wohnung bereits die Absicht habe, demnächst eine andere Wohnung im Inland zu beziehen und diese dauernd beizubehalten und zu benutzen und wenn er diese Absicht auch alsbald verwirklicht.

Als Zeitpunkt der Aufgabe des Wohnsitzes gilt dabei im Regelfall der Zeitpunkt der Ausreise, spätere Zeitpunkte kommen lediglich in Betracht, wenn der Steuerpflichtige erneut in die Bundesrepublik vorübergehend vor seiner endgültigen Ausreise zurückkehrt.[95] Im Falle der Weitervermietung einer Wohnung endet die unbeschränkte Steuerpflicht zum Zeitpunkt, in dem der neue Mieter kraft Mietvertrag den bisherigen Mieter von der Benutzung ausschließt.[96]

(1) Vorübergehende Abwesenheit

Grundsätzlich bedeutet eine vorübergehende Abwesenheit - also eine Unterbrechung des Innehabens der Wohnung - keine Aufgabe des bisherigen Wohnsitzes, soweit Umstände vorliegen, die auf das Beibehalten der Wohnung schließen lassen.[97] Problematisch ist jedoch die Frage, ob der Wohnsitz fortbesteht oder aufgegeben wurde, wenn bei mehrjährigem Auslandseinsatz und dortiger Wohnsitzbegründung der Mitarbeiter und seine Familie eine eingerichtete im

---

[90] AEAO, zu § 8 Nr. 3.

[91] Gross, in IWB Fach 3, Gruppe 6, S. 347 (351), I 1. d); FG Hamburg v. 28.10.1983, EFG 1984, 294.

[92] Hellwig in Hübschmann/Hepp/Spitaler, Abgabenordnung, Finanzgerichtsordnung, § 8 AO, Rz. 41.

[93] Gross, in IWB Fach 3, Gruppe 6, S. 347 (351), I 1. d).

[94] BFH v. 26.7.1972, BStBl. II 1972, 949.

[95] RFH v. 8.12.1938, RStBl. 1939, 328.

[96] Gross, in IWB Fach 3, Gruppe 6, S. 347 (351), I 1. d).

[97] RFH v. 29.4.1937, RStBl. 1937, 615; BFH v. 26.7.1972, BStBl. II 1972, 949; FG Schleswig-Holstein v. 12.5.1981, EFG 1982, 5.

Inland gelegene Wohnung oder ein eigenes Haus zu gelegentlichen Aufenthalten nutzen. Der BFH hat in Fällen gelegentlicher und unregelmäßig stattfindender kurzer oder mehrwöchiger Aufenthalte zu Erholungszwecken im eigenen Heim entschieden, dass dies keine Beibehaltung des Wohnsitzes rechtfertigt.[98]

Einige Finanzgerichte[99] haben bei Auslandsentsendungen, in denen eine eingerichtete Wohnung im Inland aufrechterhalten wurde, ein Fortbestehen des inländischen Wohnsitzes angenommen. Sie haben dabei festgestellt, dass es auf die tatsächliche Benutzung der Wohnung während der Zeit des vorübergehenden Auslandsaufenthaltes nicht ankommen kann.[100] Das Nichtbetreten der Wohnungen durch den Auslandsentsandten oder dessen Ehepartner für eine geraume Zeit sei daher unerheblich, die laufende Nutzung werde dadurch nicht unterbrochen.[101] Ausreichend sei, dass die äußeren Umstände auf ein Beibehalten und Benutzen der Wohnung für die Zukunft hindeuten und der Auslandsaufenthalt von vornherein nur vorübergehend bzw. befristet sei. Selbst bei einer vorübergehenden Vermietung der Wohnung mit allen Einrichtungsgegenständen für die Dauer des Auslandseinsatzes wurde - bei Absicht zur Beibehaltung der Wohnung - eine Wohnsitzaufgabe verneint.[102] Dem „objektiven Wohnungsbegriff" folgend kann auch einer formellen Kündigung der Wohnung, Abmeldung beim Einwohnermeldeamt und Wohnungsnahme am Einsatzort keine entscheidende Bedeutung zukommmen, wenn die bisherige Wohnung faktisch weitergenutzt wird.[103]

Nach einer Entscheidung des BFH[104] ist ein Wohnsitz im Inland zu vermuten, wenn ein ins Ausland versetzter Arbeitnehmer eine Wohnung im Inland behält, deren Benutzung ihm jederzeit möglich ist und die so ausgestattet ist, dass diese ihm jederzeit als Bleibe dienen kann. Diese Vermutung könne jedoch durch den Nachweis im Einzelfall widerlegt werden, dass trotz Beibehaltung der Wohnung keine Absicht mehr bestehe, diese ständig oder mit einer gewissen Regelmäßig-

---

98 BFH v. 6.3.1968, BStBl. II 1968, 439, in diesem Fall ging es jedoch nicht um einen Auslandseinsatz sondern um ein Einfamilienhaus, das - neben einem bestehenden Wohnsitz - nachträglich erworben wurde; vgl. auch BFH v. 23.11.1988, BStBl. II 1989, 182.

99 FG Hessen v. 15.12.1976, EFG 1976, 267; FG Rheinland-Pfalz v. 22.7.1981, RIW 1981, 863; FG München v. 26.5.1982; EFG 1982, 628; FG Nürnberg v. 16.7.1996, EFG 1997, 190; FG Hamburg v. 7.3.1997, EFG 1997, 1153; FG Baden-Württemberg v. 27.3.1998; EFG 1998, 1526.

100 FG Hessen v. 15.12.1976, EFG 1976, 267

101 FG Rheinland-Pfalz v. 22.7.1981, RIW 1981, 863. In der 14monatigen Abwesenheit wurden Möbel und Hausrat untergestellt und die Schwiegermutter des Klägers sah regelmäßig „nach dem Rechten".

102 FG Schleswig-Holstein v. 12.5.1981; EFG 1982, 5. Das Gericht nahm hier an, dass die Vermietung nur für die Dauer der Abwesenheit und zur Beaufsichtigung des Hauses erfolgte.

103 Einen solchen Fall entschied das FG Hamburg, v. 7.3.1997, EFG 1997, 1153.

104 BFH v. 17.5.1995, BStBl. II 1996, 2.

keit oder Gewohnheit zu nutzen, Anhaltspunkt hierfür kann eine Untervermietung sein. Ebenso denkbar ist eine Aufgabe des inländischen Wohnsitzes, weil seine Familie kurzfristig nachzieht und er am neuen Tätigkeitsort einer uneingeschränkten Residenzpflicht unterliegt.[105] Auch bei einem langfristigen Auslandseinsatz eines Arbeitnehmers wurde bei leerstehendem Wohnungseigentum, das lediglich zu gelegentlichen Erholungszwecken genutzt wurde, ein inländischer Wohnsitz verneint.[106]

Zur Bewertung , ob die Wohnung trotz Auslandsaufenthalt noch „benutzt" wurde, hat das *FG Nürnberg*[107] folgenden Umständen Bedeutung zugemessen:

- Der Standort der Wohnung soll den Mittelpunkt der Lebensinteressen darstellen.
- Dieser Qualität und Funktion entsprechend soll die Wohnung voll eingerichtet und an Versorgungsleitungen angeschlossen sein und nach ihrem gesamten inneren und äußeren Zuschnitt dem entsprechen, was die Person angesichts ihrer beruflichen, wirtschaftlichen und sozialen Stellung als eine für ein längeres Wohnen geeignete Wohnung ansehen kann.
- Die tatsächliche Nutzung, beispielsweise durch Erholungsaufenthalte, sollte dieser Funktion und Qualität der Wohnung entsprechen.
- Die Dauer der Aufenthalte in der Wohnung ist nicht entscheidend, kurze Besuche führen nicht zwangsläufig dazu, der Wohnung das höchstrichterlich geforderte Element der „Bleibe" abzusprechen. Erforderlich ist jedoch eine gewisse Regelmäßigkeit der Nutzung.

Der BFH[108] verwarf die gegen dieses Urteil eingelegte Revision und wies darauf hin, dass ein Wohnsitz im Sinne des § 8 AO nicht voraussetze, dass der Steuerpflichtige von dort aus seiner täglichen Arbeit nachgeht. Ebensowenig sei erforderlich, dass er sich während einer Mindestanzahl von Tagen oder Wochen im Jahr in der Wohnung aufhält. Entscheidend sei allein, dass objektiv erkennbare Umstände dafür sprechen, dass der Steuerpflichtige die Wohnung für Zwecke des eigenen Wohnens beibehalte. Nach der Lebenserfahrung spreche es für die Beibehaltung eines Wohnsitzes im Sinne des § 8 AO, wenn jemand eine Wohnung, die er vor und nach einem Auslandsaufenthalt als Einziger nutzt, während desselben unverändert und in einem ständig nutzungsbereiten Zustand beibehält. Ebenso könne von Bedeutung sein, ob der Steuerpflichtige nach Beendigung des Auslandsaufenthaltes mit hoher Wahrscheinlichkeit die Wohnung

---

[105] Vgl. dazu RFH v. 22.7.1937, RStBl. 1937, 1024.

[106] FG Schleswig-Holstein v. 15.12.1995, EFG 1996, 553, in diesem Fall wurde der Arbeitnehmer über 12 Jahre in verschiedenen Staaten eingesetzt.

[107] FG Nürnberg v. 16.7.1996, EFG 1997, 190; der BFH hat in seinem Urteil v. 19.3.1997, BStBl. II 1997, 447 die genannten Leitlinien der Entscheidung weitgehend gebilligt und die Revision als unbegründet zurückgewiesen.

[108] BFH v. 19.3.1997, BStBl. II 1997, 447.

ständig nutzen wird. Der Mittelpunkt der Lebensinteressen sei jedoch von untergeordneter Bedeutung, der Wohnsitzbegriff setze dies jedenfalls nicht voraus.

Bleibt der Steuerpflichtige jedoch endgültig nach seiner Ausreise im Ausland, so kann im Regelfall angenommen werden, dass er schon im Zeitpunkt der Ausreise seine inländische Wohnung nicht mehr beibehalten oder benutzen wollte.[109] Besteht ein Rückkehrwille des Steuerpflichtigen, ist eine Aufrechterhaltung des inländischen Wohnsitzes oder gewöhnlichen Aufenthalts nur dann gegeben, wenn auf Grund der äußeren Umstände auf diese Absicht geschlossen werden kann. Ein bedingter Rückkehrwille - also das Knüpfen der Rückkehr an den Eintritt bestimmter Ereignisse - genügt im allgemeinen jedoch nicht.[110]

(2) Stellungnahme

Das Konzept des „objektiven Wohnsitzes" wird im Wesentlichen konsequent von der Rechtsprechung beachtet. Nicht überzeugend wäre es, bei einem mehrjährigen Auslandsaufenthalt und Bestehenbleiben einer eingerichteten Wohnung, die zu unregelmäßigen Zwecken (z.B. Urlaub) genutzt wird, die Beibehaltung des Wohnsitzes generell zu verneinen. Allein die Tatsache, dass der Auslandseinsatz mehrere Jahre dauert, ändert nicht die objektiv vorliegenden Gegebenheiten einer faktischen Beibehaltung des Wohnsitzes.

Dennoch kann die generelle Annahme eines Wohnsitzes bei mehrjähriger Auslandstätigkeit und Vorhandensein einer eingerichteten Wohnung, die zu gelegentlichen Erholungsaufenthalten genutzt wird, zu unbilligen Ergebnissen führen. Zu praktikablen Lösungen kommt man daher m.E. durch folgende Differenzierung:

a) Steht bei einer Auslandstätigkeit die Dauer des Einsatzes von vorneherein fest und wird die inländische Wohnung zu gelegentlichen Aufenthalten genutzt, kann bei beabsichtigter Rückkehr ins Inland - selbst im Falle eines dann noch geplanten Wohnungswechsels - eine Beibehaltung des inländischen Wohnsitzes angenommen werden.

b) Steht hingegen die Dauer des Auslandseinsatzes noch gar nicht fest, ist sogar eine Rückkehr ins Inland ungewiss und wird eine eingerichtete Wohnung im Inland lediglich zu Urlaubs- und Erholungszwecken genutzt, wird man kaum noch von einer nach außen in Erscheinung tretenden Betätigung des Steuerpflichtigen, die auf Beibehaltung oder Aufgabe des Wohnsitzes gerichtet ist, sprechen können. In diesen Fällen hat eine zurückgelassene Wohnung, in die zurückgekehrt wird, eher Ferienhauscharakter. Dies kann einen Wohnsitz im steuerlichen Sinne jedoch nicht begründen.

---

[109] RFH v. 5.11.1936, RStBl. 1936, 1159.

[110] RFH v. 7.10.1937, RStBl. 1937, 382 (Bsp. günstiger Ausgang eines Strafverfahrens).

Das Kriterium des Mittelpunktes der Lebensinteressen sollte jedoch wegen seiner subjektiv-voluntativen Elemente - wenn überhaupt - lediglich indizielle Bedeutung haben. Ein derartiges Merkmal entspricht nicht dem objektiven Charakter des Wohnsitzbegriffs, ferner widerspräche ein Abstellen auf dieses Kriterium der gesetzlich vorgesehenen Möglichkeit mehrerer Wohnsitze. Das Nichtvorliegen eines Mittelpunkts der Lebensinteressen hat keinerlei Bedeutung für die Frage des Vorliegens eines Wohnsitzes im abgabenrechtlichen Sinne, wenn eine Wohnung vorhanden ist.

cc) Bedeutung des „Mittelpunkts der Lebensinteressen“ bei Doppelwohnsitz im Inland und Nicht-DBA-Ausland

Ob der Steuerpflichtige auch im Ausland einen Wohnsitz hat, ist für die steuerliche Behandlung im Inland nur von Bedeutung, wenn mit dem Staat, in dem sich der ausländische Wohnsitz befindet, ein Doppelbesteuerungsabkommen abgeschlossen wurde. Dann ist nach Art. 4 Abs. 2 OECD-MA die vorrangige Ansässigkeit festzustellen. Die in Art. 4 Abs. 2 Buchst. a) OECD-MA und den DBA verwendeten Wohnstättenbegriffe sind jedoch nur Bestandteil von Normen, die die Verteilung der Steuergüter auf die Vertragsstaaten bestimmen[111]. Ein die unbeschränkte Steuerpflicht begründender Wohnsitz ist aber abschließend nach § 8 AO zu beurteilen, und nicht nach den davon abweichenden Begriffen der „ständigen Wohnstätte” der Doppelbesteuerungsabkommen.

Das *FG Baden-Württemberg*[112] entschied, dass bei Wohnsitzen sowohl im Inland als auch im (Nicht-DBA-)Ausland zur Bestimmung der unbeschränkten Steuerpflicht entsprechend der Wertung des Art. 4 Abs. 2 Buchst. a) und b) OECD-MA auf den Mittelpunkt der Lebensinteressen und nicht mehr nur allein auf das formale Argument des Wohnsitzes abzustellen sei. Die im zugrunde liegenden Sachverhalt ohne DBA-Kollisionsregelung vorliegende Ungleichbehandlung zu Fällen, in denen ein DBA den Ansässigkeitskonflikt durch eine an Art. 4 Abs. 2 OECD-MA orientierte Klausel löst, sei durch eine verfassungskonforme Interpretation des § 1 Abs. 1 EStG im vorgenannten Sinne zu lösen. Der BFH[113] hob dieses Urteil wieder auf: § 1 EStG setze unstreitig für die unbeschränkte Steuerpflicht lediglich das Bestehen eines Wohnsitzes voraus, selbst wenn eine Person mehrere Wohnsitze im In- und Ausland hat, genüge das Bestehen nur eines einzigen im Inland. Die Vorschrift gehe erkennbar von einer Gleichwertigkeit aller Wohnsitze einer bestimmten Person aus, sie enthalte insbesondere keinen Anknüpfungspunkt für eine Differenzierung zwischen

[111] Vgl. SZYMCZAK in KOCH/SCHOLTZ, Abgabenordnung, § 8, Rz. 8. Vgl. dazu unten unter Gliederungspunkt D I 2., Seite 90.
[112] FG Baden-Württemberg v. 4.10.1999, EFG 2000, 72.
[113] BFH v. 24.1.2001, HFR 2001, 952, IStR 2001, 349.

„Hauptwohnsitz" und „Nebenwohnsitz", Gleiches gelte für § 8 AO. Der inländische Wohnsitz führe auch dann zur unbeschränkten Einkommensteuerpflicht, wenn sich der Mittelpunkt der Lebensinteressen im Ausland befinde.[114] Es gebe auch keinen allgemeinen Grundsatz des Internationalen Steuerrechts, nach dem jede Person nur von demjenigen Staat als unbeschränkt steuerpflichtig behandelt werden dürfe, in dem sich der Mittelpunkt ihrer Lebensinteressen befinde. Die bestehenden DBA gingen gerade von der Möglichkeit unbeschränkter Steuerpflicht bei Bestehen eines Wohnsitzes aus, auch wenn dort nicht der Lebensmittelpunkt und nicht einmal eine „ständige Wohnstätte" (im Sinne von Art. 4 Abs. 2 Buchst. a) OECD-MA, dazu weiter unten) liegt. Hinzu komme, dass selbst bei Anwendbarkeit eines DBA eine Besserstellung durch Annahme unbeschränkter Steuerpflicht am Ort des Mittelpunkts der Lebensinteressen nicht zwangsläufig ist. Sieht ein DBA als Methode zur Vermeidung der Doppelbesteuerung lediglich die Anrechnungsmethode vor, entspräche dies im Wesentlichen der Anrechnung nach § 34c Abs. 1 EStG. Im Ergebnis liefe die vom Finanzgericht geforderte „verfassungskonforme Auslegung" unter Berufung auf den Gleichheitsgrundsatz des Art. 3 Abs. 1 GG in letzter Konsequenz auf eine Inanspruchnahme jedes beliebigen DBAs hinaus.

Gegen diese ständige Rechtsprechung des BFH wird geltend gemacht, sie verletze die allgemeine Handlungsfreiheit der Betroffenen aus Art. 2 Abs. 1 GG und verstoße zudem gegen den allgemeinen Gleichheitsgrundsatz aus Art. 3 Abs. 1 GG.[115] Auf Grund fehlender Erdrosselungswirkung der im Nicht-DBA-Ausland gezahlten Steuern durch ihre Anrechnung nach innerstaatlichem Recht sei zwar der Schutzbereich der Eigentumsgarantie nicht eröffnet, jedoch der subsidiäre Art. 2 Abs. 1 GG, in den durch die Auferlegung von Steuern eingegriffen wurde.[116] Die Geeignetheit der Auferlegung der Steuer, den Zweck der Maximierung des Steueraufkommens zu erreichen, wird bezweifelt. Ferner sei die Anordnung unbeschränkter Steuerpflicht bei Generierung des Einkommens im Ausland ungeeignet, wenn man berücksichtige, dass die unbeschränkte Steuerpflicht nach allgemeiner Auffassung eine „Gegenleistung" des Steuerpflichtigen für das Leben im Inland und die Inanspruchnahme der vom Staat angebotenen Leistungen darstellt.[117] Die Folgen der Belastung schössen über das normale Maß hinaus, das der Schematisierung zu Grunde liege und seien daher unangemessen, normalerweise erfasse die unbeschränkte Steuerpflicht nur Perso-

[114] So habe der Senat bereits wiederholt entschieden, siehe dazu BFH v. 13.10.1965, BStBl. III 1965, 738; BFH v. 19.3.1997, BStBl. II 1997, 447 und sei auch in seiner sonstigen Rechtsprechung erkennbar davon ausgegangen, vgl. BFH v. 16.12.1998, BStBl. II 1999, 207.

[115] FRICK/CORINO, in IStR 2001, 351, die gegen dieses Urteil Verfassungsbeschwerde beim Bundesverfassungsgericht erhoben haben.

[116] Insoweit berufen sich die Verfasser auf BVerfG v. 25.9.1992, BVerfGE 87, 153 (169).

[117] FRICK/CORINO, in IStR 2001, 351 m.w.N.

nen, die neben ihrem Wohnsitz im Sinne des § 8 AO auch ihren Mittelpunkt der Lebensinteressen in Deutschland haben. In der Regel greife bei Personen mit Lebensmittelpunkt außerhalb Deutschlands ein DBA ein, das eine Unterwerfung unter die Besteuerung nur dort bewirke. Hinzu komme eine Ungleichbehandlung dahingehend, dass Personen mit Hauptwohnsitz in einem Land ohne DBA mit der Bundesrepublik schlechter behandelt würden als solche mit einem Hauptwohnsitz im DBA-Ausland.

Das Problem einer Ungleichbehandlung von Personen bei grenzüberschreitender Tätigkeit in Nicht-DBA-Staaten mit denjenigen in DBA-Staaten wirft die grundsätzliche Frage auf, ob das bestehende System der Vermeidung von Doppelbesteuerungen durch Doppelbesteuerungsabkommen überhaupt verfassungsgemäß ist und wird mit ähnlichen Argumenten innerhalb der EU unter dem Stichwort „Meistbegünstigung" wegen des Verbots einer Diskriminierung auf Grund der Staatsangehörigkeit diskutiert.[118] Die Annahme einer gebotenen völkerrechtlichen Meistbegünstigung, ob nur innerhalb der EU oder generell mit allen Staaten, würde dazu führen, dass sich Personen auf die jeweils günstigste DBA-Regelung in einem von der Bundesrepublik abgeschlossenen DBA berufen könnten, die das anwendbare DBA entweder nicht enthält oder wenn ein DBA überhaupt nicht existiert. Würde man eine derartige „Meistbegünstigung" bejahen, wäre das bestehende Netz der Doppelbesteuerungsabkommen im Wesentlichen obsolet. Abzuwarten bleibt die Entscheidung des Bundesverfassungsgerichts in dieser Frage und ob - auf europäischer Ebene - der Europäische Gerichtshof in dieser Richtung entscheidet oder die Europäische Kommission tätig wird. Dieses Problem berührt jedoch die Grundstrukturen des Internationalen Steuerrechts und kann in der vorliegenden Untersuchung nicht weiter verfolgt werden.

b) Gewöhnlicher Aufenthalt, § 9 AO

aa) Struktur der Vorschrift

Nach der „Regeldefinition"[119] in § 9 Satz 1 AO hat jemand seinen gewöhnlichen Aufenthalt dort, wo er sich unter Umständen aufhält, die erkennen lassen,

---

[118] Vgl. stellvertretend: KLUGE, Das Internationale Steuerrecht, Rz. D 12; RÄDLER, Meistbegünstigung im europäischen Steuerrecht?, in BURMESTER/ENDRES, Außensteuerrecht Doppelbesteuerungsabkommen und EU-Recht im Spannungsverhältnis, FS für Helmut Debatin zum 70. Geburtstag, S. 335; SCHUCH, Werden die DBA durch EU-Recht zu Meistbegünstigungsklauseln?, in GASSNER/LANG/LECHNER, Doppelbesteuerungsabkommen und EU-Recht, S. 99 ff.; STOCKMANN, in IStR 1999, 129; WASSERMEYER, in DB 1998, 28; *ders.* Die Vermeidung der Doppelbesteuerung, in LEHNER, Grundfreiheiten im Steuerrecht der EU-Staaten, DStJG Bd. 19 (1996), S. 151 (S. 162 ff.).

[119] Vgl. MÖSSNER, Steuerrecht international tätiger Unternehmen, Rz. B 26.

dass er an diesem Ort oder in diesem Gebiet nicht nur vorübergehend verweilt. § 9 Satz 2 AO enthält eine Fiktion: Demnach ist ein gewöhnlicher Aufenthalt im Geltungsbereich des Gesetzes stets und von Beginn an im Falle eines zeitlich zusammenhängenden Aufenthalts von mehr als sechs Monaten Dauer anzunehmen, wobei kurzfristige Unterbrechungen unberücksichtigt bleiben. Eine Rückausnahme sieht § 9 Satz 3 AO vor: Die Sechsmonatsfiktion des § 9 Satz 2 AO gilt nicht, wenn der Aufenthalt ausschließlich zu Besuchs-, Erholungs-, Kur- oder ähnlichen privaten Zwecken genommen wird und nicht länger als ein Jahr dauert.

bb) Voraussetzungen

Der Begriff des „gewöhnlichen Aufenthalts" setzt voraus, dass eine Person sich im Inland tatsächlich aufhält, also körperlich anwesend ist, wobei die äußeren Umstände erkennen lassen müssen, dass sie dort nicht nur vorübergehend verweilt.[120] „Aufenthalten" und „Verweilen" sind synonym verwendet, erforderlich ist die körperliche Anwesenheit an einem Ort oder einem Gebiet.[121] Der „gewöhnliche Aufenthalt" knüpft wie der Wohnsitzbegriff an äußere Merkmale an, aus denen auf eine Absicht der Person zu einem nicht nur vorübergehenden Aufenthalt geschlossen werden kann. Steht die äußere Gestaltung im Widerspruch zur Absicht, liegt also ein unwillentlicher gewöhnlicher Aufenthalt vor, so ist dies ohne Bedeutung.[122] Zur Begründung des „gewöhnlichen Aufenthalts" kommt es nicht auf einen darauf gerichteten Willen an, es bedarf auch keiner Geschäftsfähigkeit, es genügt ein natürlicher Handlungswille.[123]

Die engere Auffassung versteht unter „Ort" eine bestimmte Stelle, nicht unbedingt eine politische Gemeinde, oft jedoch ein eng umgrenztes Anwesen, wie z.B. ein Gebäude, ein Grundstück oder auch ein Industriegebäude, Bauernhof oder Jagdrevier. Im Gegensatz dazu umfasse das „Gebiet" eine größere Fläche, zumindest das Gebiet einer politischen Gemeinde, auch einer Großstadt, eines Landkreises innerhalb der Bundesrepublik Deutschland, wobei es auf die ge-

---

[120] HELLWIG in HÜBSCHMANN/HEPP/SPITALER, Abgabenordnung, Finanzgerichtsordnung, § 9 AO, Rz. 4. SZYMCZAK in KOCH/SCHOLTZ, Abgabenordnung, § 9, Rz. 3; KRUSE in TIPKE/KRUSE, Abgabenordnung, Finanzgerichtsordnung, § 9 AO, Rz. 4.

[121] KRUSE in TIPKE/KRUSE, Abgabenordnung, Finanzgerichtsordnung, § 9 AO, Rz. 4

[122] RFH v. 25.11.1937, RStBl. 1937, 1247. HELLWIG in HÜBSCHMANN/HEPP/SPITALER, Abgabenordnung, Finanzgerichtsordnung, § 9 AO, Rz. 5; SZYMCZAK in KOCH/SCHOLTZ, Abgabenordnung, § 9, Rz. 4; KRUSE in TIPKE/KRUSE, Abgabenordnung, Finanzgerichtsordnung, § 9 AO, Rz. 2, jeweils m.w.N.. Ein gewöhnlicher Aufenthalt kann somit auch durch einen Zwangsaufenthalt begründet werden, wie beispielsweise das Verbüßen einer Haftstrafe oder ein Krankenhausaufenthalt.

[123] BFH v. 22.4.1994, BStBl. II 1994, 887.

naue Einhaltung der Orts- bzw. Kreisgrenzen nicht ankomme.[124] Nach herrschender Auffassung ist der Begriff des „Ortes" im weitesten Sinne zu verstehen und könne auch Inland und Land umfassen, daneben verwende § 9 AO den Begriff des „Gebietes" ohne eine sachliche Änderung herbeizuführen.[125] Danach ist kein ständiger Aufenthalt an einem bestimmten Ort oder Gebiet erforderlich. Dieser Meinung ist zuzustimmen, denn würde man den Begriff „Ort" und „Gebiet" räumlich zu stark eingrenzen, hätte beispielsweise ein Handlungsreisender, der sich im gesamten Bundesgebiet aufhält und nicht die Voraussetzungen des § 9 Satz 2 AO erfüllt, keinen gewöhnlichen Aufenthalt im Inland und wäre nur auf Grund fehlenden Bezugs zu einem bestimmten Ort oder einem Gebiet nicht unbeschränkt steuerpflichtig. Dieser feste räumliche Bezug zu einer bestimmten Region im Inland ist jedoch für die Frage der Bejahung unbeschränkter Steuerpflicht ohne Bedeutung. Hier ist die andauernde körperliche Anwesenheit irgendwo im Bundesgebiet entscheidend.

cc) Feststellung des „gewöhnlichen Aufenthaltes" nach § 9 Satz 2 AO

Nach der Fiktion des § 9 Satz 2 AO besteht (unter Berücksichtigung des § 9 Satz 3 AO) bei einem Mindestaufenthalt einer natürlichen Person von sechs Monaten im Inland die unwiderlegliche Vermutung, dass eine für den gewöhnlichen Aufenthalt hinreichende Bindung an das Inland vorliegt.[126] Die Berechnung der Frist richtet sich nach § 108 AO i.V.m. §§ 187 Abs. 1, 188 Abs. 2 BGB.[127] Unproblematisch ist diese Feststellung jedoch nur, wenn dieser Aufenthalt nicht unterbrochen wurde. Für einen gewöhnlichen Aufenthalt genügen keine mehrfachen kurzfristigen Aufenthalte, die lediglich addiert werden.[128] Liegt eine Unterbrechung vor, so stellt sich zunächst die Frage, was unter einer „kurzfristigen Unterbrechung" zu verstehen ist, die im Hinblick auf die Feststellung des gewöhnlichen Aufenthaltes unbeachtlich ist. Ferner ist fraglich, ob im Falle einer kurzfristigen Unterbrechung diese in den Mindestzeitraum des gewöhnlichen Aufenthaltes von sechs Monaten auch einzuberechnen ist.

---

[124] KRUSE in TIPKE/KRUSE, Abgabenordnung, Finanzgerichtsordnung, § 9 AO, Rz. 5. Es sei ersichtlich eine andere Größenordnung angesprochen als in § 9 Satz 2 AO, der vom „Geltungsbereich dieses Gesetzes" spricht. Ein Aufenthalt im Bundesgebiet könne daher nur nach § 9 Satz 2 AO einen gewöhnlichen Aufenthalt begründen.

[125] HELLWIG in HÜBSCHMANN/HEPP/SPITALER, Abgabenordnung, Finanzgerichtsordnung, § 9 AO, Rz. 9 mit Hinweis auf die Rechtsprechung des BFH v. 24.1.1964, HFR 1965, 80; RFH v. 9.1.1941, RStBl. 1941, 60; v. 25.11.1938, RFHE 1945, 252; SZYMCZAK in KOCH/SCHOLTZ, Abgabenordnung, § 9, Rz. 5; MÖSSNER, Steuerrecht international tätiger Unternehmen, Rz. B 34.

[126] Vgl. DEPPE, in StuW 1982, 332 (334).

[127] Vgl. SZYMCZAK in KOCH/SCHOLTZ, Abgabenordnung, § 9, Rz. 12.

[128] Vgl. KRUSE in TIPKE/KRUSE, Abgabenordnung, Finanzgerichtsordnung, § 9 AO, Rz. 10.

Deppe[129] hat ein streng systematisches Vorgehen zur Interpretation des § 9 AO und „Vorhersehbarkeit von Entscheidungen zum gewöhnlichen Aufenthalt" angeregt. Zur Feststellung eines gewöhnlichen Aufenthaltes nach § 9 Satz 2 AO wird ein zweistufiges Vorgehen vorgeschlagen: Zunächst sei ein Zeitraum festzulegen, innerhalb dessen das Vorliegen eines gewöhnlichen Aufenthaltes geprüft werden soll. Die Ermittlung dieses relevanten Prüfungszeitraums wird als „Zusammenhangprüfung" bezeichnet. Innerhalb des relevanten Prüfungszeitraumes ist ein in- oder ausländischer Schwergewichtsaufenthalt zu bestimmen. Liegt der Schwergewichtsaufenthalt im Inland, so ist ein gewöhnlicher Aufenthalt nach § 9 Satz 2 AO gegeben.

(1) Zusammenhangprüfung

Ein relevanter Prüfungszeitraum wird durch einen äußerlich erkennbaren sachlichen Zusammenhang bestimmt. Steht dieser fest, so sind die Auslandsunterbrechungen auf ihre „Kurzfristigkeit" im Sinne von § 9 Satz 2 AO zu untersuchen. Liegt demnach kein relevanter Prüfungszeitraum von sechs Monaten - auf Grund fehlenden sachlichen Zusammenhangs - vor, ist ein gewöhnlicher Aufenthalt nur noch nach § 9 Satz 1 AO möglich. Die Betrachtung des Prüfungszeitraumes erfolgt stets im Nachhinein und berücksichtigt lediglich ein Jahr vor und nach dem zu prüfenden Veranlagungszeitraum.

(2) Schwergewichtsaufenthalt

Da der Wortlaut des § 9 AO im Gegensatz zum Wohnsitz nur einen gewöhnlichen Aufenthalt zulässt[130], ist für den relevanten Prüfungszeitraum auf Grund eines Vergleichs der In- und Auslandsaufenthalte während dieser Zeit unter dem Gesichtspunkt der stärkeren Bindung der natürlichen Person an ein bestimmtes Staatsgebiet der „Schwergewichtsaufenthalt" festzustellen. Kriterien zur Beurteilung dieser stärkeren Bindung können sämtliche Umstände eines konkreten Sachverhalts, beispielsweise familiäre, berufliche oder gesellschaftliche Bindungen sein. Obwohl die Schwergewichtsprüfung in der Regel der Zusammenhangprüfung folgt, kann erstere auch Bestandteil der Zusammenhangprüfung sein: Haben verschiedene Zeiträume eindeutig unterschiedliche Schwergewichtsaufenthalte, so lassen sich diese normalerweise nicht zu einem zusammenhängenden „relevanten Prüfungszeitraum" zusammenfassen.

---

[129] DEPPE, in StuW 1982, 332.

[130] Vgl. BFH v. 9.2.1966, BStBl. III 1966, 522; v. 10.8.1983, BStBl. II 1984, 11, a.A. MÖSSNER, Steuerrecht international tätiger Unternehmen, Rz. B 36, wonach es während einer den gewöhnlichen Aufenthalt nach § 9 Satz 1 AO nicht beendenden Unterbrechung im Ausland zu einem nach dortigem Recht begründeten gewöhnlichen Aufenthalt kommen kann.

(3) „Kurzfristige Unterbrechungen"

Nach der Gesetzesformulierung in § 9 Satz 2 a.E. AO hemmt eine kurzfristige Unterbrechung einen zeitlich zusammenhängenden Aufenthalt nicht. Ebenso lässt sich daraus ableiten, dass auch während der kurzfristigen Unterbrechung weiterhin ein gewöhnlicher Aufenthalt vorliegen muss.[131] Nach herrschender Auffassung in der Literatur sind die kurzfristigen Unterbrechungen auch bei der Berechnung des Sechsmonatszeitraums mit zu berücksichtigen.[132]

Fraglich ist jedoch, welche Unterbrechungen - also Auslandsaufenthalte während des relevanten Prüfungszeitraumes - im Sinne von § 9 Satz 2 2. HS AO als „kurzfristig" anzusehen sind. Es ist auch hier auf die objektiven Umstände abzustellen: Erfolgt demnach eine Ausreise mit Rückkehrabsicht, muss die tatsächliche Rückkehr auch innerhalb kurzer Zeit eintreten.[133] Selbst wenn die Ausreise ohne Rückkehrabsicht erfolgt, wird man den zusammenhängenden Aufenthalt nicht ablehnen können, wenn nach kurzer Frist eine Rückkehr erfolgt.[134] Die „Kurzfristigkeit" beurteilt sich nach allgemeiner Auffassung danach, ob trotz der Unterbrechungen noch von einem zusammenhängenden Aufenthalt gesprochen werden kann.[135] Teilweise wird bereits eine Unterbrechung von mehr als zwei Wochen als im Regelfall nicht mehr „kurzfristig" angesehen.[136] Als Beispiele für kurzfristige Unterbrechungen werden genannt: Famili-

---

[131] DEPPE, in StuW 1982, 332 (334).

[132] Vgl. HELLWIG in HÜBSCHMANN/HEPP/SPITALER, Abgabenordnung, Finanzgerichtsordnung, § 9 AO, Rz. 13; SZYMCZAK in KOCH/SCHOLTZ, Abgabenordnung, § 9, Rz. 11; KÜHN/HOFMANN, Abgabenordnung, Finanzgerichtsordnung, § 9 AO, Nr. 3; KRUSE in TIPKE/KRUSE, Abgabenordnung, Finanzgerichtsordnung, § 9 AO, Rz. 11. Der BFH hat sich zu diesem Problem bisher nicht geäußert, zur alten Rechtslage nach § 14 StAnpG (vor Einführung des Wortlauts des § 9 Satz 2 2. HS AO) existiert lediglich ein Urteil des Reichsgerichtshofs v. 30.10.1935 RStBl. 1935, 1445, der entgegengesetzt entschied. Der Wortlaut des § 14 Abs. 1 StAnpG lautete: „Den gewöhnlichen Aufenthalt im Sinn der Steuergesetze hat jemand dort, wo er sich unter Umständen aufhält, die erkennen lassen, daß er an diesem Ort oder in diesem Land nicht nur vorübergehend verweilt. Unbeschränkte Steuerpflicht tritt jedoch stets dann ein, wenn der Aufenthalt im Inland länger als sechs Monate dauert. In diesem Fall erstreckt sich die Steuerpflicht auch auf die ersten sechs Monate."

[133] Vgl. KÜHN/HOFMANN, Abgabenordnung, Finanzgerichtsordnung, § 9 AO, Nr. 6.

[134] Vgl. KÜHN/HOFMANN, a.a.O (FN 133).

[135] Vgl. SZYMCZAK in KOCH/SCHOLTZ, Abgabenordnung, § 9, Rz. 11; KRUSE in TIPKE/KRUSE, Abgabenordnung, Finanzgerichtsordnung, § 9 AO, Rz. 11.

[136] KÜHN/HOFMANN, Abgabenordnung, Finanzgerichtsordnung, § 9 AO, Nr. 6. Nach anderer Auffassung könne „für den Regelfall .. bei einem Auslandsaufenthalt von mehr als einem Jahr ein gewöhnlicher Aufenthalt im Inland nicht mehr angenommen werden", vgl. HELLWIG in HÜBSCHMANN/HEPP/SPITALER, Abgabenordnung, Finanzgerichtsordnung, § 9 AO, Rz. 18, wobei hier nicht ganz klar ist, ob sich diese Aussage generell auf Unterbrechungen des gewöhnlichen Aufenthaltes oder nur auf „kurzfristige Unterbrechungen" im Sinne des § 9 Satz 2

enheimfahrten, Urlaub, Kur, Geschäftsreisen, Weihnachtsurlaub, Wochenendheimfahrt.[137]

dd) Der „gewöhnliche Aufenthalt“ nach § 9 Satz 1 AO

Die Fiktion des „gewöhnlichen Aufenthaltes“ nach § 9 Satz 2 AO auf Grund sechsmonatiger körperlicher Anwesenheit führt in der Regel zu einer vorrangigen Prüfung dieser Alternative auf Grund der Einfachheit der Feststellung. Liegen deren Voraussetzungen nicht vor, ist die Sechs-Monats-Frist - beispielsweise wegen nicht mehr „kurzfristiger“ Unterbrechungen - nicht erfüllt, muss § 9 Satz 1 AO geprüft werden.

(1) Mindestdauer des Aufenthaltes

Unter „gewöhnlich“ im Sinne des § 9 Satz 1 AO ist „dauernd“ zu verstehen, dies erfordert jedoch keine ununterbrochene Anwesenheit, bedeutet also auch nicht „immer“.[138] „Dauernd“ ist vielmehr im Sinne von „nicht nur vorübergehend“ zu verstehen.[139] Als Gegensatz zum „vorübergehenden Aufenthalt“[140] müssen - wie bereits erwähnt - schon die objektiven äußeren Umstände erkennen lassen, dass die Person im Inland dauerhaft zu verweilen beabsichtigt. Anhand des Gesamtbilds der Umstände des Einzelfalls ist eine Abgrenzung zwischen vorübergehendem Verweilen und dauerhaftem Aufenthalt zu treffen. Anhaltspunkte für einen gewöhnlichen Aufenthalt im Sinne des § 9 Satz 1 AO sind die getroffenen Anstalten oder Vorkehrungen, die Art der im Inland ausgeübten Tätigkeit und sonstigen Anlässe, auf Grund deren die Person im Inland verweilt.[141] Bedeutend sind hier auch Umstände wie eine Aufenthalts- und Arbeitserlaubnis, deren Dauer Anhaltspunkte dafür geben kann, ob der Aufenthalt im Inland vorübergehend ist.[142] Die Regelvermutung des § 9 Satz 2 AO bedeutet im Umkehrschluss, dass auch kürzere Inlandsaufenthalte einen gewöhnlichen Aufenthalt im Sinne des § 9 Satz 1 AO begründen können. Entscheidend ist nach der Rechtsprechung des BFH bei Aufenthalten von weniger als sechsmo-

2. HS AO bezieht, und Auslandsaufenthalte von weniger als einem Jahr Dauer noch als „kurzfristig“ angesehen werden können.

[137] GERSCH in KLEIN, Abgabenordnung, § 9 Rz. 4; SZYMCZAK in KOCH/SCHOLTZ, Abgabenordnung, § 9, Rz. 11; KRUSE in TIPKE/KRUSE, Abgabenordnung, Finanzgerichtsordnung, § 9 AO, Rz. 11 m.w.N.

[138] BFH v. 30.8.1989, BStBl. II 1989, 956; SZYMCZAK in KOCH/SCHOLTZ, Abgabenordnung, § 9, Rz. 3.

[139] BFH v. 30.8.1989, BStBl. II 1989, 956.

[140] Vgl. KÜHN/HOFMANN, Abgabenordnung, Finanzgerichtsordnung, § 9 AO, Nr. 3.

[141] Vgl. KÜHN/HOFMANN, a.a.O. (FN 140), Nr. 4.

[142] PORZNER, Die Besteuerung ausländischer Arbeitnehmer und Grenzgänger in der Bundesrepublik Deutschland, S. 35.

natiger Dauer jedoch, dass ursprünglich ein mehr als sechs Monate dauernder Inlandsaufenthalt geplant war.[143]

(2) Relevanz von Unterbrechungen

„Vorübergehende“ Unterbrechungen durch Abwesenheit im Ausland beenden den gewöhnlichen Aufenthalt somit nicht. Zur weiteren Konkretisierung sind die Umstände des jeweiligen Einzelfalles zu berücksichtigen: Nach einem Urteil des BFH[144] endet in der Regel bei mehr als einjähriger Abwesenheit im Ausland der gewöhnliche Aufenthalt, da eine „wesentliche Lockerung des Bandes zwischen Steuerpflichtigen und dem Inland“ eingetreten ist. Ab einem Auslandsaufenthalt von länger als einem Jahr könne nur noch in Ausnahmefällen ein inländischer gewöhnlicher Aufenthalt angenommen werden. Nach Auffassung des Gerichts könne man schon an der Sechs-Monats-Frist des § 9 Satz 2 AO einen Anhalt nehmen, von welcher Dauer ab eine Vermutung dafür spricht, dass kein gewöhnlicher Aufenthalt mehr im Inland besteht, es sei denn, dass besondere Umstände darauf schließen lassen, dass die Beziehungen zum Inland erhalten bleiben sollen. Von Bedeutung können hier auch die Gründe des Auslandsaufenthalts sein, ob diese beruflicher Natur sind oder ob nur Urlaub vorliegt.

(3) Schwergewichtsaufenthalt

Problematisch ist die Feststellung eines Schwergewichtsaufenthaltes bei längeren Phasen von Auslandsabwesenheit innerhalb eines relevanten Prüfungszeitraumes, wenn auf Grund eines nicht-kurzfristigen Auslandsaufenthaltes das Verhältnis von inländischer zu ausländischer Aufenthaltsdauer zu dieser Beurteilung nicht mehr ausreicht. *Deppe* schlägt hier ein Abstellen auf den Schwerpunkt der persönlichen und wirtschaftlichen Lebensverhältnisse des langjährigen Steuerinländers vor und - entsprechend der vorgenannten BFH-Entscheidung[145] - ob sich der Steuerpflichtige im Inland „zu Hause” fühlt.[146]

ee) Besonderheiten bei Grenzgängern

Grenzgänger sind Arbeitnehmer, die sich an jedem Arbeitstag von ihrem Wohnort über die Grenze an ihre Arbeitstätte begeben und nach Arbeitsschluss regelmäßig wieder an ihren Wohnort zurückkehren.[147] Das Problem aus der in

---

[143] BFH v. 3.8.1977, BStBl. II 1978, 118; v. 30.8.1989, BStBl. II 1989, 956.

[144] BFH v. 27.7.1962, BStBl. III 1962, 429, im zugrunde liegenden Sachverhalt ging es um einen deutschen Seeman, der seinen gewöhnlichen Aufenthalt im Inland zweimal durch Auslandsabwesenheit von ca. 13 und 14 Monaten unterbrach.

[145] Siehe FN 144.

[146] DEPPE, in StuW 1982, 332 (340).

[147] BFH v. 25.1.1989, BStBl. II 1990, 687. HELLWIG in HÜBSCHMANN/HEPP/SPITALER, Abgabenordnung, Finanzgerichtsordnung, § 9 AO, Rz. 11. Im Gegensatz dazu verlangt BFH v.

der Regel tagtäglichen Rückkehr dieser Arbeitnehmergruppe vom Arbeitsstaat in den Wohnsitzstaat besteht darin, dass sie eindeutig in beiden Staaten nicht nur vorübergehend verweilen, sondern auch in beiden körperlich anwesend sind. Der BFH schließt in weitgehend unbestrittener Rechtsprechung jedoch die Möglichkeit zweier gleichzeitig in verschiedenen Staaten bestehender „gewöhnlicher Aufenthalte" aus.[148] Für diese Auffassung lässt sich der Wortlaut „den gewöhnlichen Aufenthalt" - im Gegensatz zu § 8 AO, der nur von „einem Wohnsitz" spricht - anführen, wonach es schon begrifflich nur einen gewöhnlichen Aufenthalt geben könne.[149] Ihren gewöhnlichen Aufenthalt haben Grenzgänger nach Auffassung des BFH nicht schon deshalb im Inland, weil sie sich während ihrer Arbeitszeit im Inland aufhalten.[150] Unschädlich sind dabei auch gelegentliche Übernachtungen.[151] Selbst enge wirtschaftliche und persönliche Beziehungen zum Inland oder häufige berufliche Reisen im Inland begründen keinen gewöhnlichen Aufenthalt.[152]

Ein dauernder Aufenthalt kann jedoch begründet werden, wenn der Arbeitnehmer lediglich am Wochenende zu seinem im Ausland gelegenen Familienwohnsitz zurückkehrt, beispielsweise bei einer sog. Wochenendehe.[153] Eine Bejahung des gewöhnlichen Aufenthalts kommt auch in Betracht, wenn bei einem Grenz-

---

1.3.1963, BStBl. II 1963, 212 noch die tägliche Rückkehr des Arbeitnehmers an seinen Wohnort. Auf die Doppelbesteuerungsprobleme von Grenzgängern wird weiter unten unter Gliederungspunkt D III, Seite 191 eingegangen.

[148] BFH v. 9.2.1966, BStBl. III 1966, 522; v. 10.8.1983, BStBl. II 1984, 11. Vgl. dazu auch PROKISCH, RIW 1991, 396 (397), der die Möglichkeit zweier „gewöhnlicher Aufenthalte" erwägt und die Auffassung des BFH für nicht zwingend hält. Er verweist auf die Möglichkeit zweier „gewöhnlicher Aufenthalte" nach Art. 4 Abs. 2 Buchst. b) OECD-MA und der Reichsabgabenordnung, die vor Erlass des Steueranpassungsgesetzes 1934 den genannten Unterschied bei der Wortwahl in der Regelung zu „Wohnsitz" und „gewöhnlichem Aufenthalt" nicht enthielt. Nach der RAO sei ein mehrfacher „gewöhnlicher Aufenthalt" allgemein anerkannt gewesen. Die im Steueranpassungsgesetz (§ 14 StAnpG) eingetretene Änderung des Wortlauts sei offensichtlich unbewusst erfolgt. Die Gesetzesbegründung gehe zwar auf zwei Abweichungen vom bisherigen Regelungsgehalt ein, nicht aber auf die angeführten Unterschiede bei der Wortwahl. Hinzu komme, dass Pendler in der Regel ihrem Tätigkeitsstaat wirtschaftlich eng verbunden seien und deren Leistungsfähigkeit in erster Linie aus den Einkünften aus dem Tätigkeitsstaat resultiere. Immerhin sei Grund für die Unterscheidung zwischen unbeschränkter und beschränkter Steuerpflicht auch, dass derjenige, der sein Einkommen in Abhängigkeit von einem bestimmten Markt verdiene, auch diesem Markt bzw. dem Steuerstaat zum Beitrag verpflichtet sei.

[149] So argumentierte der RFH, v. 19.10.1940, RFHE 49, 186.

[150] BFH v. 5.2.1965, BStBl. III 1965, 352; v. 20.4.1988 BStBl. II 1990, 701; v. 25.1.1989, BStBl. II 1990, 687.

[151] BFH v. 6.2.1985, BStBl. II 1985, 331.

[152] BFH v. 10.8.1983, BStBl. II 1984, 11; v. 20.4.1988, BStBl. II 1990, 701.

[153] BFH v. 25.5.1988, BStBl. II 1988, 944; BFH v. 6.2.1985, BStBl. II 1985, 331; vgl. auch KORN/STAHL, KÖSDI 1995, 10263 (10268).

gänger über die durch die Berufsausübung bedingte Inlandsanwesenheit eine solche in seiner Freizeit bzw. Ruhezeiten hinzukommt, die in Räumen wie beispielsweise Hotelzimmer, Schlafstellen im Büro oder regelmäßigen Übernachtungen bei Bekannten stattfinden kann.[154]

2. Beschränkte Steuerpflicht, §§ 1 Abs. 4, 49 EStG

Eine natürliche Person ist in der Bundesrepublik beschränkt steuerpflichtig, wenn sie im Inland weder einen Wohnsitz noch ihren gewöhnlichen Aufenthalt hat, aber inländische Einkünfte erzielt. Anknüpfungspunkte der Besteuerung sind also nicht die persönlichen sondern die sachlichen Merkmale. Es kommt insofern nicht auf die Gesamtleistungsfähigkeit an, sondern nur auf die im Inland erzielten Einkünfte. Die zugrunde liegende gesetzgeberische Konzeption der beschränkten Steuerpflicht ist - wie bereits dargelegt - das „Territorialitätsprinzip". Die Anknüpfung für die Besteuerung ist damit auf inländische Einkünfte beschränkt.[155]

Gibt ein grenzüberschreitend tätiger Arbeitnehmer seinen inländischen Wohnsitz oder gewöhnlichen Aufenthalt auf bzw. arbeitet ein im Ausland unbeschränkt steuerpflichtiger Arbeitnehmer im Inland, so kommen als Anküpfungspunkte lediglich die Tatbestandsmerkmale der beschränkten Steuerpflicht nach §§ 1 Abs. 4, 49 Abs. 1 Nr. 4 EStG in Betracht.[156] Bei der Einkünftequalifikation ist stets die in § 49 Abs. 2 EStG festgeschriebene „isolierende Betrachtungsweise" zu beachten, wonach im Ausland gegebene Besteuerungsmerkmale außer Betracht bleiben, soweit bei ihrer Berücksichtigung inländische Einkünfte im Sinne des § 49 Abs. 1 EStG nicht angenommen werden könnten.

Die „beschränkte Steuerpflicht" hat einen eher objektsteuerartigen Charakter, der Umfang der der deutschen Besteuerung unterliegenden Einkünfte ist sach-

---

[154] MÖSSNER, Steuerrecht international tätiger Unternehmen, Rz. B 27.

[155] SCHAUMBURG, Internationales Steuerrecht, Rz. 5.199; DEBATIN in DEBATIN/WASSERMEYER, Systematik I, Rz. 23 (Stand: März 2001, 83. Erg.-Lieferung); vgl. dazu auch WASSERMEYER, Die beschränkte Steuerpflicht, in VOGEL, Grundfragen des Internationalen Steuerrechts, S. 49 ff.

[156] Der Wortlaut des § 49 Abs. 1 Nr. 4 EStG wurde durch das Steueränderungsgesetz 2001 v. 20.12.2001 mit Wirkung zum 1.1.2002 geändert und untergliedert. Tatbestände des § 49 Abs. 1 Nr. 4 sind nun: Buchst. a) die „Ausübung" und „Verwertung" nichtselbständiger Arbeit im Inland; Buchst. b), Einkünfte, die aus inländischen öffentlichen Kassen einschließlich der Kassen des Bundeseisenbahnvermögens und der Deutschen Bundesbank mit Rücksicht auf ein gegenwärtiges oder früheres Dienstverhältnis gewährt werden, ohne dass ein Zahlungsanspruch gegenüber der inländische öffentlichen Kasse bestehen muss; Buchst. c), Einkünfte, die als Vergütung für eine Tätigkeit als Geschäftsführer, Prokurist oder Vorstandsmitglied einer Gesellschaft mit Geschäftsleitung im Inland bezogen werden.

lich umgrenzt. Auch die persönlichen Verhältnisse des Steuerpflichtigen bleiben im Wesentlichen unberücksichtigt.[157] Folgende Besonderheiten bestehen:

- Betriebsausgaben und Werbungskosten dürfen gemäß § 50 Abs. 1 Satz 1 EStG nur insoweit abgezogen werden, als sie mit inländischen Einkünften in wirtschaftlichem Zusammenhang stehen.
- Ein Verlustabzug nach § 10d EStG ist nur möglich, wenn die Verluste im wirtschaftlichen Zusammenhang mit den inländischen Einkünften stehen und sich aus Unterlagen ergeben, die im Inland aufbewahrt werden (§ 50 Abs. 1 Satz 2 EStG).
- Die Tarifvergünstigungen des § 34 EStG können nur bei den in § 50 Abs. 1 Satz 3 EStG näher bezeichneten Tatbeständen in Anspruch genommen werden;
- Nicht berücksichtigt werden u.a. nach § 50 Abs. 1 Satz 4 EStG Pauschbeträge für Werbungskosten (§ 9a EStG), und Sonderausgaben (§ 10c EStG), Kinderfreibeträge des § 32 EStG, das Splittingprivileg des § 32a Abs. 6 EStG und Abzüge wegen außergewöhnlicher Belastung (§§ 33 und 33a), Pauschbeträge für Behinderte, Hinterbliebene und Pflegepersonen (§ 33b EStG).
- Freibeträge oder Tarifvergünstigungen (§§ 16 Abs. 4, 20 Abs. 4, 24a EStG) kommen nicht in Betracht (§ 50 Abs. 1 Satz 4 EStG).
- Bei Einkünften, die dem Steuerabzug unterliegen, und bei Einkünften aus Kapitalvermögen gemäß § 20 Abs. 1 Nr. 5 und 7 ist für beschränkt Steuerpflichtige einen Ausgleich mit Verlusten aus anderen Einkunftsarten nicht zulässig (§ 50 Abs. 2 EStG).
- Der Splittingtarif wird nicht angewendet, § 50 Abs. 3 Satz 1 EStG.

Die Einkommensteuer von beschränkt Steuerpflichtigen wird entweder durch Veranlagung oder in einem vereinfachten Erstattungsverfahren festgesetzt oder durch Steuerabzug an der Einkunftsquelle erhoben. Durch Steuerabzug wird die Lohnsteuer, die Kapitalertragsteuer sowie die Steuer auf unter die Regelung des § 50a EStG fallenden Einkünfte erhoben, sie hat nach § 50 Abs. 5 Satz 1 EStG Abgeltungswirkung. Ein Abzug von Werbungskosten oder Betriebsausgaben kommt nicht in Betracht (sog. „Bruttobesteuerung“).[158]

Eine Veranlagungsmöglichkeit besteht bei beschränkter Steuerpflicht nur in Ausnahmefällen: Bei Einkünften aus beschränkter Steuerpflicht, für die die Steuer nicht durch Steuerabzug erhoben wird; wenn die Steuerveranlagung von unter § 50 Abs. 5 Satz 2 Nr. 2 und 3 EStG fallenden Personen beantragt wird; wenn nachträglich festgestellt wird, dass die Voraussetzungen der unbe-

[157] Vgl. GROTHERR in GROTHERR/HERFORT/STRUNK, Internationales Steuerrecht, S. 93; SCHAUMBURG, Internationales Steuerrecht, Rz. 5.122 ff.
[158] Vgl. SCHAUMBURG, Internationales Steuerrecht, Rz. 5.282, 5.125ff.

schränkten Steuerpflicht nach § 1 Abs. 2 oder 3 oder des § 1a EStG nicht vorgelegen haben (§ 50 Abs. 5 Satz 2 Nr. 1 EStG).

3. Erweiterte beschränkte Steuerpflicht

Ebenfalls in Betracht kommen kann bei einer Auslandsentsendung die erweiterte beschränkte Steuerpflicht nach § 2 AStG. Diese Steuerpflicht gilt für natürliche Personen, die in ein Niedrigsteuerland unter Aufgabe des Wohnsitzes oder gewöhnlichen Aufenthaltes entsandt werden oder auswandern und in den letzten zehn Jahren vor Ende ihrer unbeschränkten Steuerpflicht mindestens fünf Jahre als deutsche Staatsangehörige unbeschränkt einkommensteuerpflichtig waren. Ferner müssen sie in einem ausländischen Gebiet ansässig sein, in dem eine niedrige Einkommensbesteuerung besteht und wesentliche wirtschaftliche Interessen im Inland haben.

Die erweiterte beschränkte Steuerpflicht erfasst alle Einkünfte im Sinne des § 2 Abs. 1 Satz 1 HS 1 EStG, die bei unbeschränkter Einkommensteuerpflicht nicht ausländische Einkünfte im Sinne des § 34c Abs. 1 EStG sind. Diese Art der Steuerpflicht greift jedoch erst ab einem Gesamtbetrag der steuerpflichtigen Einkünfte von 32.000 DM (ab 1.1.2002: 16.500 €) ein - ansonsten besteht weiterhin die beschränkte Steuerpflicht - und wird für einen Zeitraum von zehn Jahren aufrechterhalten.

Diese Art der beschränkten Steuerpflicht kommt jedoch nur für einen sehr begrenzten Bereich von Führungskräften in Betracht[159]: Die in § 2 Abs. 2 AStG legal definierte Niedrigbesteuerung liegt erst dann vor, wenn die Belastung durch die ausländische Einkommensteuer bei einer unverheirateten natürlichen Person, die ein steuerpflichtiges Einkommen von 150.000 DM (ab 1.1.2002: 77.000 €) bezieht, um mehr als ein Drittel geringer ist als die Belastung einer vergleichbaren Person in der Bundesrepublik durch die deutsche Einkommensteuer. Eine Ausnahme von dieser Regel besteht, wenn der Steuerpflichtige nachweist, dass die insgesamt von ihm zu entrichtenden Steuern mindestens zwei Drittel der Einkommensteuer betragen, die er bei unbeschränkter Steuerpflicht in der Bundesrepublik zu entrichten hätte. Weiterhin besteht eine Niedrigbesteuerung, wenn die Person durch die in dem ausländischen Gebiet erhobene Einkommensteuer auf Grund einer Vorzugsbesteuerung gegenüber der allgemeinen Besteuerung erheblich gemindert ist.

Voraussetzung ist ferner das Bestehen „wesentlicher wirtschaftlicher Interessen" im Inland, die in § 2 Abs. 3 AStG legal definiert sind. Solche liegen vor, wenn

---

[159] Vgl. HOGH, Internationale Entsendung von Führungskräften, S. 116.

- eine Person Unternehmer oder Mitunternehmer eines im Inland gelegenen Gewerbebetriebes ist (im Falle einer Kommanditistenstellung mit einer Ergebnisbeteiligung von mehr als 25%), oder
- eine Person Inhaber einer Beteiligung an einer inländischen Kapitalgesellschaft im Sinne von § 17 Abs. 1 EStG ist,
- die nicht ausländischen Einkünfte im Sinne des § 34c Abs. 1 EStG einer Person mehr als 30% im Veranlagungszeitraum übersteigen oder 120.000 DM (ab 1.1.2002: 62.000 €) betragen oder
- das Vermögen zu Beginn eines Veranlagungszeitraums, dessen Erträge nicht ausländische Einkünfte im Sinne des § 34c EStG sind, mehr als 30% des Gesamtvermögens einer Person beträgt oder 300.000 DM (ab 1.1.2002: 154.000 €) übersteigt.

Die erweiterte beschränkte Steuerpflicht wird auf Grund der Höhe der Mindesteinkünfte nur wenige ins Ausland entsandte Arbeitnehmer betreffen. Hinzu kommt, dass die Wirkung der erweiterten beschränkten Steuerpflicht ebenso wie die beschränkte Steuerpflicht von den Doppelbesteuerungsabkommen begrenzt wird: Die erweiterte beschränkte Steuerpflicht läuft bei Einkünften aus Verwertung unselbständiger Arbeit nach § 49 Abs. 1 Nr. 4 Buchst. a) EStG weitgehend ins Leere, da meist das ausschließliche Besteuerungsrecht dem Wohnsitzstaat zugewiesen ist.[160] Auch der Progressionsvorbehalt des § 2 Abs. 5 AStG, wonach bei der Berechnung des deutschen Steuersatzes sämtliche Einkünfte des Steuerpflichtigen einzubeziehen sind, wird in diesen Fällen durch die Doppelbesteuerungsabkommen aufgehoben: Wenn das Land der Entsendung ein DBA-Staat ist und nach DBA-Recht dort eine vorrangige Ansässigkeit besteht, hat nur dieser Staat das Recht zum Progressionsvorbehalt auf alle Welteinkünfte.[161] § 2 Abs. 5 AStG gilt somit nur für Fälle, in denen abkommensrechtlich ein Progressionsvorbehalt nicht vorgesehen ist.[162]

Da ausländische Einkünfte aus nichtselbständiger Arbeit unter § 34c Abs. 1 EStG fallen und daher ohnehin nicht der erweiterten beschränkten Steuerpflicht unterliegen, kommt diese Art der Besteuerung nur in ganz seltenen Fällen in Betracht und kann bei der weiteren Untersuchung außen vor bleiben.

IV. Vermeidung der Doppelbesteuerung

Bei der grenzüberschreitenden Arbeitnehmertätigkeit entsteht - wie bereits dargelegt - in der Regel eine juristische internationale Doppelbesteuerung. Diese beeinträchtigen das vom allgemeinen Gleichheitsgrundsatz, Sozialstaatsprinzip

[160] SCHAUMBURG, Internationales Steuerrecht, Rz. 5.319.
[161] Vgl. HOGH, Internationale Entsendung von Führungskräften, S. 116, SCHAUMBURG, Internationales Steuerrecht, Rz. 5.319 mit zahlreichen weiteren Nachweisen.
[162] Vgl. SCHAUMBURG, Internationales Steuerrecht, Rz. 5.319.

(Art. 20 Abs. 1 GG) und Rechtsstaatsprinzip getragene „Leistungsfähigkeitsprinzip", das als Fundamentalprinzip der Besteuerung gilt.[163] Dem Leistungsfähigkeitsprinzip nach ist das Welteinkommen zu besteuern, Maßgröße ist die objektive Leistungsfähigkeit unter Berücksichtigung der subjektiven Leistungsfähigkeit. Im Ausland zu entrichtende Steuern belasten stets wegen ihrer Unvermeidbarkeit die subjektive Leistungsfähigkeit, da sie das dem Steuerpflichtigen zur Verfügung stehende Einkommen mindern.[164] Da die Besteuerung des Welteinkommens im Land der unbeschränkten Steuerpflicht erfolgt, ist es auch vorrangige Aufgabe des Wohnsitzstaats, Maßnahmen zur Milderung oder Vermeidung der Doppelbesteuerung zu ergreifen.[165]

Internationale Doppelbesteuerung belastet den internationalen Warenverkehr und behindert die Freizügigkeit von Waren, Dienstleistungen, Kapital und Arbeit. Sie führen zudem zu einer Beeinträchtigung der Wettbewerbsposition des doppelt Besteuerten, da sie stets mit einer finanziellen Mehrbelastung verbunden sind.[166] Würde die internationale Doppelbesteuerung nicht gemildert oder beseitigt, würde eine grenzüberschreitende Auslandsarbeitnehmertätigkeit trotz der eingangs genannten Vorteile nicht mehr rentabel sowohl für Arbeitnehmer als auch für Arbeitgeber.

Es bestehen jedoch keine international verbindlichen allgemeinen Regeln zur Vermeidung einer internationalen Doppelbesteuerung. Weder der frühere Völkerbund noch danach die UNO haben zur Lösung der internationalen Doppelbesteuerungskonflikte allgemein verbindliche Grundsätze entwickelt, die die absolute Steuerhoheit von Nationalstaaten einschränken.[167] Es gibt auch kein Völkergewohnheitsrecht, das Doppelbesteuerung untersagt oder Vorschriften zu dessen Vermeidung vorschreibt, oder eine übereinstimmende Rechtsüberzeugung, auf Grund deren Doppelbesteuerung vermieden werden müsste.[168] Selbst

---

[163] BVerfG v. 23.1.1990, BVerfGE 81, 228, BStBl. II 1990, 483; v. 29.5.1990, BVerfGE 82, 60, BStBl. II 1990, 653; v. 22.9.1992, BVerfGE 87, 153, BStBl. II 1992, 413; v. 22.6.1995, BVerfGE 93, 165, BStBl. II 1995, 671; BFH v. 14.4.1993, BStBl. II 1994, 27; weitere Nachweise bei TIPKE, Die Steuerrechtsordnung, S. 349 ff.

[164] SCHAUMBURG, Internationales Steuerrecht, Rz. 14.10.

[165] MANKE, in DStZ 1980, 323 (326); LORNSEN, Unilaterale Maßnahmen der Bundesrepublik Deutschland zur Ausschaltung der internationalen Doppelbesteuerung bei der Einkommen- und Körperschaftsteuer, S. 83.

[166] Vgl. hierzu im Einzelnen SCHAUMBURG, Internationales Steuerrecht, Rz. 14.12; JACOBS, Internationale Unternehmensbesteuerung, S. 7 ff.; ROSE, Grundzüge des Internationalen Steuerrechts, Rz. 23 B 3, S. 51 ff.; MENCK in MÖSSNER, Steuerrecht international tätiger Unternehmen, Rz. A 24 ff.

[167] Vgl. BARANOWSKI, Besteuerung von Auslandsbeziehungen, Rz. 111; ebenso SCHAUMBURG, Internationales Steuerrecht, Rz. 14.4

[168] VOGEL in VOGEL, DBA, Einl., Rz. 8; *ders.* in DStR 1968, 427 (430); DEBATIN, in DStZ/A 1967, 9 (10); WIDMER, in RIW 1976, 566 (567).

das EG-Recht verbietet nicht die Doppelbesteuerung, nach EuGH-Rechtsprechung sind die Staaten lediglich verpflichtet, auf die Beseitigung aller Handelshemmnisse und die Verschmelzung der Märkte hinzuarbeiten.[169] Ein Staat ist vielmehr auf Grund seiner Fürsorgepflicht gegenüber seinen Staatsangehörigen zur Beseitigung oder Milderung der Doppelbesteuerung verpflichtet.[170]

Es wurden daher verschiedene Methoden zur Vermeidung der internationalen Doppelbesteuerung entwickelt, die auch bei der Arbeitnehmertätigkeit im Ausland eingreifen. Die betroffenen Staaten können dabei grundsätzlich folgende Maßnahmen ergreifen:

- Unilaterale Maßnahmen, bei denen der jeweilige Staat versucht, durch einseitige Regelungen in seiner nationalen Steuergesetzgebung eine Doppelbesteuerung zu mildern oder zu beseitigen.
- Bilaterale Maßnahmen, wonach durch Abschluss einer sog. Abkommens zur Vermeidung der Doppelbesteuerung (DBA) die Besteuerung zwischen beiden Staaten geregelt wird.

Denkbar sind auch multilaterale Maßnahmen, indem mehrere Staaten zusammen sich in einem Abkommen zur Vermeidung der Doppelbesteuerung verpflichten, diese haben bisher jedoch in der Praxis nur eine sehr geringe Bedeutung.[171] Ein Solches ist bisher auch nicht für die Europäische Gemeinschaft vorgesehen, nach Art. 293 zweiter Gedankenstrich EG (früher Art. 220 EG-Vertrag[172]), sind die Mitgliedstaaten lediglich verpflichtet, Verhandlungen zur Beseitigung der Doppelbesteuerung einzuleiten.[173]

Im Folgenden werden daher die unilateralen Maßnahmen zur Vermeidung der Doppelbesteuerung sowie die bilateralen Abkommen zur Vermeidung der Doppelbesteuerung untersucht.

---

[169] So auch EuGH v. 12.5.1998, EuGHE I 1998, 2793 (Fall „Gilly"); SCHAUMBURG, Internationales Steuerrecht, Rz. 14.5; EuGH v. 5.5.1982, NJW 1983, 1252 f.

[170] BFH v. 20.4.1988, BStBl. II 1990, 701.

[171] Vgl. VOGEL in VOGEL, DBA, Einl., Rz. 22.

[172] Die Zitierweise orientiert sich an derjenigen des Europäischen Gerichtshofes nach der Neufassung des Vertrags über die Gründung der Europäischen Gemeinschaft in ihrer Fassung durch den Amsterdamer Vertrag (konsolidierte Fassung, unterzeichnet in Amsterdam am 2.10.1997). Artikel des Vertrags über die Europäische Union (unterzeichnet in Maastricht am 7.2.1992) werden nun für die konsolidierte Fassung von Amsterdam mit „EU" bezeichnet (in Klammern jeweils für die vorherige Buchstabenkennzeichnung „EU-Vertrag") sowie Artikel des Vertrags zur Gründung der Europäischen Gemeinschaft (unterzeichnet in Rom am 25.3.1957) für die konsolidierte Fassung mit „EG" bezeichnet (in Klammern jeweils für die vorherige Nummerierung „EG-Vertrag").

[173] VOGEL in VOGEL, DBA, Einl., Rz. 23.

1. Unilaterale Maßnahmen

Zur Vermeidung von internationalen Doppelbesteuerungen bei grenzüberschreitender Arbeitnehmertätigkeit kommen die unilateralen Maßnahmen des Einkommensteuerrechts in Betracht. Dies ist zunächst die Anrechnung ausländischer Einkommensteuern auf die im Inland zu entrichtende Einkommensteuer nach § 34c Abs. 1 EStG. Es handelt sich hierbei um eine doppelt begrenzte Anrechnung: Angerechnet wird höchstens die nach den Grundsätzen des deutschen Steuerrechts selbständig zu ermittelnde und auf den konkreten Staat der Auslandstätigkeit entfallende Steuer.[174]

Weiterhin möglich ist statt der Anrechnung der Abzug der ausländischen Steuer bei der Ermittlung der Einkünfte nach § 34c Abs. 2 EStG. Kann die Steuer nach § 34c Abs. 1 EStG nicht angerechnet werden, weil die im Ausland erhobene Steuer nicht der deutschen Einkommensteuer entspricht oder nicht in dem Staat erhoben wird, aus dem die Einkünfte stammen, oder weil keine ausländischen Einkünfte vorliegen, ist die festgesetzte und gezahlte und keinem Ermäßigungsanspruch mehr unterliegende ausländische Steuer nach § 34c Abs. 3 EStG bei der Ermittlung der Einkünfte abzuziehen, soweit sie auf Einkünfte entfällt, die der deutschen Einkommensteuer unterliegen. Bei Auslandstätigkeit von Arbeitnehmern sehr wichtig ist auch die in § 34c Abs. 5 EStG vorgesehene Möglichkeit des Erlasses bzw. der pauschalen Festsetzung der deutschen Einkommensteuer im Falle volkswirtschaftlicher Zweckmäßigkeit oder besonderer Schwierigkeit der Anwendung der Anrechnung nach § 34c Abs. 1 EStG. Auf Grund dieser Regelung wurde der „Auslandstätigkeitserlaß"[175] erlassen, der bei einer Tätigkeit in Staaten, mit denen kein DBA besteht, häufig zur Anwendung kommt. Eine Freistellung der ausländischen Einkünfte von der inländischen Steuerpflicht erfolgt nach nationalem deutschen Steuerrecht nicht.

2. Doppelbesteuerungsabkommen

Die Abkommen zur Vermeidung der Doppelbesteuerung auf dem Gebiet der Steuern vom Einkommen und Vermögen (DBA), die die Bundesrepublik mit zahlreichen Ländern der Erde abgeschlossen hat, orientieren sich an dem im Jahre 1963 zum ersten Mal veröffentlichten und zuletzt im Jahre 2000 revidierten Musterabkommen der Organisation für wirtschaftliche Zusammenarbeit und Entwicklung (OECD-MA 2000).

---

[174] Ist die im Ausland erhobene Steuer niedriger als die nach deutschem Steuerrecht zu zahlende, wird der volle Betrag angerechnet, ist sie höher, ist nur der nach deutschem Steuerrecht ermittelte Höchstbetrag anrechenbar. Der Höchstbetrag wird gesondert für jedes Land der Auslandstätigkeit errechnet, sog. „per-country-limitation". Vgl. dazu auch BURMESTER, Die Anrechnungsmethode im deutschen Steuerrecht, in GASSNER/ LANG/LECHNER, Die Methoden zur Vermeidung der Doppelbesteuerung, S. 241 (253).

[175] BMF-Schreiben v. 31.10.1983, BStBl. I 1983, 470.

Doppelbesteuerungsabkommen sind völkerrechtliche Verträge, die die Besteuerungsansprüche im Zusammenhang mit grenzüberschreitenden Sachverhalten für beide Vertragsstaaten verbindlich festlegen. Die Doppelbesteuerungsabkommen sehen zwei verschiedene Methoden zur Vermeidung der juristischen Doppelbesteuerung vor: die Anrechnungsmethode und die Freistellungsmethode.[176] Die häufigste Methode, die auch insbesondere im kontinentaleuropäischen Raum angewandt wird, ist die *Freistellungsmethode*, Art. 23A OECD-MA. Kommt sie zur Anwendung, werden ausländische Einkünfte im Ansässigkeitsstaat nicht der Besteuerung unterworfen, sondern können höchstens bei der Ermittlung des Steuersatzes durch den sog. Progressionsvorbehalt berücksichtigt werden. Die Freistellungsmethode steht im Widerspruch zum Prinzip der Besteuerung des Welteinkommens, da sie für in- und ausländische Einkünfte zu einer unterschiedlichen Leistungsfähigkeit führt. Vorteil ist jedoch eine Wettbewerbsneutralität im Ausland gegenüber anderen dort Steuerpflichtigen. Man spricht bei der Anwendung dieser Methode von „Kapitalimportneutralität", da die Wettbewerbsneutralität gegenüber ausländischen Steuerpflichtigen gewahrt wird.[177]

Durch die *Anrechnungsmethode* (Art. 23B OECD-MA) wird die Idee der „Kapitalexportneutralität" verwirklicht. Ebenso wie bei der unilateralen Maßnahme nach § 34c Abs. 1 EStG werden die im Ausland gezahlten Steuern auf die inländischen angerechnet. Auch hier ist die Anrechnung nur bis zur Höhe desjenigen Teils der inländischen Steuer vorgesehen, der auf die im Quellenstaat - entsprechend der abkommensrechtlichen Verteilung des Besteuerungsrechts - besteuerten Einkünfte entfällt. Durch sie wird eine Wettbewerbsneutralität gegenüber inländischen Steuerpflichtigen hergestellt. Die Anrechnungsmethode entspricht auch dem im deutschen Steuerrecht geltenden Prinzip der Welteinkommensbesteuerung.[178]

---

[176] Statt vieler: SCHAUMBURG, Internationales Steuerrecht, Rz. 14.15 ff.

[177] Vgl. KLUGE, Das Internationale Steuerrecht, Rz. B 59 ff.

[178] Dieses Prinzip ist nach höchstrichterlicher Rechtsprechung jedoch lediglich noch bloßer Programmsatz, der weitgehend durch die Rechtswirklichkeit eingeschränkt worden ist; BFH v. 26.3.1991, BStBl. II 1991, 704.

C. Auslandstätigkeit in Nicht-DBA-Staaten

Trotz der stetig ansteigenden Zahl von Staaten, mit denen die Bundesrepublik ein Doppelbesteuerungsabkommen abgeschlossen hat, gibt es immer noch viele Staaten, mit denen keine DBA bestehen.[179] In solchen Fällen kann die Doppelbesteuerung nur durch einseitige Maßnahmen im Einkommenssteuerrecht ausgeräumt werden. Die unilateralen Methoden zur Vermeidung der Doppelbesteuerung sind in § 34c EStG geregelt. In Betracht kommen hier insbesondere Anrechnung der ausländischen Steuer nach Abs. 1, Abzug der ausländischen Steuer bei der Ermittlung der Bemessungsgrundlage nach Abs. 2, sowie ganzer bzw. teilweiser Erlass oder Pauschalierung der Einkommensteuer bei volkswirtschaftlicher Opportunität nach Abs. 5.

Zur Beurteilung der Besteuerung von grenzüberschreitend tätigen Arbeitnehmern bedarf es der Unterscheidung zwischen einer Auslandstätigkeit unter Beibehaltung des inländischen Wohnsitzes oder gewöhnlichen Aufenthalts sowie unter Aufgabe des inländischen Wohnsitzes oder gewöhnlichen Aufenthalts. Im ersten Fall bleibt die unbeschränkte Steuerpflicht bestehen, im Zweiten kann unter den besonderen noch näher zu untersuchenden Voraussetzungen eine beschränkte Steuerpflicht des Arbeitnehmers nach § 49 Abs. 1 Nr. 4 EStG entstehen, wenn die Arbeit im Inland ausgeübt oder verwertet wird, Einkünfte aus einer inländischen öffentlichen Kasse gezahlt werden oder als Vergütung für eine Tätigkeit als Geschäftsführer, Prokurist oder Vorstandsmitglied einer Gesellschaft mit Geschäftsleitung im Inland bezogen werden.

I. Der „Auslandstätigkeitserlaß“ (ATE)

Bedeutsam im Rahmen der Behandlung von Arbeitnehmereinkünften bei grenzüberschreitender Entsendung in Staaten mit denen kein DBA abgeschlossen ist, das sich auch auf Einkünfte aus nichtselbständiger Arbeit bezieht, sind die Regelungen des sog. „Auslandstätigkeitserlasses" (ATE) von 1983[180], der den früher geltenden „Montageerlaß"[181] ablöste, und im Vergleich dazu zahlreiche

---

[179] Beispielsweise mit wichtigen Auftraggeberstaaten wie Algerien, Irak, Lybien, Nigeria, Peru, Saudi-Arabien, anderen Golfstaaten und Chile (lediglich im Bereich der Schifffahrt) bestehen immer noch keine Doppelbesteuerungsabkommen auf dem Gebiet der Steuern vom Einkommen und Vermögen. Siehe die Übersicht der Länder, mit denen kein Doppelbesteuerungsabkommen besteht bei DEBATIN/WASSERMEYER, Band I, Übersicht, S. 11 ff.

[180] „Schreiben betr. steuerliche Behandlung von Arbeitnehmereinkünften bei Auslandstätigkeiten (Auslandstätigkeitserlaß)" vom 31.10.1983, BStBl. I 1983, 470. Zu Gestaltungsmöglichkeiten vgl. HENSEL, in PIStb 2002, 88.

[181] Genauer: die sog. „Montageerlasse", denn eigentlich handelte es sich um mehrere Montageerlasse der Länder. Erstmalig erließ der Finanzminister des Landes Nordrhein-Westfalen - mit Zustimmung des Bundesministers der Finanzen - auf Grundlage des damaligen § 34c Abs. 3 EStG einen koordinierten Ländererlass, „betr. steuerliche Behandlung des Arbeitslohns, der

Verbesserungen für Auslandstätigkeiten der deutschen Exportwirtschaft brachte. Der ATE ist eine Verwaltungsvorschrift und stützt sich auf die Ermächtigungen in § 34c Abs. 5 i.V.m. § 50 Abs. 7 EStG, nach denen die obersten Finanzbehörden der Länder oder die von ihnen beauftragten Finanzbehörden mit Zustimmung des Bundesministeriums der Finanzen die auf ausländische Einkünfte entfallende deutsche Einkommensteuer ganz oder zum Teil erlassen oder in einem Pauschbetrag festsetzen können, wenn es aus volkswirtschaftlichen Gründen notwendig ist oder die Anwendung der Steueranrechnung nach Abs. 1 besonders schwierig ist. Der „Auslandstätigkeitserlaß" findet somit Anwendung sowohl auf Fälle, in denen die unbeschränkte Steuerpflicht (insbesondere wegen Beibehaltung des inländischen Wohnsitzes) bestehen bleibt, als auch auf Fälle, in denen die unbeschränkte Steuerpflicht weggefallen ist und lediglich eine beschränkte Steuerpflicht entstanden ist.

Die Tatbestandsformulierung des § 34c Abs. 5 EStG verdeutlicht dessen Auffangcharakter für besondere Fälle, denen die Regelungen der Absätze 1 bis 3 des § 34c EStG nicht gerecht wurden. Sind jedoch die Merkmale des ATE erfüllt, kann von einer Auffangregelung nicht gesprochen werden. Zwar treffen die letztendliche Entscheidung über Steuererlass oder Pauschalierung die Finanzbehörden im Rahmen ihres Ermessens (§ 5 AO). Soweit jedoch dem „Auslandstätigkeitserlaß" ermessensregelnder Charakter zukommt, tritt eine Selbstbindung der Verwaltung ein, ein Abweichen davon würde einen Verstoß gegen den Gleichheitsgrundsatz aus Art. 3 GG darstellen.[182] Sind also die Voraussetzungen des ATE erfüllt, ist zwingend eine Freistellung von der deutschen Lohnsteuer zu gewähren.

Das BVerfG hat die Verfassungsmäßigkeit des § 34c Abs. 5 EStG ausdrücklich festgestellt, insbesondere genüge die Formel „Zweckmäßigkeit aus volkswirtschaftlichen Gründen" den Anforderungen an eine gesetzliche Ermächtigung der Exekutive zur Gewährung von Steuerbegünstigungen.[183] Unter „volkswirtschaftlichen Gründen" seien in erster Linie solche von spezifisch außenwirtschaftlicher Natur zu verstehen. Das Erfordernis der „Zweckmäßigkeit" liege nur dann vor, wenn die Steuerbegünstigung der deutschen Außenwirtschaft dient. Der Anwendungsbereich des § 34c Abs. 5 EStG sei daher auf die Regelung von Sachverhalten beschränkt, die im Hinblick auf ihre Abhängigkeit von jeweiligen handels- und wirtschaftspolitischen Maßnahmen zum Schutz der ei-

---

an Arbeitnehmer für eine im Ausland ausgeübte Tätigkeit bezahlt wird" am 9.7.1958, BStBl. II 1958, 109. Nach mehrfachen Ergänzungen fasste der Erlass des Finanzministeriums des Saarlandes v. 25.7.1975, BStBl. I 1975, 944 die Regelungen zusammen.

182 SCHAUMBURG, Internationales Steuerrecht, Rz. 15.98.

183 BVerfG v. 19.4.1978, BStBl. II 1978, 548 (Vorlagebeschluss des FG Düsseldorf v. 14.11.1974, EFG 1975, 116); in der Entscheidung wird noch § 34c Abs. 3 EStG a.F. (= § 34 c Abs. 5 EStG n.F.) genannt.

genen Volkswirtschaft eine schnelle, auf den Einzelfall bezogene, entlastende Reaktion der Finanzbehörden erfordern.

Neben der Vermeidung internationaler Doppelbesteuerung ist die Förderung der deutschen Exportwirtschaft eines der Hauptziele des Auslandstätigkeitserlasses, wie die einseitige Begünstigung nichtselbständiger Arbeit für einen deutschen Arbeitgeber zeigt. Der „Auslandstätigkeitserlaß" zielt als einseitige Regelung auch auf die Förderung eines speziellen Wirtschaftszweiges ab, dies ergibt sich aus den von ihm begünstigten Tätigkeiten.[184] Daneben sind wesentliche Motive für die Steuerbefreiung der Ausgleich von möglichen Belastungen, die durch direkte, indirekte Steuern und Abgaben im Ausland entstehen sowie eine Angleichung an die steuerliche Behandlung von ausländischem Personal.[185] Angesichts der immer stärker werdenden Verflechtung der Weltwirtschaft, der immer noch bestehenden DBA-rechtlichen „weißen Flecken" auf der Weltkarte und sich daraus ergebenden Notwendigkeit unilateraler Maßnahmen, ist die volkswirtschaftliche Notwendigkeit dieser einseitigen Steuerfreistellung unter dem Gesichtspunkt des Schutzes und der Stärkung der Wettbewerbsfähigkeit deutscher Unternehmen auf dem Weltmarkt stets bei der Auslegung des Auslandstätigkeitserlasses zu beachten.[186]

Der „Auslandstätigkeitserlaß" findet Anwendung, wenn folgende Voraussetzungen erfüllt sind:
Ein inländischer Arbeitgeber zahlt Arbeitslohn

- an einen nichtselbständig Beschäftigten,
- für eine im Ausland ausgeübte Tätigkeit, die im Sinne des ATE begünstigt ist,
- im Rahmen eines gegenwärtigen Beschäftigungsverhältnisses,
- wenn die Auslandstätigkeit mindestens drei Monate ununterbrochen ausgeübt wird in einem Staat, mit dem kein Doppelbesteuerungsabkommen besteht.

1. Arbeitgeberbegriff

Zur Bestimmung des Arbeitgebers verweist der „Auslandstätigkeitserlaß" auf die LStR.[187] R 105 i.V.m. R 66 LStR verweist zunächst auf § 1 Abs. 2 LStDV: Arbeitgeber kann nach dieser Legaldefinition eine öffentliche Körperschaft, ein Unternehmen und ein Haushaltsvorstand sein. Daneben kommt nach R 66 LStR als Arbeitgeber auch eine natürliche oder juristische Person, ferner eine Perso-

---

[184] BÖCHER, in STW 1991, 201 (204).
[185] SPRINGSGUTH, in IWB Fach 3, Deutschland, Gruppe 6, S. 285.
[186] So auch schon BORGGREVE, in RIW 1984, 625 (626). Ähnliche Regelungen gibt es auch in anderen Staaten, vgl. REINHART, in BB 1983, 2246.
[187] Der ursprüngliche Verweis auf die Legaldefinition in R 72 LStR ist überholt. Zur Definition des Arbeitgebers siehe jetzt LStR 105 und 66.

nenvereinigung oder Vermögensmasse in Betracht, wenn ihr gegenüber die Arbeitskraft geschuldet wird. Arbeitgeber ist dieser Vorschrift zufolge auch, wer Arbeitlohn aus einem früheren oder für ein künftiges Dienstverhältnis zahlt. Ebenso erfasst sind die Fälle der gewerblichen und nichtgewerblichen Arbeitnehmerüberlassung; Arbeitgeber ist also auch, wer einem Dritten (dem sog. Entleiher) einen Arbeitnehmer (einen sog. Leiharbeitnehmer) zur Arbeitsleistung überlässt.

Dieser weite Begriff wird durch die Bestimmungen des Auslandstätigkeitserlasses wiederum eingeschränkt: Es muss sich in jedem Fall um einen inländischen Arbeitgeber handeln. Grenzgänger, die für ausländische Unternehmen, ausländische Tochtergesellschaften oder Konzernmütter deutscher Unternehmen arbeiten, scheiden somit aus dem Anwendungsbereich aus. Hintergrund dieser Regelung ist die Überlegung, dass die Begünstigung des Erlasses die Lohnkosten des Arbeitgebers senkt, und die so auf Kosten des deutschen Fiskus verbesserte Wettbewerbsposition soll ausschließlich deutschen Unternehmen zugute kommen.[188]

Ebenso nicht unter den Arbeitgeberbegriff des ATE fallen nach Abschn. I Satz 2 ATE Arbeitgeber, für die die Überlassung von Arbeitnehmern Unternehmenszweck ist. Mit diesem Zusatz sind lediglich solche Arbeitgeber ausgeschlossen, die unter das Arbeitnehmerüberlassungsgesetz (AÜG) fallen, unabhängig davon jedoch, ob sie eine Erlaubnis nach dem AÜG besitzen. Nicht ausgeschlossen sind aber die gerade bei Auslandseinsätzen der deutschen Anlagenbau- und Ingenieurunternehmen sehr häufig anfallenden untervergebenen Werklieferungen, Personalaushilfen und Spezialmonteureinsätze.[189] Wegen der häufig weit entfernten Einsatzstellen von Deutschland aus helfen sich - insbesondere auf Baustellen - oft ebenfalls vor Ort tätige Bau- und Montagefirmen gegenseitig aus. Diese Leistungen sind im Grunde auch keine „Gestellung von Leihmitarbeitern", sondern Dienstleistungsverträge.[190] Sind also sowohl Verleiher als auch Entleiher deutsche Unternehmen, deren Unternehmenszweck nicht Arbeitnehmerüberlassung ist, und liegen die Voraussetzungen des Auslandstätigkeitserlasses vor, so ist eine gelegentliche Verleihung zwischen im Einsatzland vertretenen deutschen Firmen möglich.

Kein inländischer Arbeitgeber im Sinne des Auslandstätigkeitserlasses ist auch die öffentliche Hand. Denn nach Abschn. V Nr. 1 ATE gelten die Bestimmun-

---

[188] Vgl. BORGGREVE, in RIW 1984, 625 (627).

[189] Dies ist unstreitig, vgl. SCHIEBER, in FR 1988, 261 (269); *ders.*, Besteuerung des Auslandseinsatzes von Mitarbeitern deutscher Unternehmen, Hefte zur Internationalen Besteuerung, Heft 39, S. 14; BORGGREVE, in RIW 1984, 625 (629); REINHART, in BB 1983, 2246 (2249), KLÖCKNER, in DB 1983, 2594 (2596).

[190] SCHIEBER, in DStR 1984, 59 (60).

gen des Erlasses nicht, wenn der Arbeitslohn aus inländischen öffentlichen Kassen gezahlt wird. Öffentliche Kassen sind gemäß H 14a LStR

„...die Kassen der inländischen juristischen Personen des öffentlichen Rechts und solche Kassen, die einer Dienstaufsicht und Prüfung der Finanzgebarung durch die inländische öffentliche Hand unterliegen.[191] Zu den öffentlichen Kassen gehören danach neben den Kassen des Bundes, der Länder und der Gemeinden insbesondere auch die Kassen der öffentlich-rechtlichen Religionsgemeinschaften, die Ortskrankenkassen, Landwirtschaftliche Krankenkassen, Innungskrankenkassen und Ersatzkassen sowie die Kassen des Bundeseisenbahnvermögens, der Deutschen Bundesbank, der öffentlich-rechtlichen Rundfunkanstalten, der Berufsgenossenschaften, Gemeindeunfallversicherungsverbände, der Träger der gesetzlichen Rentenversicherungen, der Knappschaften und die Unterstützungskassen der Postunternehmen."

Damit entspricht der „Auslandstätigkeitserlaß" auch dem im nationalen und internationalen Steuerrecht üblichen „Kassenstaatsprinzip", einem sowohl in nationalen Steuerrechtsordnungen sowie in Doppelbesteuerungsabkommen und im allgemeinen Völkerrecht anerkannten Grundsatz, dass ein aus öffentlichen Kassen bezogenes Einkommen grundsätzlich vom Träger dieser öffentlichen Kasse besteuert wird.[192] Grund für die Einschränkung ist wohl, dass diese Arbeitnehmer nicht dem mit dem „Auslandstätigkeitserlaß" angestrebten Ziel der Exportförderung dienen, wobei auch dies bezweifelt werden kann.[193] Es sind jedoch nur die direkt aus deutschen öffentlichen Kassen bezahlten Mitarbeiter von der Steuerfreistellung des ATE ausgeschlossen. Arbeitgeber, die im Auftrag der staatlichen Institutionen Arbeitnehmer ins Ausland entsenden, beispielsweise Mitarbeiter einer kirchlichen Entwicklungshilfeorganisation, die ein privater Verein ist, sind von dieser Ausnahme wiederum nicht erfasst.

Die Einschränkung des Arbeitgeberbegriffs auf „inländische Lieferanten, Hersteller, Auftragnehmer oder Inhaber ausländischer Mineralaufsuchungs- oder –gewinnungsrechte" in Abschn. I Abs. 1 ATE dürfte jedoch keine nennenswerte Auswirkung haben.[194] Insbesondere der Begriff „Auftragnehmer" ist kaum einzugrenzen. Weder das Betreiben eines Gewerbes durch den Arbeitgeber ist erforderlich noch eine Ausführung des Auftrages gegen Entgelt.[195] Dies ist insbesondere bei Entwicklungshilfeprojekten bzw. dem Auslandseinsatz von Mitarbeitern gemeinnütziger Organisationen wichtig, in denen der Arbeitgeber nicht vom Leistungsempfänger im Ausland, sondern durch Spenden bezahlt wird. Die Forderung, nur solche Einkünfte aus nichtselbständiger Arbeit freizustellen, in

---

[191] Verweis auf BFH v. 7.8.1986, BStBl. II 1986, 848.

[192] Vgl. RODI, in RIW 1992, 484ff.

[193] So auch SCHIEBER in FLICK/WASSERMEYER/BAUMHOFF, Außensteuerrecht, Anh. zu § 34c Abs. 5 EStG, Rz. 127.

[194] BÖCHER, in StW 1991, 201.

[195] Ebenso SCHIEBER in FLICK/WASSERMEYER/BAUMHOFF, Außensteuerrecht, Anh. zu § 34c Abs. 5 EStG, Rz. 47.

denen auch der Arbeitgeber einen steuerpflichtigen Gewinn erzielt[196], mag zwar wirtschaftspolitisch sinnvoll sein, ist aber abzulehnen, da ein solches Erfordernis dem ATE nicht zu entnehmen ist.

Inländischer Arbeitgeber ist nach § 38 Abs. 1 Satz 1 Nr. 1 EStG jedoch auch ein im Ausland ansässiger Arbeitgeber, der im Inland eine Betriebstätte oder einen ständigen Vertreter hat.[197] Die Auslandsentsendung muss jedoch von der Betriebstätte her erfolgen. Auch die ausländische Betriebstätte des inländischen Unternehmens ist als inländischer Arbeitgeber aufzufassen, da die ausländische Betriebstätte nur „verlängerter Arm" des inländischen Stammhauses sei und keine eigene Rechtspersönlichkeit hat.[198]

2. Arbeitnehmer

Der „Auslandstätigkeitserlaß" enthält keine eigenständige Definition des Arbeitnehmerbegriffs, insofern kann hier auf das bereits oben Dargelegte verwiesen werden.[199] Ausgeschlossen ist eine Begünstigung von Selbständigen, freien Mitarbeitern, auf Honorarbasis reaktivierten Pensionären und Unternehmern, unabhängig davon, ob sie mit eigenen Arbeitnehmern die gleiche Tätigkeit auf denselben Baustellen ausüben.[200] Diese können lediglich eine Steuerermäßigung auf Grund des sog. „Pauschalierungserlasses"[201] oder nach § 34c Abs. 5 EStG einzeln beantragen.

Nicht begünstigt durch den „Auslandstätigkeitserlaß" sind auch die eigentlich unter den Arbeitnehmerbegriff nach § 1 LStDV fallenden Bezieher von Arbeitslohn aus einem früheren Dienstverhältnis oder aus dem früheren Dienstverhältnis eines Rechtsvorgängers. Die Freistellung bezieht sich ausdrücklich nur auf Arbeitslohn aus einem gegenwärtigen Dienstverhältnis. Somit können nachträgliche Einkünfte, beispielsweise aus einer betrieblichen Zusatzversorgung, nicht von der deutschen Einkommensteuer freigestellt werden, auch wenn der Mitarbeiter zur Zeit seines Arbeitsverhältnisses im Ausland tätig und nach dem ATE freigestellt war.

3. Tätigkeit im Ausland

Freigestellt von der Besteuerung ist lediglich Bezahlung von Arbeitslohn für eine im Ausland verrichtete Tätigkeit. Um feststellen zu können, welche Tätig-

[196] REINHART, in BB 1983, 2246 (2247).
[197] BFH v. 5.10.1977, BStBl. II 1978, 205.
[198] SCHIEBER in FLICK/WASSERMEYER/BAUMHOFF, Außensteuerrecht, Anh. zu § 34c Abs. 5 EStG, Rz. 37.
[199] Siehe oben unter Gliederungspunkt B I, Seite 6.
[200] SCHIEBER in FLICK/WASSERMEYER/BAUMHOFF, Außensteuerrecht, Anh. zu § 34c Abs. 5 EStG, Rz. 42
[201] BMF-Schreiben v. 10.4.1984, BStBl. I 1984, 252.

keiten im Inland, welche im Ausland und welche im sogenannten „steuerlichen Niemandsland" ausgeübt werden, ist zunächst zu untersuchen, wie die jeweiligen Begriffe voneinander abzugrenzen sind. Zunächst ist daher zu untersuchen, was im steuerlichen Sinne unter „Inland" zu verstehen ist. In einem weiteren Schritt ist zu fragen, wie das „Nicht-Inland" einzuordnen ist, und ob dies generell als Ausland im Sinne des ATE anzusehen ist.

a) Inland - Ausland

Da der ATE keine eigene Definition des Auslandsbegriffs gibt, muss auf das EStG rekurriert werden. Die Begriffe „Inland" und „Ausland" sind im EStG nicht definiert, dennoch besteht Einigkeit, dass unter „Inland" im Sinne des § 1 EStG das gesamte Hoheitsgebiet der Bundesrepublik Deutschland - in seinen Staatsgrenzen und nicht seinen Zollgrenzen - zu verstehen ist.[202] Da sich heute die frühere Frage, ob die DDR zum Steuerinland gehört, nicht mehr stellt, braucht darauf nicht mehr eingegangen zu werden. Auslandstätigkeiten in der ehemaligen DDR waren ohnehin auf Grund Abschn. V Nr. 3 ATE ausdrücklich aus dem Anwendungsbereich des Erlasses herausgenommen.

aa) Staatswasser

Zum Hoheitsgebiet eines Staates zählt auch das Staatswassergebiet, das man neben den Binnengewässern in die „maritimen Eigengewässern" und das „Küstenmeer" einteilen kann.[203] Erstere liegen landeinwärts von den am durchschnittlichen Ebbeverlauf (der Niedrigwasserlinie) orientierten - in amtliche Seekarten eingetragenen – Basislinien, letzteres seewärts.[204] Unter *maritime Eigengewässer* werden alle Seegebiete gefasst, die zwischen dem Ende des trokkenfallenden Landes (als innerer Begrenzung) und der geraden Basislinie (als äußerer Begrenzung) liegen. Hierzu zählen in erster Linie Seehäfen, Buchten und Flussmündungen sowie die Gebiete zwischen Festland und vorgelagerten Inseln, in Deutschland beispielsweise die nord- und westfriesische Inselkette.

---

202 STAPPERFEND in HERRMANN/HEUER/RAUPACH, Einkommensteuer- und Körperschaftsteuergesetz, § 1 EStG, Rz. 57.

203 Vgl. zu gesamten Thematik GRAF VITZTHUM in ISENSEE/KIRCHHOF, Handbuch des Staatsrechts, Band I, § 16, Rz. 28, 29

204 Art. 5 ff. Seerechtsübereinkommen der Vereinten Nationen v. 10.12.1982 (SRÜ), in Kraft getreten am 16.11.1994 (BGBl. II 1994, 1798). In der Regel ist auf die sog. „normalen Basislinien" gemäß Art. 5 SRÜ abzustellen. Dabei handele es sich um die Niedrigwasserlinie entlang der Küste, die von den Küstenstaaten in amtlich anerkannte Seekarten großen Maßstabs eingetragen werden. Weist die Küste jedoch tiefe Einbuchtungen und Einschnitte auf oder erstreckt sich eine Inselkette entlang der Küste, können nach Art. 7 SRÜ auch die „geraden Basislinien" angewandt werden. Nach dieser Methode werden geeignete Bezugspunkte mit einer geraden Linie verbunden. Voraussetzungen der Anwendung von „geraden Basislinien" regelt Art. 7 SRÜ ausführlich.

Zu den Seehäfen zählen auch die Gewässer landeinwärts der äußeren Hafenanlagen. Unter einer Bucht wird ein deutlich erkennbarer Meereseinschnitt in das Landgebiet verstanden, der „mehr als eine als eine bloße Krümmung der Küste bildet".[205] Buchten, deren Maximalöffnung 24 Seemeilen nicht überschreitet, gehören regelmäßig zu den „maritimen Eigengewässern."[206]

Das sog. *Küstenmeer* - ein an Eigengewässer bzw. festes Land angrenzender Meeresstreifen - wird den Küstenstaaten durch Völkerrecht und innerstaatliches Recht als Staatsgebiet zugeordnet.[207] Nach dem Zweiten Weltkrieg nahmen die meisten Staaten mehr als die ursprüngliche „Kanonenschussweite" von 3 Seemeilen in Anspruch, nach Art. 3 des „Seerechtsübereinkommens der Vereinten Nationen" (SRÜ) stehen ihnen bis zu 12 Seemeilen zu. Äußerste seewärtige Grenze des Küstenmeeres nach Art. 4 des „Seerechtsübereinkommens der Vereinten Nationen" ist die Linie, auf der jeder Punkt vom nächstgelegenen Punkt der Basislinie um die Breite des Küstenmeers – also höchstens 12 Seemeilen – entfernt ist.

Nach Art. 89 SRÜ unterstehen die außerhalb der maritimen Eigengewässer und Küstenmeer gelegenen Teile des Meeres als „Hohe See" nicht der staatlichen Gebietshoheit. Bestimmte Kompetenzen, wie beispielsweise wie die Fischerei oder die Erforschung des Festlandssockels und die Ausbeutung seiner Naturschätze stehen den Küstenstaaten jedoch zu.[208] Außerhalb des Küstenmeeres unter der Wassersäule der Hohen See beginnt der Festlandsockel. Nach Art. 2 des „Genfer Konvention über den Festlandsockel" vom 29.4.1958[209] und Art. 77

---

[205] Art. 10 Abs. 2 Satz 1 SRÜ.

[206] Art. 10 Abs. 4 SRÜ.

[207] GRAF VITZTHUM in ISENSEE/KIRCHHOF, Handbuch des Staatsrechts, Band I, § 16, Rz. 29. Nach Art. 2 Abs. 2 SRÜ erstreckt sich die Souveränität eines Küstenstaates sowohl auf den Luftraum über dem Küstenmeer als auch auf dessen Meeresgrund und Meeresuntergrund.

[208] Vgl. GRAF VITZTHUM in ISENSEE/KIRCHHOF, Handbuch des Staatsrechts, Band I, § 16, Rz. 31.

[209] Bulletin der BReg v. 28.1.64; UN-Doc A/CONF 13/L 5, abgedruckt bei HOOG, Die Genfer Seerechtskonventionen von 1958 und 1960, S. 111 ff. Die Bundesrepublik hat diese Genfer Konvention bisher zwar nur unterzeichnet und nicht ratifiziert, zu den dort niedergelegten Grundsätze jedoch erklärt (vgl. die Proklamation der Bundesregierung v. 20.1.1964, BGBl. II 1964, 104), dass sie entsprechend der Genfer Konvention die Erforschung und Ausbeutung der Naturschätze des Meeresgrundes und Meeresuntergrundes der an die deutschen Küsten angrenzenden Unterwasserzone bis zu einer Tiefe von 200 Metern und – soweit die Tiefe des darüber befindlichen Wassers die Ausbeutung der Naturschätze gestattet – auch darüber hinaus als ein ausschließliches Hoheitsrecht der Bundesrepublik Deutschland ansieht (vgl dazu STAPPERFEND in HERRMANN/HEUER/RAUPACH, Einkommensteuer- und Körperschaftsteuergesetz, § 1 EStG, Rz. 97). Gegenüber Dänemark und den Niederlanden sowie gegenüber Großbritannien und Nordirland wurden die jeweils zustehenden Anteile am Festlandsockel eingegrenzt. (Durch die Verträge v. 28.1.1971 und v. 25.11.1971, Gesetz v. 23.8.1972, BGBl. II 1972, 881 ff., 1616.) Mit der Republik Polen liegt ein solches Abkommen bis heute nicht vor.

Abs. 1 des „Seerechtsübereinkommens der Vereinten Nationen" übt der Küstenstaat in diesem Teil des Meeresgrundes und Meeresuntergrundes Hoheitsrechte für die Erforschung und Ausbeutung seiner Naturschätze aus.[210] Gemäß Art. 3 der „Genfer Konvention über den Festlandsockel" und Art. 78 Abs. 1 SRÜ berühren die Rechte am Festlandsockel weder die Rechtsstellung der darüber befindlichen Gewässer als Hohes Meer noch die Rechtsstellung des Luftraumes über diesen Gewässern.

bb) Festlandsockel

Nach § 1 Abs. 1 Satz 2 EStG und § 1 Abs. 3 KStG gehören auch der der Bundesrepublik Deutschland zustehende Anteil am Festlandsockel zum steuerrechtlichen Inland, soweit dort Naturschätze des Meeresgrundes und der Meeresuntergrundes erforscht oder ausgebeutet werden. Art. 1 der „Genfer Konvention über den Festlandsockel" v. 29.4.58[211] definiert den Festlandsockel folgendermaßen:

„Im Sinne dieser Artikel bezeichnet der Ausdruck 'Festlandsockel'
(a) den Meeresgrund und den Meeresuntergrund der an die Küste grenzenden Unterwasserzonen außerhalb des Küstenmeeres bis zu einer Tiefe von 200 Metern oder darüber hinaus, soweit die Tiefe des darüber befindlichen Wassers die Ausbeutung der Naturschätze dieser Zone gestattet;
(b) den Meeresgrund und den Meeresuntergrund der entsprechenden an die Küste von Inseln grenzenden Unterwasserzonen."

Ebenfalls definiert ist der Festlandsockel eines Küstenstaates im Seerechtsübereinkommen der Vereinten Nationen: Nach Art. 76 Abs. 1 SRÜ umfasst dieser

Auch über das Gebiet der Ostsee bestehen bisher keine Verträge. Lediglich mit Dänemark gibt es ein Protokoll über die gegenseitige Grenzziehung. Im Übrigen gelten die Regeln des Seerechtsübereinkommens der Vereinten Nationen v. 10.12.1982, in Kraft getreten am 16.11.1994 (BGBl. II 1994, 1798).

[210] Der Küstenstaat ist zwar nach Art. 5 Abs. 2 der Genfer Konvention über den Festlandsockel berechtigt, die auf dem Festlandsockel zur Erforschung und Ausbeutung seiner Naturschätze erforderlichen Anlagen und sonstigen Vorrichtungen zu erstellen, zu unterhalten und zu betreiben und darf nach Art. 5 Abs. 3 der Konvention im Umkreis bis zu 500 m von diesen Anlagen Sicherheitszonen zu errichten und die zu deren Schutz erforderlichen Maßnahmen zu treffen. Diese Anlagen und Vorrichtungen unterstehen nach Art. 5 Abs. 4 der Konvention zwar auch der Hoheitsgewalt des jeweiligen Küstenstaates, berührten aber nicht die Abgrenzung des Küstenmeeres und haben nicht die Rechtsstellung von Inseln. Somit kann der außerhalb des Küstenmeeres befindliche Teil des Festlandsockels nicht mehr als Gebiet angesehen werden, das der Souveränität des Küstenstaates untersteht.

[211] Vom 29.4.1958, vgl. oben FN 209.

den jenseits des Küstenmeeres gelegenen Meeresboden und Meeresuntergrund der Unterwassergebiete, die sich über die gesamte natürliche Verlängerung seines Landgebietes bis zur äußeren Kante des Festlandrandes erstrecken oder bis zu einer Entfernung von 200 Seemeilen von den Basislinien, von denen aus die Breite des Küstenmeeres gemessen wird, wo die äußere Kante des Festlandrands in einer geringeren Entfernung verläuft.[212]

Liegen die in § 1 Abs. 1 Satz 2 EStG bzw. § 1 Abs. 3 KStG bezeichneten Voraussetzungen des Erforschens und Ausbeutens des Meeresgrundes und Meeresuntergrundes nicht vor, ist der Festlandsockel nicht zum Inland zu zählen. Wenn sich die Forschungs- und Ausbeutungstätigkeiten nicht auf die im Festlandsockel verborgenen Naturschätze beziehen, sondern lediglich rein ozeanografische Forschung oder Untersuchungen über den Fischfang darstellen, genügt dies dem Erfordernis nicht.[213] Ebenso unterfallen rein geophysikalische Forschungen nicht dem Inlandsbegriff, wenn sie sich nur allgemein auf den Meeresgrund beziehen. Das Verlegen von Rohrleitungen ist jedoch auch unter die Inlandserweiterung des § 1 Abs. 1 Satz 2 EStG zu subsumieren, da es sich hier um Anlagen handelt, die einer modernen und wirtschaftlichen Ausbeutung der Naturschätze dienen.[214]

Die Naturschätze des Meeresgrundes sind ebenfalls in der Genfer Konvention über den Festlandsockel beschrieben. Diese Definition ist für den Begriff der Naturschätze im Sinne des § 1 Abs. 1 Satz 2 EStG maßgeblich, da nach der Genfer Konvention über den Festlandsockel den einzelnen Staaten nur in diesem Umfang Hoheitsrechte zustehen.[215] Dazu heißt es in Art. 2 Abs. 4 der Konvention:

> „Die in diesen Artikeln erwähnten Naturschätze umfassen Mineralien und sonstige anorganische Bodenschätze des Meeresgrundes und des Meeresuntergrundes sowie seßhafte Lebewesen, das heißt solche, die während des Stadiums, in dem sie gefischt werden können, entweder unbeweglich auf oder unter dem Meeresgrund verbleiben oder sich nicht ohne ständige körperliche Berührung mit dem Meeresgrund oder Meeresuntergrund fortbewegen können."[216]

---

[212] Zu den näheren Einzelheiten der Definition des „Festlandsockels", u.a. zum Begriff des „Festlandrandes", sowie den genaueren Festlegungen, wie weit sich der „Festlandsockel" erstreckt vgl. Art. 76 Abs. 2 bis 10 SRÜ.

[213] STAPPERFEND in HERRMANN/HEUER/RAUPACH, Einkommensteuer- und Körperschaftsteuergesetz, § 1 EStG, Rz. 101; SCHOLTZ in BORDEWIN/BRAND, Kommentar zum Einkommensteuergesetz, § 1, Rz.. 62, 63.

[214] SCHOLTZ in BORDEWIN/BRAND, Kommentar zum Einkommensteuergesetz, § 1, Rz. 65; a.A. STAPPERFEND in HERRMANN/HEUER/RAUPACH, Einkommensteuer- und Körperschaftsteuergesetz, § 1 EStG, Rz. 101: demnach gehe es hier allenfalls um Transport und nicht um Ausbeutung von Naturschätzen.

[215] STAPPERFEND in HERRMANN/HEUER/RAUPACH, Einkommensteuer- und Körperschaftsteuergesetz, § 1 EStG, Rz. 100.

[216] Vgl. FN 209.

Die hier in diesem Zusammenhang relevanten Sachverhalte grenzüberschreitender Arbeitnehmertätigkeit sind in erster Linie Arbeiten auf Ölbohrplattformen. Eindeutig zur Ausbeutung gehören die Errichtung und das Betreiben einer Bohranlage.[217] Eine nichtselbständige Tätigkeit auf einer Bohrplattform im Bereich des deutschen Festlandsockels gehört somit zu den Inlandstätigkeiten[218] und ist nicht vom „Auslandstätigkeitserlaß" erfasst. Umgekehrt zählt eine solche Tätigkeit im Hoheitsbereich eines ausländischen Staates zu den Tätigkeiten im Ausland.[219] Mit dem Begriff des Festlandsockels und den allgemeinen Staatsgrenzen lässt sich somit genau umgrenzen, was für Zwecke der Einkommensbesteuerung unter „Inland" zu verstehen ist.

b) Arbeitnehmer auf Schiffen

Nicht begünstigt von den Regelungen des „Auslandstätigkeitserlasses" ist nach dessen Abschn. I Abs. 2 die Tätigkeit des Bordpersonals auf Seeschiffen. Dies gilt auch für das Bordpersonal von Seeschiffen, die zur Forschung, Exploration und Gewinnung von Bodenschätzen eingesetzt werden oder Anlagegüter für begünstigte Vorhaben befördern.[220] Die zu einer Schiffsmannschaft gehörenden Mitarbeiter können somit die Steuerfreistellung des ATE nicht in Anspruch nehmen und lediglich Steueranrechnung oder Steuerabzug des § 34c Abs. 1 und 2 EStG geltend machen oder einen gesonderten Antrag nach § 34c Abs. 5 EStG stellen.

Andererseits sind jedoch Arbeitnehmer auf Schiffen, die nicht zur Schiffsmannschaft gehören und eine unter die Begünstigungstatbestände des Abschn. I Abs. 1 Nrn. 1 - 4 fallende Tätigkeit ausüben, nicht von dieser Ausnahme erfasst. So ist beispielsweise die Tätigkeit von Fachleuten auf Schiffen im Zusammenhang mit Offshore-Aktivitäten, beispielsweise Ölbohrungen auf See, Baggerarbeiten, Meeresbodenuntersuchungen und wissenschaftliche Forschungen nicht ausgeschlossen.[221] Ebenso gehört der einen Anlagentransport begleitende Monteur

---

[217] SCHOLTZ in BORDEWIN/BRAND, Kommentar zum Einkommensteuergesetz, § 1, Rz. 65.

[218] Vgl. ROTH in HERRMANN/HEUER/RAUPACH, Einkommensteuer- und Körperschaftsteuergesetz, § 49 Abs. 1 Nr. 4 EStG, Rz. 742; STAPPERFEND in HERRMANN/HEUER/RAUPACH, Einkommensteuer- und Körperschaftsteuergesetz, § 1 EStG, Rz. 102.

[219] Wird die Tätigkeit jedoch auf den Festlandsockeln von den Nordseeanrainerstaaten Norwegen, Dänemark, Niederlande, Belgien, Dänemark oder Frankreich ausgeübt, so kommt eine Begünstigung nach dem „Auslandstätigkeitserlaß" wegen Abschn. V Nr. 2 ohnehin nicht in Frage, da hier DBA-Staaten vorliegen.

[220] KLÖCKNER, in DB 1983, 2594 (2596); REINHART, in BB 1983, 2246 (2249).

[221] Vgl. SCHIEBER, in FR 1988, 261 (269); *ders.*, Besteuerung des Auslandseinsatzes von Mitarbeitern deutscher Unternehmen, Hefte zur Internationalen Besteuerung, Heft 39, S. 13; SPRINGSGUTH, in IWB, Fach 3 Deutschland, Gruppe 6, S. 285 (297); SCHIEBER in FLICK/WASSERMEYER/BAUMHOFF, Außensteuerrecht, Anh. zu § 34c Abs. 5 EStG, Rz. 73; BORGGREVE, in RIW 1984, 625 (629).

nicht zum Bordpersonal und kann begünstigt sein.[222] Werden Seeleute von inländischen Inhabern ausländischer Mineralgewinnungsrechte bei der Errichtung eines Bohrturmes auf dem Festlandsockel eines ausländischen Staates eingesetzt und dafür besonders entlohnt, so ist diese Tätigkeit begünstigt.[223] Sinn und Zweck des ausdrücklichen Ausschlusses von Seeleuten von den Begünstigungen des ATE ist es, dass gerade diejenigen Schiffsmannschaften, die ein nach ATE begünstigtes Projekt begleiten, sich nicht auf Vorteile berufen sollen dürfen, die anderen Seeleuten auch nicht zustehen.[224]

Zu prüfen ist jedoch bei Arbeitnehmern auf Schiffen, ob sie sich im begünstigten Ausland aufhalten. Schiffe auf hoher See gelten im Völkerrecht nach ganz herrschender Auffassung als „schwimmende Gebietsteile des Staates“, dessen Flagge sie führen[225], sie unterliegen daher den Rechtsvorschriften des Flaggenstaates. Dementsprechend entschied der BFH, dass in ein inländisches Schifffahrtsregister eingetragene und die deutsche Flagge führende Kauffahrtei- und Seeschiffe auf hoher See als Inland anzusehen sind und Einkünfte aus nichtselbständiger Arbeit beschränkt steuerpflichtig sind.[226] Auf hoher See wird also in der Regel der Flaggenstaat eines Schiffes die Einkünfte aus nichtselbständiger Arbeit besteuern.

Eine Ausnahme von dieser generellen Regelung gilt, wenn sich ein Schiff in fremdem Hoheitsgewässer befindet. Dienen Schiffe keiner hoheitlichen Aufgabe, so sind sie in fremden Eigengewässern nicht exterritorial und grundsätzlich der Rechtsordnung des Aufenthaltsstaates unterworfen.[227]

Bei Arbeitnehmern, die sich also auf einem Schiff aufhalten, von dem aus Explorations- und Montagetätigkeiten im Festlandsockel eines Staates vorgenommen werden, richtet sich die Besteuerung nach dem Staat des Festlandsockels. Anders ist es in solchen Fällen, in denen lediglich eine lose Verbindung - wie beispielsweise eine Pipeline - zu einer Bohrinsel besteht.[228] Hier und in allen anderen Fällen, in denen Arbeitnehmer auf Schiffen tätig sind, richtet sich die Besteuerung danach, ob das Schiff sich noch im Hoheitsbereich des Küsten-

---

[222] REINHART, in BB 1983, 2246 (2249).
[223] KLÖCKNER, Das Personalbüro für Recht und Praxis, Gruppe 6, S. 459 (465).
[224] So auch BORGGREVE, in RIW 1984, 625 (629).
[225] So Ständiger Internationaler Gerichtshof, Urteil v. 7.9.1927, Entscheidungen des Ständigen Internationalen Gerichtshofs, Ausgabe in deutscher Übersetzung, Fünfter Band S. 71ff.; BFH v. 5.10.1977, BStBl. II 1978, 50 mit zahlreichen Nachweisen; stellvertretend für die Literatur: MAUNZ in MAUNZ/DÜRIG, Grundgesetz Kommentar, Art. 27, Rz. 24.
[226] BFH v. 13.2.1974, BStBl. II 1974, 361; vgl. auch RFH v. 24.2.1937, RStBl. 1937, 899.
[227] BFH v. 5.10.1977, BStBl. II 1978, 50.
[228] BFH v. 5.10.1977, BStBl. II 1978, 50: Im Fall hatte ein Arbeitnehmer auf einem Schiff gearbeitet, das durch eine jederzeit lösbare Pipeline mit einer Bohrinsel verbunden war und vor der nigerianischen Küste verankert war.

staates (also im Bereich des maritimen Eigengewässers oder Küstenmeeres) aufhält, dann hat der Küstenstaat des Besteuerungsrecht. Wenn es sich außerhalb des Küstenmeeres des Staates befindet, dann steht das Besteuerungsrecht dem Staat zu, in dessen Schiffsregister das Schiff eingetragen ist.[229]

c) „Steuerliches Niemandsland"

Fraglich ist jedoch die Behandlung der Fälle, in denen Arbeitnehmer in Gebieten arbeiten, die weder dem Inland noch einem ausländischen Staat zuzuordnen sind, dem sog. „steuerlichen Niemandsland". Solche können in Betracht kommen z.B. bei der Suche nach Naturschätzen des Meeresgrundes auf hoher See außerhalb der Hoheitszonen sowie bei Arbeitseinsätzen in der Antarktis. Der Wortlaut des „Auslandstätigkeitserlasses" gibt hierauf keine klare Antwort: In Abschn. 5 wird lediglich die Nichtanwendbarkeit des Erlasses bei Ausübung von Tätigkeiten in Staaten erwähnt, mit denen ein Doppelbesteuerungsabkommen besteht, in anderen Abschnitten generell eine „Auslandstätigkeit" gefordert.

aa) Meinungsstand

Teilweise wurde in der steuerrechtlichen Literatur[230] vertreten, dass unter Ausland im Sinne des ATE jedes Gebiet zu verstehen ist, das steuerlich nicht zum Inland oder einem Abkommensland gehöre. Die Notwendigkeit, dass die Auslandstätigkeit in einem „Staat" ausgeübt werden müsse, werde nur im Zusammenhang mit der Dauer der begünstigten Tätigkeit in Abschn. II Abs. 1 erwähnt. Ansonsten spreche der ATE nur von „Ausland" und grenze seinen Anwendungsbereich in Abschn. V unter der Überschrift „Nichtanwendung" negativ ein. Eine Einschränkung gegenüber dem alten „Montageerlaß" sei nicht gewollt, insofern sei der ATE auch auf das „steuerliche Niemandsland" anwendbar. Die Einbeziehung dessen in den Anwendungsbereich des Erlasses sei zumindest deswegen gut vertretbar, da durch die Novellierung eine grundsätzliche Besserstellung gegenüber der früheren Rechtslage unter dem „Montageerlaß" angestrebt worden sei.[231]

Von Vertretern der Finanzverwaltung[232] wurde jedoch auf diese Einschränkung gegenüber dem „Montageerlaß" hingewiesen und festgestellt, dass Gebiete, die

229 Vgl. ROTH in HERRMANN/HEUER/RAUPACH, Einkommensteuer- und Körperschaftsteuergesetz, § 49 Abs. 1 Nr. 4 EStG, Rz. 472.

230 SPRINGSGUTH, in IWB, Fach 3 Deutschland, Gruppe 6, S. 285 (297).

231 So trotz der erkannten Ungenauigkeit des ATE in dieser Hinsicht: BORGGREVE, in RIW 1984, 625 (627).

232 REINHART, in BB 1983, 2246 (2248); unentschieden KLÖCKNER, in DB 1983, 2594 (2595) demzufolge diese Entscheidung den obersten Finanzbehörden des Bundes und der Länder überlassen bleibt.

außerhalb der deutschen Steuerhoheit liegen und nicht zu einer anderen Steuerhoheit gehören, nicht mehr zum Ausland zu rechnen sind. Ebenfalls gegen eine Ausweitung der Anwendbarkeit auf das „steuerliche Niemandsland" wird eingewandt, dass sich das Regelungsbedürfnis für den „Auslandstätigkeitserlaß" zumindest auch aus dem Zusammentreffen des deutschen Welteinkommensanspruches und eines ausländischen Steueranspruches innerhalb seines Hoheitsgebietes ergab und eine Doppelbesteuerung vermieden werden sollte.[233]

Dass auch die Finanzbehörden Einkünfte aus Tätigkeit im „steuerlichen Niemandsland" nicht als Einkünfte aus einer Auslandstätigkeit betrachten, zeigen die sog. „Antarktis-Erlasse" der verschiedenen Finanzbehörden[234]. Die *Finanzbehörde Hamburg* entschied in einem Einzelfall bei der Errichtung einer Forschungsstation in der Antarktis, dass die Art der vorgesehenen Tätigkeit die Voraussetzungen des ATE erfülle, die Tätigkeit jedoch nicht in einem ausländischen Staat sondern im „steuerlichen Niemandsland" stattfinde. Nach Sinn und Zweck der Vorschrift sei es jedoch vertretbar, die Antarktis als ein den örtlichen Voraussetzungen entsprechendes Gebiet anzusehen. In diesen Fällen hat die Finanzbehörde Hamburg den Arbeitslohn also nicht gemäß den Bestimmungen des ATE freigestellt, sondern sich auf die ihr daneben immer noch zustehende Möglichkeit des Erlasses nach § 34c Abs. 5 EStG berufen.

Auch der BFH[235] vertrat die Auffassung, dass Einkünfte aus der Antarktis nicht den Bestimmungen des ATE unterfallen und daher nicht freigestellt werden können. Dieses Ergebnis ergebe sich schon ganz eindeutig bereits aus dem Wortlaut des ATE. Nach dessen Abschn. II Abs. 1 müsse die „Auslandstätigkeit ... mindestens drei Monate ununterbrochen in Staaten ausgeübt werden, mit denen kein Abkommen zur Vermeidung der Doppelbesteuerung besteht". Die Antarktis gehöre nicht zum Hoheitsgebiet irgendeines Staates und stelle daher - steuerrechtlich - Niemandsland dar. Ferner bestätige die Auslegung des § 34c Abs. 5 EStG - der Ermächtigungsgrundlage für den ATE - dieses Ergebnis. Dessen tatbestandliche Voraussetzung sei eindeutig das Vorliegen „ausländischer Einkünfte", die in § 34d EStG legal definiert sind. Nach § 34d Nr. 5 EStG stellen ausländische Einkünfte aus nichtselbständiger Arbeit Einkünfte aus einer

---

233 SCHIEBER in FLICK/WASSERMEYER/BAUMHOFF, Außensteuerrecht, Anh. zu § 34c Abs. 5 EStG, Rz. 46.

234 Finanzbehörde Hamburg, Erlass v. 2.7.1985, StEK EStG § 34c Nr. 141. Ähnliche Erlasse gab es schon, als der „Montageerlaß" noch galt, vgl. Finanzministerium Niedersachsen v. 30.9.1982, StEK EStG § 34c Nr. 121 sowie BMF-Schreiben v. 22.6.1983, Finanzbehörde Hamburg v. 5.7.1983, Finanzministerium Schleswig-Holstein v. 12.7.1983, Finanzministerium Hessen v. 20.7.1983, Finanzministerium Baden-Württemberg v. 25.7.1983, Finanzministerium Nordrhein-Westfalen v. 25.7.1983, Finanzministerium Niedersachsen v. 4.8.1983, Finanzbehörde Bremen v. 12.8.1983, alle StEK EStG § 34c Nr. 127.

235 BFH v. 14.6.1991, BStBl. II 1991, 926.

solchen Tätigkeit dar, „die im ausländischen Staat ausgeübt oder, ohne im Inland ausgeübt zu werden ..., in einem ausländischen Staat verwertet wird...". Bei Einkünften aus einer nichtselbständigen Tätigkeit in der Antarktis sei dieses Erfordernis jedenfalls nicht erfüllt. Aus dem Sinn und Zweck der Entstehungsgeschichte des § 34c EStG ergebe sich eine Bestätigung dieses Ergebnisses: Die Norm diene der Vermeidung der internationalen Doppelbesteuerung, um bestehende Lücken im System der Doppelbesteuerungsabkommen zu schließen.[236] Im systematischen Zusammenhang sei § 34c Abs. 5 EStG als Auffangtatbestand für diejenigen Fälle zu verstehen, in denen die vom Gesetzgeber primär vorgesehenen Methoden zur Vermeidung der Doppelbesteuerung in den DBA oder in § 34c Abs. 1 und 2 EStG nicht zu sachgerechten, außenwirtschaftlich erwünschten Ergebnissen führen.[237] Insofern seien auch die früheren o.a. „Antarktis-Erlasse" der Finanzbehörden durch die gesetzliche Ermächtigung des § 34c Abs. 5 EStG nicht gedeckt.[238]

bb) Stellungnahme

Die Argumente des BFH überzeugen: Der Wortlaut des ATE in Abschn. II Abs. 1 verlangt eindeutig die Ausübung der Tätigkeit in Staaten, mit denen kein Doppelbesteuerungsabkommen besteht. Der Hinweis, dass die Erforderlichkeit der Ausübung der Tätigkeit in einem Staat lediglich im Zusammenhang mit der Dauer der Tätigkeit erwähnt sei, und ansonsten nur eine positive Abgrenzung der Nichtanwendung des ATE in Abschn. V erfolge, kann nicht über die Eindeutigkeit des § 34c EStG hinweghelfen. Sinn und Zweck dieser Norm ist in erster Linie die Vermeidung internationaler Doppelbesteuerung, und diese kann eben nur bei Vorliegen ausländischer Einkünfte vorkommen. Es würde auch vollkommen dem Anspruch des EStG auf Besteuerung des Welteinkommens widersprechen, wenn Einkünfte, die am Ort der Tätigkeit keiner Steuerpflicht unterliegen, in der Bundesrepublik freigestellt würden. Auch das von den Klägern im vorgenannten BFH-Urteil vorgebrachte Argument, § 34c EStG diene dem Bestreben, die Chancengleichheit zwischen der exportorientierten Wirtschaft und ausländischen Wettbewerbern herzustellen, und durch eine Besteuerung dieser Einkünfte verminderten sich die Chancen der mit Forschungsaufgaben beschäftigten Unternehmen, kann hier nicht durchgreifen. Die Erforschung der Rohstoffreserven der Antarktis liegt zwar im volkswirtschaftlichen Interes-

---

236 Vgl. BT-Drucks. 8/3648, S. 19; HEINICKE in SCHMIDT, EStG, § 34c, Rz. 1; KRABBE in BLÜMICH, Kommentar zum EStG, KStG und GewStG, § 34c EStG, Rz.1.

237 Vgl. BVerfG v. 19.4.1978, BVerfGE 48, 210, BStBl. II 1978, 548.

238 Im zu entscheidenden Fall machte der Kläger einen Ermessensfehlgebrauch der Finanzbehörden geltend, der sich aus einer Verletzung des Gleichheitssatzes ergeben habe. Der BFH verwarf dies jedoch mit der Feststellung, dass ein Anspruch auf Gleichbehandlung im Unrecht nicht bestehe.

se, dieses Erfordernis ist jedoch immer im Zusammenhang mit dem Ziel der Vermeidung internationaler Doppelbesteuerung zu sehen, die volkswirtschaftlich schädlich ist.[239] Auch die Tatsache, dass der „Auslandstätigkeitserlaß" nicht zwingend eine Besteuerung im Ausland voraussetzt - es also in manchen Fällen gar nicht zu einer internationalen Doppelbesteuerung kommt und dann auch eine Minderbesteuerung eintreten kann, ist wohl eher die Ausnahme. Insofern ist schon eine gewisse Lösung vom Gedanken der konsequenten Vermeidung der Doppelbesteuerung erkennbar. Dennoch bleiben solche Fälle fehlender Besteuerung im ausländischen Einsatzstaat die Ausnahme, und sollte es sie geben, so wird diese vermeintliche Besserstellung doch häufig durch die Erhebung hoher indirekter Steuern oder sonstiger Abgaben im Ausland ausgeglichen.

Am stärksten wiegt jedoch das Wortlautargument des § 34c Abs. 5 EStG. Dieser setzt unumstößlich ausländische Einkünfte voraus. Es muss also eine Ausübung oder Verwertung einer nichtselbständigen Tätigkeit im Ausland - und nicht im „steuerlichen Niemandsland" - vorliegen. Die darauf anfallende Einkommensteuer kann ganz oder zum Teil erlassen oder in einem Pauschbetrag festgesetzt werden. Der Gleichheitssatz des Art. 3 GG gebietet, lediglich beim Vorliegen dieser Voraussetzung von den Erlass- bzw. Pauschalierungsmöglichkeiten des § 34c Abs. 5 EStG Gebrauch zu machen.

Zu prüfen ist jedoch im Einzelfall, ob die im steuerlichen Niemandsland ausgeübte Tätigkeit nicht im Ausland verwertet wird. Hier ist auf die inländische Bedeutung des Verwertungsbegriffes abzustellen. Liegt danach eine Verwertung im Sinne des § 34d Nr. 5 EStG vor, kann eine Freistellung von der Steuer auf die dann ausländischen Einkünfte durch gesonderten Erlass oder Pauschalierung nach § 34c Abs. 5 EStG gesondert erfolgen. Der „Auslandstätigkeitserlaß" findet jedoch in keinem Fall Anwendung.

4. Begünstigte Tätigkeiten

Abschn. I Abs. 1 des ATE regelt die begünstigten Auslandstätigkeiten, diese sind:

„...die Auslandstätigkeit für einen inländischen Lieferanten, Hersteller, Auftragnehmer oder Inhaber ausländischer Mineralaufsuchungs- und -gewinnungsrechte im Zusammenhang mit

1. der Planung, Errichtung, Einrichtung, Inbetriebnahme, Erweiterung, Instandsetzung, Modernisierung, Überwachung oder Wartung von Fabriken, Bauwerken, ortsgebundenen großen Maschinen oder ähnlichen Anlagen sowie dem Einbau, der Aufstellung oder Instandsetzung sonstiger Wirtschaftsgüter; außerdem ist das Betreiben der Anlagen bis zur Übergabe an den Auftraggeber begünstigt,
2. dem Aufsuchen oder der Gewinnung von Bodenschätzen,

[239] Diese rechtspolitische Überlegung ist bei der Anwendung des § 34c Abs. 5 EStG stets zu beachten; so auch PROBST in HERRMANN/HEUER/RAUPACH, Einkommensteuer- und Körperschaftsteuergesetz, § 34c EStG, Rz. 176.

3. der Beratung (Consulting) ausländischer Auftraggeber oder Organisationen im Hinblick auf Vorhaben im Sinne der Nummern 1 oder 2,
4. der deutschen öffentlichen Entwicklungshilfe im Rahmen der Technischen oder Finanziellen Zusammenarbeit."

Selbstverständlich sind die herkömmlichen Fälle von Bau- und Montagetätigkeiten wie schon unter der früheren Regelung begünstigt. Grundsätzlich lässt sich jedoch feststellen, dass durch das sehr allgemein formulierte Erfordernis des „Zusammenhangs" der Auslandstätigkeit mit den unter Nr. 1 bis 4 aufgezählten Tätigkeiten alle Auslandseinsätze erfasst werden, die im weitesten Sinne damit zu tun haben. Insofern sind auch Entsendungen von Ärzten, Baustellenkaufleuten, Bürokräften, Lehrern, Köchen, Krankenschwestern, TÜV-Ingenieuren und anderen Berufsgruppen von der Freistellung von der deutschen Lohnsteuer begünstigt, soweit sie im Zusammenhang mit dem begünstigten Auslandsprojekt erfolgen.[240] Im Zusammenhang mit der Errichtung stehen auch die nach der eigentlichen Errichtung zu erfolgende Einweisung und Schulung des Personals, das mit der Anlage zu arbeiten hat.[241]

a) „Anlage"

Im Mittelpunkt der Betrachtung steht unter Nr. 1 die „Anlage", während bei den „Montageerlässen" das „Wirtschaftsgut" im Vordergrund stand. Unter „Anlage" in diesem Sinne versteht man größere Wirtschaftsgüter von gewissem technischem und wirtschaftlichem Zuschnitt, also Großanlagen von ähnlichem Ausmaß wie die beispielhaft aufgezählten Fabriken, Bauwerke oder ortsgebundenen großen Maschinen. Durch diese Formulierung werden schlichte Verlagerungen von Produktionen oder produktionsbegleitenden Vorgängen für Massenwirtschaftsgüter von der Begünstigung ausgenommen.[242]

Im Gegensatz zur früheren Regelung sind Errichtungen und Planungen eigener Anlagen im Ausland voll begünstigt, da – im Gegensatz zum „Montageerlaß" – kein ausländischer Auftraggeber mehr erforderlich ist. Gleiches gilt für die Errichtung eigener Bauten und Anlagen in Auslandsbetriebstätten des inländischen Unternehmens.

aa) Erfordernis der Ortsgebundenheit; Schiffe als „ähnliche Anlage"

Fraglich ist, ob die in Abschn. I Abs. 1 Nr. 1 ATE erwähnten „ähnlichen Anlagen" auch ortsgebunden sein müssen. Dieser Begriff steht alternativ zu den be-

---

240 SPRINGSGUTH, in IWB, Fach 3 Deutschland, Gruppe 6, S. 285 (288); SCHIEBER in FLICK/WASSERMEYER/BAUMHOFF, Außensteuerrecht, Anh. zu § 34c Abs. 5 EStG, Rz. 48.

241 KLÖCKNER, in DB 1983, 2594 (2595); diese Tätigkeit wurde auch schon vom früheren „Montageerlaß" begünstigt, dort wurde sie jedoch ausdrücklich erwähnt.

242 BORGGREVE, in RIW 1984, 625 (627)

günstigten „Fabriken, Bauwerken oder sonstigen ortsgebundenen großen Maschinen". Das *FG Mecklenburg-Vorpommern*[243] hat diese Frage in einem Fall bejaht, in dem ein in einem Dockyard fest vertäutes Schiff lag. Aus der beispielhaften Aufzählung lasse sich durchaus der Schluss ziehen, dass unter dem Begriff „ähnliche Anlagen" nur ortsgebundene Anlagen zu verstehen seien. Eine andere Auslegung werde auch nicht durch Abschn. I Abs. 2 ATE vorgegeben, wonach die Tätigkeit des Bordpersonals auf Seeschiffen von der Begünstigung ausgenommen sei. Dieser Satz lasse nicht den zwingenden Schluss zu, dass es dieser besonderen Regelung nicht bedurft hätte, wenn Seeschiffe nicht von vorneherein zu Anlagen zählen würden. Es bestehe auch die Interpretationsmöglichkeit, dass es sich hierbei lediglich um einen klarstellenden Hinweis der Finanzverwaltung handele.

Vorsorglich weist das Finanzgericht auf das Interpretationsmonopol der Finanzverwaltung bezüglich des „Auslandstätigkeitserlasses" hin: Der ATE habe als Verwaltungsanordnung nicht die Eigenschaft einer Rechtsnorm. Die Finanzgerichte, die nach Art. 20 Abs. 3 GG nur an Recht und Gesetz gebunden seien, könnten die Verwaltungsbehörden nicht zwingen, eine Verwaltungsanweisung auch auf Fälle anzuwenden, die ihrer Auffassung nach objektiv nicht von der Verwaltungsanweisung gedeckt seien.[244] Die Verwaltungsbehörden haben den Gleichbehandlungsgrundsatz des Art. 3 GG zu beachten, eine willkürliche Anwendung der Normen des Auslandstätigkeitserlasses wäre daher angreifbar. Die Steuergerichte haben nur sicherzustellen, dass die Steuerpflichtigen ihre im Gesetz begründeten Rechte durchsetzen können.[245]

bb) Stellungnahme

M.E. sind die Ausführungen des Finanzgerichtes überzeugend: Bei der Auslegung des Begriffs „ähnliche Anlagen" ist der Zusammenhang zu den beispielhaften Aufzählungen der Fabriken, Bauwerke und großen ortsgebundenen Maschinen zu berücksichtigen. Diesen ist die Ortsgebundenheit immanent. Schiffe sind jedoch ihrer Natur nach mobil, daran ändert auch eine vorübergehend feste Vertäung in einem Dockyard nichts. Auch der Hinweis auf die ausdrückliche Nichtbegünstigung des Bordpersonals von Schiffen führt nicht zwingend zu einer anderen Bewertung. Schiffe können immerhin noch unter den Begriff der „sonstigen Wirtschaftsgüter" subsumiert werden. Demnach wären immerhin Einbau, Aufstellung und Instandsetzung von Schiffen begünstigt.

---

[243] FG Mecklenburg-Vorpommern v. 5.5.1998, JURIS-Online.
[244] So auch schon BFH v. 26.1.1968, BStBl. II 1968, 362 und v. 5.10.1977, BStBl II 1978, 50.
[245] BFH v. 26.1.1968, BStBl. II 1968, 362.

b) „Planung"

„Planung" beinhaltet nicht nur die für die Durchführung des geplanten Vorhabens benötigten Ingenieurarbeiten, sondern auch alle Vorbereitungstätigkeiten, wie Durchführbarkeitsstudien, Wirtschaftlichkeitsberechnungen, Vorplanungen aller Art, Auslandseinsätze zum Aufsuchen geeigneter Standorte, Vermessungsarbeiten, Bodenuntersuchungen und sonstige Planungsarbeiten, die zur Vorbereitung des begünstigten Investitionsvorhabens erforderlich sind.[246]

Bei Planungen für Investitionsvorhaben Dritter sind die genannten Tätigkeiten jedoch erst von der Steuerfreistellung erfasst, sobald ein Vertrag zwischen den Unternehmen besteht oder das Projekt zumindest ausgeschrieben wurde. Dies ergibt sich aus der ausdrücklichen Nichtbegünstigung von Akquisitionstätigkeiten. Auch hier sind jedoch sämtliche Vorbereitungstätigkeiten begünstigt wie Vorplanungen, Entwürfe, Projektierungen, sog. „Basic Engineering" inklusive Verfahrensbeschaffung, Verfahrensausarbeitung, Anlegung von Anlagen, Konstruktionsarbeiten, Zeichnungen zur Herstellung der Ausrüstungen einschließlich Bau- bzw. Montage-Planung, Ausschreibungen und Vergabe von Unteraufträgen, beispielsweise zur Materialbeschaffung.[247] Unter den Begriff der „Planung" ist nach wohl einhelliger Auffassung[248] auch die Tätigkeit eines mit Finanzierungsfragen beschäftigten Mitarbeiters des inländischen Unternehmens zu fassen. Eine isolierte finanzielle Beratung, die nach Abschn. I Abs. 2 ATE ausdrücklich nicht begünstigt ist, liegt bei der Hilfstätigkeit im Rahmen von Anlagen-Planungen und konkreten Investitionsvorhaben nicht vor. Die hier genannten Tätigkeiten sind auch begünstigt, wenn das geplante Projekt später überhaupt nicht verwirklicht wird oder die entsprechenden Aufträge nicht erteilt werden.

c) „Inbetriebnahme" und „Betreiben der Anlage bis zur Übergabe"

Bis zum Garantielauf (sog. „Test-Run") ist die Errichtung einer Anlage nicht abgeschlossen, die ausdrückliche Erwähnung des Begriffs „Inbetriebnahme" in Abschn. I Abs. 1 Nr. 1 ATE hat demnach eher deklaratorische Natur. Im Exportgeschäft ist es üblich, die Inbetriebnahme als Bestandteil der Montage anzusehen.[249] Eigenständige Bedeutung hat die Nennung der „Inbetriebnahme" eigentlich nur bei Inbetriebnahmeleistungen von nicht an der vorherigen Errichtung beteiligten Unternehmen. Die Inbetriebnahme gehört auch deswegen

---

[246] SCHIEBER in FLICK/WASSERMEYER/BAUMHOFF, Außensteuerrecht, Anh. zu § 34c Abs. 5 EStG, Rz. 51.

[247] SCHIEBER in FLICK/WASSERMEYER/BAUMHOFF, a.a.O. (FN 246), Rz. 53.

[248] KLÖCKNER, in DB 1983, 2594 (2596); SCHIEBER, in DStR 1984, 59 (61).

[249] Vgl. KLÖCKNER, in DB 1983, 2594 (2595).

zur Anlagenerrichtung, weil ohne sie die Errichtung der Anlage als nicht ausgeführt gilt. Der erfolgreiche Testlauf der Anlage gilt in der Regel auch als Voraussetzung für die Zahlungen und ist daher auch genau zu bestimmen.

Unter dem gleichen Aspekt ist auch das „Betreiben der Anlage bis zur Übergabe" zu sehen. Für die Dauer der Einweisung des Personals oder bestimmter abschließender Tests soll ebenfalls die Begünstigung gelten, soweit die Verantwortlichkeit für den Betrieb noch in der Hand des Auftragnehmers liegt. Ein solches Betreiben der Anlage kann auch noch nach Inbetriebnahme erfolgen, wenn der Auftraggeber erst noch den reibungslosen Ablauf vor endgültiger Übergabe abwarten will. Die endgültige Übergabe kann man daher auch an den werkvertraglichen Kriterien der Abnahme orientieren. Darunter ist in der Regel die körperliche Hinnahme des Werks verbunden mit der Billigung als in der Hauptsache vertragsgemäßer Leistung zu verstehen.[250] Zu beachten ist bei dem Begünstigungstatbestand des „Betreibens der Anlage bis zur Übergabe" aber, dass dieser lediglich bei der Errichtung von Anlagen für Dritte eingreifen kann, da bei der Errichtung einer eigenen Betriebstätte im Ausland eine Übergabe an den Auftraggeber nicht möglich ist. In diesen Fällen endet die Begünstigung mit der Inbetriebnahme der eigenen Anlage, danach sind alle weiteren Tätigkeiten von der Begünstigung ausgeschlossen.[251]

d) Sonstige Wirtschaftsgüter

Der „Auslandstätigkeitserlaß" begünstigt bezüglich „sonstiger Wirtschaftsgüter“ nur den Einbau, die Aufstellung oder Instandsetzung. „Sonstige Wirtschaftsgüter“ sind Maschinen, Geräte, Betriebsvorrichtungen und Ausrüstungsgegenstände, die nicht das Ausmaß an Größe und die Ortsgebundenheit von „Anlagen“ haben. Beispielsweise sind größere mobile Geräte wie Kräne und Bagger in diesem Begriff enthalten.[252] Unter „Instandsetzung" sind auch Reparaturen, Wartungen und Generalüberholungen zu fassen.

Herrschend ist wohl auch die Auffassung, dass durch die mangelnde Konkretisierung auf „körperliche Wirtschaftsgüter" auch Auslandseinsätze zu Hardware- und Software-Installationen im Ausland begünstigt sind.[253] Dies ist insbesondere heute angesichts weltweiter Vernetzung der Computersysteme sinnvoll, die Norm sollte für diesen Bereich auch großzügig anwendbar sein.

---

250 Vgl. SPRAU in PALANDT, Bürgerliches Gesetzbuch, § 640, Rz. 2.

251 KLÖCKNER, Das Personalbüro für Recht und Praxis, Gruppe 6, S. 459 (463).

252 BORGGREVE, in RIW 1984, 625 (627)

253 SPRINGSGUTH, in IWB, Fach 3 Deutschland, Gruppe 6, S. 285 (289); SCHIEBER in FLICK/WASSERMEYER/BAUMHOFF, Außensteuerrecht, Anh. zu § 34c Abs. 5 EStG, Rz. 52.

e) Aufsuchen und Gewinnung von Bodenschätzen

Unter Abschn. I Abs. 1 Nr. 2 ATE ist im Grunde lediglich zu beachten, in welchem Land die Aufsuchung und Gewinnung von Bodenschätzen erfolgt. Auf die Ausführungen zum Hoheitsgebiet eines Staates und zum Festlandsockel wird insoweit verwiesen.[254] Nicht mit dem Aufsuchen oder der Gewinnung von Bodenschätzen vergleichbar ist jedoch das Räumen von Minen.[255] Es bedarf auch hier keines ausländischen Auftraggebers, es genügt ein inländischer Arbeitgeber oder ein von einem ausländischen Auftraggeber beauftragter inländischer Arbeitgeber. Wem von beiden letztendlich die Rechte an der Mineralaufsuchung oder Gewinnung zustehen, ist unerheblich.

f) Beratung (Consulting) ausländischer Auftraggeber oder Organisationen

Der eigens geschaffene Tatbestand der „Beratung" bzw. des „Consulting" in Abschn. I Abs. 1 Nr. 3 ATE stellt eine Erweiterung zu den vorherigen „Montageerlässen“ dar. Denn die beratende Ingenieurstätigkeit fällt auch heute noch unter die weitgefasste Nr. 1 des Abschn. I Abs. 1 ATE, da dies „in Zusammenhang mit Planung, Errichtung, Inbetriebnahme usw." steht. Anders jedoch die Arbeiten, die in Zusammenhang stehen mit der Erstellung von Durchführbarkeitsstudien, Marktanalysen, Regionalstudien, Managementberatung, Tarifuntersuchungen, oder Vorstudien auf noch nicht feststehende Investitionsvorhaben; diese werden vom „Consulting"-Tatbestand erfasst.[256] Die Beratung muss sich auf Vorhaben im Sinne der Nr. 1 oder Nr. 2 des Abschn. I Abs. 1 ATE beziehen. Somit gehören ebenfalls zur Beratungstätigkeit Durchführbarkeitsstudien, das Aufsuchen des günstigsten Standortes und daran sich anschließende Tätigkeiten, Entwurf, Projektierung und baureife Planung, Ausschreibung und Vergabe von Aufträgen, Überwachung der Lieferungen, des Baus, der Montage, Bohrungen und Vermessungen sowie Schulung einheimischer Arbeitskräfte.[257] Nicht begünstigt sind daher beispielsweise die nicht mit der Anlagenerrichtung verbundene Beratung moderner Verwaltungen, Organisation, Betriebsführung oder Normung in Landwirtschaft sowie in militärischen oder Sicherheitsfragen.[258]

Wichtig ist jedoch zu beachten, dass diese Begünstigung lediglich eingreift, wenn die Beratung ausländischen Auftraggebern zugute kommt. Fraglich

---

[254] Siehe oben unter Gliederungspunkt C I 3. a), Seite 47.
[255] FG Niedersachsen v. 13.12.1994, JURIS-Online.
[256] Vgl. SPRINGSGUTH, in IWB, Fach 3 Deutschland, Gruppe 6, S. 285 (289); SCHIEBER in FLICK/WASSERMEYER/BAUMHOFF, Außensteuerrecht, Anh. zu § 34c Abs. 5 EStG, Rz. 63.
[257] KLÖCKNER, in DB 1983, 2594 (2596).
[258] REINHART, in BB 1983, 2246 (2249).

könnte nach dem Wortlaut sein, ob eine Unterbeauftragung durch einen Generalunternehmer, dem der ausländische Auftrag direkt erteilt wurde, genügt. Nach wohl einhelliger und richtiger Auffassung genügt jedoch auch eine derartige mittelbare Beauftragung durch den ausländischen Unternehmer.[259]

aa) Abgrenzung zur „Planung"

Problematisch kann jedoch die Abgrenzung von Planungstätigkeiten zur Beratung sein. Bei Auftragsvergaben an Subunternehmer kann fraglich sein, ob hier eine Planungstätigkeit im Sinne der Nr. 1 oder ein Consulting im Sinne der Nr. 3 vorliegt. Eine isolierte Beratung nach Nr. 3 ist jedoch nur dann begünstigt, wenn sie an ausländische Auftraggeber oder Organisationen im Hinblick auf Vorhaben erfolgt, die in Abschn. I Abs. 1 Nrn. 1 und 2 ATE genannt sind. Als Abgrenzungskriterium wird der Umfang der Verantwortung vorgeschlagen[260]: Eine eigenverantwortliche Ingenieurleistung, für deren Ergebnis der Unternehmer haftet, soll „Planung" i.S.d. Nr. 1 sein. Anders zu behandeln sei eine in Auftrag gegebene Fachexpertise, für die der Ersteller nach Abgabe keinerlei unternehmerisches Risiko mehr trägt; hier soll Beratertätigkeit nach Nr. 3 gegeben sein, die einen ausländischen Auftraggeber erfordert.

bb) Stellungnahme

Der Umfang der Verantwortung ist ein geeignetes Kriterium, Planung von Beratung abzugrenzen. Planung ist eine interne Angelegenheit, an der verantwortlich nur diejenigen beteiligt sind, die unternehmerisches Risiko mit dem geplanten Projekt verbindet. Beratung ist eher eine externe Arbeit, die gegen Honorar eingekauft wird, für deren erfolgreiche Umsetzung aber keine Consulting-Firma haftet. Abgegrenzt werden kann dies mit dem Kriterium des Umfangs der Verantwortung oder besser noch mit dem Umfang des eigenen Unternehmerrisikos, das der Arbeitgeber in den Auftrag einzubringen hat.

g) Tätigkeit im Rahmen der öffentlichen Entwicklungshilfe

Nach Abschn I Abs. 1 Nr. 4 ATE sind alle Auslandstätigkeiten „im Rahmen der Technischen und Finanziellen Zusammenarbeit" begünstigt. Zu denken ist hier an Einsätze zu landwirtschaftlichen Planungen und Projekten, Beratungen in Organisationen und Verwaltung und finanzielle Beratung.[261] Mitarbeiter nichtstaatlicher Organisationen (beispielsweise der Entwicklungshilfe-Werke der Kirchen und des Roten Kreuzes) können bei Auslandsentsendung nur von der

---

[259] SCHIEBER in FLICK/WASSERMEYER/BAUMHOFF, Außensteuerrecht, Anh. zu § 34c Abs. 5 EStG, Rz. 65; REINHART, in BB 1983, 2246 (2249).
[260] SCHIEBER in FLICK/WASSERMEYER/BAUMHOFF, a.a.O. (FN 259), Rz. 52.
[261] SCHIEBER in FLICK/WASSERMEYER/BAUMHOFF, a.a.O. (FN 259), Rz. 67.

Steuerbefreiung profitieren, wenn ihr Einsatz Teil der deutschen öffentlichen Entwicklungshilfe ist und in Abstimmung mit dem Entwicklungshilfeministerium erfolgt. Dies liegt aber auf Grund strenger Prüfungsauflagen bei den staatlich anerkannten Trägern des Entwicklungsdienstes regelmäßig vor.[262]

5. Nichtbegünstigte Tätigkeiten

Ausdrücklich ausgenommen von der Steuerfreistellung durch den „Auslandstätigkeitserlaß" sind gemäß Abschn. I Abs. 2 ATE - wie bereits erläutert - die Tätigkeit des Bordpersonals auf Seeschiffen und die Tätigkeit von Leiharbeitnehmern, für deren Arbeitgeber die Arbeitnehmerüberlassung Unternehmenszweck ist. Ferner sind ist die finanzielle Beratung (mit Ausnahme derjenigen im Zusammenhang mit der Entwicklungshilfe nach Abschn. I Abs. 1 Nr. 4 ATE) und das Einholen von Aufträgen (sog. Akquisition, ausgenommen die Beteiligung an Ausschreibungen) nicht begünstigt.

Die „finanzielle Beratung" ist jedoch begünstigt, wenn sie eine Hilfstätigkeit im Rahmen von Anlagenplanung, -errichtung, -inbetriebnahmen und so fort (Abschn. I Abs. 1 Nr. 1 ATE) darstellt. Sie ist ausgeschlossen als isolierte und externe Finanzberatung, beispielsweise die typische Tätigkeit des Angestellten einer ausländischen Filiale deutscher Bank-Institute oder von Consulting-Firmen.[263] Nicht ausgeschlossen ist jedoch der mit Finanzierungsfragen befasste Arbeitnehmer des deutschen Unternehmens, das im Ausland begünstigte Vorhaben durchführt, da diese firmeninterne Tätigkeit nicht als „Beratung" im beschriebenen Sinne bezeichnet werden kann.

Schwierig dürfte die Abgrenzung der Akquisitionstätigkeit zur Planungstätigkeit sein. Unter Akquisition sind Bemühungen um Berücksichtigung bei Auftragsvergaben im Vorfeld von Investitionsvorhaben zu verstehen.[264] Hier wird man wohl auf den Schwerpunkt der Tätigkeit abstellen müssen: Demnach liegt entweder begünstigte Planung oder nichtbegünstigte Akquisition vor. Auch die Rückausnahme „Beteiligung an Ausschreibungen" wird dann zu Nachweisschwierigkeiten führen, wenn die Vorbereitungen weit vor der schriftlichen Ausfertigung der Ausschreibung liegen.[265] Wer sich auf diese Rückausnahme beruft, muss die Beteiligung an der Ausschreibung jedoch durch entsprechende Ausschreibungsunterlagen nachweisen. Klar ist die Regelung in allen Fällen, in denen das Einholen der Aufträge lediglich Warenexport betrifft: Dies ist stets nicht begünstigt.

---

[262] SCHIEBER in FLICK/WASSERMEYER/BAUMHOFF, a.a.O. (FN 259), Rz. 67.
[263] KLÖCKNER, in DB 1983, 2594 (2596); REINHART, in BB 1983, 2246 (2249).
[264] Vgl. SCHIEBER in FLICK/WASSERMEYER/BAUMHOFF, Außensteuerrecht, Anh. zu § 34c Abs. 5 EStG, Rz. 67.
[265] SCHIEBER in FLICK/WASSERMEYER/BAUMHOFF, a.a.O. (FN 264), Rz. 77.

6. Fristvoraussetzungen

Die Auslandstätigkeit muss nach Abschn. II ATE mindestens drei Monate ununterbrochen in Staaten ausgeübt werden, mit denen kein Doppelbesteuerungsabkommen besteht. Eine Unterbrechung des Auslandsaufenthaltes durch Krankheit oder Urlaub ist unschädlich, unabhängig davon, wo sich der Arbeitnehmer während der Unterbrechung aufhält. Vorübergehende Aufenthalte im Inland oder in einem Staat, mit dem ein Doppelbesteuerungsabkommen besteht, gelten bis zu einer Gesamtaufenthaltsdauer von zehn vollen Kalendertagen innerhalb der Mindestfrist nicht als Unterbrechung, wenn sie zur weiteren Durchführung oder Vorbereitung eines begünstigten Vorhabens nötig sind. Bei längeren Aufenthalten gilt dies entsprechend für die letzten drei Monate.

a) Beginn und Ende der Auslandstätigkeit

Gemäß Abschn. II Abs. 2 ATE beginnt die Ausübung der ausländischen Tätigkeit mit Antritt der Reise ins Ausland und endet mit der endgültigen Rückkehr ins Inland. Der zu berechnende Drei-Monats-Zeitraum beginnt daher mit dem Tag der Abreise und endet mit dem Tag der Rückkehr. Es kommt nach dem Wortlaut also nicht auf die Rückkehr zum Betrieb oder zur eigenen Wohnung an, entscheidend ist lediglich der Tag der Grenzüberschreitung.[266] Teilweise wird vertreten, dass man die Reisetage nur dann zur Auslandstätigkeit zählen darf, wenn die Reise ins Ausland vor Mittag angetreten ist und die Rückkehr ins Inland nach Mittag erfolgt.[267] Dem ist m.E. nicht zuzustimmen: Dem ATE ist keine diesbezügliche Regelung zu entnehmen, die ähnlich wie bei Dienstreisen für die Festsetzung von Pauschbeträgen für Verpflegungsmehraufwendungen und Übernachtungskosten sich an festen Zeiten der Abwesenheitsdauer je Kalendertagen orientiert.[268] Insofern ist eine großzügige Handhabung angezeigt. Reisetage sind vollständig dem Auslandsaufenthalt zuzuordnen.

Unerheblich ist, ob die Auslandstätigkeit sich in einem Staat vollzieht oder in mehreren. Der Wortlaut des ATE in Abschn. II Abs. 1 ist eindeutig: Es genügt eine Auslandstätigkeit in Staaten, mit denen kein Abkommen zur Vermeidung der Doppelbesteuerung besteht. Der Arbeitnehmer kann also in verschiedene

---

[266] SCHIEBER, in FLICK/WASSERMEYER/BAUMHOFF, a.a.O. (FN 264), Rz. 81; *ders.*, in DStR 1984, 59 (61), *ders*KLÖCKNER, in DB 1983, 2594 (2597).

[267] SPRINGSGUTH, in IWB Fach 3 Deutschland, Gruppe 6, S. 285 (294), der offenlässt, ob in abweichenden Fällen auch halbe Tage gerechnet werden dürfen. Nach der Gegenauffassung genügt als Nachweis der Tag des Grenzübertritts, SCHIEBER in FLICK/WASSERMEYER/BAUMHOFF, Außensteuerrecht, Anh. zu § 34c Abs. 5 EStG, Rz. 81; KLÖCKNER, in DB 1983, 2594 (2597).

[268] Vgl. das BMF-Schreiben v. 28.1.1999, „Steuerliche Behandlung von Reisekosten und Reisekostenvergütungen bei Auslandsdienstreisen und -geschäftsreisen ab 1. März 1999" v. 28.1.1999, BStBl. I 1999, 216.

Nicht-DBA-Staaten entsandt werden und im Falle des ununterbrochenen Einsatzes von mindestens drei Monaten von der Steuerfreistellung des Auslandstätigkeitserlasses profitieren. Unerheblich ist auch, ob sich die Tätigkeit an einem oder an verschiedenen Objekten vollzieht.[269]

b) Berechnung der Frist

Der „Auslandstätigkeitserlaß" enthält keine Bestimmungen, wie die erforderliche Drei-Monats-Frist zu berechnen ist. Es ist also auf allgemeine Regelungen abzustellen.

aa) Allgemeine Berechnung der Drei-Monats-Frist

Gemäß § 108 Abs. 1 AO gelten für die Berechnung von Fristen und für die Bestimmungen von Terminen die §§ 187 bis 193 BGB entsprechend. Da schon die Reisetage zur Auslandstätigkeit zählen und der erste Tag der Auslandstätigkeit bei der Berechnung der Frist mitgezählt wird, liegt ein Fall des § 187 Abs. 2 BGB vor. Der erste Tag der Auslandstätigkeit wird bei der Berechnung der Frist mitgerechnet. Nach § 188 Abs. 2 BGB - der in Fällen, in denen der Beginn eines Tages der für den Fristanfang maßgebende Zeitpunkt ist, auf § 187 Abs. 2 BGB verweist - endet eine nach Monaten bestimmte Frist mit dem Ablaufe desjenigen Tages des letzten Monats, welcher dem Tag vorhergeht, der durch seine Bestimmung oder seine Zahl dem Anfangstage der Frist entspricht. Somit genügt ein Auslandseinsatz vom 3. Mai bis zum 2. August, wenn er nicht unterbrochen wird. Die Berechnung erfolgt also abhängig von der jeweiligen Länge der Monate. Unerheblich ist auch, ob die Auslandstätigkeit über verschiedene Kalenderjahre hinweg dauert.[270] Auch arbeitsfreie Tage sind unschädlich, soweit sie ein übliches Maß nicht überschreiten.[271]

bb) Besonderheiten bei „unschädlichen Unterbrechungen"

Anders ist die Berechnung nach § 191 BGB, wenn der Zeitraum nach Monaten oder Jahren in dem Sinne bestimmt ist, dass er nicht zusammenhängend zu verlaufen braucht. Dann wird der Monat mit 30 und das Jahr mit 365 Tagen gerechnet. Dies liegt nach Auffassung von *Schieber* vor, wenn die Auslandstätigkeit „unschädlich" durch Krankheit oder Urlaub unterbrochen wird.[272] Diese Arten der „Unterbrechung" - deren Unterschiede noch näher darzustellen sind - sind unschädlich gemäß Abschn. II Abs. 3 ATE und bei der Drei-Monats-Frist

---

[269] REINHART, in BB 1983, 2246 (2249); die Objektbindung des früheren Montageerlasses wurde beim ATE aufgegeben.

[270] KLÖCKNER, in DB 1983, 2594 (2596).

[271] SCHIEBER in FLICK/WASSERMEYER/BAUMHOFF, Außensteuerrecht, Anh. zu § 34c Abs. 5 EStG, Rz. 82.

[272] SCHIEBER, in DStR 1984, 59 (61).

nicht mitzurechnen. Da in diesen Fällen eine andere Möglichkeit der Drei-Monats-Berechnung – gemäß dieser Ansicht – als die gemäß § 191 BGB nicht möglich sei, genüge ein Auslandsaufenthalt von insgesamt mindestens 90 Tagen. Wird also der Auslandseinsatz durch Krankheit oder Urlaub „unschädlich" unterbrochen, so wechsele die Berechnungsmethode von der des § 188 Abs. 2 i.V.m. § 187 Abs. 2 BGB (drei Kalendermonate) zu § 191 BGB (90 Tage).

cc) Stellungnahme

Die vorgenannte Differenzierung, die Steuerfreistellung bei ununterbrochener Auslandstätigkeit erst nach drei Kalendermonaten zu gewähren, im Falle von Urlaub und Krankheit jedoch schon nach 90 Kalendertagen zu gewähren, erscheint unbillig. Nach Sinn und Zweck des Auslandstätigkeitserlasses sollen Krankheit und Urlaub keine Unterbrechung der Auslandstätigkeit herbeiführen, die sich steuerlich nachteilig auswirken könnte. Andererseits soll aber auch kein Vorteil daraus erwachsen, wenn die Tätigkeit im Ausland kürzer dauert als drei Monate. Urlaub und Krankheitstage sind daher bei der Berechnung der Mindestdauer außen vor zu lassen. Daher sind sie als „unschädliche Unterbrechung"[273] bezeichnet, die nicht in die Drei-Monats-Frist mit einzuberechnen ist. Die dargestellte Berechnung begünstigt aber diejenigen Arbeitnehmer, die Krankheitstage haben oder sich Urlaub nehmen. Auch wenn sich beide Varianten im Ergebnis nur um wenige Tage unterscheiden, ist eine Gleichbehandlung geboten. Daher sollte die Berechnung stets nach § 188 Abs. 2 BGB erfolgen und auf das gefundene Kalenderergebnis die „unschädlichen Unterbrechungstage" hinzu addiert werden.

c) Unterbrechungen

Der „Auslandstätigkeitserlaß" behandelt drei Arten von Nichtanwesenheit im begünstigten Ausland während der Zeit, die für die Berechnung der Dauer des Auslandsaufenthaltes maßgeblich ist. Entscheidend ist dabei, ob die Nichtanwesenheit im ausländischen Staat die begünstigte Auslandstätigkeit unterbricht, da von der Steuerfreistellung des Auslandstätigkeitserlasses erst bei einem mindestens dreimonatigen ununterbrochenen Auslandseinsatz profitiert werden kann.

aa) „Unschädliche Unterbrechungen" der Auslandstätigkeit stellen - wie bereits dargelegt - Urlaubs- und Krankheitstage dar. Diese sind bei der Berechnung der Drei-Monats-Frist nicht mitzurechnen, Abschn. II Abs. 3 ATE. „Unschädlich" ist die „Unterbrechung" insoweit, da durch sie keine neue Mindestfrist in Gang gesetzt wird und im Falle der endgültigen Fristerfüllung der währenddessen ge-

---

[273] Nach der zivilrechtlichen Terminologie der Fristvorschriften im Zusammenhang mit der Verjährung müsste man eigentlich richtigerweise von einer „Hemmung" sprechen, vgl. § 205 BGB.

zahlte Arbeitlohn steuerfrei ist.[274] Sobald dieser „Unterbrechungsgrund“ beendet ist, läuft die Zeit zur Bestimmung der Drei-Monats-Frist weiter.

bb) Bestimmte kurzfristige „Unterbrechungen“ des Auslandsaufenthaltes sind nicht nur unschädlich, sie sind sogar in die Berechnung des Drei-Monats-Zeitraums mit einzubeziehen. Dies ergibt sich aus dem klaren Wortlaut: Vorübergehende Aufenthalte im Inland oder in Nicht-DBA-Staaten bis zu einer Gesamtaufenthaltsdauer von zehn vollen Kalendertagen gelten nicht als Unterbrechung, wenn sie zur weiteren Durchführung oder Vorbereitung des begünstigten Vorhabens notwendig sind.[275] Der Erlassgeber fingiert in diesem Fall also das Nichtbestehen einer Unterbrechung und behandelt diesen Zeitraum als wie zur Auslandstätigkeit zugehörig. Die Formulierung, dass diese Art von Unterbrechung bis zu einer „Gesamtaufenthaltsdauer" von zehn Tagen innerhalb der Mindestfrist außerhalb des begünstigten Auslandes unschädlich ist, zeigt, dass auch mehrere kurze Unterbrechungen bis zu zehn Tagen möglich sind. Diese sind jedoch zusammenzurechnen. Reisetage hin und zurück sind nicht in die 10-Tages-Frist mit einzubeziehen.[276]

Problematisch ist jedoch, wie der begünstigte Zeitraum zu ermitteln ist, wenn die Gesamtaufenthaltsdauer länger als drei Monate beträgt und eine mehrfache Rückkehr ins Inland bzw. ein Zwischenaufenthalt in DBA-Staaten vorliegt. Nach dem Wortlaut des ATE gilt die Zehn-Tage-Regelung für Unterbrechungen bei längeren Auslandstätigkeiten „entsprechend für die jeweils letzten drei Monate". Dies bedeutet, dass Unterbrechungen der begünstigten Tätigkeit in jedem Drei-Monats-Zeitraum jeweils höchstens zehn Tage umfassen dürfen. Bei Überschreiten dieser zehn Tage, also ab dem elften Tag während Vollendung der drei Monate, wird die Auslandstätigkeit unterbrochen. Bis zum zehnten vollen Unterbrechungstag wird die Auslandstätigkeit noch von der Steuer freigestellt. Danach beginnt aber die Mindestfrist erneut zu laufen, eine erneute Steuerfreistellung kann also nur erreicht werden, wenn erneut drei Monate mit höchstens zehn vollen Kalendertagen Unterbrechung, die der weiteren Durchführung oder Vorbereitung der Auslandstätigkeit dienen, erreicht werden.

Beispiel: Bauingenieur B wird ab dem 10. Januar 2000 von seinem Arbeitgeber Bauunternehmer A ins Nicht-DBA-Land S auf eine Baustelle entsandt. Am 15. Mai 2000 kehrt er für wichtige Besprechungen, die in Zusammenhang mit den Bauvorhaben stehen, in die Bundesrepublik zurück. Erst am 15. Juni fliegt er wieder in sein Einsatzland.

---

[274] BORGGREVE, in RIW 1984, 625 (630). Vgl. auch FN 273.

[275] In Betracht kommen beispielsweise Berichterstattung, Erledigung von Zollformalitäten, Beschaffung von Ersatzmaterialien, Besprechung von im Ausland auftretenden Sonderproblemen. Die Rückkehr darf also nicht willkürlich erfolgen, sondern muss stets von einem „spezifischen dienstlichen Interesse getragen sein“, vgl. BORGGREVE, in RIW 1984, 625 (630).

[276] Vgl. REINHART, in BB 1983, 2246 (2250); SCHIEBER, in DStR 1984, 59 (61); KLÖCKNER, in DB 1983, 2594 (2587).

Lösung: Der 15. Mai zählt als Reisetag nicht zu den Tagen der „Nichtunterbrechung". Vom 16. Mai bis zum 25. Mai sind aber die zehn vollen Kalendertage erfüllt. Da B danach noch nicht ins begünstigte Ausland zurückgekehrt ist, ist die Auslandstätigkeit ab dem 26. Mai 2000 unterbrochen. Bis zum 25. Mai 2000 ist die Auslandstätigkeit zwar noch steuerbefreit, ab dem 15. Juni 2000 (dem Tag seiner Rückkehr) beginnt aber eine neue Drei-Monats-Frist zu laufen. Für die Zeit vom 26. Mai bis zum 14. Juni 2000 ist seine Tätigkeit im Inland zu besteuern. Eine Steuerfreistellung nach dem ATE kann hier nicht gewährt werden.

cc) Bei Überschreitung dieser zehn Tage liegt eine „schädliche" Unterbrechung vor (mit Ausnahme von Urlaub und Krankheit), dies ist im Umkehrschluss dem ATE zu entnehmen. Ab dem elften Kalendertag ist die Drei-Monats-Frist somit unterbrochen. Von dieser Unterbrechung an muss die Mindestfrist erneut erreicht werden, um von der Begünstigung des ATE zu profitieren. Ebenso ist jede andere Unterbrechung der Auslandstätigkeit „schädlich". Darunter fallen private und betriebsbedingte Gründe, selbst eine kurzfristige Rückkehr ins Inland für eine nicht mit dem Auslandseinsatz im Zusammenhang stehende Tätigkeit führt zur „Unterbrechung" der Auslandstätigkeit. Die Steuerbefreiung tritt dann nur ein, wenn bis dahin drei Monate Tätigkeit im Ausland ausgeübt wurden.

Keine Unterbrechung ist eine nach endgültiger Rückkehr ins Inland ausgeübte begünstigte Projektsachbearbeitung. Erfolgt eine Nachbearbeitung eines Auslandseinsatzes im Inland, kann durch diese Zeit die Mindestfrist für eine nach ATE begünstigte Tätigkeit nicht mehr erreicht werden.[277] Eine Einbeziehung einer Inlandstätigkeit in die Fristberechnung kommt nur in Betracht, wenn die Tätigkeit anlässlich einer Unterbrechung des Auslandsaufenthaltes ausgeübt wird, der Arbeitnehmer also wieder zu seinem Auslandseinsatz zurückkehrt.

d) Behandlung von Wochenenden und Feiertagen

Grundsätzlich gilt für Wochenenden und Feiertage, dass sie weder die Berechnung der Drei-Monats-Frist beeinflussen noch von der Begünstigung ausgenommen sind. Es steht dem Arbeitnehmer auch frei, ob er diese Tage im begünstigten Ausland oder sonst wo verbringt.[278] Ebenso werden Wochenend- und Feiertage, die zwischen Urlaubs- oder Krankheitstagen liegen, bei der Berechnung des Drei-Monats-Zeitraums nicht berücksichtigt.

Problematisch können Wochenendtage und Feiertage sein, wenn sie im Zusammenhang mit Rückkehrtagen ins Inland oder DBA-Ausland nach Abschn. II Abs. 2 ATE stehen[279] und/oder mit „unschädlicher Unterbrechung" durch

[277] FG München v. 3.3.1993, EFG 1993, 522; SPRINGSGUTH, in IWB Fach 3 Deutschland, Gruppe 6, S. 285 (295).
[278] BORGGREVE, in RIW 1984, 625 (631).
[279] Diese gelten – wie dargelegt – bis einer Gesamtaufenthaltsdauer von zehn vollen Kalendertagen innerhalb der Mindestfrist nicht als Unterbrechung der Auslandstätigkeit.

Krankheit oder Urlaub. In vielen Fällen hängt die Frage, ob eine schädliche Unterbrechung eingetreten ist oder nicht, davon ab, wie Wochenend- oder Feiertage zu werten sind. In der Regel sind Wochenend- oder Feiertage - wenn sie nicht von Tagen umschlossen werden, die zu einem bestimmten Unterbrechensgrund gehören - der Art von Unterbrechung zuzurechnen, an die sie sich anschließen.[280] Schließen sich Urlaubstage an Feiertage an und lagen vor den Feiertagen noch einige Arbeitstage im Inland gemäß Abschn. II Abs. 2 ATE, so zählen die Feiertage zu den Arbeitstagen. Im Falle längerer Wochenenden oder mehrerer Feiertage hintereinander, wie z.B. an Weihnachten oder Ostern, kann auf diesem Weg sehr schnell die Zehn-Tage-Frist überschritten werden und eine schädliche Unterbrechung der Auslandstätigkeit eintreten.

7. Begünstigter Arbeitslohn und Aufteilung dessen

Abschn. III ATE regelt die zum begünstigten Arbeitlohn gehörenden grundsätzlich steuerpflichtigen Einnahmen. Begünstigt sind danach folgende Einnahmen, soweit sie für eine begünstigte Auslandstätigkeit bezahlt werden:

„1. Zulagen, Prämien oder Zuschüsse des Arbeitgebers für Aufwendungen des Arbeitnehmers, die durch eine begünstigte Auslandstätigkeit veranlaßt sind, oder die entsprechende unentgeltliche Ausstattung oder Bereitstellung durch den Arbeitgeber,
2. Weihnachtszuwendungen, Erfolgsprämien oder Tantiemen,
3. Arbeitslohn, der auf den Urlaub - einschließlich eines angemessenen Sonderurlaubs auf Grund einer begünstigten Tätigkeit - entfällt, Urlaubsgeld oder Urlaubsabgeltung,
4. Lohnfortzahlung auf Grund einer Erkrankung während einer begünstigten Auslandstätigkeit bis zur Wiederaufnahme dieser oder einer anderen begünstigten Tätigkeit oder bis zur endgültigen Rückkehr ins Inland.
Werden solche Zuwendungen nicht gesondert für die begünstigte Tätigkeit geleistet, so sind sie im Verhältnis der Kalendertage aufzuteilen."

a) „Zulagen, Prämien oder Zuschüsse des Arbeitgebers..."

Unproblematisch sind die unter Nr. 1 genannten Zahlungen: Zulagen, Prämien und zusätzliche Einnahmen wie beispielsweise Einkleidungsbeihilfen oder Mietzuschüsse sind vollständig steuerbefreit, wenn sie für die begünstigte Auslandstätigkeit bezahlt werden. Sie können in der Regel eindeutig der Auslandstätigkeit oder nicht zugeordnet werden, und sind dementsprechend freigestellt oder werden besteuert.

b) „Weihnachtszuwendungen, Erfolgsprämien oder Tantiemen"

Nicht so eindeutig ist dies bei der Zahlung von Weihnachtszuwendungen, Erfolgsprämien oder Tantiemen im Sinne der Nr. 2, wenn die Auslandstätigkeit weniger als ein Jahr gedauert hat. Da diese Zahlungen in der Regel nicht nur

[280] So auch GOLENIA, in IStR 1993, 421.

isoliert der Auslandstätigkeit zuzurechnen sind, sondern - wie z.B. das Weihnachtsgeld - eine zusätzliche Zahlung darstellen, die für die Tätigkeit während des ganzen Jahres gezahlt wird, ist hier im Verhältnis der Kalendertage zwischen begünstigter und nichtbegünstigter Tätigkeit aufzuteilen, siehe Abschn. III Abs. 2 ATE. Maßgebend als zugrundeliegender Zeitraum ist in der Regel das Kalenderjahr bzw. der Veranlagungszeitraum. Hat die Auslandstätigkeit dagegen das ganze Jahr über gedauert, stellen sich keine Aufteilungsprobleme: Die Zahlungen sind von der Begünstigung des Abschn. III ATE vollständig erfasst. Werden Jubiläumsprämien für eine bestimmte Zeit der Betriebszugehörigkeit gezahlt, so sollte auch diese Gesamtzeit in der Aufteilung berücksichtigt werden.[281]

c) Urlaubsgeld oder Urlaubsabgeltung

Nicht ganz unproblematisch ist auch die Behandlung der Zahlungen von Arbeitslohn, der auf den Urlaub entfällt, Urlaubsgeld oder Urlaubsabgeltung nach Nr. 3. Auch hier könnte man eine Aufteilung vergleichbar der bereits dargelegten bei den Einnahmen nach Nr. 2 vornehmen, generell den Urlaub anteilig der begünstigten Auslandstätigkeit und der nichtbegünstigten Tätigkeit zuordnen und demgemäß die Einkünfte von der Steuer befreien oder nicht.

aa) Meinungsstand

Überwiegend wird eine solche Aufteilung des Urlaubslohns nach dem Verhältnis der begünstigten zur nichtbegünstigten Tätigkeit auch vertreten.[282] Danach ist es unerheblich, wann der Urlaub genommen wird, und im Gegensatz zum früheren „Montageerlaß" ist es nicht mehr erforderlich, dass der Urlaub während der begünstigten Auslandstätigkeit oder direkt im Anschluss daran genommen wird. Andererseits wird differenziert bei Urlaubszuwendungen, die direkt für den als mit der Tätigkeit in Zusammenhang stehenden Sonderurlaub oder Urlaub im Rahmen der Auslandstätigkeit gezahlt werden: Diese sind vollständig freizustellen.[283]

Nach anderer Auffassung ist bei der Ermittlung des Aufteilungsmaßstabes bei Unterbrechung einer Auslandstätigkeit durch Urlaub die gesamte Urlaubszeit

---

[281] Vgl. REINHART, in BB 1983, 2246 (2250); ebenso entschied BFH v. 10.7.1970, BStBl. II 1970, 728.schon für Weihnachtsgratifikationen und Erfolgsprämien, die nicht für eine bestimmte Arbeitszeit gezahlt wurden, wenn der Arbeitnehmer nach dem „Montageerlaß" steuerbefreite Einkünfte hatte.

[282] KLÖCKNER, in BB 1983, 2594 (2598), *ders.*, in Das Personalbüro für Recht und Praxis, Gruppe 6, S. 459 (469); REINHART, in BB 1983, 2246 (2250); SCHIEBER in FLICK/WASSERMEYER/BAUMHOFF, Außensteuerrecht, Anh. zu § 34c Abs. 5 EStG, Rz. 107.

[283] SPRINGSGUTH, in IWB Fach 3 Deutschland, Gruppe 6, S. 285 (298); BORGGREVE, in RIW 1984, 625 (631).

und der auf sie fallende Lohn freizustellen.[284] Zu Begründung wird auf den Wortlaut des Abschn. II Abs. 2 ATE verwiesen, wonach die Auslandstätigkeit mit der Reise ins Ausland beginne und mit der endgültigen Rückkehr ins Inland ende.

bb) Stellungnahme

Die letztgenannte Auffassung widerspricht dem Sinn und Zweck eines Erholungsurlaubes. Dieser wird nicht nur auf eine bestimmte Arbeitsperiode hin in Anspruch genommen, sondern in der Regel in Bezug auf ein ganzes Jahr. Insofern ist es unerheblich, wann der Urlaub genommen wird, ein Zusammentreffen mit einer Auslandstätigkeit erscheint unter diesem Gesichtspunkt betrachtet eher zufällig. Daher ist auch eine vollständige Steuerfreistellung des Arbeitslohns, Urlaubsgeldes oder der Urlaubsabgeltung für den allgemeinen Urlaub - falls dieser während der Auslandstätigkeit genommen wird - nicht sachgerecht und würde zu einer zeitlichen Festlegung der Urlaubszeit nach steuerlichen Gesichtspunkten führen.

d) Lohnfortzahlung im Krankheitsfall

Die Steuerbefreiung einer Lohnfortzahlung im Krankheitsfall nach Nr. 4 bleibt auch dann erhalten, wenn sich an die Krankheitszeit eine nichtbegünstigte Tätigkeit anschließt und die begünstigte Auslandstätigkeit unterbrochen wird. Voraussetzung ist, dass schon vorher die Drei-Monats-Frist erreicht wurde.

e) Arbeitstägliche oder kalendertägliche Aufteilung der anteilig zu berücksichtigenden Bezüge

Problematisch und umstritten war in der Literatur, auf welche Art und Weise zur Aufteilung der anteilig zu berücksichtigenden Bezüge das Verhältnis der Kalendertage der begünstigten zur nichtbegünstigten Tätigkeit zu berechnen ist.

aa) Meinungsstand

Ursprünglich ging man davon aus, dass auf Grund der Formulierung in Abschn. III Abs. 2 ATE

> „Werden solche Zuwendungen nicht gesondert für die begünstigte Tätigkeit geleistet, so sind sie im Verhältnis der Kalendertage aufzuteilen."

die Verfahrensweise eindeutig sei: In Anlehnung an § 38c Abs. 3 EStG sei das Jahr vereinfachend mit 360 „Steuertagen" zu zählen und bei der Aufteilung der Zuwendungen nach Abschn. III Abs. 1 Nr. 2 und Nr. 3 ATE jeder Tag einer be-

---

[284] BUSCHMANN, in DB 1985, 2123.

günstigten Auslandstätigkeit mit einem 360stel zu berücksichtigen.[285] Ebenfalls wurde vorgeschlagen, ein Jahr - wie in § 191 BGB - in 365 Tage zu unterteilen.[286] Danach müsste die jeweilige Einmalzahlung auf jeden Tag der Auslandstätigkeit mit einem 365stel verteilt werden.

Nach einem Urteil des BFH zur Aufteilung von Arbeitslohn bei der Anwendung des DBA-Italien 1925[287] sind regelmäßig die Einkünfte aus nichtselbständiger Arbeit steuerfrei, die dem Verhältnis zwischen den tatsächlichen Aufenthaltsstagen in Italien (also Arbeitstagen) zu den vereinbarten Arbeitstagen entsprechen.[288] Diese Berechnungsweise wurde dann - ohne nähere Begründung - auch für die Aufteilung der sonstigen Bezüge nach dem „Auslandstätigkeitserlaß" gefordert.[289]

bb) Stellungnahme

Die Grundsätze des genannten BFH-Urteils können m.E. auf den „Auslandstätigkeitserlaß" nicht übertragen werden. Die zum DBA-Italien 1925 aufgestellten Grundsätze erscheinen zwar gerecht als Aufteilungsmaßstab für Arbeitsvergütungen und entsprechen eher dem Sinn der Steuerfreistellung, da Tätigkeitsvergütungen in der Regel für einen vereinbarten Tätigkeitszeitraum und nicht für Aufenthaltstage gezahlt werden. Der Wortlaut des Abschn. III Abs. 2 ATE ist jedoch eindeutig, als er die Aufteilung des begünstigten Arbeitslohns im Verhältnis der Kalendertage vorschreibt. Zu den Kalendertagen gehören jedoch auch alle arbeitsfreien Tage wie Samstage, Sonntage und gesetzliche Feiertage. Dementsprechend ist die Aufteilung des begünstigten Arbeitslohns anhand der Kalendertage vorzunehmen, an denen sich der Arbeitnehmer im Ausland aufgehalten hat.

Das alte DBA Italien von 1925 war - bis zum Abschluss des DBA Italien 1989 - das älteste noch in Kraft befindliche Doppelbesteuerungsabkommen der Bundesrepublik[290] und das einzige, in dem keine sog. „183-Tage-Klausel" enthalten war, sondern ein strenges Arbeitsortprinzip galt. Danach wurden sämtliche Ein-

---

[285] Diese Methode war schon beim „Montageerlaß" gängig. Vgl. REINHART, in BB 1983, 2246 (2250); SCHIEBER, in DStR 1984, 59 (62); SPRINGSGUTH, in IWB Fach 3 Deutschland, Gruppe 6, S. 285 (299).

[286] SCHIEBER in FLICK/WASSERMEYER/BAUMHOFF, Außensteuerrecht, Anh. zu § 34c Abs. 5 EStG, Rz. 109, stellt die 360 „Steuertage" und die Methode der Berechnung nach der „365stel-Methode" nebeneinander vor, entscheidet sich jedoch letztendlich für die Aufteilung in 365 Tage.

[287] RGBl. 1925, 1145.

[288] BFH v. 29.1.1986, BStBl. II 1986, 479.

[289] OFFERHAUS, in StBp 1986, 142 (Anmerkung zu BFH v. 29.1.1986, BStBl. 1986, 479)

[290] Zur Geschichte der Doppelbesteuerungsabkommen mit Italien, vgl. WASSERMEYER, Doppelbesteuerungsabkommen, Textausgabe, München, „Italien" Einf. S. 4.

künfte aus nichtselbständiger Tätigkeit in Italien ohne Rücksicht auf die Kürze des Einsatzes besteuert. Somit waren selbst Löhne für eine nur wenige Tage in Italien dauernde Tätigkeit steuerpflichtig.[291] Auch wenn die Grundsätze des Urteils auch auf andere Fälle kurzfristiger Auslandseinsätze in DBA-Staaten wohl Anwendung finden müssen, wenn diesen das Besteuerungsrecht zusteht[292], erscheint gerade beim „Auslandstätigkeitserlaß" ein Abstellen auf die Kalendertage auf Grund des insoweit eindeutigen Wortlautes zwingend. Wie dargelegt gehören bei der Berechnung der Drei-Monats-Frist nach dem „Auslandstätigkeitserlaß" auch arbeitsfreie Tage wie Wochenenden und Feiertage zum Auslandseinsatz, somit ist bei dieser Frist die Dauer des Aufenthaltes und nicht nur die der reinen Arbeitstage entscheidend. Für den „Auslandstätigkeitserlaß" ist daher die Aufteilung im Verhältnis der Kalendertage - wie es in Abschn. III. Abs. 2 ATE ausdrücklich geregelt ist - angezeigt.

Es ist jedoch kaum eine Auseinandersetzung mit der Frage zu finden, ob diese Aufteilung nach 360 „Steuertagen" oder nach 365 Kalendertagen zu erfolgen hat. Der Gesetzgeber hatte in § 38c Abs. 3 Satz 2 EStG für Zwecke der Wochen- bzw. Tageslohnsteuertabellen das Jahr in 360 Tage, die sog. „Steuertage" aufgeteilt.[293] Diese Regelung wirkt in diesem Fall vereinfachend zugunsten der betroffenen Steuerpflichtigen, da jeder Monat mit 30 Tagen gezählt wird.[294] Bei der Aufteilung des Arbeitlohns nach dem „Auslandstätigkeitserlaß" ist dies jedoch nicht unbedingt der Fall. Hier sollte auf 365 Kalendertage im Jahr abgestellt werden. Diese Regelung ist genauer und auch gerechter.

8. Progressionsvorbehalt

Nach Abschn. IV ATE ist auf das nach § 32a Abs. 1 EStG zu versteuernde Einkommen der Steuersatz anzuwenden, der sich ergibt, wenn die begünstigten Einkünfte aus nichtselbständiger Arbeit bei der Berechnung der Einkommensteuer einbezogen werden. Die nach dem „Auslandstätigkeitserlaß" begünstigten Einkünfte unterliegen also dem Progressionsvorbehalt, um ungerechtfertigte

[291] Das Besteuerungsrecht stand Italien ab einem vorübergehenden Aufenthalt von mindestens 24 Stunden zu, siehe BFH v. 20.10.1982, BStBl. II 1983, 402; sowie BMF v. 8.12.1983, BStBl. I 1983, 502, KRABBE, in INF 1985, 149 (150).

[292] Eine derartige Konstellation ist denkbar in Dreieckssachverhalten, bei denen ein in Deutschland ansässiger Arbeitnehmer von einem in einem Drittstaat ansässigen Arbeitgeber nach Österreich entsandt wird. Grund ist die besondere Formulierung der 183-Tage-Klausel im DBA-Österreichs in Art. 9 Abs. 2 Buchst. b), wonach die Ansässigkeit des Arbeitgebers im Wohnsitzstaat gegeben sein muss, um die Vereinfachungsregelung eingreifen zu lassen. Gleiches gilt in Dreieckssachverhalten bei Entsendung nach Indien, Norwegen und Pakistan aufgrund ähnlicher Formulierungen in den DBA, dazu unten mehr.

[293] § 38c EStG wurde aufgehoben mit Wirkung vom 1.1.2001 durch das Gesetz vom 23.10.2000, BGBl. I 2000, 1433.

[294] So auch BFH v. 29.1.1986, BStBl. II 1986, 479.

Steuersatzvorteile bei Anwendung der Freistellungsmethode zu vermeiden.[295] Die Aufnahme des Progressionsvorbehaltes in den „Auslandstätigkeitserlaß" erfolgte aus Gründen der Steuergerechtigkeit gegenüber den Arbeitnehmern, die im Geltungsbereich eines DBA arbeiten.[296]

a) Rechtsgrundlage

Ein Progressionsvorbehalt ist auch in § 32b EStG für bestimmte Einkünfte geregelt. U.a. ist dort auch der in den meisten Doppelbesteuerungsabkommen vereinbarte Progressionsvorbehalt für steuerfreie Auslandseinkünfte festgeschrieben.[297] Rechtsgrundlage für den Progressionsvorbehalt des ATE ist § 32b EStG allerdings nicht, insofern fehlt es dort an einer eindeutigen Aufzählung der nach § 34c Abs. 5 steuerbefreiten Einkünfte. Es kommt daher nur § 34c Abs. 5 EStG selbst in Betracht. Dies wurde aber bestritten.

aa) Meinungsstand

Wohl überwiegend wurde § 34c Abs. 5 EStG als Rechtsgrundlage für den Progressionsvorbehalt des Abschn. IV ATE gesehen.[298] Grund hierfür sei der Beurteilungsspielraum der Finanzverwaltung bei der Bestimmung, welcher Umfang der Freistellung zum Zweck der Förderung der Volkswirtschaft erforderlich sei.

Eine andere Auffassung[299] bezweifelt, ob § 34c Abs. 5 EStG gültige Rechtsgrundlage für den Progressionsvorbehalt des ATE sein kann. Diese Vorschrift gebe nur eine Handhabe zur Behandlung der betreffenden Auslandseinkünfte. Gerade auf diese werde der Progressionsvorbehalt des Auslandstätigkeitserlasses jedoch nicht angewandt. Nach Abschn. IV Satz 1 ATE werde der Progressionsvorbehalt „auf das nach § 32a Abs. 1 EStG zu versteuernde Einkommen" angewandt. Dieses Einkommen sei jedoch kein steuerfreies Auslandseinkommen sondern steuerpflichtiges Inlandseinkommen, das völlig unabhängig von den Regelungen des Auslandstätigkeitserlasses ermittelt werde. Der Progressionsvorbehalt des ATE sei daher von § 34c Abs. 5 EStG nicht gedeckt.

bb) Stellungnahme

Die letztgenannte Auffassung hat scheinbar den Wortlaut des Gesetzes bzw. des „Auslandstätigkeitserlasses" für sich, dennoch kann ihr nicht zugestimmt wer-

---

[295] HELLWIG, in FR 1984, 498. Die Einführung des Progressionsvorbehalts ist im Übrigen die einzige wesentliche Verschlechterung gegenüber dem früheren „Montageerlaß".
[296] Stellvertretend: KLÖCKNER, in DB 1983, 2594 (2598).
[297] Ob der Progressionsvorbehalt in § 32b EStG nur deklaratorisch oder konstitutiv wirkt ist Gegenstand eines Meinungsstreits, der hier keiner Vertiefung bedarf.
[298] KLÖCKNER, in DB 1983, 2594 (2598); BÖCHER, in StW 1991, 201 (203).
[299] BORGGREVE, in RIW 1984, 625 (632).

den. Nach Abschn. IV ATE ist „auf das nach § 32a Abs. 1 EStG zu versteuernde Einkommen .. der Steuersatz anzuwenden, der sich ergibt, wenn die begünstigten Einkünfte aus nichtselbständiger Arbeit bei der Berechnung der Einkommensteuer einbezogen werden." Der Kritik ist zwar insofern rechtzugeben, als der „Auslandstätigkeitserlaß" auf Grund der Formulierung seiner Ermächtigungsgrundlage § 34c Abs. 5 EStG seine Regelungen auf ausländische Einkünfte beschränken muss. Im Ergebnis geht Abschn. IV ATE aber - trotz anderslautender Formulierung - nicht über diese Vorgabe hinweg. Es liegt eben - anders als der Eingangssatz des „Auslandstätigkeitserlasses" „... von der Besteuerung des Arbeitslohns (wird) abgesehen..." vermuten lässt - keine vollständige Freistellung der Besteuerung der Einkünfte aus der begünstigten Tätigkeit vor, der Gesetzgeber hat jedoch in § 34c Abs. 5 EStG auch einen teilweisen Erlass der deutschen Einkommensteuer vorgesehen. Es steht dem Erlassgeber zu, wie er einen Steuererlass im Detail ausgestaltet, und wie hoch dieser sich im Ergebnis darstellt, so lange die rechtsstaatlichen Prinzipien wie z.B. das Bestimmtheitsgebot, das Willkürverbot, der Verhältnismäßigkeitsgrundsatz eingehalten werden. Da sich für den Steuerpflichtigen durch die Einbeziehung der ausländischen Einkünfte in einen Progressionsvorbehalt im Vergleich zu einer vollen inländischen Besteuerung der ausländischen Einkünfte nur Vorteile ergeben, ist die Regelung des Abschn. IV ATE m.E. rechtlich unbedenklich.

b) Veranlagungsverfahren

Der Progressionsvorbehalt entfaltet erst im Veranlagungsverfahren seine Wirkung, da hier die Finanzverwaltung alle inländischen und ausländischen Einkünfte zur Ermittlung des Einkommens zusammenrechnet und der Steuersatz ermittelt wird. Nach § 46 EStG wird eine Veranlagung nur unter bestimmten Voraussetzungen durchgeführt, wenn das Einkommen ganz oder teilweise aus Einkünften aus nichtselbständiger Arbeit besteht, von denen ein Steuerabzug vorgenommen worden ist. Gemäß § 46 Abs. 2 Nr. 1 EStG wird die Veranlagung durchgeführt, wenn die Summe der Einkünfte und Leistungen, die dem Progressionsvorbehalt unterliegen, mehr als 800 DM (ab 1.1.2002: 410 €) beträgt.

aa) Meinungsstand

Fraglich ist, ob man unter den Begriff „Progressionsvorbehalt" lediglich die in § 32b EStG genannten Fälle subsumiert oder auch solche Regelungen genügen lässt, die in einem Erlass auf Grund des § 34c Abs. 5 EStG - wie im vorliegenden „Auslandstätigkeitserlaß" - normiert ist. Offenbar wird die Anwendung des § 46 Abs. 2 Nr. 1 EStG teilweise strikt auf Fälle des § 32b EStG begrenzt.[300]

---

[300] So NOLDE in HERRMANN/HEUER/RAUPACH, Einkommensteuer- und Körperschaftsteuergesetz, § 46 EStG, Rz. 74; i.E. ebenso SPRINGSGUTH, in IWB Fach 3 Deutschland, Gruppe 6, S. 285 (299).

Demnach wäre eine Veranlagung sämtlicher ausländischer Einkünfte, die nach dem „Auslandstätigkeitserlaß" begünstigt sind, nach § 46 Abs. 2 Nr. 1 EStG nicht möglich. Eine Veranlagung käme demnach nur bei eigener Beantragung durch den Steuerpflichtigen gemäß § 46 Abs. 2 Nr. 8 EStG in Betracht, die aber wegen der – im Vergleich zu einer vollständigen Steuerfreistellung – nachteiligen Wirkung des Progressionsvorbehaltes wohl kaum beantragt würde.

Die überwiegende Auffassung sieht den Progressionsvorbehalt des Abschn. IV ATE jedoch von § 46 Abs. 2 Nr. 1 EStG erfasst.[301] Es genügt, dass die Summe der begünstigten Einkünfte nach dem „Auslandstätigkeitserlaß" mehr als 800 DM (ab 1.1.2002: 410 €) beträgt, um eine zwingende Veranlagung der Einkünfte herbeizuführen.

bb) Stellungnahme

Eine Nichteinbeziehung des Progressionsvorbehaltes nach ATE widerspricht Sinn und Zweck der Veranlagungsvorschrift § 46 Abs. 2 Nr. 1 EStG. Wie bereits dargelegt ist der Progressionsvorbehalt des Auslandstätigkeitserlasses von seiner Ermächtigungsgrundlage in § 34c Abs. 5 EStG gedeckt. Dass der Progressionsvorbehalt nicht ausdrücklich in § 32b EStG aufgeführt ist, ist für die Beurteilung der Rechtmäßigkeit des Progressionsvorbehaltes im ATE - wie dargelegt - unerheblich. Es gibt insofern keine vernünftigen Gründe, eine Amtsveranlagung bei Überschreiten der 800-DM-Grenze (ab 1.1.2002: 410-€-Grenze) des § 46 Abs. 2 Nr. 1 EStG abzulehnen. Sofern also keine anderen Veranlagungsgründe nach § 46 EStG eingreifen, kommt der Progressionsvorbehalt nur zur Anwendung, wenn der nach ATE begünstigte Arbeitslohn mindestens 800 DM beträgt.

c) Anteiliger Abzug von Werbungskosten

Nach Abschn. III Abs. 3 ATE ist der begünstigte Arbeitslohn steuerfrei im Sinne des § 3c EStG. Dies bedeutet, dass alle Werbungskosten nicht abziehbar sind, die in einem unmittelbaren wirtschaftlichen Zusammenhang mit der begünstigten Auslandstätigkeit stehen. Somit sind beispielsweise Kosten für eine doppelte Haushaltsführung, die auf Grund der Auslandstätigkeit erforderlich wurde, nicht als Werbungskosten abziehbar.

Auch die Frage, wie die begünstigten Auslandseinkünfte zu berechnen sind, ist streitig. Nach Abschn. IV Satz 2 ATE ist bei der Ermittlung der begünstigten Einkünfte der Arbeitslohn um die Freibeträge nach § 19 Abs. 3 und 4 EStG a.F.

---

301 KLÖCKNER, in Das Personalbüro für Recht und Praxis, Gruppe 6, S. 459 (471); WEHMEYER in BLÜMICH, Kommentar zum EStG, KStG und GewStG, § 46 EStG, Rz. 19; BÖCHER, in StW 1991, 201 (203), GILOY, in RWP 1984 (1122), SG 6,1, S. 161 (168).

und den Werbungskostenpauschbetrag nach § 9a Nr. 1 EStG a.F.[302] zu kürzen, soweit diese nicht bei der Ermittlung der Einkünfte aus nichtselbständiger Arbeit berücksichtigt worden sind. Unklar ist, ob lediglich diese Pauschbeträge bei der Ermittlung der Auslands-Einkünfte Berücksichtigung finden können oder ob ein kompletter Werbungskostenabzug möglich ist.

aa) Meinungsstand

Nach *Lüdicke*[303] sind die begünstigten Einkünfte zwar bei der Ermittlung des Steuersatzes einzubeziehen, die Einkünfteermittlung erfolge aber nicht entsprechend der allgemeinen Regeln des Einkommensteuerrechts. Vielmehr sei die Ermittlung der Einkünfte im „Auslandstätigkeitserlaß" eigenständig geregelt: Demnach sei der begünstigte Auslandslohn lediglich um Weihnachts- und Arbeitnehmerfreibetrag und Werbungskostenpauschbetrag (heute Arbeitnehmer-Pauschbetrag, § 9a Nr. 1 EStG) zu kürzen, falls sie nicht bereits bei der Ermittlung der Einkünfte aus nichtselbständiger Arbeit berücksichtigt worden seien. Es sei auch davon auszugehen, dass das Finanzamt selbst den Werbungskostenpauschbetrag nicht anerkenne, wenn bei den nichtbegünstigten Einnahmen nicht der Pauschbetrag sondern höhere Werbungskosten abgesetzt würden. Seiner Auffassung nach ist ein Werbungskostenabzug von den nach ATE begünstigten Einnahmen bei der Ermittlung der ausländischen Einkünfte wegen § 3c EStG nicht möglich. Denn diese Vorschrift untersage den Werbungskosten- und Betriebsausgabenabzug bei steuerbefreiten Einkünften, schließlich seien die Einkünfte aus der begünstigten Auslandstätigkeit auf Grund der ausdrücklichen Anordnung in Abschn. III Abs. 3 ATE steuerfrei im Sinne des § 3c EStG.

Dem widerspricht *Reinhart*[304] indem er darauf hinweist, dass § 2 Abs. 2 Nr. 2 EStG unmissverständlich aussage, dass unter Einkünften der Überschuss der Einnahmen über die Werbungskosten zu verstehen sei. Wenn der „Auslandstätigkeitserlaß" daher in Abschn. IV von „begünstigten Einkünften" spreche, so sei unter Einkünften auch hier der Überschuss der Einnahmen über die Werbungskosten zu verstehen. Die Ermittlung geschehe in der Weise, dass von den ausländischen Einnahmen die sie betreffenden tatsächlichen – nach § 3c EStG vom Abzug ausgeschlossenen – Werbungskosten abgezogen werden können.

---

[302] Seit VZ 1990 gilt statt des damaligen Werbungskosten-Pauschbetrags und der Freibeträge nach § 19 Abs. 3 und 4 EStG a.F. ein Arbeitnehmer-Pauschbetrag nach § 9a Nr. 1 EStG n.F.

[303] LÜDICKE, in DB 1985, 78; sich ihm anschließend PROBST in HERRMANN/HEUER/RAUPACH, Einkommensteuer- und Körperschaftsteuergesetz, § 32b EStG, Rz. 31. LÜDICKE schlägt daher eine anteilige Berücksichtigung der Pauschbeträge für begünstigte und nichtbegünstigte Tätigkeit vor.

[304] REINHART, in DB 1985, 1316. Ebenfalls dieser Auffassung ist SCHIEBER in FLICK/WASSERMEYER/ BAUMHOFF, Außensteuerrecht, Anh. zu § 34c Abs. 5 EStG, Rz. 122, 123 und KLÖCKNER, in Das Personalbüro für Recht und Praxis, Gruppe 6, S. 459 (471).

Wenn der Abzug der Freibeträge nach § 19 Abs. 3 und 4 EStG a.F. und des Werbungskostenpauschbetrages nach § 9a Nr. 1 EStG zugelassen werde, so sei dies zusätzlich zum Abzug der tatsächlichen - vollständigen - im Zusammenhang mit den ausländischen Einkünften stehenden Werbungskosten möglich unter der Voraussetzung, dass sie nicht schon bei der Ermittlung der nichtbegünstigten Einkünfte aus nichtselbständiger Tätigkeit berücksichtigt wurden. In diesen Fällen gewähre der Erlassgeber also gewissermaßen eine mehrfache Berücksichtigung von Werbungskosten.

bb) Stellungnahme

Die Auffassung *Lüdickes* ist abzulehnen. Die Formulierung des Abschn. IV ATE ist keine eigenständige Regelung zur Ermittlung begünstigter Einkünfte nach dem Auslandstätigkeitserlass. Da der Begriff „Einkünfte" in § 2 Abs. 2 Nr. 2 EStG als Überschuss der Einnahmen über die Werbungskosten positivgesetzlich geregelt ist, ist auch Abschn. IV ATE vor diesem Hintergrund zu verstehen. Hat man einmal die begünstigten Einkünfte durch Abzug der - nach § 3c EStG von den steuerpflichtigen Einnahmen nichtabzugsfähigen - Werbungskosten ermittelt, kann man zusätzlich noch den Arbeitnehmer-Pauschbetrag nach § 9a Nr. 1 EStG n.F. abziehen, falls dies noch nicht bei den nichtbegünstigten Einkünften geschehen ist. Dagegen spricht auch nicht der Wortlaut des § 3c EStG, woraus *Lüdicke* offenbar schließt, dass Werbungskosten, die im Zusammenhang mit steuerfreien Einnahmen stehen, auch nicht von diesen abgezogen werden können. Eine solche Bedeutung lässt sich dem § 3c jedoch nicht entnehmen. Es ist vielmehr eine Aufteilung in steuerfreie und steuerpflichtige Einkünfte vorzunehmen, die Werbungskosten sind jeweils von den Einnahmen abzuziehen, mit denen sie in unmittelbarem wirtschaftlichem Zusammenhang stehen.[305] Somit hat also auch der ins Nicht-DBA-Ausland entsandte Arbeitnehmer die Möglichkeit, beispielsweise Mehraufwendungen für doppelte Haushaltsführung oder Aufwendungen für Fahrten zwischen der ausländischen Unterkunft und der Tätigkeitsstätte in Ansatz zu bringen und so zumindest einen geringeren Steuersatz zu erreichen.

d) Abzug von Sonderausgaben

Nach Abschn. III Abs. 3 ATE ist der begünstigte Arbeitslohn auch steuerfrei im Sinne des 10 Abs. 2 Nr. 2 EStG.[306] Somit sind Beiträge zur gesetzlichen Sozialversicherung des Arbeitnehmers (§ 10 Abs. 2 Nr. 1 EStG n.F.), soweit sie auf den steuerfreien Arbeitslohn entfallen, von der Geltendmachung als Sonderaus-

---

[305] Vgl. BIRK/JAHNDORF in HERRMANN/HEUER/RAUPACH, Einkommensteuer- und Körperschaftsteuergesetz, § 3c EStG, Rz. 4 und 27.

[306] Der Text des ATE ist insofern überholt, als die frühere Nr. 2 des § 10 Abs. 2 EStG zur Nr. 1 geworden ist. Inhaltlich ergibt sich dadurch aber keine Änderung.

gaben ausgeschlossen. Andererseits ist der Kostenersatz durch den Arbeitgeber steuerfrei, gemäß Abschn. III Nr. 1 ATE. Nicht betroffen vom Abzugsverbot sind die Beiträge des Arbeitnehmers zur freiwilligen Krankenversicherung, Pflegeversicherung oder Haftpflichtversicherung sowie die übrigen in § 10 EStG genannten Sonderausgaben, unabhängig davon, ob sie mit steuerfreiem Arbeitslohn aus der Auslandstätigkeit bezahlt werden.

e) Schattenveranlagung oder Hinzurechnungsmethode

Strittig ist, ob der Progressionsvorbehalt für den ATE nach der sog. „Schattenveranlagungs-" oder „Hinzurechnungsmethode" zu berechnen ist.

Vor der Neufassung der Berechnungsvorschrift für Progressionsvorbehalte des § 32b Abs. 2 EStG ab Veranlagungszeitraum 1996 war umstritten, ob die nach einem DBA steuerbefreiten Auslandseinkünfte im Wege der sog. „Schattenveranlagung"[307] oder nach der sog. „Hinzurechnungsmethode" bei der Berechnung des Steuersatzes berücksichtigt werden sollten. Nach der „Hinzurechnungsmethode" werden die steuerbefreiten ausländischen Einkünfte dem zu versteuernden Einkommen lediglich hinzuaddiert bzw. abgezogen. Unter einer „Schattenveranlagung" versteht man, dass der Steuersatz für die im Wohnsitzstaat zu besteuernden Einkünfte so zu bemessen ist, wie wenn die steuerbefreiten ausländischen Einkünfte ebenfalls der deutschen Besteuerung unterlegen hätten.[308] Die Bemessungsgrundlage zur Ermittlung des Steuersatzes ist demnach nicht nur durch die Einbeziehung der ausländischen Summe der Einkünfte, sondern auch hinsichtlich der weiteren durch die ausländischen Einkünfte beeinflussten Besteuerungsgrundlagen zu verändern.[309] Auswirkungen konnte dies auf den Versorgungsfreibetrag (§ 24a EStG), den Altersentlastungsbeitrag (§ 24a EStG), den Freibetrag für Land- und Forstwirte (§ 13 Abs. 3 EStG), die Höchstbetragsberechung, für den Spendenabzug (§ 10b EStG), die Höhe der zumutbaren Belastung (§ 33 Abs. 3 EStG) sowie für die Steuerermäßigung für selbstgenutztes Wohneigentum (§ 10e EStG) haben.[310]

Die Formulierung des § 32b Abs. 2 EStG in der Fassung bis VZ 1995 lautete:

> „Der besondere Steuersatz nach Absatz 1 ist der Steuersatz, der sich ergibt, wenn bei der Berechnung der Einkommensteuer einbezogen werden: 1. ..., 2. ..."

Dies gab jedoch über die anzuwendende Berechnungsweise keinen Aufschluss. Herrschend in der Literatur war wohl die Auffassung, die die „Schattenveranla-

[307] Zum Begriff der Schattenveranlagung siehe bspw. BFH v. 13.5.1993, BFH/NV 1994, 100.
[308] Vgl. BFH v. 30.5.1990, BStBl. II 1990, 906.
[309] CÖSTER/MEYER, in RIW 1990, 45; PROBST in HERRMANN/HEUER/RAUPACH, Einkommensteuer- und Körperschaftsteuergesetz, § 32b EStG, Rz. 112, jeweils mit zahlreichen anschaulichen Rechenbeispielen, die die Unterschiede beider Methoden verdeutlichen.
[310] APITZ, in DStZ 1993, 365 (366).

gung" forderte.[311] Andererseits berechnete die Finanzverwaltung den Steuersatz nach der „Hinzurechnungsmethode"[312], bis zur Entscheidung des BFH v. 30.5.1990[313], wonach für die Ermittlung des Steuersatzes eine weitere Veranlagung (sog. „Schattenveranlagung") durchzuführen ist, bei der das Einkommen ermittelt wird, das sich ohne Anwendung eines DBA ergäbe.

Durch die Neufassung des § 32b EStG zum VZ 1996 wurde dieser Meinungsstreit obsolet, da der Gesetzgeber vereinfachend die „Hinzurechnungsmethode" in § 32b Abs. 2 anordnete. Hiernach ist der „besondere Steuersatz nach Abs. 1 .. der Steuersatz, der sich ergibt, wenn bei der Berechnung der Einkommensteuer das nach § 32a Abs. 1 zu versteuernde Einkommen vermehrt oder vermindert wird um .. im Fall des Absatzes 1 Nr. 2 und 3 die dort bezeichneten Einkünfte ausgenommen die darin enthaltenen außerordentlichen Einkünfte."

Fraglich ist aber, ob diese Klarstellung des Gesetzgebers auch für den „Auslandstätigkeitserlaß" gilt. Dies wird teilweise in der Literatur ausdrücklich abgelehnt mit der Begründung, dass der Progressionsvorbehalt in Abschn. IV ATE nach dem Vorbild des § 32b Abs. 2 a.F. (bis VZ 1995) formuliert und insofern eine „Schattenveranlagung" geboten sei.[314] Dies ist m.E. abzulehnen: Der eindeutige Wille des Gesetzgebers bevorzugt die vereinfachende „Hinzurechnungsmethode" für den Fall des Progressionsvorbehaltes nach § 32b EStG. Wenn die Verwaltung von dieser Art der Berechnung auch beim Progressionsvorbehalt des „Auslandstätigkeitserlasses" Gebrauch macht, so steht ihr dies im Rahmen ihres Ermessensspielraumes auf Grundlage des § 34c Abs. 5 EStG zu. Eine klarstellende Formulierung - ähnlich wie in § 32b EStG - wäre für Abschn. IV ATE zwar wünschenswert, ist jedoch nicht erforderlich. Demzufolge ist auch der Steuersatz gemäß dem Progressionsvorbehalt des Auslandstätigkeitserlasses nach der sog. „Hinzurechnungsmethode" zu errechnen.

f) Verfahrensvorschriften

Ein Arbeitgeber darf von seiner ihm aus § 38 EStG erwachsenen Pflicht zum Lohnsteuerabzug nur absehen, wenn das Finanzamt eine Bescheinigung über die Freistellung des Arbeitslohns vom Steuerabzug nach dem „Auslandstätigkeitserlaß" erteilt hat. Arbeitnehmer oder Arbeitgeber müssen den Verzicht auf die Besteuerung im Steuerabzugsverfahren beim zuständigen Betriebstättenfi-

---

[311] Vgl. CÖSTER/MEYER, in RIW 1990, 45; PROBST in HERRMANN/HEUER/RAUPACH, Einkommensteuer- und Körperschaftsteuergesetz, § 32b EStG, Rz. 112; a.A. die Begründung der Bundesregierung zu § 32b Abs. 2 idF des JStG 1996, BT-Drucks. 13/1173 = Fraktionsentwurf der CDU/CSU-FDP, BT-Drucks. 13/901 S. 136.

[312] CÖSTER/MEYER, in RIW 1990, 45, weisen darauf hin.

[313] BStBl. II 1990, 906.

[314] PROBST in HERRMANN/HEUER/RAUPACH, Einkommensteuer- und Körperschaftsteuergesetz, § 32b EStG, Rz. 31.

nanzamt beantragen; wurde vom Arbeitgeber nicht bereits vom Steuerabzug abgesehen, kann der Arbeitnehmer auch nachträglich den Verzicht bei seinem Wohnsitzfinanzamt beantragen (Abschn. VI Nr. 2 ATE).

Die Freistellungsbescheinigung wird für die Dauer der begünstigten Tätigkeit - längstens für drei Jahre[315] - erteilt. Nicht erforderlich ist ein Nachweis, dass im Tätigkeitsstaat eine der deutschen Lohnsteuer entsprechende Steuer erhoben wird. Die Freistellungsbescheinigung kann bereits zu Beginn der begünstigten Auslandstätigkeit ausgestellt werden, wenn die Voraussetzungen für einen Steuerverzicht nach ATE voraussichtlich vorliegen.[316] Eine rückwirkende Erteilung der Freistellungsbescheinigung ist nur möglich, solange der Arbeitgeber den Lohnsteuer-Abzug (§ 41c EStG) ändern darf. Sie stellt einen Verwaltungsakt unter aufschiebender Bedingung nach §§ 118 Satz 1, 120 Abs. 2 Nr. 2 AO dar. Tritt die Bedingung nicht ein, ist die Bescheinigung wirkungslos und der Arbeitslohn ist steuerpflichtig. Innerhalb des Gültigkeitszeitraumes kann die Freistellungsbescheinigung jedoch erneut angewendet werden, wenn nach einer schädlichen Unterbrechung einer Auslandstätigkeit eine neue begünstigte Auslandstätigkeit ausgeübt wird.

Dem Arbeitgeber sind nach Abschn. VI Nr. 1 ATE folgende Verfahrenspflichten auferlegt:

„a) Der begünstigte Arbeitslohn ist im Lohnkonto, auf der Lohnsteuerkarte, der besonderen Lohnsteuerbescheinigung sowie dem Lohnszettel getrennt von dem übrigen Arbeitslohn anzugeben.

b) Die Freistellungsbescheinigung ist als Beleg zum Lohnkonto des Arbeitnehmers zu nehmen.

c) Für Arbeitnehmer, die während des Kalenderjahrs begünstigten Arbeitslohn bezogen haben, darf der Arbeitgeber weder die Lohnsteuer nach dem voraussichtlichen Jahresarbeitslohn (sog. permanenter Jahresausgleich) ermitteln noch einen Lohnsteuer-Jahresausgleich durchführen."

Hat der Arbeitgeber auf Grund einer Freistellungsbescheinigung keine Lohnsteuer vom Lohn abgezogen, obwohl die Begünstigungsvoraussetzungen des ATE nicht erfüllt sind und er erkennt dies, so ist er bis zur Ausschreibung der Lohnsteuerbescheinigung sowie des Lohnzettels[317] berechtigt, bei der jeweils nächstfolgenden Lohnsteuerzahlung bisher noch nicht erhobene Lohnsteuer nachträglich einzubehalten. Macht der Arbeitgeber von dieser Berechtigung keinen Gebrauch oder kann die Lohnsteuer nicht nachträglich einbehalten werden, so ist er verpflichtet, dies dem Betriebstättenfinanzamt anzuzeigen (Absch. VI Nr. 1 letzter Absatz ATE).

---

[315] Vgl. KLÖCKNER, in Das Personalbüro in Recht und Praxis, Gruppe 6, S. 459 (472); BORGGREVE, in RIW 1984, 625 (632).
[316] Vgl. KLÖCKNER, a.a.O. (FN 315), Gruppe 6, S. 459 (472).
[317] Nach LStR 1993 (Anhang 32) ab 1988 weggefallen.

II Sonstige Methoden zur Vermeidung internationaler Doppelbesteuerung gemäß § 34c EStG bei Bestehenbleiben der unbeschränkten Steuerpflicht

Sind bei einer Auslandstätigkeit in einem Nicht-DBA-Staat die Voraussetzungen des Auslandstätigkeitserlasses nicht erfüllt, kommt eine anderweitige Vermeidung der Doppelbesteuerung nach § 34c Abs. 1, 2, 3 oder 5 EStG in Betracht.

1. Anrechnungsmethode, § 34c Abs. 1 EStG

Grundsätzlich wird bei einem ins Ausland entsandten unbeschränkt Steuerpflichtigen nach § 34c Abs. 1 EStG die im Ausland auf ausländische Einkünfte festgesetzte, gezahlte und keinem Ermäßigungsanspruch mehr unterliegende Steuer, die der deutschen Einkommensteuer entspricht, von Amts wegen angerechnet. Durch die Anrechnungsmethode wird das Konzept der „Kapitalexportneutralität" verwirklicht. Die ausländischen Steuern sind jedoch nur insoweit anzurechnen, als sie auf die im Veranlagungszeitraum erzielten Einkünfte entfallen; die ausländischen Einkünfte müssen dem Inländer also nach Maßgabe des deutschen Steuerrechts im jeweiligen Bemessungszeitraum zuzuordnen sein.[318]

Es handelt sich nur um eine „begrenzte, direkte Anrechnung" der ausländischen Steuer: Die Höhe der anzurechnenden ausländischen Steuer ist zum einen auf die Höhe der auf die ausländischen Einkünfte entfallenden deutschen Einkommensteuer sowie bei ausländischen Einkünften aus mehreren Staaten auf die auf jeden Staat einzeln entfallende Einkommensteuer begrenzt (sog. "per-country-limitation"). Ermittelt wird die auf die ausländischen Einkünfte entfallende deutsche Einkommensteuer nach § 34c Abs. 1 Satz 2 EStG, indem die sich bei der Veranlagung des zu versteuernden Einkommens - einschließlich der ausländischen Einkünfte - nach den §§ 32a, 32b, 32c, 34 und 34c EStG ergebende deutsche Einkommensteuer im Verhältnis der ausländischen Einkünfte zur Summe der Einkünfte aufgeteilt wird. Diese sog. „Höchstbetragsrechnung" ist für jeden einzelnen Staat, in dem ausländische Einkünfte erzielt wurden, gesondert durchzuführen. Auswirken kann sich diese Begrenzung, wenn der im Ausland anfallende Steuersatz höher ist, oder wenn die Steuer von einer höheren Bemessungsgrundlage erhoben wird als die deutsche Steuer.[319] Nach R 212b EStR bleiben bei der Ermittlung der ausländischen Einkünfte die nach § 34c

[318] KLUGE, Das deutsche Internationale Steuerrecht, S. 79.

[319] Vgl. GROSS, in IWB Fach 3 Deutschland, Gruppe 6, S. 347 (373); eine abweichende ausländische Berechnungsgrundlage hat nach H 212b EStR keinen Einfluss auf die „Höchstbetragsrechnung", wenn Einkünfteidentität dem Grunde nach besteht. Siehe auch BFH v. 2.2.1994, Leitsatz 8, BStBl. II 1994, 727.

Abs. 5 EStG pauschal besteuerten ausländischen Einkünfte und die Pauschsteuer außer Betracht. Für die deutsche Besteuerung sind die ausländischen Einkünfte unabhängig von der Einkunftsermittlung des ausländischen Staates nach den Vorschriften des EStG zu ermitteln. Betriebsausgaben und Werbungskosten, die mit den im Ausland erzielten Einnahmen im wirtschaftlichen Zusammenhang stehen, sind zu berücksichtigen. Die ausländischen Steuern (aus Nicht-DBA- und somit Nicht-EU-Staaten) auf Einkünfte sind nach R 212a Abs. 1 EStR auf Grundlage der von der Europäischen Zentralbank täglich veröffentlichten Euro-Referenzkurse mit festgelegten Umrechnungskursen für die DM zum Euro umzurechnen.[320]

Der Steuerpflichtige muss jedoch stets die Veranlagung zur Einkommensteuer nach § 46 Abs. 2 Nr. 8 EStG beantragen, um in den Genuss der Anrechnung nach § 34c Abs. 1 EStG zu kommen, denn der deutsche Arbeitgeber ist gemäß § 38 Abs. 1 EStG zum Lohnsteuerabzug verpflichtet. Eine Berücksichtigung der anzurechnenden Steuer schon im Wege des Lohnabzugs ist nicht möglich. Der Antrag auf Veranlagung ist in diesem Falle bis zum Ablauf des auf den Veranlagungszeitraum folgenden zweiten Kalenderjahres zu stellen (§ 46 Abs. 2 Nr. 8 Satz 2 EStG).

2. Abzugsmethode, § 34c Abs. 2 EStG

Der Steuerpflichtige kann statt der Anrechnung nach Abs. 1 auch einen Abzug der ausländischen Steuer gemäß § 34c Abs. 2 EStG beantragen. Der Steuerabzug ist im Gegensatz zur Anrechnung nach § 34c Abs. 1 EStG keine Tarifvorschrift, sondern knüpft an die Ermittlung der Einkünfte an.[321] Der Abzug der ausländischen Steuer erfolgt bei den einzelnen Einkünften. Es ist auch eine Aufteilung des Steuerabzugs nach Staaten möglich.

Im Gegensatz zu Abs. 1 ist nicht erforderlich (trotz des vermeintlich entgegenstehenden Wortlauts), dass die ausländische Steuer festgesetzt und gezahlt wurde und keinem Ermäßigungsanspruch mehr unterliegt.[322] Auch die Höchstbetragsrechnung nach § 34c Abs. 1 EStG findet keine Berücksichtigung. Abzugsfähig sind alle vom Steuerpflichtigen entrichteten ausländischen Steuern ohne Begrenzung.

Günstiger kann der Steuerabzug statt der Steueranrechnung sein, wenn auf Grund von Verlusten im betreffenden Veranlagungszeitraum keine deutsche Einkommensteuer zu entrichten ist und so die ausländische Steuer durch den

---

[320] Zur Vereinfachung ist auch eine Umrechnung der Währungen zu den monatlich im Bundessteuerblatt veröffentlichten Umsatzsteuer-Umrechnungskursen zulässig.

[321] Vgl. HILDESHEIM in BORDEWIN/BRANDT, Kommentar zum Einkommensteuergesetz, § 34c EStG, Rz. 41.

[322] FLICK/WASSERMEYER/BAUMHOFF, Außensteuerrecht, § 34c EStG, Rz. 142.

Steuerabzug wenigstens beim Verlustrück- oder -vortrag berücksichtigt wird. Ebenso ist ein Antrag nach Abs. 2 vorteilhafter, wenn die ausländischen Einkünfte auf Grundlage deutscher Einkünfteermittlungsvorschriften negativ sind.[323] Ist der im Ausland bestehende Steuertarif höher als im Inland, kann wegen der begrenzten Anrechenbarkeit ein Überhang ausländischer Steuern entstehen. Ein Abzug der ausländischen Steuern ohne Begrenzung bei der Einkünfteermittlung kann hier günstiger sein, dies muss im Einzelfall jedoch berechnet werden.

3. Abzugsmethode, § 34c Abs. 3 EStG

Eine weitere Möglichkeit, ausländische Steuern bei der Ermittlung inländischer Einkünfte abzuziehen, besteht für unbeschränkt Steuerpflichtige, soweit eine Anrechnung nach Abs. 1 nicht möglich ist, weil die Steuer nicht der deutschen Einkommensteuer entspricht oder nicht in dem Staat erhoben werden kann, aus dem die Einkünfte stammen oder weil keine ausländischen Einkünfte vorliegen. Sie wird von Amts wegen durchgeführt und ist begrenzt auf die sog. Personalsteuern, da nur sie an das Einkommen als Bemessungsgrundlage anknüpfen. Realsteuern sind demgemäß nicht abzugsfähig. Auch der Abzugsmöglichkeit nach § 34c Abs. 3 EStG kommt generell eher eine Auffangfunktion zu, ihr praktischer Anwendungsbereich ist sehr beschränkt.[324]

Einen Anwendungsfall des § 34c Abs. 3 EStG im Bereich grenzüberschreitender Arbeitnehmertätigkeit nennt *Bellstedt*.[325] Leitet ein unbeschränkt Steuerpflichtiger als Geschäftsführer vom Inland aus eine im Nicht-DBA-Ausland (bspw. Liechtenstein) gelegene Kapitalgesellschaft, so liegen - nach neuerer BFH-Rechtsprechung - wegen fehlender Ausübung der Tätigkeit im Ausland keine ausländischen Einkünfte im Sinne des § 34d Nr. 5 EStG vor. Eine dennoch im Ausland erhobene Quellensteuer auf die Einkünfte kann hier nur noch nach § 34c Abs. 3 EStG von der Bemessungsgrundlage der steuerpflichtigen Einkünfte abgezogen werden. Eine Anrechnung der gezahlten Steuer nach § 34c Abs. 1 EStG kommt nur in Betracht bei einer Ausübung der geschäftsleitenden Tätigkeit vor Ort im Ausland. Auf die Besonderheiten der Besteuerung von Geschäftsführern wird im Folgenden noch näher eingegangen.

4. Erlass oder Pauschalierung, § 34c Abs. 5 EStG

Der „Auslandstätigkeitserlaß" enthält keine abschließende Regelung des Steuererlasses oder der Steuerpauschalierung im Sinne des § 34c Abs. 5 EStG.[326]

---

[323] FLICK/WASSERMEYER/BAUMHOFF, a.a.O. (FN 322), Rz. 146.
[324] FLICK/WASSERMEYER/BAUMHOFF, a.a.O. (FN 322), Rz. 146.
[325] BELLSTEDT, Geschäftsführer und Vorstände, Rz. 60.
[326] BFH v. 18.8.1987, BStBl. II 1988, 139.

Bei Nichtvorliegen der Voraussetzungen des ATE ist der Inhalt des § 34c Abs. 5 EStG nicht erschöpft. Der BFH bezieht sich in seinem Urteil v. 18.8.1987 auf Ausführungen des BVerfG, wonach die Vorschrift den Finanzbehörden einen Ermessenspielraum einräume und einen Auffangtatbestand für besondere Fälle darstelle, denen die vorangestellten Absätze des § 34c Abs. 5 EStG nicht gerecht werden - sei es dass die Anwendung des Abs. 1 besonders schwierig oder dass eine andere Regelung aus volkswirtschaftlichen Gründen zweckmäßig ist. Daraus ergebe sich, dass die Bestimmung auf Ausnahmefälle beschränkt sei, nämlich auf Regelungen von besonderen Schwierigkeiten, die im Hinblick auf ihre Abhängigkeit von jeweiligen ausländischen handels- und wirtschaftspolitischen Maßnahmen zum Schutz der eigenen Volkswirtschaft eine schnelle, auf den Einzelfall bezogene entlastende Reaktion der Finanzbehörde erfordern. Diesen Bedürfnissen nach einzelfallbezogenen schnellen Entscheidungen werde durch Erlassregelung wie bspw. dem „Auslandstätigkeitserlaß" nicht abschließend Rechnung getragen. Im Einzelfall müsse daher eine Entscheidung unter Berücksichtigung der jeweiligen Gegebenheiten möglich bleiben.

Dies bedeutet für Arbeitnehmerentsendungen in Nicht-DBA-Länder, in denen die besonderen Voraussetzungen des Auslandstätigkeitserlasses nicht erfüllt sind, dass dem Steuerpflichtigen die Möglichkeit bleibt, einen Erlass oder eine Pauschalierung der Einkommensteuer bei den obersten Finanzbehörden mit Zustimmung des Bundesfinanzministeriums zu beantragen. Diese sind sowohl für eine Gewährung der Vergünstigung wie für den Erlass ausschließlich zuständig. Darzulegen ist jedoch dann der Einzelfall, dass dies aus volkswirtschaftlichen Gründen zweckmäßig ist oder die Anwendung der Anrechnungsmethode des Absatzes 1 besonders schwierig ist. Nachdem das BVerfG den Begriff der „volkswirtschaftlichen Gründe" auf außenwirtschaftliche Gründe konkretisiert hat, kommen hier in erster Linie die Förderung der Kapitalinvestitionen im Ausland, die Förderung der Entwicklungshilfe und die Unterstützung deutscher Unternehmen bei Konkurrenzsituationen mit anderen Wettbewerbern im Ausland in Betracht. Demgegenüber könnten bei der Abwägung, ob die Maßnahme zweckmäßig ist, binnenwirtschaftliche Gründe gegen eine Pauschalierung sprechen, wie z.B. die Vermeidung der Benachteiligung von Inlandsinvestitionen gegenüber Auslandsinvestitionen.[327] Diese wirtschaftspolitische - insbesondere außenwirtschaftliche - Entscheidung steht im Interesse der Allgemeinheit und bleibt den höchsten Verwaltungsbehörden vorbehalten.[328] Wegen dieser strengen Erfordernisse wird ein Einzelsteuererlass bzw. -pauschalierung auf seltene Einzelfälle beschränkt bleiben. Unbenommen bleibt es jedoch dem Steuer-

[327] So die Stellungnahme des Bundesministers der Finanzen zum Vorlagebeschluss des FG Düsseldorf v. 14.11.1974, die in den Entscheidungsgründen des Beschlusses des BVerfG v. 19.4.1978, BStBl. II 1978, 548 erwähnt ist.

[328] GOSCH, in DStZ 1988, 136 (139).

pflichtigen, eine Billigkeitsentscheidung nach §§ 163, 227 AO zu beantragen, die auch von unteren Finanzbehörden gewährt werden kann.

D. Auslandstätigkeit in DBA-Staaten

Wird ein Arbeitnehmer in einen Staat tätig, mit dem ein Abkommen zur Vermeidung der Doppelbesteuerung auf dem Gebiet der Steuern vom Einkommen und vom Vermögen besteht, so ist zu unterscheiden zwischen einer Auslandstätigkeit unter Beibehaltung des inländischen Wohnsitzes und unter Aufgabe des inländischen Wohnsitzes. Behält der Arbeitnehmer seinen Wohnsitz bei, so kann es sowohl im Tätigkeitsstaat zu einer Besteuerung der Einkünfte aus nichtselbständiger Arbeit und im Wohnsitzstaat zu einer Besteuerung des Welteinkommens - also einer juristischen Doppelbesteuerung - kommen.

Die in Fällen von grenzüberschreitender Arbeitnehmertätigkeit unter Beibehaltung des inländischen Wohnsitzes relevante Norm der deutschen Doppelbesteuerungsabkommen ist die sich an Art. 15 des OECD-Musterabkommens[329] orientierende Vorschrift über die „Unselbständige Arbeit". Art. 15 OECD-MA stellt im Verhältnis zu den nachfolgenden spezielleren Art. 16 (Aufsichtsrats- und Verwaltungsratsvergütungen), Art. 17 (Sportler und Künstler), Art. 18 (Ruhegehälter), Art. 19 (Öffentlicher Dienst) und 20 OECD-MA (Studenten, Praktikanten und Lehrlinge) die Grundnorm dar. Nur wenn die Voraussetzungen dieser Sonderregelungen nicht erfüllt sind, kann Art. 15 OECD-MA einschlägig sein. Danach hat grundsätzlich der Vertragsstaat, in dem die Person ansässig ist, das Besteuerungsrecht für Gehälter, Löhne und ähnliche Vergütungen (Wohnsitzprinzip). Fallen aber Ansässigkeitsstaat und Tätigkeitsstaat auseinander, da die Tätigkeit in einem anderen Staat als dem Ansässigkeitsstaat ausgeübt wird, erhält der Tätigkeitsstaat das Besteuerungsrecht (Arbeitsortprinzip).

Das Arbeitortprinzip hat für die Besteuerung der Einkünfte aus nichtselbständiger Tätigkeit zwei Folgen:[330]

- Wird ein im Inland nach DBA ansässiger Steuerpflichtiger im DBA-Ausland tätig und geht dort nichtselbständiger Tätigkeit nach, so hat grundsätzlich der ausländische Tätigkeitsstaat das ausschließliche Besteuerungsrecht für die Lohneinkünfte. Diese Einkünfte sind in der Bundesrepublik von der Einkommensteuer freigestellt und werden lediglich bei der Höhe des anzuwendenden Steuersatzes auf die übrigen nach anderen DBA-Vorschriften in der Bundesrepublik erzielten und zu besteuernden Einkünfte im Wege des Progressionsvorbehaltes berücksichtigt. Die Möglichkeit eines Progressionsvorbehalts für den Ansässigkeitsstaat ist in Art. 23A Abs. 3 OECD-MA ausdrücklich vorbehalten. Im nationalen Steuerrecht der Bundesrepublik ist der Progressionsvorbehalt nach DBA für freigestellte Einkünfte in § 32b Abs. 1 Nr. 3 EStG normiert. In der Bundesrepublik scheiden die Einkünfte aus dem

[329] Das OECD-Musterabkommen wurde zuletzt geändert am 29.4.2000.
[330] Vgl. JACOBS, Internationale Unternehmensbesteuerung, S. 1029.

ausländischen Staat völlig aus der Bemessungsgrundlage der Besteuerung aus, das gilt auch für den Fall einer fehlenden Besteuerung im ausländischen Tätigkeitsstaat, sog. Prinzip der Vermeidung der „virtuellen Doppelbesteuerung". Ausnahmsweise kann das Besteuerungsrecht des Ansässigkeitsstaats bei fehlender Besteuerung im Einsatzstaat wieder aufleben, wenn die Vertragsstaaten vergleichbar dem neueingefügten Art. 23A Abs. 4 OECD-MA die Steuerfreistellung davon abhängig machen, dass der Quellenstaat die dort erzielten Einkünfte besteuert (durch Einfügung eine sog. „subject-to-tax"-Klausel, „Rückfallklausel" oder „Quellenregel"[331] im jeweiligen Doppelbesteuerungsabkommen).
- Besteht für den unbeschränkt Steuerpflichtigen im Ausland auf Grund eines zu § 49 Abs. 1 Nr. 4 Buchst. a) EStG vergleichbaren Verwertungstatbestandes eine beschränkte Steuerpflicht, so ist diese für Zwecke des Abkommens im Ausland aufzuheben, da der Verwertungstatbestand in Abkommensfällen keine Rolle spielt.[332]

In Ausnahme vom Arbeitsortprinzip behält unter bestimmten - in Art. 15 Abs. 2 OECD-MA geregelten - Voraussetzungen der Wohnsitzstaat das Besteuerungsrecht. Dort findet sich die noch näher zu untersuchende sog. „183-Tage-Regel". Wenn folgende Merkmale kumulativ erfüllt sind, tritt das Arbeitsortprinzip wieder hinter dem Wohnsitzprinzip - ausnahmsweise - zurück:

- Der Empfänger der Einkünfte aus unselbständiger Arbeit hat sich im anderen Staat insgesamt nicht länger als 183 Tage aufgehalten während eines Zeitraums von 12 Monaten, der während des betreffenden Steuerjahres beginnt oder endet,
- die Vergütungen werden von einem Arbeitgeber oder für einen Arbeitgeber gezahlt, der nicht im anderen Staat ansässig ist,
- die Vergütungen werden nicht von einer Betriebstätte oder einer festen Einrichtung[333] getragen, die der Arbeitgeber im anderen Staat hat.

Als weitere Ausnahme vom Arbeitsortprinzip des Art. 15 OECD-MA wurden in den DBA mit den Nachbarstaaten Belgien, Frankreich, Schweiz und Österreich die sog. „Grenzgängerregelungen" vereinbart. Durch diese Normen wird das Besteuerungsrecht des Wohnsitzstaates für Einkünfte von Grenzgängern aufrechterhalten.

---

[331] Auf diese Klauseln wird unten unter Gliederungspunkt D IV 3., Seite 205 näher eingegangen.

[332] Vgl. SCHAUMBURG, Internationales Steuerrecht, Rz. 16.426.

[333] Der Begriff einer „festen Einrichtung" entstammt dem seit der Abkommensrevision 2000 gestrichenen Art. 14 OECD-MA über die Einkünfte aus selbständiger Arbeit. In Art. 15 Abs. 2 Buchst. b) OECD-MA 2000 ist er nun ebenfalls nicht mehr enthalten, jedoch in allen vorher abgeschlossenen DBA der Bundesrepublik.

Ein Doppelbesteuerungsabkommen kann in Fällen von Einkünften aus nichtselbständiger Arbeit eingreifen, wenn die Tätigkeit in zwei verschiedenen Staaten besteuert wird. Eine doppelte Besteuerung droht, wenn der Arbeitnehmer sowohl im Inland als Wohnsitzstaat mit seinem Welteinkommen unbeschränkt steuerpflichtig und im Staat, in den er entsandt wurde, beschränkt steuerpflichtig ist. Dann ist er in Deutschland nach § 2 Abs. 1 Nr. 4, 19 Abs. 1 EStG und im Ausland analog einer Regelung nach § 49 Abs. 1 Nr. 4 EStG steuerpflichtig.

Die folgenden Ausführungen orientieren sich an den Normen des OECD-MA, bei Bedarf wird auf Abweichungen im Text der gültigen DBA der Bundesrepublik eingegangen.

I. Abkommensberechtigung

Nach Art. 1 OECD-MA gilt das Abkommen nur für Personen, die in einem oder in beiden Vertragsstaaten ansässig sind. Man spricht hier von der sog. „Abkommensberechtigung" der jeweiligen Person, dem „Abkommenssubjekt".[334] Gemäß Art. 3 Abs. 1 Buchst. a) OECD-MA umfasst der Personenbegriff natürliche Personen, Gesellschaften und andere Personenvereinigungen. Arbeitnehmer, die grenzüberschreitend tätig werden, fallen somit unproblematisch unter diese Bestimmung und sind „abkommensberechtigt" im Sinne des Art. 1 OECD-MA.

1. Ansässigkeit

Unter Ansässigkeit versteht Art. 4 Abs. 1 OECD-MA, dass die Person in einem der Vertragsstaaten einer unbeschränkten Steuerpflicht (oder einer vergleichbaren Inländerbesteuerung) unterliegt.[335] Für die hier interessierende Besteuerung von Einkünften aus nichtselbständiger Arbeit ist jedoch zunächst festzustellen, in welchem Staat der Steuerpflichtige ansässig ist und in welchem die unselbständige Arbeit ausgeübt wird. Bei grenzüberschreitender Arbeitnehmertätigkeit können verschiedene Konstellationen eintreten.

Die Ansässigkeit einer Person richtet sich gemäß Art. 4 Abs. 1 OECD-MA danach, ob sie „...nach dem Recht des Staates dort auf Grund ihres Wohnsitzes, ihres ständigen Aufenthalts[336], des Ortes ihrer Geschäftsleitung oder eines ande-

---

[334] VOGEL in VOGEL, DBA, Art. 1, Rz. 15, Art. 4, Rz. 9; FIRLINGER, Die abkommensrechtliche Ansässigkeit und die Methoden zur Vermeidung der Doppelbesteuerung, S. 309.

[335] Vgl. WASSERMEYER in DEBATIN/WASSERMEYER, Doppelbesteuerung, Art. 1 MA, Rz. 17, Art. 4 MA, Rz. 29; HORST VOGEL, in BB 1978, 1021 (1024).

[336] Der Begriff „ständiger Aufenthalt" in Art. 4 Abs. 1 OECD-MA ist nach innerstaatlichem Steuerrecht auszulegen, im Gegensatz zu dem in Art. 4 Abs. 2 b OECD-MA erwähnten „gewöhnlichen Aufenthalt", der wie alle übrigen Begriffe des Art. 4 Abs. 2 OECD-MA autonom abkommensrechtlich zu verstehen ist. Da es im deutschen Steuerrecht keinen dem „ständigen

ren ähnlichen Merkmals steuerpflichtig ist...". Es ist also auf die jeweiligen innerstaatlichen Vorschriften des Anwenderstaates zurückzugreifen. Da sich die Frage, ob nach deutschem Steuerrecht ein Wohnsitz oder ein gewöhnlicher Aufenthalt vorliegt, nach §§ 8 und 9 AO entscheidet, kann insofern auf die bereits oben gemachten Ausführungen verwiesen werden.[337] Ist im Heimatstaat ein Wohnsitz bzw. gewöhnlicher Aufenthalt festzustellen, so entstehen keine wesentlichen Probleme. Grundsätzlich hat dann der Tätigkeitsstaat das Besteuerungsrecht nach dem Arbeitsortprinzip, wenn nicht die 183-Tage-Regel eingreift und dem Ansässigkeitsstaat die Besteuerung ausnahmsweise zuweist.

2. Kollisionsregel des Art. 4 Abs. 2 OECD-MA

Hat eine Person mehrere Wohnsitze oder gewöhnliche Aufenthalte, die zu einer unbeschränkten Steuerpflicht oder einer vergleichbaren Inländerbesteuerung in mehreren Staaten führen, besteht eine doppelte oder mehrfache Ansässigkeit. In diesem Fall gibt es die sog. „Tie-breaker-rule" des Art. 4 Abs. 2 OECD-MA – eine Kollisionsregel –, die die Anwendbarkeit des DBA trotz doppelter unbeschränkter Steuerpflicht gewährleisten soll, indem ein Staat als der für das DBA entscheidende Ansässigkeitsstaat gilt und der andere Staat – für abkommensrechtliche Zwecke – in die Position des Quellenstaates zurücktritt.[338] Anhand der in Art. 4 Abs. 2 OECD-MA enthaltenen abgestuften Regelungsfolge ist zu untersuchen, ob die Person in einem der Staaten ihre „ständige Wohnstätte", den „Mittelpunkt der Lebensinteressen", den „gewöhnlichen Aufenthalt" oder die Staatsangehörigkeit hat. Sobald eines dieser Merkmale in einem der beiden Staaten - in der vorgegebenen Prüfungsreihenfolge - vorliegt, gilt dieser Staat als Ansässigkeitsstaat. Enthalten DBA keine derartige Kollisionsregel, kann die Doppelbesteuerung nur durch Anrechnung nach innerstaatlichem Recht vermieden werden.[339]

Nach *Avery Jones et al.*[340] kann bei der Bestimmung der Begriffe „ständige Wohnstätte", „Mittelpunkt der Lebensinteressen" und „gewöhnlicher Aufent-

---

Aufenthalt" entsprechenden Begriff gibt, ist auf denjenigen Ausdruck zurückzugreifen, der ihm am nächsten steht, dies ist der „gewöhnliche Aufenthalt" nach § 9 AO (WASSERMEYER in DEBATIN/WASSERMEYER, Doppelbesteuerung, Art. 4 MA, Rz. 35).

337 Siehe oben unter Gliederungspuunkten B III 1. a), Seite 14 und B III 1. b), Seite 25.

338 Vgl. dazu auch BEISER, in ÖStZ 1989, 241.

339 LEHNER in VOGEL, DBA, Art. 4, Rz. 40. So definiert beispielsweise das DBA-Irland in Art. II Abs. 1 Buchst. d) (ii) die Ansässigkeit natürlicher Personen in Deutschland durch ihren Wohnsitz oder gewöhnlichen Aufenthalt und Nichtansässigkeit in Irland im Sinne der irischen Steuergesetze.

340 AVERY JONES ET AL., in BTR 1981, 15. Im Ergebnis gleicher Auffassung sind: WASSERMEYER in DEBATIN/WASSERMEYER, Doppelbesteuerung, Art. 4 MA, Rz. 55 ff.; SCHAUMBURG, Internationales Steuerrecht, Rz. 16.195 ff.; LEHNER in VOGEL, DBA, Art. 4, Rz. 60 ff.

halt" im Gegensatz zum Begriff des „Staatsangehörigen" nicht auf innerstaatliches Recht zurückgegriffen werden. Da zumindest bei der Bestimmung der engeren persönlichen und wirtschaftlichen Beziehungen zu einem Staat (Mittelpunkt der Lebensinteressen) eine innerstaatliche Bedeutung unwahrscheinlich sei, sei es vernünftig, mit Ausnahme der Staatsangehörigkeit dies auch für die anderen Begriffe anzunehmen. Zweitens sei das OECD-Musterabkommen vorgeschlagen, um von zahlreichen Staaten übernommen zu werden und solle daher vermutlich die gleiche Bedeutung für alle Staaten haben, was nicht der Fall wäre, wenn jeder Staat sein eigenes innerstaatliches Recht auf die Begriffe der Abkommen anwenden würde (auch wenn zugestanden wird, dass gerade dies mit anderen nicht definierten Ausdrücken geschieht). Drittens könne mehr als nur eine innerstaatliche Definition für verschiedene Zwecke existieren, oder es könnte auch ein rein rechtlicher Gebrauch des gleichen Begriffs gebräuchlich sein, ohne dass dieser in einer gesetzlichen Norm erscheint. Dies würde jedoch zu generellen Bedenken gegenüber der Anwendung des Art. 3 Abs. 2 OECD-MA Anlass geben. Letztendlich gebe die Kommentierung der OECD klare Hinweise auf eine allgemeine internationale Bedeutung der Begriffe.

a) „Verfügen über eine ständige Wohnstätte"

Gemäß der ersten Kollisionsregel in Art. 4 Abs. 2 Buchst. a) Alt. 1 OECD-MA gilt eine Person im Falle der Doppelansässigkeit als in dem Staat ansässig, in dem sie über eine ständige Wohnstätte verfügt. Nicht ganz unproblematisch ist die Abgrenzung dieses „Verfügens über eine ständige Wohnstätte" im Sinne des Art. 4 Abs. 2 Buchst. a) Alt. 1 OECD-MA zum „Innehaben einer Wohnung unter Umständen, die darauf schließen lassen, dass er dort die Wohnung beibehalten wird" im Sinne des § 8 AO.

aa) Wohnstätte

Ist eine Person nach Art. 4 Abs. 1 OECD-MA in beiden Staaten ansässig, so hat nach Art. 4 Abs. 2 Buchst. a) Alt. 1 OECD-MA der Staat Vorrang, in dem die Person ihre „ständige Wohnstätte" hat. Allgemein anerkannt ist, dass der Ausdruck „ständige Wohnstätte" ein abkommensrechtlicher Ausdruck ist, der vom innerstaatlichen Steuerrecht der Vertragsstaaten autonom und nach der Funktion des Art. 4 Abs. 2 Buchst. a) und b) einheitlich ausgelegt werden muss.[341] Es ist nach Art. 31 Abs. 1 WÜRV[342] auf die gewöhnliche Bedeutung des Ausdrucks abzustellen. Im Gegensatz dazu bestimmt sich die Auslegung des Begriffs

---

[341] Vgl. WASSERMEYER in DEBATIN/WASSERMEYER, Doppelbesteuerung, Art. 4 MA, Rz. 33; LEHNER in VOGEL, DBA, Art. 4, Rz. 67; LEDERER, in RIW/AWD 1981, 463 (465); AVERY JONES ET AL., in BTR 1981, 15 ff. und 104 ff.

[342] „Wiener Übereinkommen über das Recht der Verträge" (WÜRV), das in Deutschland am 20.8.1987 in Kraft getreten ist, vgl. BGBl. II 1987, 757.

„Wohnsitz" nach dem innerstaatlichen Recht des Wohnsitzstaates, dies ergibt sich aus der Formulierung des Art. 4 Abs. 1 OECD-MA sowie aus Art. 3 Abs. 2 OECD-MA (sog. „lex-fori-Klausel"). Da sich eine Ansässigkeit in der Bundesrepublik nach Art. 4 Abs. 1 OECD-MA sowohl aus Wohnsitz als auch aus ständigem Aufenthalt ergeben kann und nur im Falle einer doppelten Ansässigkeit das Bestehen einer ständigen Wohnstätte zu untersuchen ist, setzt eine ständige Wohnstätte einen Wohnsitz nach § 8 AO nicht zwingend voraus - auch wenn dies im Regelfall so sein wird und man bei Vorliegen einer ständigen Wohnstätte einen abgabenrechtlichen Wohnsitz wohl kaum verneinen kann. Insofern sind die Begriffe „Wohnsitz" und „ständige Wohnstätte" nicht zwingend dekkungsgleich. Nach Auffassung des BFH handelt es sich bei einer ständigen Wohnstätte um einen qualifizierten Wohnsitz, den der Steuerpflichtige nicht nur gelegentlich, und dann auch nicht nur zu vorübergehenden Zwecken benutzt. Im Ergebnis komme es für diese Frage darauf an, welcher der beiden Orte für den Steuerpflichtigen unter Abwägung der persönlichen und wirtschaftlichen Beziehungen als der bedeutungsvollere anzusehen sei.[343]

Im Kommentar des OECD-Steuerausschusses zum OECD-MA (OECD-Musterkommentar) wird zum Begriff „ständige Wohnstätte" in Art. 4 Nr. 12 festgestellt, dass die natürliche Person diese zur dauernden Nutzung bestimmt und beibehalten haben muss, im Gegensatz zu einem Aufenthalt an einem bestimmten Ort unter Umständen, die eindeutig erkennen lassen, dass der Aufenthalt nur von kurzer Dauer ist. Nach Art. 4 Nr. 13 MK kommt jede Form einer Wohnstätte in Betracht, also Häuser oder Wohnungen, die der natürlichen Person gehören oder von ihr gemietet sind, oder gemietete möblierte Zimmer. Dieser Auffassung hat sich der BFH[344] angeschlossen. Danach sind unter einer

---

[343] BFH v. 23.10.1985, BStBl. II 1986, 133. Ohne weitere Begründung wird auch vertreten, die Begriffe „Wohnsitz" und „Wohnstätte" seien inhaltsgleich, siehe KRUSE in TIPKE/KRUSE, Abgabenordnung, Finanzgerichtsordnung, § 8 AO, Rz. 20.

[344] BFH v. 16.12.1998, BStBl. II 1999, 207 zu Art. 4 Abs. 2 Buchst. a), Abs. 3 DBA-Schweiz. Damit hat der BFH seine engere Auffassung aus dem Urteil v. 23.10.1985, BStBl. II 1986, 133 aufgegeben, das zum Art. 4 Abs. 2 Buchst. a) DBA-Spanien erging (der ebenfalls mit Art. 4 Abs. 2 Buchst. a) OECD-MA übereinstimmt). Seine in diesem Urteil „beiläufig geäußerte" Auffassung, wonach eine Wohnstätte grundsätzlich nur anzunehmen sei, wenn die Wohnung nach Größe und Ausstattung den Lebensverhältnissen des Steuerpflichtigen entspreche, sei durch die gegenteilige Klarstellung im Kommentar zum OECD-Musterabkommen (Art. 4 Nr. 13 OECD-Musterkommentar) überholt. Unklar ist, warum diese „Überholtheit" erst für das Urteil aus dem Jahr 1998 gilt, obwohl bereits schon im Jahr 1985 die Formulierung aus dem OECD-Musterkommentar 1977 bestand. Vgl. auch LOHSE/MADLE, in DStR 2000, 851 (852); MÖSSNER, in RIW 2001, 364 (366).

Das „Einführungsschreiben zum DBA-Schweiz 1971" v. 26.3.1975, BStBl. I 1975, 479 schließt Wohnungen aus, die „nach Charakter und Lage ausschließlich Erholungs-, Kur-, Studien- oder Sportzwecken dienen und nachweislich nur gelegentlich und nicht zum Zwecke der Wahrnehmung wirtschaftlicher oder beruflicher Interessen verwendet werden".

„ständigen Wohnstätte" Räumlichkeiten zu verstehen, die nach Art und Einrichtung zum Wohnen geeignet sind, über die der Steuerpflichtige ständig verfügen kann und die er regelmäßig nutzt. Die Räumlichkeiten müssen jedoch nicht der Mittelpunkt der Lebensinteressen sein, die ständige Wohnstätte setzt auch kein ständiges Bewohnen der Wohnung oder ein Mindestmaß der Nutzung voraus.[345] Für *Lechner* ergibt sich das Erfordernis eines bestimmten Maßes an Aufenthalt jedoch aus Art. 4 Nr. 12 OECD-Musterkommentar, der einen „Aufenthalt von kurzer Dauer" für eine ständige Wohnstätte als nicht ausreichend ansehe. Ein „Aufenthalt von längerer (als bloß kurzer) Dauer" sei Wesensmerkmal einer dauernden Nutzung.[346]

Nach *Wassermeyer*[347] setzen sowohl „Wohnsitz" als auch „ständige Wohnstätte" zum Wohnen geeignete Räume voraus, die der potentiell ansässigen Person zur Verfügung stehen, unerheblich ob es sich dabei um eigene, gemietete, unentgeltlich zur Verfügung gestellte oder nur mitbenutzte Räume handelt. Der Ausdruck „ständige Wohnstätte" beinhalte aber eine subjektive Bestimmung der in ihr wohnenden natürlichen Personen, die Stätte zum ständigen und nicht nur zu einem gelegentlichen Wohnen bzw. zu einem Wohnen bei sich bietender Gelegenheit nutzen zu wollen. Die Person müsse Vorkehrungen dafür getroffen haben, dass ihr die Wohnstätte jederzeit und nicht nur gelegentlich zur Verfügung steht. Als Beleg für diese Auffassung werden die in der englischen und französischen Originalfassung des OECD-MA verwendeten Begriffe „home" und „foyer d'habitation" angeführt.[348] Diese Begriffe der Originalfassungen deuteten mehr auf das Zentrum des eigenen häuslichen Lebens bzw. auf das Zentrum der persönlichen Lebensinteressen hin.

Auch *Lehner* vergleicht die eher objektiven Merkmale des deutschen Art. 4 Abs. 2 OECD-MA „Verfügen über eine ständige Wohnstätte" mit den subjektive Komponenten enthaltenden Wendungen „permanent home available to him" und „où elle dispose d'un foyer d'habitation permanent" der englischen und französischen Originalfassung des OECD-Musterabkommens. Insbesondere die Begriffe „home" und „foyer d'habitation" enthielten ein Element persönlicher Anbindung an die Wohngelegenheit. Dieser Auslegung sei zu folgen, da es dem Zweck des Art. 4 Abs. 2 entspreche, auf eine intensive Bindung an einen der

---

[345] Die Vorinstanz hielt im Gegensatz dazu eine jährliche Nutzung „in der Größenordnung von rund 50 Tagen" nicht für ausreichend, um das Merkmal der „Ständigkeit" zu erfüllen, vgl. FG Köln v. 18.12.1996, EFG 1997, 725.

[346] LECHNER, Wohnsitz, ständige Wohnstätte und Mittelpunkt der Lebensinteressen, in GASSNER/LANG, Besteuerung und Bilanzierung international tätiger Unternehmen, S. 251 (259).

[347] WASSERMEYER in DEBATIN/WASSERMEYER, Doppelbesteuerung, Art. 4 MA, Rz. 55 ff.

[348] Bei der deutschen Fassung des OECD-Musterabkommens handelt es sich um eine Übersetzung des Bundesministeriums der Finanzen.

Vertragsstaaten abzustellen. Während dem Wohnsitz und der Wohnstätte vom Wortsinn her gleiche Bedeutung zukommen könne, hätten die englischen und französischen Originalbegriffe „home" und „foyer d'habitation" im jeweiligen Abs. 1 des Musterabkommens keine Entsprechung (dort heißt es „domicil" bzw. „domicile"). Im Gegensatz zum objektiven Begriff „Wohnstätte" drückten „home" und „foyer d'habitation" eine persönliche Bindung an die Wohngelegenheit aus.[349]

Der Begriff „Wohnstätte" ist somit enger auszulegen als die „Wohnung", die vom BFH als „Raum der einem Menschen für sein Privatleben zur Verfügung steht" definiert wird.[350] Unter „Wohnstätte" im Sinne des Art. 4 Abs. 2 OECD-MA ist der Ort zu verstehen, an dem jemand mit seiner Familie lebt und wo er sonst persönliche Beziehungen hat.[351]

bb) „ständig"

Auch der Begriff „ständig" ist dem deutschen Steuerrecht im Zusammenhang mit Wohnsitz oder gewöhnlichem Aufenthalt nicht zu entnehmen. Im OECD-Musterkommentar in Art. 4 Nr. 13 heißt es: „... Entscheidend ist, daß es sich um eine ständige Wohnstätte handelt; dies erfordert Vorkehrungen der natürlichen Person dafür, daß ihr die Wohnstätte jederzeit zur Verfügung steht und nicht nur gelegentlich für Aufenthalte, die ihrem Anlass nach notwendigerweise nur von kurzer Dauer sein können (Vergnügungs-, Geschäfts- oder Studienreise, Lehrgänge u.ä.)." Das zeitliche Moment des Begriffes „ständig" bezieht sich nicht auf die tatsächliche Verfügungsmacht über die Wohnstätte, sondern auf die Absicht der Verwendung als Wohnung.[352]

Nach *Wassermeyer* ist in Anlehnung an die Betriebstättenfiktion einer Bauausführung oder Montage ab einer Dauer von 12 Monaten in Art. 5 Abs. 3 OECD-MA auch bei einer Nutzungsabsicht bezüglich einer Wohnung für eine Dauer von mehr als 12 Monaten im Grundsatz von einer ständigen Wohnstätte auszugehen. Das Bejahen einer ständigen Wohnstätte schon bei kürzeren Zeitspannen wie z.B. sechs Monaten lasse sich damit begründen, dass die Wohnung eine feste Einrichtung ist, die im Vergleich zu einer Bauausführung oder Montage schon als Einrichtung die festere Bindung an den Vertragsstaat begründet.[353] Abgelehnt wird, dass eine Wohnung, die einer Person zeitlich unbefristet zur

---

[349] LEHNER in VOGEL, DBA, Art. 4, Rz. 70.
[350] BFH v. 4.8.1967, BStBl. III 1967, 727.
[351] So die prägnante Definition von LEDERER, in RIW/AWD 1981, 463 (466) auf dessen Ausführungen und Argumente auch WASSERMEYER in DEBATIN/WASSERMEYER, Doppelbesteuerung, Art. 4 MA, Rz. 55 ff. und LEHNER in VOGEL, DBA, Art. 4, Rz. 70 Bezug nehmen.
[352] Vgl. WASSERMEYER in DEBATIN/WASSERMEYER, Doppelbesteuerung, Art 4 MA, Rz. 58; LEHNER in VOGEL, DBA, Art. 4, Rz. 71.
[353] WASSERMEYER in DEBATIN/WASSERMEYER, Doppelbesteuerung, Art. 5 MA, Rz. 58.

Verfügung steht, in einem bestimmten Mindestumfang genutzt werden muss.[354] Nicht durch intensive Nutzung, sondern durch die objektiv bestehenden persönlichen Bindungen werde diese zur ständigen Wohnstätte. Relevant wird diese Auffassung bei Auslandsentsendungen, bei denen der Wohnsitz im Inland bestehen bleibt und dort die Familie wohnt. Auch wenn für den Zeitpunkt des Auslandseinsatzes kein einziger Inlandsaufenthalt des entsandten Ehepartners stattfindet, bleibe die ständige Wohnstätte am Familienwohnsitz bestehen.

cc) „Verfügen"

Unter dem Begriff des „Verfügens" wird allgemeinen das Gleiche verstanden wie im deutschen Steuerrecht nach § 8 AO „Innehaben", also das Innehaben der tatsächlichen Verfügungsmacht.[355] Wegen der Einzelheiten kann insofern auf die obigen Ausführungen verwiesen werden, insbesondere auf die zum Begriff des „Innehabens" vertretene BFH-Rechtsprechung.[356] Innehaben einer Wohnstätte bedeutet, die Möglichkeit zu haben, jederzeit die tatsächliche Verfügungsgewalt über die Wohnstätte ausüben zu können. Dem Aufenthalt in der Wohnung sowie dem Umfang der tatsächlichen Nutzung kommt - insbesondere wegen der Bedeutung des „gewöhnlichen Aufenthaltes" in Art. 4 Abs. 2 b) OECD-MA - keine oder nur eine geringe Bedeutung zu.[357] Vorübergehende Unterbrechungen des Gebrauchs schaden auch nach den Originalfassungen („available to him" und „il dispose d'un foyer d'habitation permanent") sowie dem OECD-Musterkommentar nicht, es genügt die abstrakte Verfügbarkeit der ständigen Wohnstätte.[358]

dd) Stellungnahme

Die Frage der Ansässigkeit spielt bei grenzüberschreitender Arbeitnehmertätigkeit, insbesondere bei Arbeitnehmerentsendungen, eine sehr wichtige Rolle: Wird ein Arbeitnehmer in einem ausländischen Staat tätig unter Beibehaltung des Wohnsitzes im Inland, begründet er auch im Ausland einen Wohnsitz und unterfällt dort einer unbeschränkten Steuerpflicht bzw. einer vergleichbaren Inländerbesteuerung, so tritt eine Doppelbesteuerung ein.

---

354 Vgl. FN 345, 346, Seite 93.

355 LEDERER, in RIW/AWD 1981, 463 (467), der ausführt, dass auch das britische, belgische und niederländische innerstaatliche Recht ähnliche Tatbestandsmerkmale kennen. Auch der BFH hat in seinem Urteil v. 24.10.1979, nv (zitiert nach WASSERMEYER in DEBATIN/WASSERMEYER, Art. 4 MA, Rz. 60), das Verfügen über eine ständige Wohnstätte im Sinne des Art. 4 Abs. 2 a) DBA-Schweiz als das „Innehaben" derselben definiert.

356 Vgl. oben unter Gliederungspunkt B III 1. a) aa) (2), Seite 16.

357 LEHNER in VOGEL, DBA, Art. 4, Rz. 71; WASSERMEYER in DEBATIN/WASSERMEYER, Doppelbesteuerung, Art. 4 MA, Rz. 60.

358 LEDERER, in RIW/AWD 1981, 463 (467).

Durch die Doppelbesteuerungsabkommen kann diese ausgeräumt werden. Festzustellen ist jedoch zunächst, wo im Falle eines Doppelwohnsitzes sowohl im ausländischen Tätigkeitsstaat als auch in Deutschland, bzw. im ausländischen Heimatstaat und in Deutschland als Tätigkeitsstaat die Ansässigkeit im Sinne des Art. 4 Abs. 1 OECD-MA besteht. Liegt im Tätigkeitsstaat die „ständige Wohnstätte" und somit die Ansässigkeit vor, so greift das nach Art. 15 Abs. 1 OECD-MA grundsätzlich geltende Wohnsitzprinzip ein. In diesem Fall hat lediglich der Ansässigkeitsstaat das Besteuerungsrecht für die Einkünfte aus nichtselbständiger Tätigkeit. Fallen jedoch Ansässigkeits- und Tätigkeitsstaat auseinander, so kommt das Arbeitsortprinzip mit seiner Ausnahme (der „183-Tage-Regel") zur Geltung.

Für die „ständige Wohnstätte" müssen daher andere Kriterien gelten als für den „Wohnsitz". Es handelt sich hier um eine besonders qualifizierte Art des Wohnsitzes. Gegen eine objektivierte Betrachtung entsprechend des innerstaatlichen Verständnisses von „Wohnsitz" nach § 8 AO spricht auch die gewöhnliche Bedeutung des Ausdrucks (Art. 31 Abs. 1 WÜRV) sowie Sinn und Zweck und systematischer Zusammenhang[359]: Betrachtet man den systematischen Kontext des Art. 4 Abs. 2 Buchst. a) OECD-MA, liegt bei der nachfolgenden Kollisionsregel des Art. 4 Abs. 2 Buchst. a) Alt. 2 OECD-MA - Mittelpunkt der Lebensinteressen - der Schwerpunkt auf den persönlichen Beziehungen des Steuerpflichtigen zum jeweiligen Ansässigkeitsstaat, also eindeutig einem von Willen des Steuerpflichtigen abhängigen Merkmal. Auch ein Vergleich zur Kollisionsregel des Art. 4 Abs. 2 Buchst. b) OECD-MA, nach der der gewöhnliche Aufenthalt des Steuerpflichtigen und somit ein objektives Kriterium unabhängig von voluntativen Elementen entscheidend ist, könnte eine entgegengerichtete Tendenz des vorherigen Buchst. a) bestätigen.

Auch die in der englischen und französischen Originalfassung des OECD-Musterabkommens verwendeten Begriffe „home" und „foyer d'habitation" belegen diese subjektive Sichtweise der Begriffe.[360] Bei der Auslegung eines konkreten DBA wird insbesondere der englischen und französischen Bedeutung des Öfteren eine entscheidende Bedeutung zukommen, da bei Abweichungen von den verschiedensprachigen, als verbindlich vereinbarten Sprachfassungen gele-

---

[359] Vgl. auch WASSERMEYER in DEBATIN/WASSERMEYER, Doppelbesteuerung, Art. 4 MA, Rz. 33. Nach LANG, Bedeutung des Musterabkommens und des Kommentars des OECD-Steuerausschusses für die Auslegung von Doppelbesteuerungsabkommen, in GASSNER/LANG/LECHNER, Aktuelle Entwicklungen im Internationalen Steuerrecht - Das neue Musterabkommen der OECD, S. 11 (21), sind auch dem Völkerrecht die grammatikalische, systematische, teleologische und historische Auslegung bekannt. Insofern unterschieden sich völkerrechtliche Interpretationsmethoden nicht grundlegend von denen innerstaatlichen Rechts.

[360] Die deutsche Fassung des OECD-MA ist eine Übersetzung des Bundesfinanzministeriums.

gentlich zusätzlich vereinbart wird, dass eine Fassung in englischer oder französischer Sprache in Zweifelsfällen verbindlich sein soll.[361] Hinzu kommt, dass bei der Auslegung völkerrechtlicher Verträge nicht selten auf die Fassung der Arbeitssprache zurückgegriffen wird, in der der Vertragstext tatsächlich in der Phase bis zur Paraphierung erarbeitet worden ist.[362] Auch sind keine Anhaltspunkt ersichtlich, dass sich die deutsche Finanzverwaltung mit ihrer Übersetzung der Originalfassungen ausdrücklich über deren Begriffe hinweggesetzt hat, ebenso sind weder der Originalbedeutung widersprechende Bemerkungen oder Vorbehalte in der Kommentierung im OECD-Musterkommentar zu Art. 4 angebracht worden. Die dargestellten semantischen Bedeutungen der englischen und französischen Originalbegriffe „home" und „foyer d'habitation" sind daher bei der Auslegung des Begriffs „ständige Wohnstätte" zu berücksichtigen. Somit bestätigt sich auch unter diesem Aspekt die subjektive Tendenz des Art. 4 Abs. 2 Buchst. a) OECD-MA. Die Forderung nach einer Mindestnutzungsdauer der Wohnstätte ist richtigerweise abzulehnen.

„Ständige Wohnstätte" beinhaltet eine persönliche Bindung an die Wohnung. Bei grenzüberschreitenden Auslandsentsendungen von Arbeitnehmern ist vorrangig zu untersuchen, ob der Arbeitnehmer seine inländische Wohnung dauerhaft beibehalten will und ob es sich dabei um sein „Zuhause" handelt. Indiz dafür sind in erster Linie familiäre Bindungen, aber auch sonstige persönliche Verwurzelungen vor Ort können eine Wohnung zur Heimat machen. Diese sonstigen persönlichen Verwurzelungen müssen nicht nur an die Wohnung als solches gebunden sein, sie können auch zum Ort oder zur Region bestehen. Dies in Verbindung mit dem Vorhandensein einer Wohnung kann zum Bejahen der „ständigen Wohnstätte" führen.

Den Gegensatz dazu stellt eine im Ausland nur für die Zeit der Tätigkeit kurzfristig angemietete Wohnung dar, die erkennbar provisorischen Charakter hat. Selbst wenn ein auslandsentsandter Arbeitnehmer von seiner Familie begleitet wird oder der Auslandsaufenthalt länger als ein Jahr dauert, ist eine „ständige Wohnstätte" dann zu verneinen, wenn der grenzüberschreitende Arbeitseinsatz von vorneherein befristet geplant ist und nur vorübergehend andauert. Anders wäre dies zu beurteilen, wenn weitere Bindungen zum ausländischen Arbeitsort bestehen, wie beispielsweise persönliche Beziehungen und der Auslandsaufenthalt von vorneherein auch länger - möglicherweise auch unbefristet - andauern kann. Solche Konstellationen sind denkbar bei Schauspielern, Journalisten oder

[361] Vgl. VOGEL in VOGEL, DBA, Einl., Rz. 33 und die Übersicht über die Abkommen, in denen eine in Zweifelsfällen maßgebliche Fassung vereinbart wurde; *ders.*, in VOGEL, DBA, Art. 29/30, Rz. 30.

[362] SCHAUMBURG, Internationales Steuerrecht, Rz. 16.73, m.w.N.

Gastarbeitern, bei denen eine Rückkehr ins Inland trotz persönlicher Bindungen ungewiss ist.

Ebenso kann man bei einem nach innerstaatlichem Recht bestehen bleibenden deutschen Wohnsitz eine „ständige Wohnstätte" nach Art. 4 Abs. 2 Buchst. a) OECD-MA ablehnen, wenn diese nach den hier vertretenen Kriterien nicht mehr als „ständige Wohnstätte" zu qualifizieren ist, da keine persönlichen Bindungen an die Wohnung mehr bestehen. Zu einem solchen Ergebnis könnte man beispielsweise bei einem unverheirateten Arbeitnehmer kommen, der bei einer Auslandsentsendung seinen Wohnsitz im Inland aufrechterhält, ohne dass jedoch irgendwelche persönlichen Bindungen an diese Wohnung bestehen und die bei objektiver Betrachtung auch einen eher vorübergehenden oder provisorischen Charakter hat. In diesem Fall könnte man eine „ständige Wohnstätte" im Sinne der Doppelbesteuerungsabkommen verneinen; wie bereits dargelegt würden die Einkünfte wegen des in Art. 15 Abs. 1 OECD-MA vorrangigen Wohnsitzprinzips nur im ausländischen Tätigkeitsstaat (=Ansässigkeitsstaat) besteuert.

Es bedarf daher einer genauen Untersuchung der Einzelumstände eines jeden Falles. Eine Beibehaltung des inländischen Wohnsitzes nach § 8 AO bedeutet nicht automatisch das Bestehen einer abkommensrechtlichen „ständigen Wohnstätte". Es sind daher konkret die Beziehungen des Auslandsentsandten zum inländischen Wohnsitz, d.h. seine familiären Verhältnisse, heimatliche Verwurzelung oder sonstige zwischenmenschliche Bezüge zum Ort des Wohnsitzes zu berücksichtigen. Erst dann lässt sich feststellen, ob eine „ständige Wohnstätte" im Inland vorliegt, die für die Anwendbarkeit der Doppelbesteuerungsabkommen auf Fälle der grenzüberschreitenden Arbeitnehmertätigkeit entscheidend ist.

b) Mittelpunkt der Lebensinteressen

Verfügt eine Person über „ständige Wohnstätten" in beiden Staaten, ist festzustellen, zu welchem Staat sie engere persönliche und wirtschaftliche Beziehungen, den „Mittelpunkt der Lebensinteressen", hat. Ist ein solcher Mittelpunkt der Lebensinteressen feststellbar, so gilt der Steuerpflichtige in diesem Staat als ansässig. Der Mittelpunkt der Lebensinteressen ist nach objektiven Kriterien während des maßgeblichen Steuerjahres zu bestimmen.[363] Bei den persönlichen und wirtschaftlichen Beziehungen sind nach Art. 4 Nr. 15 OECD-Musterkommentar die familiären und gesellschaftlichen Beziehungen, berufliche, politische, kulturelle und sonstige Tätigkeit, Ort der Geschäftstätigkeit, Ort der Vermögensverwaltung und ähnliches zu berücksichtigen. Erwägungen, die sich aus dem persönlichen Verhalten der natürlichen Person ergeben, kommen

[363] BFH v. 31.10.1990, BStBl. II 1991, 562.

erhöhte Bedeutung zu. Wenn eine Person einen zweiten Wohnsitz begründet ohne den ersten aufzugeben, so kann die Tatsache des Beibehaltens des ersten Wohnsitzes am Ort bisheriger Tätigkeit und seines und seiner Familie Besitzes Indiz für einen Mittelpunkt der Lebensinteressen nach der OECD-Musterkommentierung sein.

Anhaltspunkte für wirtschaftliche Beziehungen können sich aus örtlich gebundenen Tätigkeiten, Einnahmequellen und Vermögensgegenständen ergeben. Orte sowohl der regelmäßigen als auch der nur gelegentlichen Berufsausübung, die konkrete Absicht, künftige berufliche Tätigkeiten an einem bestimmten Ort auszuüben, die Belegenheit von eigenem Vermögen sind weitere Indizien, die auf wirtschaftliche Beziehungen hinweisen.[364]

Stellt sich bei einer Würdigung der persönlichen und wirtschaftlichen Beziehungen heraus, dass in beiden Staaten diese Schwerpunkte liegen, so ist nach dem BFH darauf abzustellen, welcher der beiden Staaten für den Steuerpflichtigen der bedeutungsvollere ist.[365] Dem Wortlaut des Art. 4 Abs. 2 Buchst. a) OECD-MA lässt sich keine Vorrangigkeit von persönlichen oder wirtschaftlichen Beziehungen bei der Bestimmung des Lebensmittelpunktes entnehmen.[366] In der OECD-Musterkommentierung wird jedoch die besondere Bedeutung der persönliche Umstände ausdrücklich festgestellt. In einer Gesamtwürdigung sind daher im Einzelfall die jeweiligen Umstände - ob persönlicher oder wirtschaftlicher Art - zu bewerten und nach Gewichtigkeit in der Zusammenschau zu entscheiden, ob sie die Annahme eines Mittelpunktes der Lebensinteressen erlauben.

c) Gewöhnlicher Aufenthalt

Die Prüfung des „gewöhnlichen Aufenthaltes" im Sinne des Art. 4 Abs. 2 OECD-MA erfolgt subsidiär nur im Fall, dass eine natürliche Person in beiden Vertragsstaaten über eine „ständige Wohnstätte" verfügt und der „Mittelpunkt der Lebensinteressen" nicht bestimmt werden kann (erster Fall), oder wenn die Person in beiden Staaten nicht über eine feste Wohnstätte verfügt (zweiter Fall).

Nach der Musterkommentierung der OECD in Art. 4 Nr. 17 gibt für die Beurteilung der Frage, wo die Person den Mittelpunkt ihrer Lebensinteressen hat, die Tatsache, dass sie einen gewöhnlichen Aufenthalt in dem einen, nicht aber im anderen Staate hat, den Ausschlag zugunsten des Staates, in dem sie sich häufi-

---

[364] Vgl. WASSERMEYER in DEBATIN/WASSERMEYER, Doppelbesteuerung, Art. 4 MA, Rz. 69, BFH v. 31.10.1990, BStBl. II 1991, 562.

[365] BFH v. 23.7.1971, BStBl. II 1971, 758.

[366] Teilweise ist jedoch eine Vorrangigkeit der persönlichen Beziehungen angenommen worden, siehe AVERY JONES ET AL., in BTR 1981, 15. A.A. LEHNER in VOGEL, DBA, Art. 4, Rz. 75; WASSERMEYER in DEBATIN/WASSERMEYER, Doppelbesteuerung, Art. 4 MA, Rz. 70.

ger aufhält. Dabei sind jedoch nicht nur die Aufenthalte an der ständigen Wohnstätte zu berücksichtigen, sondern auch jede an irgendeinem anderen Ort in demselben Staat. Nach Art. 4 Nr. 18 OECD-Musterkommentar sind bei einer Person ohne ständige Wohnstätte (die beispielsweise in Hotels übernachtet) alle Aufenthalte in einem Staat zu berücksichtigen, ohne dass deren Gründe festgestellt werden müssen. Art. 4 Nr. 19 OECD-Musterkommentar weist darauf hin, dass Art. 4 Abs. 2 Buchst. b) OECD-MA zwar den Vorrang des Vertragsstaats vorsieht, in dem die Person ihren natürlichen Aufenthalt hat, aber nicht die Zeitspanne festlegt, in dem der Vergleich zugrunde zu legen ist. Der Vergleich müsse daher einen ausreichend langen Zeitraum erfassen, um feststellen zu können, ob es sich bei dem Aufenthalt in jedem der beiden Staaten um einen gewöhnlichen Aufenthalt handelt, und in welchen zeitlichen Abständen die Aufenthalte stattfinden.

aa) Meinungsstand

Unklar ist, was unter „gewöhnlichem Aufenthalt" im Sinne des Art. 4 Abs. 2 Buchst. b) OECD-MA zu verstehen ist und nach welchen Kriterien sich die Auslegung des Begriffs richtet. Während über Art. 3 Abs. 2 OECD ein Rückgriff auf den innerstaatlichen Begriff des „gewöhnlichen Aufenthaltes" gemäß § 9 AO der abkommensrechtliche Begriff möglich scheint, könnte auch hier eine autonom abkommensrechtliche Auslegung angebracht sein.

Nach *Wilke* besteht zwischen dem abkommensrechtlichen „gewöhnlichen Aufenthalt" in Art. 4 Abs. 2 OECD-MA und dem Begriff des § 9 AO kein Unterschied: Da der Ausdruck im Abkommen nicht erläutert werde, sei zur Auslegung unter Berücksichtigung des Sachzusammenhangs nach Art. 3 Abs. 2 OECD-MA auf das innerstaatliche Recht zurückzugreifen und damit auf § 9 AO. Der innerstaatliche Begriff gelte mit der Einschränkung, dass nach OECD-MA eine Person einen „gewöhnlichen Aufenthalt" in mehreren Staaten haben könne und dass die Vermutung des § 9 Abs. 2 AO nicht gelte.[367]

Nach *Avery Jones et al.* scheint mit der Feststellung des „gewöhnlichem Aufenthaltes" im Sinne des Art. 4 Abs. 2 Buchst. b) OECD-MA gemeint zu sein, ob das Leben in einem Staat „normal" ist. Nach dem Wortlaut des Art. 4 Abs. 2 Buchst. b) OECD-MA ist die Kollisionsregelung des Vorrangs des „gewöhnlichen Aufenthalt" ähnlich wie die des Vorrangs der „ständigen Wohnstätte" zu verstehen. Demgegenüber scheine der Schwerpunkt der OECD-Musterkommentierung eher auf einem Vergleich der persönlichen und wirtschaftlichen Beziehungen zu den Staaten zu liegen, in welchem der Aufenthalt

[367] WILKE in BECKER/HÖPPNER/GROTHERR/KROPPEN, DBA-Kommentar, Art. 4 OECD-MA, Rz. 53. Die Rechtsprechung und Kommentierung zu § 9 AO könne daher angewandt werden.

gewöhnlicher ist. Dies ergebe sich aus Art. 4 Nr. 19 OECD-Musterkommentar.[368]

Auch nach *Lehner* handelt es sich beim „gewöhnlichen Aufenthalt" im Sinne des Art. 4 Abs. 2 OECD-MA um einen abkommensrechtlichen Begriff, der autonom zu bestimmen ist. Insbesondere sei der Kontext zu beachten, in dem er in Art. 4 Abs. 2 OECD-MA gebraucht werde. Eine Auslegung könne daher nur unter Berücksichtigung der vorgegebenen Rangfolge der „Tie-breaker-rule" zur Bestimmung der abkommensrechtlichen Ansässigkeit erfolgen und der hier vorgenannten Tatbestandsmerkmale „ständige Wohnstätte" und „Mittelpunkt der Lebensinteressen". Zu berücksichtigen sei zudem, dass ein „gewöhnlicher Aufenthalt" nach Art. 4 Abs. 2 Buchst. c) OECD-MA in beiden Staaten möglich ist, § 9 AO erlaube dies nicht. Ein Aufenthalt sei - in Anlehnung an den „Mittelpunkt der Lebensinteressen" - in dem Maße „gewöhnlich", in dem er der Verwirklichung der persönlichen und wirtschaftlichen Beziehungen dient. Dafür spreche auch die Berücksichtigung von Aufenthalten außerhalb der ständigen Wohnstätte. Entgegen dem OECD-Musterkommentar sollte aber nicht entscheidend sein, in welchem Staat die Person sich öfter aufhält. Es sei vielmehr festzustellen, in welchem Staat die steuerpflichtige Person normalerweise lebt. Eine derartiger Vergleich könne nur bei einem ausreichend langen Zeitraum erfolgen; auf die Zeitdauer innerhalb fester Grenzen wie die eines Steuerjahres dürfe dabei nicht allein abgestellt werden. Verfüge der Steuerpflichtige in keinem der Vertragsstaaten über eine ständige Wohnstätte (zweiter Fall) so könne auf die in der Rangfolge vorrangigen Kriterien des Art. 4 Abs. 2 OECD-MA nicht zurückgegriffen werden. In diesem Fall seien alle Aufenthalte unabhängig ihrer jeweiligen Gründe zu berücksichtigen. Hier genügten auch - abweichend vom „gewöhnlichen Aufenthalt" nach § 9 AO - bloße Erholungs- und ähnliche Aufenthalte, um den „gewöhnlichen Aufenthalt" nach Art. 4 Abs. 2 OECD-MA zu begründen.[369]

Ebenso betont *Wassermeyer* die abkommensrechtliche Bedeutung des Begriffs „gewöhnlicher Aufenthalt", die trotz Wortgleichheit zur Terminologie des § 9 AO nicht dazu verleiten dürfe, den Begriff anhand innerstaatlichen Steuerrechts auszulegen. Der gewöhnliche Aufenthalt im Sinne des Art. 4 Abs. 2 OECD-MA erfordere nicht eine Übernachtung im jeweiligen Staat. Kehre eine Person arbeitstäglich in ihre Wohnung im anderen Staat zurück, so könne von einem gewöhnlichen Aufenthalt im Staat der Arbeitsausübung nur dann gesprochen werden, wenn sie dort ihrer Arbeit regelmäßig nachgehe. Diese Beurteilung unterscheide sich auch von derjenigen nach § 9 AO, wonach ein gewöhnlicher Aufenthalt im Tätigkeitsstaat bei arbeitstäglicher Rückkehr abends zur Übernach-

---

368 AVERY JONES ET AL., BTR 1981, 104 (116).
369 LEHNER in VOGEL, DBA, Art. 4, Rz. 77 ff.

tung in einen anderen Staat nicht möglich sei. „Gewöhnlicher Aufenthalt" im Sinne von Art. 4 Abs. 2 OECD-MA setze eine beabsichtigte Mindestdauer und andererseits Wiederholungsabsicht des Aufenthaltens voraus. Ein von vorneherein befristeter Aufenthalt sei kein „gewöhnlicher". Werde der Aufenthalt in einem Vertragsstaat durch Aufenthalte im anderen Vertragsstaat unterbrochen, so müsse zwischen den einzelnen Aufenthalten in dem erstgenannten Staat ein Sachzusammenhang bestehen, die Person müsse also von vorneherein die Absicht einer Rückkehr haben, so dass der Aufenthalt in diesem Staat immer noch als „gewöhnlich" bezeichnet werden könne. Aus der Formulierung des Art. 4 Nr. 13 OECD-Musterkommentar, wonach Aufenthalte zu Vergnügungs-, Geschäfts- oder Studienreisen sowie von Lehrgängen ihrem Anlass nach notwendigerweise nur von kurzer Dauer sind, ergebe sich, dass diese grundsätzlich für sich genommen nicht zu einem gewöhnlichem Aufenthalt führen können. Daraus wird gefolgert, dass ein von vorneherein auf weniger als drei Monate befristeter Aufenthalt kein „gewöhnlicher Aufenthalt" sein könne. Analog Art. 5 Abs. 3 OECD-MA sei ein Aufenthalt nur dann „gewöhnlich", wenn er für die Dauer von mehr als 12 Monaten beabsichtigt sei. Bei Unterbrechungen des Aufenthaltes müsse die Person die Absicht zur Rückkehr in den Vertragsstaat haben, diese müsse sich wiederum auf mehr als 12 Monate beziehen. Hinzu komme das Erfordernis eines Sachzusammenhangs zwischen den einzelnen Aufenthalten, der es erlaube, sie insgesamt als einen gewöhnlichen Aufenthalt zu behandeln. In diesem Zusammenhang werden auch Aufenthalte zu Erholungs- und ähnlichen Zwecken gezählt, wenn sie zusammen mit anderen einen „gewöhnlichen" begründen können.[370]

Schaumburg verweist ebenfalls auf die abkommensautonome Auslegung des „gewöhnlichen Aufenthalts" gemäß Art. 4 Abs. 2 OECD-Musterkommentar, seiner Auffassung nach liegt dieser in dem Vertragsstaat, in dem die Person überwiegend lebt.[371] Nach *Strunk* gilt in Fällen des Doppelwohnsitzes bzw. wenn in keinem der Staaten ein Wohnsitz besteht, der Staat als Ansässigkeitsstaat, in dem der Steuerpflichtige die meiste Zeit verbringt, auch wenn es sich hierbei nicht um zusammenhängend mehr als sechs Monate handelt.[372]

bb) Stellungnahme

Der „gewöhnliche Aufenthalt" nach Art. 4 Abs. 2 OECD-MA ist ein abkommensrechtlicher Begriff, für dessen Auslegung nicht auf das innerstaatliche Verständnis nach § 9 AO zurückgegriffen werden kann. Anders als der in Art. 4

---

370 WASSERMEYER in DEBATIN/WASSERMEYER, Doppelbesteuerung, Art. 4 MA, Rz. 76 ff.

371 SCHAUMBURG, Internationales Steuerrecht, Rz. 16.199.

372 STRUNK in GROTHERR/HERFORT/STRUNK, Internationales Steuerrecht, S. 447. Gemeint ist offensichtlich eine „ständige Wohnstätte" im Sinne von Art. 4 Abs. 2 OECD-MA in beiden Vertragsstaaten oder in keinem.

Abs. 1 OECD-MA enthaltene Begriff des „ständigen Aufenthalts", der einen Anknüpfungspunkt für die unbeschränkte Steuerpflicht darstellt (und somit dem entspricht, was in der Bundesrepublik unter „gewöhnlichem Aufenthalt" im Sinne des § 9 AO zu verstehen ist) handelt es sich beim „gewöhnlichen Aufenthalt" im Sinne von Art. 4 Abs. 2 OECD-MA um den Bestandteil einer Kollisionsnorm. Diese soll unabhängig von innerstaatlicher Anknüpfung der unbeschränkten Steuerpflicht abkommensautonom Ansässigkeitskonflikte lösen soll, die sich gerade aus den innerstaatlichen Anknüpfungskriterien für die unbeschränkte Steuerpflicht ergeben. Der „gewöhnliche Aufenthalt" im Sinne des Art. 4 Abs. 2 Buchst. b) OECD-MA ist im Kontext der Rangfolge der „Tie-breaker-rule" (Art. 4 Abs. 2 OECD-MA nach der „ständigen Wohnstätte" und dem „Mittelpunkt der Lebensinteressen") auszulegen.

M.E. kann es bei der Auslegung des Begriffs auch nicht auf eine Absicht ankommen, sich in einem Staat länger als zwölf Monate aufzuhalten, dies entspräche eher dem innerstaatlichen Verständnis des „gewöhnlichen Aufenthaltes" nach § 9 AO. Die Relevanz einer Absicht, sich für einen bestimmten Mindestzeitraum in einem der beiden Staaten aufzuhalten, ist weder dem Sachzusammenhang des Art. 4 Abs. 2 Buchst. b) OECD-MA noch der Kommentierung der OECD zu entnehmen. Auch auf eine erforderliche Mindestaufenthaltsdauer entsprechend Art. 5 Abs. 3 OECD-MA kann hier nicht geschlossen werden. Entscheidend ist lediglich, in welchem Staat sich die Person häufiger aufhält. Da der „gewöhnliche Aufenthalt" als nachrangiges Kriterium zum „Mittelpunkt der Lebensinteressen" die Ansässigkeit entscheiden soll, kann es auch nicht erneut auf engere persönliche oder wirtschaftliche Beziehungen zu einem der beiden Staaten ankommen. Selbst wenn man den „gewöhnlichen Aufenthalt" so verstehen kann, dass ein Aufenthalt in dem Maße gewöhnlich ist, in dem er der Verwirklichung der persönlichen und wirtschaftlichen Beziehungen dient[373], wird durch die sich daraus ergebende Forderung, auf den Staat abzustellen, in dem der Steuerpflichtige „normalerweise" lebt, ein unbestimmter Begriff durch einen neuen ersetzt. Das einzig klare Kriterium zur Prüfung des „gewöhnlichen Aufenthaltes" im Sinne des Art. 4 Abs. 2 OECD-MA, nachdem ein „Mittelpunkt der Lebensinteressen" nicht festgestellt werden konnte, ist die häufigere „körperliche Anwesenheit" in einem der Staaten im Vergleichszeitraum. Dabei sind alle Aufenthalte in die Berechnung einzubeziehen, gleichgültig ob es sich um Erholungs- oder Arbeitsaufenthalte handelt.

---

[373] So LEHNER in VOGEL, DBA, Art. 4, Rz. 78.

d) Staatsangehörigkeit und Regelung im Einvernehmen der Behörden

Liegt der gewöhnliche Aufenthalt in beiden Staaten oder in keinem, so gilt der Staat als Ansässigkeitsstaat, dessen Staatsangehörigkeit die Person hat, Art. 4 Abs. 2 c) OECD-MA. Ist auch dies zu verneinen oder in beiden Staaten gegeben, so regeln die Behörden die Frage in gegenseitigem Einvernehmen. Es gibt wenige Doppelbesteuerungsabkommen der Bundesrepublik, die keine derartige „Tie-breaker-rule" haben.[374]

II. Einkünfte aus unselbständiger Arbeit, Art. 15 OECD-MA

1. Grundregel: Art. 15 Abs. 1 OECD-MA

Einschlägige Norm der DBA der Bundesrepublik zur Beseitigung der Doppelbesteuerung bei grenzüberschreitenden Auslandsentsendungen ist die - in aller Regel - an Art. 15 des OECD-Musterabkommens orientierte bzw. übernommene Norm über die Behandlung der Einkünfte aus unselbständiger Arbeit. Grundlegend für das Besteuerungsrecht eines Staates bezüglich dieser Einkünfte ist die Ausübung der Arbeit in einem Staat. Wenn Ansässigkeitsstaat und Tätigkeitsstaat gleich sind, kommt - naturgemäß - nur eine Besteuerung im Ansässigkeitsstaat in Betracht, es gilt das Wohnsitzprinzip. Fallen jedoch Ausübungsstaat und Ansässigkeitsstaat auseinander, hat nach Art. 15 Abs. 1 OECD-MA grundsätzlich der Staat der Arbeitsausübung das Besteuerungsrecht.

a) Subsidiarität zu Art. 16, 18, 19 OECD-MA

Nach dem Wortlaut des Art. 15 Abs. 1 OECD-MA „vorbehaltlich der Artikel 16, 18, 19" sind diese Artikel vorrangig anzuwenden und gegenüber Art 15 OECD-MA leges speciales. Es handelt sich dabei um
- Aufsichtsrats- und Verwaltungsratsvergütungen (Art. 16 OECD-MA),
- Ruhegehälter (Art. 18 OECD-MA) und
- Vergütungen für den öffentlichen Dienst (Art. 19 OECD-MA).

Auch die Sonderregelungen für Künstler und Sportler (Art. 17 OECD-MA) sowie für Studenten, Praktikanten und Lehrlinge (Art. 20 OECD-MA) sind vorrangig zu behandeln, auf Grund der Besonderheiten dieser Vorschriften wird auf eine Vertiefung dieser Problematik hier verzichtet.[375]

---

[374] Eine Übersicht über den Stand der deutschen DBA zu Art. 4 Abs. 2 OECD-MA findet sich bei LEHNER in VOGEL, DBA, Art. 4, Rz. 83. Keine Regelung enthalten die DBA Irland, DBA Pakistan 1958/1970 und DBA USA 1954/65. Es bestehen in den genannten DBA aber andere Bestimmungen, die einen solchen „Ansässigkeitskonflikt" lösen sollen; siehe LEHNER in VOGEL, DBA, Art. 4, Rz. 90.

[375] Vgl. SCHIEBER in DEBATIN/WASSERMEYER, Doppelbesteuerung, Art. 15 MA, Rz. 51.

aa) Art. 16 OECD-MA: Aufsichtsrats- und Verwaltungsratsmitglieder

Aufsichtsrats- und Verwaltungsratsvergütungen und ähnliche Zahlungen, die eine in einem Vertragsstaat ansässige Person in ihrer Eigenschaft als Mitglied des Aufsichts- oder Verwaltungsrats einer Gesellschaft bezieht, die im anderen Staat ansässig ist, können nach Art. 16 OECD-MA im Ansässigkeitsstaat der Gesellschaft besteuert werden.

Nach deutschem Recht versteht man unter „Aufsichtsratsmitgliedern" Personen, die zur Überwachung der Geschäftsleitung bestimmt sind, insbesondere die Mitglieder eines Aufsichtsrats einer Aktiengesellschaft, GmbH, Genossenschaft oder eines Versicherungsvereins auf Gegenseitigkeit. „Verwaltungsräte" sind insbesondere die Überwachungsorgane von Sparkassen, Fernseh- und Rundfunkeanstalten und ähnlichen öffentlichen Einrichtungen.[376] Ferner zählen zu den nach Art. 16 OECD-MA zu behandelnden Personengruppe Mitglieder des Verwaltungsrats oder des Gewerkschaftsrats einer bergrechtlichen Gewerkschaft.[377] In Zweifelsfällen entscheidet sich die Zuordnung zu Art. 16 OECD danach, ob die Befugnisse auf die Überwachung der Geschäftsführung beschränkt sind.[378]

Probleme kann diese Einordnung bereiten in Staaten, die ein sog. „Board"-System haben. In diesem im anglo-amerikanischen, skandinavischen und teilweise auch im Schweizer Recht vorzufindenden System ist die Geschäftsführungsfunktion und Kontrollfunktion nicht auf zwei Organe verteilt, sondern es erfolgt in einem Organ die Willensbildung über Fragen der Geschäftsführung, die Durchführung ist aber einem Ausschuss überlassen.[379] So gilt in den USA dieser „board of directors" als höchstes Geschäftsführungs-, Vertretungs- und Kontrollorgan, im schweizerischen „Verwaltungsrat" werden Kontroll- und Leitungsfunktionen von einem Organ ausgeübt. In der englischsprachigen Fassung von Art. 16 OECD-MA wird der Begriff „member of the board of directors" verwandt, worunter nach englischem und amerikanischem Gesellschaftsrecht das für die Geschäftsführung verantwortliche zentrale Organ einer Kapitalgesellschaft zu verstehen ist.[380] Unter „directors fees" im englischsprachigen

---

[376] Vgl. VOGEL, DBA, Art. 16, Rz. 12: In der Schweiz verstehe man unter „Verwaltungsrat" auch die dem deutschen Kapitalgesellschaftsrecht entsprechenden Überwachungsorgane von Kapitalgesellschaften und anderen Körperschaften. Vgl. auch WASSERMEYER in DEBATIN/WASSERMEYER, Doppelbesteuerung, Art. 16 MA, Rz. 15 ff.; WILKE in BECKER/HÖPPNER/GROTHERR/KROPPEN, DBA-Kommentar, Art. 16 OECD-MA, Rz. 17 ff.

[377] VOGEL, DBA, Art. 16, Rz. 12.

[378] Vgl. BFH v. 5.10.1994, BStBl. II 1995, 95.

[379] Vgl. TOIFL, Die Besteuerung von Geschäftsführern, Vorständen und Aufsichtsräten international tätiger Unternehmen, in GASSNER/LANG, Besteuerung und Bilanzierung international tätiger Unternehmen, S. 379 (381).

[380] WASSERMEYER in DEBATIN/WASSERMEYER, Doppelbesteuerung, Art. 16 MA, Rz. 15.

Originaltext des Musterabkommens sind dementsprechend die Vergütungen von Mitgliedern eines „board of directors" zu verstehen. In der französischsprachigen Originalfassung des OECD-MA in Art. 16 ist der Ausdruck „membre du conseil d'administration ou de surveillance" enthalten. Unter Ersterer versteht man ein Mitglied eines Gesellschaftsorgans, das auch Geschäftsführungsaufgaben wahrnehmen kann, ein „membre du conseil de surveillance" übt vergleichbar der Funktion deutscher Aufsichtsräte eher kontrollierende Aufgaben aus.[381] Zur Lösung dieses offensichtlichen Widerspruchs mit dem deutschen Verständnis werden verschiedene Vorschläge gemacht.

(1) Meinungsstand

Nach *Vogel* können die unterschiedlichen Textfassungen am besten miteinander in Einklang gebracht werden, wenn man annimmt, dass die Organe bspw. britischer Gesellschaften in beiden Vertragsstaaten gemäß der britischen Fassung, die Organe deutscher Gesellschaften gemäß der deutschen Fassung zu beurteilen sind.[382] Argumentiert wird mit Art. 33 Abs. 4 WÜRV, wonach „die Bedeutung anzunehmen ist, welche die Texte unter Berücksichtigung des Gegenstands und Zwecks am besten miteinander in Einklang bringt".

Wassermeyer sieht in dieser Lösung Ungleichbehandlungen, wenn sich eine nach deutschem Recht errichtete Gesellschaft einen Aufsichtsrat nach englischem Vorbild schafft. Seiner Auffassung nach muss die Lösung in allen Fällen gleich sein und könne sich nur aus der Konkurrenz zwischen Art. 15 und Art. 16 OECD-MA ergeben. Demnach ist Art. 16 OECD-MA auf die Vergütung für die Tätigkeit des Mitglieds eines Aufsichtsrats nur insoweit anwendbar, wenn sie überwachende, kontrollierende und beratende Funktion hat. Im Ergebnis sei daher auf das deutsche Verständnis über die Stellung und die Funktion eines Aufsichtsratsbegriffs abzustellen.[383]

Auch der BFH entschied sich für eine Subsumtion von Geschäftsführergehältern unter Art. 15 DBA-Kanada (der wortgleich mit Art. 15 OECD-MA ist). Zwar könne man aus der englischen Fassung der Vorschrift schließen, dass die gesamten Bezüge der Mitglieder des „board of directors" unter Art. 16 DBA-Kanada zu subsumieren seien. Sowohl die deutsche Fassung als auch der französische Text des Art. 16 DBA-Kanada („tantièmes, jetons de présence et autre

---

[381] Eindeutig ist jedoch Art. 14 Abs. 7 DBA-Frankreich 1959/69/89, wonach der Ausdruck der „unselbständigen Arbeit" insbesondere die in einer der Körperschaftsteuer unterliegenden Gesellschaft ausgeübten Leitungs- und Geschäftsführungstätigkeiten umfasst.

[382] VOGEL in VOGEL, DBA, Art. 16, Rz. 13. Ihm im Ergebnis folgend: SCHAUMBURG, Internationales Steuerrecht, Rz. 16.454; WILKE in BECKER/HÖPPNER/GROTHERR/KROPPEN, DBA-Kommentar, Art. 16 OECD-MA, Rz. 20; KEMPERMANN in FLICK/WASSERMEYER/WINGERT/KEMPERMANN, DBA-Schweiz, Art. 16, Rz. 24 f.

[383] WASSERMEYER in DEBATIN/WASSERMEYER, Doppelbesteuerung, Art. 16 MA, Rz. 15.

rétributions similaires") bestätigten jedoch die auch im Schrifttum vertretene Auffassung, dass nur die für eine Kontrolltätigkeit gezahlten Vergütungen der Sondervorschrift des Art. 16 DBA-Kanada unterliegen.[384]

Einen völlig anderen Ansatz schlägt *Toifl* vor: Nach ihm sind Einkünfte von Geschäftsführern grundsätzlich unter Art. 16 OECD-MA zu subsumieren.[385] Entgegen der oben dargestellten herrschenden Meinung in Deutschland und Österreich sei die Einordnung unter Art. 16 OECD-MA nicht nur dann vorzunehmen, wenn der Steuerpflichtige überwachende Funktionen wahrnehme. Entsprechend der autonomen Interpretation der DBA sei bei gleichermaßen verbindlichen Abkommenstexten in zwei Sprachen auf das englisch- und französischsprachige Verständnis von Musterabkommen und Musterkommentar abzustellen und diesen Fassungen bei Widersprüchen zum deutschen Text der Vorrang einzuräumen. Eine andere Betrachtungsweise sei lediglich dann vertretbar, wenn ein DBA nur in deutscher Sprache abgefasst sei und dabei das OECD-MA 1963 und der Kommentar des OECD-Steuerausschusses von 1963 als Vorbild herangezogen werde. Ähnliches sei möglich bei einer im Abkommenstext enthaltenen klarstellenden Formulierung, als Beispiel wird Art. 16 Abs. 2 DBA-Dänemark erwähnt. Auf diese Weise würden auch Qualifikationskonflikte auf Grund unterschiedlicher Auslegung vermieden.

(2) Stellungnahme

Beim vorliegenden Problem geht es nicht um die Auslegung eines einheitlichen Begriffs der Doppelbesteuerungsabkommen, die verschiedensprachigen Fassungen des Art. 16 OECD-MA entsprechenden Norm der jeweiligen DBA - sofern kein alleinverbindlicher Text festgelegt wurde - voneinander ab. Demnach ist die „lex-fori"-Klausel in Art. 3 Abs. 2 OECD-MA nicht anwendbar.[386] Es stellt sich daher die Frage, inwiefern die englisch- und französischsprachige Originalfassung des OECD-MA bei der Auslegung des Begriffs „Aufsichtsrats- und Verwaltungsratsvergütungen" zu berücksichtigen sind.[387] Wie *Toifl* könnte

---

[384] BFH v. 5.10.1994, BStBl. II 1995, 95. Vgl. auch die dort angegeben Literaturnachweise und den Hinweis auf das Urteil des BFH v. 31.1.1978, BStBl. II 1978, 352.

[385] TOIFL, Die Besteuerung von Geschäftsführern, Vorständen und Aufsichtsräten international tätiger Unternehmen, in GASSNER/LANG, Besteuerung und Bilanzierung international tätiger Unternehmen, S. 379.

[386] Vgl. VOGEL in VOGEL, DBA, Art. 16, Rz. 13.

[387] Nach SCHAUMBURG, Internationales Steuerrecht, Rz. 16.78 (mit zahlreichen Nachweisen), sind „OECD-Musterabkommen und ihre Kommentare nicht Bestandteil der Abkommen selbst. Sie haben sich auch nicht zum Völkergewohnheitsrechts verdichtet, so dass ihnen keine normative Wirkung zukommt. Sie gehören aber zu den primären Auslegungsmitteln im Sinne des Art. 31 Abs. 4 WÜRV mit der Folge, daß in erster Linie sie heranzuziehen sind, um einerseits die historischen Absichten der Vertragsstaaten und andererseits den objektiven Erklärungswert des tatsächlich Vereinbarten zu ermitteln." Ergäben sich aufgrund der mehrspra-

man bei strenger Orientierung an diesen Wortlauten generell die Auffassung vertreten, dass Geschäftsführereinkünfte stets unter Art. 16 OECD-MA und die entsprechenden sich an diesem Wortlaut orientierenden Artikel in den DBA der Bundesrepublik zu subsumieren seien. Denn die englische Originalfassung spricht von „member of a board of directors of a company". Wie schon der BFH in seinen Urteil vom 5.10.1994 ausführte, gibt es im kanadischen Recht keine dem deutschen Aktienrecht vergleichbare Zweiteilung in Vorstand und Aufsichtsrat. Diese Zweiteilung ist auch dem amerikanischen und englischen Gesellschaftsrecht fremd. Nach anglo-amerikanischem Verständnis ist dieser „board of directors" nicht nur Kontrollorgan (wie der deutsche Aufsichtsrat) sondern auch zur Geschäftsführung berufen. Die deutsche Übersetzung des OECD-Musterabkommens durch das BMF weicht also von der englischen Originalfassung des OECD-Steuerausschusses in seiner Intention ab, Mitglieder des sowohl geschäftsführenden also auch kontrollierenden „board of directors" einheitlich im Staat des Gesellschaftssitzes zu besteuern. Denn offensichtlich ist der Begriff „Aufsichtsrats- und Verwaltungsratsvergütung" wesentlich enger als „directors' fees ... derived ... in his capacity as a member of the board of directors of a company". Auch die französischsprachige Originalfassung des OECD-Musterabkommens verwendet mit „membre du conseil d'administration" einen Begriff, der Mitglieder eines Gesellschaftsorgans bezeichnet, das bei französischen Aktiengesellschaften alter Art sowohl Überwachungs- als auch Geschäftsführungsaufgaben übernehmen kann. Nur ein „membre du conseil de surveillance" übt - wie oben erwähnt - eher kontrollierende Tätigkeit aus.

Sowohl die englisch- als auch die französischsprachige Fassung umfassen mit ihren Begriffen also sowohl geschäftsführende als auch kontrollierende - mit deutschen Aufsichts- bzw. Verwaltungsräten vergleichbare - Tätigkeit. Die amtliche deutsche Übersetzung ist somit eindeutig enger gefasst als die Originalfassungen des OECD-Musterabkommens.

Gegen die Übernahme der Bedeutung von „members of a board of directors" zur Auslegung von „Aufsichtsrats- und Verwaltungsrat" spricht zum einen, dass die deutschen Begriffe schlichtweg eine andere Bedeutung haben. Ein Aufsichtsrat bzw. Verwaltungsrat ist etwas anderes als ein „board of directors", ein letzterem vergleichbares Organ ist dem deutschen Gesellschaftsrecht fremd. Die Unterscheidung zwischen kontrollierender und geschäftsführender Tätigkeit ist offensichtlich ganz bewusst getroffen worden. Insofern weichen die deutschen DBA, die sich an der amtlichen deutschen Übersetzung orientieren, vom

chigen Fassungen Bedeutungsunterschiede, so sei gemäß Art. 33 Abs. 4 WÜRV stets derjenigen Auslegung der Vorzug zu geben, die die beiden Texte am besten miteinander in Einklang bringe. Gelinge dies nicht, so sei diejenige Fassung maßgeblich, die insbesondere den Vertragszweck am besten zur Geltung, vgl. SCHAUMBURG, a.a.O., Rz. 16.73.

OECD-Musterabkommen in seiner englisch- bzw. französischsprachigen Originalfassung ab. Hinzu kommt, dass in verschiedenen deutschen DBA bezüglich der Besteuerung von Geschäftsführern explizit Sonderregelungen aufgenommen wurden. So wird das Besteuerungsrecht für Geschäftsführer in den Artikeln über die Aufsichtsrats- und Verwaltungsratsvergütungen in den DBA mit Japan (Art. 16) und Schweden (Art. 16) dem Staat des Gesellschaftssitzes zugewiesen. Nach Art. 17 Abs. 2 DBA-Jugoslawien - der Vorschrift, in der auch die Besteuerungsverteilung von Aufsichtsrats- und Verwaltungsratsvergütungen geregelt ist - können Vergütungen und ähnliche Zahlungen, die ein in Deutschland ansässiges Mitglied eines gemeinsamen Geschäftsführungsorgans einer in Jugoslawien ansässigen Gesellschaft in Jugoslawien bezieht, in Jugoslawien besteuert werden. Auch das DBA-Mexiko enthält in seinem Artikel 16 über Aufsichtsrats- und Verwaltungsratsvergütungen eine Regelung, nach der ein Geschäftsführer („administrator") oder Vertreter in der Hauptversammlung („comisario") einer mexikanischen Gesellschaft, im Staat des Gesellschaftssitzes besteuert werden kann. Das DBA-Belgien bezieht in seinem Art. 16 Abs. 2 in die Besteuerungsverteilungsregel in Abs. 1 von Aufsichtsrats- und Verwaltungsratsmitgliedern von Aktien- oder Kapitalgesellschaften ausdrücklich auch die Komplementäre einer in Belgien ansässigen Kommanditgesellschaft auf Aktien sowie Vorstandsmitglieder oder Geschäftsführer einer in Deutschland ansässigen Kapitalgesellschaft ein. Das DBA-Dänemark stellt in seinem Art. 16 Abs. 2 Vergütungen von Personen, die diese „in ihrer Eigenschaft als nach dem Handelsrecht verantwortliche Leiter einer im anderen Vertragsstaat ansässigen Gesellschaft beziehen" in seiner Rechtsfolge dem Art. 16 Abs. 1 gleich, in dem das Besteuerungsrecht für Vergütungen von Aufsichtsrats- und Verwaltungsratsmitgliedern dem Sitzstaat der Gesellschaft zugewiesen ist. Nach Art. 16 Abs. 2 DBA-Türkei können Vergütungen einer in einem Vertragsstaat ansässigen Person in ihrer Eigenschaft als nach dem Handelsrecht verantwortlicher Leiter einer im anderen Vertragsstaat ansässigen Gesellschaft im anderen Vertragsstaat besteuert werden. Auch in Art. 15 Abs. 4 des DBA-Schweiz ist eine besondere Behandlung von Geschäftsführervergütungen normiert.[388]

M.E. zeigen die dargelegten Sonderregelungen, dass man bei der Auslegung des Begriffs „Aufsichtsrats- und Verwaltungsratsvergütungen" in den deutschen Doppelbesteuerungsabkommen nicht einfach auf das anglo-amerikanische und französische Verständnis zurückgreifen darf. Durch die Einfügung von besonderen Tatbeständen in zahlreichen deutschen DBA für die Besteuerung von Geschäftsführern wird ein grundsätzlich unterschiedliches Verständnis von Geschäftsführer- und Aufsichtsratstätigkeit dokumentiert. Wird ein Doppelbesteuerungsabkommen mit dem - von der Originalfassung abweichenden - amt-

---

[388] Vgl. dazu die Übersicht bei VOGEL in VOGEL, DBA, Art. 16, Rz. 21 ff.

lich ins Deutsche übersetzten Wortlaut des Art. 16 OECD-MA abgeschlossen, und nicht eine englischsprachige Fassung als letztverbindlich festgelegt, die den Begriff „board of directors" enthält, so sind Einkünfte aus Geschäftsführertätigkeit grundsätzlich unter Art. 15 OECD-MA und Einkünfte aus Aufsichtsratstätigkeit unter Art. 16 OECD-MA zu subsumieren. Sind sowohl die englische als auch die deutsche Fassung - in der am jeweiligen OECD-Musterabkommen orientierten Version - für die Auslegung maßgeblich, so ist mit *Vogel*[389] entsprechend Art. 33 Abs. 4 WÜRV „die Bedeutung anzunehmen, welche die Texte unter Berücksichtigung des Gegenstands und Zweckes des Vertrags am besten miteinander in Einklang bringt". Danach sind beispielsweise Organe von britischen Gesellschaften gemäß der englischen Fassung, Organe von deutschen Gesellschaften gemäß der deutschen Fassung zu beurteilen. Liegt eine vergleichbare Situation mit anderen Staaten vor, ist entsprechend zu verfahren. Allein diese Lösung führt zu vernünftigen Ergebnissen im beiderseitigen Interesse der DBA-Vertragspartner. Eine in diesen Fällen nur auf den deutschen Wortlaut abstellende Lösung widerspräche allen geltenden Auslegungsgrundsätzen.

bb) Art. 18 OECD-MA: Ruhegehälter

Abzugrenzen sind die nicht unter Art. 15 OECD-MA fallenden Ruhegehälter von nachträglich gezahlten Tätigkeitsvergütungen. Ruhegehälter oder ähnliche Vergütungen im Sinne des Art. 18 OECD-MA, die einer in einem Vertragsstaat ansässigen Person für frühere unselbständige Arbeit gezahlt werden, können vorbehaltlich des Art. 19 Abs. 2 OECD-MA nur im Ansässigkeitsstaat des Beziehers besteuert werden.

Unter „Ruhegehalt und ähnlichen Vergütungen" sind Bezüge zu verstehen, die nach Eintritt in den Ruhestand zwar nicht ausschließlich aber doch in erster Linie der Versorgung des Empfängers dienen.[390] Während Art. 19 Abs. 2 OECD-MA alle auf beamtenrechtlichen oder vergleichbaren Vorschriften beruhenden Versorgungsbezüge abdeckt, die aus öffentlichen Kassen gezahlt werden, kann unter „Ruhegehalt" im Sinne von Art. 18 OECD-MA nur ein „privates Ruhegehalt" gefasst werden. Versorgungsbezüge, die den Charakter freiwilliger oder gesetzlicher Unterhaltsleistungen haben oder Gegenleistung für in der Vergangenheit in eine Versicherung eingezahltes Kapital sind oder auf der Veräußerung von Wirtschaftsgütern beruhen, unterfallen nicht Art. 18 OECD-MA.[391]

[389] VOGEL in VOGEL, DBA, Art. 16, Rz. 13.

[390] BFH v. 27.1.1972, BStBl. II 1972, 459; v. 12.10.1978, BStBl. 1979, 64; VOGEL in VOGEL, DBA, Art. 18, Rz. 11.

[391] Vgl. WASSERMEYER in DEBATIN/WASSERMEYER, Doppelbesteuerung, Art. 18 MA, Rz. 16; zum speziellen Fall einer Veräußerungsrente FG Münster v. 31.1.1975, EFG 1975, 314. Im Falle von überwiegendem Versorgungscharakter solle sich deren Besteuerung nach Art. 21

Ebenfalls nicht von Art. 18 OECD-MA erfasst sind Zahlungen aus freiwilligen privaten und gesetzlichen Versicherungen (insbesondere Sozialversicherungsrenten), selbst wenn der Arbeitgeber einen Teil der Beiträge mit erbracht hat.[392]

Der Rechtsgrund der Zahlung ist nach Auffassung des BFH entscheidend.[393] Kein Ruhegeld sondern Einkünfte aus aktiver unselbständiger Tätigkeit sind auch Nachzahlungen (Tantiemen), wenn sie erst im Zeitpunkt nach dem Ruhestand zufließen, Abfindungen an ausgeschiedene Arbeitnehmer oder Zahlungen des früheren Arbeitgebers für eine nach Beendigung des beiderseitigen Verhältnisses vom Arbeitnehmer erfüllte Karenzpflicht (dazu unten mehr).[394]

cc) Art. 19 OECD-MA: Öffentlicher Dienst

Nach Art. 19 Abs. 1 Buchst. a) OECD-MA können Gehälter, Löhne und ähnliche Vergütungen, ausgenommen Ruhegehälter, die von einem Vertragsstaat oder einer seiner Gebietskörperschaften an eine natürliche Person für die diesem Staat oder der Gebietskörperschaft geleisteten Dienste gezahlt werden, nur im Staat der öffentlichen Kasse besteuert werden (sog. „Kassenstaatsprinzip").[395] Ausgenommen von diesem Grundsatz und dem Tätigkeitsstaat zur Besteuerung zugewiesen sind nach Art. 19 Abs. 1 Buchst. b) OECD-MA Vergütungen, wenn die Dienste in diesem Staat geleistet werden und die natürliche Person in diesem Staat ansässig ist und gemäß Abs. 1 Buchst. b) Ziff. „i" ein Staatsangehöriger dieses Staates ist oder gemäß Abs. 1 Buchst. b) Ziff. „ii" nicht ausschließlich deshalb in diesem Staat ansässig geworden ist, um die Dienste zu leisten.

Auch Ruhegehälter, die von einem Vertragsstaat oder einer seiner Gebietskörperschaften oder aus einem von diesem Staat oder der Gebietskörperschaft errichteten Sondervermögen an eine natürliche Person für die diesem Staat oder der Gebietskörperschaft geleisteten Dienste gezahlt werden, sind nach Art. 19 Abs. 2 Buchst. a) OECD-MA im sog. „Kassenstaat" zu besteuern. Abweichend kann auch hier nach Art. 19 Abs. 2 Buchst. b) OECD-MA der Tätigkeitsstaat besteuern, wenn die natürliche Person in diesem Staat ansässig ist und ein

---

OECD-MA richten, anderenfalls nach Art. 13 OECD-MA, so VOGEL in VOGEL, DBA, Art. 18, Rz. 13.

[392] RUPP in BECKER/HÖPPNER/GROTHERR/KROPPEN, DBA-Kommentar, Art. 18 OECD-MA, Rz. 40.

[393] BFH v. 27.1.1972, BStBl. II 1972, 459.

[394] Siehe unten unter Gliederungspunkt D II 1. d) bb), Seite 143 sowie D II 1. c) cc), Seite 137.

[395] Die Begriffe „Gehälter, Löhne und Vergütungen" sind gleich auszulegen wie in Art. 15 OECD-MA, gleiches gilt für die Abgrenzung des sich daraus ergebenden Erfordernisses einer unselbständigen Arbeit, vgl. WASSERMEYER in DEBATIN/WASSERMEYER, Doppelbesteuerung, Art. 19 MA, Rz. 25 ff.

Staatsangehöriger dieses Staats ist. Ausgeschlossen vom Regelungsbereich des Art. 19 Abs. 1 und 2 OECD-MA sind nach Abs. 3 Vergütungen und Ruhegehälter, die im Zusammenhang mit einer gewerblichen Tätigkeit eines Vertragsstaats oder einer seiner Gebietskörperschaften erbracht werden.

Besonderheit dieser Regelungen ist die ausschließliche Zuweisung des Besteuerungsrechts an nur einen Staat durch die Worte „können nur besteuert werden". Demnach müssen auch Staaten, die als allgemeine Methode zur Vermeidung der Doppelbesteuerung die Anrechnungsmethode verwenden, abweichend davon die unter Art. 19 Abs. 1 und 2 OECD-MA fallenden Zahlungen von der Steuer befreien.[396]

b) Unselbständige Arbeit

Der Begriff der „unselbständigen Arbeit" ist weder direkt im OECD-Musterabkommen noch in der Kommetierung der OECD definiert. In Art. 15 Nr. 3 OECD-Musterkommentar ist eine beispielhafte Aufzählung „Verkäufer, Montagepersonal, Ingenieure usw." enthalten. Obwohl in Fällen fehlender Begriffsdefinition im OECD-MA auf die „lex-fori-Klausel" des Art. 3 Abs. 2 OECD-MA zurückzugreifen ist, besteht ein allen OECD-Mitgliedstaaten gemeinsames internationales Vorverständnis unselbständiger Arbeit.[397] In Abgrenzung insbesondere zu Unternehmensgewinnen und selbständiger Arbeit im Sinne des Art. 14 OECD-MA ist eine unselbständige Tätigkeit dann anzunehmen, wenn eine Person ihre gesamte Arbeitskraft jemand anderem zur Verfügung stellt und bei der Ausübung der Tätigkeit den Anordnungen und Weisungen des Arbeitgebers zu folgen verpflichtet ist.[398] Insbesondere die Eingliederung in den Betrieb seines Arbeitgebers ist kennzeichnend für die unselbständige Arbeit. Dies entspricht auch der dem deutschen Einkommensteuerrecht in § 1 LStDV zu entnehmenden Bestimmung von Arbeitnehmer, Arbeitgeber und Dienstverhältnis, also nichtselbständiger Arbeit im Sinne des § 19 EStG.[399] Unzulässig wäre es wegen des angesprochenen internationalen Vorverständnisses und der Notwendigkeit einer Abgrenzung zu anderen in den DBA normierten Einkunftsarten, wenn ein Staat eine unter diese Definition fallende Tätigkeit willkürlich einer anderen zuordnen würde.[400] Lediglich in Zweifelsfragen müsste dann gemäß Art. 3 Abs. 2 OECD-MA auf innerstaatliche Normen zurückgegriffen werden.[401] Grundsätzlich ist die Tätigkeit eines Vorstandsmit-

[396] Vgl. Art. 19 Nr. 2 OECD-Musterkommentar.
[397] Vgl. PROKISCH in VOGEL, DBA, Art. 15, Rz. 16.
[398] Vgl. PROKISCH in VOGEL, a.a.O. (FN 397).
[399] Vgl. oben unter Gliederungspunkt B I., Seite 6.
[400] So jedenfalls PROKISCH in VOGEL, DBA, Art. 15, Rz. 16 m.w.N.
[401] Vgl. FG Hamburg v. 9.9.1960, EFG 1961, 75; BFH v. 29.11.1966, BStBl. II 1967, 392; v. 6.10.1971, BStBl. II 1972, 88; v. 18.7.1973, BStBl. II 1973, 757.

glieds oder Geschäftsführers einer der deutschen Körperschaftsteuer unterliegenden Kapitalgesellschaft zumindest nach deutschem Einkommensteuerrecht unter die Regelungen der nichtselbständigen Tätigkeiten zu fassen.[402]

Problematisch könnte die Beurteilung der Einkünfte von Gesellschaftern einer Personengesellschaft sein. Diese gehören zwar nach innerstaatlichem Recht gemäß § 15 Abs. 1 Nr. 2 EStG zu den gewerblichen Einkünften. Abkommensrechtlich liegen bei einer Vergütung für die Geschäftsführungstätigkeit jedoch Einkünfte aus unselbständiger Arbeit im Sinne von Art. 15 OECD-MA vor, sofern das Abkommen nichts anderes vorsieht.[403] Anders behandelt wird ein Gewinnvorab des Gesellschafters einer Personengesellschaft, dies fällt im Falle des Betreibens eines Unternehmens unter Art. 7 OECD-MA.[404] Gesellschafter einer Kapitalgesellschaft werden in der Regel nach Art. 10 OECD-MA zu behandelnde Dividendeneinkünfte beziehen., diese Beurteilung kann sich nur ändern, falls eine konkrete Tätigkeit als unselbständige oder selbständige Tätigkeit einzuordnen ist.[405]

Zu differenzieren ist bei gemischten Tätigkeiten wie beispielsweise bei einem Krankenhaus-Chefarzt mit eigenem Liquidationsrecht: Grundsätzlich wird man auf Grund der Eingliederung in den Krankenhausbetrieb eine unselbständige Tätigkeit annehmen können, die Behandlung der Privatpatienten, die er ihnen eigens in Rechnung stellen kann, erfüllt jedoch Merkmale selbständiger Tätigkeit im Sinne von Art. 14 OECD-MA.[406]

Weiterhin wurden von der Rechtsprechung folgende Berufe klassifiziert:
Nur gelegentlich lehrende Personen wie Hochschulprofessoren, Gastprofessoren, Lehrbeauftragte sind in der Regel selbständig tätig im Sinne von Art. 14 OECD-MA.[407] An Spielfilmen, Fernsehproduktionen oder am Theater mitwirkende Filmschauspieler arbeiten regelmäßig unselbständig.[408] Fotomodelle oder Mannequins sind unselbständig tätig, wenn eine Eingliederung in den Betrieb

---

402 BFH v. 31.1.1975, BStBl. II 1975, 358; PROKISCH in VOGEL, DBA, Art. 15, Rz. 16a.

403 BENDLINGER, SWI 1993, 284 (286); SCHIEBER in DEBATIN/WASSERMEYER, Doppelbesteuerung, Art. 15 MA, Rz. 66; PROKISCH in VOGEL, DBA, Art. 15, Rz. 16b; VOGELGESANG in BECKER/HÖPPNER/ GROTHERR/KROPPEN, DBA-Kommentar, Art. 15 OECD-MA, Rz. 198.

404 BFH v. 9.10.1969, BStBl. II 1970, 320; SCHIEBER in DEBATIN/WASSERMEYER, Doppelbesteuerung, Art. 15 MA, Rz. 66; VOGELGESANG in BECKER/HÖPPNER/GROTHERR/KROPPEN, DBA-Kommentar, Art. 15 OECD-MA, Rz. 198.

405 Vgl. BFH v. 26.7.1972, BStBl. II 1972, 949.

406 SCHIEBER in DEBATIN/WASSERMEYER, Doppelbesteuerung, Art. 15 MA, Rz. 65.

407 SCHIEBER in DEBATIN/WASSERMEYER, a.a.O. (FN 406).

408 BFH v. 9.9.1970, BStBl. II 1970, 867; v. 6.10.1971, BStBl. II 1972, 88; v. 20.1.1972, BStBl. II 1972, 214.

des Arbeitgebers vorliegt, ansonsten erzielen sie nach Art. 7 OECD-MA zu behandelnde unternehmerische Gewinne.[409]

c) Ausübung (Tätigkeitsstaat)

Der Ort der Arbeitsausübung im Sinne des Art. 15 Abs. 1 OECD-MA befindet sich grundsätzlich dort, wo sich der Arbeitnehmer persönlich aufhält.[410] Entscheidendes Kriterium ist also grundsätzlich die körperliche Anwesenheit des unselbständig Tätigen. Dabei ist ebenso wie für das Merkmal des „Ausübens" nach § 49 Abs. 1 Nr. 4 Buchst. a) EStG kein Andauern über eine Mindestzeit erforderlich, auch einzelne Handlungen genügen diesem Begriff.[411] So üben Arbeitnehmer auf Geschäftsreise ihre unselbständige Tätigkeit im Ausland aus, wenn sie sich gerade im Ausland aufhalten, PKW-Fahrer dort, wo sie sich gerade mit ihrem Fahrzeug aufhalten.[412]

Nach der Rechtsprechung ist jede Tätigkeit gesondert hinsichtlich des Orts der Ausführung zu betrachten, auch eine Zuteilung etwa von Hilfstätigkeiten oder Vorbereitungstätigkeiten zur Haupttätigkeit kommt nicht in Betracht. Dem Begriff des Ausübens genügen nämlich auch einzelne Handlungen.[413] Schwieriger dürfte die Beurteilung bei Vorarbeiten zu geistiger Arbeit, beispielsweise Vorüberlegungen zu Forschungen, Skizzen für eine architektonische Leistung oder Vorstudien für ein schriftstellerisches Werk sein: Vorgeschlagen wird hier, eine Ausübung der Arbeit im Inland dann zu verneinen, wenn das Ergebnis der Ausführung nicht verwertbar ist.[414] Dem ist zuzustimmen, eine andere Beurteilung dürfte nur sinnvoll sein, wenn Teilleistungen zerlegbar sind und ihnen ein materieller Wert zugeordnet werden kann.

aa) Beispiele: Schriftsteller, Journalisten

Der BFH hat bei *Schriftstellern* drei Phasen der Tätigkeit unterschieden: erstens die gedankliche Vorbereitung, zweitens das Erbringen der Leistung (Verfassen des Werks) und drittens die Verwertung des geschaffenen Werkes.[415] Nach sei-

---

[409] BFH v. 2.10.1968, BStBl. II 1969, 71.

[410] BFH v. 12.11.1986, BStBl. II 1987, 372; so auch schon POPP, in DB 1976, 2081 (2083); RUNGE, in BB 1977, 182 (184).

[411] BFH v. 21.1.1983, BStBl. II 1983, 224; v. 29.1.1986, BStBl. II 1986, 479.

[412] BFH v. 21.5.1986, BStBl. II 1986, 739; v. 29.1.1986, BStB. II 1986, 479.

[413] BFH v. 21.8.1985, BStBl. II 1986, 64; v. 28.9.1990, BStBl. II 1991, 86; v. 28.9.1990, BStBl. II 1991, 363.

[414] SCHULZE ZUR WIESCHE, in RIW 1987, 600.

[415] BFH v. 28.2.1973, BStBl. II 1973, 660.

ner Auffassung ist bei Schriftstellern jedoch der Ort maßgebend, an dem die schöpferische Leistung erbracht wurde, also die Texte verfasst wurden.[416]

Eine andere Beurteilung wurde hingegen für die Behandlung von *Journalisten* vorgeschlagen: hier müsse man vielmehr die Recherche (erste Stufe) als den Schwerpunkt der Tätigkeit ansehen, unerheblich sei, wo der Reporter sein Recherchiertes zu Papier bringe.[417] M.E. kann man diese Auffassung nicht so undifferenziert vertreten, denn je nach Form der zu erstellenden Veröffentlichung (Reportage, Feature etc.) kann hier schon ein großer Teil der geistigen Tätigkeit alleine in der Verfassung des Textes liegen.

bb) „Geschäftsführer"-Rechtsprechung des RFH und BFH

Wird ein inländischer leitender Angestellter oder Geschäftsführer im Ausland tätig, dann gilt heute nach wohl herrschender Auffassung[418] das Gleiche wie bei anderen Arbeitnehmern: Entscheidend für die Feststellung des Ausübungsorts ist die körperliche Anwesenheit.

Besonderheiten galten bei der Feststellung des Tätigkeitsorts für *Geschäftsführer von Kapitalgesellschaften*: Stellte man im Regelfall auf die körperliche Anwesenheit ab, wurde früher bezüglich der leitenden Tätigkeit von Geschäftsführern und Vorstandsmitgliedern von Kapitalgesellschaften von der RFH- und BFH-Rechtsprechung eine Ausnahme gemacht. So sei bei einem „leitenden Angestellten einer inländischen Erwerbsgesellschaft" der Natur der Sache nach grundsätzlich seine gesamte Tätigkeit für die Gesellschaft als im Inland ausgeführt anzusehen, ohne Rücksicht auf den tatsächlichen Aufenthaltsort.[419] Deren Tätigkeit müsse mit Rücksicht auf die Bedeutung für das Schicksal der Kapitalgesellschaft und vor allem auch im Hinblick auf die Tatsache, dass die Kapitalgesellschaft rechtlich und wirtschaftlich durch die Direktoren und Geschäftsführer als ihre Organe gewissermaßen selbst handele, als an dem Ort des Gesellschaftssitzes ausgeübt angesehen werden, wenn sich der Direktor oder Geschäftsführer wenigstens gelegentlich dort aufgehalten habe.[420] Eine Ausnahme

[416] BFH v. 28.2.1973, BStBl. II 1973, 660; ebenso SCHULZE ZUR WIESCHE, in RIW 1987, 600 (601).

[417] Vgl. KEMPERMANN in FLICK/WASSERMEYER/WINGERT/KEMPERMANN, DBA-Schweiz, Art. 15, Rz. 31.

[418] Vgl. die Nachweise im Folgenden.

[419] So der Reichsminister der Finanzen in der Entscheidung des RFH v. 25.4.1933, RStBl. 1934, 417, der sich der entscheidende Senat unter Bezugnahme auf das Urteil des RFH v. 1.2.1933, RStBl. 1933, 425 angeschlossen hat.

[420] BFH v. 12.8.1960, BStBl. III 1960, 441; in diesem Urteil beruft sich der BFH auch auf die Rechtsprechung des RFH v. 1.2.1933, RStBl. 1933, 425 und RFH v. 25.4.1933, RStBl. 1934, 417. Der IV. Senat des BFH bestätigte diese Rechtsprechung in seinem Urteil v. 9.2.1962, HFR 1962, 228.

von dieser Regel sei nur zulässig, wenn seine Tätigkeit so eingegrenzt sei, dass sie lediglich im Ausland sich auswirkende Aufgaben umfasse.[421]

(1) Gegenstand und Entstehen der „Geschäftsführer-Rechtsprechung"

Als der I. Senat des BFH von dieser seit Jahrzehnten geltenden Rechtsprechung abweichen wollte, kam es zu einer Anrufung des Großen Senates des BFH gemäß § 11 Abs. 2 und 3 FGO.[422] In seinem Beschluss führte der I. Senat aus, dass die angegriffene Rechtsprechung von RFH und BFH eher auf „Verwertung" als auf „Ausübung" abstelle bei ihrer Beurteilung, wo sich die Tätigkeit des Geschäftsführers „auswirke". Es gebe im - in dieser Entscheidung relevanten - DBA-Schweiz jedoch keine Sonderregelung, die eine Unterscheidung zwischen dem Ort der Ausübung der Tätigkeit und dem Ort der Verwertung rechtfertige. Dies gelte ebenso für Vorstandsmitglieder von Aktiengesellschaften wie für Geschäftsführer von GmbHs. Die Besonderheit von Kapitalgesellschaftsorganen, dass die Gesellschaft nur durch sie handele und durch sie handlungsfähig sei, stelle keinen ausreichenden Grund dar, sie in der Frage der Ausübung ihrer Tätigkeit anders zu behandeln als die rechtsgeschäftlich bestellten Vertreter der Gesellschaft.

Der Große Senat stimmte am 15.11.1971[423] dem Vorlagebeschluss insoweit zu, dass es allein darauf ankomme, wo die Geschäftsführer einer GmbH ihre Tätigkeit persönlich ausüben, also wo sie im Sinne von § 40 LStDV 1965[424] „persönlich tätig" geworden sind. Es müsse allerdings die Art der Tätigkeit berücksichtigt werden und deren Besonderheiten bei der Auslegung des Begriffs „Ausüben". Aufgabe von GmbH-Geschäftsführern und AG-Vorstandsmitgliedern sei es, das Unternehmen zu leiten. Diese Art der Tätigkeit bestehe zwingend in der Erteilung von Weisungen, die anordnen, wie das Unternehmen allgemein und im Einzelnen betrieben werden soll. Das Erteilen von Weisungen wird aufgegliedert in die Entschlussfassung, die bei einem sich auswärtig und nicht am Gesellschaftssitz körperlich verweilenden Geschäftsführer naturgemäß

---

[421] BFH v. 12.8.1960, BStBl. III 1960, 441; RFH v. 17.6.1931, RStBl. 1931, 814.

[422] Vorlagebeschluss des BFH v. 16.12.1970, BFHE 100, 534, wonach der I. Senat „wegen beabsichtigter Abweichung von dem Urteil des VI. Senats des BFH VI 300/58 S vom 12. August 1960 (BFH 71, 514, BStBl. III 1960, 441) den Großen Senat des BFH gemäß § 11 Abs. 3 FGO zur Entscheidung" der Rechtsfrage anrief: Üben die Geschäftsführer einer Gesellschaft mit beschränkter Haftung mit Sitz im Inland, die ihren Wohnsitz in der Schweiz haben und dort die Geschäfte der Gesellschaft führen, ihre persönliche Tätigkeit als Geschäftsführer in der Schweiz oder am Sitz der Gesellschaft aus (Art. 4 Abs. 1 DBA-Schweiz 1931/59, BGBl. II 1959, 1253, BStBl. II 1959, 1006).

[423] Großer Senat des BFH v. 15.11.1971, BStBl. II 1972, 68.

[424] BGBl. I 1965, 1829.

am Aufenthaltsort geschehe. Zum Erteilen von Weisungen gehöre jedoch ferner, dass diese dem Weisungsempfänger zugänglich gemacht werden, sie also demjenigen „erteilt" werden, der sie auszuführen hat. Dieses „Erteilen" der Weisung, mit dem die Tätigkeit des Geschäftsführers beendet werde, also der Zugang der Weisung vollziehe sich jedoch erst am Ort des Sitzes der Gesellschaft. Da ohne das Erteilen der Weisung deren Beschlussfassung praktisch wertlos sei und das Geschäftsführerhandeln einer einheitlichen Beurteilung bedürfe, stellte der Große Senat fest, dass Geschäftsführer ihre persönliche Tätigkeit am Ort des Zugangs der Weisung und deren Wahrnehmung, also am Ort des Sitzes der Gesellschaft, ausüben. Denn ohne derartige Wahrnehmung und Zugang werde die Leitungstätigkeit nicht ausgeübt.

Trotz überwiegender Kritik in der Literatur daran, dass durch die „Geschäftsführer-Rechtsprechung" die Begriffe „Ausübung" und „Verwertung" verwässert würden[425], hielt der BFH an der dieser Rechtsprechung fest.[426] Zwar wurde festgestellt, dass der Beschluss des Großen Senats von 15.11.1971 nicht dazu zwinge, die gesamte Tätigkeit eines Geschäftsführers für die Aufteilung des Steuergutes nach DBA dem Ort der Geschäftsleitung zuzuordnen. Es solle daher nach Tätigkeiten unterschieden werden, die allein an einem bestimmten Ort ausgeführt werden können, und solchen, die ihrer Art nach vorwiegend in der Erteilung von Weisungen zur Führung des Betriebs bestehen.[427]

So wurde die „Geschäftsführer-Rechtsprechung" für nicht anwendbar erklärt, wenn sich Gesellschaftssitz und Wohnsitz des Organs beide in der Bundesrepublik befänden. Denn nur wenn das Gesellschaftsorgan im Ausland wohne und von dort aus seine leitende Tätigkeit wahrnehme, ordnet diese Rechtsprechung das Besteuerungsrecht dem Sitzstaat der inländischen Kapitalgesellschaft zu.[428] Insbesondere Geschäftsreisen ins Ausland wirkten sich nicht unbedingt am Sitz der Gesellschaft im Inland aus und eine Ausübung im Ausland müsse daher bejaht werden. Der BFH unterschied also in der Beurteilung, wo Geschäftsführertätigkeit ausgeübt werde, zwischen Geschäftsführern, die sich in einem anderem als dem Geschäftsleitungsstaat körperlich aufhalten und von dort aus leitend tätig werden, und Geschäftsführern, die sich zwar am Gesellschaftssitz im Regelfall körperlich aufhalten, jedoch zeitweilig auf Geschäftsreisen im Ausland befinden. Im ersteren Fall wurde eine Ausübung am Gesellschaftssitz bejaht. Bei Geschäftsreisen wurde jedoch im Regelfall eine Ausübung am Ort der per-

---

425 ENDRISS, in BB 1967, 752; MEILICKE/HOHLFELD, in BB 1972, 505 (507), umfangreiche Nachweise von diese Rechtsprechung begrüßenden und ablehnenden Stimmen in der Literatur bei SIEFERT, Die Besteuerung bei der Entsendung von Arbeitskräften in das Ausland, S. 95.

426 Vgl. BFH v. 21.1.1983, BStBl. II 1983, 224; v. 22.6.1983, BStBl. II 1983, 625.

427 BFH v. 21.5.1986, BStBl. II 1986, 739.

428 BFH v. 22.6.1983, BStBl. II 1983, 625; vgl. auch MÖSSNER, Rechtsprechungs-Report Internationales Steuerrecht, S. 318.

sönlichen Anwesenheit befürwortet, da hier ja normalerweise nicht die Erteilung von Weisungen charakteristisch für die Art der Tätigkeit auf einer Geschäftsreise sei und diese nach Lage der Sache nur an einem bestimmten Ort ausgeführt werden könne.[429] Zur Beurteilung der steuerlichen Behandlung von Geschäftsführer-Auslandstätigkeiten war also eine genaue Untersuchung der konkreten Tätigkeit vor Ort erforderlich, um so eine sachgerechte Zuordnung bzw. Aufteilung des Lohns zum jeweiligen Staat vorzunehmen.

Als Zeitpunkt der Aufgabe der vorbezeichneten „Geschäftsführer-Rechtsprechung" gilt das Urteil des BFH vom 5.10.1994[430]. In der Urteilsbegründung weist der BFH darauf hin, dass die Entscheidung des Großen Senates des BFH von 1971[431] nur zu Art. 4 Abs. 1 DBA-Schweiz 1931/59[432] ergangen sei. Diese Norm enthielt im Gegensatz zum späteren Art. 15 Abs. 5 DBA-Schweiz 1971/78/89[433] (jetzt: Art. 15 Abs. 4 DBA-Schweiz 1971/78/89/92)[434] noch keine Sonderregelung für die Zuordnung des Besteuerungsrechts der Einkünfte von Vorstandsmitgliedern, Direktoren, Geschäftsführern und Prokuristen, sondern wies das Besteuerungsrecht für „Einkünfte aus Arbeit einschließlich der Einkünfte aus freien Berufen" dem Staat zu, in dessen Gebiet die persönliche Tätigkeit ausgeübt wird, aus der die Einkünfte herrühren. Die Grundsätze der Entscheidung des Großen Senats seien daher „insoweit durch einen Akt des Gesetzgebers überholt". Verwiesen wird auf das totalrevidierte Doppelbesteuerungsabkommen mit der Schweiz aus dem Jahr 1971[435], in dem das Besteuerungsrecht für Einkünfte aus einer Tätigkeit als Vorstandsmitglied, Direktor, Geschäftsführer oder Prokurist einer Kapitalgesellschaft ausdrücklich dem Sitzstaat zugewiesen wird (Art. 15 Abs. 5 DBA-Schweiz a.F.; jetzt: Art. 15 Abs. 4 DBA-Schweiz n.F.). Aus der Tatsache, dass lediglich im Doppelbesteuerungsabkommen mit der Schweiz die vom Großen Senat aufgestellten Grundsätze Niederschlag gefunden hätten, müsse gefolgert werden, dass der Gesetz-

---

[429] Lehrreich zur Unterscheidung der verschiedenen Geschäftsführertätigkeiten sind auch die Ausführungen von ESCHER/FISCHER, in RIW 1983, 108.

[430] BFH v. 5.10.1994, BStBl. II 1995, 95.

[431] BFH v. 15.11.1971, BStBl. II 1972, 68.

[432] „Abkommen zwischen dem Deutschen Reiche und der Schweizerischen Eidgenossenschaft zur Vermeidung der Doppelbesteuerung auf dem Gebiete der direkten Steuern und der Erbschaftsteuern" (kurz DBA-Schweiz 1931/59), RGBl. II 1934, 38, RStBl. 1934, 199 sowie die beiden Zusatzprotokolle vom 9.9.1957, BGBl. II 1959, 183; BStBl. II 1959, 151 und vom 20.3.1959, BGBl. II 1959, 722; BStBl. I 1959, 263.

[433] Die Artikel des DBA-Schweiz 1971/78/89 werden im Folgenden mit dem Zusatz *DBA-Schweiz a.F.* zitiert

[434] Die Artikel des DBA-Schweiz 1971/78/89/92 werden im Folgenden mit dem Zusatz *DBA-Schweiz n.F.* zitiert.

[435] Die Unterzeichnung fand am 11. August 1971 in Bonn statt, das Zustimmungsgesetz wurde am 5. September 1972 verkündet, BGBl. II 1972, 1021.

geber diese Sonderregelung nur im Verhältnis zur Schweiz gelten lassen wolle. Folgt man diesem Urteil, so sind die Aussagen der sog. „Geschäftsführer-Rechtsprechung" durch den Großen Senat von 1971 auf grenzüberschreitende Tätigkeit im Regelungsbereich des DBA-Schweiz 1931/59 beschränkt.

Dieser geänderten Rechtsprechung des I. Senats des BFH hat sich die Finanzverwaltung angeschlossen und korrigierte ihr „Schreiben betr. Besteuerung des Arbeitslohns nach den Doppelbesteuerungsabkommen; hier: Anwendung der 183-Tage-Klausel" vom 5.1.1994[436] in Textziffer 2 letzter Abschnitt am 5.7.1995 dahingehend, dass Organe von Kapitalgesellschaften ihre Tätigkeit grundsätzlich an dem Ort ausüben, an dem sie sich persönlich aufhalten.[437] Auch hier wird festgestellt, dass die Entscheidung des Großen Senats des BFH vom 15.11.1971 nur zum DBA-Schweiz 1931/1959 ergangen und auf andere DBA nicht übertragbar sei. Zu beachten seien jedoch die in einigen DBAs enthaltenen Sonderregelungen über Geschäftsführervergütungen (z.B. in Art. 16 DBA-Japan, Art. 16 DBA-Schweden, Art. 15 Abs. 4 DBA-Schweiz) und die besonderen Verständigungsvereinbarungen (z.B. mit Österreich[438]).

(2) Kritik in der Literatur

Nach Auffassung von *Endriss*[439] kann nach dem im Gesetzeswortlaut zum Ausdruck kommenden objektivierten Willen des Gesetzgebers eine Tätigkeit, auch wenn sie geistiger und leitender Natur ist, nur dort ausgeübt werden, wo sich der Ausübende körperlich befindet. Er kritisiert, dass die Rechsprechung offenbar mit dem Begriff der „Ausübung nichtselbständiger Arbeit" deren „Verwertung" schon mehr oder weniger umfasse. Er lehnt die Auffassung von RFH und BFH ab, da sie eine unzulässige Ausweitung des Begriffs der nichtselbständigen Arbeit enthalte und zu einer „nicht unbedenklichen Abtragung der Grenze zwischen den im Recht der deutschen Doppelbesteuerungsabkommen sehr klar gezogenen Begriffen der Ausübung und der Verwertung der Tätigkeit"[440] führe. Er kritisiert zudem die Begründung des BFH in seinem Urteil vom 12.8.1960[441], in dem dieser auf die besondere Bedeutung der Tätigkeit der Direktoren und Geschäftsführer für das Schicksal der Kapitalgesellschaft hingewiesen habe und dass die Kapitalgesellschaft rechtlich und wirtschaftlich durch die Direktoren

[436] BMF v. 5.1.1994, BStBl. I 1994, 11.
[437] BMF v. 5.7.1995, BStBl. I 1995, 373.
[438] Erlass des öBMF v. 22.12.1986, AÖFV 31/1987, entspricht dem Schreiben des Finanzministeriums Bayern v. 10.12.1990 sowie OFD Nürnberg v. 31.1.1991, StEK DoppBest. Österreich Nr. 20. Vgl. auch LOUKOTA/JIROUSEK, Leitfaden - zum revidierten österreichisch-deutschen Doppelbesteuerungsabkommen, Rz. 316, sowie Abdruck des Erlasses auf S. 335.
[439] ENDRISS, in BB 1967, 752.
[440] ENDRISS, in BB 1967, 752 (754).
[441] BStBl. III 1960, 441, vgl. FN 420, 421, Seite 115.

und Geschäftsführer als ihre Organe handele. Insbesondere der Bezug zu den „Direktoren" sei unverständlich, da das Kapitalgesellschaftsrecht diesen Begriff nicht kenne. Unklar sei, ob hierunter ein Vorstandsmitglied oder der Gesamtvorstand einer Aktiengesellschaft zu verstehen ist, oder eine natürliche Person, die als Vertreter kraft Rechtsgeschäft - im Gegensatz zu einem GmbH-Geschäftsführer als Vertreter kraft Gesetz - für die GmbH handelt.

Meilicke/Hohlfeld[442] kritisieren, dass gerade die Einschränkung der Geschäftsführerbesteuerung am Sitz der Kapitalgesellschaft durch den BFH in Fällen, wenn seine Tätigkeit so eingegrenzt sei, dass sie lediglich im Ausland sich auswirkende Aufgaben umfasse, eine Einbeziehung von Merkmalen des „Verwertungs"-Tatbestandes in die Definition der „Ausübung" sei.

In einem Vergleich der Rechtsprechung von Zivil- und Finanzgerichten weisen *Neher/Neher*[443] grundsätzliche Divergenzen in der Beurteilung des Ausübungsorts von Geschäftsführern nach. Sie weisen auf die Unhaltbarkeit dieser Beurteilung des Ausübungsorts von Geschäftsführertätigkeit nach betriebswirtschaftlichen Gesichtspunkten hin. Auch die Zivilgerichtsbarkeit[444] sehe in der Übermittlung von Weisungen an Arbeitnehmer keinen Bestandteil irgendeiner dispositiven Tätigkeit, sondern lediglich die technische Übermittlung bereits getroffener Entscheidungen. Diese Übermittlung habe aber mit der Entscheidung selbst und der Geschäftsleitung überhaupt nichts gemein.

Kurz vor der richtungsändernden Entscheidung des I. Senats des BFH kritisierte auch *Wassermeyer* eine unzulässige Gleichstellung von Verwertung nichtselbständiger Arbeit mit ihrer Ausübung.[445] Er wies zudem auf die Gefahr von negativen Qualifikationskonflikten hin, die zu unversteuerten „weißen Einkünften" führen könnten.[446] Interpretiere eine ausländische Steuerbehörde den Ausübungsbegriff im Artikel über unselbständige Arbeit in ihren DBAs anders als die deutsche Finanzverwaltung, so könne eine Nullbesteuerung entstehen, wenn ein in Deutschland wohnender Geschäftsführer eine im DBA-Ausland ansässige Kapitalgesellschaft leitet. Die Bundesrepublik würde nach ihrem Verständnis die Arbeitsausübung des Geschäftsführers im Inland ablehnen, die ausländische Steuerbehörde nach ihrem Verständnis wegen des nicht vor Ort körperlich an-

---

442 MEILICKE/HOHLFELD, in BB 1972, 505 (506).
443 NEHER/NEHER, in GmbHR 1980, 64.
444 Zitiert werden hier die Beschlüsse des OLG Frankfurt am Main v. 14.3.1977, DB 1977, 817 und OLG Düsseldorf v. 20.7.1977, DB 1977, 1840.
445 WASSERMEYER in IStR 1993, 331 (Urteilsanmerkung zu BFH v. 8.4.1992, BFH/NV 1993, 497).
446 Beispielsweise im Fall des BFH v. 5.7.1990, BFH/NV 1991, 146.

wesenden Geschäftsführers möglicherweise ebenfalls.[447] (Anm.: Im Fall des DBA-Schweiz 1971/78/89/92 wird dies verhindert durch Art. 15 Abs. 4 Satz 2, da nach dieser Bestimmung der Ansässigkeitsstaat des Arbeitnehmer dessen Einkünfte besteuern kann, wenn es im Sitzstaat der Kapitalgesellschaft nicht zu einer Besteuerung kommt.[448] Jedoch wird im Falle einer niedrigen Quellenbesteuerung der Arbeitnehmereinkünfte ein solcher Rückfall des Besteuerungsrechts nach Art. 15 Abs. 4 Satz 2 DBA-Schweiz ausgeschlossen.[449]) Da durch die Formulierung des Art. 15 Abs. 5 DBA-Schweiz a.F. (=Art. 15 Abs. 4 DBA-Schweiz n.F.) der Sinn der 183-Tage-Klausel völlig unterlaufen werde, wird die ersatzlose Streichung des Art. 15 Abs. 5 DBA-Schweiz a.F. sowie eine Wiederherstellung der Rechtslage vor dem Beschluss des Großen Senats vom 15.11.1971, BStBl. II 1972, 68 gefordert.

Nach *Kempermann*[450] ist die alte „Geschäftsführer-Rechtsprechung" des BFH mit der Entscheidung vom 5.10.1994[451] trotz der Ausführungen des Gerichts in den Entscheidungsgründen nicht einfach überholt. Der Große Senat habe 1971 zu der vom auch hier entscheidenden I. Senat des BFH vorgelegten Rechtsfrage geantwortet, dass unabhängig vom jeweils anwendbaren DBA die Tätigkeit von Geschäftsführern und leitenden Angestellten von Kapitalgesellschaften im Ansässigkeitsstaat der Gesellschaft ausgeübt und nicht lediglich verwertet werden. In den nach dem Beschluss des Großen Senats folgenden Entscheidungen zur Geschäftsführerproblematik des I. Senats, versuchte dieser - nach *Kempermanns* Auffassung - die festgeschriebene „Geschäftsführer-Rechtsprechung" auf Tätigkeiten zu beschränken, die sich im Erteilen von Weisungen erschöpfen. So habe der I. Senat in verschiedenen Entscheidungen eine Ausübung am Sitz der Gesellschaft abgelehnt, wenn die Tätigkeit nicht in einem anderen Staat als dem der körperlichen Anwesenheit ausgeübt werden könne. Unter anderem wurde eine Ausübung der Tätigkeit des Geschäftsführers am Aufenthaltsort angenommen, wenn sich der Geschäftsführer ins Ausland zum Wareneinkauf begebe.[452] Ebenso wurde im Fall einer Auslandsreise entschieden, deren Zweck darin bestand, die Geschäftspolitik der Tochtergesellschaft mit der ausländi-

---

[447] Mit ihrer Auffassung bezüglich des Orts der Arbeitsausübung steht die frühere BFH-Auffassung im Widerspruch zu fast allen anderen DBA-Vertragsstaaten, siehe WASSERMEYER, in IStR 1993, 331.

[448] Vgl. dazu auch BELLSTEDT, Geschäftsführer und Vorstände im Internationalen Steuerrecht, Rz. 124.

[449] BFH v. 8.4.1992, BFH/NV 1993, 295; BRANDIS in DEBATIN/WASSERMEYER, Art. 15 Schweiz, Rz. 107.

[450] KEMPERMANN in FR 1995, 158 (Urteilsanmerkung zu BFH v. 5.10.1994, BStBl. II 1995, 95)

[451] BStBl. II 1995, 95.

[452] Vgl. BFH v. 22.6.1983, BStBl. II 1983, 625.

schen Muttergesellschaft abzustimmen.[453] Auf ein weiteres Problem weist *Kempermann* nach der geänderten Rechtsprechung des BFH hin: Ist Geschäftsführer A mit Wohnsitz in der Schweiz bei einer in der Bundesrepublik ansässigen Kapitalgesellschaft beschäftigt, so stehe nach Art. 15 Abs. 4 DBA-Schweiz n.F. das Besteuerungsrecht der Bundesrepublik zu. Zweifelhaft sei jedoch, ob der A überhaupt in der Bundesrepublik beschränkt steuerpflichtig ist nach § 49 Abs. 1 Nr. 4 EStG. Denn nach der revidierten Rechtsprechung des BFH käme in konsequenter Anwendung der Aussagen des Urteils eine Ausübung im Inland (§ 49 Abs. 1 Nr. 4 Buchst. a) EStG) ja nun nicht mehr in Betracht. Das Besteuerungsrecht der Bundesrepublik wäre auf Grund des ebenfalls stark eingeschränkten Verwertungstatbestands somit faktisch ausgeschlossen. Wäre jedoch Deutschland der Wohnsitzstaat und die Schweiz der Ansässigkeitsstaat der Kapitalgesellschaft, so würde in der Schweiz nach innerstaatlicher Auffassung – angelehnt an Art. 15 Abs. 4 DBA-Schweiz n.F. – die Arbeitsausübung besteuert und auch nach Art. 15 Abs. 4 des DBA nach der Schweiz das Besteuerungsrecht zufallen.

Auch *Kramer*[454] kritisierte die Aufgabe der „Geschäftsführer-Rechtsprechung". Der Hinweis, dass sich der Beschluss des Großen Senats aus dem Jahr 1971 nur auf Art. 15 Abs. 4 DBA-Schweiz a.F. (seit 1992: Abs. 5) beziehe, sei schon deshalb nicht überzeugend, da in dieser Abkommensklausel lediglich klarstellend die Position der deutschen BFH-Rechtsprechung übernommen worden sei. Denn ursprünglich habe die Schweiz den Ort der Ausübung anders als die deutschen Verhandlungspartner begriffen und man wollte sich hier zur Anerkennung der deutschen Sicht verpflichten. Schon auf Grund dessen sei ein Umkehrschluss zur Beurteilung des Ausübungsbegriffs wegen des insofern klaren Wortlauts des DBA-Schweiz zur Auslegung anderer DBAs, die bezüglich der Beurteilung der Ausübung von Geschäftsführertätigkeiten keine ausdrückliche Regelung enthalten, unzulässig. Er wendet sich zudem gegen den Einwand, dass durch die bis dahin geltende „Geschäftsführer-Rechtsprechung" Ausübung und Verwertung nicht mehr abgrenzbar seien. Es sei nicht abwegig, bei der Auslegung des unbestimmten Begriffs Ausübung das Wirksamwerden der Tätigkeit einzubeziehen, wenn es sich um eine Geschäftsführertätigkeit handele. Die Verwertung dieser Tätigkeit lasse sich dabei als dem Zugehen der Weisungen nachfolgend begreifen. Da offenbar auch der BFH es nicht als unmöglich angesehen habe, dass das Wirksamwerden von Weisungen noch zur Ausübung von Geschäftsführungstätigkeit gehört, bestünde für einen derartigen Umschwung in der Rechtsprechung des BFH kein Anlass. Er weist zudem auf praktische Umsetzungsschwierigkeiten hin, den konkreten Aufenthaltsort von umherreisenden Geschäftsführern für Besteuerungszwecke festzustellen.

---

[453] Vgl. BFH v. 16.7.1986, BFH/NV 1988, 235.
[454] KRAMER, in RIW 1995, 742.

Neyer[455] kritisiert an der neuen Rechtsprechung des BFH v. 5.10.1994 und dem geänderten BMF-Schreiben[456] die Anordnung, dass die bisherige Rechtsprechung des Großen Senats von 1971 nur noch für das DBA-Schweiz sowie für die im BMF-Schreiben genannten DBAs gelte, in denen das Besteuerungsrecht für Geschäftsführer dem Sitzstaat der Kapitalgesellschaft zugeordnet ist. Das Urteil v. 5.10.1994 stelle de facto eine Abkehr von den Grundsätzen des Beschlusses des Großen Senats von 1971 dar, obwohl es dazu eigentlich einer erneuten Anrufung des Großen Senats bedurft hätte. Entgegen der Urteilsbegründung vom 5.10.1994 bezögen sich die Grundsätze des Großen Senats nicht ausschließlich auf Art. 4 Abs. 1 DBA-Schweiz 1931/59, sondern allgemein auf geschäftsleitende Tätigkeit. Den Ausführungen des BFH v. 5.10.1994 bezüglich der Weitergeltung der bisherigen „Geschäftsführer-Rechtsprechung" für das DBA-Schweiz könne zudem schon daher nicht zugestimmt werden, da sich die Frage der inländischen Besteuerung einer nichtselbständigen Tätigkeit unabhängig von DBA-Vorschriften danach entscheide, ob eine Ausübung der Tätigkeit nach § 49 Abs. 1 Nr. 4 Buchst. a) EStG gegeben sei. Bei einem Geschäftsführer, der vom Ausland aus die inländische Kapitalgesellschaft leite, entstehe mangels Ausübung gemäß der neuen Rechtsprechung des BFH schon kein inländischer Steueranspruch nach § 49 Abs. 1 Nr. 4 Buchst. a) EStG.[457] Beurteile man den Fall nach den Grundsätzen des Großen Senats von 1971, so werde die Ausübung im Inland sowohl nach innerstaatlichem Steuerrecht als auch nach DBA-Recht angenommen und dementsprechend auch der Bundesrepublik das Besteuerungsrecht zugewiesen. Einer Sonderregelung vergleichbar Art. 15 Abs. 4 DBA-Schweiz n.F. bedürfe es daher nicht. Insgesamt sei durch das Urteil v. 5.10.1994 und der Postulierung einer partiellen Fortgeltung der bisherigen Rechtsprechung für DBAs mit Sonderregelungen eine zusätzliche Verkomplizierung der Rechtslage eingetreten auf der Grundlage unangemessener Differenzierungskriterien mit zum Teil sachlich nicht begründbaren Ergebnissen. Nur eine ausdrückliche und ausnahmslose Aufgabe der Grundsätze der „Geschäftsführer-Rechtsprechung" nach erneuter Vorlage an den Großen Senat könne die entstandene Situation bereinigen.

(3) Neuere Entwicklungen in der „Geschäftsführer-Rechtsprechung"

Probleme in der praktischen Umsetzung der neuen Rechtsprechung zeigt ein Beschluss des BFH vom 15.12.1998 und die vorausgegangene Entscheidung

[455] NEYER, in IStR 1997, 33.
[456] BMF-Schreiben v. 5.1.1994, BStBl. I 1994, 11; geändert durch BMF-Schreiben v. 5.7.1995, BStBl. I 1995, 373 und v. 20.4.2000, BStBl. 2000, 483.
[457] Anzumerken ist, dass ab 1.1.2002 mit § 49 Abs. 1 Nr. 4 Buchst. c) EStG gerade für diese Fälle ein neuer Besteuerungstatbestand geschaffen wurde.

des *FG Baden-Württemberg*[458]. Bei der Frage, ob der Begriff „Ausübung" in Art. 24 Abs. 1 Nr. 1 Buchst. d) DBA-Schweiz n.F. (dem sog. „Methodenartikel") entsprechend der neuen Rechtsprechung oder in Anlehnung an Art. 15 Abs. 4 DBA-Schweiz ausgelegt werden soll (i.E. also nach den Grundsätzen des Beschlusses des Großen Senats von 1971) bestanden unterschiedliche Auffassungen. Nach Art. 24 Abs. 1 Nr. 1 Buchst. d) des DBA erfolgt bei in der Bundesrepublik ansässigen Personen eine Freistellung mit Progressionsvorbehalt von aus der Schweiz stammenden und dort besteuerten Einkünften nur, wenn die Arbeit in der Schweiz ausgeübt wird. Soweit jedoch aus der Schweiz stammende Einkünfte nicht bereits von deutscher Besteuerung freizustellen sind, kommt nur noch die Anrechnung der schweizerischen Steuern nach Art. 24 Abs. 1 Nr. 2 DBA-Schweiz n.F. in Betracht. Die Rechtsprechung der Finanzgerichte[459] interpretierte bis dahin den Ausübungsbegriff nach Art. 24 Abs. 1 Nr. 1 Buchst. d) DBA-Schweiz n.F. im Einklang mit den Grundsätzen des Großen Senats von 1971.

Das *FG Baden-Württemberg* orientierte sich nun in seiner Auslegung an der geänderten BFH-Rechtsprechung und stellte insbesondere fest, dass als Anknüpfungspunkt der Besteuerung lediglich in Art. 24 Abs. 1 Nr. 1 d) DBA-Schweiz n.F. der Arbeitsort genannt werde. Anknüpfungspunkt für die Quellenbesteuerung nach Art. 15 Abs. 4 DBA-Schweiz n.F. sei jedoch nicht der wirkliche oder fingierte Arbeitsort, sondern der Sitz der Kapitalgesellschaft, sofern die Tätigkeit nicht ausschließlich außerhalb des Sitzstaates verrichtet wird. Selbst wenn der Gesetzgeber mit dem Großen Senat des BFH angenommen habe, die Ausübung von Geschäftsführertätigkeit vollziehe sich stets am Sitzort der Kapitalgesellschaft, so bliebe diese Annahme jedoch lediglich gesetzgeberisches Motiv, das im Wortlaut des DBA keinen Ausdruck gefunden habe. Jedenfalls könne diese Anknüpfung des Gesetzgebers an den Sitz der Kapitalgesellschaft nicht entgegen dem eindeutigen Wortlaut des Art. 15 Abs. 4 DBA-Schweiz n.F. unter Berufung auf die BFH-Rechtsprechung durch Anwendung der teleologischen oder historischen Auslegungsmethode so verstanden werden, dass der Tätigkeitsort (nach Art. 24 Abs. 1 Nr. 1 Buchst. d) DBA-Schweiz n.F.) stets mit dem tatsächlichen oder fiktiven Arbeitsort (Art. 15 Abs. 4 DBA-Schweiz n.F.) identisch sei.[460] Demnach gebe der Art. 15 Abs. 4 auch nichts für die Auslegung des Ausübungsbegriffs in Art. 24 Abs. 1 Nr. 1 d) her und eine generelle Zuordnung der Tätigkeit zum Sitzort der Gesellschaft sei nicht möglich. Anders sieht dies der BFH in seinem Beschwerdebeschluss[461]: Zwar wird

---

[458] BFH v. 15.12.1998, IStR 1999, 117; FG Baden-Württemberg v. 11.3.1998, EFG 1998, 923.

[459] Vgl. FG Rheinland-Pfalz v. 19.2.1988, EFG 1988, 403.

[460] Verwiesen wird auf das Urteil des BFH v. 22.4.1998, BFH/NV 1998, 1290.

[461] BFH v. 15.12.1998, IStR 1999, 117.

zugestanden, dass sich der Ausübungsort einer unselbständigen Tätigkeit auch bei Prokuristen und anderen leitenden Angestellten - entsprechend der geänderten BFH-Rechtsprechung von 1994 - nach dem tatsächlichen Tätigkeitsort richte. Bei leitenden Angestellten schweizerischer Kapitalgesellschaften sprächen aber gute Gründe dafür, die für diesen Personenkreis getroffene Sonderregelung des Art. 15 Abs. 4 DBA-Schweiz n.F. bei der Auslegung des Tatbestandsmerkmals „in der Schweiz ausgeübt" in Art. 24 Abs. 1 Nr. 1 d) DBA-Schweiz zu berücksichtigen. Der Gesetzgeber wollte der Rechtsprechung des Großen Senats von 1971 durch Art. 15 Abs. 5 DBA-Schweiz a.F. (jetzt Art. 15 Abs. 4 DBA-Schweiz n.F.) Geltung verschaffen. Zwar weisen auch die Ausführungen des BFH auf die Unbeachtlichkeit der Motivationen des Gesetzgebers hin, wenn sie im Abkommenstext keinen Niederschlag gefunden haben; aus dem Regelungszusammenhang des Art. 15 Abs. 4 ließen sich jedoch Anhaltspunkte für die vom Gesetzgeber beabsichtigte Übernahme der Grundsätze des Großen Senats entnehmen. Hier wird auf die Ausnahme vom Regelfall des Art. 15 Abs. 4 DBA-Schweiz n.F. hingewiesen, wonach diese Regelung nicht gelte, wenn die Tätigkeit lediglich abgegrenzte Aufgaben außerhalb des Ansässigkeitsstaats der Kapitalgesellschaft umfasse. Daher könnte es geboten sein, Art. 15 Abs. 4 DBA-Schweiz n.F. bei der Auslegung des Art. 24 Abs. 1 Nr. 1 d) DBA-Schweiz n.F. zu berücksichtigen, ein einheitliches Verständnis des Tätigkeitsorts leitender Angestellter in beiden Normen anzunehmen und auch in Art. 24 Abs. 1 Nr. 1 d) DBA-Schweiz n.F. auf den Sitzort der Kapitalgesellschaft abzustellen. Insofern begegne auch die Auffassung der Verwaltung[462] Bedenken, die offenbar an den Tätigkeitsort leitender Angestellter im Sinne der geänderten BFH-Rechtsprechung von 1994 anknüpfe. Nach Auffassung des BMF kann eine Doppelbesteuerung von Einkünften leitender Angestellter von schweizerischen Kapitalgesellschaften aus Inlands- oder Drittstaatstätigkeiten „nach dem eindeutigen Wortlaut in Art. 24 Abs. 1 Nr. 1 Buchst. d) nur durch Anrechnung der schweizerischen Steuern vermieden werden". Die bis dato angewandte Freistellungsmethode sei ab dem Veranlagungszeitraum 1996 nicht mehr anzuwenden.

In einer Urteilsanmerkung von 1999[463] zum BFH-Beschluss vom 15.12.1998 zur Auslegung des Ausübungsbegriffs in Art. 24 Abs. 1 Nr. 1 d) DBA-Schweiz n.F. kritisiert *Wassermeyer* die geänderte Haltung der Finanzverwaltung im BMF-Schreiben vom 7.7.1997[464]. Es gehe um die Auslegung eines völkerrechtlichen Vertrages, der im Zweifel so in innerstaatliches Recht umzusetzen sei,

---

462 „Deutsch-schweizerisches Doppelbesteuerungsabkommen vom 11. August 1971 (DBA); Grenzgängerbesteuerung, leitende Angestellte, Arbeitnehmer mit Drittstaateneinkünften", BMF-Schreiben v. 7.7.1997, BStBl. I 1997, 723.
463 WASSERMEYER, in IStR 1999, 118.
464 BStBl. I 1997, 723, vgl. FN 462.

wie er von der Verhandlungsdelegation vereinbart wurde. Von 1972 bis 1994 habe zwischen beiden Vertragsstaaten Einigkeit bestanden über die Ausstrahlung der Ausübungsfiktion in Art. 15 Abs. 4 DBA-Schweiz n.F. auf die Auslegung des Art. 24 Abs. 1 Nr. 1 d) DBA-Schweiz n.F. Die plötzliche Auslegungsänderung der deutschen Finanzverwaltung nach fast 25 Jahren sei zweifelhaft, die Kenntnisnahme des Art. 31 Abs. 3 b) WÜRV über die Auslegung von völkerrechtlichen Verträgen wird angeregt, schließlich würde auch im normalen Zivilleben kein Vertragspartner einen derartigen Meinungswandel akzeptieren.

(4) Stellungnahme

Die Rechtsprechung zur „Geschäftsführer"-Problematik zeigt in eindrucksvoller Weise, wie interessenbestimmte und ergebnisorientierte Jurisdiktion und entsprechendes Verwaltungshandeln zur Vermeidung von Steuerausfällen dazu führen kann, dass das aufeinander abgestimmte System von innerstaatlichen Steuertatbeständen und Doppelbesteuerungsnormen völlig an Durchschaubarkeit und Nachvollziehbarkeit verliert. Auf Grund von Systembrüchen besteht als Konsequenz der „Geschäftsführer-Rechtsprechung", sowohl nach den Grundsätzen des Großen Senats als auch nach der revidierten Rechtsprechung des I. Senats des BFH, die Möglichkeit von negativen und positiven Qualifikationskonflikten, die zu „weißen Einkünften" und nichtausgeräumten internationalen Doppelbesteuerungen führen können. Insgesamt sind die Ausführungen sowohl in der Rechtsprechung als auch in der Literatur sehr verwirrend, so dass es geboten ist, das „Dunkel ein wenig zu erhellen".

Die ursprünglichen Aussagen der „Geschäftsführer-Rechtsprechung", nach denen die Tätigkeit eines Geschäftsführers am Sitz der Kapitalgesellschaft ausgeübt wird, verwischen in der Tat die Grenzen von „Ausübung" und „Verwertung". Nach herrschendem Verständnis schließen sich beide Tatbestände als Anknüpfungspunkt innerstaatlicher beschränkter Steuerpflicht gegenseitig aus, sie können also nicht gleichzeitig nebeneinander in Deutschland erfüllt sein.[465] Während in Art. 15 OECD-MA nur auf „Ausübung" der Tätigkeit abgestellt wird, stehen in § 49 Abs. 1 Nr. 4 Buchst. a) EStG „Ausübung" und „Verwertung" alternativ nebeneinander. Nach Auffassung der Rechtsprechung ist der Besteuerungstatbestand der Verwertung im Inland immer subsidiär hinter der Ausübung und kommt nur in Betracht, wenn eine Ausübung im Inland nicht gegeben ist.[466] Nach Art. 15 Abs. 1 OECD-MA können Löhne, Gehälter oder ähnliche Vergütungen für unselbständige Arbeit nur im anderen Staat besteuert

[465] BFH v. 12.11.1986, BStBl. II 1987, 372; SCHAUMBURG, Internationales Steuerrecht, Rz. 5.232, 15.53; vgl. auch unten unter Gliederungspunkt D V 1. b), Seite 226.
[466] Vgl. BFH v. 12.11.1986, BStBl. II 1987, 372.

werden, wenn die Arbeit in diesem Staat ausgeübt wird. Eine Besteuerung alleine auf Grund eines im anderen Staat erfüllten Verwertungstatbestandes ist nicht möglich, insofern ist die Formulierung in den DBA eindeutig.[467] Zur Beschränkung der innerstaatlichen Steueransprüche ist eine klare Abgrenzung dieser beiden Begriffe daher systemnotwendig. Die Aussagen des Großen Senats von 1971 bestätigen zwar die Notwendigkeit der Unterscheidung zwischen beiden Begriffen, seiner Auffassung zufolge ist jedoch die Tätigkeit eines Geschäftsführers erst mit dem Zugang der Weisungen beendet und dieser Zugang vollziehe sich am Ort des Sitzes der Gesellschaft. Unter „Verwerten" versteht die herrschende BFH-Rechtsprechung[468] einen Vorgang, durch den der Arbeitnehmer das Ergebnis seiner Arbeit dem Arbeitgeber zuführt, also ein Nutzbarmachen, das an einem vom Ausübungsort verschiedenen Ort geschehen kann. Das Zugänglichmachen einer Anweisung, deren Entschlussfassung an einem anderen Ort als dem der Übermittlung stattfand, erfüllt im Grunde den Verwertungstatbestand in diesem Sinne. Denn hier wird das Ergebnis geistiger Überlegungen (der Tätigkeit des Geschäftsführers) dem Arbeitgeber im Inland zugeführt.

In diese offenbar nicht gewollte Verwischung von Ausübungs- und Verwertungsdefinition passt auch die vom BFH in seinem Urteil vom 12.8.1960[469] zur geschäftsleitenden Tätigkeit getroffene Feststellung, dass sie

„jedenfalls dann als an dem Ort ausgeübt angesehen werden, an dem sich der Sitz der Kapitalgesellschaft befindet, wenn der Direktor oder Geschäftsführer sich wenigstens gelegentlich an diesem Ort aufgehalten hat und seine Tätigkeit nicht so abgegrenzt ist, daß sie lediglich im Ausland (Anm.: also außerhalb des Sitzstaates der Kapitalgesellschaft) sich auswirkende Aufgaben umfaßt".

Dieses ausdrückliche Abstellen auf das Auswirken einer Tätigkeit verbietet sich schon begrifflich bei der Definition der „Ausübung". Ohne diese Formulierung ausdrücklich zu wiederholen bezieht sich der I. Senat des BFH in einigen nach dem Beschluss des Großen Senats vom 15.11.1971[470] ergangenen Urteilen offenbar auf diese Negativabgrenzung und scheidet solche Auslandstätigkeiten von Geschäftsführern von den Aussagen der „Geschäftsführer-Rechtsprechung" des Großen Senats aus, „die nach Lage der Sache allein an einem bestimmten Ort ausgeführt werden können" im Unterschied zu solchen, „die nach ihrer Art vorwiegend aus der Erteilung von Weisungen betreffend die Führung des Betriebs bestehen".[471] Durch diese Negativabgrenzung der „Geschäftsführer-

[467] Vgl. auch Art. 15 Nr. 1 Satz 3 OECD-Musterkommentar.
[468] BFH v. 12.11.1986, BStBl. II 1987, 377; BStBl. II 1987, 379; BStBl. II 1987, 381, BStBl. II 1987, 383; BFH/NV 1987, 761, vgl. dazu weiter unten Gliederungspunkt D V 1. b), Seite 226.
[469] BStBl. III 1960, 441; vgl. FN 420, 421, Seite 115.
[470] BStBl. II 1972, 68.
[471] BFH v. 21.1.1983, BStBl. II 1983, 224; BFH v. 21.5.1986, BStBl. II 1986, 739.

Rechtsprechung" des BFH zu leitenden Tätigkeiten, die sich lediglich im Ausland auswirken, werden Merkmale von „Verwertung" nichtselbständiger Arbeit in die Definition der „Ausübung" nichtselbständiger Arbeit einbezogen. Obwohl Abkommensrecht und innerstaatliches Steuerrecht voneinander unabhängige Begriffsebenen sind[472], wird unter „Ausübung" in beiden Rechtskreisen Gleiches verstanden.[473] Um die saubere Abgrenzung zur „Verwertung" sowohl im DBA-Recht als auch im innerstaatlichen Steuerrecht zu gewährleisten ist die Einbeziehung von Elementen dieses Tatbestandsmerkmals unzulässig. Eine saubere Unterscheidung war durch die „Geschäftsführer-Rechtsprechung" des Großen Senats des BFH von 1971 jedoch nicht mehr möglich.

Hinzu kommt, dass nach heutigen Erkenntnissen der Betriebswirtschaft das Abstellen auf den Ort des Zugangs von Weisungen schlichtweg überholt ist.[474] Im Mittelpunkt von Entscheidungen steht der Entscheidungsprozess selbst und nicht die Frage wie und wo eine Entscheidung vermittelt wird. Sehr anschaulich verdeutlicht auch *Neyer* diesen Widerspruch[475]: Bei einem Architekten, der in Frankfurt am Main ein im Ausland zu errichtendes Bauwerk plant und entwirft, würde man auch keine Ausübung dieser Tätigkeit am Ort des zu errichtenden Bauwerks im Ausland annehmen. Ebenso wenig kommt es bei einem Journalisten oder Autor auf den Ort des Drucks seiner Publikation an, sondern darauf, wo er recherchiert und selbst den Text niedergeschrieben hat. Überzeugend insoweit sind auch die Anmerkungen von *Neher/Neher*[476], die weitere Widersprüchlichkeiten der BFH-Rechtsprechung offenbaren: „Hat beispielsweise ein inländischer Betrieb den Sitz seiner Geschäftsleitung in A und betreibt er außerdem eine Zweigstelle an Ort B, so käme wohl niemand auf die Idee zu behaupten, dass die geschäftsleitende Tätigkeit des Geschäftsführers des Unternehmens am Ort B, nämlich dem Sitz des Zweigstelle, persönlich ausgeübt werde, nur weil dort der Ort ist, an dem die Weisungen des Geschäftspersonals dem Zweigstellenpersonal zugehen."

Viel schwerwiegender sind jedoch die Konsequenzen aus der Rechtsprechungsänderung des I. Senats des BFH vom 5.10.1994[477]. Denn hier wurden, offenbar um eine Anrufung des Großen Senats zu vermeiden, so bedenkliche Grundsätze der Besteuerung von Geschäftsführerbezügen aufgestellt, dass in bestimmten Fällen eine sinnvolle und nachvollziehbare Anwendung der ein-

---

[472] Siehe DEBATIN, in DB 1985, Beilage Nr. 23/85 S. 3; VOGEL, in DB 1986, 507.
[473] Vgl. insoweit die bereits erwähnte Rechtsprechung sowie die Literatur.
[474] Auf betriebswirtschaftliche Argumente gehen näher ein NEHER/NEHER, in GmbHR 1980, 64 (66) und SIEFERT, Die Besteuerung bei der Entsendung von Arbeitskräften in das Ausland, S. 96, jeweils m.w.N.
[475] Vgl. NEYER, in IStR 1997, 33 (35).
[476] NEHER/NEHER, in GmbHR 1980, 64 (67).
[477] BStBl. II 1995, 95.

schlägigen Regelungen kaum noch möglich ist. Die Ausführungen des I. Senats des BFH in diesem Urteil widersprechen allen vorherigen Aussagen der jahrzehntelang geltenden „Geschäftsführer-Rechtsprechung". Der Beschluss des Großen Senats des BFH vom 15.11.1971[478] zum alten DBA-Schweiz 1931/59, enthielt grundsätzliche und allgemein gültig formulierte Aussagen über die besondere Natur von Geschäftsführerhandeln und dass dieses auf Grund dessen nur am Sitzort einer Kapitalgesellschaft ausgeübt werden können, außer es lasse sich derart abgrenzen, dass es sich nur im anderen Staat auswirkt. Nach Art. 4 Abs. 1 Satz 1 DBA-Schweiz 1931/59 werden „...Einkünfte aus Arbeit ... nur in dem Staat besteuert, in dessen Gebiet die persönliche Tätigkeit ausgeübt wird, aus der die Einkünfte herrühren." Die Formulierung ähnelt in ihrer Allgemeinheit derjenigen des Art. 15 Abs. 1 OECD-MA, wonach „...Löhne, Gehälter und ähnliche Vergütungen, die eine in einem Vertragsstaat ansässige Person aus unselbständiger Arbeit bezieht, nur in diesem Staat besteuert werden, es sei denn, die Arbeit wird im anderen Vertragsstaat ausgeübt. Wird die Arbeit dort ausgeübt, so können die dafür bezogenen Vergütungen im anderen Staat besteuert werden." Es wird also in beiden Vorschriften ganz allgemein grundsätzlich demjenigen Staat das Besteuerungsrecht für Einkünfte aus unselbständiger Arbeit zugewiesen, in dem die Tätigkeit ausgeübt wurde. Auch enthalten beide Normen keine Sonderregelungen bezüglich der Besteuerung der Einkünfte von Direktoren, Geschäftsführern, Vorstandsmitgliedern o.ä. Anders jedoch Art. 15 Abs. 5 DBA-Schweiz a.F. (jetzt Art. 15 Abs. 4 DBA-Schweiz n.F.), wonach Vorstandsmitglieder, Direktoren, Geschäftsführer und Prokuristen einer im anderen Staat ansässigen Kapitalgesellschaft mit ihren Einkünften in diesem anderen Staat besteuert werden können. Das revidierte DBA-Schweiz enthält also keine Aussage über eine Besteuerung am Ausübungsort der Tätigkeit, sondern gewährt das Besteuerungsrecht dem Sitzstaat der Kapitalgesellschaft alleine auf Grund der Stellung der genannten Personen in der Gesellschaft.

Das Bemerkung des I. Senats im Urteil vom 5.10.1994[479], die Entscheidung des Großen Senats von 1971 sei „insoweit durch einen Akt des Gesetzgebers überholt" und gelte nur für das Verhältnis zur Schweiz, da nach dieser Entscheidung mit Ausnahme des total revidierten DBA-Schweiz keine neu abgeschlossenen Doppelbesteuerungsabkommen eine Sonderregelung für Geschäftsführer, Vorstandsmitglieder oder Prokuristen enthielten, entbehrt jeder nachvollziehbaren Logik. Zum einen sind die Ausführungen des BFH zum Ausübungsbegriff der Tätigkeit von Geschäftsführern ganz allgemeiner Natur und beziehen sich nicht lediglich auf das alte DBA-Schweiz 1931/59. Eine solche speziell auf ein DBA bezogene Definition, bei vergleichbarer Formulierung in anderen DBA, widerspräche ja schon dem Gleichheitsgrundsatz. Insofern müssen diese Ausführun-

[478] BStBl. II 1972, 68.
[479] BStBl. II 1995, 95.

gen für alle DBA gelten. Zum anderen ignoriert der I. Senat mit seiner Bemerkung, die Ausführungen seien „insoweit überholt" mit einem Hinweis auf neu abgeschlossene DBA, die keinen besonderen Absatz über die Behandlung von Geschäftsführern haben, den offensichtlichen Verhandlungserfolg der deutschen Delegation bei der Abkommensrevision des DBA-Schweiz, in dem es gelang, die Rechtsfolgen der „Geschäftsführer-Rechtsprechung" (die von der aller Nachbarstaaten abweicht) positivrechtlich in einem Doppelbesteuerungsabkommen festzuschreiben. Aus dieser Tatsache zu schließen, dass die gleiche Beurteilung von Geschäftsführertätigkeit in anderen DBAs nicht gewollt sei, widerspricht der Natur eines Doppelbesteuerungsabkommens, das ein mit jedem Partnerstaat jeweils individuell ausgehandelter völkerrechtlicher Vertrag ist. Anders als in einem gewöhnlichen Gesetz können hier nicht einseitig für jeden Bürger gleichermaßen geltende und allgemeinverbindliche Regelungen getroffen werden. Obwohl sich die meisten DBA mittlerweile am OECD-Musterabkommen orientieren, unterliegen die Details der Regelungen dem jedem Vertrag immanenten Geben und Nehmen und können von Staat zu Staat mehr oder weniger stark abweichen. Auch die nach Art. 59 Abs. 2 GG folgende innerstaatliche Umsetzung in geltendes Recht durch ein Zustimmungsgesetz ändert nichts an diesen Besonderheiten. Ein DBA ist nie nur ein Gesetz, das ein Parlament verabschiedet, sondern letztendlich ein Kompromiss zweier Staaten. Die Feststellungen des BFH über den Akt des Gesetzgebers, durch den die Aussage der „Geschäftsführer-Rechtsprechung" des Großen Senats überholt sei, gehen daher an der Lebenswirklichkeit der Entstehung eines DBA vorbei.

Ferner übersieht der BFH, dass Art. 15 Abs. 4 DBA-Schweiz n.F. keine Aussage darüber trifft, in welchem Staat die Tätigkeit von Geschäftsführern als ausgeübt anzusehen ist. Ganz allgemein wird hier lediglich angeordnet, dass die Einkünfte von Vorstandsmitgliedern, Direktoren, Geschäftsführern oder Prokuristen im Staat des Sitzes der Kapitalgesellschaft besteuert werden können. Auch insofern ist das Argument des BFH, hier sei eine Rechtsprechung durch einen Akt des Gesetzgebers überholt, nicht stimmig. Denn selbst wenn man die oben angesprochene Natur eines DBA als ausgehandelter Vertrag einmal außer Acht lässt, so wurde im revidierten DBA-Schweiz nicht der Ausübungstatbestand für Geschäftsführer etc. neu legal definiert, sondern lediglich eine besondere Rechtsfolge angeordnet. Diese Rechtsfolge besteht nach dem Wortlaut des DBAs darin, dass Geschäftsführer, Direktoren, Vorstandsmitglieder oder Prokuristen im Staat des Sitzes der Kapitalgesellschaft besteuert werden können, „ ...sofern ihre Tätigkeit nicht so abgegrenzt ist, dass sie lediglich Tätigkeiten außerhalb dieses anderen Staates umfasst".[480] Auch wenn diese Negativausnahme

[480] Dieses Kriterium sieht BRANDIS in DEBATIN/WASSERMEYER, Doppelbesteuerung, Art. 15 DBA-Schweiz, Rz. 105 als erfüllt an, bei der Geschäftsführung einer Niederlassung in einem Drittstaat durch einen leitenden Angestellten einer im Vertragsstaat ansässigen Kapitalgesell-

wörtlich mit der Negativausnahme der Definition der „Ausübung" nichtselbständiger Arbeit gemäß der „Geschäftsführer-Rechtsprechung" des Großen Senats von 1971 übereinstimmt, so besteht dennoch ein grundlegender Unterschied. Im aktuellen DBA-Schweiz 1971/78/89/92 wird allgemein eine Rechtsfolge für die Besteuerung bestimmter Berufsgruppen angeordnet und diese Rechtsfolge von dem Nichtvorhandensein eines Tatbestandsmerkmals („... sofern ihre Tätigkeit nicht so abgegrenzt ist, dass sie lediglich Aufgaben außerhalb dieses anderen Staates umfasst") abhängig gemacht. Die „Geschäftsführer-Rechtsprechung" definiert jedoch das Tatbestandsmerkmal der „Ausübung" unselbständiger Tätigkeit bei Geschäftsführern anders als bei anderen Arbeitnehmern; die erwähnte Negativabgrenzung ist Teil der Definition des Tatbestandsmerkmals. Festzustellen ist somit, dass Art. 15 Abs. 4 DBA-Schweiz n.F. keine eigenständige Legaldefinition von „Ausübung" unselbständiger Tätigkeit für Geschäftsführer, Direktoren, Vorstandsmitglieder oder Prokuristen enthält, es wird auch keine „Ausübung" dieses Personenkreises fingiert, wie dies teilweise durch die „Geschäftsführer-Rechtsprechung" erfolgt ist. Art. 15 Abs. 4 DBA-Schweiz n.F. ordnet vielmehr für einen abgegrenzten Personenkreis eine Rechtsfolge an, die gewissermaßen als „lex specialis" Vorrang vor den anderen Absätzen hat. Es kommt hier also gar nicht auf die Feststellung an, ob die angesprochenen Personen ihre Arbeit im Staat des Gesellschaftssitzes ausüben. Insofern gelten die Grundsätze des Beschlusses des Großen Senates von 1971 unvermindert weiter, für das DBA-Schweiz entfalten sie jedoch keine Wirkung.

Unverständlich sind auch die Ausführungen des BFH in seinem Urteil vom 5.10.1994, dass die seit 1972 geschlossenen Doppelbesteuerungsabkommen keine dem Art. 15 Abs. 5 DBA-Schweiz a.F. (jetzt: Art. 15 Abs. 4 DBA-Schweiz n.F.) vergleichbare Regelung enthielten und lediglich auf den Tätigkeitsort abstellten. Denn auf den Tätigkeitsort wird in allen Artikeln über unselbständige Arbeit in den Doppelbesteuerungsabkommen abgestellt. Gerade die Besonderheiten bei der Ermittlung des Tätigkeitsorts von leitenden Angestellten wurden im Beschluss des Großen Senats von 1971 herausgearbeitet. Ebenso wie Art. 15 Abs. 4 DBA-Schweiz lediglich eine besondere Rechtsfolgenanordnung für die Besteuerung von Geschäftsführern, Direktoren, Vorstandsmitgliedern oder Prokuristen festschreibt, enthalten auch Art. 16 DBA-Japan, Art. 16 DBA-Schweden sowie eine besondere Verständigungsvereinbarung mit Österreich Sonderregelungen über Geschäftsführervergütungen.[481]

schaft, nicht aber schon bei „intensiver Reisetätigkeit in Übersee" eines leitenden Angestellten einer in einem Vertragsstaat ansässigen Kapitalgesellschaft, siehe auch BFH v. 8.4.1992, BFH/NV 1993, 295.

[481] Erlass des öBMF v. 22.12.1986, AÖFV 31/1987, entspricht dem Schreiben des Finanzministeriums Bayern v. 10.12.1990 sowie OFD Nürnberg v. 31.1.1991, StEK DoppBest. Österreich Nr. 20.

Auch hier ist unabhängig vom Ausübungsort der Tätigkeit das Besteuerungsrecht dem Sitzstaat der jeweiligen Kapitalgesellschaft zugeordnet.

Ein weiterer Aspekt zum BFH-Urteil vom 5.10.1994 ist m.E. beim Verhältnis des Rechts der Doppelbesteuerungsabkommen und innerstaatlichem Steuerrecht zu berücksichtigen. Im Gegensatz zu den früheren Aussagen der „Geschäftsführer-Rechtsprechung" des Großen Senats von 1971, nach denen generell die Arbeitsübung von Geschäftsführern etc. als am Ort des Gesellschaftssitzes ausgeübt angesehen wurde, wurde dieses Verhältnis nun grundsätzlich umgekehrt. Während sich früher die Finanzverwaltung an den Aussagen des Großen Senats sowohl für die Ausübung unselbständiger Arbeit nach den Doppelbesteuerungsabkommen als auch für die beschränkte Steuerpflicht nach § 49 Abs. 1 Nr. 4 Buchst. a) EStG orientierte, gilt nun die umgekehrte Auffassung ebenfalls für die DBA und den Tatbestand der innerstaatlichen beschränkten Steuerpflicht.[482] Wie bereits dargelegt begründet der BFH seine geänderte Auffassung mit dem Argument, die frühere Rechtsprechung sei zum alten DBA-Schweiz 1931/59 ergangen und durch dessen Revision überholt. Die Differenzierung der Beurteilung des Ausübungsorts nach der Verteilungsregel des jeweiligen DBAs widerspricht jedoch allen Grundsätzen über das Verhältnis des Rechts der Doppelbesteuerungsabkommen zum innerstaatlichen Steuerrecht.[483] Denn ob ein Besteuerungsanspruch in einem Staat entstehen kann oder nicht ist grundsätzlich unabhängig von völkerrechtlichen Regelungen nach innerstaatlichem Einkommensteuerrecht zu beurteilen. In der Bundesrepublik richtet sich die Beurteilung der Steuerpflicht nichtselbständiger Arbeit nicht unbeschränkt Steuerpflichtiger nach § 49 Abs. 1 Nr. 4 EStG. Die Frage, ob die Tatbestandsmerkmale des § 49 Abs. 1 Nr. 4 EStG jedoch erfüllt sind, ist grundsätzlich unabhängig von den völkerrechtlichen DBA-Regelungen zu beantworten.[484] Ist jedoch

[482] R 125 Abs. 2 LStR, vgl. stellvertretend ROTH in HERRMANN/HEUER/RAUPACH, Einkommensteuer- und Körperschaftsteuergesetz, § 49 EStG, Rz. 742.

[483] Dabei kommt es auch nicht auf den in der Literatur zum Internationalen Steuerrecht heftig geführten Streit an, ob die DBA im Verhältnis zum innerstaatlichen Recht *lex specialis* sind und in der Prüfungsreihenfolge vorrangig sind, oder ob die Regelungen der DBA eher Schranken-, Verzichts- oder Verteilungsnormen darstellen, siehe DEBATIN, in DB 1985, Beilage Nr. 23/85; *ders.*, in DStR 1992, Beihefter zu Heft 23; *ders.*, in DB 1986, 510; WASSERMEYER, in StuW 1990, 404; VOGEL, in DB 1986, 507; *ders.* in VOGEL, DBA, Einl., Rz. 45 ff.

[484] Nach DEBATIN, in DStR 1992, Beihefter zu Heft 23, 1992 bestimmt das innerstaatliche Recht das Ob und Wie der Steuerpflicht, die Abkommen regeln die innerstaatliche Besteuerungsrechtszuordnung, was sich in Schranken gegen das innerstaatliche Recht umsetzt. Die Abkommen können daher wesensmäßig keine Steueransprüche begründen. Abkommensnormen und innerstaatliches Recht verkörperten voneinander getrennt stehende Rechtskreise. Die Abkommensregeln hielten sich von von der inhaltlichen Bestimmung der Steuerpflicht fern, die ausschließlich Sache des innerstaatlichen Rechts sei. Ihr Funktionsgehalt sei vielmehr darauf gerichtet, die Steuerberechtigung der Vertragsstaaten voneinander abzugrenzen, was sich

eine grenzüberschreitende Arbeitnehmertätigkeit in Staaten gegeben, zwischen denen ein Doppelbesteuerungsabkommen besteht, so weist die einschlägige DBA-Regelung das Besteuerungsrecht unabhängig vom innerstaatlichen Steuerrecht grundsätzlich dem Staat der Arbeitsausübung zu. Die Abkommensnormen bewirken somit schon eine Vermeidung der „virtuellen Doppelbesteuerung", also eine Steuerfreistellung unabhängig davon, ob die freigestellten Einkünfte im anderen Staat besteuert werden oder eine geschuldete Steuer tatsächlich erhoben wird.[485]

Dieses Prinzip über das Verhältnis der DBA zum innerstaatlichen Steuerrecht ist grundlegend für die Systematik des Abkommensrechts. Offenbar beabsichtigt der BFH jedoch eine Auslegung des „Ausübungs"-Begriffs im Recht der Doppelbesteuerungsabkommen je nach Formulierung des einschlägigen Artikels über die Behandlung unselbständiger Arbeit, dies zeigt auch die Argumentation des Gerichts in seinem Beschluss von 15.12.1998[486] zur Auslegung des Ausübungsbegriffs in Art. 24 Abs. 1 Nr. 1 d) DBA-Schweiz n.F. Für die Auslegung von „Ausübung" im Sinne von § 49 Abs. 1 Nr. 4 EStG gilt nun bezüglich Geschäftsführertätigkeit Gleiches wie für jede andere unselbständige Tätigkeit auch: Die Besteuerung erfolgt am Ort der körperlichen Anwesenheit. Diese Beurteilung muss aber unabhängig von DBA-Normen erfolgen, denn es handelt sich hier um zwei verschiedene Rechtskreise.

Bezieht also ein in Deutschland wohnender Geschäftsführer einer schweizerischen GmbH Einkünfte aus der Schweiz, so ist dieser nach alter deutscher Auffassung in der Schweiz beschränkt steuerpflichtig (Ausübung am Sitz der Gesellschaft) und in Deutschland nach § 1 Abs. 1 Satz 1 EStG, § 8 AO i.V.m. §§ 2 Abs. 1 Nr. 4, 19 Abs. 1 EStG unbeschränkt steuerpflichtig. Art. 15 Abs. 4 DBA-Schweiz n.F. weist der Schweiz das Besteuerungsrecht zu. Nach der revidierten Rechtsprechung des BFH wäre jedoch rein innerstaatlicher Beurteilung zufolge keine beschränkte Steuerpflicht mehr in der Schweiz gegeben, da nun die Ausübung am Ort der persönlichen Tätigkeit - also am Wohnsitz - erfolgt, das deutsche Besteuerungsrecht dennoch wegen Art. 15 Abs. 4 DBA-Schweiz der Schweiz als Sitzstaat der Gesellschaft zugewiesen. Je nach dem, ob die Schweiz sich der geänderten Sichtweise in Deutschland anschließt und daher bei sich eine beschränkte Steuerpflicht mangels Ausübung der Tätigkeit verneint oder aber für grenzüberschreitende Fälle mit der Bundesrepublik eine beschränkte Steuerpflicht bei sich als Sitzstaat der Kapitalgesellschaft annimmt, entscheidet

---

in Schranken gegen ihr nationales Recht niederschlage und die daraus fließenden Steueransprüche beschneide.
So auch schon RFH v. 3.10.1935, RStBl. 1935, 1399; v. 1.10.1936, RStBl. 1936, 1209: Die Abkommensnormen gehen dem innerstaatlichen Recht als lex specialis vor.

[485] Vgl. SCHAUMBURG, Internationales Steuerrecht, Rz. 16.208.

[486] BFH v. 15.12.1998, IStR 1999, 117.

sich, ob hier überhaupt diese Einkünfte besteuert werden. Denn auf Grund des Prinzips der Vermeidung „virtueller Doppelbesteuerung" kommt es für die Zuweisung des Besteuerungsrechts nach DBA nicht auf das Bestehen eines innerstaatlichen Steueranspruches an. Beurteilt die Schweiz die Tätigkeit des Geschäftsführers ebenfalls als in der Bundesrepublik ausgeübt, kommt es zu einem negativen Qualifikationskonflikt. Lediglich die „subject-to-tax"-Klausel des Art. 15 Abs. 4 Satz 2 DBA-Schweiz, nach der eine Besteuerung auch im Ansässigkeitsstaat möglich ist, wenn der Staat des Gesellschaftssitzes diese Einkünfte nicht besteuert, verhindert das Entstehen sog. „weißer Einkünfte". Eine Minderbesteuerung würde lediglich drohen, wenn in der Schweiz eine verminderte Quellensteuer erhoben würde, die deutlich unter dem persönlichen Steuertarif liegt. In solchen Fällen greift die „subject-to-tax"-Klausel des Art. 15 Abs. 4 Satz 2 DBA-Schweiz nicht ein.[487] Einer derartigen Klausel zur Vermeidung einer Nullbesteuerung bedarf es jedoch nicht in Fällen der Anwendbarkeit des Art. 16 DBA-Schweden oder Art. 16 DBA-Japan. Nach diesen Normen können Einkünfte aus Geschäftsführertätigkeit ebenso wie Einkünfte aus Aufsichtrats- und Verwaltungsratsvergütungen im Sitzstaat der Kapitalgesellschaft besteuert werden. Der Ansässigkeitsstaat des Geschäftsführers rechnet die im anderen Staat gezahlte Steuer an, Art. 23 DBA-Schweden und Art. 23 DBA-Japan. Die hier geltende Anrechnungsmethode verhindert schon im Grunde die Entstehung unversteuerter „weißer Einkünfte".

Ein negativer Qualifikationskonflikt kann nach der neuen Rechtsprechung ebenso im umgekehrten Fall entstehen, wenn ein Geschäftsführer einer deutschen GmbH mit Wohnsitz in der Schweiz lediglich von seinem Wohnort die inländische Gesellschaft leitet. Das DBA weist das Besteuerungsrecht der Bundesrepublik zu. Nach neuer Definition des Ausübungsbegriffs für Geschäftsführer entsteht jedoch keine beschränkte Steuerpflicht im Inland nach § 49 Abs. 1 Nr. 4 Buchst. a) EStG mangels körperlicher Anwesenheit. Wegen ihres Wohnsitzes ist die Person jedoch in der Schweiz unbeschränkt steuerpflichtig. Auch hier würde eine Nullbesteuerung letztlich nur durch die eigentlich subsidiäre Klausel in Art. 15 Abs. 4 Satz 2 DBA-Schweiz vermieden. Das Regel-Ausnahme-Verhältnis würde also verkehrt und diese Fälle in der Regel nicht mehr über Art. 15 Abs. 4 Satz 1 DBA-Schweiz gelöst, sondern nur noch dann, wenn eine Quellenbesteuerung auf die Einkünfte aus unselbständiger Arbeit im Sitzstaat der Kapitalgesellschaft besteht. Diese drohende Besteuerungslücke hat

[487] Vgl. BFH v. 8.4.1992, BFH/NV 1992, 295. Nach BRANDIS in DEBATIN/WASSERMEYER, Doppelbesteuerung, Art. 15 DBA-Schweiz, Rz. 107, ist in der Schweiz eine Quellenbesteuerung für im Ausland ansässige Mitglieder der Geschäftsführung schweizerischer juristischer Personen (betr. Tantiemen, Sitzungsgelder, feste Entschädigung oder ähnliche Vergütungen) vorgesehen, Art. 5 Abs. 1 Buchst. b, Art. 93 DBG; Art. 4 Abs. 2 Buchst. b, Art. 35 Abs. 1 Buchst. d StHG.

der Gesetzgeber mit Wirkung zum 1.1.2002 durch die Neufassung des § 49 Abs. 1 Nr. 4 EStG und die Einfügung des Buchst. c) zumindest für Gesellschaften mit einer Geschäftsleitung im Inland geschlossen. Danach werden von der beschränkten Steuerpflicht im Inland auch Einkünfte erfasst, die als Vergütung für eine Tätigkeit als Geschäftsführer, Prokurist oder Vorstandsmitglied einer Gesellschaft mit Geschäftsleitung im Inland bezogen werden.

Problematisch ist die Behandlung dieser Fälle jedoch auch nach alter „Geschäftsführer-Rechtsprechung", wenn keine Sonderregelung für leitende Angestellte im DBA festgeschrieben ist (wie dies ja bei fast allen Doppelbesteuerungsabkommen der Bundesrepublik der Fall ist) und der ausländische Staat den Geschäftführer nur bei körperlicher Anwesenheit gemäß einer der beschränkten Steuerpflicht in § 49 Abs. 1 Nr. 4 Buchst. a) EStG vergleichbaren Regelung besteuert. Der in Deutschland ansässige und hier handelnde Geschäftsführer bspw. einer kanadischen (oder britischen) Kapitalgesellschaft wäre im Ausland wohl mangels körperlicher Anwesenheit nicht beschränkt steuerpflichtig.[488] Gemäß alter „Geschäftsführer-Rechtsprechung" bestand in Deutschland ebenfalls keine beschränkte Steuerpflicht, da die Ausübung ja im Sitzstaat der Kapitalgesellschaft angenommen wurde. Nach deutschem Verständnis stünde gemäß dem DBA konsequenterweise dem ausländischen Staat das Besteuerungsrecht zu und es käme - wegen des Grundsatzes der Vermeidung der „virtuellen Doppelbesteuerung" - zu einer echten Nullbesteuerung.[489] Im umgekehrten Fall (im Ausland ansässiger und handelnder Geschäftsführer einer deutschen GmbH) wäre auf Grund der Bejahung unbeschränkter Steuerpflicht im Ausland und beschränkter Steuerpflicht im Inland, § 49 Abs. 1 Nr. 4 Buchst. a) EStG, eine internationale Doppelbesteuerung gegeben. Würden nun auch Art. 15 Abs. 1 OECD-MA von Deutschland entsprechend altem innerstaatlichem Verständnis der „Geschäftsführer-Rechtssprechung" (Arbeitsausübung am Gesellschaftssitz) und vom Ausland nach seinem Verständnis (in der Regel Arbeitsausübung am Ort der körperlichen Anwesenheit) ausgelegt, käme es zu einem positiven Qualifikationskonflikt und somit zu einer Doppelbesteuerung, die nur noch durch ein Verständigungsverfahren nach Art. 25 OECD-MA

[488] Dies ist jedenfalls anzunehmen, wenn im ausländischen Staat vergleichbare Anknüpfungsmerkmale wie „Ausübung nichtselbständiger Arbeit" zur Begründung der beschränkten Steuerpflicht gelten. Laut WASSERMEYER, in IStR 1993, 331 stand die Bundesrepublik mit ihrer Beurteilung des Ausübungsorts von Geschäftsführern im Widerspruch zu fast allen anderen DBA-Vertragspartnern.

[489] Im Verhältnis zu Staaten, die ein Boardsystem haben und mit denen ein entsprechendes englisch- oder französischsprachiges DBA abgeschlossen ist, könnte sich gemäß oben genanntem Lösungsvorschlag die Besteuerungsverteilung bei Gesellschaftern von ausländischen Gesellschaften nach Art. 16 OECD-MA richten. Damit ließen sich auch unerwünschte Qualifikationskonflikte vermeiden.

oder innerstaatliche Steueranrechnung (entsprechend § 34c Abs. 6 Satz 3 EStG) ausgeräumt werden könnte.

Wie erläutert können sowohl die alte „Geschäftsführer-Rechtsprechung" als auch die neue Sichtweise des BFH mit ihren Ausnahmen bezüglich einiger DBA teilweise zu völlig unverständlichen und nicht mehr nachvollziehbaren Ergebnissen führen. Die alte Sichtweise der „Geschäftsführer-Rechtsprechung" ist wegen ihrer Verwischung der Grenzen von „Ausübung" und „Verwertung" sowie der nicht mehr zeitgemäßen Beurteilung von Geschäftsführertätigkeit abzulehnen. Die neue Sichtweise hat grundsätzlich die besseren Argumente auf ihrer Seite und führt im Ergebnis auch zu einer gerechten Verteilung der Besteuerung. Die Art und Weise ihrer Einführung ist jedoch als Verstoß gegen Regelungen der Finanzgerichtsordnung über die Stellung und die Aufgaben des Großen Senates, § 11 FGO anzusehen. Nach § 11 Abs. 2 FGO hat der Große Senat zu entscheiden, wenn ein Senat in einer Rechtsfrage von der Entscheidung eines anderen Senates oder des Großen Senats abweichen will. Der I. Senat wich in seiner Entscheidung vom 5.10.1994 vom Beschluss des Großen Senats vom 15.11.1971 ab. Dieser Beschluss ist jedoch eindeutig nicht als überholt auf Grund eines Akts des Gesetzgebers anzusehen, dies wurde vorliegend nachgewiesen. Auch wenn die Aussagen der alten „Geschäftsführer-Rechtsprechung" Widersprüche und Ungereimtheiten haben, so haben sie doch dennoch kraft der Finanzgerichtsordnung und der Stellung des Großen Senats in Zweifelsfragen der Auslegung weiterhin Gültigkeit. Um die aufgezeigten unerwünschten Ergebnisse zu vermeiden müsste eine erneute Vorlage dieser Frage an den Großen Senat erfolgen. In diesem Fall wäre eine klare Festlegung des Großen Senats, dass nichtselbständige Arbeit von Geschäftsführern wie bei allen anderen Arbeitnehmern auch am Ort der körperlichen Anwesenheit ausgeübt wird, sehr wünschenswert. Auch wenn das DBA-Schweiz 1971/78/89/92 dann in seiner Sonderregelung in Art. 15 Abs. 4 grundsätzlich nicht mehr zu dieser Auslegung passt, würden „weiße Einkünfte" zumindest wegen Art. 15 Abs. 4 Satz 2 vermieden.

Abschließend stellt sich die Frage, wie und warum eigentlich eine erneute Vorlage an den Großen Senat erfolgen soll, wenn die Finanzverwaltung in ihren Erlassen jetzt schon nach dem „vernünftigeren" Weg handelt und die Steuerpflichtigen praktisch von der neuen Sichtweise generell profitieren. Im Grunde können hier die Senate des Bundesfinanzhofs nur selbst auf Grund der dargelegten Systembrüche und Widersprüche auf eine Klärung der Rechtslage hinwirken und eine erneute Vorlage zum Großen Senat betreiben. Denn jede Entscheidung der BFH-Senate, in der die Ausübung der Tätigkeit von Geschäftsführern von Kapitalgesellschaften als Ort der körperlichen Anwesenheit angenommen wird, weicht vom Beschluss des Großen Senats des BFH von 1971 ab. Eine Vorlage an den Großen Senat ist nach § 11 Abs. 2 FGO wegen abweichender Entscheidung oder nach § 11 Abs. 4 FGO wegen grundsätzlicher Bedeutung der Rechtsfrage somit im Grunde zwingend.

cc) Unterlassen einer Tätigkeit

Ebenfalls umstritten ist die Feststellung des Ausübungsorts nichtselbständiger Tätigkeit, wenn die vertragliche Leistung lediglich passiver Natur ist und im Unterlassen einer bestimmten Tätigkeit besteht.

(1) Ausübungsort

(aa) Unterscheidung zwischen „Sichzurverfügunghalten" und Konkurrenz- bzw. Wettbewerbsverboten

Es wird unterschieden zwischen (1.) einem bloßen Sichzurverfügunghalten und (2.) dem Einhalten eines Wettbewerbs- und Konkurrenzverbots. Zum „Sichzurverfügunghalten" entschied der BFH, dass diese Leistungen in der Regel dort erbracht werden können, wo sich der Verpflichtete während der Zeitdauer der vereinbarten Leistungsverpflichtung tatsächlich befindet.[490] Nur von diesem Ort sei sie abrufbar, unabhängig davon, wo sich der Abrufende zur Zeit des Abrufs aufhält. „Sichzurverfügunghalten" bedeute Abwarten eines möglicherweise erfolgenden Abrufs. Abwarten könne man ein Ereignis jedoch nur an seinem jeweiligen tatsächlichen Aufenthaltsort.

Im Falle eines Konkurrenz- oder Wettbewerbsverbots müsse man darauf abstellen, an welchem Ort die zu unterlassende Tätigkeit im Falle eines Verstoßes gegen das Konkurrenz- oder Wettbewerbsverbot ausgeübt worden wäre.[491] Anders ist dies zu beurteilen, wenn kein unmittelbarer Zusammenhang besteht zwischen einem Staatsgebiet (also dem Ort des Unterlassens) und der vereinbarten Unterlassung. Unter diese Fallgruppe wäre wohl ein weltweit geltendes Unterlassungsgebot zu fassen.[492] Der BFH entschied hier, dass mangels anderer Konkretisierungsmerkmale auf den jeweiligen Aufenthaltsort des Steuerpflich-

---

[490] BFH v. 9.9.1970, BStBl. II 1970, 867 („Filmschauspielerurteil"): In diesem Fall ging es um eine Filmschauspielerin, die sich für mehrere Jahre verpflichtete, bei einer Filmgesellschaft innerhalb eines je einjährigen Zeitraumes an zwei von der Filmgesellschaft herzustellenden Filmen als Schauspielerin mitzuwirken. Nachdem im ersten Jahr zwei Filme gedreht wurden, wurde die Revisionsklägerin nicht mehr in Anspruch genommen, kassierte die Vergütung, hatte aber für diesen Zeitraum jede Konkurrenztätigkeit im Filmgeschäft in den Vereinigten Staaten zu unterlassen.

[491] So auch BFH v. 9.9.1970, BStBl. II 1970, 867.

[492] Im „Filmschauspielerurteil" (FN 490) bildete der BFH in seinen Entscheidungsgründen das Beispiel, dass die Verpflichtung des Steuerpflichtigen darin bestand, an keinem Film einer anderen Filmgesellschaft mitzuwirken, dessen Aufführung auf dem Gebiet der USA vorgesehen ist.

tigen abzustellen sei, an welchem der Steuerpflichtige der genannten Verpflichtung nachkam. Im Ergebnis wird diese Fallgruppe also gleich behandelt wie das unter (1.) genannte „Sichzurverfügunghalten". Auch bei einem Erfinder, der für die Auswertung seiner Rechte Lizenzen vergeben hatte, entschied der BFH[493], dass die Ausübung seiner Rechte aus den Lizenzverträgen dort persönlich ausgeübt werde, von wo aus er seine Rechte aus den Lizenzverträgen geltend mache.

In einem anderen Fall, in dem der Arbeitnehmer für ein mit seinem früheren Arbeitgeber vereinbartes Wettbewerbsverbot jährlich eine bestimmte Summe erhielt, bejahte der BFH das Besteuerungsrecht des Staates der früheren Arbeitsausübung.[494] Dieses Urteil stehe auch nicht im Widerspruch zum „Filmschauspielerurteil", da jene Unterlassungsverpflichtung inhaltlich nicht so stark mit der zuvor verrichteten aktiven Tätigkeit wie im Fall der Filmschauspielerin verknüpft sei. Das Unterlassen und das Sichbereithalten seien in jenem Fall die Hauptpflichten des Vertrags zwischen Schauspielerin und Filmgesellschaft gewesen, während sich in diesem Fall das Wettbewerbsverbot gegenüber der zurückliegenden aktiven Arbeitsleistung der Klägers als nachträglich vereinbarte Nebenpflicht darstelle. Angesichts der Anknüpfung an die vom Kläger verrichtete aktive Inlandstätigkeit könne es dahinstehen, wo der Kläger seine Verpflichtung zur Karenz erfülle.

Kritisiert wurde diese Anknüpfung an die frühere Tätigkeit durch die Rechtsprechung von einigen Stimmen in der Literatur[495]. Die Differenzierung widerspreche der Systematik des OECD-Musterabkommens. Doppelbesteuerung lasse sich nur vermeiden bei getrennter Beurteilung verschiedener Tätigkeiten. An den früheren Arbeitsort dürfe nicht angeknüpft werden, da der Rechtsgrund für die Vergütung nicht mit der früheren Tätigkeit verknüpft sei. Richtigerweise sei daher auch in diesen Fällen auf den Ort des tatsächlichen Aufenthaltes abzustellen und nicht an den früheren Arbeitsort anzuknüpfen.

(bb) Stellungnahme

Meines Erachtens überzeugt die Kritik in der Literatur an der Differenzierung der BFH-Rechtsprechung zwischen bloßem „Sichzurverfügunghalten" und der Einhaltung von Konkurrenz- bzw. Wettbewerbsverboten. Die Argumentation,

---

[493] BFH v. 13.10.1976, BStBl. II 1977, 76.

[494] BFH v. 9.11.1977, BStBl. II 1978, 195. Dabei beruft sich das Gericht auf vorangegangene Urteile des RFH v. 13.2.1929, RStBl. 1929, 199 und des BFH v. 18.7.1973, BStBl. II 1973, 757.

[495] PROKISCH in VOGEL, DBA, Art. 15, Rz. 21; HELLWIG, in DStZ/A 1978, 83; VON BORNHAUPT, in BB 1985, Beilage 16 zu Heft 35/36, S. 11; JANN, Die 183-Tage-Regel, in GASSNER/LANG/LECHNER, Aktuelle Entwicklungen im Internationalen Steuerrecht, S. 195; NEYER, in IStR 2001, 361.

im „Filmschauspieler"-Fall hätte die Unterlassungsverpflichtung einen eigenständigen Charakter gehabt und sei inhaltlich nicht so stark mit der zuvor verrichteten aktiven Tätigkeit als Filmschauspieler verknüpft gewesen, zeigt kein klar erkennbares Abgrenzungskriterium auf zur Unterscheidung dieser Fälle. Denn derartige nachträgliche Verpflichtungen sind im Grunde immer mit dem ursprünglichen Arbeitsverhältnis verknüpft, eine unterschiedliche Intensität dieser Verknüpfung ist abhängig von der jeweiligen Sichtweise einer Partei und lässt sich nicht exakt messen. Darüber hinaus liegt ein systematischer Bruch vor, wenn auf ein vorheriges Arbeitsverhältnis zur Bestimmung des Ausübungsorts abgestellt wird. Die Auslegung des Ausübungstatbestands für passive Tätigkeiten verlangt ebenso wie für aktive Tätigkeiten die Berücksichtigung tatsächlicher Elemente. Schon die Auslegung nach dem Wortsinn des Begriffs „Ausübung" verbietet m.E. eine an historische Gegebenheiten anknüpfende Betrachtungsweise, die auf die Intensität der Verknüpfung mit der früheren Tätigkeit abstellt, da dies die Grenzen des möglichen Wortsinns überschreitet.[496]

Insofern ist Kritikern der BFH-Rechtsprechung zuzustimmen und auf den Ort der tatsächlichen Ausübung der Tätigkeit abzustellen.

(2) Einkunftsart bei Wettbewerbsverboten

Nach der BFH-Rechtsprechung versteht man unter einer „Entschädigung" in seiner allgemein für die Fallgruppen des § 24 Nr. 1 EStG maßgeblichen Bedeutung Zahlungen, die eine finanzielle Einbuße ausgleichen, die ein Steuerpflichtiger infolge einer Beeinträchtigung seiner Rechtsgüter erlitten oder zu erwarten hat.[497] Die speziellere Regelung enthält § 24 Nr. 1 Buchst. b) EStG: Sie erfasst Karenzzahlungen, die für die Aufgabe oder Nichtausübung einer Tätigkeit als Gegenleistung für den Verzicht auf eine mögliche Einkunftserzielung erbracht werden. Eine solche Karenzzahlung liegt bei Entschädigungszahlungen für die Einhaltung eines Wettbewerbsverbots stets vor.[498] Zur Bestimmung der Einkunftsart bei Arbeitnehmer-Wettbewerbsverboten wird unterschieden zwischen einem „eingeschränkten Wettbewerbsverbot" sowie einem „umfassenden Wettbewerbsverbot":

---

[496] Vgl. LARENZ/CANARIS, Methodenlehre der Rechtswissenschaft, S. 141 ff., 163 f.

[497] Vgl. BFH v. 8.8.1986, BStBl. II 1987, 106; v. 13.2.1987, BStBl. II 1987, 386.

[498] Mit seinem Urteil vom 12.6.1996, BStBl. II 1996, 516, änderte der entscheidende Senat die bisher geltende BFH-Rechtsprechung (Urteil v. 21.9.1982, BStBl. II 1983, 289), wonach das Entgelt für ein vertraglich vereinbartes umfassendes Wettbewerbsverbot eine Einnahme für eine Leistung nach § 22 Nr. 3 EStG und keine Entschädigung nach § 24 Nr. 1 EStG darstellt. In den Entscheidungsgründen wird auf die Zustimmung des damals entscheidenden VIII. Senats hingewiesen, der die Auffassung teile, § 24 Nr. 1 Buchst. b) EStG sei auch dann anzuwenden, wenn die Zahlung für die Nichtausübung einer Tätigkeit (Karenzentschädigung) als vertragliche Hauptleistungspflicht vereinbart worden sei.

Die Zahlung für ein *„eingeschränktes Wettbewerbsverbot"* lässt sich somit unter § 24 Nr. 1 Buchst. b) EStG subsumieren, sie erfasst zukunftsorientiert jegliche Gegenleistung für die Aufgabe oder Nichtausübung einer Tätigkeit und ist insoweit von der bisherigen Tätigkeit losgelöst. [499] Da die Entschädigung für das Nichtausüben einer Tätigkeit auf das zukünftige Verhalten der Wettbewerbsenthaltung gerichtet ist, ist entscheidend für die Beurteilung der Einkunftsart, zu welchen Einkünften die Tätigkeit geführt hätte, auf die verzichtet wird.[500] Liegen mehrere unterschiedlich zu qualifizierende Tätigkeiten vor, die eine exakte Zuordnung in die Einkunftsarten des § 2 Abs. 1 bis 6 EStG unmöglich macht, ist die Entschädigung als sonstige Einkunft im Sinne des § 22 Nr. 3 EStG zu sehen.

Liegt dagegen ein *„umfassendes Wettbewerbsverbot"* vor, das sowohl die Ausübung gewerblicher als auch nichtselbständiger Tätigkeit auf einem bestimmten Tätigkeitsgebiet verbietet, so ist oft eine eindeutige Zuordnung der Entschädigung zu den Einkünften aus § 15 oder § 19 EStG nicht möglich.[501] Es bleibt hier lediglich eine Zuordnung als sonstige Einkunft im Sinne von § 23 Nr. 3 EStG. Das für die Einhaltung des umfassenden Wettbewerbsverbots gezahlte Entgelt stellt ebenfalls eine Entschädigung im Sinne von § 24 Nr. 1 Buchst. b) EStG dar.

d) „Gehälter, Löhne und ähnliche Vergütungen"

Für Gehälter, Löhne und ähnliche Vergütungen, die eine Person aus unselbständiger Arbeit bezieht, wird durch Art. 15 OECD-MA einem der beiden Vertragsstaaten das Besteuerungsrecht zugewiesen. Die Begriffe „Gehälter, Löhne und ähnliche Vergütungen" sind rein abkommensrechtliche Begriffe, die zudem weder im OECD-Musterabkommen noch im OECD-Musterkommentar definiert sind. Unter Gehältern (*engl.* salary, *franz.* salaires) und Löhnen (*engl.* wages, *franz.* traitement) versteht man die Bezahlung für einem Arbeitgeber geleistete Dienste. „Gehalt" meint dabei die Bezahlung für die eher geistige Arbeit beispielsweise von Beamten oder Angestellten, „Lohn" wird für die eher körperliche Arbeit von Arbeitern bezahlt, „Vergütung" (*engl.* remuneration, *franz.* rémunérations) ist der Oberbegriff, unter den auch einmalige Leistungen wie Jubiläumszuwendungen oder Entschädigungen für entgangene Einnahmen fallen.[502]

[499] BFH v. 16.3.1993, BStBl. II 1993, 497; v. 12.6.1996, BStBl. II 1996, 516.
[500] BFH v. 12.6.1996, BStBl. II 1996, 516.
[501] BFH v. 12.6.1996, BStBl. II 1996, 516; v. 23.2.1999, BStBl. II 1999, 590.
[502] Vgl. PROKISCH in VOGEL, DBA, Art. 15, Rz. 14 m.w.N.

Zur Konkretisierung der Begriffe muss gemäß Art. 3 Abs. 2 OECD-MA auf das Recht des Anwenderstaates zurückgegriffen werden.[503] Wird also eine unselbständige Arbeit auf dem Gebiet der Bundesrepublik ausgeübt oder ist ein in der Bundesrepublik unbeschränkt Steuerpflichtiger im Ausland tätig, so ist auf das in § 19 EStG enthaltene Verständnis abzustellen.[504] Danach gehören zu den Einkünften aus nichtselbständiger Tätigkeit Gehälter, Löhne, Tantiemen und andere Bezüge und Vorteile, die für eine Beschäftigung im öffentlichen oder privaten Dienst erworben werden, ebenso Wartegelder, Bezüge und Vorteile aus früheren Dienstleistungen, gleichgültig ob es sich um laufende oder einmalige Bezüge handelt oder ein Rentenanspruch auf sie besteht. Nicht darunter zu zählen sind private Ruhegehälter im Sinne von Art. 18 OECD-MA.

Zwischen Arbeitsleistung und Vergütung muss ein Zusammenhang bestehen, der nur bejaht werden kann, wenn Grund der Zahlung ein wirtschaftliches und nicht nur ein persönliches Interesse ist.[505] Dieser kann in Zweifelsfällen bejaht werden, wenn die Leistung dazu bestimmt ist, das Interesse des Arbeitnehmers am Unternehmen zu fördern und das Unternehmen für qualifiziertes Personal attraktiver zu machen. Zu den Vergütungen für unselbständige Arbeit zählt man Barlohn, Sachbezüge, Konkursausfallgeld[506], Winter- und Schlechtwettergeld[507], Zahlung für die Einhaltung eines Wettbewerbs- und Konkurrenzverbotes, Urlaubs-, Weihnachts-, und Jubiläumsgeld und ähnliche Zuwendungen[508], auch ein im Ausland gewährter Auslandszuschlag, der zu den im Wohnsitzstaat steuerbaren Bezügen gehört[509]. Ebenso unter den Begriff der Vergütung im Sinne von Art. 15 OECD-MA fallen Tagegelder, die Organe der Europäischen Union den in ihrem Bereich verwendeten Beamten ihrer Mitgliedstaaten zahlen, auch wenn die Besteuerung der ihnen im Heimatstaat gewährten Besoldung Art. 19 OECD-MA unterfällt.[510] Selbst wenn ein Arbeitgeber die Steuerschuld des Arbeitnehmers bezahlt, ist darunter eine Vergütung im Sinne von Art. 15

---

[503] So auch KEMPERMANN in FLICK/WASSERMEYER/WINGERT/KEMPERMANN, DBA-Schweiz, Art. 15, Rz. 5; SCHIEBER in DEBATIN/WASSERMEYER, Doppelbesteuerung, Art. 15 MA, Rz. 54.

[504] Vgl. SCHIEBER in DEBATIN/WASSERMEYER, Doppelbesteuerung, Art. 15 MA, Rz. 54.

[505] Vgl. auch die Definition des „Arbeitslohns" in § 2 LStDV und R 70 LStR.

[506] BMF-Schreiben v. 16.7.1979, BStBl. I 1979, 486.

[507] Vgl. Finanzministerium Niedersachsen v. 18.8.1977, DB 1977, 1875; KEMPERMANN in FLICK/WASSERMEYER/WINGERT/KEMPERMANN, DBA-Schweiz, Art. 15, Rz. 8; SCHIEBER in DEBATIN/WASSERMEYER, Doppelbesteuerung, Art. 15 MA, Rz. 54; PROKISCH in VOGEL, DBA, Art. 15, Rz. 14b.

[508] BFH v. 5.2.1992, BStBl. II 1992, 660.

[509] Vgl. PROKISCH in VOGEL, DBA, Art. 15, Rz. 14b.

[510] PROKISCH in VOGEL, DBA, Art. 15, Rz. 14b.

OECD-MA zu sehen; Gleiches gilt auch für Sozialversicherungsbeiträge, die der Arbeitnehmer trägt.[511]

Zusammenfassen lässt sich der Begriff „Vergütungen" als alles, was ein Arbeitnehmer aus dem oder im Zusammenhang mit dem durch den Arbeitgeber weisungsgebundenen Einsatz seiner Arbeitskraft erhält. Nicht relevant ist die Bezeichnung, der Zeitpunkt und Ort des Zuflusses. Entscheidend ist, dass die Vergütungen aus einem gegenwärtigen oder früheren Dienstverhältnis stammen.[512]

aa) Freiwillige Zusatzleistungen (sog. „fringe benefits")

Zunehmend werden von Arbeitgebern freiwillige Zusatzleistungen an die Arbeitnehmer in Form von Sachbezügen gewährt. Unter diese sog. „fringe benefits" fallen alle Vorteile, die nicht Gehalt oder Lohn sind, die ein Arbeitnehmer von seinem Arbeitgeber als Gegenleistung für geleistete oder zu leistende Dienste erhält. In den meisten Fällen werden „fringe benefits" in Form von Sachbezügen gewährt, auch wenn es in Form von sog. „allowances", also Geldzahlungen für bestimmte Zwecke bspw. Mittagessen, Ausnahmen gibt. Sie werden in aller Regel freiwillig bezahlt, können aber auch Gegenstand einer gesetzlichen Verpflichtung sein.[513]

Häufig anzutreffende „fringe benefits" sind: PKW-Bereitstellung, die Erstattung von Schulkosten (Educational allowance), Clubaufnahmegebühren und dessen Beiträge (Bsp. Golfclub etc.), Mietzuschüsse, zinslose Arbeitgeberdarlehen, Umzugs- und Reisekostenpauschalen, Heimfahrtkosten (Home Leave), Sprachkurse, Zahlung eines Härteausgleiches (Hardship allowance), Zuschüsse zu den Lebenshaltungskosten/Kaufkraftausgleich (Cost of Living Allowance - COLA), Auslagenersatz beruflich veranlasster Kosten (Telefon, Fax), Zuschüsse zu Steuerberatungskosten im Ausland etc.[514]

Die Bundesrepublik besteuert freiwillige Zusatzleistungen, wenn sie den Arbeitnehmer bereichern oder ihm Aufwendungen ersparen. Kein steuerpflichtiger Arbeitslohn liegt vor, wenn die den Vorteil bewirkenden Aufwendungen im ganz überwiegenden betrieblichen Interesse des Arbeitgebers getätigt worden

---

[511] Arbeitgeberanteile zur deutschen Sozialversicherung sind jedoch nach deutschem innerstaatlichem Steuerrecht gemäß § 3 Nr. 62 EStG steuerfrei, Beiträge ausländischer Unternehmen an ausländische Pensionskassen werden grundsätzlich von Art. 15 OECD-MA erfasst, vgl. PROKISCH in VOGEL, DBA, Art. 15, Rz. 14c.

[512] SCHIEBER in DEBATIN/WASSERMEYER, Doppelbesteuerung, Art. 15 MA, Rz. 55.

[513] Diese allgemein akzeptierten Charakteristika zählt der OECD-Report zur Besteuerung von „fringe benefits" auf, OECD, The Taxation of Fringe Benefits, Paris 1988, S. 8.

[514] JACOBS, Internationale Unternehmensbesteuerung, S. 1042; vgl. auch BENNER/BALS, in BB 1995, Beilage 1 zu Heft 1, S. 1-19.

sind.[515] Zu den darunter subsumierten Fallgruppen zählen diejenigen, in denen der Arbeitgeber den Vorteil in Erfüllung seiner Fürsorgepflicht der Belegschaft als Gesamtheit zuwendet, der Vorteil dem Arbeitnehmer aufgedrängt wird bzw. die Vorteile sich lediglich als Begleiterscheinung betriebsfunktionaler Zielsetzungen erweisen.[516] Eine Zuwendung, die nach Art, Anlass, Häufigkeit, Üblichkeit, Wert und ähnlichen Umständen als Gegenleistung für die Arbeitsleistung zu werten ist, ist als Arbeitslohn grundsätzlich steuerpflichtig, soweit nicht das betriebliche Interesse das Arbeitnehmerinteresse verdrängt oder eine ausdrückliche Steuerbefreiung eingreift.[517]

bb) Abfindungen, Nachzahlungen für frühere Tätigkeit

Wird einem Arbeitnehmer auf Grund vorzeitigen Ausscheidens aus dem Arbeitsverhältnis eine Abfindung gezahlt, so steht diese häufig in keinem unmittelbaren Zusammenhang, sondern soll vor allem die Übergangszeit überbrücken helfen, bis eine neue Anstellung gefunden ist.[518] Abfindungen sind weder Entgelt für die frühere Tätigkeit, noch Ruhegehalt im Sinne von Art. 18 OECD-MA und können nur im Ansässigkeitsstaat des Arbeitnehmers gemäß Art. 15 Abs. 1 Satz 1 OECD-MA besteuert werden.[519] Etwas anderes gilt im Verhältnis zur Schweiz: Nach der Verständigungsvereinbarung v. 13.10.1992[520] kommt es darauf an, welchen Charakter eine Abfindung hat. Ist ihr eher Versorgungscharakter beizumessen (als Beispiel wird die Auszahlung einer laufenden Pension in Form eines einmaligen kapitalisierten Betrages genannt), so stehe das Besteuerungsrecht entsprechend Art. 18 des DBA-Schweiz dem Wohnsitzstaat zu. Dagegen habe der frühere Tätigkeitsstaat das Besteuerungsrecht, sofern es sich bei der Abfindung um Lohn- und Gehaltsnachzahlungen oder Tantiemen aus dem früheren Arbeitsverhältnis handele oder die Abfindung allgemein für das vorzeitige Ausscheiden aus dem Dienst gewährt werden. Entscheidend ist nicht die zeitliche Kongruenz zwischen Lohnzahlung und der im Inland ausgeübten Tätigkeit, sondern allein der wirtschaftliche Zusammenhang zwischen

---

[515] Zum Begriff des „eigenbetrieblichen Interesses" vgl. BFH v. 4.6.1993, BStBl. II 1993, 687, Beispiele: Vorsorgeuntersuchung, BFH v. 17.9.1982, BStBl. II 1983, 39; Betriebsveranstaltungen, BFH v. 22.3.1985, BStBl. II 1985, 532; Dienstreise-Kaskoversicherung, BFH v. 27.6.1991, BStBl. II 1992, 365.

[516] Vgl. HEINICKE in SCHMIDT, EStG, § 8, Rz. 41; DRENSECK in SCHMIDT, EStG, § 19, Rz. 30 mit Beispielen und weiteren Nachweisen.

[517] HEINICKE in SCHMIDT, EStG, § 8, Rz. 41.

[518] Vgl. KRAUSE/SCHAUMBURG/WASSERMEYER, Besteuerung grenzüberschreitender Aktivitäten, S. 107.

[519] BFH v. 18.7.1973, BStBl. II 1973, 757; v. 24.2.1988, BStBl. II 1988, 819; v. 10.7.1996, BFH/NV, R 35.

[520] BMF-Schreiben v. 13.10.1992, RIW 1993, 82.

beiden.[521] Im Fall von Arbeitnehmertätigkeiten in beiden Staaten gelte eine zeitanteilige Aufteilung entsprechend der Besteuerungszuordnung der Vergütungen.

2. Ausnahme: Die 183-Tage-Regel nach Art. 15 Abs. 2 OECD-MA

Nach Art. 15 Abs. 2 OECD-MA können Vergütungen ungeachtet des nach Abs. 1 grundsätzlich geltenden Arbeitsortprinzips im Wohnsitzstaat besteuert werden, wenn kumulativ folgende Voraussetzungen vorliegen:

- Buchst. a): Der Empfänger hält sich insgesamt nicht länger als 183 Tage innerhalb eines Zeitraumes von 12 Monaten, der während des betreffenden Steuerjahres beginnt oder endet, im anderen Staat auf,
- Buchst. b): die Vergütungen werden von einem Arbeitgeber oder für einen Arbeitgeber gezahlt, der nicht im anderen Staat ansässig ist, und
- Buchst. c): die Vergütungen werden nicht von einer Betriebstätte oder einer festen Einrichtung getragen, die der Arbeitgeber im anderen Staat hat.

Bei einem lediglich vorübergehenden Aufenthalt von bis zu 183 Tagen wird aus Vereinfachungsgründen das Besteuerungsrecht beim Staat des Wohnsitzes belassen, wenn die Voraussetzungen nach Art. 15 Abs. 2 Buchst. b) und c) OECD-MA ebenfalls erfüllt sind. Im Falle eines lediglich vorübergehenden Aufenthalts ist der Arbeitnehmer in der Regel noch so stark mit dem Heimatstaat verbunden, dass diesem das Besteuerungsrecht nicht versagt sein soll, wenn der Lohn auch zu Lasten seines Steueraufkommens durch den Abzug der Lohnkosten als Betriebsausgaben geht. Nur wenn die Lohnkosten im Einsatzstaat abzugsfähig sind - dies regelt Buchst. b) und c) - soll dieser die Einkünfte auf Arbeitnehmerseite auch besteuern können.[522]

Die in Art. 15 Abs. 2 OECD-MA festgeschriebene Zuordnungsregelung des Besteuerungsrechts für kurzfristige Auslandseinsätze, nach der sich fast alle deutschen Doppelbesteuerungsabkommen richten[523], wird als „183-Tage-Regel" oder „183-Tage-Klausel" bezeichnet. Besonderheiten ergeben sich daraus, dass die Formulierung „während eines Zeitraums von 12 Monaten" im OECD-Musterabkommen seit 1992 von der Formulierung in den Art. 15 Abs. 2 Buchst. a) der OECD-MA 1963/77 - und damit von allen vorher abgeschlossenen DBA der Bundesrepublik - abweicht. Danach durften die 183 Tage „während des betreffenden Steuerjahres" nicht überschritten werden. Problematisch wurde diese

[521] Vgl. BFH v. 19.12.2001, JURIS-Online.
[522] Vgl. KEINE/BERTRAM, IWB, Fach 3 Deutschland, Gruppe 2, S. 591.
[523] Lediglich nach Art. 15 Abs. 2 a) DBA-Ecuador darf der Arbeitnehmer sich nicht länger als 180 Tage im Einsatzstaat aufhalten.

Formulierung, wenn zwei Staaten verschiedene Steuerjahre hatten oder wenn eine gezielte Entsendeplanung dazu führte, dass nahezu ein vollständiges Entsendejahr derart auf zwei aufeinander folgende Steuerjahre verteilt wurde, dass in keinem Steuerjahr mehr als 183 Tage Auslandstätigkeit ausgeübt wurde. Diesen Möglichkeiten der Steuerumgehung sollte durch die jetzige Formulierung, die lediglich auf einen Zeitraum von 12 Monaten abstellt, vorgebeugt werden.[524]

a) Berechnung der 183 Tage

Dem Wortlaut des Art. 15 Abs. 2 Buchst. a) OECD-MA zufolge kommt es alleine auf die Aufenthaltsdauer bei der Berechnung der 183 Tage an und nicht auf eine entsprechend lange Ausübung der unselbständigen Arbeit.[525]

Zu unterscheiden sind die Aufenthaltstage im Sinne der 183-Tage-Regel von den Tätigkeitstagen bei der Feststellung gemäß Art. 15 Abs. 1 OECD-MA, ob eine Ausübung der Tätigkeit im ausländischen Staat vorliegt. Nach Art. 15 Nr. 5 OECD-Musterkommentar[526] ist mit dem Wortlaut der Bestimmung nur eine einzige Zählweise vereinbar, nämlich die Zählung nach den „Tagen der physischen Anwesenheit". Diese Zählweise sei einfach, da die Person in einem Land entweder anwesend oder nicht anwesend ist. Mitgezählt werden Tage bloßer Teilanwesenheit, der Ankunftstag, der Abreisetag und alle übrigen Tage des Aufenthalts im Tätigkeitsstaat wie Samstage oder Sonntage, öffentliche Feiertage, Ferientage vor, während und nach der Tätigkeit, kurze Arbeitsunterbrechungen (Ausbildung, Streiks, Aussperrungen, Ausbleiben von Zulieferungen), Krankheitstage (außer wenn sie der Abreise der natürlichen Person entgegenstehen und sie sonst die Voraussetzungen für die Befreiung erfüllt hätten) und Arbeitsunterbrechungen aus Anlass des Todes oder einer Krankheit in der Familie. Nicht mitzuzählen seien Tage des Transits im Tätigkeitsstaat bei der Reise zwischen zwei außerhalb dieses Staates gelegenen Orten. Nicht einzubeziehen seien auch außerhalb des Tätigkeitsstaats verbrachte Urlaubstage und kurze Unterbrechungen, die (aus welchen Gründen auch immer) außerhalb des Tätigkeitsstaates zugebracht werden.

---

[524] Vgl. Art. 15 Nr. 4 OECD-Musterkommentar. Zu den Staaten mit vom deutschen Recht abweichendem Steuerjahr, vgl. unten unter Gliederungspunkt D II. 2. b), Seite 158.

[525] Schieber in Debatin/Wassermeyer, Doppelbesteuerung, Art. 15 MA, Rz. 94, so im Wesentlichen auch schon Henkel/Fischer-Zernin, in FR 1986, 375; Krabbe in INF 1985, 149; von Bornhaupt, in BB 1985, Beilage 16 zu Heft 35/36, S. 13.

[526] Nr. 5 des Musterkommentars zu Art. 15 OECD-MA wurde am 23.7.1992 geändert aufgrund der Vorschläge des Reports des OECD Comittee of Fiscal Affairs (der OECD-Steuerausschuss), The 183 Day Rule: Some Problems of Application and Interpretation, in OECD, Model Tax Convention on Income and Capital, Volume II, Paris 1997

Das BMF-Schreiben zur Anwendung der 183-Tage-Klausel[527] bestätigt die im OECD-Musterkommentar genannten Regeln der Berechnung des 183-Tage-Zeitraums im Wesentlichen. Da Art. 15 Abs. 2 Buchst. a) OECD-MA auch nicht von einem zusammenhängenden Einsatzzeitraum spricht, genügen auch einzelne Aufenthaltstage im jeweiligen Einsatzstaat, die zur Berechnung der 183 Tage zusammengezählt werden.

aa) Kurzfristige Anwesenheit an einem Tag

Nach dem OECD-Musterkommentar werden auch Tage bloßer Teilanwesenheit in die Berechnung der 183 Tage mit einbezogen. Auch im BMF-Schreiben zur 183-Tage-Klausel heißt es, dass auch „bei einer nur kurzfristigen Anwesenheit an einem Tage" eine körperliche Anwesenheit im Tätigkeitsstaat gegeben sei.[528] Dennoch ist diese Auffassung nicht unumstritten, zwischen Rechtsprechung und Literatur besteht in dieser Frage vielmehr ein seit längerem andauernder Streit.

(1) Meinungsstand

Bis vor wenigen Jahren vertrat der BFH die Auffassung, dass zur Bestimmung des Begriffs „vorübergehend aufhalten" im Sinne der 183-Tagel-Klausel nach Art. 10 Abs. 2 Nr. 1 DBA-Niederlande[529], auf die Kriterien zurückgegriffen werden müsse, die auch für den in § 9 AO 1977 verwendeten entsprechenden Begriff gelten.[530] Diese Rechtsprechung stand also im Widerspruch zu den Berechnungsgrundsätzen des OECD-Kommentars, wonach selbst kürzeste Aufenthaltszeiten pro Tag im anderen Staat zur Zählung eines vollen Tages im Sinne der 183-Tage-Klausel im anderen Staat führten. Nach BFH-Auffassung hat aber jemand seinen „gewöhnlichem Aufenthalt" nicht in der Bundesrepublik,

---

[527] BMF v. 5.1.1994, Schreiben betr. Besteuerung des Arbeitslohns nach den Doppelbesteuerungsabkommen; hier: Anwendung der 183-Tage-Klausel, BStBl. I 1994, 11, geändert durch BMF v. 5.7.1995, BStBl. I 1995, 373 und v. 20.4.2000, BStBl. I 2000, 483.

[528] Vgl. FN 527.

[529] Der hier relevante Wortlaut des von der Grundstruktur mit Art. 15 OECD-MA vergleichbaren Art. 10 DBA-Niederlande lautet: „(Abs. 2) Abweichend von Absatz 1 können Einkünfte aus nichtselbständiger Arbeit nur in dem Vertragsstaat besteuert werden, in dem der Arbeitnehmer seinen Wohnsitz hat, wenn dieser Arbeitnehmer (Nr. 1) sich vorübergehend, zusammen nicht mehr als 183 Tage im Lauf eines Kalenderjahres, in dem anderen Staat aufhält...". Art. 10 DBA-Niederlande entspricht wortgleich Art. 15 OECD-MA in der Fassung von 1963.

[530] BFH v. 10.5.1989, BStBl. II 1989, 755 (unter Berufung auf BFH v. 20.4.1988, BStBl. II 1990, 701; v. 25.5.1988, BStBl. II 1988, 944); zu den Kriterien des gewöhnlichen Aufenthalts bei Grenzgängern BFH v. 5.2.1965, BStBl. III 1965, 352; zustimmend BECKER, in FR 1976, 597; ZWICK, Die Einkommensbesteuerung von Grenzgängern, S. 101 ff.

wenn er regelmäßig zum Übernachten an seinen Wohnsitz im Ausland zurückkehrt.[531]

Kritik wurde an der Verständlichkeit der Ausführungen des Urteils v. 10.5.1989 von *Keßler* (einem Angehörigen der Finanzverwaltung) geäußert. Es bestehe weiterhin Unklarheit, ob nach Auffassung des BFH bei Grenzpendlern, die ihre Tätigkeit an mehr als 183 Tagen im Inland ausüben und arbeitstäglich an ihren Wohnort über die Grenze zurückkehren, das Besteuerungsrecht dem Wohnsitzstaat zugewiesen sei oder entsprechend Art. 10 Abs. 1 DBA-Niederlande das Arbeitsortprinzip gelte, da die Ausnahme nach Art. 10 Abs. 2 DBA-Niederlande nur zur Anwendung komme, wenn alle drei Tatbestandsmerkmale der Buchst. a) bis c) erfüllt sind.[532]

In einer Replik hob *Wassermeyer* (der Mitglied des entscheidenden Ersten Senats war) „mit aller Deutlichkeit" hervor, „dass der BFH[533] den Überlegungen *Keßlers*, eine mehr als 183-tägige Tätigkeit im Inland erfülle praktisch immer die Voraussetzungen eines 183-tägigen Aufenthalts im Inland, nicht gefolgt ist". Der BFH habe vielmehr die Tatsache, dass das DBA-Niederlande einen 183tägigen Aufenthalt im Inland verlange, wörtlich genommen. Art. 10 Abs. 2 DBA-Niederlande stelle nicht auf die Dauer der Tätigkeit, sondern auf die Aufenthaltsdauer ab.[534] Im Ergebnis wird aus dieser Argumentation gefolgert, dass in Grenzpendlerfällen - wegen der Verneinung eines länger als 183 Tage dauernden „vorübergehenden Aufenthaltes" - folglich das Wohnsitzprinzip zur Anwendung komme, gleichgültig an wie vielen Tagen der Grenzpendler im Nachbarstaat eine nichtselbständige Tätigkeit ausgeübt hat.

Darauf antwortete *Keßler* erneut und stellte fest, dass der Abkommensbegriff des „vorübergehenden Aufenthalts" in Art. 10 DBA-Niederlande weder in seiner deutschen, noch in seiner holländischen, noch in der Fassung des englischen Musterabkommens mit dem in Art. 3 DBA-Niederlande und dem ihm entsprechenden Art. 4 OECD-MA verwendeten Ausdruck „gewöhnlicher Aufenthalt" übereinstimme.[535] Insofern reiche es für die Anwendung der 183-Tage-Klausel aus, dass der Arbeitnehmer lediglich während der täglichen Ausübung seiner Tätigkeit in Deutschland anwesend ist. Es könne daher nicht darauf ankommen,

---

[531] BFH v. 5.2.1965, BStBl. III 1965, 352; BFH v. 20.4.1988 BStBl. II 1990, 701; BFH v. 25.1.1989, BStBl. II 1990, 687. Vgl. oben unter Gliederungspunkt B III 1. b) ee), Seite 31.
[532] KEßLER, in FR 1990, 302.
[533] Fußnote im Original: „BFH-Urteil vom 10.5.1989 I R 50/85, BFHE 157, 142 = BStBl. II 1989, 755".
[534] WASSERMEYER, in FR 1990, 419.
[535] KEßLER, in FR 1990, 505. Der englische Wortlaut des Art. 15 Nr. 2 Buchst. a) des OECD-MA von 1963 laute „the recipient is present in the other State" während Art. 4 OECD-MA den im Deutschen geläufigen Begriff des „gewöhnlichen Aufenthalts" mit „habitual abode" umschreibe.

ob er im Zusammenhang mit seiner Tätigkeit im Inland auch hier übernachtet habe. Hinzu komme, dass die in einigen Doppelbesteuerungsabkommen vereinbarten Grenzgängerregelungen[536] nur dann einen Sinn haben, wenn man grundsätzlich davon ausgehe, dass Grenzgänger ohne diese Sondervorschriften ihren Arbeitslohn auf Grund der 183-Tage-Klausel (Anm.: bei Überschreitung der 183 Tage) im Staat ihrer Tätigkeit zu versteuern hätten.

Nach Auffassung von *Geiger/Alscher* führte die BFH-Rechtsprechung insbesondere bei Berufskraftfahrern zu unzutreffenden Ergebnissen. Da bei ihnen auf die körperliche Anwesenheit abgestellt werde, wäre bei Durchquerung mehrerer Länder täglich jedem Land ein Aufenthaltstag im Sinne der 183-Tage-Berechnung zuzuordnen. Im Gegensatz dazu würden im Nahverkehr außerhalb ihres Wohnsitzstaats eingesetzte Arbeitnehmer mit arbeitstäglicher Rückkehr dorthin sich überhaupt nicht im Tätigkeitsstaat im Sinne von Art. 15 Abs. 2 Buchst. a) OECD-MA aufhalten. Sie forderten daher zur Auslegung des Begriffs „Sichaufhalten" die Beimessung nicht nur eines „tatsächlichen (=körperlichen)", sondern auch eines „funktionalen (= arbeitsbezogenen)" Elements. Aufhalten im Sinne des Art. 15 Abs. 2 Buchst. a) OECD-MA heiße nicht nur anwesend sein, sondern vor allem während der Arbeitsausübung anwesend sein.[537]

Auch nach *Prokisch* ist „Aufenthalt" im Sinne der 183-Tagel-Klausel in Art. 15 Abs. 2 Buchst. a) OECD-MA ein abkommensrechtlicher Begriff, der nicht mit dem in den DBA oder innerstaatlichem Steuerrecht enthaltenen Merkmal des „gewöhnlichen Aufenthalts" zur Feststellung der unbeschränkten Steuerpflicht verwechselt werden darf.[538] Gemäß Art. 15 Nr. 5 OECD-Musterkommentar sei lediglich die Zählung der Tage „physischer Anwesenheit" mit dem Wortlaut der Bestimmung vereinbar. Diese Zählweise sei einfach, da die Person entweder anwesend oder nicht anwesend ist und die Steuerpflichtigen dies gegenüber den Steuerbehörden verhältnismäßig leicht nachweisen können. Es genüge daher zur Zählung eines vollen Tages im Sinne der 183-Tage-Klausel schon ein sehr kurzer Aufenthalt - wenige Minuten oder Stunden - im anderen Staat, eine Mindestaufenthaltsdauer gebe es nicht.

Der dargestellten Sichtweise von *Keßler* und *Prokisch* schloss sich der BFH erst mit seinem Urteil v. 10.7.1996[539] an, und gab die frühere Auffassung wurde

[536] „Grenzgängerregelungen" ordnen als lex specialis im Verhältnis zu den an Art. 15 OECD-MA orientierten Regelungen der DBA bei Vorliegen bestimmter Voraussetzungen das Besteuerungsrecht für den Grenzgänger dem Ansässigkeitsstaat zu, unabhängig davon, ob die „183-Tage-Klausel" erfüllt ist. Vgl. dazu weiter unten unter Gliederungspunkt D III., Seite 191.

[537] GEIGER/ALSCHER, in IWB, Fach 3 Deutschland, Gruppe 2, S. 613

[538] PROKISCH in VOGEL, DBA, Art. 15, Rz. 22.

[539] BFH v. 10.7.1996, BStBl. II 1997, 15.

ausdrücklich auf. Zwar ergebe sich ein Zusammenhang der beiden Begriffe des „vorübergehenden Aufenthalts" in Art. 10 Abs. 2 Nr. 1 DBA-Niederlande und des „gewöhnlichen Aufenthalts" im Sinne des § 9 AO. Während zweitgenannter auf die Begleitumstände des Aufenthalts abstelle, komme es für die Bestimmung eines „Aufenthalts" nach Art. 10 Abs. 2 Nr. 1 DBA-Niederlande allein auf die objektive physische Anwesenheit der Person im anderen Vertragsstaat an.[540]

Roche weist auf Probleme der neuen Rechtsprechung bei Fällen in einem Dreiländereck, beispielsweise Belgien, Deutschland und Niederlande hin: In diesen können Arbeitnehmer theoretisch in zwei oder auch drei Ländern an mehr als 183 Tagen nichtselbständig tätig sein, „der wundersamen Vermehrung der täglichen Arbeitstage" seien durch die neue BFH-Rechtsprechung fast keine Grenzen mehr gesetzt. Um eine praktikable Handhabung der neuen Interpretation der 183-Tage-Regelung durch den BFH zu gewährleisten, schlägt er eine „de-minimus-Regelung" vor, wonach nur solche Tage gezählt werden sollten, an denen sich der Arbeitnehmer mindestens acht Stunden im Tätigkeitsstaat aufgehalten habe. Dies entspreche auch der US-amerikanischen Auslegungspraxis.[541]

Im Zusammenhang mit der Aufgabe der BFH-Rechtsprechung zum „Aufenthalt" im Sinne der 183-Tage-Regel bei arbeitstäglicher Rückkehr an den Wohnsitz warnt *Kaefer* vor unkalkulierbaren Risiken für Arbeitgeber in anderen EG-Staaten, wenn bei Aufnahme der Tätigkeit nicht vorhersehbar sei, ob die Dauer der Tätigkeit 183 Tage überschreiten wird.[542] Ein praktisches Beispiel veranschauliche erhebliche Probleme, die bei der Umsetzung der neuen Interpretation der 183-Tage-Regel für Arbeitgeber entstehen können, wenn beispielsweise eine bei einem niederländischen Arbeitgeber beschäftigte Maurerkolonne, deren ursprünglich geplanter Einsatz im Inland weniger als 183 Tage andauern sollte, unerwartet kündigt und von einem anderen inländischen oder ausländischen Unternehmer im Inland (und damit insgesamt länger als 183 Tage) weiterbeschäftigt wird. Da weder der bisherige Arbeitgeber noch die Arbeiter vom wechselnden Besteuerungsrecht wüssten, werde auch keine Abführung der Lohnsteuer in Deutschland und keine Erstattung der niederländischen Lohnsteuer beantragt. Werde dieser Sachverhalt in einer Lohnsteueraußenprüfung nach Jahren aufgedeckt, erlasse das deutsche Finanzamt einen Lohnsteuerhaftungsbescheid auch gegen den ersten Arbeitgeber. Da in der Regel die Arbeit-

---

[540] Vgl. dazu auch WASSERMEYER, in IStR 1996, 590, Anmerkung zum BFH-Urteil v. 10.7.1996, (FN 539). Es drohen jedoch keine Doppelbesteuerungen daraus: Wenn der Aufenthalt in einem Staat länger als 183 Tage beträgt, die tägliche Arbeitzeit jedoch nur wenige Stunden beträgt, erhalte der Aufenthaltsstaat zwar das Besteuerungsrecht, jedoch nur für die entsprechend in seinem Staatsgebiet verdiente Vergütung.

[541] ROCHE, in IStR 1997, 203 (205).

[542] KAEFER, in IStR 1997, 365.

nehmer nicht mehr greifbar oder Rückgriffansprüche verjährt seien, bleibe der niederländische Arbeitgeber auf der deutschen Lohnsteuer sitzen. Es komme zu einer ungewollten Doppelbesteuerung. Die damit verbundenen Mehrbelastungen können ein Bauprojekt leicht von einem Gewinn- in ein Verlustobjekt verwandeln. Die neue Rechtsprechung behindere also die Freizügigkeit über die Grenze.

Zudem sei die neue Rechtsauffassung zwar „scharfsinnig und logisch, - aber in Reinkultur weder praktikabel noch steuerlich ergiebig". So seien auch Lastwagenfahrer oder Verkaufsfahrer in Deutschland steuerpflichtig, die arbeitstäglich Waren nach Deutschland bringen oder auf dem Weg in ein anderes Land deutsches Territorium überqueren, ebenso Kundendienstmitarbeiter, die an mehr als 183 Tagen kurzfristig Wartungsarbeiten im Nachbarland ausführen. Die neue Rechtsprechung führe insofern zu vergleichbar unbefriedigenden Ergebnissen wie Sachverhalten, auf die das alte DBA-Italien von 1925 mit seinem strengen Arbeitsortprinzip anwendbar war.[543] Die zum Nachweis der Grenzübertritte erforderlich werdenden Minutenprotokolle würden schon alleine deshalb schwierig, weil Schlagbäume abgebaut werden und Grenzverläufe teilweise nicht mehr ausgemacht werden könnten. Auch für die Finanzämter entstünden erhebliche Verwaltungs- und Überwachungsarbeiten. Im Ergebnis lohne sich dieser ganze Aufwand schon deshalb nicht, weil einerseits das Plus und Minus an einzunehmender Steuer weitgehend ausgeglichen sein dürfte, andererseits erst ab sehr hohen Monatslöhnen und/oder bei einer Tätigkeit von deutlich mehr als der halben Regelarbeitszeit überhaupt mit einer nennenswerten Lohnsteuer zu rechnen sei.

(2) Stellungnahme

Im Ergebnis ist der neuen Rechtsprechung des BFH zuzustimmen. Sie hat nicht nur den Wortlaut des OECD-Musterkommentars für sich. Die alte Auslegung des Aufenthaltsbegriffs, die sich an den Kriterien des „gewöhnlichen Aufenthalts" in § 9 AO orientierte, widersprach der Systematik der 183-Tage-Klausel als Vereinfachungs- und Ausnahmeregel zum Grundsatz des Arbeitsortprinzips. Nur kurze Arbeitseinsätze sollen nach der 183-Tage-Regel nicht schon zu einem Wechsel des Besteuerungsrechts vom Ansässigkeits- zum Tätigkeitsstaat führen. Gründe hierfür sind u.a. die mangelnde Verbundenheit des Arbeitnehmers mit dem Tätigkeitsstaat, die Vermeidung von unverhältnismäßigem Verwaltungsaufwand bei ohnehin geringen zu erwartenden Steuereinnahmen und natürlich die Belassung des Besteuerungsrechts in dem Staat, in dem auch die dazugehörigen Betriebsausgaben das Steueraufkommen mindern.

---

[543] Vgl. zum DBA-Italien 1925 oben unter Gliederungspunkt C I 7. e) bb), Seite 72 und FN 290, Seite 72.

Die alte Rechtsprechung des BFH, die *Wassermeyer* erläuterte, hätte zu dem eigenartigen Ergebnis geführt, dass ins Nachbarland entsandte Grenzpendler unabhängig von einer Grenzgängerregelung im DBA grundsätzlich im Wohnsitzstaat zu besteuern sind. Eigenartig ist dieses Ergebnis zudem, weil gemäß dem Arbeitsortprinzip gerade derjenige Staat das Besteuerungsrecht hat, in dem die unselbständige Arbeit ausgeübt wird. Beträgt dieser Arbeitseinsatz weniger als 183 Tage und sind die weiteren Voraussetzungen der 183-Tage-Regel erfüllt, kann gemäß der Vereinfachungsregel in Art. 10 Abs. 2 Nr. 1 DBA-Niederlande (und der entsprechenden Regelung in den anderen deutschen DBA) nur der Wohnsitzstaat besteuern. Folgt man also der früheren Argumentation des BFH, dass auf Grund der Verneinung eines gewöhnlichen Aufenthalts und demzufolge der Verneinung eines Aufenthalts im Sinne der 183-Tage-Klausel von Art. 10 Abs. 2 Nr. 1 DBA-Niederlande die Vereinfachungsregel bei kürzeren Aufenthalten als 183 Tagen nicht eingreift, bliebe das Besteuerungsrecht logischerweise im Staat des Arbeitsorts. *Wassermeyer* hat diese - eigentlich zwingende - Schlussfolgerung jedoch verneint. Seiner Auffassung nach erfüllt eine 183tägige Tätigkeit in der Bundesrepublik nicht immer die Voraussetzungen eines mehr als 183tägigen „Aufenthalts“ im Sinne des Art. 10 Abs. 2 DBA-Niederlande. Im Ergebnis wurde also von ihm die Anwendbarkeit der Vereinfachungsregel nicht deswegen verneint, weil mehr als 183 Tage Inlandstätigkeit vorlagen (die jedoch seiner Auffassung nach keinen mehr als 183 Tage dauernden „vorübergehenden Aufenthalt“ im Inland im Sinne der 183-Tage-Regel des DBA-Niederlande darstellten), sondern der Inlandsaufenthalt im Sinne des Art. 10 Abs. 2 DBA-Niederlande als solcher wurde schon verneint. Warum dies jedoch das Arbeitsortprinzip des Art. 10 Abs. 1 DBA-Niederlande außer Kraft setzte und die Besteuerung dem Wohnsitzstaat zugewiesen sein soll, ist nur schwer verständlich. Denn die systematisch richtige Folgerung auch einer grundsätzlichen Verneinung der Anwendbarkeit der vereinfachenden Ausnahmeregel (in Art. 10 Abs. 2 DBA-Niederlande) müsste doch die Anwendung der Grundregel sein. Und nach der Grundregel aller DBA-Regelungen über die Besteuerung unselbständiger Arbeit gilt das Arbeitsortprinzip, wenn die Tätigkeit nicht im Wohnsitzstaat ausgeübt wird. Grundlegendes Problem der alten Rechtsprechung war aber, dass durch die Anlehnung der 183-Tage-Berechnung an die Kriterien des „gewöhnlichen Aufenthalts“ die Grundregel in Art. 10 Abs. 1 DBA-Niederlande (=Art. 15 Abs. 1 OECD-MA 1963) mit ihrer Ausnahme- bzw. Vereinfachungsregel in Abs. 2 derart verknüpft wurde, dass eine autonome Auslegung des Abs. 1 nicht mehr möglich war. Denn nur wenn man einen gewöhnlichen Aufenthalt im anderen Staat bejaht hätte, der mehr als 183 Tage dauert, hätte das Arbeitsortprinzip des Abs. 1 noch seine Geltung behalten. Gerade das Prinzip der Besteuerung unselbständiger Arbeit am Ort der Tätigkeit und die darauf aufbauende Ausnahme durch die 183-Tage-Regelung ist aber dem Vorhandensein eines „gewöhnlichen Aufenthalts“, der ein Anknüpfungsmerkmal für die unbeschränkte Steuerpflicht darstellt, völlig unabhängig zu beurteilen. Der alten Rechtsprechung zufolge wäre demnach die grundlegende Systematik des Art. 15 OECD-MA empfindlich gestört.

Die revidierte Rechtsprechung des BFH war somit zwingend, um die vorherigen Systembrüche abzustellen und die DBA-Regelung ihrer Intention entsprechend auszulegen. Ein Abstellen auf den Ort physischer Anwesenheit - und sei er noch so kurz - ist also systematisch gesehen die einzig vernünftige Lösung zur Berechnung der Aufenthaltstage im Sinne der „183-Tage-Regel". Auch die aufgezeigten Probleme im Beispiel der Maurerkolonne, die länger als ursprünglich erwartet im Tätigkeitsstaat arbeitet und auf Grund dessen das Besteuerungsrecht in diesen Staat wechselt, können trotz der damit verbundenen Schwierigkeiten für Arbeitgeber an dieser Feststellung nichts ändern.

Auch die vorgeschlagene „de-minimus-Regelung", nach der ein Aufenthaltstag im Ausland im Sinne der 183-Tage-Klausel nur bei einem Mindestaufenthalt von einer bestimmten Stundenanzahl pro Tag gezählt würde, wäre problematisch. Denn im Grunde würde hier erneut eine Ausnahme von der Ausnahme geschaffen, die die Gesamtregelung sehr verkompliziert: Grundsätzlich gilt das Arbeitsortprinzip bei Auslandstätigkeit. Ausnahme davon ist eine Auslandstätigkeit von weniger als 183 Tagen, in diesem Fall erfolgt eine Besteuerung im Wohnsitzstaat. Ist diese Auslandstätigkeit zwar länger als 183 Tage, jedoch pro Arbeitstag kürzer als die in der vorgeschlagenen „de-minimus-Regelung" festgeschriebenen Zeit, würde - ähnlich wie nach der kritisierten früheren BFH-Rechtsprechung - das grundsätzliche Arbeitsortprinzip ausgehebelt und das Wohnsitzprinzip gelten. Es würde praktisch auf dem Wege von Verwaltungsabkommen die internationale Grundregel der Besteuerung von Arbeitseinkünften am Ort der Tätigkeit auf den Kopf gestellt, wenn eine Mindestzahl von Stunden pro Tag im Ausland nicht gearbeitet würde. Eine derart weitgreifende Umstellung der 183-Tage-Klausel sollte jedoch dem Doppelbesteuerungsabkommen selbst vorbehalten bleiben. Selbst wenn man eine derartige Mindestdauer täglicher Arbeitszeit zum Wechsel des Besteuerungsrechts befürwortet, fangen die Schwierigkeiten schon bei der Festlegung der Mindeststundenzahl an: Sofern man acht Stunden festlegt, benachteiligt man Arbeitnehmer auf Halbtagsstellen. Legte man hingegen vier Stunden fest, so würde für Arbeitnehmer auf Halbtagsstellen oder Arbeitnehmern, deren Arbeitsstellen in zwei Staaten aufgeteilt sind, ein Gestaltungsspielraum geschaffen, der unüberschaubar werden kann. Letztlich würde die Berechnung der 183 Tage und die Struktur der Norm des Art. 15 OECD-MA sehr verkompliziert. Es bleibt daher sinnvollerweise nur das Festhalten an der jetzt gefundenen Regelung, die auf die physische Präsenz im anderen Staat abstellt. Auf Grund der 183-Tage-Regelung wird es ohnehin in den seltensten Fällen bei Berufstätigen, die viel im Ausland unterwegs sind, zu einer Besteuerung im Staat des Tätigkeitsorts kommen. Die im OECD-

Musterkommentar vorgeschlagene Regelung bietet zumindest Sicherheit für alle Beteiligten, auf die die individuelle Planung abgestimmt werden kann. Trotz dem damit für die Betroffenen verbundenen Aufzeichnungsaufwand besteht bei der bestehenden Regelung keine systematisch vernünftige Alternative zur im OECD-Musterkommentar vorgeschlagenen Auslegung.

bb) Besonderheiten bei Berufskraftfahrern

Berufskraftfahrer, zu denen auch Auslieferungsfahrer, nicht aber Reisevertreter zählen, haben ihre regelmäßige Arbeitsstätte in ihrem Fahrzeug.[544] Der Ort der Arbeitsausübung liegt also dort, wo sich der Fernfahrer gerade mit seinem Fahrzeug aufhält bzw. bewegt. Da für die Auslegung des Arbeitsortprinzips keine Verwurzelung der Arbeitseinkünfte mit der Wirtschaft des Tätigkeits-/Quellenstaats erforderlich ist[545], sind An- und Abreisetage bei Durchquerung mehrerer Staaten grundsätzlich nicht allein dem Zielstaat zuzuordnen, sondern jedem durchfahrenen Staat und dem Zielstaat gesondert. Zu beachten ist, dass entsprechend den oben genannten Berechnungsgrundsätzen der 183 Tage auch sehr kurzfristige Aufenthalte in einem durchquerten Staat jeweils als voller Aufenthaltstag im Sinne der 183-Tage-Klausel zu zählen sind. Dies kann zu praktischen Schwierigkeiten bei der Aufteilung des Arbeitslohns führen, wenn der Berufskraftfahrer an mehr als 183 Tagen verschiedene ausländische Staaten durchquert hat und insofern mehreren Staaten das Besteuerungsrecht auf seine Einkünfte zusteht.

(1) Meinungsstand zu Hin- und Rückreisetagen

Bei der Berücksichtigung von Hin- und Rückreise-Tagen hat die deutsche Finanzverwaltung eine besondere Behandlung angeordnet. Diese werden bei der Berechnung der 183 Tage nicht mitgezählt, wenn die Anreise aus dem Ansässigkeitsstaat in den Tätigkeitsstaat und die Rückkehr in den Ansässigkeitsstaat am selben Tag erfolgen.[546] In Fallbeispielen erklärt die *OFD Frankfurt am Main*, wie diese Regelung bei Kraftfahrern bei der Durchquerung mehrerer Staaten zu handhaben ist.[547]

Gegen diese Verwaltungsverfügung wird von *Wassermeyer* eingewandt, dass nach jetzigem Verständnis der 183-Tage-Zählweise auch ein Berufskraftfahrer

---

544 FG Rheinland-Pfalz v. 4.4.2001, EFG 2001, 1105; ständige BFH-Rechtsprechung, vgl. BFH v. 24.11.1978, BStBl. II 1979, 148; v. 11.5.1979, BStBl. II 1979, 474.
Vgl. OFD Frankfurt am Main, Vfg. v. 28.8.1997, RIW 1998, 85; Rdvfg. v. 14.8.1996, IStR 1997, 210.

545 BFH v. 28.9.1990, BStBl. II 1991, 86.

546 BMF-Schreiben v. 5.1.1994, BStBl. I 1994, 11, geändert durch BMF-Schreiben v. 5.7.1995, BStBl. I 1995, 373 und v. 20.4.2000, BStBl. I 2000, 483.

547 OFD Frankfurt am Main, Vfg. v. 28.81997, RIW 1998, 85.

sich einen „vollen" Tag im ausländischen Vertragsstaat aufhalte, wenn er von seinem Wohnsitzstaat in den anderen Staat einreise. Gleichgültig sei dabei, ob er am selben Tag wieder in den Wohnsitzstaat zurückkehre oder nicht.[548] Es gebe keinen Grundsatz, Hin- und Rückreisetage bei der Berechnung der 183-Tage-Grenze nicht als Anwesenheitstage im Tätigkeitsstaat mitzuzählen. Die von der Finanzverwaltung vertretene Auffassung sei unverständlich, weil sich die richtige Zählweise aus Art. 15 Nr. 5 Satz 4 OECD-Musterkommentar ergebe. Gleiches gelte für den Fall, in dem an einem Tag mehrere Staaten durchquert werden. Hier sei in jedem Staat ein voller Anwesenheitstag im Sinne der 183-Tage-Klausel gegeben. Die Auffassung der Finanzverwaltung sei zudem inkonsequent: Es könne nicht darauf ankommen, ob ein Berufskraftfahrer, der um 23 Uhr in den Ausübungsstaat A reist, denselben um 23.58 Uhr oder erst um 0.02 Uhr verlässt. Entweder müssten die 183 Tage nach tatsächlich im Ausübungsstaat verbrachter Zeit berechnet werden, was in Konsequenz die Addition aller dort verbrachten Stunden und Minuten bedeutet, oder es zähle aus Vereinfachungsgründen jede Teilanwesenheit pro Tag als „voller Tag". Auf letztere Berechnungsmethode habe sich die internationale Staatengemeinschaft geeinigt, dies gelte daher mangels angemeldetem Vorbehalt auch für Deutschland.

(2) Stellungnahme

Die Kritik an der Berechnungsweise der Finanzverwaltung ist berechtigt: Für die Nichteinbeziehung von Hin- und Rückreisetagen bei Berufskraftfahrern, wenn An- und Abreise am gleichen Tag erfolgen, ergeben sich keinerlei Anhaltspunkte, die eine entsprechende Auslegung des Musterabkommens zulassen. Außerdem ist im OECD-Musterkommentar die Berechnungsmethode klar definiert und dieser hat sich die deutsche BFH-Rechtsprechung angeschlossen. Auch wenn sich die Verwaltung wohl von einem gewissen Bemühen um Vereinfachung bei ihrer Verfügung bezüglich der Behandlung von Berufskraftfahrern hat leiten lassen, widerspricht diese Regelung der im OECD-Musterkommentar wiedergegebenen internationalen Übereinkunft. Die Verfügung der *OFD Frankfurt am Main* v. 28.8.1997 zeigt zudem, wie kompliziert Dreiecksfälle sind; eine Vereinfachung durch diese Sonderbehandlung für Berufskraftfahrer wurde zumindest verfehlt, sobald das Besteuerungsrecht von drei oder mehr Staaten in Betracht kommt. Andererseits ist für Berufskraftfahrer, die bei Ein- und Ausreisen, Durchquerungen und sonstiger „physischer Anwesenheit" in ausländischen Staaten mehr als 183 Tage in einem Staat verbringen, ebenfalls ein erhöhter Aufzeichnungsbedarf erforderlich, um den jeweils auf diesen Staat entfallenden Steueranteil auszurechnen.

---

[548] WASSERMEYER in DEBATIN/WASSERMEYER, Doppelbesteuerung, Art. 15 MA, Rz. 108. Gleicher Auffassung zur Frage der Erheblichkeit von Ein- und Ausreisen am gleichen Tag ist WOLF WASSERMEYER, in IStR 2001, 470 (471).

Da die bestehende Berechnungsweise der Aufenthaltstage von Berufskraftfahrern durch die Finanzverwaltung der internationalen Übereinkunft im OECD-Musterkommentar widerspricht, sollte - falls die jetzige Praxis aufrechterhalten wird - zumindest die Anmeldung eines Vorbehalts zu Art. 15 des OECD-Musterkommentars erfolgen, in dem die besondere Behandlung von Berufskraftfahrern in Deutschland erklärt wird, oder sie behandelt diese Berufsgruppe wie alle anderen auch. In Betracht käme auch die Einführung einer „de-minimus-Lösung", die wie oben erläutert zur Zählung eines Auslandsaufenthaltstags im Sinne der 183-Tage-Klausel eine Mindestzeit des Aufenthalts im Ausland erfordert. Gegen eine derartige Regelung sprechen jedoch auch in diesem Fall die oben schon genannten Gründe[549], sie könnte zudem allenfalls Gegenstand einer Verständigungsvereinbarung sein.[550] Ein derart einseitiges Vorgehen der deutschen Finanzverwaltung widerspräche jedoch ebenfalls dem OECD-Musterkommentar.

Vorzuziehen ist eine Alternative, die die dargestellten Probleme bei der steuerlichen Behandlung von Berufskraftfahrern wohl am besten löst: In Art. 15 Abs. 3 und Art. 8 des OECD-Musterabkommens - sowie den dieser Regelung entsprechenden Normen in den deutschen DBA - sollte ähnlich wie Art. 15 Abs. 3 i.V.m Art. 8 DBA-Türkei[551] das Besteuerungsrecht für Vergütungen für unselbständige Arbeit, die „an Bord eines Straßenfahrzeuges im internationalen Verkehr" ausgeübt wird, sowie für Gewinne, die aus Straßenfahrzeugen im internationalen Verkehr erzielt werden, aufgenommen werden. Nach dieser Regelung können derartige Vergütungen sowie Unternehmensgewinne im Staat des Unternehmenssitzes besteuert werden. Bei „gemischten Unternehmen", für die die genannte Regelung im DBA-Türkei ebenfalls gilt, ist die Anwendung auf diesen

[549] Vgl. oben unter Gliederungspunkt D II 2. a) aa) (2), Seite 150.

[550] Dies könnte Gegenstand eines sog. „konkreten Konsultationsverfahrens" nach Art. 25 Abs. 3 Satz 1 OECD-MA sein, siehe SCHAUMBURG, Internationales Steuerrecht, Rz. 16.90.

[551] Art. 15 Abs. 3 DBA-Türkei lautet: „Ungeachtet der vorstehenden Bestimmungen dieses Artikels können Vergütungen für unselbständige Arbeit, die an Bord eines Seeschiffes, Luftfahrzeuges oder Straßenfahrzeuges im internationalen Verkehr ausgeübt wird, in dem Vertragsstaat besteuert werden, in dem sich der Sitz des Unternehmens befindet." Er entspricht damit - abgesehen von der Hinzufügung der Tätigkeit an Bord eines Straßenfahrzeuges im internationalen Verkehr - Art. 15 Abs. 3 OECD-MA, wobei dieser zusätzlich noch die Besteuerung von unselbständiger Arbeit an Bord von Schiffen in der Binnenschifffahrt regelt. Ähnliche Klauseln gibt es sonst nur noch in Art. 8 Abs. 2 DBA-Belgien und Art. 6 Abs. 2 DBA-Österreich, wonach das Besteuerungsrecht von Gewinnen aus Eisenbahnunternehmen dem Ort der tatsächlichen Geschäftsleitung zugeordnet wird, wenn der Eisenbahnbetrieb auf dem Hoheitsgebiet des anderen Staates ausgeübt wird. Ergänzt wird diese Besteuerungsverteilung für den Unternehmensgewinn durch die jeweiligen Kassenstaatsartikel in Art. 19 Abs. 2 DBA-Belgien und Art. 10 Abs. 1 DBA-Österreich, weswegen eine besondere Erwähnung in einer Art. 15 Abs. 3 OECD-MA entsprechenden Regelung nicht erforderlich ist. Vgl. GEIGER/ALSCHER, in IWB, Fach 3 Deutschland, Gruppe 2, S. 613 (614, 615).

Tätigkeitsbereich zu beschränken, wohingegen der Restgewinn entsprechend Art. 7 DBA-Türkei (nahezu wortgleich mit Art. 7 OECD-MA) zu beurteilen ist.[552]

Hier werden die Schwierigkeiten bei der Berechnung der 183 Tage und insbesondere im Falle der Überschreitung dieser Frist die Aufteilung des Besteuerungsrechts auf die Einkünfte dieser sehr mobilen Berufsgruppe auf mehrere Staaten vermieden. So könnte auch ohne Probleme an der grundsätzlichen Auslegung des Aufenthalts im Sinne „körperlicher Anwesenheit" im Einsatzstaat festgehalten werden, ohne dass deren praktische Anwendbarkeit unmöglich wird. Für Berufskraftfahrer würde dann eine lex specialis gelten und es wären die in der praktischen Anwendung entstehenden Probleme der 183-Tage-Klausel bei dieser sehr mobilen Berufsgruppe umgangen.

cc) Heimfahrten an Wochenenden oder Feiertagen und Urlaub

Nach Art. 15 Nr. 5 OECD-Musterkommentar werden nach der Berechnungsmethode, die auf die Tage physischer Anwesenheit abstellt, öffentliche Feiertage, Ferientage vor, während und nach der Tätigkeit als Aufenthaltstage im Sinne der 183-Tage-Klausel mitgezählt. Auch die Finanzverwaltung[553] zählt Urlaubstage mit, die unmittelbar vor, während oder unmittelbar nach der Tätigkeit im Tätigkeitsstaat verbracht werden. Urlaub, der außerhalb des Tätigkeitsstaats verbracht wird, ist gemäß dem Wortlaut des Art. 15 Nr. 5 OECD-Musterkommentar nicht mehr zum Aufenthalt im Tätigkeitsstaat zu rechnen.[554] Dem Wortlaut der Musterkommentierung ist keine Unterscheidung zwischen tariflichen oder arbeitsvertraglichen Urlaubstagen und außertariflichem Urlaub zu entnehmen. Ein Urlaub im Tätigkeitsstaat, der erst nach einer weiteren Tätigkeit des Arbeitnehmers im Wohnsitzstaat stattfindet, ist jedoch wegen des Erfordernisses des unmittelbaren zeitlichen Zusammenhangs bei der Berechnung der 183 Tage nicht mehr einzubeziehen. Auch die den Mitgliedstaaten bis zum Jahr 1995 in Art. 15 Nr. 6 OECD-Musterkommentar eingeräumte „Flexibilität" im Hinblick auf die Einbeziehung von außerhalb des Tätigkeitsstaates verbrachten Urlaubstagen, die jedoch einen klaren Bezug zur Tätigkeit haben,

---

[552] Vgl. WASSERMEYER in DEBATIN/WASSERMEYER, Doppelbesteuerung, Art. 8 DBA-Türkei, Rz. 13; WILDEN in BECKER/HÖPPNER/GROTHERR/KROPPEN, Art. 8 DBA-Türkei, Rz. 20.

[553] BMF v. 5.1.1994, Schreiben betr. Besteuerung des Arbeitslohns nach den Doppelbesteuerungsabkommen; hier: Anwendung der 183-Tage-Klausel, BStBl. I 1994, 11, geändert durch BMF v. 5.7.1995, BStBl. I 1995, 373 und v. 20.4.2000, BStBl. I 2000, 483.

[554] Damit unterscheidet sich die aktuelle Rechtslage von derjenigen vor dem 21.9.1995. Seit diesem Zeitpunkt ist Nr. 6 des Art. 15 OECD-Musterkommentar unbesetzt. Dieser lautete vorher in der Originalversion: „6. While holidays spent inside the State of activity are normally included in the calculation, some flexibility is acceptable if the taxpayer can demonstrate to the satisfaction of the tax authorities of both Contracting States that the holidays are clearly related or not related to the activity."

ist in der aktuellen Version des Musterkommentars zu Art. 15 OECD-MA nicht mehr enthalten. Daher lässt sich auch die von *Prokisch* geforderte Einbeziehung von Heimfahrten an Wochenenden oder Feiertagen außerhalb des Tätigkeitsstaats[555] nach der strikt an der physischen Präsenz im Tätigkeitsstaat orientierten Auslegung des Art. 15 Abs. 2 a) OECD-MA nicht befürworten.[556]

Problematisch ist lediglich in diesem Zusammenhang die Frage, wie die - in Art. 15 Nr. 5 OECD-Musterkommentar genannte - Einbeziehung von Arbeitsunterbrechungen aus Anlass des Todes oder einer Krankheit in der Familie sinnvoll erfolgen soll. Nach *Prokisch* macht diese Norm nur Sinn, wenn man dem Arbeitnehmer die Reise an den betreffenden Ort zubilligt.[557] Dem ist zwar zuzustimmen, dennoch verstößt die Einbeziehung dieser Abwesenheit in die Berechnung der 183 Tage gegen das ansonsten bestehende Prinzip „physischer Anwesenheit". M.E. sind daher diese Tage der Abwesenheit entgegen der im OECD-Musterkommentar vertretenen Auffassung vom Tätigkeitsstaat aus Gründen der Rechtssicherheit nicht zu zählen.

dd) Krankheit

Krankheitstage, die im Tätigkeitsstaat verbracht werden, zählen als Aufenthaltstage im Sinne der 183-Tage-Klausel. Nicht einberechnet werden sie jedoch, wenn sie der Abreise des Arbeitnehmers entgegenstehen und er sonst die Voraussetzung für die Befreiung im Tätigkeitsstaat erfüllt hätte.[558]

ee) Andere Arbeitsunterbrechungen

Als sonstige Arbeitsunterbrechungen werden in Art. 15 Nr. 5 OECD-Musterkommentar nur noch die „kurzen Arbeitsunterbrechungen" wie Ausbildung, Streiks, Aussperrungen, Ausbleiben von Zulieferungen genannt. Auch diese Tage sind grundsätzlich nur mitzuzählen, wenn sie im Tätigkeitsstaat verbracht werden. Die zeitliche Limitierung auf „kurze" Arbeitsunterbrechungen

---

[555] PROKISCH in VOGEL, DBA, Art. 15, Rz. 22b.

[556] Nicht anderes muss trotz der Verständigungsvereinbarung zwischen der Bundesrepublik und Frankreich („BMF-Schreiben betr. Verständigungsvereinbarung zur 183-Tage-Regelung (Art. 13 Abs. 4) und zur Anwendung der Grenzgängerregelung (Art. 13 Abs. 5)" v. 20.2.1980, BStBl. I 1980, 88) auch für die Anwendung des DBA-Frankreich gelten: Nach dieser sind auch kurze Unterbrechungen im Zusammenhang mit Reisen in den Heimatstaat oder dritte Länder als Aufenthalt im Beschäftigungsland mitzuzählen, soweit sie im Rahmen bestehender Arbeitsverhältnisse anfallen und unter Berücksichtigung der Umstände, unter denen sie stattfinden, nicht als Beendigung des vorübergehenden Aufenthalts angesehen werden können.

[557] PROKISCH in VOGEL, DBA, Art. 15, Rz. 22b.

[558] Vgl. Art. 15 Nr. 5 OECD-Musterkommentar, BMF v. 5.1.1994, Schreiben betr. Besteuerung des Arbeitslohns nach den Doppelbesteuerungsabkommen; hier: Anwendung der 183-Tage-Klausel, BStBl. I 1994, 11, geändert durch BMF v. 5.7.1995, BStBl. I 1995, 373 und v. 20.4.2000, BStBl. I 2000, 483.

ist dahingehend zu verstehen, dass allein die technische Dauer der Unterbrechung entscheidend ist.[559]

b) Bezug zum Kalenderjahr oder zum Steuerjahr

Nach Art. 15 Abs. 2 Buchst. a) OECD-MA in der Fassung von 1992 können Vergütungen für unselbständige Arbeit im Wohnsitzstaat besteuert werden, wenn sich der Arbeitnehmer „im anderen Staat insgesamt nicht länger als 183 Tage während eines Zeitraums von 12 Monaten, der während des betreffenden Steuerjahres beginnt oder endet, aufhält". Nach dem OECD-MA von 1963 und 1977 blieb das Besteuerungsrecht beim Wohnsitzstaat, wenn der Arbeitnehmer sich „... insgesamt nicht länger als 183 Tage während des betreffenden Steuerjahres aufhält". Diese Formulierung gab unerwünschten Gestaltungsmöglichkeiten Raum, indem Arbeitnehmer bis zu einem Jahr entsandt werden konnten, das Besteuerungsrecht aber dennoch beim Wohnsitzstaat blieb, wenn die Entsendung in zwei aufeinanderfolgenden Steuerjahren jeweils weniger als 183 Tage betrug.

Für die meisten deutschen DBA gilt noch der alte, dem OECD-MA 1977 entsprechende, Wortlaut des Art. 15 Abs. 2 Buchst. a). Die neue Formulierung, die auf einen Zeitraum von 12 Monaten abstellt, wurde bisher lediglich in den DBA mit Kasachstan, Liberia, Mexiko, Norwegen oder Russland - zumindest sinngemäß - übernommen. In den übrigen DBA wird die Tatsache berücksichtigt, dass nicht in allen Staaten (wie in Deutschland) das Steuerjahr dem Kalenderjahr entspricht. Weicht im Einsatzstaat das Steuerjahr vom Kalenderjahr ab, so sind die Aufenthaltstage innerhalb des dortigen Steuerjahres zu zählen, um das jeweilige Besteuerungsrecht entsprechend der 183-Tage-Regel festzustellen.[560] Erstreckt sich der Auslandsaufenthalt über mehrere Steuerjahre muss in jedem Steuerjahr die 183-Tage-Grenze erneut überschritten werden, um das Besteuerungsrecht dem Tätigkeitsstaat zuzuordnen.

Folgende DBA-Staaten haben von der Bundesrepublik abweichende Steuerjahre[561]:

Australien	1.7. - 30.6.
Großbritannien	6.4. - 5.4.

---

[559] Vgl. SCHIEBER in DEBATIN/WASSERMEYER, Doppelbesteuerung, Art. 15 MA, Rz. 103. Diese „Kürze" sei nicht definiert, es gebe auch keinen sicheren anderen Anhaltspunkt.

[560] FG Niedersachsen v. 22.3.1990, EFG 1991, 371; SCHIEBER in DEBATIN/WASSERMEYER, Doppelbesteuerung, Art. 15 MA, Rz. 97; BMF v. 5.1.1994, Schreiben betr. Besteuerung des Arbeitslohns nach den Doppelbesteuerungsabkommen; hier: Anwendung der 183-Tage-Klausel, BStBl. I 1994, 11, geändert durch BMF v. 5.7.1995, BStBl. I 1995, 373 und v. 20.4.2000, BStBl. I 2000, 483, Tz. 2.

[561] Vgl. SCHIEBER in DEBATIN/WASSERMEYER, Doppelbesteuerung, Art. 15 MA, Rz. 98.

Indien	1.4. - 31.3.
Iran	21.3. - 20.3.
Irland	6.4. - 5.4.
Israel (ab 1993 Kalenderjahr)	1.4. - 31.3.
Mauritius	1.7. - 30.6.
Neuseeland	1.4. - 31.3.
Pakistan	1.7. - 30.6.
Simbabwe	1.4. - 31.3.[562]
Sri Lanka	1.4. - 31.3.
Südafrika	1.3. - 28.2.

3. Erste Rückausnahme: Art. 15 Abs. 2 Buchst. b) OECD-MA bei Kostentragung durch im anderen Staat ansässigen Arbeitgeber

Nach Art. 15 Abs. 2 Buchst. b) und c) OECD-MA hängt die Vereinfachung der Besteuerung durch die 183-Tage-Klausel davon ab, dass die Vergütungen von einem Arbeitgeber oder für einen Arbeitgeber gezahlt werden, der nicht im Tätigkeitsstaat ansässig ist (Buchst. b), und dass die Vergütungen nicht von einer Betriebstätte oder einer festen Einrichtung getragen werden, die der Arbeitgeber im Tätigkeitsstaat hat (Buchst. c). Umgekehrt bleibt das Besteuerungsrecht beim Tätigkeitsstaat, falls diese Bedingungen nicht erfüllt sind. Diese im Folgenden näher erläuterten Ausnahmen von der 183-Tage-Regelung, die das Besteuerungsverfahren bei kurzfristigen Auslandseinsätzen vereinfacht, sind von dem Grundsatz geprägt, dass derjenige Staat das Besteuerungsrecht für den Arbeitslohn erhalten soll, dessen Besteuerungssubstanz durch die Berücksichtigung des Arbeitsentgelts als Betriebsausgabe gemindert wurde.[563] Die Regelung des Art. 15 Abs. 2 Buchst. b) OECD-MA kann man auch als erste Rückausnahme, die in Art. 15 Abs. 2 Buchst. c) OECD-MA als zweite Rückausnahme zur 183-Tage-Regel in Art. 15 Abs. 2 Buchst. a) OECD-MA begreifen. Ob man sich dieser Bezeichnung anschließt oder die 183-Tage-Regel als Gesamtkonstrukt des Art. 15 Abs. 2 OECD-MA mit drei Voraussetzungen begreift, ist im Ergebnis unerheblich. Vom Gesetzeswortlaut handelt es sich um ein Gesamtkonstrukt, die hier vorgeschlagene Annahme von Rückausnahmen erleichtert jedoch das Verständnis der Erläuterung und führt zum gleichen Ergebnis.

[562] Bis 31.12.97, seit dem 01.01.1998 entspricht das Steuerjahr in Simbabwe dem Kalenderjahr.

[563] Vgl. JACOBS, Internationale Unternehmensbesteuerung, S. 1037; KLUGE, Das Internationale Steuerrecht, S. 889.

a) Im anderen Staat ansässiger Arbeitgeber

aa) Arbeitgeberbegriff

Die Doppelbesteuerungsabkommen definieren den Begriff des „Arbeitgebers" nicht. Art. 15 Nr. 8 OECD-Musterkommentar ist zu entnehmen, dass der Arbeitgeber eine Person ist, die ein Recht auf das Arbeitsergebnis hat und die damit verbundenen Verantwortlichkeiten und Risiken trägt. Ob man zur genaueren Definition auf innerstaatliches Steuerrecht entsprechend Art. 3 Abs. 2 OECD-MA zurückgreift[564] oder den Begriff nach „allgemeinen Kriterien" bestimmt[565] macht im Ergebnis keinen Unterschied. Einem internationalen Verständnis des Arbeitgeberbegriffs zufolge ist derjenige Arbeitgeber, dem der Arbeitnehmer die Arbeitsleistung schuldet, unter dessen Leitung er tätig wird und dessen Anordnungen und Weisungen er zu folgen verpflichtet ist.[566] Nach ganz herrschender Auffassung ist es daher unerheblich, wer zivilrechtlich betrachtet die Vertragspartei des Arbeitnehmers ist und wer dessen Lohn auszahlt, da Arbeitgeber und lohnauszahlende Stelle verschieden sein können.[567] Die Auffassung, entscheidend sei auf die zivilrechtliche Gestaltung abzustellen[568], ist zu formalistisch und widerspricht dem Sinn und Zweck der Rückausnahmen.

(1) Personengesellschaft als Arbeitgeber

Unstrittig ist, dass nicht nur natürliche und juristische Personen Arbeitgeber sein können, sondern auch Personengesellschaften.[569] Nach deutschem Steuer-

---

[564] So SCHIEBER in DEBATIN/WASSERMEYER, Doppelbesteuerung, Art. 15 MA, Rz. 114; KEMPERMANN in FLICK/WASSERMEYER/WINGERT/KEMPERMANN, DBA-Schweiz, Art. 15, Rz. 45; *ders.*, in DStZ 1982, 143 (144); SIEFERT, RIW 1986, 979; KLUGE, Das Internationale Steuerrecht, S. 890.

[565] PROKISCH in VOGEL, DBA, Art. 15, Rz. 27, diese „allgemeinen Kriterien" ergeben sich danach aus dem Sinn und Vorschriftenzusammenhang der Musterabkommen sowie aus der Umkehrung des Arbeitnehmerbegriffs.

[566] Vgl. COULOMBE, in CDFI LXVIIb (1982) S. 63 (64 ff.); JANN, Die 183-Tage-Regel, in GASSNER/ LANG/LECHNER, Aktuelle Entwicklungen im Internationalen Steuerrecht, S. 195 (204); *ders.*, in SWI 1994, 218.

[567] BFH v. 8.9.1982, BStBl. II 1983, 71; PROKISCH in VOGEL, DBA, Art. 15, Rz. 27; SCHIEBER in DEBATIN/WASSERMEYER, Doppelbesteuerung, Art. 15 MA, Rz. 114; VOGELGESANG in BECKER/ HÖPPNER/GROTHERR/KROPPEN, DBA-Kommentar, Art. 15 OECD-MA, Rz. 167.

[568] RUNGE, in FR 1986, 479, POPP, in DB 1976, 2081 (2083); HORST VOGEL, in BB 1978, 1021 (1025).

[569] BMF-Schreiben v. 5.1.1994, BStBl. I 1994, 11, geändert durch BMF v. 5.7.1995, BStBl. I 1995, 373 und v. 20.4.2000, BStBl. I 2000, 483; JANN, Die 183-Tage-Regel, in GASSNER/LANG/LECHNER, Aktuelle Entwicklungen im Internationalen Steuerrecht, S. 195 (204); *ders.*, in SWI 1994, 218; KEMPERMANN in FLICK/WASSERMEYER/WINGERT/ KEMPERMANN, DBA-Schweiz, Art. 15, Rz. 46; *ders.*, in DStZ 1982, 143 (144); LEY, in

recht kommen nicht nur natürliche und juristische Personen als Arbeitgeber in Betracht, aus § 124 HGB ergibt sich, dass Arbeitnehmer einer OHG ihre Arbeitskraft nicht den Gesellschaftern, sondern der Personengesellschaft selbst schulden.

Eine Problematik ergibt sich aus der Formulierung des Art. 15 Abs. 2 Buchst. b) OECD-MA, dass der Arbeitgeber ansässig sein muss. Dies sind nach Art. 4 Abs. 1 OECD-MA nur unbeschränkt steuerpflichtige Personen. Eine Personengesellschaft selbst ist jedoch nicht ansässig im Sinne des Art. 4 OECD-MA, da auf Grund des Mitunternehmerkonzepts nicht sie unbeschränkt steuerpflichtig auf Grund eines Wohnsitzes, ständigen Aufenthalts, Orts der Geschäftsleitung oder eines anderen ähnlichen Merkmals ist, sondern ihre Gesellschafter. Nach teilweise vertretender Auffassung fällt die Personengesellschaft im OECD-Musterabkommen unter die „andere Personenvereinigung" in Art. 3 Abs. 1 Buchst. a) OECD-MA.[570] Nicht einheitlich geregelt ist die Frage der Abkommensberechtigung in den deutschen DBAs, beispielweise Art. 3 Abs. 1 Nr. 4 DBA-Belgien und Art. 3 Abs. 1 Buchst. d) DBA-Island erklären deutsche Personenhandelsgesellschaften generell für abkommensberechtigt, während andere DBA speziell für die 183-Tage-Klausel die Arbeitgebereigenschaft von Personengesellschaften und deren Ansässigkeit am Ort der Geschäftsleitung positiv normieren.[571] Nach den seit der Revision des OECD-Musterabkommens aus dem Jahr 2000 eingefügten Art. 15 Nr. 6.1 und 6.2 OECD-Musterkommentar soll angenommen werden, dass im Falle einer transparenten Personengesellschaft - wie dem in Deutschland geltenden Mitunternehmerkonzept - die Begriffe des Arbeitgebers und der ansässigen Person auf der Ebene der Gesellschafter anstatt auf der Ebene der steuerlich transparenten Personengesellschaft anzuwenden ist. Falls es bei der Anwendung dieser Regelung zu Schwierigkeiten komme, wenn die Gesellschafter in verschiedenen Staaten ansässig sind, sollte ein Verständigungsverfahren diesen Konflikt beispielsweise dahingehend lösen, dass der Staat als maßgebend bestimmt wird, in dem die Gesellschafter ansässig sind, die die Mehrheit der Anteile der Personengesellschaft halten. Deutschland hat in einer Bemerkung zu Art. 15 Nr. 6.2 OECD-Musterkommentar (in Art. 15 Nr. 13.1 OECD-Musterkommentar) deutlich gemacht, dass es hingegen an der Auffassung festhält, „dass auch eine Personengesellschaft als solche als Arbeit-

KÖSDI 1996, 10788 (10794); PROKISCH in VOGEL, DBA, Art. 15, Rz. 29a; VON BORNHAUPT, in BB 1985, Beilage 16 zu Heft 35/36, S. 14; SCHIEBER in DEBATIN/WASSERMEYER, Doppelbesteuerung, Art. 15 MA, Rz. 114; SELENT/ENDRES, in DB 1984, 84; VOGELGESANG in BECKER/HÖPPNER/GROTHERR/KROPPEN, DBA-Kommentar, Art. 15 OECD-MA, Rz. 199 ff.

[570] VOGELGESANG in BECKER/HÖPPNER/GROTHERR/KROPPEN, DBA-Kommentar, Art. 15 OECD-MA, Rz. 201; VOGEL in VOGEL, DBA, Art. 3, Rz. 17, 17a m.w.N.

[571] Beispiele hierfür sind Ziff. 15 Schlussprotokoll DBA-Niederlande; Ziff. 18 Schlussprotokoll DBA-Luxemburg.

geber angesehen werden sollte (wie nach dem innerstaatlichen Recht der meisten Mitgliedstaaten der OECD, selbst wenn diese die Personengesellschaft als solche nicht besteuern.) Die Ansässigkeit wäre dann hypothetisch so zu bestimmen, als ob die Personengesellschaft auf Grund eines der in Absatz 1 genannten Merkmale steuerpflichtig wäre."

Da der Ansässigkeitsbegriff der DBA nicht anwendbar ist, sei auf Art. 4 Abs. 3 i.V.m. Art. 15 Abs. 2 Buchst. c) OECD-MA abzustellen, wonach dem Geschäftsleitungsstaat das Besteuerungsrecht für die Einkünfte aus unselbständiger Arbeit zustehen solle.[572] Dies entspreche auch dem Grundsatz, das Besteuerungsrecht dort zuzuordnen, wo die Kosten auch als Betriebsausgaben abgezogen werden können. Nach Art. 7 Abs. 1 Satz 2 OECD-MA begründe die Geschäftsleitung der Personengesellschaft Betriebstätten mit der Folge, dass dem Geschäftsleitungsstaat das Besteuerungsrecht für die Betriebstättengewinne der Gesellschafter zustehe. Im Falle weiterer Betriebstätten außerhalb des Geschäftsleitungsstaats sei Art. 15 Abs. 2 Buchst. c) OECD-MA anwendbar.[573]

Die Zuordnung der Ansässigkeit der Personengesellschaft in den Staat, in dem sich der Mittelpunkt der tatsächlichen Geschäftsleitung befindet, verdient Zustimmung. Gleiches gilt für die Forderung nach einer Klarstellung in den DBA oder den Schlussprotokollen (wie in Ziff. 23 des Schlussprotokolls zum DBA-Österreich, Ziff. 15 des Schlussprotokolls zum DBA-Niederlande, Ziff. 18 des Schlussprotokolls zum DBA-Luxemburg), in der die Arbeitgebereigenschaft einer Personengesellschaft ausdrücklich festgestellt sowie der Ort ihrer Ansässigkeit definiert wird.[574]

(2) Arbeitgebereigenschaft einer Betriebstätte

Aus dem Gesamtzusammenhang von Art. 15 Abs. 2 Buchst. c) OECD-MA, wonach die 183-Tage-Vereinfachungsregelung nicht anwendbar ist, wenn die Vergütungen von einer Betriebstätte oder anderen festen Einrichtung getragen werden, die der Arbeitgeber im anderen Staat hat, und Art. 15 Abs. 2 Buchst. b) OECD-MA ergibt sich durch systematische Auslegung der Vorschrift, dass eine „Betriebstätte" nicht als Arbeitgeber im Sinne des Art. 15 OECD-MA fungieren

---

[572] KRABBE, in IStR 2000, 196 (199); SCHIEBER in DEBATIN/WASSERMEYER, Doppelbesteuerung, Art. 15 MA, Rz. 114; JANN, Die 183-Tage-Regel, in GASSNER/ LANG/LECHNER, Aktuelle Entwicklungen im Internationalen Steuerrecht, S. 195 (207); SIEFERT, RIW 1986, 979 (981).

[573] SCHIEBER in DEBATIN/WASSERMEYER, Doppelbesteuerung, Art. 15 MA, Rz. 121, 114.

[574] So beispielsweise SIEFERT, Die Besteuerung bei der Entsendung von Arbeitskräften in das Ausland, S. 275.

kann.[575] Dies muss man auch aus der genitivischen Verbindung „Betriebstätte ..., die der Arbeitgeber im anderen Staat hat" logischerweise folgern. Eine Betriebstätte kann zudem nicht ansässig sein, dieses Merkmal können nur natürliche und juristische Personen sowie Personenzusammenschlüsse erfüllen.[576] Innerstaatlich besteht zwar eine Abzugspflicht der Lohnsteuer nach § 38 Abs. 1 Nr. 1 EStG, wenn ein Arbeitgeber eine Betriebstätte in der Bundesrepublik im Sinne von § 12 AO unterhält, diese Norm hat jedoch rein verfahrenstechnische Bedeutung für die Erhebung der Steuer und keine Auswirkung auf die Beantwortung der abkommensrechtlichen Frage der Arbeitgebereigenschaft von Betriebstätten.

(3) Arbeitgebereigenschaft bei Entsendung zu einem fremden Unternehmen

Problematisch ist die Frage, wer Arbeitgeber ist, wenn Arbeitnehmer ins Ausland zu einem fremden Unternehmen entsandt werden. Im Einzelfall ist anhand der genannten Kriterien zu untersuchen, von welchem Unternehmen der Arbeitnehmer stärker persönlich und organisatorisch abhängig ist.[577] Die Arbeitgebereigenschaft wechselt daher nicht zum ausländischen Unternehmen, nur weil der Arbeitnehmer für dieses Dienstleistungen erbringt, Arbeitsanweisungen vor Ort erhält oder ihm Arbeitsmittel zur Verfügung gestellt werden.[578] Arbeitet der Entsandte jedoch nur für das ausländische Unternehmen und ist er im Heimatunternehmen für die Dauer des Auslandseinsatzes freigestellt, so wird die Arbeitgeberfunktion beim Auslandsunternehmen liegen.[579] Wird man auf Grund des konkreten Sachverhalts bei beiden oder nur einem Unternehmen die Arbeitgebereigenschaft im Sinne des Art. 15 Abs. 2 Buchst. b) OECD-MA bejahen, so ist entscheidend, wer letztendlich die Vergütung wirtschaftlich getragen hat, bzw. ob diese möglicherweise aufgeteilt wurde (dazu mehr im Folgenden).

bb) Ansässigkeit im Tätigkeitsstaat

Nach dem Wortlaut der Rückausnahme des Art. 15 Abs. 2 Buchst. b) OECD-MA (der in dieser Form fast in allen die Besteuerung unselbständiger Arbeit betreffenden Artikel der deutschen DBA enthalten ist) erfolgt eine Besteuerung des Arbeitnehmers im Ansässigkeitsstaat – entsprechend der 183-Tage-Regel –

---

[575] Siehe dazu auch BFH v. 21.8.1985, BStBl. II 1986, 4; v. 29.1.1986, BStBl. II 1986, 513; FG Berlin v. 16.3.1999, IStR 1999, 471; SIEFERT, Die Besteuerung bei der Entsendung von Arbeitskräften in das Ausland, S. 275.

[576] Vgl. HORST VOGEL, in BB 1978, 1021; RUNGE, in BB 1977, 182 (185); KEMPERMANN, in DStZ 1982, 143, PETER, in IStR 1999, 456.

[577] PROKISCH in VOGEL, DBA, Art. 15, Rz. 27.

[578] HINNEKENS, Intertax 1988, 321 (331).

[579] Vgl. BFH v. 21.8.1985, BStBl. II 1986, 4.

nur dann, wenn der Arbeitgeber nicht im Tätigkeitsstaat ansässig ist. Unerheblich ist demnach, in welchem anderen Staat der Arbeitgeber ansässig ist, lediglich einige ältere DBA verlangen die Ansässigkeit des Arbeitgebers im Wohnsitzstaat selbst.[580] Die Ansässigkeit des Arbeitgebers richtet sich grundsätzlich nach Art. 4 OECD-MA. Ist der Arbeitgeber sowohl im Tätigkeitsstaat als auch in einem anderen Staat (beispielsweise im Ansässigkeitsstaat des Arbeitnehmers) ansässig, so ist er für die Anwendung des Art. 15 Abs. 2 Buchst. b) OECD-MA als im Tätigkeitsstaat ansässig zu sehen. Die Kollisionsregeln des Art. 4 Abs. 2 und 3 OECD-MA finden hier keine Anwendung, da deren Funktion es lediglich ist, in Fällen doppelter Ansässigkeit die Anwendbarkeit der DBA zu ermöglichen.[581]

b) Zahlen der Vergütung von dem oder für den Arbeitgeber

Hat man einen im Tätigkeitsstaat ansässigen Arbeitgeber festgestellt, ist zu untersuchen, ob dieser die Vergütungen gezahlt oder ob sie für diesen gezahlt wurden. Ziel der Ausnahmeregelungen zur 183-Tage-Klausel ist - wie bereits dargestellt -, die Besteuerung von Einkünften dort zu belassen, wo sich deren Zahlung gewinnmindernd auswirkt. Es kommt nicht darauf an, wer die Arbeitsvergütung tatsächlich auszahlt, sondern darauf, wer die Vergütungen „wirtschaftlich trägt". Diese sogenannte „wirtschaftliche Betrachtungsweise", die die Zuordnung des Besteuerungsrechts davon abhängig macht, wer letztendlich Vergütungen trägt, hat sich sowohl in der Rechtsprechung und auch der Literatur durchgesetzt.[582] Ist somit der Träger der Vergütungen im Tätigkeitsstaat ansässig, so steht diesem Staat das Besteuerungsrecht für die Arbeitsvergütungen zu.

---

[580] Art. XII DBA-Ägypten 1959 (BGBl. II 1961, 421; BStBl. I 1961, 366);
Art. 13 DBA-Frankreich 1959 (BGBl. II 1961, 397; BStBl. I 1961, 342);
Art. XII DBA-Indien 1959/84 (BGBl. II 1960, 1829; BStBl. I 1960, 429; mit Änderungsprotokoll 1984, BGBl. II 1986, 684; BStBl. I 1986, 308);
Art. 9 DBA-Norwegen 1958 (BGBl. II 1959, 1280; BStBl. II 1959, 1034);
Art. 15 DBA-Norwegen 1991;
Art. 9 DBA-Österreich 1954/92;
Art. XI DBA-Pakistan 1958/70 (BGBl. II 1960, 1800; BStBl. I 1960, 400; Ergänzungsabkommen 1970 BGBl. II 1971, 27; BStBl. I 1971, 137;
Art. 14 DBA-Schweden 1959 (BGBl. II 1960, 1814; BStBl. 1960, 415).
Die nicht mehr geltenden DBA sind mit ihrer jeweiligen Fundstelle angegeben.

[581] PROKISCH in VOGEL, DBA, Art. 15, Rz. 29; VOGELGESANG in BECKER/HÖPPNER/GROTHERR/KROPPEN, DBA-Kommentar, Art. 15 OECD-MA, Rz. 164.

[582] BFH v. 21.8.1985, BStBl. II 1986, 4; VOGELGESANG in BECKER/HÖPPNER/GROTHERR/KROPPEN, DBA-Kommentar, Art. 15 OECD-MA, Rz. 167; PROKISCH in VOGEL, DBA, Art. 15, Rz. 30; SCHIEBER in DEBATIN/WASSERMEYER, Doppelbesteuerung, Art. 15 MA, Rz. 116.

Der volle Kostenersatz an das entsendende Unternehmen im Wohnsitzstaat ist entscheidend, wobei es nicht auf eine ausdrückliche Verbuchung als „Löhne und Gehälter" ankommt.[583] Nicht genügt jedoch das Inrechnungstellen einer Vergütung als Preisbestandteil einer Werkleistung, denn sowohl Sach- wie Personalaufwand bilden einen üblichen Kostenfaktor.[584] Ein Unternehmen „trägt" eine Arbeitsvergütung nur dann, wenn es sie unmittelbar abrechnet, die Arbeitsvergütung also an den Arbeitnehmer selbst auszahlt oder sich von einem anderen Unternehmen zunächst vorstrecken lässt, um sie dann später zu übernehmen.[585] Ein „wirtschaftliches Tragen" der Vergütung liegt bei verbundenen Unternehmen jedoch nicht vor, wenn im Rahmen einer Umlage für allgemeine Verwaltungs- und Geschäftskosten nicht spezifizierbar die Lohnkosten in Rechnung gestellt werden, oder wenn die Lohnkosten auf ein fremdes Unternehmen im Preis übergewälzt werden.[586]

aa) „Wirtschaftlicher" oder „formaler" Arbeitgeberbegriff

Unklar ist, ob man nach Art. 15 Abs. 2 Buchst. b) OECD-MA das Kriterium, wer die Vergütung letztendlich trägt, als weiteres Merkmal zur Definition des Arbeitgeberbegriffs sieht und so letztendlich auf einen Gesamtbegriff des „wirtschaftlichen Arbeitgebers" abstellt, oder ob dies lediglich die vom „Arbeitgeber" dann abzugrenzenden Begriffe „Zahlen der Vergütung" ausfüllt und der Arbeitgeberbegriff unabhängig von diesen Merkmalen zu bestimmen ist.

(1) Meinungsstand

Der BFH führt seit seinem Urteil v. 21.8.1985 aus, dass „Arbeitgeber" im Sinne des Abkommens nur derjenige Unternehmer sein kann, der die Vergütungen für die ihm geleistete unselbständige Arbeit wirtschaftlich trägt, sei es, dass er die Vergütungen unmittelbar dem betreffenden Arbeitnehmer auszahlt, sei es, dass ein anderes Unternehmen für ihn mit diesen Arbeitsvergütungen in Vorlage tritt.[587] Der BFH erweitert den Arbeitgeberbegriff also nicht nur um eine wirtschaftliche Komponente, entscheidend ist danach vielmehr lediglich darauf ab-

---

[583] SCHIEBER in DEBATIN/WASSERMEYER, Doppelbesteuerung, Art. 15 MA, Rz. 116; BFH v. 8.4.1992, BFH/NV 1993, 295.

[584] FG Rheinland-Pfalz v. 23.4.1993, EFG 1994, 140.

[585] KEMPERMANN in FLICK/WASSERMEYER/WINGERT/KEMPERMANN, DBA-Schweiz, Art. 15, Rz. 51; RUNGE, BB 1977, 182 (185).

[586] KEMPERMANN in FLICK/WASSERMEYER/WINGERT/KEMPERMANN, DBA-Schweiz, Art. 15, Rz. 52; SCHIEBER in DEBATIN/WASSERMEYER, Doppelbesteuerung, Art. 15 MA, Rz. 119.

[587] BFH v. 21.8.1985, BStBl. II 1986, 4. Im zu entscheidenden Fall ging es um das DBA-Spanien, das in seinem Wortlaut bezüglich Einkünften aus unselbständiger Arbeit jedoch mit dem des OECD-MA übereinstimmt. Weitere Urteile, in denen der BFH den „wirtschaftlichen Arbeitgeber" vertritt: BFH v. 29.1.1986, BStBl. II 1986, 442; v. 29.1.1986, BStBl. II 1986, 513; v. 27.4.2000, BFH/NV 2001, 6.

zustellen, wer wirtschaftlich gesehen die an den Arbeitnehmer gezahlten Vergütungen zu tragen hat. Zwischen der Definition von „Arbeitgeber" und „Zahlen der Vergütung" wird dabei nicht mehr genauer unterschieden, lediglich eine Betriebstätte wird vom Arbeitgeberbegriff ausgenommen.[588] Dieser Auffassung hat sich auch die Finanzverwaltung angeschlossen, ein „wirtschaftliches Tragen der Vergütung" liege vor, wenn die bereits genannten herkömmlichen Arbeitgebermerkmale erfüllt sind und der Arbeitslohn nicht Preisbestandteil für eine Lieferung oder Werkleistung sei.[589] Man kann hier auch von einem *„wirtschaftlichen Arbeitgeberbegriff"* sprechen. Auf Grundlage dieser Sichtweise führen die Auffassung von Rechtsprechung und Verwaltung dazu, dass der Träger der Arbeitsvergütungen immer der Arbeitgeber ist.[590]

Während diese Terminologie der Rechtsprechung auch im Schrifttum oft undifferenziert übernommen wurde, trennen einige Autoren exakt bei der Defintion des Arbeitgeberbegriffs und der Auslegung von „Zahlen der Vergütung", diese Auffassung kann man *„formalen Arbeitgeberbegriff"* nennen.[591] Im Art. 15 Abs. 2 Buchst. b) OECD-MA seien zwei verschiedene Voraussetzungen genannt, die getrennt zu betrachten seien. Die „wirtschaftliche Betrachtungsweise" beziehe sich vielmehr auf die Auslegung des Begriffs „Zahlen der Vergütung".

(2) Stellungnahme

Der Streit hat keinerlei praktische Relevanz und ist theoretischer Natur, wie die folgenden Ausführungen[592] zeigen. Falls das Besteuerungsrecht trotz eines weniger als 183 Tage dauernden Auslandseinsatzes beim Tätigkeitsstaat bleiben soll, muss dort entweder ein Arbeitgeber vorhanden sein, der den genannten

---

[588] Vgl. BFH v. 29.1.1986, BStBl. II 1986, 442, siehe auch oben unter Gliederungspunkt D II 3. a) aa) (2), Seite 162.

[589] BMF-Schreiben v. 5.1.1994, BStBl. I 1994, 11, geändert durch BMF v. 5.7.1995, BStBl. I 1995, 373 und v. 20.4.2000, BStBl. I 2000, 483.

[590] VOGELGESANG in BECKER/HÖPPNER/GROTHERR/KROPPEN, DBA-Kommentar, Art. 15 OECD-MA, Rz. 169.

[591] KEMPERMANN in FLICK/WASSERMEYER/WINGERT/KEMPERMANN, DBA-Schweiz, Art. 15, Rz. 45; SIEFERT, RIW 1986, 979 (980); VON BORNHAUPT, in BB 1995, Beilage 16 zu Heft 35/36, S. 13, 14. Die Bezeichnung dieser Auffassung als „formaler Arbeitgeberbegriff" stammt von VOGELGESANG in BECKER/HÖPPNER/GROTHERR/KROPPEN, DBA-Kommentar, Art. 15 OECD-MA, Rz. 161. Diese Unterscheidung wird grundsätzlich auch von PROKISCH in VOGEL, DBA, Art. 15, Rz. 27, 30 getroffen, obwohl er es für gerechtfertigt hält, von einem „wirtschaftlichen Arbeitgeber" zu sprechen, wenn neben den formellen Voraussetzungen des Arbeitgeberbegriffs auch die „wirtschaftlichen" Bedingungen erfüllt sind. Keine Differenzierung in dieser Frage nimmt beispielsweise SCHIEBER in DEBATIN/WASSERMEYER, Doppelbesteuerung, Art. 15 MA, Rz. 116 vor.

[592] Siehe unten unter Gliederungspunkt D II 3. b) bb), Seite 167.

internationalen Kriterien entspricht und auch die Vergütung des Arbeitnehmers wirtschaftlich trägt oder zumindest ein Dritter im Tätigkeitsstaat die Lohnzahlung für den Arbeitgeber übernehmen. Ob man das Kriterium des „wirtschaftlichen Tragens der Vergütung" als Teil des Arbeitgeberbegriffs sieht (und so das Konzept des „wirtschaftlichen Arbeitgebers" unterstützt) oder den Arbeitgeber nach den konventionellen Merkmalen definiert und als zusätzliches Erfordernis des Art. 15 Abs. 2 Buchst. b) OECD-MA „Zahlen der Vergütung" im Sinne von „wirtschaftlich tragen" versteht, macht keinen Unterschied für die Zuordnung des Besteuerungsrechts. Systematisch betrachtet ist der die BFH-Auffassung kritisierenden Literaturmeinung der Vorzug zu geben. Denn es liegen zwei verschiedene Merkmale einer Norm vor, die grundsätzlich eine eigene Auslegung verlangen. Es besteht auch kein Grund, den Arbeitgeberbegriff selbst um diese „wirtschaftliche Komponente" zu erweitern, da dies im Wege der Auslegung in das „Zahlen der Vergütung" ohne weiteres hineingelesen werden kann. Ist die Alternative des Art. 15 Abs. 2 Buchst. b) OECD-MA nicht erfüllt, kann ein Besteuerungsrecht des Tätigkeitsstaats bei Nichtüberschreitung der 183 Tage nur noch aus Art. 15 Abs. 2 Buchst. c) OECD-MA folgen, wenn die Vergütungen von einer Betriebstätte getragen werden.

bb) Zahlung der Vergütungen für den Arbeitgeber

Nach dem Wortlaut des Art. 15 Abs. 2 Buchst. b) OECD-MA „...oder für einen Arbeitgeber gezahlt werden, der nicht im anderen Staat ansässig ist" stellt sich die Frage, wie diese 2. Alternative der Vorschrift zu verstehen ist. Diese Beantwortung dieser Frage richtet sich nach dem Verständnis des Art. 15 Abs. 2 Buchst. b) OECD-MA.

(1) Meinungsstand

Rechtsprechung und Verwaltung vertreten wie dargelegt das Konzept des „wirtschaftlichen Arbeitgebers", wonach Träger der Arbeitsvergütung und Arbeitgeber stets identisch sind, da entscheidend darauf abzustellen ist, wer die Vergütung trägt.[593] Die Gesamtregelung des Art. 15 Abs. 2 Buchst. b) OECD-MA wird einheitlich ausgelegt ohne nähere Einzelbetrachtung des „Zahlens der Vergütung von einem Arbeitgeber" und des „Zahlens der Vergütung für einen Arbeitgeber". Der 2. Alternative des Art. 15 Abs. 2 Buchst. b) OECD-MA kommt nach dieser Auffassung keine eigenständige Bedeutung zu.[594]

---

[593] BFH v. 21.8.1985, BStBl. II 1986, 4. Vgl. oben unter Gliederungspunkt D II 3. b) aa), Seite 165.

[594] Nach FG Düsseldorf v. 17.1.1980, EFG 1980, 447 seien die im Schrifttum (bezogen wurde sich auf Horst Vogel, in BB 1978, 1021 (1025) und Popp, in DB 1976, 2081 (2083)) geäußerten Bedenken, dass eine derartige Auslegung zwar Sinn und Zweck des DBA entspreche, jedoch dem eindeutigen Wortlaut entgegenstehe, nicht durchgreifend, da bei der Auslegung

Nach *Kempermann* verbleibt das Besteuerungsrecht nicht nur dann im Tätigkeitsstaat, wenn ein dort ansässiger Arbeitgeber den Arbeitslohn zahlt, sondern immer dann, „wenn er *nicht* von einem oder für einen außerhalb dieses Staates ansässigen Arbeitgeber *gezahlt* wird"[595]. Der Wortlaut von Art. 15 Abs. 2 Buchst. b) OECD-MA lasse also eine Besteuerung im Tätigkeitsstaat auch dann zu, wenn nicht der außerhalb des Tätigkeitsstaats ansässige Arbeitgeber sondern ein Dritter den Arbeitslohn gezahlt hat. Einnahmen bildeten auch dann Arbeitslohn, wenn sie von anderen Personen als dem Arbeitgeber herrühren, soweit sie nur durch das Dienstverhältnis veranlasst sind. Unerheblich sei, ob der Arbeitgeber für einen Dritten in Vorlage getreten ist. Mit dieser Einschränkung in der 2. Alternative des Art. 15 Abs. 2 Buchst. b) DBA-Schweiz (=Art. 15 Abs. 2 Buchst. b) OECD-MA) im Zusammenhang mit Buchst. c) werde bezweckt, dass der Staat der vorübergehenden Tätigkeit sein Besteuerungsrecht behält, wenn der gezahlte Lohn den seiner Steuerhoheit unterliegenden Gewinn gemindert hat.[596] Eine Vorlage des Arbeitgebers für den zahlenden Dritten sei unerheblich. Entscheidend ist somit, ob ein dem Besteuerungsrecht des Tätigkeitsstaats unterliegender - dort ansässiger - Dritter die Arbeitsvergütungen wirtschaftlich getragen hat und selbst zum Betriebsausgabenabzug geltend gemacht hat.

(2) Stellungnahme

Der Wortlaut der 2. Alternative des Art. 15 Abs. 2 Buchst. b) OECD-MA ist unglücklich formuliert und verwirrt - ebenso wie die meisten dazu veröffentlichten Kommentierungen - und widerspricht dem Ergebnis, zu dem beiden Auffassungen trotz ihrer unterschiedlichen Auslegung kommen. Daneben widerspricht der Wortlaut dem dargelegten Sinn und Zweck der Rückausnahmen, bei kurzfristigen Auslandseinsätzen das Besteuerungsrecht dort zu belassen, wo sich das Tragen des Arbeitlohns für ein Unternehmen gewinnmindernd auswirkt. Es heißt, dass Arbeitsvergütungen für einen weniger als 183 Tage dauernden Auslandseinsatz im Ansässigkeitsstaat besteuert werden können, wenn „die Vergütungen ... für einen Arbeitgeber gezahlt werden, der nicht im anderen Staat ansässig ist ...". Vom semantischen Verständnis her bedeutet diese Alternative, dass die die Arbeitgebermerkmale erfüllende Person nicht im Tätigkeitsstaat ansässig sein darf und für diese von irgendjemand die Arbeitskosten getragen werden. Nicht zu entnehmen ist dem Wortlaut der Vorschrift, wo diese - den Lohn tragende - dritte Person ansässig sein muss. Vielmehr scheint es auf

des DBA der deutsche Wortlaut gegenüber einem entgegenstehenden Sinn des DBA zurücktreten müsse.

595 KEMPERMANN, in DStZ 1982, 143 (145). Hervorhebung im Original.

596 KEMPERMANN in FLICK/WASSERMEYER/WINGERT/KEMPERMANN, DBA-Schweiz, Art. 15, Rz. 50; *ders.*, in DStZ 1982, 143 (145).

die Ansässigkeit des nicht den Lohn tragenden Arbeitgebers anzukommen und die Ansässigkeit des den Lohn tragenden Dritten scheint unerheblich zu sein. Dies widerspräche Sinn und Zweck des Art. 15 Abs. 2 OECD-MA und der damit im Einklang stehenden Regelung in Art. 15 Abs. 2 Buchst. c) OECD-MA und somit zu berücksichtigenden Gesamtsystematik der Vorschrift. Folgendes Beispiel verdeutlich die Widersprüchlichkeit der 2. Alternative des Art. 15 Abs. 2 Buchst. b) OECD-MA:

Würde ein Arbeitnehmer für seine Tätigkeit für eine alle Arbeitgebermerkmale erfüllende in seinem eigenen Ansässigkeitsstaat oder in einem Drittstaat ansässige Kapitalgesellschaft Vergütungen beziehen, die von einer im Tätigkeitsstaat ansässigen Gesellschaft getragen werden (die diese dort auch zum Betriebsausgabenabzug geltend macht) so müsste nach wörtlichem Verständnis der Regelung - auf Grund der Ansässigkeit des Arbeitgebers außerhalb des Tätigkeitsstaats - das Besteuerungsrecht im Wohnsitzstaat des Arbeitnehmers verbleiben. Der Betriebsausgabenabzug durch den die Vergütungen tragenden Dritten würde unabhängig davon in einem anderen Staat entsprechend der abkommensrechtlichen Zuordnung des Besteuerungsrechts für die Unternehmensgewinne geltend gemacht. Die Zuordnung des Besteuerungsrechts für die Arbeitsvergütungen wäre demnach nicht mehr an die Zuordnung des Besteuerungsrechts für die aus dieser Tätigkeit erwirtschafteten Gewinne gekoppelt, wo der korrespondierende Betriebsausgabenabzug erfolgt. Diese Verknüpfung zwischen Unternehmensbesteuerung und Arbeitnehmerbesteuerung ist jedoch Sinn und Zweck der Rückausnahmen der 183-Tage-Regel.

Es bedarf daher einer teleologischen Auslegung der Vorschrift dahingehend, dass es auf die Ansässigkeit des den Lohn tragenden Dritten im Tätigkeitsstaat ankommt und nicht auf die Ansässigkeit des den Lohn nicht tragenden Arbeitgebers. Die Ansässigkeit des Arbeitgebers ist, falls er den Lohn nicht trägt, unerheblich, sie kann außerhalb des Tätigkeitsstaats sein oder innerhalb dessen. Entscheidend ist die Ansässigkeit des den Lohn tragenden Dritten: Kann dieser den Betriebsausgabenabzug im Tätigkeitsstaat geltend machen, so verbleibt das Besteuerungsrecht für die Arbeitnehmereinkünfte auch dort.

Obwohl auch hier beide vorgenannten Auffassungen[597] zu gleichen Ergebnissen führen, ist der von *Kempermann* unter Berücksichtigung der erwähnten Auslegung der 2. Alternative des Art. 15 Abs. 2 Buchst. b) OECD-MA zuzustimmen. Würde man sich dem von Rechtsprechung und Finanzverwaltung vertretenen Verständnis eines einheitlich zu betrachtenden „wirtschaftlichen Arbeitgebers" anschließen, so käme dieser Alternative keinerlei eigenständige Bedeutung mehr zu und wäre überflüssig. Auf Grund der bereits dargelegten Argumente ist

[597] Zum „wirtschaftlichen Arbeitgeberbegriff" und „formalen Arbeitgeberbegriff", vgl. auch oben unter Gliederungspunkt D II 3. b) aa), Seite 165.

die Trennung von Arbeitgeberbegriff und „Tragen der Vergütung" vorzuziehen, ein einheitlicher Begriff ist bei Auslegung der Vorschrift im beschriebenen Sinne nicht erforderlich.

Angesichts der Probleme bei der Auslegung des Art. 15 Abs. 2 Buchst. b) OECD-MA wäre eine Änderung des Textes dieser Regelung wünschenswert, die die aufgezeigten Widersprüche beseitigt. Art. 15 Abs. 2 Buchst. b) OECD-MA könnte lauten: *„die Vergütungen von einem nicht im anderen Staat ansässigen Arbeitgeber oder für einen Arbeitgeber von einem nicht im anderen Staat ansässigen Dritten gezahlt werden"*. Dies Formulierung würde der bereits heute schon praktitzierten Anwendung der 183-Tage-Regel entsprechen, sie jedoch für den Rechtsanwender - ohne längere Einarbeitung in die zu diesem Problem bereits ergangene Rechtsprechung und veröffentlichte Literatur - verständlich machen.

cc) Entsendung zu ausländischem Kunden

Wird ein Arbeitnehmer zu einem Kunden ins Ausland entsandt - beispielsweise zur Einweisung von Personal an einer Betriebsanlage, Montage einer Maschine oder Erbringung einer Dienstleistung - so wird im Regelfall der Kunde nicht die Vergütungen für den Arbeitnehmer tragen, sondern lediglich die im Preis für die Dienst- oder Werkleistung kalkulatorisch enthaltenen Lohnkosten mitbezahlen. Dadurch wird er jedoch nicht zum Träger der Arbeitsvergütungen, sondern erbringt lediglich seine Gegenleistung für den Erfolg der Leistung insgesamt und nicht für die einzelne Werk- oder Dienstleistung des Arbeitnehmers.[598] Ebenso wenig genügt die Inrechnungstellung der Ausgaben für die Personalgestellung durch einen Gewinnaufschlag den Anforderungen an ein wirtschaftliches Tragen der Vergütung durch den Kunden.[599]

Ist hingegen zwischen inländischem Arbeitgeber und ausländischem Kunden die Übernahme der Arbeitsvergütungen und eventuell anfallender Kosten für Unterbringung und Verpflegung im Ausland vereinbart, so wird der Kunde zum wirtschaftlichen Träger der Vergütungen und zahlt nach der hier vertretenen Auffassung als Dritter für den inländischen Arbeitgeber. Das Besteuerungsrecht steht in diesen Fällen selbst bei nur kurzfristigen Entsendungen zu Kunden dem Einsatzstaat zu. Spiegelbildlich sind die Ausgaben des Kunden als Betriebsausgaben im Einsatzstaat absetzbar. Es muss jedoch eine klar erkennbare Lohn-

---

598 VOGELGESANG in BECKER/HÖPPNER/GROTHERR/KROPPEN, DBA-Kommentar, Art. 15 OECD-MA, Rz. 172; KEMPERMANN in FLICK/WASSERMEYER/WINGERT/KEMPERMANN, DBA-Schweiz, Art. 15, Rz. 52.

599 SCHIEBER in DEBATIN/WASSERMEYER, Doppelbesteuerung, Art. 15 MA, Rz. 118; KEMPERMANN in FLICK/WASSERMEYER/WINGERT/KEMPERMANN, DBA-Schweiz, Art. 15, Rz. 45.

zahlung an den Arbeitnehmer vorliegen bzw. diese Kosten müssen vom Kunden zumindest wirtschaftlich getragen worden sein.

dd) Verpflichtung zur Weiterbelastung der Arbeitskosten bei Entsendung im Konzern

Die gleichen Kriterien für das „wirtschaftliche Tragen" der Arbeitsvergütung gelten auch für die Entsendung eines Mitarbeiters zu einer Tochter- oder Schwestergesellschaft innerhalb eines Konzerns oder einer Gruppe. Zu beachten ist jedoch bei verbundenen Unternehmen, dass ein Abzug der Betriebsausgaben nur dort möglich ist, wenn der Aufwand auch während der Entsendung entsprechend § 4 Abs. 4 EStG betrieblich veranlasst ist, also ein objektiver tatsächlicher oder wirtschaftlicher Zusammenhang mit dem Betrieb besteht; ein ausschließlich rechtlicher Zusammenhang genügt hier nicht.[600] Die Kosten der Entsendung müssen verursachungsgerecht der in- oder ausländischen Unternehmenseinheit zugerechnet werden, ansonsten kann es zu Gewinnberichtigungen entsprechend Art. 9 OECD-MA kommen.[601] Erfolgt eine konzerninterne Weiterbelastung - unter Beachtung des „dealing-at-arm's-length"-Grundsatzes im Rahmen einer Umlage für allgemeine Verwaltungs- und Geschäftskosten - oder werden Gemeinkosten weiterbelastet, die anteilig Lohnkosten enthalten, „trägt" das ausländische Unternehmen nicht die Vergütungen.[602]

Entsprechend dem „dealing-at-arm's-length"-Grundsatz ist darauf abzustellen, in wessen Interesse der beteiligten Unternehmen der Arbeitnehmer tätig wurde.[603] So darf eine überwiegend im Interesse einer ausländischen Muttergesellschaft bei einer inländischen Tochtergesellschaft ausgeführte Tätigkeit den Gewinn der Tochtergesellschaft nicht mindern, die Muttergesellschaft muss auch die mit dem Einsatz verbundenen Kosten tragen. Aus diesem Interessenmaßstab kann sich auch eine Aufteilung der Belastung durch die zu tragende Vergütung

---

[600] Vgl. ZEHETMAIR, in IStR 1998, 257 (260).

[601] Vgl. KUBAILE, in INF 2001, 15 (19).

[602] VOGELGESANG in BECKER/HÖPPNER/GROTHERR/KROPPEN, DBA-Kommentar, Art. 15 OECD-MA, Rz. 176 ff.

[603] Anhaltspunkte für die unterschiedlichen Interessen nennen: KRATZENBERG, in StBp 1989, 205; KEMPERMANN in FLICK/WASSERMEYER/WINGERT/KEMPERMANN, DBA-Schweiz, Art. 15, Rz. 51; VOGELGESANG in BECKER/HÖPPNER/ GROTHERR/KROPPEN, DBA-Kommentar, Art. 15 OECD-MA, Rz. 176 ff.; ZEHETMAIR, in IStR 1998, 257; OFD Koblenz v. 21.8.1995, WPg 1995, 674. Indizien für die Bestimmung der Interessenlage enthält das BMF-Schreiben v. 9.11.2001, BStBl. I 2001, 796, zu den Grundsätzen für die Prüfung der Einkunftsabgrenzung zwischen international verbundenen Unternehmen in Fällen der Arbeitnehmerentsendung (Verwaltungsgrundsätze – Arbeitnehmerentsendung), vgl. dazu auch SCHNORBERGER/ WALDENS, in IStR 2001, 39 und 313; BARANOWSKI, in IWB, Fach 3 Deutschland, Gruppe 2, S. 941, KROPPEN, in IWB, Kurznachrichten international, Transfer Pricing News, Nr. 20 v. 25.10.2000, S. 979 f.

auf die beteiligten Unternehmen ergeben. Hat eine andere Unternehmenseinheit die Arbeitsvergütungen ausgezahlt ohne selbst ein Interesse bzw. nur ein untergeordnetes Interesse an der Tätigkeit zu haben, entsteht möglicherweise eine Verpflichtung zur Weiterbelastung der Kosten an die das überwiegende Interesse tragende Unternehmenseinheit, falls eine andere Unternehmenseinheit die Arbeitsvergütungen ausgezahlt hat. Für das Besteuerungsrecht der Arbeitnehmervergütungen ist letztendlich entscheidend, wer diese „wirtschaftlich getragen" hat.

Das Besteuerungsrecht für die Arbeitsvergütungen des Arbeitnehmers korrespondiert auch hier mit dem Abzugsrecht für die durch die Entsendung veranlassten Betriebsausgaben. Ist das Interesse beiden Unternehmen zuzuordnen und somit der Betriebsausgabenabzug auf verschiedene Staaten aufzuteilen, hat dies auch eine Aufteilung des Besteuerungsrechts für die Arbeitsvergütungen zur Folge.

c) Internationaler Arbeitnehmerverleih

Besonderheiten gelten bei Leiharbeitsverhältnissen: Hier werden Verträge zwischen Verleiher und Entleiher sowie Arbeitsverträge zwischen Verleiher und Arbeitnehmer abgeschlossen. Der Verleiher bestimmt im Regelfall auch die äußeren Umstände des Arbeitseinsatzes wie Dauer, Form und Ort des Einsatzes des verliehenen Arbeitnehmers, wobei dem Entleiher eine gewisse Weisungsbefugnis zustehen wird.[604] Die Vergütungen des Arbeitnehmers werden normalerweise vom Verleiher gezahlt. Auch wenn der Verleiher die Vergütungen für die Arbeitnehmer regelmäßig dem Entleiher in Rechnung stellt, stellen die Entgelte Erlöse aus seinem Unternehmen dar und keine Weiterbelastung von Kosten; sie sind auch in Bezug auf die Löhne und Gehälter keine „durchlaufenden Posten".[605] Grundsätzlich trägt daher nicht der Entleiher wirtschaftlich die Vergütungen für die unselbständige Arbeit im Sinne des Art. 15 Abs. 2 Buchst. b) OECD-MA, sondern der Verleiher. Dieser ist im Grunde auch als abkommensrechtlicher Arbeitgeber anzusehen.

aa) Rechtliche Konstellation und Probleme bei der Besteuerung

Steuerlichen Gestaltungsspielraum boten Art. 15 Abs. 2 OECD-MA vergleichbare Regelungen für Unternehmen, indem anstelle des Arbeitgebers im Tätigkeitsstaat ein Arbeitskräfteverleihunternehmen in einem anderen Staat zwischengeschaltet wurde, das formell die Arbeitgeberfunktion übernahm. So konnte für kurzfristige Arbeitseinsätze bei geschickter Ausnutzung der 183-

---

[604] SCHIEBER in DEBATIN/WASSERMEYER, Doppelbesteuerung, Art. 15 MA, Rz. 117.

[605] KRAUSE/SCHAUMBURG/WASSERMEYER, Besteuerung grenzüberschreitender Aktivitäten, S. 96; SCHIEBER in DEBATIN/WASSERMEYER, Doppelbesteuerung, Art. 15 MA, Rz. 117.

Tage-Regelung in Bezug auf die Steuerjahre ein nahezu einjähriger Arbeitseinsatz in einem hochbesteuernden Land erfolgen, ohne dass die Arbeitnehmereinkünfte im Tätigkeitsstaat zu versteuern waren. Denn formal besteht in den typischen Arbeitnehmerverleihfällen ein Arbeitsvertrag nur zwischen dem Arbeitnehmer und dem - möglicherweise in einem niedrig besteuernden Staat ansässigen - Verleiher, der Arbeitgeberfunktion hat.

Die Grundkonstellation internationalen Arbeitnehmerverleihs ist folgende: Unter Arbeitskräfteüberlassung bzw. Arbeitskräftegestellung versteht man, dass Arbeitskräfte (Arbeitnehmer, Leiharbeitskräfte) zur Arbeitsleistung an ein Unternehmen (Beschäftiger, Gestellungsnehmer) von einer Zwischenperson (Arbeitskräfteverleiher) überlassen werden. Die drei beteiligten Parteien sind im Einzelnen: Der Arbeitskräfteverleiher, der die mit ihm in einem Dienstverhältnis stehenden Arbeitskräfte dem Gestellungsnehmer auf Grund eines sog. Gestellungsvertrags zur Arbeit überlässt; der Gestellungsnehmer, der die überlassene Arbeitskraft für betriebseigene Aufgaben einsetzt; und die Leiharbeitskraft, die als natürliche Person unselbständige Dienste leistet, formal in einem Dienstverhältnis zum Arbeitskräfteverleiher steht, sich auf Grund des Vertrags zwischen diesem und dem Gestellungsnehmer jedoch in den Betrieb des letzteren einbringt.[606] Nach den Ausführungen des *FG Hessen* erschöpft sich bei der Arbeitnehmerüberlassung das Weisungsrecht des Arbeitgebers (Verleihers) in der Regel darin, den Mitarbeiter anzuhalten, sich im Betrieb des Auftraggebers (Entleihers) einzufinden und diesem seine Arbeitskraft anzubieten.[607] Der Entleiher übe für die ausbedungene Leihzeit das mit der Arbeitgeberstellung verknüpfte Direktionsrecht aus. Seine Direktionsbefugnis resultiere nicht aus einer eigenen - originären - Arbeitgeberstellung, sondern darauf, dass ihm diese Befugnisse für die vereinbarte Leihzeit gegen Entgelt vom Verleiher (Arbeitgeber) übertragen wurde. Der Entliehene (Arbeitnehmer) unterwerfe sich diesem Weisungsrecht nur auf Grund seiner Rechtsbeziehungen (dem Arbeitsverhältnis) zum Verleiher, insbesondere deswegen, weil er von diesem als seinem Arbeitgeber für seine nichtselbständige Arbeit im Betrieb des Dritten (Entleihers) entlohnt wird. Die Tatsache, dass der Arbeitnehmer keinen detaillierten Weisungen von Seiten des Verleihers untersteht, sondern in den Betrieb des Entlei-

---

[606] Vgl. LECHNER, Arbeitskräfteüberlassung, in: GASSNER/LANG/LECHNER, Aktuelle Entwicklungen im Internationalen Steuerrecht, S. 221 (223). Diese Form der Beschäftigung gewann im Wirtschaftsleben immer größere Bedeutung, insbesondere bei unqualifizierten Arbeitskräften im Baugewerbe. Aber auch qualifizierte Arbeitskräfte wie Sekretärinnen oder hochqualifizierte Arbeitskräfte werden immer häufiger ausgeliehen. Zum näheren ökonomischen, sozialen und rechtlichen Hintergrund der Problematik, siehe OECD, Trends in International Taxation, Taxation issues relating to international hiring-out of labour, Paris 1985, Nr. 7.

[607] FG Hessen v. 14.11.1997, EFG 1998, 484.

hers eingegliedert ist, hindere nicht die Annahme von Arbeitnehmer-Überlassungsverträgen, diese Sachlage entspreche gerade deren Wesen.

Der OECD-Bericht „*Taxation issues relating to international hiring-out of labour*" vom 24.8.1984[608] wies auf die steuerlichen Probleme des internationalen Arbeitnehmer-Verleihs hin: Erstens erlangten die Steuerbehörden bei Kurzeinsätzen häufig keine oder nicht rechtzeitig Kenntnis davon, um eine Besteuerung der Einkünfte vorzunehmen. Zweitens sei die Unterscheidung zwischen unternehmerischer Tätigkeit, selbständiger Arbeit und unselbständiger Arbeit verschwommen, die vertraglichen Verhältnisse entsprächen nicht dem wirtschaftlichen Gehalt der Gestaltung, da in aller Regel der Verleiher formal als Arbeitgeber auftrete und die Feststellung schwierig werde, wer wirklicher Arbeitgeber sei. Drittes Problem seien die herkömmlichen Besteuerungskriterien in innerstaatlichem Steuerrecht oder DBA-Recht, die durch missbräuchliche Gestaltungen bei Arbeitnehmerverleih umgangen würden.

bb) Lösungsvorschläge der OECD

Als Lösung wurde vom Rat der OECD den Regierungen der Mitgliedstaaten eine an der wirtschaftlichen Realität orientierte Betrachtung des Arbeitgeberbegriffs in Art. 15 Abs. 2 Buchst. b) OECD-MA vorgeschlagen, wonach der Gestellungsnehmer auch als Arbeitgeber zu betrachten sei, wenn er überwiegend Arbeitgeberfunktionen ausübe.[609] Der Text des OECD-Musterabkommens wurde trotz der OECD-Ratsempfehlung anlässlich der Revision 1992 nicht verän-

---

[608] OECD, Trends in International Taxation, Taxation issues relating to international hiring-out of labour, Paris 1985, S. 29. Der Bericht wurde von den Arbeitsgruppen 8 und 1 des Steuerausschusses erstellt und besteht aus drei Teilen: Teil 1 erläutert die steuerlichen Probleme im Zusammenhang mit internationalem Arbeitnehmerverleih, Teil 2 behandelt Erfahrungen der Mitgliedstaaten mit diesem Problem und internationale Kooperation, Teil 3 enthält eine Zusammenfassung der Ergebnisse und Vorschläge zur Lösung der behandelten Problematik.

[609] OECD, Trends in International Taxation, Taxation issues relating to international hiring-out of labour, Paris 1985, Recommendation of the Council. Zur Anwendung bestehender DBA solle die Anwendbarkeit des Art. 15 Abs. 2 OECD-MA auf Fälle internationalen Arbeitnehmerverleihs im Wege gegenseitigen Einvernehmens unter Berücksichtigung der in Ziff. 55 bis 81 des OECD-Berichts genannten Überlegungen geprüft und Anwendungsfälle definiert werden. Beim Abschluss neuer Abkommen bzw. der Revion bestehender DBAs sollen zudem Vorschriften aufgenommen werden, nach denen der Entleiher (Gestellungsnehmer) als Arbeitgeber im Sinne des Art. 15 Abs. 2 Buchst. b) OECD-MA anzusehen ist. Orientiert werden könnte sich dabei an den Merkmalen des in Annex II des OECD-Berichts zitierten „Nordic agreement on prepayment (withholding) of tax" der skandinavischen Staaten. Ferner wurde der Steuerausschuss angewiesen, die Vorschläge des OECD-Berichts bei der nächsten Revision des Musterabkommens zu berücksichtigen. Siehe auch LECHNER, Arbeitskräfteüberlassung, in: GASSNER/LANG/LECHNER, Aktuelle Entwicklungen im Internationalen Steuerrecht, S. 221 (228).

dert, eingefügt wurde jedoch eine neue Ziffer in den Musterkommentar der OECD.[610]

Nach Art. 15 Nr. 8 OECD-Musterkommentar hat Art. 15 Abs. 2 OECD-MA durch Gestaltungen beim sogenannten „internationalen Arbeitnehmer-Verleih" Anlass zu vielfachen Umgehungen gegeben. Bei diesem System werbe ein örtlicher Arbeitgeber, der ausländische Arbeitskräfte für einen Zeitraum oder mehrere Zeiträume von weniger als 183 Tagen beschäftigen wolle, Arbeitskräfte durch eine ausländische Zwischenperson an, die als Arbeitgeber auftrete und die Arbeitnehmer dem sie beschäftigenden Arbeitgeber („Beschäftiger" bzw. „Gestellungsnehmer", s.o.) verleihe. Der Arbeitnehmer erfülle nach der formalen Rechtsgestaltung – prima facie – die drei Voraussetzungen des Art. 15 Abs. 2 OECD-MA (Anm.: insbesondere die Arbeitgebereigenschaft liegt danach bei der Verleihgesellschaft) und könnte im Land der vorübergehenden Tätigkeit die Steuerfreistellung beanspruchen. Um bei Sachverhalten dieser Art Steuerumgehungen zu vermeiden, sollte der Ausdruck „Arbeitgeber" aus dem Zusammenhang des Art. 15 Abs. 2 OECD-MA heraus ausgelegt werden. Obwohl der Begriff des „Arbeitgebers" im Abkommen nicht definiert sei, sei zu beachten, dass der Arbeitgeber die Person ist, die ein Recht auf das Arbeitsergebnis habe und die damit zusammenhängenden Verantwortlichkeiten und Risiken trage. Beim Arbeitnehmerverleih lägen diese Funktionen jedoch in großem Umfang beim Benutzer. Insofern seien auch hier eher die wirtschaftlichen Gegebenheiten als die formale Ausgestaltung zu beachten, also festzustellen, ob die Arbeitgeberfunktionen vorwiegend von der Zwischenperson oder vom Benutzer ausgeübt würden. Die Vertragsstaaten hätten danach einvernehmlich über die Situationen zu entscheiden, in denen die Zwischenperson nicht die Voraussetzungen erfüllt, unter denen sie als Arbeitgeber im Sinne des Absatzes 2 angesehen werden können. Folgende Umstände werden vorgeschlagen, auf die die zuständigen Behörden achten sollen bei der Beurteilung, ob nicht der Benutzer (Entleiher) der Arbeitnehmer der wirkliche Arbeitgeber ist:

- Der Verleiher trägt keine Verantwortung oder kein Risiko für die durch die Tätigkeit des Arbeitnemers erzielten Ergebnisse;
- der Benutzer hat das Recht, dem Arbeitnehmer Weisungen zu erteilen;
- die Arbeit vollzieht sich in einer Einrichtung, die unter Kontrolle und Verantwortung des Benutzers steht;
- die Vergütung für den Verleiher wird auf der Grundlage der genutzten Zeit berechnet, oder es besteht eine Verbindung anderer Art zwischen dieser Vergütung und den vom Arbeitnehmer bezogenen Löhnen oder Gehältern;
- die Werkzeuge und das Material werden dem Arbeitnehmer im Wesentlichen vom Benutzer zur Verfügung gestellt;

[610] Die Einfügung der Nr. 8 zu Art. 15 OECD-Musterkommentar erfolgte am 23. Juli 1992 anlässlich der Revision des Musterabkommens aufgrund der Nr. 73 bis 79 des OECD-Berichts „Taxation issues relating to international hiring-out of labour" vom 24. August 1984.

- die Zahl und die Qualifikation der Arbeitnehmer wird nicht ausschließlich durch den Verleiher bestimmt.

Um den „Gestellungsnehmer" oder „Benutzer" der Arbeitnehmer als Arbeitgeber im Sinne des Art. 15 Abs. 2 Buchst. b) OECD-MA zu qualifizieren, müssen diese Kriterien kumulativ erfüllt sein.[611]

Die Bundesrepublik Deutschland hat sich zusammen mit Norwegen zur Kommentierung des Art. 15 OECD-MA vorbehalten, in Abs. 2 ausdrücklich die Einkünfte von Leiharbeitnehmern eines Vertragsstaates, die im anderen Vertragsstaat tätig sind, anzusprechen und in einer klaren Regelung den Grundsatz auszusprechen, dass die Ausnahme des Abs. 2 für Fälle des „internationalen Arbeitnehmerverleihs" nicht gilt (Art. 15 Nr. 16 OECD-Musterkommentar). Die Bundesrepublik hat demgemäß in den neueren Doppelbesteuerungsabkommen - z.B. Art. 13 Abs. 6 DBA-Frankreich, Art. 15 Abs. 4 DBA-Dänemark, Ziff. 13 des Protokolls zum DBA-Italien, Art. 15 Abs. 4 DBA-Schweden - vereinbart, dass die 183-Tage-Regelung nicht auf Leiharbeitnehmer im internationalen Arbeitnehmerverleih anwendbar ist. Im Falle der DBA mit Frankreich und Italien haben beide Vertragsstaaten ein Besteuerungsrecht, die Doppelbesteuerung wird durch Steueranrechnung vermieden, während nach den DBA-Dänemark und DBA-Schweden die zuständigen Behörden die Vermeidung der Doppelbesteuerung in einem Verständigungsverfahren regeln sollen. Nach dem BMF-Schreiben zur Anwendung der 183-Tage-Klausel ist in den neueren Abkommen (z.B. DBA-Frankreich, Italien, Schweden) die 183-Tage-Klausel auf Leiharbeitnehmer nicht anwendbar. Da beide Staaten das Besteuerungsrecht haben, wird die Doppelbesteuerung durch Steueranrechnung vermieden.[612] Ansonsten schließt sich die deutsche Finanzverwaltung der Interpretation durch den OECD-Musterkommentar an: Beim internationalen Arbeitnehmerverleih sei nach Sinn und Zweck der 183-Tage-Klausel der Entleiher als Arbeitgeber anzusehen, vorbehaltlich von Sonderregelungen für Leiharbeitnehmer in den Abkommen.[613]

---

[611] Diese bislang unbestrittene Auffassung vertreten zumindest SCHIEBER in DEBATIN/WASSERMEYER, Doppelbesteuerung, Art. 15 MA, Rz. 117; KEMPERMANN in FLICK/WASSERMEYER/WINGERT/ KEMPERMANN, DBA-Schweiz, Art. 15, Rz. 45.

[612] BMF-Schreiben. v. 5.1.1994, BStBl. I 1994, 11, geändert durch BMF v. 5.7.1995, BStBl. I 1995, 373 und v. 20.4.2000, BStBl. I 2000, 483, Abschn. 1.4. In diesen Sonderregelungen wird teilweise die „gewerbsmäßige Arbeitnehmerüberlassung" gefordert (Art. 15 Abs. 4 DBA-Dänemarkt, Art 15 Abs. 4 DBA-Schweden). Dies liegt vor, wenn die Arbeitnehmerüberlassung nicht nur gelegentlich, sondern nachhaltig betrieben wird und mit dem Ziel, wirtschaftliche Vorteile zu erlangen, sie also Gegenstand des Unternehmens ist; vgl. KRABBE in DEBATIN/WASSERMEYER, Doppelbesteuerung, Art. 15 DBA-Dänemark, Rz. 30 sowie LÜDICKE in DEBATIN/WASSERMEYER, Doppelbesteuerung, Art. 15 DBA-Schweden, Rz. 56.

[613] BMF-Schreiben v. 5.1.1994, BStBl. I 1994, 11, geändert durch BMF v. 5.7.1995, BStBl. I 1995, 373 und v. 20.4.2000, BStBl. I 2000, 483, Abschn. 4 Abs. 2.

Nach einem neueren Urteil des *FG Hessen* zielen die im OECD-Musterkommentar angeführten Kriterien auf Missbrauchsfälle beim internationalen Arbeitnehmerverleih ab. Da diese sehr weit gefasst seien, sei jedoch im Ergebnis in jedem Fall des internationalen Arbeitnehmerverleihs der Entleiher als Arbeitgeber anzusehen. Die führe dann zu unangemessenen, nicht zu rechtfertigenden Ergebnissen, wenn es sich nicht um einen rechtsmissbräuchlichen, sondern um einen ordnungsgemäßen, alle einschlägigen Normen beachtenden internationalen Arbeitnehmerverleih handele. In den Fällen des ordnungsgemäß abgewickelten, nicht rechtsmissbräuchlichen internationalen Arbeitnehmerverleihs sei der Arbeitgeber nach den allgemeinen Kriterien des wirtschaftlichen Arbeitgeberbegriffs zu ermitteln, letztlich komme es nur darauf an, wer die Vergütung wirtschaftlich trage. Bei dieser Untersuchung (im entschiedenen Fall) sei zu berücksichtigen gewesen, dass es sich bei einer Inrechnungsstellung von geleisteten Arbeitstunden der Arbeitnehmer durch den Verleiher an den Entleiher nicht um eine bloße Weiterbelastung aller entstandenen Einzellohnkosten aus den Arbeitsverträgen handele, sondern vielmehr um eine Abrechnung auf Grundlage der kalkulatorischen Stundensätze unter Berücksichtigung des Arbeitslohnes, weiterer entstehender Kosten und einer Gewinnmarge.[614]

cc) Auffassungen in Schrifttum

Nach *Prokisch* sollte für die Auslegung des Art. 15 Abs. 2 Buchst. b) OECD-MA erwogen werden, ob nicht ausnahmsweise der Verleiher dann als Arbeitgeber anzusehen ist, wenn er auch die Vergütung tatsächlich zahlt, also das Vergütungsrisiko „wirtschaftlich trägt".[615]

Lechner unterscheidet bei der Betrachtung des Arbeitnehmerverleihs Arbeitnehmer, die im Interesse ihres Arbeitgebers tätig sind, für dessen Betrieb sie betriebliche Funktionen wahrnehmen, die nicht darin bestehen, an andere Unternehmer verliehen zu werden (erste Fallgruppe), und Arbeitnehmer, die auf Grund eines Arbeitskräftegestellungsvertrages ausschließlich oder überwiegend den Interessen eines anderen Unternehmens und der Erfüllung betrieblicher Funktionen dieses anderen Unternehmens dienen (zweite Fallgruppe). Obwohl lediglich in der letztgenannten Fallgruppe die von der OECD vorgegebenen Kriterien erfüllt seien, gebe es dennoch Grenzfälle, die nicht so klar zu entscheiden seien. So könne es innerhalb eines Konzerns Personalabstellungen geben, auf die zwar die von der OECD in Art. 15 Nr. 8 OECD-Musterkommentar aufgestellten Merkmale zutreffen, in vielen dieser Fälle wäre aber der Zweck nicht primär in der Überlassung der Arbeitskraft zu sehen, sondern in konzer-

---

[614] FG Hessen v. 7.12.2000, EFG 2001, 508. Diesem Urteil hat sich das FG München in seinem Urteil v. 8.10.2001, IStR 2002, 28 im Wesentlichen angeschlossen.
[615] PROKISCH in VOGEL, DBA, Art. 15, Rz. 28.

ninternen Zwecken, die wie Schulung oder Erbringung spezialisierter Dienstleistungen in erster Linie dem Mutterunternehmen dienten. In diesen Fällen sei die Qualifizierung der Arbeitgebereigenschaft anhand der Kriterien zur gewerblichen Arbeitnehmerüberlassung nicht zutreffend. Obwohl im Wesentlichen die OECD-Bemühungen zur Bekämpfung von Missbrauchsgestaltungen zu akzeptablen Ergebnissen geführt hätten, berge der Kommentar für untypische Fälle jedoch die Gefahr unzutreffender Lösungen.[616]

Nach Auffassung von *Runge*[617] übertrage die OECD-Kommentierung den wirtschaftlichen Arbeitgeberbegriff nicht auf alle Fälle des internationalen Arbeitnehmerverleihs, sondern wolle ihn nur auf Umgehungsgestaltungen anwenden. Dazu stünden jedoch die genannten Abgrenzungskriterien im Widerspruch, da sie allgemeiner Natur seien und nicht spezifisch für Umgehungsgestaltungen sind. Seines Erachtens ist für die Auslegung des Art. 15 OECD-MA nicht entscheidend, ob ein Arbeitnehmerüberlassungsvertrag zu Stande gekommen sei, sondern ob in Folge dessen ein Arbeitsvertrag nur mit dem (entsendenden) inländischen Arbeitgeber, einem ausländischen (übernehmenden) Arbeitgeber oder mit beiden bestehe, wobei im letzteren Fall das eine Arbeitsverhältnis ruhen könne. Bei einer Personalgestellung bleibe abgesehen von Fällen der Versetzung der Entsandte Arbeitnehmer des entsendenden Unternehmens auch dann, wenn er seine Tätigkeit bei einem anderen Unternehmen ausübe, das alte Arbeitsverhältnis bestehen, ein neues komme nicht hinzu. „Abstellung" und „Weisungsunterworfenheit" dürften für sich alleine noch nicht zum Wechsel des Arbeitgebers führen, vielmehr seien die Gesamtumstände zu berücksichtigen.[618] Somit werde grundsätzlich weder bei Werkverträgen noch bei Arbeitnehmerüberlassungen die vom BFH aufgestellte Voraussetzung erfüllt, dass der Entleiher Gläubiger der Arbeitsleistungen sein müsse. Der wirtschaftliche Arbeitgeberbegriff setze zudem voraus, dass der überlassene Arbeitnehmer nicht nur entsprechend den betrieblichen Erfordernissen des Entleihers dessen Leitung untergeordnet, sondern dass er auch in dessen geschäftlichen Organismus eingegliedert ist. Die Eingliederung in das Unternehmen des Entleihers müsse so ausgestaltet sein, dass der Verleiher zwar rein zivil- und arbeitsrechtlich noch Arbeitgeber ist, er diese Arbeitgebereigenschaft aber faktisch an den Entleiher verloren hat. Im Gegensatz zu kurzfristigen Zeitarbeitsverträgen erfordere die

---

[616] LECHNER, Arbeitskräfteüberlassung, in GASSNER/LANG/LECHNER, Aktuelle Entwicklungen im Internationalen Steuerrecht, S. 221 ff.

[617] RUNGE, in IStR 2002, 37.

[618] Dabei wird beispielhaft auf die Kriterien verwiesen, auf die die österreichische Finanzverwaltung abstellt: u.a. wer über die Höhe der Bezüge des Arbeitnehmers entscheidet, zwischen wem Meinungsverschiedenheiten aus dem Arbeitsvertrag auszutragen sind, gegen wen gegebenenfalls Pensionsansprüche erwachsen, wer das Risiko für eine Lohnzahlung im Nichtleistungsfall trägt, wer den Arbeitnehmer dauerhaft beschäftigt und wer über seine Kündigung entscheidet.

Eingliederung auch eine gewisse zeitliche Dauer , um zu einen Wechsel der Arbeitgebereigenschaft zu führen. Diese erforderliche zeitliche Konstanz sei bei Zeiträumen von über sechs Monaten anzunehmen, bei Zeiträumen unter drei Monaten zu verneinen und bei Zeiträumen dazwischen zweifelhaft.

Nach *de Weerth* verstößt die Nichtanwendung der 183-Tage-Regel bei Leiharbeitsverhältnissen, insbesondere von gemäß AÜG erlaubten Arbeitnehmerüberlassungen, sowohl gegen die gemeinschaftsrechtlich garantierte Freizügigkeit von Arbeitnehmern wie auch gegen die Dienstleistungsfreiheit von Verleiher und Entleiher. Sachliche Gründe für die Nichtanwendung der 183-Tage-Regel allein auf Grund eines Leiharbeitsverhältnisses seien nicht ersichtlich.[619]

dd) Stellungnahme

Die Kriterien zur Bestimmung des Arbeitgebers in Fällen des internationalen Arbeitnehmerverleihs im OECD-Musterkommentar dürften geeignet sein, Missbrauchs- und Umgehungsfällen vorzubeugen. Sie sollten jedoch auch nur dann Anwendung finden, wenn missbräuchliche Gestaltungen vorliegen und eine Bestimmung allein anhand des „wirtschaftlichen Tragens der Vergütung" zu unbilligen Ergebnissen führt. Denn diese Fälle waren Anlass der Einfügung die Kriterien zur Bestimmung des Arbeitgebers in den OECD-Musterkommentar.

Handelt es sich jedoch um einen nach AÜG erlaubten Arbeitnehmerverleih, so stellen die vom inländischen Verleiher gezahlten Entgelte für die Arbeitnehmerüberlassung Erlöse aus dem Unternehmen des Verleihers dar und sind im Regelfall kein reiner Ersatz der Arbeitslöhne. Der Verleiher tritt auch nicht in Vorlage für den Entleiher, selbst auf Stundenbasis kalkulierte Entgelte enthalten regelmäßig über die reinen Arbeitsvergütungen hinaus einen weiteren Kostenanteil sowie den Gewinnanteil des Verleihers. Bei den vom Entleiher an den Verleiher gezahlten in den Entgelten enthaltenen Vergütungen für den Arbeitnehmer handelt es sich in der Regel lediglich um einen unselbständigen Preisanteil für eine Werkleistung des Verleihunternehmens.[620]

Auch im Falle einer Entsendung, in denen der Arbeitnehmer im ausländischen Unternehmen betriebliche Funktionen (bspw. die Erfüllung von Werk- oder Dienstleistungen) wahrnimmt, die nicht in erster Linie nur im Verleih seiner Arbeitkraft bestehen, wird man die Arbeitgebereigenschaft des Verleihers sowie dessen wirtschaftliches Tragen der Vergütung nicht verneinen können.

---

[619] DE WEERTH, in IStR 2001, 30, Anmerkung zum Urteil des FG München v. 8.10.2001, IStR 2002, 28.

[620] Vgl. hierzu auch FG Rheinland-Pfalz v. 23.4.1993, EFG 1994, 140.

Runge ist zuzustimmen, dass erst eine Berücksichtigung der Gesamtumstände die Frage beantworten kann, wer Arbeitgeber ist. Insbesondere sind die von der OECD-aufgestellten Kriterien für die Bestimmung des Arbeitgebers zu allgemein und sollten durch die besonderen Befugnisse des Arbeitgebers konkretisiert werden, wie die Entscheidung über die Höhe des Lohns, Risiko der Lohnfortzahlung im Nichtleistungsfall, Entscheidungsbefugnis über eine Kündigung etc. Auch die Eingliederung in den geschäftlichen Organismus des Entleihers kann ein starkes Indiz für dessen Eigenschaft als „wirtschaftlicher Arbeitgeber" sein. Somit wird nicht jede kurzfristige Entsendung, die oft eher Werkvertragscharakter hat, zu einem Wechsel des Besteuerungsrechts führen. Nach der hier vertretenen Auffassung ist ohnehin nicht auf einen einheitlichen Begriff des „wirtschaftlichen Arbeitgebers" abzustellen, sondern beide Begriffe zu trennen. Letztlich entscheidend ist alleine, in welchem Staat die Vergütung „wirtschaftlich getragen" wird, sei es durch einen Arbeitgeber oder durch einen Dritten.

Nicht anders ist der Fall einer konzerninternen Mitarbeiterentsendung zu beurteilen. Man könnte grundsätzlich fragen, ob überhaupt die Kriterien des OECD-Kommentars anwendbar sind. Denn bei Personalgestellungen innerhalb eines Konzerns wird es sich in aller Regel nicht um internationalen Arbeitnehmerverleih von gewerbsmäßigen Arbeitnehmerüberlassungsfirmen handeln. Auch diese Fälle lassen sich jedoch anhand der Merkmale „Arbeitgeber" und „wirtschaftliches Tragen der Vergütung" zufriedenstellend lösen, ohne dass es des Rückgriffs auf die OECD-Kriterien für den internationalen Arbeitnehmerverleih bedarf. Ein übergeordnetes konzerninternes Interesse des Entsendeunternehmens wie effiziente Schulungen oder Erbringung anderer spezialisierter Dienstleistungen kann entsprechend der Interessenlage bei der Verpflichtung zur konzerninternen Weiterbelastung der Kosten berücksichtigt werden. Auch in diesen Fällen erfolgt so eine Berechtigung zum Betriebsausgabenabzug entsprechend der Interessenlage der beteiligten Konzernunternehmen und damit korrespondierend die Zuordnung des Besteuerungsrechts für die Arbeitsvergütungen auf seiten des Arbeitnehmers. Das Besteuerungsrecht für die Vergütungen des Arbeitnehmers ist dem Tätigkeitsstaat bei einem weniger als 183 Tage dauernden Einsatz zugeordnet, wenn das im Täigkeitsstaat ansässige Konzernunternehmen als Arbeitgeber oder als Dritter die Vergütungen wirtschaftlich trägt.

Problematisch könnte in diesen Fällen jedoch die Durchsetzbarkeit des Besteuerungsanspruchs sein: Auf Grund der unterschiedlichen Auslegung von abkommensrechtlichem und lohnsteuerlichem Arbeitgeberbegriff könnte das Besteuerungsrecht Deutschland zufallen (auf Grund der Bejahung eines inländischen abkommensrechtlichen Arbeitgebers), eine Verpflichtung des Arbeitgebers zum Lohnsteuerabzug und -haftung (auf Grund der Nichterfüllung der Kriterien des lohnsteuerlichen „inländischen Arbeitgebers" nach § 38 Abs. 1 Nr. 1 bzw. als

„ausländischer Verleiher" nach § 38 Abs. 1 Nr. 2 EStG) jedoch verneint werden. Damit wäre die Erhebung der Steuer nur im Wege der Veranlagung möglich.

d) Besonderheiten beim Tragen der Vergütung durch mehrere Arbeitgeber

aa) „Split-Payroll"-Gestaltungen

Leitende Mitarbeiter können von der Ausnahmeregelung der 183-Tage-Klausel dann profitieren, wenn sie sowohl im Heimatstaat als auch im Entsendestaat für verschiedene Arbeitgeber arbeiten, die jeweils die gezahlte Vergütung wirtschaftlich tragen. Bei dieser in der Praxis sehr gängigen sog. „Split-Payroll"-Konstruktion[621] schließt der Arbeitnehmer mit den jeweiligen in- und ausländischen Arbeitgebern separate Arbeitsverträge ab, er muss jedoch dementsprechend auch im jeweiligen Entsendestaat physisch präsent sein, um dort die vereinbarte Arbeit für den ausländischen Arbeitgeber zu verrichten. So lassen sich Steuerentlastung und Progressionsvorteile erzielen, indem die Unterschiedlichkeit der Steuertarife in den jeweiligen Einsatzstaaten ausgenutzt wird.

Die steuerliche Vorteilhaftigkeit ergibt sich im Falle der Entsendung in einen Staat, in dem ein niedrigeres Steuerniveau als in der Bundesrepublik vorherrscht, aus der Freistellung der ausländischen Bezüge unter Progressionsvorbehalt und der lediglich beschränkten Steuerpflicht bezüglich dieser Zahlungen im Ausland. Unvorteilhaft wäre eine Gehaltsaufsplittung bei einer Entsendung in einen Staat mit höheren Steuertarifen, hier würde man wohl eher die Belassung der Arbeitgebereigenschaft im Heimatstaat anstreben.

Eine „Split-Payroll"-Gestaltung bietet sich an für Arbeitnehmer, die weniger als 183 Tage im Ausland für einen anderen Arbeitgeber arbeiten, dennoch eine Verlagerung des Besteuerungsrechts vom Heimatstaat auf den Einsatzstaat für die auf die Auslandstätigkeit gezahlte Vergütung wünschen, um eine Steuerentlastung zu erzielen. Es müssen daher die Voraussetzungen des Art. 15 Abs. 2 Buchst. b) OECD-MA erfüllt sein. Die Finanzverwaltung stellt zur Verhinderung von Missbrauch der „Split-Payroll"-Gestaltungen hohe Anforderungen:

- schriftlicher Arbeitsvertrag mit dem ausländischen Arbeitgeber,
- tatsächliche Ausübung der Tätigkeit im Ausland,

[621] Zur Praxisrelevanz und Vorteilhaftigkeit dieser Art der Gehaltszahlung siehe beispielhaft „Weltweites Monopoly mit Steuersätzen, Internationale Unternehmen und ihre Manager profitieren von unterschiedlichen Tarifen", Süddeutsche Zeitung 1999, Nr. 28 S. 2, in dem die vom DaimlerChrysler Management angestrebte Gestaltung von Gehaltszahlungen unter Ausnutzung der DBA-Regelungen dargestellt wird. Eine Berechnung der möglichen Steuervorteile findet sich bei JACOBS, Internationale Unternehmensbesteuerung, S. 1044 f. Siehe zur Thematik auch ENDRES/HOGH, in PIStb 1999, 30; ENDRES, Steuerrecht international, S. 34 ff.

- Dokumentation über die für den ausländischen Arbeitgeber im Ausland verrichteten Arbeitstage (z.B. durch Bescheinigungen durch die ausländische Unternehmung, Reisekostenabrechnungen, Passstempel),
- Verhältnismäßigkeit der ausländischen Vergütung mit der dort ausgeübten Tätigkeit und
- keine Rückbelastung der Vergütung zum deutschen Arbeitgeber.[622]

bb) Zusatzleistungen durch den Arbeitgeber im Heimatstaat bzw. im Einsatzstaat

Besondere Probleme bei der Beurteilung der Frage, welchem Staat das Besteuerungsrecht zusteht, können entstehen, wenn dem Arbeitnehmer zusätzlich zu den ihm im Einsatzstaat gezahlten Vergütungen Zusatzleistungen durch den Arbeitgeber im Heimatstaat gewährt werden. Diese Zusatzleistungen können in Sachbezügen wie Unterkunft, Verpflegung, Transportmittel etc. bestehen. Ebenso besteht die Möglichkeit von Ausgleichszahlungen durch den Heimatarbeitgeber, beispielsweise die Übernahme von Sozialversicherungsabgaben oder Umzugskosten und der Gewährung einer Zulage zur Erreichung des deutschen Gehaltsniveaus, die nicht an den im Tätigkeitsstaat ansässigen Arbeitgeber weiterbelastet werden. Grundsätzlich sind sowohl diese Zusatzzahlungen als auch die Sachleistungen (als geldwerte Vorteile) steuerpflichtig. Ein ähnliches Problem stellt sich im umgekehrten Fall, wenn ein entsandter Arbeitnehmer weiterhin von seinem Heimatarbeitgeber entlohnt wird, jedoch im Einsatzstaat vom dortigen Auftraggeber des Heimatunternehmens Zusatzleistungen erhält. M.E. stellt sich in diesen Fällen die Frage, ob der lediglich Zusatzleistungen Erbringende im Ausland als „Arbeitgeber" im Sinne von Art. 15 Abs. 2 Buchst. b) OECD-MA einzustufen ist bzw. ob die Vergütungen von einem Dritten „für einen Arbeitgeber bezahlt werden" im Sinne von Art. 15 Abs. 2 Buchst. b) Alt. 2 OECD-MA.

Im Schrifttum wird vorgeschlagen, die Entscheidung im Einzelfall nach dem „Gesamtbild der Verhältnisse" und nach der „Intensität des jeweiligen Arbeitgebereinflusses" zu treffen.[623] Entscheidungshilfe könne hierbei die Gewichtigkeit der jeweiligen Vergütungen sein: Bei nicht mehr untergeordneter Bedeutung der vom ausländischen Auftraggeber gewährten Sachbezüge und Zahlungen im Verhältnis zum eigentlichen Arbeitslohn solle eine Aufteilung der Bezüge und des Besteuerungsrechts erfolgen. Daneben wird auch eine einheitliche abkommensrechtliche Zuordnung des Besteuerungsrechts gefordert, falls das Heimatunternehmen weiterhin das normale Gehalt zahlt, der Arbeitnehmer vom Auftraggeber im Einsatzstaat jedoch lediglich die anfallenden Mehraufwendun-

---

[622] Vgl. JACOBS, Internationale Unternehmensbesteuerung, S. 1045.

[623] SCHIEBER in DEBATIN/WASSERMEYER, Doppelbesteuerung, Art. 15 MA, Rz. 120.

gen erstattet bekommt.[624] Diese seien zusätzliche Vorteile, die bei „vernünftiger Anwendung der Abkommensvorschrift" ebenso wie die eigentliche Vergütung zu behandeln und demnach im Heimatstaat zu besteuern seien. Im umgekehrten Fall eines Übergewichtes der Zahlungen vom Auftraggeber im Einsatzstaat im Gegensatz zu den Zuwendungen im Heimatstaat sei jedoch eine Aufteilung der Bezüge geboten. Denn die vom Heimatarbeitgeber gezahlte Vergütung oder Gewährung von Sachleistungen werde nicht von einem im Einsatzstaat ansässigen Arbeitgeber getragen, so dass eine Zuordnung des Besteuerungsrechts bezüglich dieser Zuflüsse zum Einsatzstaat nicht in Betracht komme.

Die Ablehnung einer Aufteilung des Besteuerungsrechts bei nur untergeordneten Zahlungen im Verhältnis zum Gesamtarbeitslohn widerspricht m.E. der bereits dargestellten Systematik von Art. 15 Abs. 2 Buchst. b) OECD-MA. Auch in diesen Fällen ist zunächst zu entscheiden, ob die Arbeitgebereigenschaft - möglicherweise mit Hilfe des Art. 15 Nr. 8 OECD-Musterkommentar - des Auftraggebers bejaht werden kann. Liegt diese vor, so sind - wie bereits dargelegt - sämtliche Zahlungen und Zuwendungen an den Arbeitnehmer unabhängig von deren Gewichtigkeit als „Vergütungen" im Sinne des Art. 15 OECD-MA für unselbständige Arbeit anzusehen. Werden solche von einem im Einsatzstaat ansässigen Arbeitgeber „wirtschaftlich getragen" oder von nicht den Arbeitgeberbegriff erfüllenden im Einsatzstaat ansässigen Dritten für einen im Heimatstaat oder sonst wo ansässigen Arbeitgeber bezahlt, so wechselt das Besteuerungsrecht bezüglich dieser Einkünfte automatisch zum Einsatzstaat. Diese Lösung ist nicht nur systematisch richtig, sie hat - bei direkter Erbringung der Leistung an den Arbeitnehmer - auch die verfahrensrechtliche Vereinfachung der Erhebung der Steuer durch Abzug beim auszahlenden Unternehmen für sich.

Eindeutig ist die Zuordnung des Besteuerungsrechts, wenn der Arbeitgeber im Heimatstaat Vergütungen für konkret ihn betreffende Leistungen des entsandten Arbeitnehmers bezahlt. Die in Betracht kommenden Zahlungen für Akquisitionen, Marktuntersuchungen, Informationsbeschaffungen etc. sind dort zu versteuern. Diese werden nicht für einen im Einsatzstaat ansässigen Arbeitgeber gezahlt bzw. von einem solchen nicht wirtschaftlich getragen und sind somit grundsätzlich entsprechend der 183-Tage-Klausel erst ab dem 184. Aufenthaltstag des Arbeitnehmers im Entsendestaat dort steuerpflichtig.

---

[624] KEMPERMANN in FLICK/WASSERMEYER/WINGERT/KEMPERMANN, DBA-Schweiz, Art. 15, Rz. 53; dem zustimmend: PROKISCH in VOGEL, DBA, Art. 15, Rz. 31.

4. Zweite Rückausnahme: Art. 15 Abs. 2 Buchst. c) OECD-MA bei Kostentragung durch eine Betriebstätte (oder einer anderen festen Einrichtung), die der Arbeitgeber im anderen Staat hat

Eine weitere Ausnahme von der 183-Tage-Klausel besteht nach Art. 15 Abs. 2 Buchst. c) OECD-MA bei Tragen der Vergütung von einer Betriebstätte oder einer festen Einrichtung, die der Arbeitgeber im anderen Staat hat. Der Begriff der „festen Einrichtung" ist in Art. 15 Abs. 2 Buchst. c) OECD-MA 2000 nicht mehr enthalten. Er entstammte dem früheren Art. 14 OECD-MA (der gestrichen wurde und jetzt in Art. 7 OECD-MA 2000 aufgeht, jedoch nahezu in allen geltenden DBA noch wortgleich enthalten ist) und dient der Einbeziehung von Ausübung nichtunternehmerischer Arbeit, die aber selbständige Arbeit im Sinne des Art. 14 OECD-MA ist.[625] Zur näheren Auslegung kann auf die Grundsätze über die Betriebstätte eines gewerblichen Unternehmens zurückgegriffen werden.[626]

Sind die Tatbestandsmerkmale des abkommensrechtlichen Betriebstättenbegriffs erfüllt und werden die Arbeitsvergütungen von der Betriebstätte oder festen Einrichtung getragen, so wechselt das Besteuerungsrecht ebenfalls unabhängig von der Dauer des Auslandseinsatzes von Anfang an in den Tätigkeitsstaat.

a) Betriebstätte, „feste Einrichtung", Vertreter

Voraussetzung ist bei der Untersuchung, dass nach innerstaatlichem Steuerrecht eine Betriebstätte entsprechend § 12 AO oder ein ständiger Vertreter entsprechend § 13 AO vorliegt, deren Einkünfte einer Besteuerung entsprechend § 49 Abs. 1 Nr. 2 Buchst. a) EStG unterliegen. Der Betriebstättenbegriff des Art. 5 OECD-MA ist enger als der innerstaatliche, er kommt zur Anwendung bei der

---

[625] SCHIEBER in DEBATIN/WASSERMEYER, Doppelbesteuerung, Art. 15 MA, Rz. 129. Der Betriebstättenbegriff des Art. 5 OECD-MA ist trotz seiner Ähnlichkeit nicht identisch mit dem des § 12 Abs. 1 AO. Insbesondere die Einschränkungen in Art. 5 Abs. 4 OECD-MA sind zu beachten.

[626] PROKISCH in VOGEL, DBA, Art. 15, Rz. 21. Dies ergibt sich auch zwingend aus der Kommentierung der OECD, Art. 14 Nr. 4 OECD-Musterkommentar. Danach beruhen Art. 7 und Art. 14 OECD-MA auf denselben Grundsätzen, der Begriff „Betriebstätte" solle jedoch nur den gewerblichen Tätigkeiten vorbehalten sein. Von einer eigenständigen Definition der „festen Einrichtung" wurde folgerichtig abgesehen. Nach SCHIEBER in DEBATIN/WASSERMEYER, Doppelbesteuerung, Art. 15 MA, Rz. 128 ist unter Betriebseinrichtung eine Sachgesamtheit von dem Unternehmen dienenden körperlichen Gegenständen zu verstehen. Hinzu kommen müsse eine örtliche Fixierung und eine gewisse Mindestdauer. Aus den Bestimmungen über Bauausführungen und Montagen in Art. 5 Abs. 3 OECD-MA lasse sich folgern, dass die erforderliche Mindestdauer zumindest bei einem Bestehen über zwölf Monate gegeben ist.

Zuordnung der Gewinne bzw. Verluste zu Betriebstätte und Stammhaus nach Art. 7 OECD-MA.[627] Diese Zuordnung erfolgt wiederum nach dem Prinzip der betrieblichen Veranlassung und dem Grundsatz des „dealing-at-arm's-length". Gleiches gilt für die Zuordnung von Aufwand und Ertrag aus der unselbständigen Tätigkeit.[628]

Eine Betriebstätte ist nach § 12 Satz 1 AO jede feste Geschäftseinrichtung oder Anlage, die der Tätigkeit des Unternehmens dient. § 12 Satz 2 AO konkretisiert und erweitert die in Satz 1 enthaltene Definition durch die Aufzählung einiger Anwendungsbeispiele.[629] Ein ständiger Vertreter ist nach § 13 AO eine Person, die nachhaltig die Geschäfte eines Unternehmens besorgt und dabei dessen Sachweisungen unterliegt. Insbesondere ist dies nach Satz 2 eine Person, die für das Unternehmen nachhaltig Verträge abschließt oder vermittelt oder Aufträge einholt (Nr. 1) oder einen Bestand von Gütern oder Waren unterhält und davon Auslieferungen vornimmt (Nr. 2).

Nach Art. 5 Abs. 1 OECD-MA bedeutet der Ausdruck „Betriebstätte" eine feste Geschäftseinrichtung, durch die die Tätigkeit eines Unternehmens ganz oder teilweise ausgeübt wird. In Art. 5 Abs. 2 OECD-MA wird diese Legaldefinition durch die Nennung einiger Anwendungsfälle konkretisiert. Abs. 4 enthält einige Ausnahmen vom Betriebstättenbegriff, die ansonsten die Voraussetzungen des Abs. 1 erfüllen. Nach Art. 5 Abs. 5 OECD-MA umfasst der Betriebstättenbegriff auch Personen, die für ein Unternehmen tätig sind und in einem Vertragsstaat die Vollmacht besitzen, im Namen des Unternehmens Verträge abzuschließen, und die Vollmacht dort gewöhnlich ausüben. Das Unternehmen wird ungeachtet der Abs. 1 und 2 so behandelt, als habe es in diesem Staat für alle von dieser Person für das Unternehmen ausgeübten Tätigkeiten eine Betriebstätte, es sei denn, deren Tätigkeiten beschränken sich auf die in Abs. 4 genannten Tätigkeiten, wonach bestimmte durch eine feste Geschäftseinrichtung ausgeübten Tätigkeiten diese nach Abs. 4 nicht zu einer Betriebstätte machen. Eine Tochtergesellschaft ist grundsätzlich keine Betriebstätte der Muttergesellschaft, die sog. „Anti-Organ-Klausel" in Art. 5 Abs. 7 OECD-MA verhindert,

[627] Vgl. ZEHETMAIR, in IStR 1998, 257 (263).

[628] Hier gelten die gleichen Grundsätze wie bei der Zuordnung des Gewinns bei verschiedenen Unternehmenseinheiten eines Konzerns. Zur Ermittlung der durch den bei der Betriebstätte tätigen Arbeitnehmer verursachten Kosten durch Tragen der Arbeitsvergütungen ist ebenfalls das jeweilige Interesse von Stammhaus und Betriebstätte zu ermitteln, vgl. oben FN 603, Seite 171.

[629] Vgl. KLEIN, Abgabenordnung, Finanzgerichtsordnung, § 12 AO, Rz. 10 ff. Siehe zu den Einzelheiten BIRK in HÜBSCHMANN/HEPP/SPITALER, Abgabenordnung, Finanzgerichtsordnung, § 12, 13 AO; KRUSE in TIPKE/KRUSE, Abgabenordnung, Finanzgerichtsordnung, § 12, 13 AO; KÜHN/HOFMANN, Abgabenordnung, § 12, 13 AO; SCHOLTZ in KOCH/SCHOLTZ, Abgabenordnung, § 12, 13.

dass allein auf Grund eines Beherrschungsverhältnisses die Betriebstätteneigenschaft der beherrschenden oder beherrschten Gesellschaft begründet wird.[630] Etwas anderes gilt, wenn die Tochtergesellschaft sich durch ihre Tätigkeit nach Art. 5 OECD-MA als Betriebstätte qualifiziert.[631]

Liegen die Voraussetzungen des Betriebstättenbegriffs vor, erübrigt sich eine weitere Prüfung des Vertretertatbestands.[632] Bei Auslandsentsendungen von Arbeitnehmern besteht insbesondere die Möglichkeit der Begründung einer sog. „Vertreterbetriebstätte" entsprechend Art. 5 Abs. 5 OECD-MA durch einen abhängigen Vertreter, nicht jedoch durch einen unabhängigen Vertreter (Art. 5 Abs. 6 OECD-MA). Dies hätte nicht nur eine Besteuerung der diesem abhängigen Vertreter zurechenbaren Gewinne nach Art. 7 Abs. 1 OECD-MA, sondern auch eine Besteuerung von dessen Arbeitseinkünften im Entsendestaat zur Folge, wenn diese Vergütungen von dieser Betriebstätte zu tragen sind. Die Tätigkeit eines abhängigen Vertreters begründet eine Betriebstätte entsprechend Art. 5 Abs. 5 OECD-MA, wenn dieser die Vollmacht besitzt, im Namen des im anderen Vertragsstaat ansässigen Unternehmens die eigentliche Unternehmenstätigkeit betreffende Verträge abzuschließen, und diese Vollmacht gewöhnlich ausübt.[633] Eine Person im Sinne des Art. 5 Abs. 5 OECD-MA kann eine natürliche und juristische Person und auch eine Personengesellschaft sein.[634] Auch eine Tochtergesellschaft kann für ihre Muttergesellschaft und umgekehrt die Mutter- für ihre Tochtergesellschaft Vertreter sein.[635]

---

630 Vgl. SCHAUMBURG, Internationales Steuerrecht, Rz. 16.256; GÖRL in VOGEL, DBA, Art. 5 Rz. 189.

631 VOGELGESANG in BECKER/HÖPPNER/GROTHERR/KROPPEN, DBA-Kommentar, Art. 15 OECD-MA, Rz. 218 ff.

632 JACOBS, Internationales Steuerrecht, S. 330.

633 BARANOWSKI, in IWB, Fach 3 Deutschland, Gruppe 2, S. 719.

634 Vgl. den am 29.4.2000 geänderten - insoweit klarstellenden - Art. 3 Nr. 2 Satz 5 OECD-Musterkommentar, wonach Personengesellschaften ebenfalls als „Personen" im Sinne des Art. 3 Abs. 1 Buchst. a) OECD-MA angesehen werden, sei es, dass sie unter die Definition der „Gesellschaft" (Art. 3 Abs. 1 Buchst. b) OECD-MA) fallen, sei es, wo dies nicht der Fall ist, eine „andere Personenvereinigung" darstellen. Der Ausdruck „Gesellschaft" im Sinne des Art. 3 Abs. 1 Buchst. b) OECD-MA bedeutet nach Art. 3 Nr. 3 OECD-Musterkommentar in erster Linie alle juristischen Personen. Außerdem bezieht sich der Ausdruck auf alle Rechtsträger, die von den Steuergesetzen eines Vertragsstaats, in dem sie errichtet worden sind, wie juristische Personen behandelt werden.

635 Auf die weiteren Merkmale der „Vertreterbetriebstätte" wird an dieser Stelle nicht weiter eingegangen, da hier nur die Besteuerung von Arbeitnehmertätigkeit untersucht wird. Näheres zu der Problematik der „Vertreterbetriebstätte", siehe WASSERMEYER in DEBATIN/WASSERMEYER, Doppelbesteuerung, Art. 5 MA, Rz. 191 ff.; GÖRL in VOGEL, DBA, Art. 5, Rz. 130 ff.; GÜNKEL in BECKER/HÖPPNER/GROTHERR/KROPPEN, DBA-Kommentar, Art. 5 OECD-MA, Rz. 216 ff.; BARANOWSKI, in IWB, Fach 3 Deutschland, Gruppe 2, S. 719 ff.; ENDRES, in IStR 1996, 1; SIEKER, in BB 1996, 981.

b) Tragen der Vergütung

Fraglich ist, was unter „Tragen der Vergütung" im Sinne des Art. 15 Abs. 2 Buchst. c) OECD-MA zu verstehen ist. Nach Auffassung des BFH kommt es zur Beurteilung dieser Frage nicht auf die arbeitsvertraglichen Beziehungen an, unerheblich ist auch, wer die Vergütung an den Arbeitnehmer ausbezahlt hat oder wer die Vergütung in seiner Buchführung bzw. gegenüber dem Arbeitnehmer abrechnet.[636] Die Auszahlung oder Abrechnung sei ein tatsächlicher Vorgang, der nichts darüber aussage, zu welchen wirtschaftlichen Lasten gezahlt werde; ebenso könne es nicht auf eine wie auch immer geartete „Vereinbarung" zwischen Stammhaus und Betriebstätte ankommen, da eine solche als „In-sich-Vereinbarung" zivilrechtlich unwirksam sei. Entscheidend sei allein, ob und in welchem Umfang die in Frage stehende Tätigkeit nach den Grundsätzen über die Betriebstättengewinnermittlung entsprechend dem Artikel über Unternehmensgewinne (im zu entscheidenden Fall Art. 7 DBA-Schweiz 1971) dem Stammhaus oder der Betriebstätte zuzuordnen ist und deshalb zu dessen jeweiligen Lasten geht. Somit sei auch eine spätere Abwälzung der im voraus ausbezahlten Vergütung in Form einer späteren Kostenumlage unerheblich. Zu prüfen ist daher, ob die Arbeitslöhne insgesamt oder teilweise als Betriebstättenaufwand der Betriebstätte zuzurechnen sind.[637] Zum formalen Nachweis der Kostentragung durch die Betriebstätte müsse es somit auf deren materielle Richtigkeit ankommen, die nur gegeben sei, wenn der Personaleinsatz in ursächlichem Zusammenhang mit den Aktivitäten der Betriebstätte stehe.[638]

Im Gegensatz dazu stellt *Prokisch* darauf ab, ob die Betriebstätte die Vergütungen tatsächlich trägt.[639] Unerheblich sei, ob sie sie hätte tragen sollen oder sie ihr zugerechnet werden sollen. Für eine Parallele zu Art. 7 OECD-MA biete der Wortlaut keinen Anlass. Voraussetzung sei jedoch die funktionale Zuordnung des Personals zur Betriebstätte und dass die Vergütungen auch aus Sicht der Betriebstätte solche für nichtselbständige Arbeit sind. Nach *Runge* trägt eine Betriebstätte nur dann die Vergütungen, wenn sie die Vergütungen selbst unmittelbar abrechnet.[640]

Der seit der Abkommensrevision 2000 geänderte Art. 15 Nr. 7 OECD-Musterkommentar stellt klar, dass „getragen werden von" im Licht des dem Buchst. c) zugrunde liegenden Zwecks so ausgelegt werden müsse, um sicher

---

[636] BFH v. 24.2.1988, BStBl. II 1988, 819.
[637] Vgl. auch BFH v. 10.5.1989, BStBl. II 1989, 755. Im Gegensatz dazu stellt PROKISCH in VOGEL, DBA, Art. 15, Rz. 32 darauf ab, ob die Betriebstätte die Vergütungen tatsächlich trägt, unerheblich sei, ob sie sie hätte tragen sollen oder sie ihr zugerechnet werden sollen.
[638] SCHIEBER in DEBATIN/WASSERMEYER, Doppelbesteuerung, Art. 15 MA, Rz. 131.
[639] PROKISCH in VOGEL, DBA, Art. 15, Rz. 32.
[640] RUNGE, in FR 1986, 479 (481).

zu stellen, dass die in Art. 15 Abs. 2 OECD-MA enthaltene Ausnahme vom nach Abs. 1 grundsätzlich geltenden Arbeitsortprinzip nicht auf Arbeitslohn Anwendung finden kann, der unter Berücksichtigung der Grundsätze des Art. 7 OECD-MA zur Berechnung des Betriebstättengewinns im Tätigkeitsstaat abziehbar ist. Somit sei der Umstand, ob tatsächlich ein Abzug des Arbeitslohns bei der Berechnung des Betriebstättengewinns stattgefunden hat, nicht notwendigerweise maßgeblich. Richtigerweise komme es darauf an, ob der Arbeitslohn für steuerliche Zwecke zum Abzug zugelassen werden sollte. Dies wäre auch der Fall, wenn als Folge der Steuerbefreiung der Betriebstätte im Quellenstaat oder auf Grund einer Entscheidung des Arbeitgebers, keinen Abzug geltend zu machen, tatsächlich kein Betrag abgezogen worden wäre.

Der von BFH und im OECD-Musterkommentar vertretene Standpunkt überzeugt: Das Veranlassungsprinzip stellt zur Beurteilung der Frage, ob ein „Tragen der Vergütung" vorliegt, ein sachgerechtes Kriterium dar.[641] Die Zuordnung des Besteuerungsrechts bei Entsendung eines Arbeitnehmers zu einer Betriebstätte bliebe ansonsten allein der unternehmerischen Entscheidung des Arbeitgebers überlassen. Dies kann angesichts einer anzustrebenden Rechtssicherheit bei der Beurteilung steuerlicher Belange nicht wünschenswert sein. Für die Höhe der Arbeitnehmervergütung gelten die Grundsätze des „arm's length dealing", die Belastung der Betriebstätte mit den Lohnkosten muss nachvollziehbar belegt sein.

Im übrigen gelten hier die gleichen Grundsätze wie beim „wirtschaftlichen Tragen der Vergütung" durch einen im Einsatzstaat ansässigen Arbeitgeber: Es genügt keine Belastung der Betriebstätte mit einer allgemeinen Verwaltungsumlage, auch Verrechnungen für Lieferungen und Leistungen (wie Warenlieferungen, Dienstleistungs- oder Geschäftsführungskosten) mit der Betriebstätte führen nicht zur Besteuerung der Arbeitnehmervergütungen im Betriebstättenstaat nach Art. 15 Abs. 2 Buchst. c) OECD-MA.[642]

---

[641] Das „Prinzip der betrieblichen Veranlassung" wird nach herrschender Auffassung konkretisiert durch das Interesse der beteiligten Firmen. Die Angemessenheit der Aufwandsverteilung ist anhand eines Fremdvergleichs und des Verhaltens eines „ordentlichen und gewissenhaften Geschäftsführers" zu beurteilen; vgl. stellvertretend KRATZENBERG, in StBp 1989, 205; ZEHETMAIR, in IStR 1998, 257. Kritik am Fremdvergleich und dem Kriterium des Verhaltens eines ordentlichen und gewissenhaften Geschäftsführers bei der ertragsteuerlichen Beurteilung internationaler Personalentsendungen üben SCHNORBERGER/WALDENS, in IStR 2001, 39. Das Einkommen der beteiligten Gesellschaften lasse sich zutreffender auf der Grundlage des „Prinzips (gewinn-)verlagerungsneutraler Verrechnungspreise" abgrenzen.

[642] So auch schon BMF-Schreiben v. 21.4.1981, BStBl. I 1981, 337 (aufgehoben durch BMF v. 5.1.1994, BStBl. I 1994, 11).

c) Lohnzahlung vor Begründung bzw. nach Auflösung der Betriebstätte

Fraglich ist jedoch, wie Lohnzahlungen an Arbeitnehmer vor Begründung bzw. nach Auflösung einer Betriebstätte, die durch diese veranlasst sind, zu behandeln sind. Da Art. 15 Abs. 2 Buchst. c) OECD-MA das Bestehen einer Betriebstätte voraussetzt, verneint die Finanzverwaltung die Möglichkeit einer Weiterbelastung an die Betriebstätte.[643] *Jacobs* lehnt diese Auffassung jedoch ab, nicht der zeitliche Anfall der Aufwendungen, sondern die wirtschaftliche Verursachung sei entscheidungsrelevant. Auch auf gescheiterte Betriebstättenbegründungen werde das abkommensrechtliche Betriebstättenprinzip angewandt.[644] Dem ist m.E. zuzustimmen: Lohnzahlungen müssen auch von einer Betriebstätte getragen werden können für Tätigkeiten vor bzw. nach ihrem Bestehen, wenn die Tätigkeiten, auf die sich der Lohn bezieht, wirtschaftlich durch die Betriebstätte veranlasst sind.

5. Arbeitnehmertätigkeit auf Schiffen oder Flugzeugen, Art. 15 Abs. 3 OECD-MA

Nach Art. 15 Abs. 3 OECD-MA können Vergütungen für unselbständige Arbeit, die an Bord eines Seeschiffes oder Luftfahrzeuges, das im internationalen Verkehr betrieben wird, oder an Bord eines Schiffes, das der Binnenschifffahrt dient, ausgeübt wird, in dem Vertragsstaat besteuert werden, in dem sich der Ort der tatsächlichen Geschäftsleitung des Unternehmens befindet. Art. 15 Abs. 3 OECD-MA ist im Verhältnis zu den Absätzen 1 und 2 lex specialis.

Die Zuordnung der Besteuerungsrechte für Arbeitnehmer auf Schiffen und Flugzeugen korrespondiert mit der Zuteilung für die Besteuerung der Gewinne der Schifffahrts- und Luftfahrtsunternehmen gemäß Art. 8 Abs. 1 OECD-MA. Demnach können die Gewinne aus dem Betrieb von Seeschiffen oder Luftfahrzeugen im internationalen Verkehr nur in dem Vertragsstaat besteuert werden, in dem sich der Ort der tatsächlichen Geschäftsleitung des Unternehmens befindet. Die für die Arbeitnehmer gezahlten Vergütungen mindern somit zwar den Gewinn des Unternehmens, unterliegen jedoch als Einkünfte aus unselbständiger Arbeit der Einkommensteuer dieses Staates. Zudem lassen sich die Kriterien für den Ort der Arbeitsausübung im Sinne des Art. 15 Abs. 1 OECD-MA zumindest bei Luftfahrzeugen nur sehr schwer anwenden.

Die Vergütung im Sinne des Art. 15 Abs. 3 OECD-MA muss für eine Tätigkeit an Bord eines Seeschiffes oder Luftfahrzeuges im internationalen Verkehr oder

---

[643] Zitiert nach JACOBS, Internationale Unternehmensbesteuerung, S. 1036. A.A. GRUEN, in FR 1985, 488 (490 f.).

[644] Hierzu verweist JACOBS (FN 643) auf das BFH-Urteil v. 28.4.1983, BStBl. II 1983, 566.

an Bord eines Binnenschiffes gezahlt werden, diese Tätigkeit setzt einen gewöhnlichen Arbeitsplatz für den Arbeitnehmer dort voraus.[645] Die Regelung erfasst daher nur das Bordpersonal im engeren Sinne, bspw. Pilot, Kapitän, Steward, Matrose, Küchen- und Bedienungspersonal, nicht jedoch Speditions- oder Ladearbeiter - selbst wenn sie während der Liegezeit im Hafen auf dem Schiff arbeiten -, Flugzeugmonteure, Werft- oder Hafenarbeiter, die nur kurzzeitig im Flughafen bzw. im Hafen am Flugzeug bzw. Schiff arbeiten.[646] Eine teilweise Tätigkeit des Bordpersonals an Land führt nicht zu einer Aufspaltung der Vergütung und Anwendung der Absätze 1 und 2, etwas anderes gilt nur, wenn eine Person teilweise als Bord- und als Bodenpersonal eingesetzt wird.[647] Wird eine Tätigkeit sowohl an Bord als auch am Boden ausgeübt, so ist im Einzelfall darauf abzustellen, wo sich der Schwerpunkt der Tätigkeit vollzieht. Unter Seeschiffen versteht man alle auf oder unter dem Wasser fahrenden Fahrzeuge, dazu gehören auch Unterseebote oder Tragflügelboote, unter Luftfahrzeugen alle im Wasser oder auf dem Festland startenden und landenden - sich im Luftraum fortbewegenden - Fahrzeuge und unter Binnenfahrzeugen alle Schiffe, die auf Flüssen, Kanälen und Seen eingesetzt werden. [648] „Internationaler Verkehr" bedeutet gem. Art. 3 Abs. 1 Buchst. e) OECD-MA jede Beförderung mit einem Seeschiff oder Luftfahrzeug, das von einem Unternehmen mit tatsächlicher Geschäftsleitung in einem Vertragsstaat betrieben wird, es sei denn, das Seeschiff oder Luftfahrzeug wird ausschließlich zwischen Orten im anderen Vertragstaat betrieben (der nicht Geschäftsleitungsstaat des Unternehmens ist).

„Unternehmen" im Sinne des Art. 15 Abs. 3 OECD-MA ist die das Besatzungsmitglied anstellende Reederei, also das die Schifffahrt betreibende Unternehmen.[649] Arbeitskräfteverleiher gelten nicht als Unternehmer in diesem Sinne des Art. 15 Abs. 3 OECD-MA, wenn diese nicht das Schifffahrt betreibende Unternehmen sind.[650] M.E. ist in diesen Fällen jedoch die die Arbeitskräfte ent-

---

[645] Vgl. SCHIEBER in DEBATIN/WASSERMEYER, Doppelbesteuerung, Art. 15 MA, Rz. 188; PROKISCH in VOGEL, DBA, Art. 15, Rz. 67.

[646] SCHIEBER in DEBATIN/WASSERMEYER, Doppelbesteuerung, Art. 15 MA, Rz. 188; PROKISCH in VOGEL, DBA, Art. 15, Rz. 67; KEMPERMANN in FLICK/WASSERMEYER/WINGERT/KEMPERMANN, DBA-Schweiz, Art. 15, Rz. 60. Strittig ist die Einordnung des Lotsen.

[647] SCHIEBER in DEBATIN/WASSERMEYER, Doppelbesteuerung, Art. 15 MA, Rz. 188; KEMPERMANN in FLICK/WASSERMEYER/WINGERT/KEMPERMANN, DBA-Schweiz, Art. 15, Rz. 60.

[648] PROKISCH in VOGEL, DBA, Art. 15, Rz. 66, 68, 69; VOGEL in VOGEL, DBA, Art. 8, Rz. 28, 29, 36; KEMPERMANN in FLICK/WASSERMEYER/WINGERT/KEMPERMANN, DBA-Schweiz, Art. 15 Rz. 60, 61, 62 m.w.N.

[649] BFH v. 10.11.1993, BStBl. II 1994, 218; v. 8.2.1995, BStBl. II 1995, 405.

[650] BFH v. 10.11.1993, BStBl. II 1994, 218.

leihende Reederei nach den bereits dargestellten Grundsätzen als arbeitgebendes „Unternehmen" im Sinne des Art. 15 Abs. 3 OECD-MA anzusehen, das zudem die Arbeitsvergütungen wirtschaftlich trägt. Letztendlich sollte auch hier darauf abgestellt werden, wer die Arbeitsvergütungen als Arbeitgeber oder Dritter wirtschaftlich trägt.

Wird ein Seeschiff verchartert, kann sowohl der Schiffseigner als auch der Charterer „Unternehmen" im Sinne der Abkommensvorschrift sein. In diesem Fall hat der Staat das Besteuerungsrecht für die Arbeitsvergütungen, auf dessen Gebiet sich die tatsächliche Geschäftsleitung des Beförderungsunternehmens befindet, das die Vergütungen wirtschaftlich trägt.[651]

Der „Ort der Geschäftsleitung" im Sinne von Art. 15 Abs. 3 OECD-MA entspricht dem Ort der geschäftlichen Oberleitung, abzustellen ist insofern entsprechend Art. 8 OECD-MA auf das Unternehmen, das die Schifffahrt bzw. Luftfahrt tatsächlich betreibt.[652] Befindet sich der Ort der tatsächlichen Geschäftsleitung auf einem Schiff, so steht die Besteuerungsbefugnis nach Art. 8 Abs. 3 OECD-MA dem Staat zu, in dem der Heimathafen des Schiffes liegt, bzw. wenn kein Heimathafen vorhanden ist, in dem Vertragsstaat, in dem die Person ansässig ist, die das Schiff betreibt.[653]

III. Besonderheiten bei Grenzgängern

Einige DBA der Bundesrepublik enthalten im Gegensatz zum OECD-Musterabkommen besondere Regelungen für Grenzgänger, die im Verhältnis zu den Vorschriften über unselbständige Arbeit leges speciales sind.[654] Bei diesen Abkommensnormen gilt das Wohnsitzprinzip auch bei länger als 183 Tage dauernder Auslandstätigkeit trotz eines im Tätigkeitsstaat ansässigen Arbeitgebers in Abweichung vom sonst grundsätzlich geltenden Arbeitsortprinzip nach Art. 15 Abs. 1 OECD-MA. Unter den von diesen Regelungen erfassten „Grenzgängern" versteht man Personen, die in der Nähe einer Grenze ansässig sind, ihre unselbständige Arbeit jedoch im anderen Vertragsstaat in Grenznähe ausüben und daher regelmäßig die Grenze überqueren müssen.[655] Gerade diese weiterhin beste-

---

[651] BFH v. 8.2.1995, BStBl. II 1995, 405.

[652] PROKISCH in VOGEL, DBA, Art. 15, Rz. 70.

[653] VOGELGESANG in BECKER/HÖPPNER/GROTHERR/KROPPEN, DBA-Kommentar, Art. 15 OECD-MA, Rz. 270; PROKISCH in VOGEL, DBA, Art. 15, Rz. 70; VOGEL in VOGEL, DBA, Art. 8, Rz. 66.

[654] Vgl. KLUGE, Das Internationale Steuerrecht, Rz. S 290. Art. 15 Nr. 10 OECD-Musterkommentar zufolge sind keine besonderen Bestimmungen für die Besteuerung von Grenzgängern geschaffen worden, da die sich aus den örtlichen Verhältnissen ergebenden Probleme zweckmäßigerweise unmittelbar von den beiden Staaten geregelt würden.

[655] Vgl. VOGELGESANG in BECKER/HÖPPNER/GROTHERR/KROPPEN, DBA-Kommentar, Art. 15 OECD-MA, Rz. 283; PROKISCH in VOGEL, DBA, Art. 15, Rz. 86; Es handelt sich hierbei um

hende enge persönliche Bindung des Grenzgängers zu seinem Wohnsitzstaat durch die im Regelfall erfolgende arbeitstägliche Rückkehr aus dem Tätigkeitsstaat und der bestehende Mittelpunkt seiner Lebensinteressen im Wohnsitzstaat sollen rechtfertigen, dass sich seine steuerlichen Verhältnisse nach dessen Recht richten sollen.[656] Die Arbeitsausübung in der ausländischen Grenzzone liegt im Einzugsbereich seines Wohnortes, er geht wie ein Nachbar zur Arbeit, nur eben nicht im Inland.[657] Die Interessenlage eines entsandten Arbeitnehmers, der während der Zeit seiner Entsendung seinen Wohnsitz im Inland entweder aufgibt oder zumindest durch die längere Präsenz am Arbeitsort seltener zu diesem zurückkehrt - und entsprechend Art. 15 OECD-MA zu behandeln ist - unterscheidet sich von derjenigen des Grenzgängers. Der Grenzgänger ist interessiert an einer Gleichbehandlung bei der Einkommensbesteuerung mit anderen inländischen Arbeitnehmern mit vergleichbaren Einkommen und an der Minimierung des bürokratischen Mehraufwandes.[658]

1. Grenzgängerregelungen in Doppelbesteuerungsabkommen

Grenzgängerregelungen werden mit Nachbarstaaten vereinbart und gelten nur im gegenseitigen Verhältnis. Sie bestehen von deutscher Seite mit Belgien, Frankreich, Österreich und der Schweiz und ordnen das Besteuerungsrecht der Einkünfte aus unselbständiger Arbeit des Grenzgängers dem Wohnsitzstaat zu.[659] Im Tätigkeitsstaat werden diese Einkünfte von der Besteuerung freigestellt.

---

einen reinen Begriff des DBA-Rechts, der nicht zu verwechseln ist mit demjenigen des „Grenzarbeitnehmers" gemäß Art. 1 der Verordnung 38/64/EWG des Rates der Europäischen Gemeinschaft vom 25.3.1964 über die Freizügigkeit der Arbeitnehmer innerhalb der Gemeinschaft (ABl. EG v. 17.4.1964, S. 965/64) oder mit dem des „Grenzgängers" im Sinne des schweizerischen Grenzgängerrechts; näheres hierzu siehe PAETZOLD, Grenzgänger aus der Bundesrepublik Deutschland in der Schweiz; SCHEIDEGGER, Die rechtliche Erfassung der ausländischen Grenzgänger. Die DBA definieren Grenzgänger lediglich als unselbständige Tätige, obwohl es sich rein begrifflich um auch eine Einbeziehung von Selbständigen bzw. gewerblich Tätigen handeln könnte; vgl. ZABEL, in DStR 1989, 476 (480).

656 Vgl. VOGELGESANG in BECKER/HÖPPNER/GROTHERR/KROPPEN, DBA-Kommentar, Art. 15 OECD-MA, Rz. 279.

657 FG Baden-Württemberg v. 4.5.1993, EFG 1993, 708; vgl. auch BFH v. 1.3.1963, BStBl. III 1963, 212.

658 Vgl. auch ZABEL, in DStR 1989, 476.

659 Eine besondere Regelung für Grenzgänger bestand bis Ende 1995 mit den Niederlanden, die außerhalb des DBA im sog. Ausführungsgesetz Grenzgänger Niederlande, BMF-Schreiben v. 24.2.1986, BStBl. I 1986, 114. Seit der Umsetzung der „Schumacker"-Entscheidung des EuGH v. 14.2.1995 (EuGHE I 1995, 225) im Jahressteuergesetz 1996 sind jedoch die § 1 Abs. 3, 1a EStG an die Stelle dieser Regelungen getreten. Besondere Grenzgängerregelungen mit Luxemburg und Dänemark bestehen nicht und sind offenbar auch nicht

Aus fiskalischen Gründen werden besondere Besteuerungsregelungen für Grenzgänger in den Doppelbesteuerungsabkommen nur vereinbart, wenn das Verhältnis der Personen, die jenseits der Grenze wohnen und diesseits der Grenze arbeiten (sog. Einpendler), zu den Personen, die diesseits der Grenze wohnen und jenseits der Grenze arbeiten (sog. Auspendler) in etwa ausgewogen ist.[660] Beim Nachbarstaat Niederlande überwiegt die Zahl der Einpendler weit die der Auspendler, daher wurde die Besteuerung der niederländischen Einpendler und deutschen Auspendler außerhalb des DBA-Niederlande geregelt.[661]

a) DBA-Belgien

Nach Art. 15 Abs. 3 Nr. 1 DBA-Belgien muss der Arbeitnehmer in der Grenzzone eines Vertragsstaates arbeiten und seine ständige Wohnstätte in der Grenzzone des anderen Vertragsstaates haben. Diese Grenzzone wird in Ziff. 11 des Schlussprotokolls zum DBA-Belgien 1967 v. 11.4.1967 als gedachte Linie definiert, die in einer Entfernung von 20 km beiderseits der gemeinsamen Grenze der beiden Staaten verläuft unter Einschließung der durch diese Linie durchschnittenen Gemeinden.[662]

b) DBA-Frankreich

Nach Art. 13 Abs. 5 DBA-Frankreich können abweichend von Abs. 1, 3 und 4 Einkünfte aus nichtselbständiger Arbeit von Personen, die im Grenzgebiet eines Vertragsstaats arbeiten und ihre ständige Wohnstätte im Grenzgebiet des anderen Vertragsstaats haben, nur im Ansässigkeitsstaat besteuert werden. Das Grenzgebiet jedes Vertragsstaates umfasst die Gemeinden, deren Gebiet ganz

---

geplant, vgl. BT-Drucks. 11/2094, Nr. 49. Zu den Grenzgängerregelungen vgl. FÖRSTER, in PIStb 2001, 161.

[660] JACOBS, Internationale Unternehmensbesteueung, S. 1040; BARANOWSKI, Die Neuregelung der Einkommensbesteuerung niederländischer Grenzgänger, S. 16.

[661] JACOBS, Internationale Unternehmensbesteueung, S. 1040.

[662] Die in der deutschen Grenzzone sowie in der belgischen Grenzzone belegenen Gemeinden sind in der Anlage 1 zum „Rundschreiben Grenzgänger", BMF-Schreiben v. 17.9.1969, BStBl. I 1969, 609, aufgeführt. Als zulässige Anzahl von Arbeitstagen, an denen der Grenzgänger im Tätigkeitsstaat bleiben und nicht in seinen Ansässigkeitsstaat zurückkehren muss bzw. er ausnahmsweise an Orten außerhalb der Grenzzone beschäftigt ist und dennoch seinen Grenzgängerstatus im Sinne des Art. 15 Abs. 3 Nr. 1 DBA-Belgien nicht verliert, wurden in einer Verständigungsvereinbarung zwischen der belgischen Steuerverwaltung und dem Bundesfinanzministerium (BMF-Schreiben v. 9.7.1982, BStBl. I 1982, 629) auf 45 im ganzen Kalenderjahr festgelegt. Falls der Arbeitnehmer nicht während des ganzen Kalenderjahres in der Grenzzone beschäftigt ist, dürfen die Tage der Nichtrückkehr oder die Tätigkeit außerhalb der Grenzzone 20 Prozent der gesamten Werktage bzw. Arbeitstage im Rahmen des Arbeitsverhältnisses bzw. der Arbeitsverhältnisse nicht übersteigen und in keinem Fall mehr als 45 Tage betragen. Krankheits- und Urlaubstage werden dabei nicht als Tage der Nichtrückkehr gezählt.

oder teilweise höchstens 20 km von der Grenze entfernt liegt, die Grenzgängerregelung gilt ferner seit 1.1.1990 für alle Personen, die ihre ständige Wohnstätte in den französischen Grenzdépartements haben und in deutschen Gemeinden arbeiten, deren Gebiet ganz oder teilweise höchstens 30 km von der Grenze entfernt liegt.[663]

c) DBA-Österreich

Das Arbeitsortprinzip des Art. 9 Abs. 1 DBA-Österreich gilt nach Abs. 3 nicht, wenn eine natürliche Person in dem einen Staat in der Nähe der Grenze ihren Wohnsitz und in dem anderen Staat in der Nähe der Grenze ihren Arbeitsort hat und täglich von ihrem Arbeitsort an ihren Wohnsitz zurückkehrt. Nach Ziff. 24 des Schlussprotokolls zum DBA-Österreich 1954/92 gilt als Nähe zur Grenze eine Zone von je 30 Kilometern beiderseits der Grenze.[664]

---

663 Die für deutsche Grenzgänger zur „20-Kilometer-Zone" gehörenden französischen Städte und Gemeinden sind aufgezählt im BMF-Schreiben v. 1.7.1985, BStBl. I 1985, 310, die deutschen Städte und Gemeinden im BMF-Schreiben v. 3.6.1991, BStBl. I 1991, 548. Für französische Grenzgänger ist das Grenzgebiet durch ein Zusatzabkommen v. 28.9.1989 (BGBl. II 1990, 770; BStBl. I 1990, 414) erweitert worden: Die für französische Grenzgänger zum Grenzgebiet (der sog. „30-Kilometer-Zone") im Sinne von Art. 13 Abs. 5 Buchst. c) DBA-Frankreich gehörenden deutschen Städte und Gemeinden ergeben sich aus dem BMF-Schreiben v. 11.6.1996, BStBl. I 1996, 645. In Frankreich gehören alle in den Départements Haut-Rhin, Bas-Rhin und Moselle liegenden Städte und Gemeinden, deren Postleitzahl mit 57, 67 und 68 beginnt zum Grenzgebiet. Nach einer Verständigungsvereinbarung zwischen der französischen Steuerverwaltung und dem Bundesfinanzministerium (vgl. BMF-Schreiben v. 20.2.1980, BStBl. I 1980, 88) findet Art. 13 Abs. 5 DBA-Frankreich auf Arbeitnehmer Anwendung, die im Grenzgebiet des einen Staates ihre Tätigkeit ausüben und im Grenzgebiet des anderen Staates ihren Wohnsitz haben, zu dem sie grundsätzlich jeden Tag zurückkehren. Kehrt ein Arbeitnehmer nicht täglich an seinen Wohnsitz zurück oder ist er ausnahmsweise an Arbeitsorten außerhalb der Grenzzone beschäftigt, so geht seine Grenzgängereigenschaft nicht verloren, wenn er während des ganzen Kalenderjahres in der Grenzzone beschäftigt ist und in dieser Zeit höchstens an 45 Arbeitstagen nicht zum Wohnsitz zurückkehrt oder außerhalb der Grenzzone für seinen Arbeitgeber tätig ist. Falls der Arbeitnehmer nicht während des ganzen Kalenderjahres in der Grenzzone beschäftigt ist, dürfen die Tage der Nichtrückkehr oder der Tätigkeit außerhalb der Grenzzone 20 v.H. der gesamten Werktage bzw. Arbeitstage im Rahmen des Arbeitsverhältnisses (der Arbeitsverhältnisse) nicht übersteigen, jedoch in keinem Fall mehr als 45 Tage betragen. Krankheits- oder Urlaubstage zählen dabei nicht als Tage der Nichtrückkehr.

664 Schlussprotokoll in der Fassung des Änderungsabkommens v. 8.7.1992, BGBl. II 1994, 123.
Auch mit der österreichischen Steuerverwaltung besteht eine Verständigungsvereinbarung (vgl. BMF-Schreiben v. 30.1.1987, BStBl. I 1987, 191), die inhaltlich denen entspricht, die mit den Steuerwaltungen Belgiens und Frankreichs getroffen worden: Trotz des klaren Wortlauts des Abkommens, nach dem eine tägliche Rückkehr vom Arbeitsort an den Wohnsitz erforderlich ist, geht nach der Verständigungsvereinbarung die Grenzgängereigenschaft nicht verloren, wenn die zulässige Anzahl von 45 Tagen der Nichtrückkehr bzw. von Tätigkeit au-

d) DBA-Schweiz

Grenzgängerfälle sind im DBA-Schweiz in Art. 15a geregelt, bis zum 1.1.1994 galt Art. 15 Abs. 4 DBA-Schweiz a.F. Seit der Neuregelung entsprechend des Revisionsprotokolls v. 21.12.1992 gibt es im DBA-Schweiz 1971/78/89/92 auch keine Grenzzone mehr, Grenzgänger im Sinne des DBA-Schweiz ist vielmehr jeder Arbeitnehmer, der im einen Staat ansässig ist, im anderen seinen Arbeitsort hat und von dort regelmäßig an seinen Wohnsitz zurückkehrt.[665] Die Grenzgängereigenschaft entfällt jedoch gemäß Art. 15a Abs. 2 Satz 2 DBA-Schweiz n.F., wenn die Person bei einer Beschäftigung während des gesamten Kalenderjahres an mehr als 60 Arbeitstagen auf Grund ihrer Arbeitsausübung nicht an ihren Wohnsitz zurückkehrt. Zudem gewährt Art. 15a Abs. 1 DBA-Schweiz ein Quellenbesteuerungsrecht des jeweiligen Tätigkeitsstaats in Höhe von höchstens 4,5 Prozent, der Wohnsitzstaat hat diese im Abzugsweg erhobene Steuer anzurechnen.[666]

e) Ausführungsgesetz Grenzgänger Niederlande (AGGrenzg NL)

Eine besondere Regelung galt bis 31.12.1995 auch bei Tätigkeit in den Niederlanden: Sind nach Art. 10, 11 oder 12 DBA-Niederlande 1959 Vergütungen eines im anderen Staat ansässigen Arbeitnehmers im Tätigkeitsstaat zu besteuern und machen diese Einkünfte mindestens 90 Prozent der Gesamteinkünfte bzw. bei Ehegatten 90 Prozent der Gesamteinkünfte aus, so waren ihm nach dem Zusatzprotokoll v. 13.3.1980[667] zum DBA Niederlande 90 Prozent der in einem besonderen Absatz katalogartig aufgezählten Vergünstigungen zu gewähren, die ihn den unbeschränkt Steuerpflichtigen weitgehend gleichstellten. Das Ausführungsgesetz Grenzgänger Niederlande (AGGrenzg NL)[668] enthielt weitere Ein-

---

ßerhalb der Grenzzone nicht überschritten wird. Ist der Arbeitnehmer nicht während des ganzen Kalenderjahres beschäftigt, dürfen die Tage der Nichtrückkehr oder außerhalb der Grenzzone 20 Prozent der gesamten Werk- bzw. Arbeitstage im Rahmen des Arbeitsverhältnisses bzw. der Arbeitsverhältnisse nicht übersteigen, keinesfalls jedoch mehr als 45 Tage betragen. Krankheits- und Urlaubstage zählen nicht als Tage der Nichtrückkehr, und als Tätigkeiten außerhalb der Grenzzone gelten auch Beschäftigungen in einem Drittstaat.

[665] Vgl. dazu GEIGER/HARTMANN/ALSCHER, in IStR 1994, 9 und 62.

[666] Einzelheiten zur Grenzgängerregelung im DBA-Schweiz 1971/78/89/92, insbesondere zur regelmäßigen Rückkehr bzw. zur Nichtrückkehr und 60-Tage-Grenze sind im „Einführungsschreiben zur Neuregelung der Grenzgängerbesteuerung Schweiz" im BMF-Schreiben v. 19.9.1994, BStBl. I 1994, 683 geregelt.

[667] BGBl. II 1980, 1151.

[668] AGGrenzg NL v. 21.10.1980, BGBl. I 1980, 1999; Neufassung v. 24.2.1986, BGBl. I 1986, 321, geändert durch Art. 7 des Gesetzes v. 25.2.1992, BGBl. I 1992, 297, geändert durch Art. 2 des Gesetzes v. 24.6.1994, BGBl. I 1994, 1398; letztmalige Anwendung des AGGrenzg NL nach Art. 13 des Jahressteuergesetzes 1996, BGBl. I 1995, 437 im Kalenderjahr 1995.

zelheiten und erweiterte das Zusatzprotokoll dahingehend, dass die vollen Entlastungen - beispielsweise im Hinblick auf Ehe, Kinderzahl, Alter etc. - bei Erzielen von 90 Prozent der Gesamteinkünfte im Tätigkeitsstaat gewährt werden.

Durch den Einfluss des Gemeinschaftsrechts und der Rechtsprechung des EuGH, insbesondere seines unten näher erläuterten sog. „Schumacker"-Urteils[669], gelten die Regelungen des AGGrenzg NL nicht mehr und sind durch die Vorschriften der §§ 1 Abs. 3, 1a EStG ersetzt.

2. Einzelheiten bei der Anwendung der DBA-Grenzgängerregelungen

a) Ansässigkeit innerhalb der Grenzzone

Soweit in den DBA eine ständige Wohnstätte innerhalb einer bestimmten Grenzzone verlangt wird, ist auf die bereits dargelegten abkommensrechtlichen Begriffe im Zusammenhang mit der Feststellung der Ansässigkeit nach Art. 4 Abs. 2 Buchst. a) OECD-MA abzustellen. Demnach genügt die Anmietung eines möblierten Zimmers in Grenznähe nicht, wenn eine weitere ständige Wohnstätte im Sinne des Art. 4 Abs. 2 Buchst. a) OECD-MA vorliegt.

aa) Wohnung außerhalb der Grenze aber innerhalb der Grenzgemeinde

Es stellt sich jedoch die Frage, ob bei Feststellung der Ansässigkeit innerhalb oder außerhalb der Grenzzone auf die konkrete Lage der Wohnung oder auf die Wohnsitz-Gemeinde abgestellt werden muss. Liegt die Wohnung außerhalb der abkommensrechtlich festgelegten Zone, gehört sie jedoch zu einer Gemeinde, die von der 20 oder 30 km-Linie berührt wird, so ist zunächst unklar, ob die Grenzgängerregelung des jeweiligen DBA Anwendung findet.

Nach Nr. 11 des Schlussprotokolls zum DBA-Belgien sind die von der gedachten 20 km-Linie durchschnittenen Gemeinden in die Grenzzone einbezogen. Ähnlich gefasst ist die Bestimmung in Art. 13 Abs. 5 Buchst. b) DBA-Frankreich: Danach umfasst das Grenzgebiet im Sinne des Art. 13 Abs. 5 Buchst. a) die Gemeinden, deren Gebiet ganz oder teilweise höchstens 20 km von der Grenze entfernt liegt. Zur Anwendung des revidierten DBA-Schweiz bedarf es einer solchen Erläuterung nicht mehr, da nach Art. 15a - im Gegensatz zum am 28. Dezember 1993 außer Kraft getretenen Art. 15 Abs. 4 - keine Grenzzone mehr besteht.

Keine genauere Regelung dieser Frage hinsichtlich des DBA-Österreich. Nach Art. 9 Abs. 3 Nr. 1 muss die natürliche Person „in der Nähe der Grenze ihren

---

[669] Vgl. unten unter Gliederungpunkt, E III 2., Seite 252.

Wohnsitz" haben. Nach Nr. 24 des Schlussprotokolls gilt „als Nähe zur Grenze" die Lage in einer Zone von 30 km beiderseits der Grenze.[670] Es wurde jedoch keine Verständigungsvereinbarung zwischen den Steuerbehörden getroffen, die die Fragen bezüglich der Belegenheit des Wohnsitzes genauer beantwortet. Vorgeschlagen wird daher ein Abstellen darauf, ob der Ortsmittelpunkt innerhalb oder außerhalb der gedachten 30 km-Line von der Staatsgrenze entfernt liegt.[671] Nach anderer Auffassung soll es grundsätzlich auf die Zugehörigkeit der Gemeinde zur Grenzzone ankommen.[672] Eine Entscheidung des BFH zu dieser Frage des DBA-Österreich gibt es bis heute nicht. Zum alten Art. 15 Abs. 4 DBA-Schweiz 1971 - nach dem es auf die „Ansässigkeit in der Nähe der Grenze" ankam, und zu dem es ebenfalls keine genauere Erläuterung in einer Verständigungsvereinbarung gab - hatte er entschieden, dass ein Steuerpflichtiger nicht in der Nähe der Grenze ansässig ist, wenn seine Wohnung selbst mehr als 30 km von der Grenze (Luftlinie) entfernt liegt. Dies gelte folglich auch dann, wenn die Gemeinde, in der der Steuerpflichtige wohnt, von der 30 km-Grenze durchzogen werde.[673] Diese Verfahrensweise sei weder vom Verfahren her unpraktikabel, noch sei der Gleichheitsgrundsatz gemäß Art. 3 Abs. 1 GG verletzt. Mögliche Härten, die aus einer notwendigen Typisierung herrühren, seien verfassungsrechtlich hinzunehmen.[674]

---

[670] Ein neues DBA wurde am 24.08.2000 unterschrieben: Abkommen zwischen der Bundesrepublik Deutschland und der Republik Österreich zur Vermeidung der Doppelbesteuerung auf dem Gebiet der Steuern vom Einkommen und vom Vermögen, unterzeichnet am 24. August 2000. Das Gesetzgebungsverfahren könnte noch in 2001 abgeschlossen sein. Mit dem zum Inkrafttreten erforderliche Austausch der Ratifizierungsurkunden ist voraussichtlich erst in 2002 zu rechnen (Quelle: IStR 18/2001, Länderbericht, S. 2). Die Grenzgängerregelung im neuen Art. 15 Abs. 6 entspricht jedoch wörtlich dem bisherigen Art. 9 Abs. 3.

[671] LOUKOTA/JIROUSEK, Leitfaden - zum revidierten österreichisch-deutschen Doppelbesteuerungsabkommen, Rz. 333.

[672] VOGELGESANG in BECKER/HÖPPNER/GROTHERR/KROPPEN, DBA-Kommentar, Art. 15 OECD-MA, Rz. 287; ZABEL, in DStR 1989, 476 (478); ZWICK, Die Einkommensbesteuerung von Grenzgängern, S. 81. Unklar insofern LANG/SCHUCH in DEBATIN/WASSERMEYER, Doppelbesteuerung, Art. 9 DBA-Österreich, Art. 9, Rz. 61, die auf die Luftlinienentfernung des Wohnorts zur Staatsgrenze abstellen, jedoch nicht genauer erläutern, ob damit auch diejenige der Wohnung selbst gemeint ist. Bezogen wird sich auf LOUKOTA/JIROUSEK, Leitfaden - zum revidierten österreichisch-deutschen Doppelbesteuerungsabkommen, Rz. 333, der jedoch auf den Ortsmittelpunkt abstellt.

[673] Der BFH wies in seinem Urteil v. 6.2.1991, BFHE 164, 29 die anderslautende Auffassung der Vorinstanz FG Baden-Württemberg v. 25.6.1990, EFG 1990, 619 zurück. Bestätigt wurde dies im BFH-Urteil v. 24.7.1996, BStBl. II 1997, 132. Ebenso SCHEIDEGGER, Die rechtliche Erfassung der ausländischen Grenzgänger, S. 203 und PAETZOLD, Grenzgänger aus der Bundesrepublik Deutschland in der Schweiz, S. 29.

[674] BFH v. 24.7.1996, BStBl. II 1997, 132; PORZNER, Die Besteuerung ausländischer Arbeitnehmer und Grenzgänger in der Bundesrepublik Deutschland, S. 438.

bb) Stellungnahme

M.E. ist das Abstellen auf den Ortsmittelpunkt kein taugliches Kriterium, um das Unterfallen einer Gemeinde unter die 30 km-Zone des DBA-Österreich festzustellen. Eine genauere Konkretisierung dieses Vorschlags, ob die Feststellung anhand eines geometrischen Mittelpunkts einer Gemeindegemarkung oder anhand anderer Kriterien (bspw. dem Rathaus oder ähnlichem) erfolgen könne, liegt nicht vor. Eine Zuordnung einer Gemeinde zur Grenzgängerregelung anhand des Ortsmittelpunktes würde Arbeitnehmer in Wohnungen, die sich zwar bei einer Einzelberechnung der Entfernung weniger als 30 km von der Staatsgrenze entfernt befinden, deren Gemeinde jedoch als außerhalb dieses Gebiets zugeordnet wird, von der Grenzgängerregelung ausschließen. Somit läge nicht nur ein Verstoß gegen den Gleichbehandlungsgrundsatz des Art. 3 Abs. 1 GG vor, diese Auslegung würde auch gegen Wortlaut und Intention der Bestimmung verstoßen.

Ein Schnitt durch die Gemeinde entlang der gedachten 30-km-Grenze ist vorzuziehen, da der Wortlaut des Art. 9 Abs. 3 Nr. 1 DBA-Österreich eindeutig auf den Wohnsitz der natürlichen Person und nicht auf den Wohnort abstellt. Im Abkommen ist „Wohnsitz" zwar nicht näher bestimmt, die Formulierung entspricht jedoch wortwörtlich dem innerstaatlichen Begriff in § 8 AO bzw. § 26 Abs. 1 BAO. Da diese Definition schon zum Zeitpunkt des Abkommensschlusses Bestandteil des innerstaatlichen Rechts war, ist eine Anknüpfung an das innerstaatliche Verständnis zulässig.[675] Der steuerrechtliche Wohnsitzbegriff nach § 8 AO ist enger als der bürgerlich-rechtliche in § 7 BGB, wonach als Wohnsitz nicht die Wohnung, sondern die kleinste politische Einheit (in der Regel Gemeinde) angesehen wird, in der die Wohnung liegt.[676] Für den Wohnsitz gemäß § 8 AO ist der geographische Ort maßgeblich, an dem sich die Wohnung des Steuerpflichtigen befindet. Demnach ist auf die konkrete Lage der Wohnung abzustellen und nicht auf den Mittelpunkt der Gemeinde. Es ist auch nicht die ganze Gemeinde, die von der 30-km-Linie durchschnitten wird, unter „in der Nähe der Grenze liegend" einzuordnen. Ob eine bestimmte Wohnung in der Nähe der Grenze liegt oder nicht entscheidet sich somit allein nach einer imaginären Linie, die im rechten Winkel zur Grenze steht und 30 km lang ist.

b) Belegenheit des Arbeitsorts

Für die Belegenheit des Arbeitsorts gilt im Wesentlichen das Gleiche wie bei der Feststellung des Wohnsitzes. Nach der Grenzgängerregelung des DBA-Belgien in Art. 15 Abs. 3 Nr. 1 muss der Arbeitnehmer innerhalb der Grenzzone

---

[675] Vgl. LANGE/SCHUCH in DEBATIN/WASSERMEYER, Doppelbesteuerung, Art. 1 DBA-Österreich, Rz. 20.
[676] Vgl. HEINRICHS in PALANDT, Bürgerliches Gesetzbuch, § 7, Rz. 1.

arbeiten, die dieser Grenzzone angehörenden Gemeinden sind im bereits erwähnten BMF-Schreiben v. 17.9.1969[677] zu entnehmen. Ähnlich geregelt ist dies in Art. 13 Abs. 5 Buchst. a) DBA-Frankreich, nach dem die Personen im in Art. 13 Abs. 5 Buchst. b) und in den BMF-Schreiben v. 1.7.1985 und 11.6.1996[678] definierten Grenzgebiet eines Vertragsstaates arbeiten müssen. Die „Nähe zur Grenze" eines Arbeitsorts im Sinne des Art. 9 Abs. 3 Nr. 1 DBA-Österreich ergibt sich aus der im Nr. 24 des Schlussprotokolls festgelegten Zone von 30 km Luftlinienabstand zur Grenze und dem vorhin Gesagten.

c) Entfernung zwischen Arbeits- und Wohnort

Die Einhaltung einer bestimmten Entfernung zwischen Arbeits- und Wohnort ist nicht erforderlich. Nach den Grenzgängerregelungen innerhalb der deutschen DBA mit Belgien, Frankreich und Österreich muss lediglich der Arbeits- bzw. Wohnort innerhalb eines bestimmten grenznahen Gebiets liegen. Es kommt daher nur auf den Abstand der jeweiligen Bezugspunkte zur Grenze an und nicht auf die Luftlinienentfernung zwischen Wohn- und Arbeitsstätte.[679]

d) Anzahl der zulässigen Tage der Nichtrückkehr über die Grenze bzw. beruflichen Tätigkeit außerhalb der Grenzzone

In Rechtsprechung und Schrifttum herrscht heute Einigkeit darüber, dass eine „regelmäßige Rückkehr" des Grenzgängers an seinen Wohnort nicht bedeutet, dass dieser täglich die Grenze zu überschreiten hat, es genügt ein regelmäßiges Arbeiten innerhalb der Grenzzone und regelmäßiges Zurückkehren an seinen Wohnort.[680] Eine Rückkehr eines Arbeitnehmers in den Ansässigkeitsstaat bloß

---

677 Vgl. FN 662.

678 Vgl. FN 663.

679 So auch BFH v. 26.4.1995, BStBl. II 1995, 532. In diesem Fall ging es um einen Arbeitnehmer, dessen Wohnort und Arbeitsort unstreitig jeweils weniger als 30 km von der Grenze entfernt lag, die Luftlinienentfernung zwischen beiden Orten jedoch mehr als 60 km betrug. Vgl. auch KEMPERMANN in FLICK/WASSERMEYER/WINGERT/KEMPERMANN, DBA-Schweiz, Art. 15, Rz. 72.

680 BFH v. 16.3.1994, BStBl. 1994, 696; PROKISCH, in RIW 1991, 396; VOGELGESANG in BECKER/HÖPPNER/GROTHERR/KROPPEN, DBA-Kommentar, Art. 15 OECD-MA, Rz. 291. Anders noch BFH v. 1.3.1963, BStBl. III 1963, 212, wonach der täglichen Rückkehr in den Wohnsitzstaat wesentliche Bedeutung zukomme. Eine ähnlich restriktive Formulierung enthält auch das DBA-Österreich in Art. 9 Abs. 3 Nr. 2, die jedoch in der Verständigungsvereinbarung (FN 664) relativiert wird. Das Schweizerische Bundesgericht (Urteil v. 19.6.1984, ASA 55 (1986/87), 585) versteht Grenzgänger als tägliche Rückkehrer an den Wohnort, dies könne jedoch nur im Grundsatz gelten, wenn die jeweilige Regelung eine derartige Einschränkung nicht vornehme. Die Eigenschaft als Grenzgänger entfalle nicht dadurch, dass der Arbeitnehmer ausnahmsweise eine oder mehrere Nächte am Arbeitsort verbringt. Nicht ausreichend sei aber, wenn eine Person nur einmal in der Woche an den Wohnort zurückkehre („Wochenendler").

am Wochenende schließt daher die Grenzgängereigenschaft von vorneherein aus.

Als Anzahl der zulässigen Tage der Nichtrückkehr in den Ansässigkeitsstaat wurden sowohl von der Rechtsprechung als auch von der Verwaltung in Verständigungsvereinbarungen höchstens 45 Tage angesehen.[681] Diese 45 Tage können nur Arbeitstage sein, also solche Tage, an denen der Arbeitnehmer auf Grund seines Arbeitsverhältnisses zu arbeiten hat oder für den Arbeitgeber gearbeitet hat, dazu zählen grundsätzlich auch keine Krankheits-, Wochenend- und Feiertage. Dies sollte jedoch nicht gelten, wenn am Wochenendtag bzw. Feiertag gearbeitet wird.[682] Werden lediglich Teile eines Tages zu beruflichen Zwecken außerhalb der Grenzzone verbracht, so sollte dies zur Zählung eines vollen Tages genügen.

IV. Vermeidung der Doppelbesteuerung im Staat der Ansässigkeit

1. Methoden

a) Freistellungsmethode

Grundsätzlich werden Einkünfte aus unselbständiger Arbeit nach Art. 15 OECD-MA gemäß Art. 23A Abs. 1 OECD-MA von der deutschen Besteuerung freigestellt, wenn folgende Voraussetzungen erfüllt sind:

- Die Person ist in der Bundesrepublik Deutschland ansässig,
- sie hat Einkünfte aus Quellen im anderen Vertragsstaat,
- diese Einkünfte, können nach dem Abkommen dort besteuert werden,
- es ist nicht ausdrücklich die Anrechnungsmethode vorgesehen.

---

[681] Das FG Baden-Württemberg v. 4.5.1993, EFG 1993, 708 sprach in seinen Entscheidungsgründen unter Verweis auf die in FN 662, 663, 664 zitierten Verständigungsvereinbarungen von einer internationalen Übung, dass die Grenzgängereigenschaft verloren gehe, wenn ein Arbeitnehmer, der während eines ganzen Kalenderjahres innerhalb der Grenzzone beschäftigt ist, ausnahmsweise mehr als 45 Arbeitstage außerhalb der Grenzzone tätig ist. Auch im Verhältnis werde diese Zahl trotz fehlender Verständigungsvereinbarung tatsächlich von der deutschen Steuerverwaltung und der ganz überwiegenden Zahl der schweizerischen Kantonalverwaltungen beachtet.

[682] Insoweit ist VOGELGESANG in BECKER/HÖPPNER/GROTHERR/KROPPEN, DBA-Kommentar, Art. 15 OECD-MA, Rz. 293 zuzustimmen. Vgl. auch BFH v. 26.7.1995, BFH/NV 1996, 200, wonach Samstage, Sonntage und Feiertage nicht zu den Arbeitstagen zählen, wenn eine Arbeit an diesen Tagen weder ausdrücklich vereinbart ist noch der Arbeitgeber für die an diesen Tagen geleistete unselbständige Arbeit einen anderweitigen Freizeitausgleich oder ein zusätzliches Entgelt gewährt. Dies gelte auch dann, wenn das Gehalt eines leitenden Angestellten so großzügig bemessen sei, dass er sich einer gelegentlichen unselbständigen Arbeit am Wochenende und an Feiertagen nicht entziehen könne.

Sind im Falle einer grenzüberschreitenden Arbeitnehmertätigkeit die Freistellungsvoraussetzungen des Art. 15 OECD-MA erfüllt, so sind die für die Auslandstätigkeit gezahlten Vergütungen gemäß Art. 23A OECD-MA vom ersten Tag der Tätigkeit an von der Besteuerung im Ansässigkeitsstaat freizustellen. Nach Art. 23A Abs. 3 OECD-MA können die freizustellenden Einkünfte im Ansässigkeitsstaat gleichwohl bei der Festsetzung der Steuer für das übrige Einkommen einbezogen werden. Dieser abkommensrechtliche Progressionsvorbehalt ist in § 32b Abs. 1 Nr. 3 EStG - mit rein deklaratorischer Wirkung - bestätigt.[683] Bei der Berechnung der freigestellten ausländischen Einkünfte sind abziehbare Werbungkosten, die in einem unmittelbaren wirtschaftlichen Zusammenhang mit den steuerbefreiten Einnahmen stehen zu berücksichtigen. Im Inland sind diese nach § 3c Abs. 1 EStG nicht abzugsfähig. Vorsorgeaufwendungen, die mit steuerfreien Einnahmen im unmittelbaren wirtschaftlichen Zusammenhang stehen, sind nach § 10 Abs. 2 Nr. 1 EStG ebenfalls nicht abziehbar.

b) Anrechnungsmethode

Grundsätzlich findet die Anrechnungsmethode nach Art. 23B OECD-MA bei der Besteuerung von Einkünften aus unselbständiger Arbeit keine Anwendung. Wird das Besteuerungsrecht dem Tätigkeitsstaat zugewiesen, so erfolgt grundsätzlich eine Steuerfreistellung der Vergütungen für die im Ausland ausgeübte Tätigkeit unter Progressionsvorbehalt nach Art. 23A OECD-MA. Die Steuerfreistellung erfolgt - wie bereits erwähnt - nach dem DBA-Prinzip des „Verbots der virtuellen Doppelbesteuerung", wonach der von DBA-Vertragspartnern geschlossene Steuerverzicht grundsätzlich unabhängig von einer tatsächlichen Besteuerung nach innerstaatlichem Steuerrecht wirkt. Sind also die Voraussetzungen für eine Steuerfreistellung nach den DBA-Regelungen in einem Staat gegeben, so kommt es nicht mehr darauf an, ob überhaupt im anderen Staat eine Besteuerung auf die Einkünfte erfolgt ist und eine internationale Doppelbesteuerung zustande kam.

2. Aufteilung der Vergütung bei Freistellung

Die auf Auslandseinsätze entfallenden Vergütungen sind durch das Verhältnis der im Ausland tatsächlich verbrachten und vereinbarten Arbeitstage zu den insgesamt im betreffenden Kalender- oder Steuerjahr vereinbarten Arbeitstagen zu errechnen.[684] Begründet wird dies damit, dass der Arbeitnehmer dem Arbeit-

---

[683] Vgl. die Gesetzesbegründung, BT-Drucks. 7/2180, S. 20.

[684] BFH v. 19.1.1986, BStBl. 1986, 513; v. 29.1.1986, BStBl. II 1986, 442; v. 29.1.1986, BStBl. II 1986, 479; OFD Düsseldorf, Vfg. v. 15.11.1986, DB 1987, 72; OFD Köln v. 6.1.1987, FR 1987, 143; stellvertretend für die Literatur: KEMPERMANN IN FLICK/WASSERMEYER/WINGERT/KEMPERMANN, DBA-Schweiz, Art. 15, Rz. 28. Diese Berechnung

geber versprochen habe, ihm seine Arbeitskraft an einer bestimmten Zahl von Tagen innerhalb des Jahres zu Verfügung zu stellen. Unter „vereinbarten Arbeitstagen" versteht man die Kalendertage pro Jahr abzüglich der Tage, an denen der Arbeitnehmer laut Arbeitsvertrag nicht zu arbeiten verpflichtet ist, also Urlaubstage und arbeitsfreie Samstage, Sonntage und gesetzliche Feiertage. Auch Krankheitstage, an denen der Lohn fortgezahlt wird, werden wie bei der Berechnung der 183-Tage-Frist berücksichtigt, da die Vergütung für vereinbarte Arbeitszeit gewährt wird.[685] Der Gesamtjahresarbeitslohn ist dementsprechend aufzuteilen auf die im Ausland verbrachten vereinbarten Arbeitstage im Verhältnis zu den vereinbarten Arbeitstagen im ganzen Jahr.[686] Auch Gehaltsveränderungen während eines Jahres sind zeitanteilig zu berücksichtigen.

Wird die freizustellende Vergütung für einen Aufenthalt im Ausland gezahlt, der nur wenige Stunden dauert, so ist das pro vereinbarten Arbeitstag errechnete Entgelt weiter auf die an einem Arbeitstage vereinbarten Arbeitsstunden aufzuteilen und anhand des so ermittelten Stundenentgelts die freizustellende Gesamtvergütung zu berechnen.[687]

a) Einmalige Zahlungen, Entgelte für Krankheit, Urlaub, arbeitsfreie Wochenenden und Feiertage

Nach den gleichen Grundsätzen sind auch einmalige Zahlungen, wie solche anlässlich eines Jubiläums, aufzuteilen, wenn sie eine Nachzahlung für frühere aktive Tätigkeit darstellen und anteilig für Auslands- und Inlandstätigkeit gezahlt wurden. Nicht entscheidend für die Aufteilung ist der Zeitpunkt der Zah-

---

des anteiligen freizustellenden Arbeitslohns weicht von der Berechnung des freizustellenden Arbeitslohns nach dem „Auslandstätigkeitserlaß" ab. Die BFH-Rechtsprechung änderte sich mit den Urteilen vom 29.1.1986 zum DBA-Italien 1925 dahingehend, dass vorher von den Finanzämtern der Lohn nur im Verhältnis der in Italien verbrachten Arbeitstage zu 360 Kalendertagen freigestellt wurde, was für den Arbeitnehmer zu einer geringeren Freistellung führte. Vgl. FG München v. 26.10.1984, EFG 1985, 302; GRAFFE, in DStZ 1986, 603.

[685] Etwas anderes ergibt sich nur bei Unmöglichkeit einer direkten Zuordnung, in diesem Fall ist eine anteilige Aufteilung entsprechend dem Verhältnis der im Ausland verbrachten vereinbarten Arbeitstage zu den gesamten vereinbarten Arbeitstagen vorzunehmen.

[686] Es ist also eine einfache Verhältnismäßigkeitsrechung zur Ermittlung des freizustellenden ausländischen Arbeitslohns vorzunehmen. Der Gesamtarbeitslohn ist durch die Anzahl der vereinbarten Arbeitstage zu dividieren, somit errechnet sich der pro vereinbarten Arbeitstag gezahlte Arbeitslohn. Dieser ist dann wiederum mit der Zahl der im Ausland verbrachten vereinbarten Arbeitstage zu multiplizieren. Richtig ist also die Berechnung von LOY, in DStZ 1987, 254, der die unverständliche Berechnungsmethode von GRAFFE, in DStZ 1986, 603 korrigiert.

[687] BFH v. 29.1.1986, BStBl. II 1986, 442; v. 29.1.1986, BStBl. II 1986, 479 und v. 5.2.1992, BFH/NV 1992, 646.

lung, sondern nur deren Grund.[688] Nachzahlungen für frühere Tätigkeiten liegen jedoch nicht vor, wenn die einmalige Zahlung ganz oder teilweise der Versorgung dient.[689]

Gleiches gilt bei einer Lohnzahlung im Krankheitsfall, wenn eine direkte Zuordnung zur Auslandstätigkeit nicht möglich ist. In diesem Fall ist eine anteilige Aufteilung entsprechend dem Verhältnis der im Ausland verbrachten vereinbarten Arbeitstage zu den gesamten vereinbarten Arbeitstagen vorzunehmen.[690] Krankheitstage während der Auslandstätigkeit, für die eine Vergütung fortlaufend gezahlt wird, zählen jedoch ebenfalls zu den „vereinbarten Arbeitstagen".[691]

Auch Vergütungen für arbeitsfreie Samstage, Sonntage und Feiertage, Weihnachtsgeld sowie Urlaubsentgelte sind verhältnismäßig aufzuteilen, falls sie nicht eindeutig der freigestellten Tätigkeit zuzuordnen sind. Unbeachtlich ist im Gegensatz zu den Berechnungsgrundsätzen der 183-Tage-Regel auch, wo der Urlaub bzw. die anderen freien Tage verbracht werden.

b) Freizeitausgleich für Überstunden, Vergütungen für Nacht- und Feiertagsarbeit und Auslandszuschläge

Anders zu beurteilen sind freie Tage, an denen ein Freizeitausgleich für Überstunden gewährt wird. Diese werden zu den vereinbarten Arbeitstagen hinzuaddiert, da durch sie, wenn kein gesondertes Entgelt gezahlt wird, die Gesamtzahl der Arbeitstage im Ausland erhöht wird ohne dass sich dies auf die Gesamtzahl der vereinbarten Jahresarbeitstage auswirkt.[692]

Werden konkrete Einzeltätigkeiten vergütet, beispielsweise Überstunden, Nacht- und Feiertagsarbeit oder Auslandszuschläge, sind diese jeweils direkt der Inlands- bzw. Auslandstätigkeit zuzuordnen.

---

[688] BFH v. 5.2.1992, BStBl. II 1992, 660; BMF-Schreiben v. 5.1.1994, BStBl. II 1994, 11, geändert durch BMF-Schreiben v. 5.7.1995, BStBl. I 1995, 373 und v. 20.4.2000, BStBl. I 2000, 483, Ziff. 6.2.

[689] BFH v. 5.2.1992, BStBl. II 1992, 660; v. 12.10.1978, BStBl. II 1978, 64; BMF-Schreiben v. 5.1.1994, BStBl. II 1994, 11, geändert durch BMF-Schreiben v. 5.7.1995, BStBl. I 1995, 373 und v. 20.4.2000, BStBl. I 2000, 483, Ziff. 6.2.

[690] SCHIEBER in DEBATIN/WASSERMEYER, Doppelbesteuerung, Art. 15 MA, Rz. 148; KRAUSE/SCHAUMBURG/WASSERMEYER, Besteuerung ausländischer Aktivitäten, S. 108.

[691] OFD Düsseldorf, Vfg. v. 15.11.1986, DB 1987, 72; OFD Köln, Vfg. v. 6.1.1987, FR 1987, 143.

[692] OFD Düsseldorf, Vfg. v. 15.11.1986, DB 1987, 72; OFD Köln, Vfg. v. 6.1.1987, FR 1987, 143.

c) Reisetage

Bei Reisetagen wurde zunächst aus Vereinfachungsgründen - außer bei Berufskraftfahrern - von der Finanzverwaltung davon ausgegangen, dass die Auslandstätigkeit mit Antritt der Reise beginnt (beispielsweise bei einer Flugreise oder der Fahrt mit dem PKW vom Wohnort zum Arbeitsplatz) und mit Rückkehr an den Wohnort bzw. Arbeitsplatz endet. Beginne die Reise innerhalb der vereinbarten Arbeitszeit, so sei eine zeitanteilige Aufteilung des auf diesen Tag entfallenden Arbeitslohnes vorzunehmen.[693] Diese Verwaltungspraxis wurde entsprechend der geänderten BFH-Rechtsprechung dahingehend angepasst, dass bei der Aufteilung des Arbeitslohns an Reisetagen (bei Dienstreisen) davon auszugehen sei, dass die Auslandstätigkeit mit Überschreiten der Grenze des Abkommenslands beginne.[694]

Schieber kritisiert die mangelnde Praxistauglichkeit dieser stundenweisen Aufteilung bei Reisetagen. Oft lasse sich bei Flugreisen der Zeitpunkt des Grenzübertritts nicht feststellen, auch bei Bahn- oder PKW-Reisen sei dies schwer nachvollziehbar, da keine Zeitstempel in den Pass erteilt werden. Er schlägt daher vor, nur volle Tage freizustellen und dies auf Grund eines Grenzübertritts vor oder nach 12 Uhr entweder der Inlands- oder Auslandstätigkeit zuzuordnen.[695]

d) Stellungnahme

Die Aufteilung der freizustellenden Vergütungen im Verhältnis der vereinbarten Arbeitstage im Ausland zu den vereinbarten Arbeitstagen im gesamten Jahr ist eine Berechnungsweise, die zutreffend und gerecht den Jahresarbeitslohn entsprechend der dafür erbrachten Tätigkeit im In- und Ausland zuordnet. Die Berücksichtigung von weiteren im Ausland verbrachten Tagen, an denen keine Tätigkeit ausgeübt wird, würde eine exakte Aufteilung erschweren, zumal sich dann auch die Frage stellte, welchem Staat Tage zugerechnet werden, die weder im Ansässigkeits- noch im Tätigkeitsstaat verbracht werden. Auch eine Freistellung des Arbeitslohns von deutscher Seite im Verhältnis der Arbeitstage zu 365 Kalendertagen (ohne Berücksichtigung von arbeitsfreien Wochenenden oder gesetzlichen Feiertagen) widerspräche einer sachgerechten Aufteilung. Die

---

693 OFD Düsseldorf, Vfg. v. 15.11.1986, DB 1987, 72; OFD Köln, Vfg. v. 6.1.1987, FR 1987, 143.

694 OFD Düsseldorf, Vfg. v. 14.10.1987, DB 1987, 2230. Darin wird - unter Hinweis auf die BFH-Urteile v. 29.1.1986, BStBl. II 1986, 479 und v. 6.3.1986, BFH/NV 1986, 734 - mitgeteilt, dass nach dem Beschluss der Außensteuerreferenten der obersten Finanzbehörden des Bundes und der Länder an den bisherigen Grundsätzen zur Aufteilung des Arbeitslohns an Reisetagen nicht mehr festzuhalten sei.

695 SCHIEBER, in FR 1989, 1 (5); *ders.* in DEBATIN/WASSERMEYER, Doppelbesteuerung, Art. 15 MA, Rz. 149.

Möglichkeit einer Doppelbesteuerung entstünde zudem, soweit der ausländische Staat ebenfalls nach diesen Grundsätzen den Arbeitslohn im Verhältnis von 365 Kalendertage abzüglich der in der Bundesrepublik verbrachten Arbeitstage besteuern würde.[696]

Grundsätzlich ist auch eine weitere Aufteilung des Arbeitslohns bei nur stundenweisem Auslandseinsatz richtig. Ob sich diese Genauigkeit jedoch auch bei reinen Reisetagen aufrechterhalten lässt erscheint fraglich. Die mangelnde Praktikabilität der exakten Aufzeichnung von Grenzübertritten bei Flug-, Bahn- und PKW-Reisen sowie die Frage der Durchsetzbarkeit des jeweiligen Besteuerungsanspruchs spricht gegen die Aufteilung des Arbeitslohns entsprechend der genauen Zeit des Grenzübertritts. Das Besteuerungsrecht eines Reisetags, der zu den vereinbarten Arbeitstagen gehört, sollte daher wie vorgeschlagen entsprechend dem Kriterium, ob ein Überschreiten der Grenze des Abkommenslandes vor oder nach 12 Uhr stattfand, entweder dem Ansässigkeits- oder dem Tätigkeitsstaat zugeordnet werden.

3. Anwendbarkeit der sog. „Rückfallklauseln" bzw. „subject-to-tax"-Klauseln

Obwohl eine Minderbesteuerung - insbesondere bei Arbeitnehmertätigkeit - wohl eher die Ausnahme sein dürfte, sind die Staaten generell an der Sicherung ihres Steuerguts und der Vermeidung des Entstehens sog. „weißer Einkünfte" (unbesteuerter Einkünfte) durch geschickte Abkommensnutzung oder Qualifikationskonflikte interessiert. Zur Begrenzung von Steuerausfällen wurden in neueren Doppelbesteuerungsabkommen sog. „subject-to-tax"-Klauseln eingeführt. International versteht man unter „subject-to-tax"-Klauseln Abkommensregeln, die die Steuerermäßigung oder Freistellung von Einkünften oder Vermögenswerten in einem Vertragsstaat davon abhängig machen, ob der andere Vertragsstaat die Einkünfte oder Vermögenswerte besteuert.[697] „Subject-to-tax"-Klauseln sind in den Artikeln über die Besteuerung des Einkommens (entsprechend Art. 6 bis 21 OECD-MA) enthalten und wirken nur dann, wenn die betreffenden Einkünfte im Wohnsitzstaat der Besteuerung unterliegen.[698] Davon unterscheidet die Finanzverwaltung „Rückfallklauseln", die in den Methodenartikeln der DBA (entsprechend Art. 23 A/B OECD-MA) und den Protkollen enthalten sind und die aus der Sicht des Wohnsitzstaates wirken: Die ausländischen Einkünfte werden von der Steuerpflicht des Ansässigkeitsstaates (zur Vermeidung der Internationalen Doppelbesteuerung) nur freigestellt, wenn der

---

[696] Darauf hat bereits das FG München in seinem Urteil v. 26.10.1984, EGF 1985, 302 zur Berechnung des dem Besteuerungsrecht Italiens unterliegenden Arbeitslohn von Berufskraftfahrern hingewiesen.

[697] VOGEL, in IStR 1997, Beihefter zu Heft 24/97, S. 1.

[698] Art. 1 Nr. 17 OECD-Musterkommentar.

Quellenstaat sie tatsächlich besteuert.[699] So soll eine Nichtbesteuerung oder Minderbesteuerung verhindert werden, wenn im Quellenstaat keine oder nur eine mindere Besteuerung erfolgt.

Eine vergleichbare – im Ergebnis jedoch anders ausgestaltete - Klausel enthält das revidierte OECD-Musterabkommen 2000. Nach dem am 29.4.2000 neueingefügten Art. 23A Abs. 4 OECD-MA 2000 gilt die Freistellungsmethode nach Abs. 1 nicht für Einkünfte oder Vermögen einer in einem Staat ansässigen Person, wenn der andere Vertragsstaat dieses Abkommen so anwendet, dass er diese Einkünfte oder dieses Vermögen von der Besteuerung ausnimmt oder Abs. 2 des Art. 10 oder des Art. 11 auf diese Einkünfte anwendet. Diese Vorschrift betrifft nach Auffassung von *Krabbe* nur Fälle, in denen die Vertragsstaaten die Abkommensvorschriften als solche unterschiedlich auslegen oder von einem unterschiedlichen Sachverhalt ausgehen.[700] Bei Qualifikationskonflikten, die auf unterschiedlichem - vom Abkommen unberührt bleibenden - nationalen Recht beruhen, bedürfe es ihrer nicht, weil doppelte Freistellungen, die sich hierdurch ergeben würden, bereits durch die teleologisch reduzierende Auslegung des Art. 23A Abs. 1 OECD-MA vermieden würden.[701] Nach Art. 23 Nr. 56.1 des OECD-Musterkommentars besteht der Zweck dieses neueingefügten Absatzes darin, eine doppelte Nichtbesteuerung als Ergebnis von Uneinigkeiten zwischen dem Ansässigkeitsstaat und dem Quellenstaat über die Tatumstände eines Falles oder über die Auslegung der Abkommensbestimmungen zu vermeiden. Der Absatz finde Anwendung, wenn auf der einen Seite der Quellenstaat die Tatumstände eines Falles oder die Abkommensbestimmungen in einer Weise auslege, dass bestimmte Einkünfte oder Vermögenswerte unter eine Abkommensbestimmung fielen, die sein Besteuerungsrecht ausschlössen oder begrenzten, während auf der anderen Seite der Ansässigkeitsstaat eine andere Auslegung der Tatumstände oder Abkommensbestimmungen vertrete und deshalb der Ansicht sei, dass die Einkünfte oder Vermögenswerte nach dem Abkommen im Quellenstaat besteuert werden könnten, was ohne diesen Absatz dazu führen würde, dass der Ansässigkeitsstaat verpflichtet ist, nach Art. 23A Abs. 1 des OECD-MA Freistellung zu gewähren. Absatz 4 gelte nicht, wenn der Quellenstaat der Ansicht sei, er könne bestimmte Einkünfte oder Vermögenswerte nach dem Abkommen besteuern, nach dem innerstaatlichen Recht des Staates aber tatsächlich keine Steuer auf diese Einkünfte oder Vermögenswerte

---

[699] Vgl. WACKER/SEIBOLD, Vorbehalte in Steuerabkommen, in KLEINEIDAM, Unternehmenspolitik und Internationale Besteuerung, Festschrift für Lutz Fischer zum 60. Geburtstag, S. 285 (291).

[700] KRABBE, in IStR 2000, 196 (201).

[701] Vgl. insoweit die am 29.4.2000 in den OECD-Musterkommentar neueingefügten Kommentierungen in Nr. 32.1 ff. zu Art. 23A OECD-MA.

anfalle.[702] In einem solchen Fall müsse der Ansässigkeitsstaat die Einkünfte nach Art. 23A Abs. 1 OECD-MA freistellen, weil sich die Befreiung im Quellenstaat nicht aus der Anwendung der Abkommensbestimmung ergibt, sondern aus dem innerstaatlichen Recht des Quellenstaats. Wenn der Quellen- und der Ansässigkeitsstaat nicht nur in Bezug auf die Qualifikation der Einkünfte, sondern auch über deren Betrag unterschiedlicher Meinung seien, gelte Abs. 4 in ähnlicher Weise für den Teil der Einkünfte, den der Quellenstaat in Anwendung des Abkommens von der Steuer befreit oder auf den er Abs. 2 der Art. 10 oder 11 OECD-MA anwende.

a) Meinungstand

Nachdem der BFH in verschiedenen Urteilen zu „subject-to-tax"-Klauseln Stellung bezogen hat und die Finanzverwaltung in einigen Verfügungen Richtlinien zur Anwendung von „Rückfallklauseln" bzw. „subject-to-tax"-Klauseln erließ, entstand eine Diskussion im Schrifttum und eine herrschende Meinung, die erheblich von der von Rechtsprechung und Verwaltung vertretenen abweicht. Die Finanzverwaltung versteht unter „Rückfallklauseln" Regelungen, wonach bei Einkünften, deren Besteuerung das Abkommen dem Quellenstaat vorbehält „das Besteuerungsrecht an den Ansässigkeitsstaat zurückfällt, wenn der Quellenstaat von seinem Besteuerungsrecht keinen Gebrauch macht."[703] Im Schrifttum (siehe unten) wird den in den Methodenartikeln sowie teilweise in den Schlussprotokollen der Doppelbesteuerungsabkommen überwiegend als „Rückfallklauseln" bezeichneten Regelungen in erster Linie keine „subject-to-tax"-Wirkung zugestanden. Vielmehr handele es sich dabei um „Quellenregelungen", die bei fehlender Qualifizierung als ausländische Einkünfte nach innerstaatlichem Steuerrecht - in Deutschland § 34d EStG - sicherstellen sollen, dass auch der Ansässigkeitsstaat an die Zuordnung des Quellenstaates gebunden ist und unabhängig von nationalen Steuerrechtsnormen die Anrechnung der im Quellenstaat entrichteten Steuern sicherstellen soll.

aa) Rechtsprechung

Der BFH hat im sog. „Jubiläumsurteil" zum DBA-Kanada 1981 im Jahr 1992 entschieden, dass durch die Regelung des Art. 23 Abs. 3 DBA-Kanada nicht mehr die sog. virtuelle, sondern nur die tatsächliche Doppelbesteuerung vermieden werde.[704] Nach dieser Regelung gelten Einkünfte einer in einem der

---

[702] Vgl. Art. 23 Nr. 56.2 OECD-Musterkommentar.

[703] Vgl. OFD Düsseldorf, Vfg. v. 11.12.1996, IStR 1997, 53.

[704] BFH v. 5.2.1992, BStBl. II 1992, 660. Nach dem der Entscheidung zugrundeliegenden Sachverhalt stritten sich der Kläger (gleichzeitig Revisionsbeklagter) sowie das beklagte Finanzamt um die Besteuerung einer Jubiläumszuwendung an einen zeitweilig in die USA und Kanada entsandten Arbeitnehmer.

Vertragsstaaten ansässigen Person als aus Quellen innerhalb des anderen Vertragsstaats stammend, wenn sie in Übereinstimmung mit dem Abkommen im anderen Vertragsstaat besteuert werden. Aus Sicht des Wohnsitzstaats sei damit der andere Vertragsstaat nur dann als Quellenstaat anzusehen, wenn dort eine tatsächliche Besteuerung der streitigen Einkünfte stattfinde.

In einem Urteil zum DBA-USA 1989 stellt der BFH fest, dass Ziff. 21 des Protokolls v. 29.8.1989 anlässlich der Unterzeichnung des Abkommens den Art. 23 Abs. 2 DBA-USA 1989 dahingehend ergänze, dass die Bundesrepublik die Doppelbesteuerung durch Steueranrechnung nach Art. 23 Abs. 2 Buchst. b) und nicht durch Steuerbefreiung nach Art. 23 Abs. 2 Buchst. a) DBA-USA vermeide, wenn (aa) die Vertragsstaaten Einkünfte unterschiedlichen Abkommensbestimmungen zuordnen und dieser Konflikt sich nicht durch ein Verfahren nach Art. 25 DBA-USA regeln lässt und (bb) wenn auf Grund dieser unterschiedlichen Zuordnung oder Zurechnung die betreffenden Einkünfte in den Vereinigten Staaten unbesteuert blieben und in der Bundesrepublik von der Steuer befreit bleiben. Der BFH versteht diese Vorschrift im Sinne einer „subject-to-tax-clause".[705] Es sei Sinn der Regelung, dass die Steuerbefreiung in der Bundesrepublik nur dann gewährt werde, wenn die damit korrespondierende Besteuerung in den Vereinigten Staaten sichergestellt sei. Grundsätzlich gelte nach Art. 23 Abs. 2 Buchst. a) DBA-USA die Steuerbefreiung unter Progressionsvorbehalt, wenn Einkünfte einer in der Bundesrepublik ansässigen Person aus Quellen in den Vereinigten Staaten stammen, die nach dem Abkommen in den Vereinigten Staaten besteuert werden können. Art. 23 Abs. 2 letzter Satz DBA-USA[706] enthalte dazu jedoch die Ausnahmeregelung, dass Einkünfte, die an sich in den Vereinigten Staaten besteuert werden können, nicht aus den Vereinigten Staaten stammten, wenn sie dort tatsächlich nicht besteuert würden. In diesem Fall wende die Bundesrepublik stattdessen Art. 23 Abs. 2 Buchst. b) DBA-USA 1989 an, wonach die Doppelbesteuerung durch Steueranrechnung statt durch Steuerbefreiung ausgeräumt werde.[707]

In einem Urteil aus dem Jahr 1997 zum DBA-Kanada beantwortete der BFH nicht abschließend die Frage, ob es sich bei Art. 23 Abs. 3 um eine „subject-to-tax"-Klausel handelt.[708] Würden die betreffenden Gewinne oder Einkünfte im Rahmen einer der bezeichneten Einkunftsarten in Kanada der Besteuerung un-

---

[705] BFH v. 11.6.1996, BStBl. II 1997, 117.

[706] Art. 23 Abs. 2 letzter DBA-USA lautet: „Im Sinne des Abkommens gelten Gewinne oder Einkünfte einer in der Bundesrepublik Deutschland ansässigen Person als aus Quellen in den Vereinigten Staaten stammend, wenn sie in Übereinstimmung mit diesem Abkommen in den Vereinigten Staaten besteuert werden."

[707] Dies ordnet auch Art. 21 des Protokolls v. 29.8.1989 anlässlich der Unterzeichnung des Abkommens an.

[708] BFH v. 27.8.1997, BStBl. II 1998, 58.

terworfen, „stammten" sie aus kanadischen Quellen. Es komme jedoch nicht darauf an, in welchem Umfang die fraglichen Gewinne oder Einkünfte von der kanadischen Besteuerung erfasst würden, oder ob alle Einkunftsteile im Rahmen der ausländischen Steuerveranlagung auch zu einer konkreten Steuerpflicht führten. Art. 23 Abs. 3 DBA-Kanada beinhalte lediglich eine qualitativ-konditionale Voraussetzung der Besteuerung in Kanada (wegen des Wortes „wenn")[709], nicht jedoch eine solche quantitativer Art (wie bei Verwendung beispielsweise des Wortes „soweit"). Daher sei die tatsächliche Besteuerung jeglicher Teile der im Rahmen einer Einkunftsart zu erfassenden Gewinne oder Einkünfte für die Anwendung des Art. 23 Abs. 3 DBA-Kanada nicht erforderlich. Es sei von daher auch nicht möglich, den betreffenden Gewinn „zu sezieren und in seine Einzelteile zu zerlegen".

Sorgenfrei unterstützt die Aussagen des BFH-Urteils vom 27.8.1997, wonach für die Freistellung und Nichtanwendung der „Rückfallklausel" das Vorliegen der „qualitativ-konditionellen" Voraussetzung, also eine irgendwie geartete Besteuerung der Gewinne oder Einkünfte im Ausland, genüge.[710] Die Untersuchung jedes nicht tatsächlich besteuerten Einkunftsteils nach materiellem ausländischem Steuerrecht sei praktisch unmöglich. Hinzu komme eine sicherlich ungewollte „Neutralisierung" struktur- und finanzpolitisch motivierter Akte ausländischer Steuergesetzgeber. Seiner Auffassung nach müssen die legislativen Gründe für eine Besteuerung bzw. Nicht-Besteuerung im anderen Vertragsstaat jedoch irrelevant bleiben und dürfen nicht zu einer deutschen Besteuerungshoheit über eine „Rückfall-" oder „subject-to-tax"-Klausel führen.

bb) Finanzverwaltung

Nach Auffassung der Finanzverwaltung enthalten folgende Doppelbesteuerungsabkommen „Rückfallklauseln", wonach das Besteuerungsrecht an den Ansässigkeitsstaat zurückfällt, wenn der Quellenstaat von seinem Besteuerungsrecht keinen Gebrauch macht[711]:

- Art. 24 Abs. 3 DBA-Dänemark 1995,

---

[709] Art. 23 Abs. 3 DBA-Kanada lautet: „Für die Zwecke dieses Artikels gelten Gewinne oder Einkünfte einer in einem Vertragsstaat ansässigen Person als aus Quellen innerhalb des anderen Vertragsstaats stammend, wenn sie in Übereinstimmung mit diesem Abkommen im anderen Vertragsstaat besteuert werden."

[710] SORGENFREI, in IStR 1999, 201.

[711] Vgl. OFD München, Erl. v. 10.5.1995, FR 1995, 487; OFD Düsseldorf, Vfg. v. 11.12.1996, IStR 1997, 53; OFD Münster, Vfg. v. 22.1.1997, FR 1997, 503; OFD Koblenz, Vfg. v. 21.8.1997, Wpg 1997, 725; OFD Frankfurt am Main, Vfg. v. 18.12.1998, FR 1999, 277. Mit diesen Verfügungen schloss sich die Verwaltung im Wesentlichen den vorangegangenen BFH-Urteilen an und übertrug die dort getroffenen Aussagen auf Doppelbesteuerungsabkommen, die vergleichbare Formulierungen enthalten.

- Schlussprotokoll Ziff. 16 Buchst. d) i.V.m. Art. 24 Abs. 3 Buchst. a) DBA-Italien 1989,
- Art. 23 Abs. 3 DBA-Kanada 1981,
- Art. 23 Abs. 3 DBA-Neuseeland 1978,
- Art. 23 Abs. 3 DBA-Norwegen 1991,
- Art. 23 Abs. 1 letzter Satz DBA-Schweden 1992,
- Art. 23 Abs. 2 letzter Satz DBA-USA 1989.

Von diesen „Rückfallklauseln" unterscheidet die *OFD Düsseldorf*[712] die sog. „subject-to-tax"-Klauseln: Diese würden das Besteuerungsrecht des Ansässigkeitsstaates für bestimmte Einkunftsquellen dann wieder aufleben lassen, wenn der Quellenstaat nach seinem innerstaatlichen Recht das ihm nach dem DBA zustehende Besteuerungsrecht nicht wahrnehme.[713] Nach dieser Definition differieren beide Arten dadurch, dass „Rückfallklauseln" in den Methodenartikeln der DBA enthalten sind und das Besteuerungsrecht des Ansässigkeitsstaats durch Wechsel von der Freistellungs- auf die Anrechnungsmethode wiederentsteht; „subject-to-tax"-Klauseln sind - dieser Unterscheidung zufolge - direkt in den Artikeln zu den Einkunftsarten enthalten und garantieren demnach das ursprüngliche Besteuerungsrecht.[714]

Wirkung einer „Rückfallklausel" sei es, dass Einkünfte aus einem ausländischen Staat, die grundsätzlich von der deutschen Besteuerung unter Progressionsvorbehalt freizustellen wären, auf Grund der fehlenden tatsächlichen Besteuerung im anderen Staat doch nicht mehr freizustellen sind, sondern der deutschen Besteuerung unterliegen. Dabei sei unerheblich, aus welchem Grund die Besteuerung im ausländischen Staat ausbleibt. Die „Rückfallklauseln" er-

---

[712] OFD Düsseldorf, Vfg. v. 11.12.1996, IStR 1997, 53, sich ihr anschließend OFD Münster, Vfg. v. 22.1.1997, FR 1997, 503; OFD Koblenz, Vfg. v. 21.8.1997, Wpg 1997, 725.

[713] Genannt werden in der Verfügung der OFD Düsseldorf v. 11.12.1996, IStR 1997, 53, Art. 8 Abs. 4 DBA-Dänemark 1962 für Einkünfte von Künstlern und Sportlern und für Aufsichtsratsvergütungen, Art. 9 Abs. 5 DBA-Dänemark für Einkünfte aus unselbständiger Arbeit, Art. XVIII Abs. 2 Buchst. a DBA-Großbritannien 1964/70 für Einkünfte aus der Veräußerung unbeweglichen Vermögens, Art. 7 Abs. 2 und Art. 10 Abs. 3 Satz 2 DBA-Luxemburg 1958/73 bzw. Art. 15 Abs. 4 Satz 2 DBA-Schweiz 1971/78/89/92 für Einkünfte der Organe von Kapitalgesellschaften.

[714] Eine derartige Unterscheidung wird in einer neueren Verfügung der OFD Frankfurt am Main v. 18.12.1998, FR 1999, 277, nicht aufrechterhalten, die Begriffe „Rückfallklauseln" und „subject-to-tax"-Klauseln werden synonym verwandt. Anders jedoch die OFD Berlin v. 17.2.1999, Leitfaden zur Besteuerung ausländischer Einkünfte bei unbeschränkt steuerpflichtigen natürlichen Personen, in JURIS Datenbank VV Steuer, Textausgabe, sowie das Finanzministerium Schleswig Holstein v. 26.2.1999, Leitfaden zur Besteuerung ausländischer Einkünfte bei unbeschränkt steuerpflichtigen natürlichen Personen, JURIS Datenbank VV Steuer, Textausgabe: Hier wird ebenfalls zwischen „Rückfallklauseln" in den Methodenartikeln und den Schlussprotokollen sowie „subject-to-tax"-Klauseln in den Artikeln über die abkommensrechtlichen Einkunftsarten unterschieden.

fassten daher sowohl Fälle, in denen der andere Staat nach seinem innerstaatlichen Steuerrecht nicht besteuern kann, als auch rechtsirrtümliche Steuerbefreiungen oder solche aus Unkenntnis. Würden Gewinne oder Einkünfte im Rahmen einer Einkunftsart des DBA der ausländischen Besteuerung unterworfen, so sei für die Freistellung von der deutschen Besteuerung unbeachtlich, in welchem Umfang sie von der ausländischen Besteuerung erfasst werden oder ob alle Einkunftsteile im Rahmen der ausländischen Steuerveranlagung zu einer konkreten Steuerpflicht führen (beispielsweise wegen einer Steuerbefreiung ähnlich § 3 EStG).[715] Eine tatsächliche Besteuerung liege daher auch dann vor, wenn im anderen Staat nach dem dort geltenden Tarif auch unter Einbeziehung der fraglichen Einkünfte keine Steuer festzusetzen sei, da die Einkünfte insgesamt nicht höher als der Grundbetrag seien.[716] Nach Auffassung des Verwaltungsangehörigen *Krabbe* sei auch im Falle des DBA-Italiens[717] eine „vernünftige Auslegung" angebracht: Natürlich führe ein Verlust nicht zur Festsetzung von Steuern, aber eine „Besteuerung" im Sinne der Klausel liege auch dann vor, wenn der Verlust in Italien im Wege des Verlustausgleichs oder der Verlustvortrags berücksichtigt worden sei.

„Rückfallklauseln" sollen die doppelte Nichtbesteuerung von Einkünften verhindern. Zweck dieser Normen sei es nicht, das Besteuerungsrecht des Ansässigkeitsstaats abweichend von den Verteilungsnormen des Abkommens zu Lasten des anderen Staates zu erweitern. Besonderheit der Verwaltungsauffassung ist, dass es sich dabei für Zwecke der Steueranrechnung nach § 34c EStG nicht um Einkünfte aus dem anderen Staat, sondern um inländische Einkünfte handele. § 34c Abs. 6 EStG verweise nämlich insoweit auf das jeweilige DBA, und die Rückfallklausel fingiere, dass Einkünfte nur dann aus dem anderen Staat stammen, wenn sie dort besteuert werden.[718]

cc) Kritik in der Literatur

In der Literatur werden die Annahmen der Rechtsprechung und der sich ihr anschließenden Finanzverwaltung überwiegend kritisiert. Die sogenannten „Rückfallklauseln" seien nicht wie „subject-to-tax"-Klauseln zu verstehen, vielmehr

[715] OFD Düsseldorf, Vfg. v. 11.12.1996, IStR 1997, 53; ebenso OFD Frankfurt am Main, Vfg v. 18.12.1998, FR 1999, 277.

[716] OFD Düsseldorf, Vfg. v. 11.12.1996, IStR 1997, 53.

[717] KRABBE, Freistellung und Mißbrauchsbekämpfung, in VOGEL/WASSERMEYER, Freistellung im Internationalen Steuerrecht, S. 39 ff. Nach dem Schlussprotokoll zum DBA-Italien in Ziff 16 Buchst. d) gelten Einkünfte einer in einem Vertragsstaat ansässigen Person nur dann als aus dem anderen Vertragsstaat stammend, wenn sie im anderen Vertragsstaat „effektiv"" besteuert worden sind. Diese Formulierung ist wesentlich eindeutiger gefasst als in den anderen DBA, die nach den genannten Verwaltungsverfügungen „Rückfallklauseln" enthalten.

[718] OFD Düsseldorf, Vfg. v. 11.12.1996, IStR 1997, 53; OFD Münster, Vfg.v. 22.1.1997, FR 1997, 503; OFD Koblenz, Vfg. v. 21.8.1997, Wpg 1997, 725.

handele es sich hierbei um „Quellenregelungen", die aus dem angloamerikanischen Steuerabkommensrecht stammten (sog. „deemed source rules") und eine ganz andere Funktion erfüllten.[719]

Menck fordert, von der „Rückfallklausel" nur Gebrauch zu machen, wenn der andere Vertragsstaat durch besondere - insbesondere nicht in seinem Einflussbereich liegende - Umstände daran gehindert sei, das ihm nach den Verteilungsnormen zustehende Besteuerungsrecht zu verwirklichen. Gründe dafür könnten sein, dass der Steuerpflichtige die Einkünfte nicht erklärt habe oder ein Steuerabzug vom Schuldner der Einkünfte zu Unrecht nicht vorgenommen worden sei.[720]

Nach *Jacob* hat sowohl die Quellenregelung in Art. 23 Abs. 2 letzter Satz als auch die „switch-over clause" in Ziff. 21 des Protokolls zum DBA-USA 1989 die Zielrichtung, das Ausnutzen von Zurechnungs- und Qualifikationskonflikten zu erschweren, indem unter bestimmten Voraussetzungen ohne DBA-Änderung von der Freistellungs- auf die Anrechnungsmethode übergegangen werden könne. Die „enge Auslegung" durch die Finanzverwaltung - also die strikte Auslegung der Quellenregelung als „Rückfallklausel" zur Beendigung der Vermeidung virtueller Doppelbesteuerung - sei eine Überinterpretation des Art. 23 Abs. 2 letzter Satz DBA-USA. Eine derartige Bewertung dieser Norm führe in bestimmten Fallgruppen entweder zu „sachwidrigen Vergünstigungen oder zu einem overkill". Beides sei durch eine teleologische Reduktion der Bestimmung zu beseitigen. Unklar sei beispielsweise der Umgang mit ausländischen Verlusten, diese gehörten bei „enger Auslegung" der Quellenregelung in Art. 23 Abs. 2 nicht zu den Einkünften aus US-Quellen. Ungeklärt sei zudem das Verhältnis innerstaatlicher Quellenregelungen wie § 34d EStG und derjenigen der Doppelbesteuerungsabkommen (hier insbesondere des DBA-USA 1989). Entscheidende Frage sei mithin, ob die DBA-Quellenregelung allein relevant zur Bestimmung ausländischer Einkunftsquellen sei oder ob sie innerstaatliche Grundsätze zur Bestimmung der Einkunftsquellen lediglich ergänze; letztere Alternative wird als „weite Auslegung" bezeichnet. Seiner Auffassung nach besteht zwischen Abkommensrecht und innerstaatlichem Recht ein Verhältnis der Spezialität und Subsidiarität, wonach die Grundsätze des § 34d EStG hilfsweise herangezogen werden müssen, wenn die DBA-Vorschriften nicht zu vernünftigen Ergebnisse führen. Läge nach „enger Auslegung" also ein Verlust vor, so wäre kein „Besteuern" im Sinne des Art. 23 Abs. 2 letzter Satz DBA-USA gegeben, obwohl Betriebstättenverluste (im von ihm gebildeten Beispiel) Eingang in die US-Bemessungsgrundlage fänden, da sie Gewinne mindern kön-

[719] Eingehend die Herkunft der „deemed source rule" untersucht hat VOGEL, in IStR 1997, Beihefter zu Heft 24/97.
[720] MENCK, in Intertax 1982, 417.

nen. Da die DBA-Regelung in diesen Fällen keine Anworten auf die Frage gibt, ob bei Verlusten eine Quelle vorliegt, sei auf innerstaatliche Grundsätze schon wegen Art. 3 Abs. 2 DBA-USA zurückzugreifen. § 34d EStG müsse daher als umfassende innerstaatliche Definition der ausländischen Einkünfte angesehen werden und habe über die Anwendungsfälle des § 34c Abs. 1 EStG hinaus allgemeine Bedeutung. Gemäß § 34d EStG handele es sich jedoch auch bei Verlusten um ausländische, also aus den USA stammende Einkünfte, die von der Besteuerung freizustellen seien.[721]

Nach anderer Auffassung („*Da*") ist die Regelung in Art. 23 Abs. 3 DBA-Kanada keine gesonderte Vorschrift zur Verhinderung einer „Keinmal-Besteuerung", sondern stellt lediglich eine Detailregelung im Zusammenhang mit den Maßnahmen zur Vermeidung der Doppelbesteuerung dar. Im übrigen sei in der vergleichbaren Regelung des DBA-USA 1989 Art. 23 Abs. 2 letzter Satz i.V.m. der Gesetzesbegründung klargestellt, dass es bei der Beurteilung, ob Gewinn oder Einkünfte in Übereinstimmung mit dem DBA besteuert würden, nicht darauf ankomme, ob hierbei eine Steuer anfällt oder nicht.[722] Die Neuregelung des Art. 23 Abs. 3 DBA-Kanada 1981 komme nur zur Anwendung, wenn Einkünfte wegen eines Qualifikationskonfliktes unbesteuert bleiben würden.[723]

In einer Anmerkung zum BFH-Urteil v. 11.6.1996 nennt auch *Wassermeyer* die Regelung in Art. 23 Abs. 2 letzter Satz DBA-USA eine „subject-to-tax-clause", die in Ziff. 21 des Protokolls zum DBA-USA v. 29.8.1989 näher erläutert werde.[724] Er unterstützt die BFH-Entscheidung darin, dass Ziff. 21 des Protokolls nicht als Einschränkung sondern als Ergänzung des Art. 23 Abs. 2 letzter Satz DBA-USA zu verstehen sei, da es wenig Sinn mache, im DBA eine Regelung zu verankern, die durch ein Protokoll eingeschränkt werde. Seiner Auffassung nach kommt es für ein Eingreifen der „subject-to-tax-clause" nicht darauf an, dass die in Ziff. 21 des Protokolls genannten Voraussetzungen Buchst. a) und b) erfüllt sind, also insbesondere ein Verständigungsverfahren nach Art. 25 DBA-USA erfolglos war. Ein Rückfall des Besteuerungsrechts träte demnach ein, wenn aus welchen Gründen auch immer - beispielsweise wegen Nichtabgabe einer Steuererklärung - eine Nichtbesteuerung der Einkünfte in den USA eintritt. Nicht abschließend bewertet wird die Frage, ob bei nur teilweiser Versteuerung der Einkünfte eines mehr als 183 Tage entsandten Arbeitnehmers im Entsendeland das Besteuerungsrecht an die Bundesrepublik zurückfällt. Seiner Auffassung nach enthalten Art. 23 Abs. 2 letzter Satz DBA-USA bzw. Art. 23

---

[721] JACOB, in DStZ 1992, 669 (672).

[722] DA, in IStR 1994, 166; vgl. ebenfalls die Denkschrift zum DBA-USA, zu Artikel 23, BT-Drucks. 11/6530, S. 39 (46).

[723] Ebenso HAUCK, in Intertax 1996, 52 (55).

[724] WASSERMEYER, in IStR 1996, 537.

Abs. 3 DBA-Kanada nur eine Positivregelung darüber, wann Einkünfte aus dem anderen Vertragsstaat stammen.[725] Daraus dürfe nicht der Umkehrschluss gezogen werden, dass Einkünfte nicht aus dem anderen Vertragsstaat stammen, wenn sie dort nicht besteuert werden. Es handele sich lediglich um ein Schutzinstrument zur Vermeidung einer doppelten Steuerfreistellung bzw. einer doppelten Steuerbelastung von Einkünften. Art. 23 Abs. 3 DBA-Kanada bewirke unstreitig, dass der Wohnsitzstaat im Fall der tatsächlichen Besteuerung durch den Quellenstaat an dessen abkommensrechtliche Zuordnung der Einkünfte im Rahmen der Freistellungsmethode nach Art. 23 Abs. 2 Buchst. a) oder im Rahmen der Anrechnungsmethode nach Art. 23 Abs. 1 und Abs. 2 Buchst. b) gebunden sei. Eine abweichende Beurteilung dieser Einkünfte durch den Ansässigkeitsstaat komme daher nicht mehr in Betracht, ein Qualifikationskonflikt werde daher durch Art. 23 Abs. 3 DBA-Kanada ausgeschlossen. Darüber hinaus enthalte Art. 23 Abs. 3 DBA-Kanada keine „Rückfallklausel", dies würde im Ergebnis in den meisten Fällen eine Aufteilung nach Einkunftsarten erforderlich machen, die zu erheblichen praktischen Problemen führen würde.[726] Die „Quellenregel" beschränke sich daher auf die Bindungswirkung der Zuordnung der Einkünfte durch den besteuernden Quellenstaat gegenüber dem Wohnsitzstaat.

Hey nennt die BFH-Auslegung v. 11.6.1996 von Art. 23 Abs. 2 letzter Satz DBA-USA systematisch unbefriedigend, da sie zu einem Konflikt mit der Bestimmung in Ziff. 21 Buchst. a) des Protokolls zum DBA-USA v. 29.8.1989 führe.[727] Dessen Anwendung von Ziff. 21 des Protokolls sei jedoch an die Voraussetzung geknüpft, dass Einkünfte in den beiden Vertragsstaaten „unterschiedlichen Abkommensbestimmungen zugeordnet oder verschiedenen Personen zugerechnet werden". Ferner müsse ein Verständigungsverfahren im Sinne von Art. 25 DBA-USA stattgefunden haben, das erfolglos verlief. Ein Versagen

---

[725] WASSERMEYER, in IStR 1998, 84, Anmerkung zum BFH-Urteil v. 27.8.1997, BStBl. II 1998, 58.

[726] WASSERMEYER in DEBATIN/WASSERMEYER, Doppelbesteuerung, Art. 23 DBA-Kanada, Rz. 143. Einen derart ablehnenden Standpunkt gegen die herrschende Auffassung von BFH und Verwaltung bezieht WASSERMEYER noch nicht in der Kommentierung zu Art. 23 DBA-USA, Rz.32.

[727] HEY, in RIW 1997, 82, Anmerkung zum BFH-Urteil v. 11.6.1996, BStBl. II 1997, 117. Dies belegt er anhand von Fällen aus der Praxis, beispielsweise wenn aufgrund besonderer nationaler Sonderabscheibungsvorschriften ein Verlust im Ausland zustande kommt, während in Deutschland ein Gewinn ermittelt worden wäre, eine US-Betriebstätte mehrere Jahre Verlust macht bevor sie Gewinn erzielt, Teile eines Betriebstättengewinns im Ausland aufgrund innerstaatlichen Steuerrechts steuerfrei gestellt sind oder eine „allowance" eines Arbeitnehmers bis zu einem bestimmten Betrag steuer- und sozialabgabenfrei ist. In allen genannten Fällen komme man entsprechend des BFH-Urteils v. 11.6.1996 zum Ergebnis, dass keine Besteuerung im Ausland vorliege und man demnach von der Freistellungs- auf die Anrechnungsmethode übergehe.

des Abkommensschutzes nach Art. 23 Abs. 2 letzter Satz DBA-USA wegen tatsächlichen Ausfalls der Besteuerung in den USA oder auf Grund nationaler Befreiungsvorschriften beraube Ziff. 21 Buchst. a) des Protokolls seines Anwendungsbereiches und setze sich über den Willen der Vertragsstaaten hinweg, ein Überwechseln auf die Anrechnungsmethode nur unter bestimmten Tatbestandsvoraussetzungen zuzulassen.

Nach *Grotherr* handelt es sich bei den als „Rückfallklauseln" bezeichneten Abkommensvorschriften schon von der ursprünglichen Zwecksetzung nicht um Normen zur Sicherstellung des deutschen Besteuerungsanspruches im Falle einer drohenden Nichtbesteuerung von Einkünften, sondern um „abkommensrechtliche Quellenregeln" bei der Anwendung der Anrechnungsmethode.[728] Diese haben seiner Auffassung nach eine doppelte Funktion:

Erstens soll die im Quellenstaat erhobene Steuer im Wohnsitzstaat einer Person vielmehr selbst dann anrechenbar sein, wenn die Einkünfte nach den innerstaatlichen Rechtsvorschriften des Wohnsitzstaates (in Deutschland wäre dies § 34d EStG) als nicht aus dem anderen Vertragsstaat stammend gelten. *Zweitens* soll die „abkommensrechtliche Quellenregel" eine doppelte Nichtbesteuerung verhindern, indem das Besteuerungsrecht des Wohnsitzstaates durch das Abkommen dann nicht eingeschränkt werde, wenn der andere Vertragsstaat von dem ihm nach den Verteilungsregeln eingeräumten Besteuerungsrecht für die jeweilige abkommensrechtliche Einkunftsart keinen Gebrauch mache.[729]

Er unterscheidet ferner zwischen den „Rückfallklauseln" in Art. 23 Abs. 2 letzter Satz DBA-USA und Art. 23 Abs. 3 DBA-Kanada sowie den „switch-over-clauses" in Ziff. 21 des Protokolls USA sowie Ziff. 13 des Protokolls zum

---

[728] GROTHERR, in IWB, Fach 3 Deutschland, Gruppe 2, S. 691.

[729] Zu beachten sei dabei jedoch, dass ein Rückfall des Besteuerungsrechts durch Ersatz der Freistellungs- durch die Anrechnungsmethode nur dann in Betracht komme, wenn sich nicht schon aus den Verteilungsnormen (vgl. Art. 6 bis 22 OECD-MA) ein ausschließliches Besteuerungsrecht des Quellenstaates ergebe. So sieht das OECD-Musterabkommen für Gewinne aus dem Betrieb von Schiffen oder Luftfahrzeugen im internationalen Verkehr sowie aus dem Betrieb von Binnenschiffen nach Art. 8 Abs. 1 und 2, für Gewinne aus der Veräußerung von Seeschiffen oder Luftfahrzeugen im internationalen Verkehr nach Art. 13 Abs. 3 sowie bei Vergütungen und Ruhegehältern aus dem öffentlichen Dienst nach Art. 19 Abs. 1 Buchst. a) und Abs. 2 Buchst. b) ein ausschließliches Besteuerungsrecht des Quellenstaates vor. So wäre beispielsweise im Falle einer Rückfallklausel in der Vermeidungsnorm des DBA-Frankreich ein Übergang von der Freistellungs- auf die Anrechnungsmethode bei der Besteuerung von Einkünften aus unselbständiger Arbeit nicht möglich, da Art. 13 Abs. 1 Satz 1 ein ausschließliches Besteuerungsrecht des Tätigkeitsstaates hier festschreibt. Vgl. die insoweit eindeutige Formulierung des Art. 13 Abs. 1 Satz 1 DBA-Frankreich: „Einkünfte aus nichtselbständiger Arbeit *können* vorbehaltlich der Vorschriften der nachstehenden Absätze *nur in dem Vertragsstaat besteuert werden*, in dem die persönliche Tätigkeit, aus der die Einkünfte herrühren, ausgeübt wird." (Hervorhebung nur hier).

DBA-Kanada, die lediglich bei Qualifikations- oder Zurechnungskonflikten zur Anwendung kämen. Auf die Voraussetzungen der „switch-over-clauses" in den Protokollen komme es für die Anwendung der „Rückfallklauseln" nicht an, es bestehe noch nicht einmal ein Regelungszusammenhang.[730] Die „Rückfallklausel" sei als „ultima ratio" der Abkommensanwendung zu sehen, die nur im bestimmten Fällen einen Sinn mache, um Ungerechtigkeiten bei der Vermeidung der Doppelbesteuerung zu vermeiden. Beispielsweise solle dem Steuerpflichtigen durch die Nichtabgabe einer Steuererklärung im Quellenstaat oder aus Versehen der ausländischen Steuerbehörden, durch die Anwendung der Freistellungsmethode von deutscher Seite kein steuerlicher Vorteil erwachsen.[731] Die eingefügte Formulierung „...wenn sie in Übereinstimmung mit diesem Abkommen ... besteuert werden" in den „Rückfallklauseln" sowohl im DBA-USA als auch im DBA-Kanada bedeutet seiner Auffassung nach, dass die Gewinne dort nach den abstrakten steuerlichen Rechtsvorschriften einer Besteuerung unterliegen müssen. Der Ausdruck „besteuert werden" habe jedoch eine doppelte Bedeutung: Es müsse nicht nur eine abstrakte Steuerpflicht für die jeweilige abkommensrechtliche Einkunftsart bestehen, die Besteuerung müsse sich auch konkretisieren, die betreffenden Einkünfte müssten also auch tatsächlich in eine Besteuerung einbezogen werden. Zu einer Steuerzahlungspflicht müsse es dabei jedoch nicht kommen. Der Quellenstaat dürfe also nicht - beispielsweise durch die Nichtabgabe einer Steuererklärung - an der Besteuerung gehindert sein.

Nicht geteilt wird die Auffassung der Finanzverwaltung, die offensichtlich vertrete, der „Quellenregel" sei negativ zu entnehmen, dass bei Nichtausübung der Besteuerungsrechte des Quellenstaates stets inländische Einkünfte für die deutsche Besteuerung anzunehmen seien, wodurch die Freistellung bzw. Anrechnung entfalle. Es sei vielmehr davon auszugehen, dass bei einer abkommensgerechten Besteuerung des anderen Vertragstaats (Quellenstaat) die innerstaatlichen Quellenregeln des § 34d EStG nicht zum Tragen kommen (Anrechnungs-

---

[730] Insofern würden die „Rückfallklauseln" in den DBA auch nicht von den „subject-to-tax-clauses" in den Protokollen ergänzt, wie dies der BFH in seinem Urteil v. 11.6.1996 feststellte.

[731] Auf die in dem Beitrag enthaltene detaillierte Zusammenstellung der Ursachen, wegen derer eine Nichtbesteuerung im Quellenstaat vorliegen kann, sei hier lediglich verwiesen. Beispielhaft zu nennen sind: Die Einkünfte sind nach den Vorschriften des anderen Staates nicht steuerbar (vergleichbar privater Veräußerungsgewinn), sachliche Steuerbefreiung der Einkünfte aufgrund innerstaatlicher oder DBA-Vorschriften (bei Dreieckssachverhalten), Ausbleiben einer tatsächlichen Besteuerung auf Grund von Freibeträgen oder Freigrenzen, Nichtüberschreitung des persönlichen Grundbetrages, Nichtabgabe einer Steuererklärung, Nichtdeklarierung bestimmter Einkünfte, Versehen oder Rechtsfehler der ausländischen Steuerbehörden, Eintreten der Festsetzungsverjährung, keine Konkretisierung der Steuerzahlungspflicht wegen besonderer Sonderabschreibungsvorschriften, Neutralisierung von Gewinnen durch anderweitige Verluste etc.

fall). Bei einer Nichtbesteuerung der abkommensrechtlichen Einkunftsart im anderen Vertragsstaat ergäben sich hingegen aus dem Abkommen keine Beschränkungen für den Wohnsitzstaat Deutschland, auf die für die Bestimmunge der Quelle der Einkünfte einschlägige Vorschrift des § 34d EStG zurückzugreifen.

Vogel lehnt „Rückfallklauseln" als einheitliche Kategorie von Abkommensbestimmungen in den deutschen DBA ab. Im Ergebnis bejaht er im Gegensatz zur Verwaltung nur im Fall des Art. 24 DBA-Italien 1989 i.V.m. Ziff. 16 Buchst. b) des Protokolls eine „subject-to-tax"-Klausel. Der Begriff der „Rückfall"-Klausel sei vorschnell gebildet worden, dies beruhe zumindest teilweise auf ungenauem Lesen von Abkommenstexten und einer unzureichenden Berücksichtigung der zur Zeit des jeweiligen Abkommensschlusses bestehenden Abkommen der Vertragsstaaten. Er belegt dies mit einer eingehenden Untersuchung verschiedener „Rückfallklauseln": Im Falle des Art. 23 Abs. 3 i.V.m. Abs. 2 DBA-Neuseeland lasse sich nichts dafür herleiten, dass nur in Neuseeland besteuerte Einkünfte in Deutschland freizustellen wären. Die Definition von „Quelle" in Art. 23 Abs. 3 beziehe sich nur auf die Anrechnung in Neuseeland, da lediglich im Abs. 1 dieser Begriff enthalten sei; dieser beziehe sich ausschließlich auf Ansässige in Neuseeland. Zum DBA-Kanada weist er auf einen Widerspruch in der Konstellation des Art. 23 Abs. 2 Buchst. a) hin (in dem es heißt, dass „... von der Bemessungsgrundlage der deutschen Steuer die Einkünfte aus *Quellen* innerhalb Kanadas und die in Kanada gelegenen Vermögenswerte ausgenommen werden, die ... *besteuert werden können...*"[732]) und der „Quellenklausel" in Abs. 3 hin (in der es heißt: „Für Zwecke dieses Artikels gelten Gewinne oder Einkünfte einer in einem Vertragsstaat ansässigen Person *als aus Quellen innerhalb des anderen Vertragsstaats stammend*, wenn sie in Übereinstimmung mit diesem Abkommen im anderen Vertragsstaat *besteuert werden.*"[733]). Verstehe man „besteuert werden" auf Grund der gewöhnlichen Bedeutung als „besteuert werden können", so wäre der Widerspruch zwar ausgeräumt, die Klausel hätte jedoch keinerlei „subject-to-tax"-Wirkung mehr. Folge man dem nicht, so könne lediglich Art. 23 Abs. 2 Buchst. a) noch als lex specialis zur Quellendefinition in Abs. 3 angesehen werden, was jedoch zum gleichen Ergebnis führt. Der gleiche Widerspruch ergebe sich bei Art. 23 Abs. 2 DBA-USA, *Vogel* schlägt vor, die Formulierung in der Quellendefinition in Art. 23 Abs. 2 letzter Satz „...besteuert werden" als „besteuert werden können" auszulegen. Somit entfalte die „Quellenregel" auch hier keine Rückfallwirkung. Im Gegensatz dazu sei die Fomulierung im DBA-Italien eindeutig: Nach Ziff. 16 Buchst. d) des Protokolls gelten „für die Zwecke des Artikels 24 Absatz 3 Buchstabe a .. die Einkünfte einer in einem anderen Vertragsstaat ansässigen Person als aus dem

[732] Hervorhebung nur hier.
[733] Hervorhebung nur hier.

anderen Vertragsstaat stammend, wenn sie im anderen Vertragsstaat in Übereinstimmung mit dem Abkommen *effektiv besteuert worden sind*"[734]. Insbesondere durch den Begriff „effektiv" werde die Unschärfe des - in anderen Abkommen enthaltenen - „besteuert werden" genommen. Es ergebe sich wegen der nach internationalem Verständnis geltenden Spezialität des Protokolls vor dem Abkommen auch kein Widerspruch zu Art. 24 Abs. 3 Buchst. a) des DBA. Insofern sei hier eine echte „subject-to-tax"-Klausel gegeben. Bei den von der Verwaltung als „Rückfall"-Klauseln enthaltend bezeichneten DBAs mit Norwegen, Schweden und Dänemark würden sich vergleichbare Widersprüchlichkeiten ergeben wie bereits oben zum DBA-USA und DBA-Kanada aufgezeigt.[735]

Lampe lehnt eine Relativierung der generell von Deutschland in seinen DBA gewährten Freistellung von Auslandseinkünften über die „Rückfallklausel" ab.[736] Dies sei nicht der Wille der Abkommenspartner. Wenn Deutschland beabsichtigt hätte, über Umwege zur Anrechnungsmethode überzugehen, hätten sie dies vereinbart. Der Umkehrschluss aus den Quellenregelungen, das Besteuerungsrecht nur dann im anderen Staat zu belassen, wenn dort eine positive Steuerzahlungspflicht entstehe, gehe daher zu weit. Gefordert wird darüber hinaus eine teleologische Reduzierung, die jedwede „Besteuerung" im anderen Staat anerkennt, solange kein abkommensbezogener Missbrauch oder eine von den Abkommensparteien unvorhergesehene Doppelfreistellung vorliege. Somit würden alle ausländischen Einkünfte erfasst, die der Steuerpflichtige nicht deklariert hat.

b) Stellungnahme

Jacob ist zuzustimmen, dass § 34d EStG grundsätzlich als umfassende innerstaatliche Definition ausländischer Einkünfte anzusehen ist. Ob diese Regelung über Anwendungsfälle des § 34c EStG hinausgeht und stets auch das Recht der Doppelbesteuerungsabkommen ergänzt, ist jedoch zweifelhaft. Weder der Wortlaut des § 34d EStG lassen sich dafür anführen, noch die Systematik des § 34c EStG. Die innerstaatliche Quellenregelung des § 34d EStG bezieht die Aufzählung „ausländischer Einkünfte" explizit auf § 34c Abs. 1 bis 5 EStG. In diesen Absätzen des § 34c EStG sind die unilateralen Methoden zur Vermeidung internationaler Doppelbesteuerung normiert: Steueranrechnung, Steuerabzug, Steuerpauschalierung bzw. -erlass. Nach § 34c Abs. 6 EStG sind die Abs. 1 bis 3 jedoch nicht anzuwenden, wenn Einkünfte aus einem ausländischen Staat stammen, mit dem ein Doppelbesteuerungsabkommen abgeschlossen wurde. § 34c Abs. 6 Satz 2 EStG macht davon nur eine Ausnahme, wenn nach dem Ab-

[734] Hervorhebung nur hier.
[735] VOGEL, in IStR 1997, Beihefter zu Heft 24/97.
[736] LAMPE, in IWB, Fach 3 Deutschland, Gruppe 2, S. 773.

kommen im konkreten Fall die Anrechnungsmethode vorgesehen ist. In diesen Fällen könne § 34c Abs. 1 Satz 2 und 3 sowie Abs. 2 entsprechend auf die anzurechnende Steuer angewandt werden bei Vorrangigkeit der DBA-Regeln. Es ist also nach der jeweiligen DBA-Regelung ein Höchstbetrag der Anrechnung sowie der anrechenbaren ausländischen Steuer zu ermitteln. Zur Auslegung des Begriffs „stammen" in § 34c Abs. 6 Satz 1 EStG ist ein Rückgriff § 34d EStG auf Grund dessen eindeutigen Wortlauts und der Systematik von §§ 34c und 34d EStG im Verhältnis zum Recht der Doppelbesteuerungsabkommen m.E. jedoch unzulässig. Diese sind nach § 2 AO als leges speciales im Verhältnis zu den §§ 34c und 34d EStG anzusehen. Vorrangig sind zunächst die in den DBA enthaltenen Quellenregelungen.[737] Ein Rückgriff auf § 34d EStG als umfassende innerstaatliche Quellendefinition im Wege der Analogie auch für das Recht der Doppelbesteuerungsabkommen käme jedoch nur bei einer Regelungslücke in Betracht.

Nach den überzeugenden Ausführungen von *Grotherr*, *Vogel* und *Lampe* handelt es sich bei den von der Finanzverwaltung als „Rückfallklauseln" bezeichneten Normen jedoch in erster Linie um „Quellenregeln", die abkommensrechtlich ausländische Einkunftsquellen abschließend definieren und somit zur Sicherstellung der Anrechnungsmethode dienen, falls eine innerstaatliche Norm eine derartige Klassifizierung versagt. Die entsprechende innerstaatliche Norm ist in Deutschland in § 34d EStG enthalten. Grundsätzlich ist also die Frage, ob ausländische Einkünfte vorliegen, anhand des Numerus Clausus der aufgezählten Einkunftsarten in dieser Regelung zu beantworten. Im Falle der Doppelbesteuerungsabkommen, die die Frage, wann Einkünfte oder Gewinne aus Quellen des ausländischen Staates stammen oder als stammend anzusehen sind, selbst beantworten, ist ein Rückgriff auf die innerstaatliche Quellenregelung überflüssig, wenn diese Norm den Regelungsbereich der innerstaatlichen Quellenregelung ebenfalls abdeckt. Dann wären die Quellenregelungen spezieller. Nach *Jacob* geben diese Normen jedoch auf die Frage, wie beispielsweise ausländische Verluste zu behandeln sind, keine vernünftige Antwort. Verluste unterlägen keiner tatsächlichen Besteuerung und würden damit nicht im Sinne der Quellenregelungen der DBA „in Übereinstimmung mit diesem Abkommen ... besteuert werden", wie es im DBA-USA heißt. Stimmt man dieser Auffassung zu, so könnte man wirklich von einer Regelungslücke in den DBA ausgehen, da Einkünfte nach dem geltenden innerstaatlichen Einkunftsbegriff Einnahmen abzüglich Werbungskosten sind, demnach Verluste auch als Einkünfte anzusehen sind. Würde man Verluste also nicht als in Übereinstimmung mit dem jeweiligen Abkommen als besteuert ansehen, bestünde eine Regelungslücke im Recht

[737] Diese Auffassung wird ebenfalls vertreten von PROBST in HERRMANN/HEUER/RAUPACH, Einkommensteuer- und Körperschaftsteuergesetz, § 34c EStG, Rz. 200, 219; a.A. FLICK/WASSERMEYER/BAUMHOFF, Außensteuerrecht, § 34c EStG, Rz. 296.

der Doppelbesteuerungsabkommen. Ein Weiterdenken an die Heranziehung des § 34d EStG als für das DBA-Recht geltende umfassende innerstaatliche Definition ausländischer Einkünfte im Wege der Analogiebildung wäre zulässig. Gleiches gilt für den Fall, dass es im Sinne der Quellenregelung nicht zu einer Besteuerung im Quellenstaat kommt.

Daher ist zu untersuchen, was unter „besteuert werden im Übereinstimmung mit diesem Abkommen" letztlich zu verstehen ist. *Grotherr* hat eine vernünftige Lösung aufgezeigt, die dem dargestellten Zweck der Quellenregelung entspricht und auch zu sinnvollen Ergebnissen führt. Einkünfte und Gewinne müssen demnach zum einen nach den abstrakten steuerlichen Vorschriften einer Besteuerung im Quellenstaat unterliegen, eine Steuerpflicht bezüglich dieser Einkünfte oder Gewinne muss also bestehen. Zum anderen ist jedoch eine gewisse Konkretisierung erforderlich, um Missbrauchs- und Hinterziehungsfälle auszuschließen. Diese beinhaltet auch den oft genannten Fall einer nicht abgegebenen Steuererklärung oder einer irrtümlich fehlerhaften Festsetzung durch die ausländischen Steuerbehörden. Im Wesentlichen wird diese Auffassung auch vom BFH und der Finanzverwaltung geteilt. „In Übereinstimmung mit diesem Abkommen besteuert werden" ist also in einem umfassenden Sinne auszulegen und beinhaltet das Unterliegen der Einkünfte unter eine abstrakte ausländische Steuerpflicht sowie eine Konkretisierung dieser Steuerpflicht durch Einbeziehung der Einkünfte in eine Veranlagung oder sonstige Steuererhebung. Dies beinhaltet auch Steuerbefreiungen für bestimmte Einkunftsteile, das konkrete ausländische Steuerrecht ist damit gewissermaßen maßgeblich für die Frage, ob eine Besteuerung im Sinne des Abkommens vorliegt. Entscheidend ist, dass der jeweilige Einkunftsteil im Sinne der dargelegten „weiten" Auffassung besteuert wurde. Durch die Quellenregel soll die grundsätzlich vereinbarte Freistellungsmethode nicht unterlaufen werden. Somit kann die Abgabe einer Steuererklärung, in der die fraglichen Einkünfte angegeben wurden, als ausreichende Bedingung einer Konkretisierung angesehen werden.

Beschränkt man die von der Finanzverwaltung geforderte Rechtsfolge der „Rückfallklauseln" bzw. „Quellenregelungen", in denen das Besteuerungsrecht vom Quellenstaat an den Ansässigkeitsstaat zurückfällt, auf die genannten Ausnahmefälle (wie eine nicht abgegebene Steuererklärung oder nichtdeklarierte Einkünfte), so stellt sich dennoch die Frage, wie diese Art der Einkünfte in solchen Ausnahmesituationen steuerlich zu behandeln sind. M.E. kann der Verwaltungsauffassung, dass bei Einkünften, die auf Grund dieser Normen der deutschen Besteuerung unterliegen, es sich „für Zwecke der Steueranrechnung nach § 34c EStG nicht um Einkünfte aus dem anderen Staat"[738], sondern um

[738] Vgl. OFD Düsseldorf, Vfg. v. 11.12.1996, IStR 1997, 53; OFD Münster, Vfg.v. 22.1.1997, FR 1997, 503; OFD Koblenz, Vfg. v. 21.8.1997, Wpg 1997, 725.

inländische Einkünfte handele, nicht gefolgt werden. Vielmehr ist bei Nichtvorliegen einer Besteuerung in Übereinstimmung mit den Vorschriften des jeweiligen DBA die schon oben verlangte Regelungslücke gegeben, die auf Grund vergleichbarer Interessenlage eine analoge Anwendung des § 34d EStG erlaubt und diese Norm als umfassende innerstaatliche Definition der ausländischen Einkünfte wiederaufleben lässt, wie dies bereits von *Jacob* festgestellt wurde. Insofern liegen hier im Gegensatz zur Verwaltungsauffassung keine inländischen Einkünfte vor, sondern ausländische Einkünfte, die jedoch nach dem Prinzip der Besteuerung des Welteinkommens ebenfalls unbeschränkter Steuerpflicht unterliegen. Vergleichbar ist die Situation mit anderen ausländischen Einkünften aus Staaten, mit denen kein DBA besteht, denn die DBA-Normen entwickeln hier keine Wirkung. Da nach den Abkommensrecht keine Einkünfte aus dem anderen Staat stammen, nach § 34d EStG dies jedoch gegeben ist, bleibt nur noch ein Rückgriff auf die innerstaatliche Norm zur Vermeidung der Doppelbesteuerung, und dies sind § 34c Abs. 1 bis 5 EStG. Diese Einkünfte sind daher entgegen der Auffassung der Finanzverwaltung in die Höchstbetragsrechnung des § 34c Abs. 1 Satz 2 EStG einzubeziehen und erhöhen das mögliche Anrechnungsvolumen.[739]

Zu klären ist auch die Frage des Verhältnisses von „Quellenregeln" in den Methodenartikeln und den Protokollvorschriften, wie sie in Ziff. 13 des Protokolls zum DBA-Kanada, Ziff. 21 des Protokolls zum DBA-USA sowie Ziff. 16 Buchst. d) Protokoll zum DBA-Italien enthalten sind. Die Annahme *Wassermeyers*, diese würden lediglich das DBA ergänzen und könnten DBA-Regelungen nicht einschränken, überzeugt m.E. nicht. Detailregelungen in zusätzlich zu DBAs abgeschlossenen Protokollen machen nur dann einen Sinn, wenn sie in Zweifelsfragen vorrangig zum Abkommenstext sind, da sie in der Regel bestimmte Fragen detailliert erläutern. Sie sind im konkreten Fall als leges speciales anzusehen, ein anderes Verständnis würde den Protokollvorschriften ihren Regelungsbereich entziehen und sich über den Willen der Vertragspartner hinwegsetzen.[740] So entfaltet die Protokollvorschrift Ziff. 16 Buchst. d) zum DBA-Italien - hier ist eine „Quellenregel" verankert - die gleiche Wirkung wie die „Quellenregeln" in den Methodenartikeln. Die in den Protokollen zum DBA-USA und DBA-Kanada angesprochenen Regelungen stehen eigentlich in keinem direkten Zusammenhang mit den „Quellenregeln". Hier sind klassische „switch-over"-Regelungen enthalten, die nur im Falle von Zurechnungs- bzw. Qualifikationskonflikten und nach erfolglosem Verständi-

---

[739] Sehr anschaulich sind die Unstimmigkeiten dieser Verwaltungsauffassung dargestellt in einem Beispiel bei GROTHERR, in IWB, Fach 3 Deutschland, Gruppe 2, S. 689 (716) und JACOB, in DStZ 1992, 669 (674).

[740] Laut VOGEL, in IStR 1997, Beihefter zu Heft 24/97, S. 12 ist dies auch international übereinstimmendes Verständnis.

gungsverfahren einen Übergang von der Freistellungs- zur Anrechnungsmethode durch den Ansässigkeitsstaat ermöglichen.

M.E. sind auch die von *Vogel* kritisierten Formulierungen in den „Quellenregeln" („besteuert werden") und den Methodenartikeln („besteuert werden können", so in Art. 23 Abs. 3 und 23 Abs. 2 Buchst. a) DBA-Kanada sowie Art. 23 Abs. 2 Buchst. a) und Art. 23 Abs. 2 letzter Satz DBA-USA) nicht widersprüchlich. Die in seinem Beitrag[741] am Beispiel des DBA-Kanada vorgenommene Ersetzung des Begriffs Quelle im Methodenartikel durch dessen - ausgelegte - Definition aus der „Quellenregel" „... so ... werden von der Bemessungsgrundlage der deutschen Steuer die Einkünfte [die in Übereinstimmung mit diesem Abkommen in einem anderen Vertragsstaat *tatsächlich* besteuert worden sind] und die in Kanada gelegenen Vermögenswerte ausgenommen, die nach den vorstehenden Artikeln in Kanada besteuert werden können oder nur dort besteuert werden können"[742] beinhaltet nicht zwingend einen Widerspruch. Die Formulierung „besteuert werden können" bezieht sich nur auf die grundsätzliche Möglichkeit der Besteuerung nach den Einkommensartikeln der DBA (entsprechend Art. 6 bis 21 OECD-MA). Diese Möglichkeit der Besteuerung bzw. das ausschließliche Besteuerungsrecht im Quellenstaat ist Grundvoraussetzung für die Anwendung der Methodenartikel, in denen die Vermeidung der Doppelbesteuerung - entweder Freistellung oder Anrechnung der ausländischen Steuer - geregelt ist; sonst würde ja aus Sicht des Ansässigkeitsstaates gar keine internationale Doppelbesteuerung bestehen, die es zu vermeiden gilt. Weitere Bedingung zur Anwendung der - in den genannten DBA - Freistellungsmethode ist die tatsächliche Besteuerung der Einkünfte im Quellenstaat, um als Einkunft aus ausländischen Quellen zu gelten, muss eine Besteuerung erfolgt sein. Ist diese Bedingung nicht erfüllt, scheidet eine Anwendung der Freistellungsmethode nach der genannten DBA-Norm aus. Es bleibt nur noch der Rückgriff auf innerstaatliches Steuerrecht. Versteht man „tatsächliche Besteuerung" bzw. „besteuert werden" im vorgenannten Sinne, ergeben sich keine Widersprüche. Die von

[741] VOGEL, in IStR 1997, Beihefter zu Heft 24/97, S. 8 bis 11.

[742] Art. 23 Abs. 2 Buchst. a) DBA-Kanada lautet: „(2) Bezieht eine in der Bundesrepublik Deutschland ansässige Person Einkünfte oder hat sie Vermögen und können diese Einkünfte oder dieses Vermögen nach diesem Abkommen in Kanada besteuert werden, so wird die Doppelbesteuerung wie folgt vermieden:
a) Unter Beachtung des Buchstabens b werden von der Bemessungsgrundlage der deutschen Steuer die Einkünfte aus Quellen innerhalb Kanadas und die in Kanada gelegenen Vermögenswerte ausgenommen, die nach den vorstehenden Artikeln in Kanada besteuert werden können oder nur dort besteuert werden können; die Bundesrepublik Deutschland berücksichtigt aber bei der Festsetzung des Steuersatzes für die nicht so ausgenommenen Einkünfte oder Vermögenswerte die Einkünfte oder Vermögenswerte, die nach den vorstehenden Artikeln in Kanada besteuert werden können ..." Zur „Quellenklausel" in Art. 23 Abs. 3 DBA-Kanada vgl. FN 709.

der Verwaltung behauptete „subject-to-tax"-Wirkung durch das oben dargestellte Wiederaufleben des deutschen Besteuerungsrechts nach innerstaatlichen Normen ist auf einen geringen Anwendungsbereich reduziert. Auch im DBA-Neuseeland scheint eine Bezugnahme der Quellenregelung in Art. 23 Abs. 3 sowohl auf Ansässige in Neuseeland (geregelt in Abs. 1) als auch Ansässige in der Bundesrepublik (Abs. 2) eher dem Zweck der Norm zu entsprechen. Dies, obwohl der Begriff „Quelle" nur in Abs. 1 verwandt wird und somit auch eine Auslegung vertretbar erscheint, die die Quellenregelung nur auf Ansässige in Neuseeland bezieht. Jedoch wäre es systematisch unsinnig, eine Quellenregelung in einem dritten Absatz festzuschreiben, die sich inhaltlich eindeutig auf die beiden vorherigen Absätze bezieht, die Wirksamkeit für den zweiten Absatz jedoch auf Grund des Fehlens des Begriffs „Quelle" in Abs. 2 zu versagen. Die Formulierung „Einkünfte aus Neuseeland" entspricht vom Sinngehalt voll dem, was unter „Einkünfte ... aus Quellen innerhalb der Bundesrepublik Deutschland ..." gemeint ist. Ähnlich sind die Formulierungen im Art. 23 DBA-Norwegen, hier ist der Begriff „Quelle" jedoch nur in Art. 23 Abs. 2 enthalten, der die Vermeidungsmethode für Ansässige in der Bundesrepublik regelt. Stützen lässt sich diese Argumentation auch auf den Vergleich mit den Formulierungen im DBA-Schweden und DBA-Dänemark, die beide eine „Quellenklausel" enthalten, jedoch im Text der Vermeidungsnorm nicht das Wort „Quelle". Im DBA-Schweden bezieht sich die Quellenregelung allerdings wirklich nur auf Auslandseinkünfte von Ansässigen in der Bundesrepublik, sie ist lediglich in Art. 23 Abs. 1 letzter Satz enthalten und bezieht sich erkennbar ausschließlich auf diese Gruppe von Steuerpflichtigen.

4. Verfahrensfragen bei der Steuererhebung

Ist die Besteuerungszuordnung zum ausländischen Staat von vorneherein absehbar, so empfiehlt sich die Beantragung einer Freistellungsbescheinigung nach § 39b Abs. 6 Satz 1 EStG durch den Arbeitnehmer oder den Arbeitgeber[743] beim Betriebstättenfinanzamt. Zwingend ist diese jedoch nur in den Fällen, in denen das jeweilige DBA die Steuerbefreiung von einer ausdrücklichen Beantragung abhängig macht.[744] Eine antragsabhängige Freistellung der Auslandseinkünfte sehen die DBA mit Frankreich, Großbritannien, Italien und USA vor. Die Freistellungsbescheinigung enthält nach R 123 LStR den Zeitraum, für den sie gilt. Dieser darf drei Jahre nicht überschreiten und soll mit Ablauf des Kalenderjahres enden. Übersteigt der freizustellende Jahresarbeitslohn 20.000 DM bei Auslandstätigkeit innerhalb der EU, so wird die deutsche Finanzverwaltung

[743] Zu den Einzelheiten des lohnsteuerlichen Arbeitgeberbegriffs siehe unten unter Gliederungspunkt D V 3. a), Seite 241 .
[744] BFH v. 22.10.1986, BStBl. II 1987, 171; v. 10.5.1989, BStBl. II 1989, 755.

im Wege des Auskunftsaustausches eine Kontrollmitteilung an die jeweilige Finanzbehörde übersenden.[745]

Wurde bereits Lohnsteuer einbehalten und abgeführt, so kann diese mit Genehmigung des Betriebstättenfinanzamtes vom Arbeitgeber dem Arbeitnehmer wieder erstattet werden. Geschieht dies nicht, bleibt dem Arbeitnehmer ein Erstattungsanspruch im Wege der Veranlagung. Einen Lohnsteuerjahresausgleich darf der Arbeitgeber beim Lohnsteuerabzug für neben den steuerbefreiten Auslandseinkünften möglicherweise erzielten anderen steuerpflichtigen Einkünfte nach § 42b Abs. 1 Nr. 6 EStG nicht durchführen.

V. Einzelheiten bei beschränkter Steuerpflicht im Inland

Wird ein deutscher Arbeitnehmer im Ausland tätig und gibt dabei seinen inländischen Wohnsitz oder gewöhnlichen Aufenthaltes auf, bzw. arbeitet ein lediglich im Ausland unbeschränkt steuerpflichtiger Arbeitnehmer im Inland, kommt eine beschränkte Steuerpflicht unter den besonderen Voraussetzungen der §§ 2 Abs. 1 Nr. 4, 49 Abs. 1 Nr. 4 EStG in Betracht. Zu untersuchen ist daher in erster Linie, ob man bei diesem Arbeitnehmer eine Ausübung der nichtselbständigen Arbeit im Inland oder eine Verwertung dieser Arbeit annehmen kann. Sind die Voraussetzungen der Verwertung einer außerhalb des Geltungsbereichs des EStG ausgeübten nichtselbständigen Tätigkeit erfüllt, so bleiben sie nach R 125 Abs. 3 LStR dennoch außer Ansatz, wenn zwischen der Bundesrepublik Deutschland und dem Wohnsitzstaat ein Doppelbesteuerungsabkommen besteht und nach R 123 LStR der Lohnsteuerabzug unterbleiben darf, sowie in Fällen, in denen nachgewiesen oder glaubhaft gemacht wird, dass von diesen Einkünften in dem Staat, in dem die Tätigkeit ausgeübt worden ist, eine der deutschen Einkommensteuer entsprechende Steuer tatsächlich erhoben wird.[746] Handelt es sich um eine nach dem ATE begünstigte Tätigkeit, kann auf diesen Nachweis verzichtet werden.[747] In der Anlage 8 zu R 212a EStR findet sich das Verzeichnis ausländischer Steuern, die der deutschen Einkommensteuer entsprechen, geordnet nach Staaten und Bezeichnung der jeweiligen Steuer in der Landessprache.[748] Weitere der deutschen Einkommensteuer entsprechende Steuern, die

[745] BMF-Schreiben v. 3.6.1996, BStBl. II 1996, 644.

[746] Nachgewiesen werden kann die Zahlung der ausländischen Steuer durch den Steuerbescheid oder eine Zahlungsquittung.

[747] Für eine Steuerfreistellung nach dem „Auslandstätigkeitserlaß" ist es unerheblich, ob der Steuerpflichtige unbeschränkt oder beschränkt steuerpflichtig ist. Rechtsgrundlage des ATE ist § 34c Abs. 5 EStG für Fälle der unbeschränkten Steuerpflicht sowie § 50 Abs. 7 EStG für Fälle der beschränkten Steuerpflicht.

[748] Dieses Verzeichnis ist auch relevant bei der Anrechnung ausländischer, der deutschen Einkommensteuer entsprechenden Steuern bei § 34c Abs. 1 EStG.

nicht in diesem Verzeichnis enthalten sind, werden erforderlichenfalls vom Bundesministerium für Finanzen festgestellt.

Zu beachten ist die Regelung des § 2 Abs. 7 Satz 3 EStG: „Besteht während eines Kalenderjahres sowohl unbeschränkte als auch beschränkte Einkommensteuerpflicht, so sind die während der beschränkten Einkommensteuerpflicht erzielten inländischen Einkünfte in eine Veranlagung zur unbeschränkten Steuerpflicht einzubeziehen.“ Dies bedeutet in Zuzugs- und Wegzugsfällen während eines Kalenderjahres, dass während der Zeit nichtbestehender unbeschränkter Einkommensteuerpflicht im Inland die unter § 49 Abs. 1 EStG fallenden Einkünfte in die Bemessungsgrundlage der deutschen Steuer eingehen.[749] Gleichermaßen bleiben die während dieser Zeit im Ausland erzielten Einkünfte in Bezug auf die Bemessunggrundlage der Einkommensteuer außen vor.

1. Tatbestände des § 49 Abs. 1 Nr. 4 EStG

a) Ausübung nichtselbständiger Tätigkeit, § 49 Abs. 1 Nr. 4 Buchst. a) Alt. 1 EStG

Grundsätzlich setzt Ausüben nichtselbständiger Tätigkeit ein persönliches aktives oder passives Tätigwerden des Arbeitnehmers im Inland voraus.[750] Unter passivem Tätigwerden kann auch das Unterlassen bestimmter Handlungen, das Einhalten eines Wettbewerbsverbots oder ähnliches gefasst werden. Die nichtselbständige Tätigkeit wird regelmäßig dort ausgeübt, „wo sich die tätige Person physisch aufhält und die Berufstätgkeit persönlich entfaltet” [751], also die Tätigkeit tatsächlich ausgeführt wird.

Bezüglich der Ausübung geistiger Tätigkeit kann auf die Ausführungen oben verwiesen werden, die Feststellung des Gebiets des anderen Staates richtet sich nach den ebenfalls bereits dargestellten völkerrechtlichen Grundsätzen.[752] Die Besonderheiten bei der Feststellung des Arbeitsortes von Geschäftsführern wurden bereits oben behandelt.[753] Grundsätzlich liegt bei Geschäftsführern nach der neuen Rechtsprechung des BFH v. 5.10.1994[754] der Ort ihrer Arbeitsausübung ebenfalls dort, wo sie körperlich anwesend sind. Zur Problematik des

---

[749] Vgl. BUCIEK, in DStR 2001, 819.

[750] ROTH in HERRMANN/HEUER/RAUPACH, Einkommensteuer- und Körperschaftsteuergesetz, § 49 EStG, Rz. 735.

[751] So schon RFH v. 29.1.1935, RStBl. 1935, 759; BFH v. 12.11.1986, BStBl. II 1987, 372; ROTH in HERRMANN/HEUER/RAUPACH, Einkommensteuer- und Körperschaftsteuergesetz, § 49 EStG, Rz. 735.

[752] Vgl. oben unter Gliederungspunkt D II 1. c) aa), Seite 114.

[753] Vgl. oben unter Gliederungspunkt D II 1. c) bb), Seite 115.

[754] BFH v. 5.10.1994, BStBl. II 1994, 95.

Ausübungsorts bei Unterlassen einer Tätigkeit kann ebenfalls auf die bereits oben erfolgten Ausführungen verwiesen werden.[755]

Werden zu einem schriftstellerischen Werk im Ausland schon Kapitel geschrieben, Teile eines architektonischen Plans erstellt oder konkrete Forschungsergebnisse erzielt, ist eine Ausübung der nichtselbständigen Arbeit für diesen Teil des Gesamtwerks anzunehmen und dieser entsprechend seines Anteils an den Gesamteinkünften zu besteuern.[756] Ebenso sind auch Recherchen von Journalisten (bspw. für eine spätere Reportage) zu behandeln, die zu konkreten Ergebnissen führen, die anlässlich einer Auslandstätigkeit erzielt werden. Bloße Vorarbeiten, die noch keinen greifbaren Teil des späteren Gesamtwerks darstellen, sollten jedoch noch nicht als Ausübung der Arbeit gelten.

Bei ins Ausland entsandten Journalisten ist insbesondere zu beachten, dass der Ort maßgebend ist, an dem die schöpferische Leistung erbracht wurde.[757] Bei einer Rufbereitschaft besteht die Tätigkeit des Arbeitnehmers im Sich-zur-Verfügung-Halten und wird am Ort des Aufenthaltes während der Rufbereitschaft ausgeübt.[758]

War ein im Ausland wohnhafter Arbeitnehmer früher im Inland tätig, hat er diese Tätigkeit mittlerweile aufgegeben und erhält nunmehr eine Nachzahlung für die frühere Tätigkeit, so ist § 49 Abs. 1 Nr. 4 Buchst. a) EStG ebenfalls einschlägig. Die Norm bezieht in die beschränkte Steuerpflicht ausdrücklich Arbeitslohn für einen nichtselbständige Tätigkeit ein, die im Inland ausgeübt oder verwertet „worden ist“. Nicht erforderlich ist, dass der Arbeitnehmer im Zeitpunkt der Lohnzahlung im Inland tätig ist und durch den Arbeitslohn die gegenwärtige Tätigkeit abgegolten wird. Entscheidend ist nicht die zeitliche Kongruenz zwischen Lohnzahlung und der im Inland ausgeübten (oder verwerteten) Tätigkeit, sondern alleine der wirtschaftliche Zusammenhang zwischen beiden.[759]

b) Verwertung nichtselbständiger Tätigkeit, § 49 Abs. 1 Nr. 4 Buchst. a) Alt. 2 EStG

Unter „Verwertung" versteht die BFH-Rechtsprechung seit ihren Urteilen vom 12. November 1986[760]und sich ihr anschließend die Finanzverwaltung in R 125

[755] Vgl. oben unter Gliederungspunkt D II. 1. c) cc), Seite 137.

[756] Zur Aufteilung können die zur Einkunftsabgrenzung geltenden Grundsätze für die Freistellung von Arbeitslohn bei DBA herangezogen werden, dazu später mehr.

[757] Vgl. BFH v. 12.11.1986, BStBl. II 1987, 372.

[758] BFH v. 9.9.1970, BStBl. II 1970, 867.

[759] BFH v. 19.12.2001, JURIS-Online.

[760] BFH v. 12.11.1986, BStBl. II 1987, 377; v. 12.11.1986, BStBl. II 1987, 379; v. 12.11.1986, BStBl. II 1986, 381; v. 12.11.1986, BStBl. II 1987, 383.

Abs. 2 Satz 2 LStR einen Vorgang, durch den der Arbeitnehmer das Ergebnis seiner nichtselbständigen (körperlichen oder geistigen) Arbeit seinem Arbeitgeber im Inland zuführt. Dies ergebe sich aus der grammatikalischen Auslegung und dem Gesamtzusammenhang, in dem das Wort „verwerten" stehe. Das Wort „verwerten" könne sich auf einen Gegenstand in dem Sinne beziehen, daß der Wert, der in ihm steckt, herausgeholt wird und zunutze gemacht wird. Eine Verwertung im Inland findet also nur statt, wenn das Arbeitsergebnis ins Inland übertragen und hier verwendet wird.

Unter „Verwerten" im Sinne des § 49 Abs. 1 Nr. 4 EStG kann nur ein Nutzbarmachen gemeint sein, das an einem Ort geschieht, der von dem der Ausübung verschieden ist. Wenn der Gesetzgeber in § 49 Abs. 1 Nr. 4 EStG für das Vorliegen inländischer Einkünfte sowohl an die Ausübung als auch an die Verwertung der nichtselbständigen Arbeit anknüpft, kann sich der Verwertungsbegriff nur auf Fälle beziehen, in denen die nichtselbständige Arbeit an einem Ort verwertet wird, der nicht mit dem der Ausübung übereinstimmt. Zwar stehen beide Tatbestände scheinbar gleichwertig nebeneinander, die historische Auslegung der Vorschrift - so der BFH - ergebe aber, dass für den Verwertungstatbestand kein Raum bleibe, wenn eine selbständige Arbeit im Inland sowohl ausgeübt als auch verwertet werde oder worden sei.[761] Der Verwertungstatbestand habe nur dann eigenständige Bedeutung, wenn eine im Ausland ausgeübte Tätigkeit durch eine zusätzliche Handlung im Inland verwertet würde.[762]

Fraglich ist zudem, wer die Verwertung der nichtselbständigen Arbeit vornehmen muss. Zwar lasse der Wortlaut des § 49 Abs. 1 Nr. 4 EStG („verwertet wird oder worden ist") offen, wen die Vorschrift als Verwerter voraussetzt. Der Gesamtzusammenhang der Vorschrift ergebe aber, dass nur der Arbeitnehmer selbst als Verwerter in Betracht kommt.[763] Besteuerungsobjekt des Verwertungstatbestandes im Sinne von § 49 Abs. 1 Nr. 4 EStG ist somit nicht die Tätigkeit selbst sondern ihr Ergebnis. Es muss also eine eigenständige Nutzung dieses Ergebnisses möglich sein, dies ist in der Regel nur dann der Fall, wenn das Arbeitsergebnis in Form eines körperlichen Gegenstands oder geistigen Produkts vorhanden ist.[764]

Für die konkrete Beurteilung der Tätigkeit von Repräsentanten in Nicht-DBA-Ländern hat der BFH folgende Abgrenzungskriterien aufgestellt: Soweit die Aufgabe eines Repräsentanten darin besteht, im Ausland Ansässige über Pro-

---

761 BFH v. 12.11.1986, BStBl. II 1987, 372.

762 Siehe die sinngleiche Formulierung des R 125 Abs. 2 Satz 2 EStR: „Sie wird im Inland verwertet, wenn der Arbeitnehmer das Ergebnis einer außerhalb des Geltungsbereichs des Einkommensteuergesetzes ausgeübten Tätigkeit im Inland seinem Arbeitgeber zuführt."

763 So auch SCHULZE ZUR WIESCHE, in RIW 1987, 600 (601).

764 Vgl. ROTH in HERRMANN/HEUER/RAUPACH, Einkommensteuer- und Körperschaftsteuergesetz, § 49 Abs. 1 Nr. 4 EStG, Rz. 750.

dukte des deutschen Unternehmens zu unterrichten und diese als Kunden zu gewinnen, kann der Repräsentant des deutschen Unternehmens den Nutzen nur im Ausland zuführen. Dies gilt dann, wenn im Anschluss an die Bemühungen des Repräsentanten ein Vertrag zwischen dem ausländischen und dem inländischen Unternehmen geschlossen wird.[765] Eine solche Tätigkeit unterfällt nicht dem Verwertungsbegriff des § 49 Abs. 1 Nr. 4 EStG. Eine andere Beurteilung ergibt sich, wenn der Repräsentant im Ausland damit betraut ist, den ausländischen Markt für ein inländisches Unternehmen zu beobachten, Berichte zu erstellen und diese dem inländischen Arbeitgeber zu übermitteln, die als Grundlage von unternehmerischen Entscheidungen dienen. Hier liegt eine Verwertung nichtselbständiger Arbeit vor, in diesem Fall ist der Repräsentant mit seinen Einkünften im Inland beschränkt steuerpflichtig.

Die praktische Bedeutung der beschränkten Steuerpflicht inländischer Verwertung von im Ausland ausgeübter nichtselbständiger Arbeit nach §§ 2 Abs. 1 Nr. 4, 49 Abs. 1 Nr. 4 EStG ist gering. Wegen der Freistellungsmöglichkeiten nach R 125 Abs. 3 LStR und nach dem „Auslandstätigkeitserlaß" wird es nur selten zur Besteuerung der Verwertung nichtselbständiger Tätigkeit nach § 49 Abs. 1 Nr. 4 EStG kommen.

Dennoch ist auf eine genaue Abgrenzung der Tatbestandsmerkmale zu achten. Eine Ausübung nichtselbständiger Arbeit kann nur am Ort der physischen Anwesenheit des Arbeitnehmers ausgeführt werden, eine andere Auslegung von „Ausübung" scheitert an den Grenzen des Wortsinns. Ist die Ausübung der Tätigkeit im Inland erfüllt, kommt keine Verwertung mehr in Betracht. Erst wenn die Tätigkeit im Ausland ausgeübt und die Arbeitsergebnisse dem inländischen Arbeitgeber zugeführt werden, kann eine Besteuerung wegen Verwertung der Tätigkeit im Inland eingreifen. Die vom BFH vertretene Formel, dass unter Verwertung die Zuführung des Ergebnisses der nichtselbständigen Arbeit an den Arbeitgeber - unter Beachtung der Verschiedenheit von Ausübungs- und Verwertungsort - zu verstehen ist, beendete die vielfältigen unterschiedlichen Entscheidungen der Finanzgerichte zu diesem Thema. Dieser Auslegung des Verwertungsbegriffs ist zuzustimmen, sie lässt insbesondere eine saubere Abgrenzung zum Ausübungstatbestand zu und entspricht auch dem allgemeinen Verständnis des Begriffs „Verwerten" als einem Vorgang, in dem aus einer Sache etwas herausgewonnen wird, in der etwas steckt.

Relevant kann die inländische „Verwertung" der ausländischen Arbeit insbesondere bei Berufsgruppen wie Schriftstellern, Auslandskorrespondenten, Repräsentanten sein. Verwertung liegt auch vor, wenn die im Ausland ausgeübte Tätigkeit im Inland als Grundlage unternehmerischer Entscheidungen dient, dazu gehören auch Akquisitionstätigkeiten. Gleiches gilt für Tätigkeiten wie die

---

765 BFH v. 12.11.1986, BStBl II 1987, 372. Siehe auch SCHMIDT/PAUFLER, in RIW 1987, 525.

Erkundung fremder nationaler Märkte vor Auslandsinvestitionen deutscher Firmen.

c) Einkünfte aus inländischen öffentlichen Kassen, § 49 Abs. 1 Nr. 4 Buchst. b) EStG

Ein weiterer Besteuerungstatbestand des § 49 Abs. 1 Nr. 4 EStG sind die Einkünfte, die aus inländischen öffentlichen Kassen einschließlich der Kassen des Bundeseisenbahnvermögens und der Deutschen Bundesbank mit Rücksicht auf ein gegenwärtiges oder früheres Dienstverhältnis gewährt werden, ohne dass ein Zahlungsanspruch gegenüber der inländischen öffentlichen Kasse bestehen muss. Das Dienstverhältnis muss nicht zum Träger der öffentlichen Kasse bestehen, auch ein ausländischer Arbeitgeber genügt insofern.[766] Maßgeblich ist die wirtschaftliche Lastentragung der Vergütung[767].

d) Einkünfte für die Tätigkeit als Geschäftsführer, Prokurist oder Vorstandsmitglied einer Gesellschaft mit Geschäftsleitung im Inland, § 49 Abs. 1 Nr. 4 Buchst. c) EStG

Mit Wirkung zum 1.1.2002 wurde ein neuer Besteuerungstatbestand in den § 49 Abs. 1 Nr. 4 eingefügt. Nach Buchst. c) sind Einkünfte aus nichtselbständiger Arbeit auch dann beschränkt steuerpflichtig, wenn sie als Vergütung für eine Tätigkeit als Geschäftsführer, Prokurist oder Vorstandsmitglied einer Gesellschaft mit Geschäftsleitung im Inland bezogen werden. Auf Grund der Vorrangigkeit der Zuordnung der Besteuerungsrechte durch die DBA bezüglich der Einkünfte für die Ausübung unselbständiger Arbeit hat diese Neuregelung lediglich Bedeutung für Fälle, in denen im DBA selbst eine Zuordnung des Besteuerungsrechts für Geschäftsführer und Vorstandsmitglieder am Gesellschaftssitz vorgesehen ist.[768] Ansonsten entfaltet diese Regelung nur ihre Wirkung, wenn der Geschäftsführer in einem Nicht-DBA-Staat seine Tätigkeit ausübt. So ist beispielsweise ein in Hongkong tätiges Vorstandsmitglied einer Aktiengesellschaft im Inland beschränkt steuerpflichtig nach § 49 Abs. 1 Nr. 4 Buchst. c) EStG, wenn diese Gesellschaft den Ort ihrer Geschäftsleitung im Inland hat, ohne jemals in Deutschland gearbeitet zu haben.[769]

---

[766] BFH v. 14.11.1986 BStBl. II 89, 351; v. 13.8.1997, BStBl. II 1998, 21.

[767] GOSCH in KIRCHHOF, EStG KompaktKommentar, § 49, Rz. 100.

[768] NEYER, in IStR 2001, 587 ff.

[769] Vgl. dazu HERRMANN/RÖSNER, in International Tax Review, December/January 02, S. 42 ff. Auch die Verpflichtung des Arbeitgebers zum Lohnsteuerabzug ist nach § 38 Abs. 1 Nr. 1 EStG wegen der Geschäftsleitung im Inland gegeben.

2. Progressionsvorbehalt im Quellenstaat, § 32b Abs. 1 Nr. 2 EStG

Mit dem JStG 1996 wurde der sogenannte „erweiterte Progressionsvorbehalt" nach § 32b Abs. 1 Nr. 2 EStG ab VZ 1996 eingeführt.[770] Danach sind ausländische Einkünfte, die im Veranlagungszeitraum nicht der deutschen Steuerpflicht unterliegen, auch dann in den Progressionsvorbehalt einzubeziehen, wenn in einem Kalenderjahr sowohl unbeschränkte als auch beschränkte Steuerpflicht bestand. Dies betrifft insbesondere die Fälle des Wohnsitzwechsels ins In- oder Ausland während eines Veranlagungszeitraumes. Im Gegensatz zur Regelung bis zum VZ 1995 sind nun nicht mehr für das Jahr der Entsendung bzw. Rückkehr im Falle der Wohnsitzaufgabe zwei Veranlagungen - eine für die Zeit der unbeschränkten Steuerpflicht, und eine gesonderte für die Zeit der beschränkten Steuerpflicht - durchzuführen, sondern nur noch eine Veranlagung. Die während des Zeitraums der beschränkten Steuerpflicht erzielten ausländischen Einkünfte waren bis einschließlich VZ 1995 im Inland nicht steuerpflichtig und unterfielen - abgesehen von der besonderen Regelung des § 50 Abs. 4 EStG a.F. in Verbindung mit § 32b Abs. 1 Nr. 2 EStG a.F.[771] - auch nicht dem Progressionsvorbehalt des § 32b Abs. 1 Nr. 2 EStG a.F. Nach der geänderten Regelung werden auch die während der Zeit der beschränkten Steuerpflicht erzielten ausländischen Einkünfte bei der Veranlagung vom Progressionsvorbehalt erfasst und wirken sich auf den Steuertarif aus.

Ebenfalls werden ausländische Einkünfte in den Progressionsvorbehalt nach § 32b Abs. 1 Nr. 3 Alt. 3 und 4 EStG einbezogen, wenn ein Fall des § 1 Abs. 3 EStG oder § 1a EStG ein Fall des § 50 Abs. 5 Satz 2 Nr. 2 EStG vorliegt. Dies gilt also für ausländische Einkünfte von fiktiv unbeschränkt Steuerpflichtigen im Sinne der §§ 1 Abs. 3 und 1a EStG sowie für beschränkt steuerpflichtige Arbeitnehmer, die Einkünfte aus nichtselbständiger Arbeit im Sinne des § 49 Abs. 1 Nr. 4 erzielen, Staatsangehörige eines EU- bzw. EWR-Mitgliedstaates sind, im Hoheitsgebiet eines dieser Staaten ihren Wohnsitz oder gewöhnlichen Aufenthalt haben und eine Veranlagung zur Einkommensteuer beantragt haben.

[770] Lehrreich hierzu SCHMITZ, in IStR 1998, 533 ff., siehe auch KAEFER, in BB 1995, 1615 (1619) und JACOBS, Internationale Unternehmensbesteuerung, S. 1028. Vorausgegangen ist ein Urteil des BFH v. 27.7.1994, BStBl. II 1995, 127, worin das Gericht in einem „obiter dictum" ausgeführt hat, dass der Gesetzgeber „unter Gleichbehandlungsgesichtspunkten an sich gehalten gewesen war, auch in den Fällen des § 2 Abs. 7 Satz 3 EStG den Einkommensteuertarif für die unbeschränkte Einkommensteuerpflicht nach der tatsächlichen Leistungsfähigkeit zu bemessen." Bezugnehmend auf dieses Urteil wurde im Jahressteuergesetz 1996 die neue Regelung eingeführt, vgl. BT-Drucks. 13/1558 S. 156 und BT-Drucks. 13/1558, Einzelbegründung zu Nr. 23 Buchst. a).

[771] In der Fassung des VZ 1995. Vgl. zum „Grenzpendlergesetz" von 1994 unten unter Gliederungspunkt E II, Seite 246.

Umstritten ist die Frage, ob dieser Progressionsvorbehalt im Quellenstaat mit den Regelungen in den DBA vereinbar ist. Insbesondere könnte ein Progressionsvorbehalt im Quellenstaat bei fehlender beschränkter Steuerpflicht gegen die international anerkannten Grundsätze der Besteuerung auf Grund örtlicher Anknüpfungsmerkmale (sog. „Territorialitätsprinzip"[772]) verstoßen.

a) Meinungsstand

Nach Art. 23 Rz. 56 des OECD-Musterkommentars bezieht sich Art. 23A Abs. 3 OECD-MA nur auf den Ansässigkeitsstaat, das innerstaatliche Recht des Quellenstaates auf Einbeziehung ausländischer Einkünfte in einen Progressionsvorbehalt werde davon jedoch nicht ausgeschlossen. Weitere Hinweise und Begründungen sind dem OECD-Musterkommentar nicht zu entnehmen.

Nach Auffassung von *Vogel* ist eine Einbeziehung ausländischer Einkünfte in den Progressionsvorbehalt im Quellenstaat nur dann zulässig, wenn entweder das DBA keinen Progressionsvorbehalt enthalte oder wenn der DBA-Progressionsvorbehalt „auch eine Progression im Quellenstaat" einräume. Dies sei in den geltenden deutschen DBA jedoch nicht der Fall.[773]

Mössner hält die Einbeziehung ausländischer Einkünfte in einen Progressionsvorbehalt nach Wegfall der unbeschränkten Steuerpflicht gemäß § 32b Abs. 1 Nr. 2 EStG nicht nur für praktisch kaum durchführbar (beispielsweise bei Nettolohnvereinbarungen), sondern auch für unvereinbar mit bestehenden DBA-Regelungen. Ausländische Einkünfte seien lediglich unter den vertraglichen Bedingungen der DBA berücksichtigungsfähig, Art. 23A Abs. 3 OECD-MA erlaube jedoch nur eine Einbeziehung ausländischer Einkünfte in einen Progressionsvorbehalt zur Berechnung des Steuersatzes von ansässigen Personen. Aus dem konstitutiven Charakter des abkommensrechtlichen Progressionsvorbehaltes ergebe sich ein Verbot der Einbeziehung von Einkünften aus nichtselbständiger Tätigkeit im Sinne des Art. 15 OECD-MA, wenn die betreffende Person zur Zeit der Erzielung der Einkünfte dort weder ansässig noch dort tätig gewesen ist (also keine beschränkte Steuerpflicht in Deutschland vorliegt). §§ 2 Abs. 7, 32b Abs. 1 Nr. 2 EStG verstießen somit gegen Abkommensrecht und seien daher als „treaty overriding" zu sehen. Anders sei der Fall zu beurteilen, wenn die im Ausland ansässige Person noch in Deutschland beschränkt steuerpflichtig ist. Hier werden keine Bedenken geltend gemacht, da es nicht darum gehe, durch den Progressionsvorbehalt das Ausmaß der abkommensmäßigen Freistellung festzulegen, sondern um die Bestimmung des Steuersatzes für die der

---

[772] Vgl. SCHAUMBURG, Internationales Steuerrecht, Rz. 5.119ff. m.w.N.
[773] VOGEL in VOGEL, DBA, Art. 23, Rz. 223.

deutschen Besteuerung unterliegenden Einkommensteile. Hierfür sei kein abkommensmäßiger Progressionsvorbehalt erforderlich.[774]

Nach *Apel/Oltmanns* verbietet sich die Anknüpfung eines Staates an Merkmale zur Bestimmung der Höhe seiner Besteuerung, die zu einer Zeit verwirklicht werden, in der er weder Wohnsitz- noch Quellenstaat ist. § 32b Abs. 1 Nr. 2 EStG sei daher mit dem Sinn und Zweck des Progressionsvorbehalts des Art. 23A Abs. 3 OECD-MA und des EStG nicht vereinbar, „soweit die Nichterfassung der fraglichen Einkünfte nicht auf einer spezifischen (DBA-)Vorschrift beruht, weil es am Anknüpfungsmerkmal des Wohnsitzes oder der Quelle fehlt". Begründet wird dies mit der von Rechtsprechung und Literatur angenommenen Funktion des Progressionsvorbehalts, die Wirkung einer Steuerfreistellung zu begrenzen, die jedoch nur bei einem grundsätzlichen Unterfallen der Einkünfte unter die deutsche Steuerpflicht geschehen kann. Eine systematische und „dem internationalen Recht freundliche Lösung" könne nur darin bestehen, dass die Prüfung der Anknüpfungsmerkmale Vorrang hat. Ein Hinausgreifen der beteiligten Staaten über die ihnen zugebilligten Anknüpfungsmerkmale Wohnsitz und Quelle sei generell unzulässig, auch wenn es um den Progressionsvorbehalt gehe.[775]

Probst verneint ein „treaty overriding" durch den ab VZ 1996 veränderten § 32b EStG, die Regelung sei im Verhältnis zu den DBA als „lex specialis posterior" konstitutiv. Selbst beim Abweichen von der Regelung des DBA entfalte sie gegenüber dem Steuerpflichtigen Wirkung, da das ins innerstaatliche Recht umgesetzte DBA die Qualität eines einfachen Gesetzes habe, das der Gesetzgeber - wie in diesem Fall - mit einem späteren und spezielleren Gesetz jederzeit ändern könne.[776]

---

[774] MÖSSNER, in IStR 1997, 225 m.w.N. und dem Hinweis auf den „generellen Progressionsvorbehalt" in der Schweiz. Dort gibt es nach dem DBG (Bundesgesetz über die direkte Bundessteuer vom 14.12.1990, SR 642.11) und der Mehrzahl der kantonalen Steuergesetze die Besonderheit, dass auch bei beschränkter Steuerpflicht auf das Welteinkommen zur Ermittlung des Steuersatzes abgestellt wird. Im Anschluss an die im Beitrag dargestellte „bisher unbestrittene Auffassung" in der Schweiz bestünden „keine Bedenken gegen § 32b Abs. 1 Nr. 2 EStG hinsichtlich seiner Anwendung auf die der beschränkten Steuerpflicht unterliegenden Einkünfte, es sei denn, durch ihre Einbeziehung in die Veranlagung der unbeschränkt steuerpflichtigen Einkünfte würden sie ihren Charakter verändern", was aber nicht der Fall sei. Ebenfalls ein „treaty overriding" für gegeben hält HENSEL, in IWB, Fach 3 Deutschland, Gruppe 3, S. 1183 mit zahlreichen Berechnungsbeispielen, die sich aus der veränderten Gesetzeslage ergeben.
Auch nach KAEFER, in BB 1995, 1615 (1619), „scheint auf den ersten Blick der Progressionsvorbehalt im Tätigkeitsstaat gegen DBA-Recht zu verstoßen.

[775] APEL/OLTMANNS, in DB 1998, 2560 m.w.N.

[776] PROBST in HERRMANN/HEUER/RAUPACH, Einkommensteuer- und Körperschaftsteuergesetz, § 32b EStG, Rz. 25, 46, 76.

Hellwig sieht „nach der Rechtsprechung des BFH" keine Kollision der Neuregelung mit den DBA. Die Progressionsvorbehaltsregelungen dienten nur der Aufrechterhaltung der Steuersatzfestlegungskompetenz der jeweiligen Staaten. Der DBA-Progressionsvorbehalt lasse die Einbeziehung ausländischer Einkünfte bei der Ermittlung des inländischen Steuersatzes lediglich zu, er gebiete sie jedoch nicht.[777]

Nach Auffassung von *Kluge* handelt es sich hierbei um eine nicht zu beanstandende Regelung innerstaatlichen Rechts außerhalb der abkommensrechtlichen Grundlage.[778] Auch andere sehen in der Gleichbehandlung von Steuerpflichtigen, die während der Zeit der beschränkten Steuerpflicht inländische Einkünfte im Sinne von § 49 EStG erzielt haben mit denjenigen, die währenddessen keine inländischen Einkünfte haben, keinen Verfassungsverstoß.[779]

Das *FG Baden-Württemberg* schloss sich den in der Literatur genannten Bedenken gegen die Rechtmäßigkeit des § 32b Abs. 1 Nr. 2 EStG an: Danach sei es ein Unterschied, ob ein unbeschränkt Steuerpflichtiger, der ganzjährig der deutschen Steuerhoheit unterworfen sei, während dieser Zeit auch steuerfreie ausländische Einkünfte erziele oder aber die unbeschränkte Einkommensteuerpflicht unter Umständen nur während eines kurzen Zeitraumes bestehe, der Steuerpflichtige während der übrigen Zeit im Ausland lebe, dort Einkünfte erzielt und der Steuerhoheit eines anderen Staates unterworfen sei.[780] Bedenklich sei § 32b Abs. 1 Nr. 2 EStG zudem, da das deutsche Besteuerungsrecht auf ausländische Einkünfte während eines Zeitraumes ausgedehnt werde, in dem überhaupt keine Beziehung zum Inland bestehe.[781]

Anders ein Beschluss des *FG Köln*: Selbst wenn eine Kollision mit höherrangigem Recht im Sinne eines „treaty overriding" vorliege, führe dies nicht zu einer Unwirksamkeit des Gesetzes, da das DBA durch Zustimmungsgesetz in innerstaatliches Recht im Rang eines Bundesgesetzes umgesetzt werde (nach der aus Art. 59 Abs. 2 GG folgenden „Inkorporationstheorie") und eine mögliche Verletzung von Völkerrecht die Wirksamkeit der Änderung unberührt lasse. Die Anwendung des Progressionsvorbehaltes nach § 32b Abs. 1 Nr. 2 EStG stelle

[777] HELLWIG, in DStZ 1996, 385 bezieht sich dabei auf die Entscheidung des BFH v. 17.10.1990, BStBl. II 1991, 136.
[778] KLUGE, Das Internationale Steuerrecht, Rz. S 343.
[779] HANDZICK in LITTMANN/BITZ/PUST, Das Einkommensteuerrecht, § 32b EStG, Rz. 58; KRABBE in BLÜMICH, Kommentar zum EStG, KStG und GewStG, § 32b EStG, Rz. 49.
[780] FG Baden-Württemberg v. 16.2.1999, EFG 1999, 438 (Beschluss zu einem Antrag auf Aussetzung der Vollziehung). Zur zitierten Argumentation vgl. FITSCH in LADEMANN/SÖFFING/BROCKHOFF, Kommentar zum EStG, vor § 32b, Rz. 7.
[781] Hier beruft sich das Gericht auf FROTSCHER, EStG, § 32b, Rz. 10a.

sich daher nicht als ernstlich zweifelhaft dar.[782] In dem in dieser Sache im Folgenden ergangenen Urteil[783] stellt das *FG Köln* unter Hinweis auf die Entstehungsgeschichte der Norm klar, dass seiner Auffassung nach § 32b Abs. 1 Nr. 2 EStG im Wege der teleologischen Reduktion dahingehend auszulegen ist, dass der Progressionsvorbehalt sich nur auf solche ausländischen Einkünfte beziehe, die während der Zeit der beschränkten Steuerpflicht erzielt worden seien und schließt sich im Wesentlichen den in der Literatur geäußerten Bedenken gegen ein weites Verständnis von § 32b Abs. 1 Nr. 2 EStG an.

Lüdicke weist auf die Ungleichbehandlung der zeitweilig unbeschränkt Steuerpflichtigen im Verhältnis zu den Fallgruppen der doppelt ansässigen unbeschränkt Steuerpflichtigen hin, die nach Abkommensrecht als nicht als (vorrangig) ansässig im Inland gelten, sowie den beschränkt Steuerpflichtigen, die nach der Jahressteuertabelle besteuert werden.[784] In den Doppelwohnsitzfällen sei - schon auf Grund des insoweit eindeutigen Wortlauts des § 32b Abs. 1 Nr. 3 EStG - unbestritten, dass Deutschland trotz unbeschränkter Steuerpflicht die im anderen Staat erzielten Einkünfte nicht in einen Progressionsvorbehalt einbeziehe, ein solcher Vorbehalt müsse zudem im Abkommen vereinbart sein. Auch bei beschränkt Steuerpflichtigen sehe das deutsche Steuerrecht „in Übereinstimmung mit internationalen Gepflogenheiten" keinen Progressionsvorbehalt vor. § 32b Abs. 1 Nr. 2 EStG sei auf Grund dessen systemwidrig, willkürlich und verletze den Gleichheitssatz.[785]

Auch *Froesch* lehnt den Progressionsvorbehalt im Quellenstaat ab: Die „Doppelprogression" sowohl in Ansässigkeits- als auch Tätigkeitsstaat sei mit dem Leistungsfähigkeitsprinzip nicht zu vereinbaren. Vorgeschlagen wird die Optionsmöglichkeit für jeden beschränkt Steuerpflichtigen zur unbeschränkten Steuerpflicht. Dann habe jeder beschränkt Steuerpflichtige ein Antragsrecht, die für ihn günstigste Besteuerungsform selbst zu bestimmen, andernfalls verbleibe es bei der „einfacheren, pauschalen und praktikablen beschränkten Steuerpflicht in Form einer Abgeltungssteuer". Diese solle jedoch erst bei einem Gesanteinkommen, das über dem Grundfreibetrag des § 32a EStG liegt, eingreifen.[786]

---

[782] FG Köln v. 12.3.1999, EFG 1999, 610 (Beschluss zu einem Antrag auf Aussetzung der Vollziehung).

[783] FG Köln v. 14.3.2000, EFG 2000, 1006. Das Urteil erging zur gleichen Sache wie der in FN 782 angeführte Beschluss auf Aussetzung der Vollziehung. Zu dieser Rechtsentwicklung vgl. auch POHL, in IStR 2001, 460.

[784] Zu der Frage der abkommensrechtlichen Ansässigkeit siehe oben unter Gliederungspunkt D I 1., Seite 89 und D I 2., Seite 90.

[785] LÜDICKE, Doppelansässigkeit, Ansässigkeit und Progressionsvorbehalt, in KLEINEIDAM, Unternehmenspolitik und Internationale Besteuerung, Festschrift für Lutz Fischer zum 60. Geburtstag, S. 731 (744 ff.).

[786] FROESCH, in IStR 2001, 51 (52).

Nach *Achter* verstößt der Progressionsvorbehalt bei zeitweiser unbeschränkter Steuerpflicht gegen das Rechtsstaatsprinzip, soweit er ausländische Einkünfte einbezieht, die außerhalb jeglicher Steuerpflicht in Deutschland erzielt werden. Würden Einkünfte einbezogen, die während der Zeit einer inländischen Steuerpflicht erzielt werden (eine bloße beschränkte Steuerpflicht ausgenommen) und welche durch ein DBA von der Besteuerung frei gestellt sind, sei der Progressionsvorbehalt bei zeitweiser unbeschränkter Steuerpflicht und fiktiver unbeschränkter Steuerpflicht von EU-Arbeitnehmern völkerrechtswidrig, aber auch verfassungswidrig, soweit das DBA der Bundesrepublik die Anwendung eines Progressionsvorbehalts nicht ausdrücklich gestatte. Es handele sich um eine sachlich nicht zu rechtfertigenden Ungleichbehandlung gegenüber Steuerpflichtigen, die im Inland ganzjährig unbeschränkt steuerpflichtig sind bei gleichzeitiger vorrangiger Ansässigkeit im DBA-Ausland im Sinne des § 4 Abs. 2 OECD-MA, denn in diesen Fällen werden die im Ausland erzielten und nach DBA im Inland freigestellten Einkünfte *nicht* in einen Progressionsvorbehalt zur Ermittlung des deutschen Steuersatzes einbezogen. Die Völkerrechtswidrigkeit könne jedoch durch eine teleologische Reduktion dahingehend behoben werden, dass der in § 32b Abs. 1 Nr. 3 Alt. 1 EStG normierte Gleichlauf der DBA-Regelungen zur Zulässigkeit eines Progressionsvorbehaltes auch als ungeschriebenes Tatbestandsmerkmal des Progressionsvorbehaltes bei zeitweiser unbeschränkter Steuerpflicht nach § 32b Abs. 1 Nr. 2 EStG und bei fiktiv unbeschränkter Steuerpflicht von EU-Arbeitnehmern nach § 32b Abs. 1 Nr. 3 Alt. 3 EStG angesehen wird. Nach den DBA (insbesondere den an Art. 23A OECD-MA orientierten Regelungen zur Vermeidung der Dopplebesteuerung) setze dies eine DBA-rechtliche Ansässigkeit im Inland voraus, die bei EU-Arbeitnehmern in der Regel auf Grund fehlenden Mittelpunkts der Lebensinteressen regelmäßig nicht gegeben ist.

Der *BFH* hat der gegen das Urteil des FG Köln[787] eingelegten Revision stattgegeben und das erstinstanzliche Urteil aufgehoben: § 32b Abs. 1 Nr. 2 EStG sei wörtlich und nicht teleologisch reduziert auszulegen, sei nicht verfassungswidrig und verstoße gegen kein „Gebot der inneren Sachgesetzlichkeit“ [788]. Die Berücksichtigung des Progressionsvorbehalts entspreche dem Prinzip der Besteuerung eines jeden nach seiner Leistungsfähigkeit. Systemwidrig sei zwar die in § 32b Abs. 1 Nr. 2 EStG enthaltene Einschränkung des Progressionsvorbehaltes auf ausländische Einkünfte, richtigerweise müssten auch alle inländischen Einkünfte dem Progressionsvorbehalt unterliegen. Aus dem Systemfehler ergäben sich jedoch keine weitergehenden Konsequenzen, da von ihm alle Personen gleichermaßen begünstigt bzw. benachteiligt würden. Ferner stellte das Gericht fest, dass bei der beschränkten Steuerpflicht der Gedanke einer Besteuerung

[787] Vgl. oben FN 783.
[788] BFH v. 19.12.2001, JURIS-Online., vgl. die Leitsätze.

nach der persönlichen Leistungsfähigkeit keine hervorgehobene Rolle spiele. Es gehe vielmehr um eine isolierte Besteuerung einzelner inländischer Einkünfte, bei der die im Ausland gegebenen Verhältnisse des Steuerpflichtigen weitgehend außer Betracht bleiben. Eine Ausnahme vom Grundsatz der Besteuerung nach der Leistungsfähigkeit könne daher für beschränkt steuerpflichtige Personen mit Praktikabilitätserwägungen gerechtfertigt werden, da es häufig nicht möglich sei, deren Welteinkommen zu ermitteln.

b) Stellungnahme

Zur Beurteilung der Zulässigkeit eines Progressionsvorbehalts im Quellenstaat ist zu beachten, dass dessen Sinn und Zweck die Begrenzung des Steuervorteils bei der Freistellung von ausländischen Einkünften im Ansässigkeitsstaat ist. Da die Methodenartikel der Doppelbesteuerungsabkommen auf eine Verhinderung der Doppelbesteuerung im Ansässigkeitsstaat bei Zuordnung des Besteuerungsrechts im Quellenstaat zielen, ist die Aufnahme einer ausdrücklichen Klausel, die einen Progressionsvorbehalt im Quellenstaat gestattet, nicht von vorneherein zwingend. Ein Progressionsvorbehalt im Quellenstaat betrifft vielmehr den Umfang dessen Besteuerungsrechts, das durch die Zuordnung des Besteuerungsrechts in den Artikel über die Besteuerung des Einkommens (vgl. Art. 6 bis 21 OECD-MA) in vollem Umfang gewährt werde. Dem Quellenstaat bleibt überlassen, wie er die Besteuerung der Quelleneinkünfte ausgestaltet. Dies kann m.E. auch die Einbeziehung ausländischer Einkünfte bei der Festlegung des Steuersatzes beinhalten. Die Erwähnung eines Progressionsvorbehalts durch den Ansässigkeitsstaat im Methodenartikel des DBA dient hingegen der ausdrücklichen Feststellung, dass die ausländischen Einkünfte zwar freigestellt sind, diese Freistellung jedoch bei der Bestimmung des Steuertarifes eingeschränkt sein kann. Insofern ist der in Art. 23A Abs. 3 OECD-MA enthaltene - auf den Ansässigkeitsstaat bezogene - Progressionsvorbehalt eine immanente Beschränkung der Steuerfreistellung, die sonst unbegrenzt gelten würde. Man kann hier auch mit *Wassermeyer* von einer Öffnungsklausel sprechen, die der Ausfüllung durch den Ansässigkeitsstaat bedarf, da die DBA nach heutigem Verständnis nicht konstitutiv Steueransprüche begründen, sondern eine allgemeine Vermutung dafür spricht, dass die DBA-Regelungen in ihrem materiellrechtlichen Teil eher Steuerbefreiungs- oder -ermäßigungsnormen enthalten.[789] Insofern bleibt es dem Ansässigkeitsstaat überlassen, von dem Recht der Einbeziehung der Quellenstaatseinkünfte in einen Progressionsvorbehalt Gebrauch zu machen.

---

[789] WASSERMEYER in DEBATIN/WASSERMEYER, Doppelbesteuerung, Art. 23A MA, Rz. 123. In eine ähnliche Richtung zielt auch die Argumentation des BFH in seinem Urteil v. 19.12.2001, JURIS-Online, vgl. die Entscheidungsgründe unter Ziff. 5. b).

Bezüglich des Progressionsvorbehalts im Quellenstaat ist den deutschen DBA keine ausdrückliche Beschränkung zu entnehmen.[790] Das Besteuerungsrecht des Quellenstaats auf die dort erzielten Einkünfte ist also durch die DBA-Bestimmungen nicht eingeschränkt, vielmehr steht dem Quellenstaat die Ausgestaltung der Besteuerung - auch in Bezug auf die Festlegung des Steuertarifs - frei. Die in Art. 23 Rz. 56 OECD-Musterkommentar getroffene Aussage ist daher folgerichtig.

Problematisch könnte in der Tat die Anknüpfung des Progressionsvorbehalts an ausländische Einkünfte sein, die erzielt werden, während keine beschränkte Steuerpflicht mehr im Inland besteht. M.E. muss man § 32b Abs. 1 Nr. 2 EStG auf Grund des eindeutigen Wortlauts so verstehen. Den Kritikern der Regelung der §§ 32b Abs. 1 Nr. 2, 2 Abs. 7 Satz 3 EStG ist zuzugeben, dass eine Besteuerung entsprechend dem Territorialprinzip grundsätzlich an Merkmale anknüpfen sollte, die einen Bezug zum Inland aufweisen. Dem steht jedoch das Prinzip einer Besteuerung entsprechend der Leistungsfähigkeit entgegen, die das Welteinkommen möglichst gerecht zu besteuern sucht. Eine möglichst gerechte Besteuerung unter Vermeidung von Minderbesteuerung wird nur bei Einbeziehung aller Welteinkünfte in den Progressionsvorbehalt - sowohl im Quellen- als auch Ansässigkeitsstaat - innerhalb eines Veranlagungszeitraumes erreicht, ansonsten ergeben sich immer ungerechtfertigte Steuervorteile, die nur auf Grund einer Einkünfteerzielung in verschiedenen Staaten entstehen.[791] Hinzu kommt, dass die Einkommensteuer eine Jahressteuer ist und das Argument, im Besteuerungszeitraum liege bei fehlender beschränkter Steuerpflicht zu einem bestimmten Zeitpunkt kein Anknüpfungspunkt vor, unter diesem Gesichtspunkt zumindest im Falle einer Veranlagung zur Einkommensteuer fragwürdig ist. Immerhin lagen innerhalb des Veranlagungszeitraums örtliche Anknüpfungspunkte vor, so dass bei einer Veranlagung, die das gesamte Jahr berücksichtigt, auch andere Einkünfte zur Festsetzung des Steuersatzes Berücksichtigung finden sollten. Denn durch die Veranlagung wird immer eine Steuer festgesetzt, die einen Zeitraum von einem Jahr berücksichtigt, die möglichst - gerecht - an der Leistungsfähigkeit orientiert ist und unnötige Härten durch pauschalierte Abzugssteuern vermeiden soll.

Überzeugend sind m.E. jedoch die Einwände gegen § 32b Abs. 1 Nr. 2 EStG, die eine Ungleichbehandlung mit Steuerpflichtigen mit Doppelwohnsitz und vorrangiger Ansässigkeit im DBA-Ausland geltend machen, sowie den be-

---

[790] Auch Art. 4 Abs. 5 DBA-Schweiz trifft über die Zulässigkeit eines Progressionsvorbehaltes keine Aussage. Das Besteuerungsrecht für die Dauer der Nichtansässigkeit kann aber beschränkt sein, vgl. APEL/OLTMANNS, in DB 1998, 2560 (2562); HAMMINGER in DEBATIN/WASSERMEYER, Doppelbesteuerung, Art. 4 DBA-Schweiz, Rz.163.

[791] Vgl. hierzu auch den Bericht des Finanzausschuss des Bundestages, BT-Drucks. 13/1558, S. 156.

schränkt Steuerpflichtigen, deren Einkünfte zwar dem Lohnsteuerabzug unterliegen, die jedoch keine Veranlagung nach § 50 Abs. 5 Satz 2 Nr. 2 EStG auf Grund fehlender EU-/EWR-Staatsbürgerschaft beantragen können, sondern deren Steuer durch Lohnsteuerabzug abgegolten ist. Gerade in Fällen doppelter unbeschränkter Steuerpflicht mit vorrangiger abkommensrechtlicher Ansässigkeit im Sinne von Art. 4 Abs. 2 OECD-MA im Ausland werden die im Inland steuerfreien Einkünfte weder nach einem DBA noch nach § 32b Abs. 1 Nr. 2 EStG in einen Progressionsvorbehalt einbezogen. Dies ist angesichts der Regelung in § 32b Abs. 1 Nr. 2 EStG bezüglich Steuerpflichtiger mit zeitweiser unbeschränkter Steuerpflicht im Inland unverständlich. Hier sind keine sachlichen Gründe ersichtlich, die eine derartige Ungleichbehandlung rechtfertigen könnten. Steuerpflichtige mit Doppelwohnsitz und zweifacher unbeschränkter Steuerpflicht sollten ebenfalls mit ihren Welteinkünften in einen Progressionsvorbehalt im abkommensrechtlichen Quellenland - also im Nichtansässigkeitsstaat im Sinne des Art. 4 Abs. 2 OECD-MA - einbezogen werden. Nicht überzeugen können auch die Ausführungen des BFH in seinem Urteil vom 19.12.2001, wonach kein Gleichheitsverstoß zu erkennen sei, da § 32b Abs. 1 Nr. 2 EStG alle Fälle der unbeschränkten Steuerpflicht erfasse.[792] Nach dem klaren Wortlaut der Regelung gilt der Progressionsvorbehalt ausdrücklich nur für Fälle der *zeitweisen unbeschränkten Steuerpflicht und beinhaltet gerade nicht Fälle der ganzjährigen unbeschränkten Steuerpflicht.* Dies ergibt sich aus der eindeutigen Formulierung in Abs. 1 Nr. 2 „dies gilt nur für Fälle der zeitweisen unbeschränkten Steuerpflicht einschließlich der in § 2 Abs. 7 Satz 3 geregelten Fälle" im Vergleich zum eingangs des § 32b Abs. 1 EStG bestehenden Wortlaut: Danach findet der Progressionsvorbehalt („ein besonderer Steuersatz") Anwendung auf das nach § 32a Abs. 1 EStG zu versteuernde Einkommen, für die in den nachfolgenden Ziffern genannten Einkünfte, die ein „zeitweise oder während des gesamten Veranlagungszeitraums unbeschränkt Steuerpflichtiger" oder ein „beschränkt Steuerpflichtiger, auf den § 50 Abs. 5 Satz 4 Nr. 2[793] Anwendung findet" erzielt.[794] Arbeitnehmer, die ganzjährig im Inland unbeschränkt steuerpflichtig sind bei gleichzeitiger vorrangiger DBA-rechtlicher Ansässigkeit im Ausland nach Art. 4 Abs. 2 OECD-MA werden von § 32b Abs. 1 Nr. 2 EStG offensichtlich nicht erfasst. Insofern ist der in der Literatur geäußerten Kritik an der Regelung zuzustimmen. Eine Gleichbehandlung könnte jedoch erreicht werden durch die Streichung des Zusatzes „dies gilt nur für Fälle der zeitweisen

---

[792] Vgl. die Entscheidungsgründe des BFH-Urteils v. 19.12.2001, JURIS-Online, unter Ziff. II 5. c) cc) bbb).

[793] § 50 Abs. 5 Satz 4 Nr. 2 EStG ist nach Streichung der bisherigen Sätze 2 und 3 durch das Gesetz v. 23.10.2000 (BGBl. I 2000, 1433) jetzt § 50 Abs. 5 Satz 2 Nr. 4 EStG.

[794] Dies ist offenbar auch bisher völlig unstreitig gewesen, vgl. stellvertretend PROBST in HERRMANN/HEUER/RAUPACH, Einkommensteuer- und Körperschaftsteuergesetz, § 32b EStG, Rz. 79.

unbeschränkten Steuerpflicht einschließlich der in § 2 Abs. 7 Satz 3 geregelten Fälle" in § 32b Abs. 1 Nr. 2 EStG. Damit wäre auch bei ganzjähriger unbeschränkter Steuerpflicht im Inland bei gleichzeitiger DBA-rechtlicher Ansässigkeit im Ausland die Einbeziehung der dort erzielten Einkünfte in einen Progressionsvorbehalt im Inland möglich. Da dies jedoch im Regelfall gegen die ausschließliche Besteuerungsverteilung in den bestehenden deutschen DBA zugunsten eines Staates verstößt, sollte eine derartige Gesetzesänderung als „treaty overriding" kenntlich gemacht werden.[795] Vorzuziehen wäre jedoch eine Klarstellung im OECD-MA und den DBA, die die Einbeziehung von allen Welteinkünften in einen Progressionsvorbehalt in Staaten unbeschränkter Steuerpflicht grundsätzlich erlaubt.

Auch sollte der Anwendungsbereich des § 32b Abs. 1 Nr. 2 EStG nicht auf ausländische Einkünfte begrenzt sein. Denn bei gleichzeitiger gänzjähriger unbeschränkter Steuerpflicht in zwei Staaten bei vorrangiger abkommensrechtlicher Ansässigkeit im Ausland werden inländische Einkünfte, die auf Grund der 183-Tage-Regel gemäß Art. 15 Abs. 2 OECD-MA freizustellen sind, nach geltendem Recht nicht in einen Progressionsvorbehalt im Inland einbezogen. Dies widerspricht dem Prinzip der Besteuerung des Welteinkommens nach der Leistungsfähigkeit.

Ebenso sollte konsequent für EU-/EWR-Staatsangehörige zur Besteuerung *aller Einkünfte aus beschränkter Steuerpflicht nach § 49 Abs. 1 EStG* eine Möglichkeit zur Veranlagung unter Einbeziehung aller Welteinkünfte in einen Progressionsvorbehalt entsprechend des jetzigen § 50 Abs. 5 Satz 2 Nr. 2 EStG geschaffen werden. Wer seine Welteinkünfte gegenüber den Finanzbehörden nicht offenlegen will und auf die Veranlagungsmöglichkeit verzichtet, muss dann weiterhin die Verzerrungen einer objektsteuerähnlichen Besteuerung durch die beschränkte Steuerpflicht in Kauf nehmen. Die aktuelle Vorlage des BFH an den EuGH zur Zulässigkeit einer Mindestbesteuerung von 25 Prozent für alle beschränkt steuerpflichtigen Einkünfte nach § 50 Abs. 3 Satz 2 HS 1 EStG wird sicherlich zu neuer Bewegung in der Regelung beschränkter Steuerpflicht in Deutschland führen.[796]

Problematisch ist auch, dass nach § 32b Abs. 1 Nr. 3 letzte Alternative EStG im Zusammenhang mit § 1 Abs. 3, § 1a und § 50 Abs. 5 Satz 2 Nr. 2 EStG lediglich die positiven, nicht der deutschen Steuerpflicht unterliegenden Einkünfte

---

[795] Zum Problem des „treaty overriding" in diesen Fällen vgl. Achter, IStR 2002, 73 (78f.) m.w.N.

[796] Vgl. die Vorlage an den EuGH durch den Beschluss des BFH v. 5.2.2001, BStBl. II 2001, 598 (Vorinstanz FG Düsseldorf v. 18.8.2000, EFG 2001, 26) und den Beschluss des FG Düsseldorf v. 12.10.1999, EFG 2000, 70, sowie FROESCH, in IStR 2001, 51; LÜDICKE, in IStR 2001, 286; VOOS, in IWB, Fach 3 Deutschland, Gruppe 3, S. 1333.

bei der Berechnung des inländischen Steuersatzes berücksichtigt werden (die Formulierung lautet: „wenn deren Summe positiv ist"). Die Vereinbarkeit dieses sog. „positiven Progressionsvorbehaltes" mit dem Gleichheitsgrundsatz des Grundgesetzes und den EG-rechtlichen Diskriminierungsverboten wird teilweise angezweifelt.[797] Dem muss m.E. mit *Probst*[798] zugestimmt werden: Weder die teilweise vorgebrachte „wesentliche Vereinfachung" durch diese Regelung[799] noch das Bemühen um die Verhinderung „unangemessener Steuergestaltungen"[800] rechtfertigen solche Ungleichbehandlungen von inländischen und ausländischen Einkünften. Auch Probleme bei der Ermittlung ausländischer Einkünfte können von den Finanzbehörden seit dem „Schumacker"-Urteil des EuGH[801] nicht mehr geltend gemacht werden.

3. Verfahrensfragen bei der Steuererhebung, Lohnsteuerhaftung

Hat der den Arbeitslohn zahlende Arbeitgeber im Inland seinen Wohnsitz, seinen gewöhnlichen Aufenthalt, seine Geschäftsleitung, seinen Sitz, eine Betriebstätte[802] oder einen ständigen Vertreter im Sinne der §§ 8 bis 13 AO, so ist er als „inländischer Arbeitgeber" zum Lohnsteuerabzug nach § 38 Abs. 1 Nr. 1 i.V.m. Abs. 3 EStG verpflichtet.

Gleiches gilt für einen ausländischen Verleiher, der einem Dritten (Entleiher) Arbeitnehmer gewerbsmäßig zur Arbeitsleistung im Inland überlässt, ohne inländischer Arbeitgeber zu sein nach § 38 Abs. 1 Nr. 2 i.V.m. Abs. 3 EStG.[803] Die Definition gewerbsmäßig betriebener Arbeitnehmerüberlassung knüpft an § 1 AÜG an: Gewerbsmäßig ist eine Arbeitnehmer-Überlassung, wenn sie nicht nur gelegentlich, sondern auf Dauer und mit dem Ziel, wirtschaftliche Vorteile

---

[797] PROBST in HERRMANN/HEUER/RAUPACH, Einkommensteuer- und Körperschaftsteuergesetz, § 32b EStG, Rz. 94. Zum „Grenzpendlergesetz" von 1994: KRABBE, in IStR 1994, 377 (381). Zur derzeit gültigen Gesetzeslage durch das JStG 1996: KAEFER, in BB 1995, 1615 (1619).

[798] PROBST in HERRMANN/HEUER/RAUPACH, Einkommensteuer- und Körperschaftsteuergesetz, § 32b EStG, Rz. 94

[799] KRABBE, in IStR 1994, 377 (381); KRABBE in BLÜMICH, Kommentar zum EStG, KStG und GewStG, § 32b EStG, Rz. 56c.

[800] Vgl. die Gesetzesbegründung zu § 32b EStG, BT-Drucks. 12/6476, S. 10, 11.

[801] EuGH v. 14.2.1995 („Schumacker") , EuGHE I 1995, 225. Hier wurde auf die Möglichkeiten des Informationsaustausches von Behörden innerhalb der EU durch die Richtlinien v. 19.12.1977 (77/799/EWG, ABl EG Nr. 336, S. 15) und v. 6.12.1979 (79/1070/EWG, ABl. EG Nr. L 331, S. 8) verwiesen. Einen Überblick zu den bestehenden Möglichkeiten der internationalen Amts- und Rechtshilfe, insbesondere internationalen Auskunftsaustausch der Finanzbehörden in Steuersachen bietet FÖRSTER, in PIStb 2000, 251.

[802] Zu beachten ist hier, dass Kapitalgesellschaften keine Zweigniederlassung im Sinne des § 13 HGB sind und folglich auch keine Betriebstätte des Unternehmens sind, dem die Anteile gehören; vgl. KRUSE in TIPKE/KRUSE, Abgabenordnung, Finanzgerichtsordnung, § 12 AO, Rz. 25.

[803] Vgl. dazu FG Baden-Württemberg v. 24.3.1994, EFG 1994, 891.

durch die Überlassung zu erlangen, betrieben wird. Nicht unter den Begriff gewerbsmäßiger Arbeitnehmer-Überlassung fallen gelegentliche Ausleihen zwischen selbständigen Betrieben zur Deckung eines kurzfristigen Personalbedarfs, Entsendung eines Arbeitnehmers in eine andere Betriebstätte, Freistellung oder Abordnung zu Arbeitsgemeinschaften, Überlassung des Arbeitnehmers als Nebenleistung, z.B. bei Vermietung einer Maschine mit Bedienungspersonal, Subunternehmerverhältnisse, werkvertragliche Rechtsbeziehungen.[804]

Nach § 42d Abs. 1 Nr. 1 EStG haften der inländische Arbeitgeber und ausländische Verleiher auch für von ihnen abzuführende und einzubehaltende Lohnsteuer. Auch der inländische Entleiher haftet bei gewerbsmäßiger Arbeitnehmerüberlassung im Sinne des AÜG unter den Voraussetzungen des § 42d Abs. 6 EStG neben dem Arbeitgeber, ist dieser gleichzeitig Arbeitgeber, so haftet der Verleiher wie ein Entleiher nach § 42d Abs. 7 EStG.

a) Arbeitgeberbegriff

Da der Begriff des Arbeitgebers im Sinne der §§ 38 ff. EStG nicht im Gesetz definiert ist, bedarf es eines Rückschlusses anhand von § 1 Abs. 2 LStDV. Arbeitgeber ist grundsätzlich derjenige, dem der Arbeitnehmer die Arbeitsleistung schuldet, unter dessen Leitung er tätig wird, und dessen Weisungen er zu befolgen hat.[805] Kennzeichnend für den Arbeitgeberbegriff ist insbesondere die wirtschaftliche Stellung, die ihn berechtigt und befähigt, einen Arbeitnehmer einzustellen, zu entlassen und über seine Arbeitskraft zu verfügen.[806] Dies wird zwar in der Regel der Vertragspartner des Arbeitnehmers aus dem Dienstvertrag sein, zwingend ist dies aber nicht.[807] Es kommt somit weder auf den Vertragspartner des Arbeitsvertrags im rechtlichen Sinne an noch darauf, wer den Arbeitslohn letztendlich wirtschaftlich trägt, sondern nur darauf, wer den Lohn ausbezahlt.[808] Die wesentliche Bedeutung des lohnsteuerlichen Arbeitgeberbegriffs ergibt sich aus der Frage, wer die Lohnsteuer für den Arbeitnehmer einzubehalten hat, somit handelt es sich um einen im Schwerpunkt steuerverfahrensrechtlich zu definierenden Begriff.[809] Der Begriff des Arbeitgebers im Sinne des

---

[804] Vgl. hierzu DRENSECK in SCHMIDT, EStG, § 38, Rz. 6 m.w.N.

[805] BFH v. 17.2.1995, BStBl. II 1995, 390.

[806] PFLÜGER in HERRMANN/HEUER/RAUPACH, Einkommensteuer- und Körperschaftsteuergesetz, § 19 EStG, Rz. 62. Arbeitgeber sei inbesondere derjenige, dem der Arbeitnehmer in seinem geschäftlichen Willen untergeordnet ist (oder war oder sein wird) oder in dessen geschäftlichen Organismus und nach dessen Weisungen der Arbeitnehmer sich zu verhalten hat (oder hatte oder haben wird).

[807] So schon BFH v. 17.2.1995, BStBl. II 1995, 390.

[808] BFH v. 24.3.1999, BStBl. II 2000, 41.

[809] EISGRUBER in KIRCHHOF, EStG KompaktKommentar, § 19, Rz. 63.

Lohnsteuerrechts ist nicht notwendigerweise identisch mit dem des Abkommensrechts.[810]

b) Besonderheiten bei Entsendung im Konzern

Bei konzerninterner Entsendung von Arbeitnehmern sind diese grundsätzlich nur im Verhältnis zu dem Konzernunternehmen vertraglich gebunden, mit dem ihr Dienstvertrag unmittelbar geschlossen ist, nur dieses Konzernunternehmen hat unmittelbar Weisungsrechte.[811] Gegenüber diesem Unternehmen hat der Arbeitnehmer seine Rechtsansprüche beispielsweise auf Zahlung des Arbeitslohns, Lohnfortzahlung oder Urlaubsgeld, die er diesem gegenüber auch gerichtlich durchsetzen könnte.

Liegt ein Organschaftsverhältnis vor, so ist im Regelfall die anstellende Organgesellschaft - nicht der Organträger - Arbeitgeberin im Sinne des § 38 Abs. 1 Nr. 1 EStG.[812] Andererseits ist eine inländische Kapitalgesellschaft trotz der Organstellung ihres Geschäftsführers nicht dessen Arbeitgeberin, wenn dieser in einem Dienstverhältnis zu einer ausländischen Konzernmutter steht, die ihn zur inländischen Gesellschaft entsandt hat.[813] Entscheidend ist, wem gegenüber der überlassene Arbeitnehmer seine Arbeitsleistung erbringt und wer arbeitsrechtliche Sanktionen ergreifen kann, insbesondere also wer den Arbeitnehmer entlassen kann.[814] Die Ausübung von Aufsichts- und Kontrollfunktionen im ausschließlichen (überwachenden) Auftrag der ausländischen Muttergesellschaft durch den Geschäftsführer einer inländischen GmbH führt somit in der Regel nicht zu einem Arbeitgeberwechsel im einkommensteuerlichen Sinne ins Inland.

Überlässt hingegen eine im Ausland ansässige Kapitalgesellschaft von ihr eingestellte Arbeitnehmer an eine inländische Tochtergesellschaft gegen Erstattung der von ihr gezahlten Lohnkosten, so ist die inländische Gesellschaft nicht Ar-

---

[810] BFH v. 24.3.1999, BStBl. II 2000, 41.

[811] Vgl. FG Nürnberg v. 6.6.2000, EFG 2000, 939.

[812] BFH v. 21.2.1986, BStBl. II 1986, 768. Die rechtliche Selbständigkeit einer Organgesellschaft wird durch das Organverhältnis nicht berührt.

[813] FG Nürnberg v. 6.6.2000, EFG 2000, 939 (Revision eingelegt, Az. des BFH: VI I 122/00). Im zugrunde liegenden Fall entsandte eine ausländische Gesellschaft einen ihrer Angestellten als Geschäftsführer an die inländische Tochter-GmbH, dieser war jedoch ausschließlich der Konzermuttergesellschaft gegenüber weisungsabhängig, erhielt ausschließlich von ihr sein Gehalt und konnte auch ausschließlich von ihr entlassen werden. Die inländische Tochtergesellschaft war daher nicht Arbeitgeberin im lohnsteuerlichen Sinne und auch nicht Haftungsschuldner für die Lohnsteuer. Ebenso entschied in einem vergleichbaren Sachverhalt das FG Düsseldorf am 19.1.1995, EFG 1995, 531.

[814] PFLÜGER, in PIStb 2000, 259, Anmerkung zum Urteil des FG Nürnberg v. 6.6.2000, EFG 2000, 939.

beitgeberin im Sinne des § 38 Abs. 1 Nr. 1 EStG.[815] Die inländische Gesellschaft haftet somit nicht für nicht einbehaltene Lohnsteuer nach § 42d Abs. 1 EStG, sondern allenfalls unter den Voraussetzungen des § 42d Abs. 6 EStG.[816] In Fällen von Arbeitnehmerüberlassung ist somit derjenige als lohnsteuerrechtlicher Arbeitgeber anzusehen, der den Lohn im eigenen Namen und für eigene Rechnung unmittelbar ausbezahlt, unabhängig von einer möglichen sich daran anschließenden konzerninternen Weiterbelastung.

Der Arbeitnehmer wird nach § 39d Abs. 1 EStG für die Durchführung des Lohnsteuerabzugs in Steuerklasse I sowie für weitere Arbeitsverhältnisse in Steuerklasse VI gemäß §§ 39d Abs. 1 Satz 2, 38b Satz 2 Nr. 6 EStG eingereiht. Er sollte beim Betriebstättenfinanzamt die in § 39d Abs. 1 Satz 3 EStG genannte Bescheinigung bis zum Ende des Kalenderjahres beantragen. Auf dieser Bescheinigung können gemäß § 50 Abs. 1 Satz 5 und 6 EStG nur Werbungskosten (im Falle des Übersteigens des Arbeitnehmer-Pauschbetrages) sowie Sonderausgaben (bei Übersteigen des Sonderausgaben-Pauschbetrages) eingetragen werden. Legt er diese Bescheinigung dem Arbeitgeber nicht rechtzeitig vor, ist der Lohnsteuerabzug nach § 39c Abs. 1 EStG vorzunehmen. Für beschränkt steuerpflichtige Arbeitnehmer gilt nicht der Mindeststeuersatz von 25%, vergleiche § 50 Abs. 3 Satz 2 EStG.

Grundsätzlich hat die durch Steuerabzug erhobene Steuer nach § 50 Abs. 5 Satz 1 EStG Abgeltungswirkung. Für EG/EWG-Bürger besteht die Möglichkeit der Veranlagung, § 50 Abs. 5 Satz 2 Nr. 2 EStG. Bezüge für ehemalige Rechtsverhältnisse nach § 24 Nr. 2 EStG - wie Tantiemezahlungen aus früherem Dienstverhältnis nach Rückkehr ins Inland - gehören ebenfalls zu den nach § 49 Abs. 1 Nr. 4 EStG steuerpflichtigen Einkünften aus nichtselbständiger Arbeit und sind gegebenenfalls nachträglich in einem anderen Veranlagungszeitraum zu versteuern.

4. Auslandstätigkeit unter Aufgabe des inländischen Wohnsitzes

Erfolgt die Auslandstätigkeit des Arbeitnehmers unter Aufgabe des Wohnsitzes wird in der Regel auch die unbeschränkte Steuerpflicht entfallen. Somit können die Einkünfte nur noch unter die beschränkte Steuerpflicht von im Inland verwerteter Auslandstätigkeit nach § 49 Abs. 1 Nr. 4 Buchst. a) Alt. 2 EStG und die Tatbestände der Buchst. b) und c) fallen. Die beschränkte Steuerpflicht im Inland verwerteter Tätigkeit wird jedoch in DBA-Fällen vom Prinzip der Be-

[815] BFH v. 24.3.1999, BStBl. II 2000, 41.

[816] In diesem Fall müssten dem inländischen Unternehmer als Entleiher gewerbsmäßig Arbeitnehmer zur Arbeitsleistung überlassen worden sein, vgl. die o.a. Definition der Gewerbsmäßigkeit der Arbeitnehmerüberlassung.

steuerung am Tätigkeitsort überlagert.[817] Somit greift die erste Alternative des Art. 15 Abs. 1 OECD-MA, wonach die Tätigkeit im Wohnsitzstaat besteuert wird.

[817] Vgl. JACOBS, Internationale Unternehmensbesteuerung, S. 1040 f.; R 123 Abs. 3 LStR; BFH v. 20.10.1982, BStBl. II 1983, 402; SCHAUMBURG, Internationales Steuerrecht, Rz. 16.426.

E. Einfluss des Gemeinschaftsrechts auf die Besteuerung von Grenzgängern

I. Vorschläge der EG-Kommission

Die Europäische Kommission hat am 21.12.1979 eine Grenzgänger-Richtlinie zur Harmonisierung der einkommensteuerrechtlichen Regelungen von Grenzgängern vorgeschlagen.[818] In dem Entwurf stand das Wohnsitzprinzip zwar im Vordergrund, vorgesehen war jedoch auch ein Quellenbesteuerungsrecht des Tätigkeitsstaats. Der Richtlinienentwurf erfasste die Besteuerung von Einkünften aus nichtselbständiger Tätigkeit sowie Altersruhegelder. Die Quellensteuer sollte im Wohnsitzstaat anrechenbar sein und von diesem, falls sie zu hoch war, erstattet werden. Die bisherigen Grenzzonen und Grenzgebiete sollten entfallen, und zwischen den Mitgliedstaaten war ein Fiskalausgleich vorgesehen. Nach jahrelangen Verhandlungen, in denen keine Einigung erzielt werden konnte - auch die Bundesregierung war der Auffassung, die vorgeschlagene Regelung sei zu kompliziert und in bilateralen Abkommen sinnvoller[819] - zog die EG-Kommission die vorgeschlagene Richtlinie zurück.

Eine jüngere Empfehlung der EG-Kommission vom 21.12.1993 zur Besteuerung Nichtansässiger[820] schlägt den Mitgliedstaaten vor, Nichtansässige nach ihrem innerstaatlichen Steuerrecht ebenso wie Ansässige zu behandeln, wenn sie sich in einer vergleichbaren Lage befinden. Schon in dieser Empfehlung stellt die Kommission fest, dass der Grundsatz der Gleichbehandlung gemäß den Art. 48 und 52 EG-Vertrag (jetzt Art. 39 und 43 EG) es nicht erlaube, die Personen mit Einkünften aus nichtselbständiger Tätigkeit, selbständiger Tätigkeit, Land- und Forstwirtschaft sowie Gewerbebetriebe von den steuerlichen Vorteilen und sonstigen Abzügen auszunehmen, die den Ansässigen gewährt werden, sofern der Großteil ihrer Einkünfte im Tätigkeitsstaat erzielt wird. Eine Ungleichbehandlung und Schlechterstellung von beschränkt Steuerpflichtigen im Tätigkeitsstaat im Verhältnis zu den dort Ansässigen soll vermieden werden, da steuerliche Vergünstigungen, die die persönliche Situation des beschränkt Steuerpflichtigen betreffen, im Tätigkeitsstaat in der Regel nicht gewährt werden. Werden die überwiegenden Einkünfte im Tätigkeitsstaat erzielt, so sind die

---

[818] „Vorschlag einer Richtlinie zur Harmonisierung von Regelungen im Bereich der Einkommensteuer im Hinblick auf die Freizügigkeit der Arbeitnehmer in der Gemeinschaft", ABl. EG 1980, Nr. C 21, S. 6.

[819] Vgl. BMF-Schreiben v. 22.10.1987, FR 1987, 587, Beantwortung einer Kleinen Anfrage (BT-Drucks. 11/912) namens der Bundesregierung (BT-Drucks. 11/1018).

[820] „Empfehlung der Kommission vom 21. Dezember 1993 betreffend die Besteuerung bestimmter Einkünfte, die von Nichtansässigen in einem anderen Mitgliedstaat als dem ihres Wohnsitzes erzielt werden", ABl. EG 1994, Nr. L 39, S. 22 .

im Ansässigkeitsstaat gewährten Vergünstigungen in der Regel wirkungslos.[821] Die nach Art. 249 Abs. 5 EG (früher Art. 189 EG-Vertrag) für die Mitgliedstaaten nicht bindende Kommissions-Empfehlung von 1993 bezieht sich auf die Besteuerung nichtansässiger Personen mit Einkünften aus nichtselbständiger Arbeit, Altersruhegeldern und vergleichbaren Einkünften, Sozialversicherungsrenten, Einkünften aus selbständiger Arbeit, aus Land- und Forstwirtschaft und aus gewerblicher Tätigkeit. Diese sollen mit Gebietsansässigen steuerlich gleich behandelt werden, wenn die im Tätigkeitsstaat erzielten Einkünfte mindestens 75 Prozent des in dem Veranlagungszeitraum steuerpflichtigen Gesamteinkommens ausmachen. Bei Überschreiten der 75-Prozent-Grenze soll auch das Ehegattensplitting gewährt werden. Der Wohnsitzstaat behält die Möglichkeit, einem Steuerpflichtigen bestimmte Vorteile oder Abzüge zu versagen, falls der Tätigkeitsstaat ähnliche oder identische Vorteile bereits gewährt, um ungewollte Privilegierungen von Grenzgängern zu vermeiden.[822] Den Zuordnungen der Besteuerungsrechte durch die bilateralen DBA schließt sich diese Empfehlung an, ebenso deren Ansässigkeitsbegriffen.

II. „Grenzpendlergesetz" von 1994

Das Grenzpendlergesetz vom 24.6.1994[823] sollte die Stellung von beschränkt Steuerpflichtigen, die überwiegende Einkünfte im Inland erzielen, an die Besteuerung von unbeschränkt Steuerpflichtigen annähern. Geändert wurden u.a. §§ 1 Abs. 3, 32b Abs. 1 und Abs. 1 Nr. 2 sowie 50 Abs. 1, Abs. 4 und Abs. 5 EStG. Nach der Neuregelung waren drei Kategorien von beschränkt Steuerpflichtigen zu unterscheiden[824]:

Die erste Gruppe bildeten die beschränkt Steuerpflichtigen (die sog. Grenzpendler), die mindestens 90 Prozent ihrer Einkünfte im Inland erzielen, wobei ausländische Einkünfte bis zu einer Höhe von 10 Prozent der gesamten Einkünfte oder 12.000 DM unschädlich waren. Für sie bestand die Möglichkeit, personen- und familienbezogene einkommensmindernde Abzüge nahezu wie unbeschränkt Steuerpflichtige, deren Ehepartner, Kinder oder sonstige Angehörige im Ausland leben, geltend zu machen. Die zweite Gruppe umfasste beschränkt steuerpflichtige Arbeitnehmer, deren ausländische Einkünfte 10 Prozent der gesamten Einkünfte oder 12.000 DM übersteigen. Abgesehen von der Möglichkeit des Abzugs der Sonderausgabenpauschale und der Vorsorgepau-

[821] Vgl. KRABBE, in IStR 1994, 377 (378).
[822] Vgl. auch FÖRSTER, in DStR 1994, 1297 (1298).
[823] „Gesetz zur einkommensteuerrechtlichen Entlastung von Grenzpendlern und anderen beschränkt steuerpflichtigen natürlichen Personen und zur Änderung anderer gesetzlicher Vorschriften", BGBl. I 1994, 1395.
[824] Vgl. die Darstellungen bei KRABBE, in IStR 1994, 377 (378); FÖRSTER, in DStR 1994, 1297.

schale hatten sie nach dem neugefassten § 50 Abs. 1 Sätze 6 und 7 EStG im Gegensatz zum vorherigen § 50 Abs. 4 EStG keinen Anspruch mehr auf andere persönliche Abzüge. Der letzte Gruppe umfasste alle anderen beschränkt Steuerpflichtigen, ihnen wurden wie bisher alle persönlichen Abzüge versagt (§ 50 Abs. 1 Sätze 1 bis 5 EStG).

Nicht gewährt wurde nach dieser Neuregelung das Ehegattensplitting für beschränkt Steuerpflichtige, hierfür war weiterhin die unbeschränkte Einkommensteuerpflicht beider Ehegatten erforderlich. Auf Grund dessen hat die Europäische Kommission noch vor Verkündung des Gesetzes gegen die Bundesrepublik Deutschland ein Vertragsverletzungsverfahren eingeleitet.[825]

Die genannten Grenzgängerregelungen in den DBA mit Belgien, Frankreich, Österreich und der Schweiz sowie die besondere Regelung im Verhältnis zum Nachbarstaat Niederlande im AGGrenzg NL blieben nach der Neuregelung im Wesentlichen unverändert gültig.[826] Für die Anwendung der neuen Grenzpendlerregelung kam es nicht auf die Staatsangehörigkeit in einem EG-Mitgliedstaat an.

III. Auswirkungen der EuGH-Rechtsprechung, insbesondere des „Schumacker"-Urteils

Der EG-Vertrag enthält in Art. 93 EG (früher Art. 99 EG-Vertrag) einen Auftrag zur Harmonisierung der Umsatzsteuern, der Verbrauchsabgaben und der sonstigen indirekten Steuern. Eine vergleichbare Rechtsgrundlage zur Angleichung der direkten Steuern besteht nicht, selbst Art. 293 zweiter Gedankenstrich EG (früher Art. 220 EG-Vertrag), wonach die Mitgliedstaaten - soweit erforderlich - Verhandlungen untereinander einzuleiten haben, um zugunsten ihrer Staatsangehörigen die Beseitigung der Doppelbesteuerung innerhalb der Gemeinschaft sicherzustellen, hat selbst keine unmittelbare Wirkung.[827] Dieser

[825] Stellungnahme der EG-Kommission v. 4.5.1994 K (94) 1028, BB 1994, 1404; Stellungnahme des BMF, EWS 1994, 349. Von diesem Verfahren wurde auch weitere Klarheit bezüglich der Vereinbarkeit der aufgestellten Einkunftsgrenzen mit dem Gemeinschaftsrecht erwartet. Das Verfahren wurde jedoch eingestellt.

[826] Das Grenzpendlergesetz war vom Regelungsgehalt dem AGGrenzG NL sehr ähnlich, es bestanden jedoch Unterschiede: Die Grenzgängerregelung nach AGGrenzG NL galt nur für Arbeitnehmer, ferner konnte der niederländische Grenzgänger zusammen mit seinem Ehegatten veranlagt werden und dementsprechend auch dessen Einkünfte zu 90 Prozent einbeziehen. Dem niederländischen Grenzgänger wurde ein Wahlrecht eingeräumt, wonach er die Anwendung des § 50 Abs. 4 EStG a.F. wählen konnte, so dass die Grenzgängerregelung des AGGrenzG NL keine Anwendung mehr fand; vgl. FÖRSTER, DStR 1994, 1297 (1301).

[827] Vgl. EuGH v. 12.5.1998 (Fall „Gilly"), EuGHE I 1998, 2793. Vgl. dazu auch EuGH v. 11.7.1985 (Fall „Mutsch"), EuGHE 1985, 2681, Rz. 11.

stecke lediglich den Rahmen für die von den Mitgliedstaaten „soweit erforderlich" einzuleitenden Verhandlungen ab.

Eine Kompetenz zur Harmonisierung der direkten Steuern kann sich daher lediglich aus Art. 94 EG (früher Art. 100 EG) ergeben. Danach erlässt der Rat einstimmig auf Vorschlag der Kommission und nach Anhörung des Europäischen Parlamentes und des Wirtschafts- und Sozialausschusses Richtlinien für die Angleichung derjenigen Rechts- und Verwaltungsvorschriften der Mitgliedstaaten, die sich unmittelbar auf die Errichtung oder das Funktionieren des Gemeinsamen Marktes auswirken. Neben der Kommission hat auch der EuGH maßgeblichen Anteil am Abbau der Hindernisse, die sich aus den direkten Steuern bei der Verwirklichung der Grundfreiheiten des EG-Vertrags ergeben.[828]

Grundproblem der Besteuerung von nichtansässigen Arbeitnehmern ist immer wieder deren Benachteiligung: So gehen bei einem Inländer einerseits die Welteinkünfte in die steuerliche Bemessungsgrundlage ein und werden dem progressiven Steuersatz nach dem Gesamteinkommen unterworfen, der persönlichen Lage wird dabei durch Abzüge für Sonderausgaben und außergewöhnliche Belastungen, Kinderfreibeträge und durch den Splittingtarif für unbeschränkt einkommensteuerpflichtige Ehegatten Rechnung getragen. Im Gegensatz dazu werden Ausländer lediglich mit ihren Einkünften aus inländischen Quellen zum dafür maßgeblichen Steuersatz besteuert, die persönlichen Verhältnisse hat der Ansässigkeitsstaat zu berücksichtigen, selbst wenn hier nur geringe oder gar keine Einkünfte erzielt werden.[829]

Der EuGH hatte sich in einigen Vorabentscheidungsverfahren mit der beschränkten und unbeschränkten Steuerpflicht und der Frage der Zulässigkeit dieser Differenzierung angesichts der Grundfreiheiten des EG-Vertrages zu beschäftigen. Insbesondere das Recht auf Freizügigkeit der Arbeitnehmer nach Art. 39 EG (früher Art. 48 EG-Vertrag) und das Recht auf freie Niederlassung innerhalb des Gemeinschaftsgebiets nach Art. 43 EG (früher Art. 52 EG-Vertrag) waren Gegenstand von Auslegungsfragen.[830] Der EuGH hat aus den Grundfreiheiten auf Freizügigkeit nach Art. 48 EG und Niederlassungsfreiheit nach Art. 52 EG ein jeweils für diesen Anwendungsbereich geltendes spezielles Diskriminierungsverbot entwickelt, hinter der das allgemeine Diskriminie-

---

[828] MÜLLER, in DStR 1995, 585.

[829] Vgl. hierzu auch KAEFER/SAß, in DB 1995, 642.

[830] Vgl. auch die Darstellung der Entwicklung der Rechtsprechung des EuGH von MÜLLER, DStR 1995, 585; LENZ, in DStZ 1997, 541; SAß, Einfluss der EuGH-Rechtsprechung auf die direkten Steuern und Schadensersatzfolgen, in BURMESTER/ENDRESS, Außensteuerrecht, Doppelbesteuerungsabkommen und EU-Recht im Spannungsverhältnis, Festschrift für Helmut Debatin zum 70. Geburtstag, S. 381; *ders.*, in FR 1998, 1.

rungsverbot nach Art. 12 EG (früher Art. 6 EG-Vertrag und Art. 7 EWG-Vertrag) zurücktritt.[831]

1. Entwicklung der EuGH-Rechtsprechung zur direkten Besteuerung, Freizügigkeit der Arbeitnehmer und Diskriminierung auf Grund der Staatsangehörigkeit

Der EuGH stellte in seiner „avoir fiscal"-Entscheidung fest, dass die Französische Republik gegen Art. 52 EG-Vertrag (jetzt Art. 43 EG) verstoßen habe, da sie den in Frankreich gelegenen Zweigniederlassungen und Agenturen von Versicherungsgesellschaften mit Sitz in einem anderen Mitgliedstaat nicht unter den gleichen Bedingungen wie Versicherungsgesellschaften mit Sitz in Frankreich ein Steuerguthaben („avoir fiscal") für die von diesen Zweigniederlassungen und Agenturen bezogenen Dividenden französischer Gesellschaften gewährt hat.[832] Art. 52 Abs. 1 Satz 2 EG-Vertrag (jetzt Art. 43 Abs. 1 Satz 2 EG) gewährt die freie Wahl hinsichtlich der Rechtsform ihrer wirtschaftlichen Tätigkeit und verbietet eine diesbezügliche diskriminierende Besteuerung.

In der Rechtssache „Biehl gegen Luxemburg" [833] bejahte das Gericht einen Verstoß gegen Art. 48 Abs. 2 EG-Vertrag (jetzt Art. 39 Abs. 2 EG), wenn nach dem

---

[831] EuGH v. 9.6.1977 (Fall „van Ameyde"), EuGHE 1977, 1091; EuGH v. 3.7.1993 (Fall „Commerzbank"), EuGHE 1993, 4017; EuGH v. 26.1.1993 (Fall „Werner"), EuGHE I 1993, 429; vgl. auch HERLINGHAUS in FLICK/WASSERMEYER/BAUMHOFF, Außensteuerrecht, § 1 EStG, Rz. 25.

[832] EuGH v. 28.1.1986, EuGHE 1986, 273. In Frankreich unterlagen Gewinne steuerpflichtiger Gesellschaften und anderer juristischer Personen gemäß Art. 205 des französischen code général des impôts (CGI) einer 50%igen Körperschaftsteuer („impôt sur les sociétés"). Zur Vermeidung einer wirtschaftlichen Doppelbelastung bei Ausschüttungen wurde in Art. 158a CGI eine als „avoir fiscal" (Steuerguthaben) bezeichnete - auf die persönliche Einkommensteuer anrechenbare - Steuergutschrift vorgesehen zugunsten der Empfänger von Dividenden, die von einer französischen Gesellschaft ausgeschüttet werden. Diese entspricht der Hälfte der von diesen Gesellschaften tatsächlich ausgeschütteten Beträge. Dieses Steuerguthaben wurde nach Art. 158b Abs. 2 CGI jedoch nur Personen gewährt, die ihren tatsächlichen Wohnsitz oder ihren Gesellschaftsitz in Frankreich haben. Zusätzlich konnte gemäß Art. 242c CGI diese Steuergutschrift auch Personen gewährt werden, die ihren Wohnsitz im Hoheitsgebiet von Staaten haben, mit denen Frankreich ein Doppelbesteuerungsabkommen abgeschlossen hatte.

[833] EuGH v. 8.5.1990, EuGHE I 1990, 1779. Im der Entscheidung zugrundeliegenden Sachverhalt verlegte der deutsche Staatsangehörige *Klaus Biehl* am 1.11.1983 seinen Wohnsitz aus dem Großherzogtum Luxemburg, in dem er seit 15.11.1973 als Arbeitnehmer beschäftigt war, in die Bundesrepublik Deutschland. Die im Großherzogtum einbehaltene Lohnsteuer für die Zeit vom 2.1. bis 31.10.1983 überstieg den für das gesamte Jahr geschuldeten Steuerbetrag, die luxemburgische Steuerverwaltung verweigerte jedoch die Erstattung der überbezahlten Lohnsteuer im Wege eines Lohnsteuerjahresausgleichs. Nach Art. 154 Abs. 6 LIR (Loi sur l'impôt sur le revenu - Einkommensteuergesetz), dessen Regelungsgehalt der deutschen Ab-

Steuerrecht eines Mitgliedstaates die einbehaltenen Steuern auf Löhne und Gehälter zu Lasten eines Arbeitnehmers aus einem anderen Mitgliedstaat, der nur zeitweilig während des Jahres gebietsansässiger Steuerpflichtiger ist, der Staatskasse verfallen oder nicht erstattet werden können, weil er sich im Laufe des Jahres im Lande niederlässt oder das Land verlässt. In diesem Urteil werden ausdrücklich alle verdeckten Formen der Diskriminierung, die zwar andere Unterscheidungsmerkmale als die Staatsangehörigkeit anwenden, tatsächlich jedoch zum gleichen Ergebnis führen, für mit dem Gemeinschaftsrecht unvereinbar erklärt.[834] So können auch steuerliche Vorschriften diskriminierend wirken, die zwar an den Wohnsitz oder gewöhnlichen Aufenthalt anknüpfen, damit in aller Regel jedoch ausländische Staatsangehörige treffen. Zurückgewiesen wurde damit auch die fiskalische Rechtfertigung, eine Versagung des Lohnsteuerjahresausgleiches verhindere, dass Arbeitnehmer zur Vermeidung einer vollen Steuerprogression ihre Tätigkeit auf mehrere Staaten verteilen.

Nach der Entscheidung zur Rechtssache „Bachmann gegen Belgien"[835] stehen Art. 48 EG-Vertrag (jetzt Art. 39 EG) und Art. 59 EG-Vertrag (jetzt Art. 49 EG) Rechtsvorschriften eines Mitgliedstaates entgegen, die die Abzugsfähigkeit von Beiträgen zu Kranken- und Invaliditäts- oder Alters- und Todesfallversicherungen von der Voraussetzung abhängig machen, dass diese Beiträge im gleichen Staat gezahlt werden. Gerechtfertigt könne diese Voraussetzung jedoch durch die Notwendigkeit sein, die „Kohärenz" der anwendbaren Steuerregelung zu gewährleisten.[836]

---

geltungswirkung des Steuerabzugs bei beschränkt steuerpflichtigen Einkünften vergleichbar ist, war diese zuviel einbehaltene Lohnsteuer nicht erstattungsfähig.
Der EuGH verurteilte am 26.10.1995 („Biehl II"), EUGHE I 1995, 3599 das Großherzogtum Luxemburg wegen Nichtumsetzung der „Biehl"-Entscheidung nach Klageerhebung durch die EG-Kommission gemäß Art. 249 EG (früher Art. 189 EG-Vertrag).

[834] Insofern berief sich der EuGH auf sein Urteil v. 13.2.1974, EuGHE 1974, 153, Rz. 11.

[835] EuGH v. 28.1.1992, EuGHE I 1992, 249. Im zugrundeliegenden Fall verweigerte der belgische Directeur des contributions directes de Bruxelles I dem nach Belgien umgezogenen deutschen Staatsangehörigen *Hanns-Martin Bachmann* den Abzug von während seiner nichtselbständigen Tätigkeit in Deutschland gezahlten Beiträgen für Kranken- und Invaliditätsversicherungsverträge sowie für einen Lebensversicherungsvertrag, den dieser vor seiner Ankunft in Belgien abgeschlossen hatte, vom Gesamtbetrag seiner Erwerbseinkünfte des Zeitraumes 1973 bis 1976. Zugrunde lag dieser Weigerung Art. 54 des belgischen Code des impôts sur le revenus (CIR), wonach von den Erwerbseinkünften nur die Beiträge zur freiwilligen Kranken- und Invaliditätsversicherung, die an eine von Belgien anerkannte Versicherungsgesellschaft auf Gegenseitigkeit gezahlt wurde, sowie die in Belgien gezahlten Beiträge zu Versicherungen für den Fall des Alters und des vorzeitigen Todes abgezogen werden können.

[836] Eine solche Notwendigkeit könne z.B. dann bestehen, wenn in einem Steuersystem eines Mitgliedstaats ein wechselseitiger Zusammenhang zwischen der Abzugsfähigkeit der Beiträge und der Besteuerung der von den Versicherern in Erfüllung der Verträge zu zahlenden Beträge bestehe und wenn ein solcher Ausgleich zwischen der Abzugsfähigkeit in einer Phase und der

Im „Werner"-Urteil[837] verneinte der EuGH einen Verstoß gegen die Art. 52 EG-Vertrag (jetzt Art. 43 EG), wenn Mitgliedstaaten eigene im Ausland wohnende Staatsangehörige, die ihre Berufstätigkeit in seinem Hoheitsgebiet ausüben und die ausschließlich oder fast ausschließlich dort ihre Einkünfte erzielen oder ihr Vermögen besitzen, eine höhere Steuerbelastung aufzuerlegen, als wenn sie dort auch wohnen würden. Begründet wurde dies damit, dass der Kläger deutscher Staatsangehöriger sei, seine Zeugnisse und beruflichen Qualifikationen in Deutschland erworben habe, dort immer seine Berufstätigkeit ausgeübt habe und deutsches Steuerrecht auf ihn angewandt werde. Der einzige über den nationalen Rahmen hinausgehende Aspekt sei die Tatsache, dass er in einem anderen Mitgliedstaat als dem des Arbeitsorts wohne. Somit lag nach den Entscheidungsgründen des EuGH ein reiner Inlandsfall vor, für den Art. 52 EG-Vertrag (jetzt Art. 43) keine Bedeutung habe. Es mehren sich jedoch die Zweifel, ob eine derart eingeschränkte Anwendung der Diskriminierungsverbote, bei der Inländer oft benachteiligt sind, mit dem seit dem Maastrichter Vertrag eingeführten allgemeinen Freizügigkeitsrecht für Unionsbürger noch zu vereinbaren ist.[838]

Ebenfalls bedeutsam war die „Commerzbank"-Entscheidung[839], wonach Art. 52 EG-Vertrag (jetzt Art. 43 EG) und Art. 58 EG-Vertrag (jetzt Art. 48 EG) es ver-

Besteuerung in einer anderen nicht mehr sichergestellt werden könne, weil die auf den steuerfreien Beträgen beruhenden Zahlungen von einem ausländischen Versicherer im Ausland geleistet würden, wo ihre Besteuerung vom Zufall abhängig sei (vgl. Rz. 21 bis 29 der Entscheidungsgründe).

837 EuGH v. 26.1.1993, EuGHE I 1993, 429. Dieser Entscheidung lag ein Sachverhalt (Vorlagebeschluss des FG Köln v. 10.1.1991, EFG 1991, 406) zugrunde, in dem der deutsche Staatsangehörige *Werner* und seine Ehefrau in den Niederlanden wohnten und in der Bundesrepublik Deutschland beruflich tätig waren, der Kläger selbständig und seine Ehefrau als vom ihm angestellte Arbeitnehmerin. Herr Werner sollte aufgrund seiner beschränkten Steuerpflicht über 20.000 DM mehr an Steuern zahlen als einer vergleichbarer Steuerinländer. Auf Grund seiner Einkünfte aus selbständiger Arbeit unterfiel er nicht den begünstigenden Regelungen des AGGrenzG NL. Der Fall „Werner" wurde nach dem ablehnenden Urteil des EuGH durch das FG Köln mit Beschluss v. 20.10.1994, EFG 1995, 273 dem BVerfG gemäß Art. 100 GG vorgelegt. Nach der Abhilfe durch die Gesetzesänderung hatte sich diese Vorlage sowie das Aussetzungsverfahren des BFH v. 1.12.1993, BFHE 173, 127 erledigt, vgl. HEINICKE in SCHMIDT, EStG, 15. Auflage, München 1996, § 1, Rz. 5.

838 Vgl. KOKOTT, Die Bedeutung der europarechtlichen Diskriminierungsverbote und Grundfreiheiten für das Steuerrecht der EU-Mitgliedstaaten, in LEHNER, Grundfreiheiten im Steuerrecht der EU-Staaten, S. 14 f.

839 EuGH v. 13.7.1993, EuGHE I 1993, 4017. Die *Commerzbank* hatte eine Zweigniederlassung in Großbritannien, durch die sie zwischen 1973 und 1976 verschiedenen amerikanischen Gesellschaften Darlehen gewährte. Auf die von den amerikanischen Gesellschaften gezahlten Zinsen entrichtete die Commerzbank Steuern. Als die Bank in der Folgezeit die Rückzahlung dieses Steuerbetrages beantragte, da aufgrund einer Regelung des DBA Großbritannien-USA die Zinszahlungen nur bei Zahlung an eine Gesellschaft mit steuerlichem Sitz in Großbritan-

bieten, dass nach dem Recht eines Mitgliedstaates Zinsen (sog. „Zuschläge zur Rückzahlung") bei der Rückzahlung nicht geschuldeter Steuern Gesellschaften gewährt werden, die ihren steuerlichen Sitz im Inland haben, diese hingegen Gesellschaften verweigert werden, die ihren steuerlichen Sitz in einem anderen Mitgliedstaat haben.

Im „Halliburton-Services"-Urteil[840] entschied der EuGH, dass Art. 52 EG-Vertrag (jetzt Art. 43 EG) sowie Art. 58 EG-Vertrag (jetzt Art. 48 EG) einer nationalen steuerrechtlichen Regelung entgegenstehen, die die Befreiung von der Grunderwerbsteuer - wenn sie für Geschäfte anlässlich einer Umstrukturierung innerhalb eines Konzerns grundsätzlich vorgesehen ist - auf Fälle beschränkt, in denen die steuerpflichtige Gesellschaft unbewegliches Vermögen von einer Gesellschaft erwirbt, die nach nationalem Recht errichtet wird, diese Vergünstigung jedoch versagt, wenn die veräußernde Gesellschaft nach dem Recht eines anderen Mitgliedstaates gegründet wurde.

2. Entscheidungsgehalt des „Schumacker"-Urteils

Die entscheidende Wendung erfuhr die Grenzgängerbesteuerung in der Europäischen Union erst nach dem „Schumacker"-Urteil des EuGH.[841] Im Vorabent-

---

nien steuerpflichtig waren, wurde die ohne Rechtsgrund entrichtete Steuer zurückbezahlt. Nicht gezahlt wurden jedoch Zinsen in Höhe von ca. 5 Millionen Pfund. Die britische Steuerbehörde begründete dies mit einem Hinweis der Steuerbehörde, die Bank arbeite mit Niederlassungen und sei nicht in Großbritannien ansässig, eine dementsprechende Regelung enthält Section 825 des Income and Corporation Taxes Act 1988.

[840] EuGH v. 12.4.1994, EuGHE I 1994, 1137. Die deutsche Tochtergesellschaft des amerikanischen *Halliburton* Konzerns veräußerte im Rahmen einer Umstrukturierung ihre ständige Niederlassung in den Niederlanden an die niederländische Tochtergesellschaft Halliburton Services BV (einer GmbH niederländischen Rechts). Zur ständigen Niederlassung gehörte auch ein in den Niederlanden belegenes Grundstück. Diese Übertragung wäre nach niederländischem Steuerrecht nur steuerfrei gewesen, wenn sie „im Rahmen einer internen Umstrukturierung" von nach niederländischem Recht begründeten Gesellschaften mit beschränkter Haftung (sog. „BV") oder Aktiengesellschaften (sog. „NV") vorgenommen werden. Im Gegensatz dazu sei die Übertragung durch eine deutsche GmbH steuerpflichtig.

[841] EuGH v. 14.2.1995, EuGHE I 1995, 225; Vorlagebeschluss des BFH v. 14.4.1993, BStBl. II 1994, 27. Im zugrundeliegenden Sachverhalt ging es um den belgischen Kaminbauer *Roland Schumacker*, der in Deutschland seit Mai 1988 nichtselbständig arbeitete und in Belgien ansässig war. Seine Ehefrau wohnte mit den gemeinsamen Kindern ebenfalls in Belgien und bezog dort Arbeitslosengeld. In der Bundesrepublik unterlag Herr Schumacker der beschränkten Steuerpflicht, obwohl sein Einkommen nahezu vollständig aus seiner nichtselbständigen Tätigkeit in Deutschland stammte. In den Jahren 1988 und 1998 musste er jeweils 8.000 DM mehr zahlen, als wenn er in Deutschland seinen Wohnsitz gehabt hätte und daher unbeschränkt steuerpflichtig im Inland gewesen wäre. Durch die Neuregelung des „Grenzpendlergesetzes" v. 24.6.1994 (BGBl. I 1994, 1395) wurde diese Mehrbelastung zwar deutlich verringert, bestehen blieben jedoch die Nachteile aufgrund der nach wie vor fehlenden Möglichkeit eines Ehegattensplittings, Versagung des Lohnsteuerjahresausgleiches sowie der nicht

scheidungsersuchen des BFH[842] ging es im Kern um die Frage, ob die Benachteiligung gemeinschaftsangehöriger beschränkt Steuerpflichtiger im Inland durch die Versagung des Ehegattensplittings und den Ausschluss vom Lohnsteuerausgleichsverfahren mit dem EG-Vertrag vereinbar ist.

Nach diesem Urteil ist Art. 48 EG-Vertrag (nach Änderung jetzt Art. 39 EG) so auszulegen, dass er das Recht eines Mitgliedstaates, die Voraussetzungen und Modalitäten der Besteuerung in seinem Hoheitsgebiet von Staatsangehörigen eines anderen Mitgliedstaats erzielten Einkünfte festzulegen, insoweit einschränken kann, als er es einem Mitgliedstaat nicht erlaubt, einen Staatsangehörigen eines anderen Mitgliedstaats, der eine nichtselbständige Tätigkeit ausübt, schlechter zu behandeln als einen eigenen Staatsangehörigen, der sich in der gleichen Lage befindet. Im Hinblick auf die direkten Steuern bestehe zwischen Gebietsansässigen und Gebietsfremden in der Regel keine vergleichbare Situation, denn das Einkommen des Gebietsfremden stelle meist nur einen Teil seiner Gesamteinkünfte dar. Die persönliche Steuerkraft des Gebietsfremden könne unter Berücksichtigung seiner persönlichen Lage und seines Familienstandes am leichtesten an dem Ort berücksichtigt werden, an dem der Mittelpunkt seiner persönlichen Interessen und Vermögensinteressen liege. Art. 48 EG-Vertrag (jetzt Art. 39 EG) stehe jedoch der Anwendung von Rechtsvorschriften eines Mitgliedstaates entgegen, die einen dort tätigen Arbeitnehmer mit Wohnsitz in einem anderen Mitgliedstaat höher besteuerten als einen Arbeitnehmer, der im gleichen Staat arbeite und wohne, wenn der Staatsangehörige des Wohnsitz-Mitgliedstaates im Arbeitsort-Mitgliedstaat sein Einkommen ganz oder fast ausschließlich und im Wohnsitz-Mitgliedstaat keine ausreichenden Einkünfte erziele, um seine persönliche Lage und seinen Familienstand bei der Besteuerung zu berücksichtigen. Art. 48 EG-Vertrag (jetzt Art. 39 EG) sei ferner dahingehend auszulegen, dass er Rechtsvorschriften eines Mitgliedstaates entgegenstehe, die Verfahren wie den Lohnsteuer-Jahresausgleich und die Einkommensteuerveranlagung durch die Verwaltung nur für Gebietsansässige vorsähen und beschränkt Steuerpflichtige davon ausschlössen.

---

gewährten Möglichkeit, sog. Vorsorgeaufwendungen über die in der Lohnsteuertabelle berücksichtigten Pauschbeträge hinaus als Sonderausgaben abziehen. Zur umfangreichen Bewertung des „Schumacker"-Urteils im Schrifttum, vgl. CLAUSNITZER, in NWB Fach 3, S. 9443; FRERICHS, in FR 1995, 574; KAEFER, in BB 1995, 441; *ders.*, in DB 1995, 410; *ders.*, in DStR 1995, 329; KAEFER/SAß, in DB 1995, 642; KNOBBE-KEUK, in EuZW 1995, 167; MIKOLASCHEK/FRIEDRICH, in WiB 1995, 390; MÜLLER, in DStR 1995, 585; RAEDLER, in DB 1995, 793; SCHÖN, in IStR 1995, 119; THÖMMES, in IWB Fach 11, Gruppe 2, S. 209; DE WEERTH, in RIW 1995, 395, ders., in RIW 1995, 928.

[842] Vorlagebeschluss des BFH v. 14.4.1993, BStBl. II 1994, 27.

Der EuGH stellte in diesem sowie im späteren „Wielockx"-Urteil[843] klar, dass die direkten Steuern zwar in die Zuständigkeit der EU-Mitgliedstaaten fallen, diese jedoch ihre Befugnisse in diesem Bereich unter Wahrung des Gemeinschaftsrechts ausüben und deshalb jede offensichtliche oder versteckte Diskriminierung auf Grund der Staatsangehörigkeit unterlassen müssen. Unter Berufung auf das „Biehl"-Urteil des EuGH vom 8. Mai 1990[844] und die Verordnung (EWG) Nr. 1612/68 vom 15. Oktober 1968[845] wird ausgeführt, dass der Grundsatz der Gleichbehandlung auf dem Gebiet der Entlohnung seiner Wirkung beraubt wäre, wenn er durch diskriminierende nationale Vorschriften über die Einkommensteuer beeinträchtigt werden könnte. Nach ständiger Rechtsprechung verböten die Vorschriften über die Gleichbehandlung nicht nur offene Diskriminierung auf Grund der Staatsangehörigkeit sondern auch alle versteckten Formen der Diskriminierung, die durch die Anwendung anderer Unterscheidungsmerkmale tatsächlich zu dem gleichen Ergebnis führten.[846] Obwohl unbeschränkte und beschränkte Steuerpflicht unabhängig von der Staatsangehörigkeit des betroffenen Steuerpflichtigen gälten, bestehe die Gefahr, dass sich Rechtsvorschriften, die eine Unterscheidung auf Grund des Kriteriums des Wohnsitzes träfen, indem sie Gebietsfremden bestimmte Steuervergünstigungen verweigerten, die sie Gebietsansässigen gewährten, hauptsächlich zum Nachteil der Angehörigen anderer Mitgliedstaaten auswirkten, da Gebietsfremde meist Ausländer seien. Im Fall eines Gebietsfremden, der in einem anderen Mitgliedstaat als dem seines Wohnsitzes den wesentlichen Teil seiner Einkünfte, praktisch die Gesamtheit seiner Familieneinkünfte erziele, bestehe die Diskriminierung darin, dass seine persönliche Lage und sein Familienstand weder im Wohnsitzstaat noch im Beschäftigungsstaat berücksichtigt werden. Gerechtfertigt werden könne eine derartige Diskriminierung weder durch die Notwendig-

[843] EuGH v. 11.8.1995, EuGHE I 1995, 2495. Nach diesem Urteil ist es einem Mitgliedstaat verwehrt, eine Regelung zu schaffen, die es in diesem Staat ansässigen Personen gestattet, vom steuerpflichtigen Einkommen die Gewinne aus unternehmerischer Tätigkeit abzuziehen, die sie zur Bildung einer Altersrücklage verwenden, diesen Vorteil aber steuerpflichtigen Gemeinschaftsangehörigen verweigern, die zwar in einem anderen Mitgliedstaat wohnen, aber im erstgenannten Mitgliedstaat ihre gesamten oder nahezu ihre gesamten Einkünfte erzielen. Zugrunde lag ein Sachverhalt, bei dem der in Belgien ansässige belgische Staatsangehörige *Wielockx* die Minderung seines steuerpflichtigen Einkommens aufgrund der Zuführungen zur Altersrücklage verlangte, die niederländische Steuerverwaltung dies jedoch ablehnte. Gerechtfertigt werden könne diese Regelung auch nicht durch den Umstand, dass die Rentenzahlungen, die der Gebietsfremde aus der Altersrücklage bezieht, nicht in diesem Staat besteuert werden, sondern in dem Staat seines Wohnsitzes, mit dem der erstgenannte Staat ein Doppelbesteuerungsabkommen abgeschlossen habe.

[844] EuGH v. 8.5.1990, EuGHE I 1990, 1779. Vgl. FN 833.

[845] Verordnung (EWG) Nr. 1612/68 des Rates vom 15.10.1968 über die Freizügigkeit der Arbeitnehmer innerhalb der Gemeinschaft, ABl. EG 1968, Nr. L 257, S. 2.

[846] Vgl. EuGH v. 12.2.1974, EuGHE 1974, 153.

keit, die „Kohärenz" der Steuerregelung zu gewährleisten[847], noch seien verwaltungstechnische Schwierigkeiten des Beschäftigungsstaates bei der Erfassung der Einkünfte - auf die das beklagte Finanzamt hinwies - beachtlich.[848] Wegen der Möglichkeit der gegenseitigen Amtshilfe der zuständigen Behörden in den Mitgliedstaaten im Bereich der direkten Steuern gebe es keine verwaltungstechnischen Hindernisse für die Berücksichtigung der persönlichen Lage und des Familienstandes des Gebietsfremden in dem Staat, in dem die Tätigkeit ausgeübt werde.

Die verfahrensrechtliche Gleichstellung beschränkt Steuerpflichtiger mit dem für unbeschränkt Steuerpflichtige vorgesehenen Verfahren des Lohnsteuer-Jahresausgleichs und der Einkommensteuerveranlagung sei zudem weder durch die nach § 39d EStG bestehende Möglichkeit der Berücksichtigung persönlicher Freibeträge im Rahmen eines vom Arbeitgeber durchzuführenden Lohnsteuerjahresausgleichs noch durch eine Billigkeitsentscheidung der Finanzverwaltung nach § 163 AO gegeben. Beide Möglichkeiten der Entlastung sind nicht zwingend und stellen keine Verpflichtung für die Steuerbehörden dar, die diskriminierenden Belastungen durch die bestehenden Regelungen im EStG zu beseitigen.

IV. Reaktion des Gesetzgebers auf die neue EuGH-Rechtsprechung mit dem Jahressteuergesetz 1996

Obwohl schon Tenor und Entscheidungsgründe des „Biehl"-Urteils auf eine Unvereinbarkeit der bestehenden Versagung des Lohnsteuer-Jahresausgleichs und des Veranlagungsverfahrens mit dem Gemeinschaftsrecht in bestimmten Fällen hindeuteten, sah sich die Bundesrepublik nicht veranlasst, die Besteuerung der Grenzgänger weiter zu reformieren. Da eine allgemeine Bindungswirkung der Urteile des EuGH im Vorabentscheidungsverfahren nach Art. 234 EG

---

[847] Die Gewährleistung der „Kohärenz" der Steuerregelung wurde im sog. „Bachmann"-Urteil des EuGH v. 28.1.1992, EuGHE I 1992, 249 – vgl. FN 835 – als Rechtfertigungsgrund anerkannt, die Abzugsfähigkeit von Beiträgen zu Kranken- und Invaliditäts- oder Alters- und Todesversicherungen von der Voraussetzung abhängig zu machen, dass diese Beiträge in diesem Staat gezahlt werden. Der Begriff der Kohärenz wurde jedoch weder im „Bachmann"- noch im „Schumacker"-Urteil näher erläutert, kritisch dazu THÖMMES, in IWB, Fach 11, Gruppe 2, S. 209 (211.) Siehe auch FN 836. Auch später hat dieser Begriff durch die Rechtsprechung keine festen Konturen bekommen; vgl. REIMER, Die Auswirkungen der Grundfreiheiten auf das Ertragsteuerrecht der Bundesrepublik Deutschland, in LEHNER, Grundfreiheiten im Steuerrecht der EU-Staaten, S. 39 (60) m.w.N.

[848] Insoweit wurde auf die Richtlinie 77/799/EWG des Rates vom 19.12.1977 über die gegenseitige Amtshilfe zwischen den zuständigen Behörden der Mitgliedstaaten im Bereich der direkten Steuern (ABl. EG 1977, Nr. L 336, S. 15) hingewiesen, die die Möglichkeit zur Erlangung notwendiger Auskünfte bietet, die mit den für die inländischen Steuerverwaltungen im Verhältnis zueinander bestehenden Möglichkeiten vergleichbar sei.

(früher Art. 177 EG-Vertrag) zur Auslegung von Gemeinschaftsrecht noch weitgehend ungeklärt ist und lediglich feststeht, dass das vorlegende Gericht und alle mit dem Ausgangsverfahren befassten innerstaatlichen Gerichte einschließlich weiterer Instanzen bezüglich der vorgelegten Fragen und demnach nur für die Rechtsordnung des vorlegenden Gerichts an den Urteilsspruch gebunden sind, konnte die Bundesrepublik nach der Entscheidung im Fall „Biehl" - hier legte ein luxemburgisches Gericht ein Vorabentscheidungsersuchen an den EuGH vor - von einer Neuregelung seiner Grenzgängerbesteuerung vorerst absehen.[849]

Mit dem Jahressteuergesetz 1996 reagierte der deutsche Gesetzgeber auf die insbesondere durch die „Schumacker"-Entscheidung bestehenden gemeinschaftsrechtlichen Vorgaben.

1. Grundzüge der Neuregelung

Neu eingeführt wurde mit Wirkung ab dem VZ 1996 die fiktive unbeschränkte Steuerpflicht auf Antrag bei ausländischen Einkünften nach § 1 Abs. 3 EStG sowie die fiktive unbeschränkte Steuerpflicht von EU- und EWR-Familienangehörigen nach § 1a EStG.[850] Wieder aufgehoben wurde die erst mit dem Grenzpendlergesetz von 1994 eingeführte Regelung des § 50 Abs. 4 EStG. Die bereits dargestellten Grenzgängerregelungen der DBA gelten jedoch weiterhin und sind lex specialis zu § 1 Abs. 3 EStG.

a) Fiktive unbeschränkte Steuerpflicht auf Antrag bei ausländischen Einkünften, § 1 Abs. 3 EStG

Nach der fiktiven unbeschränkten Steuerpflicht gemäß § 1 Abs. 3 EStG werden auf Antrag natürliche Personen, die im Inland weder einen Wohnsitz noch ihren gewöhnlichen Aufenthalt haben, als unbeschränkt einkommensteuerpflichtig behandelt, soweit sie inländische Einkünfte im Sinne des § 49 Abs. 1 EStG haben. Voraussetzung ist jedoch, dass ihre Einkünfte zu mindestens 90 Prozent der deutschen Einkommensteuer unterliegen oder die nicht der deutschen Einkommensteuer unterliegenden Einkünfte nicht mehr als 12.000 DM (ab 1.1.2002: 6.136 €) im Kalenderjahr betragen, wobei eine Kürzung dieses Be-

---

[849] Zur Bindungswirkung des Vorabentscheidungsurteils des EuGH vgl. SCHWARZE, EU-Kommentar, Art. 234 EG, Rz. 63.

[850] Vgl. zu den Einzelheiten der Neuregelung auch GRÜTZNER, in NWB, Fach 3, S. 9563; KAEFER, in BB 1995, 1615; MAßBAUM, in IWB, Fach 3 Deutschland, Gruppe 3, S. 1139; PAUS, in INF 1995, 673; PLENKER, in DB 1995, 2135; SCHULZE ZUR WIESCHE, in IStR 1996, 105; SAß, in DB 1996, 295; WATERKAMP-FAUPEL, in FR 1995, 766.

trags zu erfolgen hat, soweit sie nach den Verhältnissen im Wohnsitzstaat des Steuerpflichtigen notwendig und angemessen ist.[851]

Die fiktive unbeschränkte Steuerpflicht kann unabhängig von der Staatsangehörigkeit eines EG-Mitgliedstaates beantragt werden[852] und gilt nicht nur für Einkünfte aus nichtselbständiger Arbeit im Sinne der §§ 49 Abs. 1 Nr. 4, 19 EStG. Ebenfalls nicht erforderlich für die Stellung des Antrags nach § 1 Abs. 3 Satz 1 EStG ist, dass die Person Grenzpendler ist. Wichtiger systematischer Unterschied der fiktiven unbeschränkten Steuerpflicht nach § 1 Abs. 3 EStG zur unbeschränkten Steuerpflicht nach § 1 Abs. 1 und 2 EStG ist, dass das Welteinkommensprinzip nicht gilt, sondern lediglich die inländischen Einkünfte nach § 49 Abs. 1 EStG erfasst werden.[853] Bei fiktiver unbeschränkter Steuerpflicht nach §§ 1 Abs. 3 und 1a EStG sind jedoch Einkünfte, die nicht der deutschen Einkommensteuer unterliegen, in den Progressionsvorbehalt nach § 32b Abs. 1 Nr. 3 EStG einzubeziehen, wenn deren Summe positiv ist. Ein negativer Progressionsvorbehalt, der zu einer Ermäßigung des Einkommensteuersatzes führen könnte, ist insoweit ausgeschlossen. Ausdrücklich wurde in der Gesetzesbegründung darauf hingewiesen, dass der Ansässigkeitsbegriff des Art. 4 OECD-MA durch die fiktive unbeschränkte Steuerpflicht nicht erweitert wird.[854] Zur Sicherung des Progressionsvorbehalts besteht nach § 46 Abs. 2 Nr. 7 EStG eine Pflicht zur Einkommensteuerveranlagung der unbeschränkt Steuerpflichtigen im Sinne des § 1 Abs. 1 EStG, wenn auf der Lohnsteuerkarte der Ehegatte im Sinne des § 1a Abs. 1 Nr. 2 EStG berücksichtigt worden ist oder für Steuerpflichtige, die zum Personenkreis des § 1 Abs. 3 EStG oder des § 1a EStG gehören, wenn das Betriebstättenfinanzamt eine Bescheinigung nach § 39c Abs. 4 EStG erteilt hat.

Aus der Behandlung als fiktiv unbeschränkt steuerpflichtig folgt nicht ohne weiteres die Anwendung des Ehegattensplittings. Dem steht der insoweit eindeutige Wortlaut des § 26 Abs. 1 EStG entgegen, wonach Ehegatten unbe-

---

[851] Diese Kürzung soll nach der BT-Drucksache 12/6476, S. 12 entsprechend den Voraussetzungen des § 34 Abs. 6 Satz 4 EStG a.F. (jetzt § 34 Abs. 6 Satz 5 EStG) für die Gewährung des Kindesfreibetrags für ein nicht unbeschränkt steuerpflichtiges Kind und des § 33a Abs. 1 Satz 5 EStG für die Anerkennung von Aufwendungen für eine unterhaltene, nicht unbeschränkt steuerpflichtige Person als außergewöhnliche Belastungen erfolgen. Auf die dazu vorgenommene Ländergruppeneinteilung im BMF-Schreiben v. 27.2.1996, BStBl. I 1996, 115 kann zurückgegriffen werden. Somit kann dieser Betrag auf 8.000 DM bzw. 4.000 DM gekürzt werden. Zur Einkünfteberechnung siehe OFD Köln v. 28.5.1997, IStR 1997, 729. Vgl. dazu auch BMF-Schreiben v. 30.12.1996, BStBl. I 1996, 1506.

[852] Die neue Regelung geht insoweit über die vom EuGH aufgestellten Anforderungen hinaus.

[853] Vgl. STAPPERFEND in HERRMANN/HEUER/RAUPACH, Einkommensteuer- und Körperschaftsteuergesetz, § 1 EStG, Rz. 238, 259; SCHAUMBURG, Internationales Steuerrecht, Rz. 5.54.

[854] Vgl. Begründung zum Gesetzentwurf, BT-Drucksache 13/1558, S. 150.

schränkt steuerpflichtig im Sinne des § 1 Abs. 1 oder 2 oder des § 1a EStG sein müssen, § 1 Abs. 3 EStG ist in § 26 Abs. 1 ausdrücklich nicht erwähnt. Für das Ehegattensplitting müssen fiktiv unbeschränkt Steuerpflichtige zusätzlich die besonderen Voraussetzungen des § 1a EStG erfüllen (dazu unten mehr).

Grundsätzlich richtet sich die Ermittlung der nicht der deutschen Einkommensteuer unterliegenden Einkünfte im Sinne des § 1 Abs. 3 Satz 2 EStG zur Bestimmung der 90-Prozent-Grenze bzw. der 12.000-DM-Grenze (ab 1.1.2002: 6.136 €) nach Vorschriften des EStG.[855] Die Einkünftequalifikation erfolgt mangels eigenem Einkünftebegriff in § 1 Abs. 3 EStG ausschließlich nach § 2 Abs. 1 EStG. Die Höhe der nicht der deutschen Besteuerung unterliegenden Einkünfte ist nach § 1 Abs. 3 Satz 4 EStG durch eine Bescheinigung der zuständigen ausländischen Steuerbehörde nachzuweisen.[856] Sind Einkünfte nach § 3 EStG oder auf Grund zwischenstaatlicher oder multilateraler Vereinbarungen von nationalen Steuern steuerbefreit, sind sie bei der Prüfung der Einkunftsgrenze auszunehmen. Einzubeziehen in die Prüfung der Einkunftsgrenzen sind jedoch steuerpflichtige Einkünfte, deren Besteuerungsrecht einem Staat durch DBA zugewiesen werden.[857] Unterfallen demnach bestimmte Einnahmen in der Bundesrepublik einer Einkunftsart des EStG, ist das Besteuerungsrecht durch DBA jedoch einem anderen Staat zugewiesen, so sind diese als nicht der deutschen Einkommensteuer unterliegend anzusehen.[858] Als nicht der deutschen Einkommensteuer unterliegend gelten nach § 1 Abs. 3 Satz 3 EStG auch inländische Einkünfte, die nach einem DBA nur der Höhe nach beschränkt besteuert werden, beispielsweise Quellensteuern auf Dividenden oder Zinseinkünfte (Art. 10 Abs. 2 und 11 Abs. 2 OECD-MA). Die Ermittlung der Einkünfte erfolgt separat pro Person, dies gilt auch für Ehegatten.

b) Familien- und personenbezogene Steuerentlastungen bei EU- und EWR-Familienangehörigen, § 1a EStG

Für Staatsangehörige der EU- bzw. EWR-Staaten und deren Familienangehörigen werden in der Ergänzungsvorschrift § 1a EStG weitere Vergünstigungen wie die Abziehbarkeit von Unterhaltsleistungen und das Ehegattensplitting ermöglicht. Voraussetzung für die Anwendung des § 1a Abs. 1 EStG ist, dass eine

[855] Vgl. insofern BFH v. 12.11.1986, BStBl. II 1987, 256 zu der wortgleichen Regelung im früheren § 2 Abs. 1 AGGrenzG NL wonach aus der Maßgeblichkeit des deutschen Einkünftebegriffs folge, dass die Einkünfte auch nach deutschem Recht zu ermitteln seien.

[856] Bei der Prüfung, ob die Grenzen des § 1 Abs. 3 Satz 2 EStG eingehalten sind, kann aus Vereinfachungsgründen entsprechend dem BMF-Schreiben v. 30.12.1996, BStBl. I 1996, 1506, Ziff. 1 auf die in der Bescheinigung der ausländischen Steuerbehörde angegebenen Beträge abgestellt werden.

[857] BMF-Schreiben v. 30.12.1996, BStBl. I 1996, 1506, Ziff. 1.

[858] Vgl. WATERKAMP-FAUPEL, in FR 1995, 766 (769).

natürliche Person die Staatsangehörigkeit eines Mitgliedstaats der Europäischen Union hat[859] bzw. die eines Staates, auf den das Abkommen über den Europäischen Wirtschaftsraum (EWR) [860] anwendbar ist, unbeschränkt steuerpflichtig nach § 1 Abs. 1 EStG ist und die Voraussetzungen des § 1 Abs. 3 Satz 2 bis 4 EStG erfüllt oder nach § 1 Abs. 3 EStG fiktiv als unbeschränkt steuerpflichtig zu behandeln ist.

Wichtigste Regelung des § 1a EStG ist in Abs. 1 Nr. 2 die Anwendung des Splitting-Tarifs nach § 32a Abs. 5 EStG bei Zusammenveranlagung auf Antrag, wenn der nicht dauernd getrennt lebende Ehegatte, der seinen Wohnsitz oder gewöhnlichen Aufenthalt in einem anderen EU- bzw. EWR-Staat hat, und die gemeinsamen Einkünfte zu 90 Prozent der deutschen Einkommensteuer unterliegen oder nicht mehr als 24.000 DM im Kalenderjahr betragen (unter Berücksichtigung des Kürzungsvorbehalts in § 1 Abs. 3 Satz 2 letzter Halbsatz EStG). Ferner können nach § 1a Abs. 1 Nr. 1 EStG Unterhaltsleistungen an geschiedene oder dauernd getrennt lebende Ehegatten - die in einem EU- oder EWR-Staat ihren Wohnsitz oder gewöhnlichen Aufenthalt haben - als Sonderausgaben gemäß § 10 Abs. 1 Nr. 1 EStG abgezogen werden, wenn deren Besteuerung im ausländischen Staat durch eine Bescheinigung der zuständigen Steuerbehörde nachgewiesen wird. Nach § 1a Nr. 3 EStG wird auch der Hauhaltsfreibetrag gemäß § 37 Abs. 7 EStG gewährt, wenn dem Steuerpflichtigen für ein in seiner nicht im Inland belegenen Wohnung gemeldetes Kind der Kinderfreibetrag nach § 32 Abs. 6 EStG oder Kindergeld zusteht.

Der bis zur Unverständlichkeit sich auf andere Paragraphen beziehende und verklausulierte § 1a Abs. 2 EStG regelt Fälle von Arbeitnehmern, die im Inland weder ihren Wohnsitz noch ihren gewöhnlichen Aufenthalt haben und in einem Dienstverhältnis zu einer inländischen juristischen Person stehen, dafür von einer inländischen öffentlichen Kasse Arbeitslohn beziehen und an einem im Ausland gelegenen Dienstort tätig sind. Bei Auslandsansässigkeit außerhalb des EU-/EWR-Raums werden Ehegattensplitting und die Abzugsmöglichkeit des Haushaltsfreibetrages nach § 1a Abs. 1 Nr. 2 und 3 EStG ebenso gewährt an erweitert unbeschränkt steuerpflichtige Personen im Sinne von § 1 Abs. 2 EStG, die die Voraussetzungen des § 1 Abs. 3 Satz 2 bis 4 EStG erfüllen und an einem

[859] EU-Staaten sind derzeit Belgien, Niederlande, Luxemburg, Deutschland, Frankreich, Italien, Großbritannien, Irland, Spanien, Portugal, Griechenland, Dänemark, Finnland, Schweden und Österreich. Somit werden also auch deutsche Staatsangehörige von dieser Regelung erfasst.

[860] Vgl. Abkommen über den Europäischen Wirtschaftsraum v. 2.5.1995, ABl. EG 1994, Nr. L 1, S. 3 ff., BGBl. II 1993, 266 und 1294 mit Ausführungsgesetz BGBl. I 1993, 2436. Zum Europäischen Wirtschaftsraum (EWR) haben sich die früheren EFTA-Staaten Island, Norwegen und Liechtenstein und die Europäischen Gemeinschaften und ihre Mitgliedstaaten zusammengeschlossen. Im EWR-Vertrag ist insbesondere das Recht auf Freizügigkeit enthalten.

ausländischen Dienstort tätig sind (1. Alternative)[861], und an fiktiv unbeschränkt Steuerpflichtige im Sinne von § 1 Abs. 3 EStG, die die Voraussetzungen des § 1 Abs. 2 Satz 1 Nr. 1 und 2 EStG erfüllen und an einem ausländischen Dienstort tätig sind (2. Alternative).[862] Ohne diese Regelung wäre beispielsweise kein Ehegattensplitting für einen im nicht EU-/EWR-Ausland mit seiner Ehefrau ansässigen Beamten des auswärtigen Dienstes möglich, wenn seine Ehefrau keine deutsche Staatsangehörige ist und diese vor Ort eigene Einkünfte hat, die nicht in Deutschland steuerpflichtig sind. Ein Ehegattensplitting nach § 26 Abs. 1 EStG kommt in diesem Fall nur in Betracht, wenn die Ehefrau unbeschränkt steuerpflichtig nach § 1 Abs. 2 EStG ist, sie also die deutsche Staatsangehörigkeit innehat oder keine eigenen Einkünfte oder nur Einkünfte bezieht, die der deutschen Einkommensteuer unterliegen. Nach § 1a Abs. 2 Alt. 2 EStG erstreckt sich die Möglichkeit der Inanspruchnahme der Vorteile des § 1a Abs. 1 Nr. 2 und 3 EStG auch auf sonstige im Ausland tätige öffentliche Bedienstete inländischer juristischer Personen, die weder die deutsche noch eine sonstige EU-/EWR-Staatsangehörigkeit besitzen.

---

861 Die erste Alternative des § 1a Abs. 2 EStG erfasst deutsche Staatsangehörige, Auslandsbedienstete des öffentlichen Dienstes, die im Ausland in der Regel aufgrund diplomatischen oder konsularischen Status nicht unbeschränkt steuerpflichtig sind, sondern einer der beschränkten Steuerpflicht ähnlichen Besteuerung unterliegen, die im Inland weder ihren Wohnsitz noch ihren gewöhnlichen Aufenthalt haben, ihren Arbeitslohn aus einer inländischen öffentlichen Kasse beziehen und dieser 90 Prozent ihrer Gesamteinkünfte beträgt bzw. nicht mehr als 12.000 DM nicht der deutschen Einkommensteuer unterliegende Einkünfte erzielt werden und an einem ausländischen Dienstort tätig sind.
Die Steuerbefreiung der Auslandsbediensteten des öffentlichen Dienstes ergibt sich aus dem Wiener Übereinkommen über diplomatische Beziehungen (WÜD) v. 18.4.1961 (Gesetz v. 6.8.1964, BGBl. II 1964, 9957; Bekanntmachung v. 13.2.1965, BGBl. II 1965, 147) und dem Wiener Übereinkommen über konsularische Beziehungen (WÜK) v. 24.4.1963 (Gesetz v. 26.8.1969, BGBl. II 1969, 1585; Bekanntmachung v. 30.11.1971, BGBl. II 1971, 1285). Vgl. dazu auch STAPPERFEND in HERRMANN/HEUER/RAUPACH, Einkommensteuer- und Körperschaftsteuergesetz, § 1 EStG, Rz. 175.

862 Alternative 2 erfasst Personen nichtdeutscher Staatsangehörigkeit, die in einem Dienstverhältnis zu einer juristischen Person des öffentlichen Rechts stehen, Arbeitslohn aus einer inländischen öffentlichen Kasse beziehen - der über 90 Prozent seiner Gesamteinkünfte beträgt bzw. nicht mehr als 12.000 DM (ab 1.1.2002: 6.136 €) nicht der deutschen Einkommensteuer unterliegende Einkünfte erzielt werden - und im Inland weder Wohnsitz noch gewöhnlichen Aufenthalt haben und an einem ausländischen Dienstort tätig sind. Unter diese Regelung fällt beispielsweise ein in Moskau ansässiger, von einer inländischen Kasse besoldeter Pförtner (bspw. in der Botschaft), der ansonsten keine wesentlichen Einkünfte in Russland erzielt.

c) Veranlagung von beschränkt steuerpflichtigen Arbeitnehmern aus dem EU-/EWR-Raum

Die durch Steuerabzug von beschränkt steuerpflichtigen Arbeitnehmern erhobene Einkommensteuer hat grundsätzlich Abgeltungswirkung gemäß § 50 Abs. 5 Satz 1 EStG. Der Lohnsteuerabzug erfolgt nach §§ 38 Abs. 1 Nr. 1, 39d EStG nach einem eingeschränkten Nettoverfahren nach § 50 Abs. 1 Satz 5 EStG. Beschränkt steuerpflichtige Arbeitnehmer mit Einkünften gemäß § 49 Abs. 1 Nr. 4 EStG dürfen Werbungskosten nur insoweit abziehen, als sie mit den inländischen Einkünften in wirtschaftlichem Zusammenhang stehen (§ 50 Abs. 1 Satz 1 EStG), ansonsten nach § 50 Abs. 1 Satz 5 EStG den Arbeitnehmerpauschbetrag und den Sonderausgaben-Pauschbetrag nach § 10c Abs. 1 EStG mit der Möglichkeit, die tatsächlichen Kosten nach § 10b EStG nachzuweisen, sowie § 10c Abs. 2 und 3 EStG ohne Möglichkeit, die tatsächlichen Aufwendungen nachzuweisen. Anteilig zu kürzen sind die Jahres- und Monatspauschalen der §§ 9a Satz 1 Nr. 1, 10c Abs. 1 bis 3 EStG, wenn der Arbeitslohn nicht während des vollen Kalenderjahrs bzw. Kalendermonats zugeflossen ist. Grundsätzlich haben beschränkt steuerpflichtige Arbeitnehmer keinen Anspruch auf das Ehegattensplitting, die Ermittlung der Lohnsteuer erfolgt jedoch nach den gleichen Regeln wie bei unbeschränkt steuerpflichtigen Personen. Für Arbeitnehmer gilt nach § 50 Abs. 3 Satz 2 EStG zudem kein Mindeststeuersatz in Höhe von 25 Prozent.

Seit dem Jahressteuergesetz 1996 haben beschränkt steuerpflichtige Arbeitnehmer mit Staatsangehörigkeit eines EU- bzw. EWR-Staates und Wohnsitz oder gewöhnlichem Aufenthalt in einem dieser Staaten jedoch gemäß § 50 Abs. 5 Satz 4 Nr. 2 EStG Anspruch auf Veranlagung. Auch für diese gilt der positive Progressionsvorbehalt nach § 32b Abs. 1 Nr. 3 EStG.

d) Verhältnis der fiktiven unbeschränkten Steuerpflicht zu den DBA

Die DBA-Regelungen gelten unabhängig von den innerstaatlichen Vorschriften zur fiktiven unbeschränkten Steuerpflicht. Es ist also weiterhin zu prüfen, ob im Falle einer Optierung nach § 1 Abs. 3 EStG für nicht im Inland Ansässige der Ansässigkeitsstaat eine Steuerfreistellung gewährt oder nach der Anrechnungsmethode verfährt. Ist Letzteres der Fall, wird die in Deutschland gezahlte Steuer lediglich auf die im Ausland erhobene Steuer angerechnet, was zu Nachforderungen der ausländischen Steuerbehörde führen kann.[863] Das Verhältnis von

[863] Auf diese praktischen Konsequenzen des „Schumacker"-Falles bei der Anrechnungsmethode und das offenkundige Missverständnis von portugiesischen Gastarbeitern hat HEYDT, Der Einfluss der Grundfreiheiten des EG-Vertrags auf das nationale Steuerrecht der Mitgliedstaaten und ihre Doppelbesteuerungsabkommen, in LEHNER (Hrsg.), Grundfreiheiten im Steu-

Doppelbesteuerungsabkommen und innerstaatlichem Recht wird durch die Regelungen in §§ 1 Abs. 3 und 1a EStG nicht berührt.

2. Probleme der Neuregelung

Nach Einführung der Optionsmöglichkeit für Nichtansässige zur Besteuerung als unbeschränkt Steuerpflichtiger auf Antrag gemäß § 1 Abs. 3 EStG wurde insbesondere die Vereinbarkeit der strikten Einkunftsgrenzen (Erzielung von mindestens 90 Prozent Inlandseinkünften bzw. weniger als 12.000 DM (ab 1.1.2002: 6.136 €) nicht der deutschen Einkommensteuer unterliegenden Auslandseinkünften im Kalenderjahr) mit dem Gemeinschaftsrecht bezweifelt.

a) Vereinbarkeit der Einkunftsgrenzen mit dem Gemeinschaftsrecht

Im „Schumacker"-Urteil des EuGH wird festgestellt, dass eine Höherbesteuerung von gebietsfremden Arbeitnehmern dann unzulässig ist, wenn der Gebietsfremde im Wohnsitzstaat keine nennenswerten Einkünfte hat und sein zu versteuerndes Einkommen im Wesentlichen aus der Tätigkeit bezieht, die er im Beschäftigungsstaat ausübt.[864] Aus diesem Grunde sei der Wohnsitzstaat nicht in der Lage, ihm Vergünstigungen zu gewähren, die sich aus der Berücksichtigung seiner persönlichen Lage und seines Familienstandes ergeben. Es stellt sich folglich die Frage, ob die Definierung „nicht nennenswerter" Einkünfte im Wohnsitzstaat von weniger als 10 Prozent der Gesamteinkünfte bzw. weniger als 12.000 DM (ab 1.1.2002: 6.136 €) und von Beziehen des zu versteuernden Einkommens „im Wesentlichen" aus der Tätigkeit im Beschäftigungsstaat von mehr als 90 Prozent der Gesamteinkünfte durch den deutschen Gesetzgeber in § 1 Abs. 3 Satz 2 EStG gemeinschaftskonform ist.

---

errecht der EU-Staaten, S. 25 (33) hingewiesen. Diese gingen nach Besteuerung in Deutschland davon aus, ihre Steuerpflichten erfüllt zu haben, auf sie kamen aber beträchtliche Steuernachforderungen der portugiesischen Finanzverwaltung zu. Portugal vermeidet die Doppelbesteuerung bei dort Ansässigen nach der Anrechnungsmethode, vgl. Art. 24 Abs. 1 DBA-Portugal.

[864] Eine weitere Auseinandersetzung mit der Frage, ab wann Einkünfte als „im Wesentlichen aus einer Tätigkeit bezogen sind" bzw. als „nicht nennenswert" anzusehen sind, ist dem Urteil nicht zu entnehmen. Der BFH hat im Vorlagebeschluss (FN 841, 842) jedoch ebenfalls gefragt, ob im Falle einer nichtansässigen Person mit „ausschließlicher (d.h. zu mehr als 90 v.H.)" Erzielung des Einkommens in der Bundesrepublik Deutschland und Zuordnung des Besteuerungsrechts durch das DBA-Belgien an die Bundesrepublik die Festsetzung einer höheren Einkommensteuer zulässig ist.

aa) Auffassungen in der Literatur

Thömmes lehnte schon die Festschreibung der festen DM-Betragsgrenze im § 50 Abs. 4 EStG a.F. (Grenzpendlergesetz 1994) als willkürlich ab. Die Frage der Berücksichtigung persönlicher Abzüge könne nicht an einer bestimmten Grenze festgemacht werden. Ein Einkommen von mehr als 10 Prozent der Gesamteinkünfte im Wohnsitzstaat gewährleiste keinesfalls eine zur Gleichstellung mit unbeschränkt Steuerpflichtigen ausreichende steuerliche Entlastung im Wohnsitzstaat. Kenne zudem das Steuerrecht des Wohnsitzstaats kein Ehegattensplitting, komme es dort zu überhaupt keiner Entlastung, selbst wenn das Einkommen des Ehepartners erheblich unter demjenigen des im Inland als beschränkt steuerpflichtig Erzieltem liege. Sachgerecht erscheine daher eher eine Regelung, die das Ehegatteneinkommen stets in die Ermittlung des für den beschränkt Steuerpflichtigen geltenden Steuertarifs einbeziehe, und von den persönlichen Abzugsbeträgen des Steuerpflichtigen bei unterstellter unbeschränkter Steuerpflicht die im Wohnsitzstaat erlangten Vergünstigungen auf im Inland zu gewährenden Vergünstigungen anrechne.[865]

Nach *Paus* geht die Begründung für die engen Einkunftsgrenzen, dass der Wohnsitzstaat bei deren Überschreiten personenbezogene subjektive wirkende Vergünstigungen zu gewähren habe, oft an der Realität vorbei. Wenn ein Steuerpflichtiger lediglich wenig mehr als 12.000 DM (ab 1.1.2002: 6.136 €) an nicht der deutschen Einkommensteuer unterliegenden Einkünften beziehe, müssten diese bereits deshalb freigestellt werden, weil sie gerade das Existenzminimum abdeckten. Daneben bestehe für den Wohnsitzstaat gar kein Spielraum mehr, personenbezogene Steuervergünstigungen wie z.B. für Sonderabgaben und außergewöhnliche Belastungen zu gewähren.[866]

Auch *Kaefer* kritisierte die „starren Grenzwerte" des § 1 Abs. 3 Satz 2 EStG. Ein verheirateter Inländer habe auch bei hohen Auslandseinkünften einen Anspruch auf den Splittingtarif. Gemeinschaftskonform wäre nur eine Gleichbehandlung der fiktiv unbeschränkt steuerpflichtigen EU-/EWR-Staatsangehörigen mit unbeschränkt Steuerpflichtigen nach § 1 Absätze 1 und 2 EStG, also die Gewährung des Ehegattensplittings unter Einbeziehung der ausländischen Einkünfte in den Progressionsvorbehalt. Feste Grenzwerte behinderten die Steuerpflichtigen in ihrer Entscheidungsfreiheit und seien Freizügigkeitshemmnisse. So führe die Überschreitung der Einkunftsgrenzen in der Praxis oft zu sprunghaften Mehrbelastungen. Im Einzelfall könne es daher günstiger sein, bei geplantem Wohnsitzwechsel in das Ausland im Laufe eines Kalen-

[865] THÖMMES, in IWB, Fach 11, Gruppe 2, S. 209 (216).
[866] PAUS, in INF 1995, 673 (675).

derjahres für eine Übergangszeit Arbeitslosengeld zu beziehen, als eine Tätigkeit in diesem Staat aufzunehmen.[867]

Koblenzer kritisiert insbesondere die Verweigerung des Ehegattensplittings für beschränkt steuerpflichtige Arbeitnehmer, die die Einkunftsgrenzen des § 1 Abs. 3 EStG überschreiten. Ihnen werde zwar nach § 50 Abs. 5 EStG die Arbeitnehmerveranlagung gewährt, unter dem Gesichtspunkt der Gleichbehandlung sei die Versagung des Splittingtarifs jedoch fraglich. Sachgerechter sei dessen Gewährung unter Einbeziehung des ausländischen Einkünfte in den Progressionsvorbehalt.[868]

Teile des Schrifttums erhoben keine Bedenken an der Vereinbarkeit der neuen Gesetzgebung und ihrer Ausschlussklauseln mit dem Gemeinschaftsrecht, verwiesen vielmehr auf die - damals - noch ausstehende Entscheidung des EuGH in der Rechtssache „Asscher".[869]

bb) Rechtsprechung des EuGH in der Rechtssache „Asscher" und Reaktionen im Schrifttum

Nach der Entscheidung des EuGH im Fall „Asscher"[870] ist Art. 52 EG-Vertrag (jetzt Art. 43 EG) dahingehend auszulegen, „daß er es einem Mitgliedstaat verwehrt, auf einen Angehörigen eines Mitgliedstaates, der eine selbständige Er-

---

[867] KAEFER, in BB 1995, 1615 (1620); *ders.*, in IStR 1997, 755 (758), Anmerkung zum Beschluss des FG Köln v. 27.10.1997, EFG 1998, 210; *ders.*, in EWS 1996, 289, Anmerkung zum „Asscher"-Urteil des EuGH v. 27.6.1996, EuGHE I 1996, 3089. Die gleichfalls engen Grenzen in § 50 Abs. 4 EStG in der Fassung nach Erlass des Grenzpendlergesetzes von 1994 kritisiert er auch schon in DB 1995, 642.

[868] KOBLENZER, Diskriminierung beschränkt Steuerpflichtiger, S. 57.

[869] Von dieser Entscheidung wurde weitere Klarheit bezüglich der Einkunftsgrenzen erwartet, siehe KISCHEL, in IStR 1995, 368 (370); WATERKAMP-FAUPEL, in FR 1995, 766 (769); LÜDICKE, in IStR 1996, 111. Vgl. auch FRERICHS, in FR 1995, 574 (575), der eine weitere Auseinandersetzung mit dieser Frage für erforderlich hielt, „um eine (europa-)rechtlich wie politisch angemessene Grenzziehung herauszuarbeiten".

[870] EuGH v. 27.6.1996, EuGHE I 1996, 3089. Der niederländische Staatsangehörige *Asscher* arbeitete im Steuerjahr 1990 in den Niederlanden als Geschäftführer einer BV (einer GmbH niederländischen Rechts), deren einziger Geschäftsführer er war. In seinem Ansässigkeitsstaat Belgien leitete er eine Gesellschaft belgischen Rechts, für die er nur innerhalb Belgiens tätig war. Nach Art. 16 Abs. 1 i.V.m. Art. 24 Abs. 2 Nr. 1 Satz 2 DBA Niederlande-Belgien waren die von Herrn Asscher in den Niederlanden als Arbeitsentgelte für seine Geschäftsführertätigkeit erzielten Einkünfte ausschließlich in den Niederlanden zu versteuern. Die übrigen Einkünfte unterlagen der Besteuerung in seinem Wohnsitzstaat Belgien. Da Herr Asscher weniger als 90 Prozent seiner Gesamteinkünfte in den Niederlanden erzielte und somit nicht entsprechend dem niederländischen Steuerrecht den unbeschränkt Steuerpflichtigen gleichgestellt war, unterlag er einer Sonderregelung für gebietsfremde Steuerpflichtige, die im konkreten Fall eine höhere Steuerbelastung vorsah als für unbeschränkt Steuerpflichtige in der gleichen Situation.

werbstätigkeit im Gebiet dieses Staates und daneben eine andere selbständige Erwerbstätigkeit in einem anderen Mitgliedstaat, in dem er auch wohnt, ausübt, einen Einkommensteuersatz anzuwenden, der höher ist als derjenige, der für Gebietsansässige gilt, die die gleiche Tätigkeit ausüben, wenn kein objektiver Unterschied in der Situation dieser Steuerpflichtigen und derjenigen der gebietsansässigen Steuerpflichtigen und der diesen gleichgestellten Personen besteht, der geeignet wäre, eine solche Ungleichbehandlung zu rechtfertigen". Insbesondere bestehe eine Diskriminierung, wenn auf Gebietsfremde, die im Tätigkeitsstaat weniger als 90 Prozent ihres Welteinkommens erzielen, ein höherer Steuersatz angewendet werde als auf gebietsansässige Personen und diesen gleichgestellte Personen, die die gleiche wirtschaftliche Tätigkeit ausübten. Die Versagung der Berücksichtigung der persönlichen Lage und des Familienstands im Tätigkeitsstaat könne gerechtfertigt sein bei gebietsfremden Steuerpflichtigen, die nicht die Gesamtheit oder praktisch die Gesamtheit ihrer Einkünfte im Tätigkeitsstaat erzielten, ohne dort zu wohnen. Denn im Wohnsitzstaat würden vergleichbare Vergünstigungen gewährt, da nach Internationalem Steuerrecht diesem die Berücksichtigung der persönlichen Lage und des Familienstandes obliege. In Fall „Asscher" bestand die Ungleichbehandlung jedoch in der Anwendung eines höheren Steuersatzes gegenüber gebietsansässigen Personen durch die kombinierte Erhebung von Steuern und Sozialversicherungsbeiträgen bei fehlender Sozialversicherungspflicht.

Der EuGH bezog keine Stellung zu der Frage, ob vergleichbare Einkunftsgrenzen zu den in § 1 Abs. 3 Satz 2 EStG einen zulässigen Rahmen dessen wiedergeben, was als „wesentliche Einkünfte" im „Schumacker"-Urteils bezeichnet wird. Dem Urteil zufolge sind tarifliche Benachteiligungen von Unionsbürgern in EG-Mitgliedstaaten grundsätzlich gemeinschaftsrechtswidrig.

Nach *Saß* tragen die Überlegungen des EuGH, wonach im Falle fehlenden Einkommens im Ansässigkeitsstaat Vergünstigungen zur persönlichen Lage und der Familienlasten im Tätigkeitsstaat zu berücksichtigen sind, nur Minderungen der Bemessungsgrundlage, nicht jedoch einen unterschiedlichen Steuersatz.[871]

Nach Auffassung von *Stapperfend* verstoßen die Einkunftsgrenzen des § 1 Abs. 3 Satz 2 EStG gegen die Diskriminierungsverbote der Art. 48 und 52 EG-Vertrag (jetzt Art. 39 und 43 EG). Wende man die Grundsätze des „Asscher"-Urteils darauf an, so liege eine Ungleichbehandlung von unbeschränkt und beschränkt Steuerpflichtigen in diesem Sinne auch dann vor, wenn die Einkünfte des beschränkt Steuerpflichtigen zu weniger als 90 Prozent der deutschen Einkommensteuer unterliegen, denn die persönlichen Verhältnisse des beschränkt Steuerpflichtigen blieben weitgehend außer Betracht. Im Gegensatz dazu seien

[871] SAß, in DB 1996, 1607, Anmerkung zum EuGH-Urteil v. 27.6.1996 („Asscher"), EuGHE I 1996, 3089.

Gebietsansässige steuerrechtlich besser gestellt.[872] *Rainer* hält eine „proportionale Regelung" für die „systematisch sauberere Lösung".[873] Für *Kaefer* ist spätestens nach dem „Asscher"-Urteil des EuGH die Verweigerung des Splittingtarifes für verheiratete Gemeinschaftsbürger, die außerhalb Deutschlands Einkünfte von mehr als 10 Prozent ihres Welteinkommens bzw. mehr als 24.000 DM (ab 1.1.2002: 12.272 €) pro Jahr erzielen, gemeinschaftswidrig.[874]

Dautzenberg glaubt, dass sich infolge dieses Urteils unterschiedliche Steuersätze bei beschränkter und unbeschränkter Steuerpflicht grundsätzlich nicht mehr halten lassen. Insbesondere sei ein mangelndes Recht eines Staates, ausländische Einkünfte beschränkt Steuerpflichtiger in den Progressionsvorbehalt einzubeziehen, kein Rechtfertigungsgrund für unterschiedliche Steuersätze. Dies habe der EuGH im „Asscher"-Urteil[875] ausdrücklich zugelassen. Die beschränkte Steuerpflicht sei solange europarechtlich bedenklich, solange ihre Unterscheidung zur unbeschränkten Steuerpflicht an mangelnden Wohnsitz bzw. gewöhnlichen Aufenthalt anknüpft. Die 90-Prozent-Grenze für die Steuersatzermittlung in §§ 1 Abs. 3, 1a EStG solle daher gestrichen werden. Er fordert ein grundsätzliches Optionsrecht für beschränkt Steuerpflichtige zur unbeschränkten Steuerpflicht und eine vollständige Gleichbehandlung der zur unbeschränkten Steuerpflicht Optierenden mit unbeschränkt Steuerpflichtigen.[876]

Kischel sieht die 90-Prozent-Grenze durch dieses Urteil durch die Wiederholung der Formulierung des Schumacker-Urteils in Rz. 43 f. „wenn der Gebietsfremde die Gesamtheit oder praktisch die Gesamtheit seines Welteinkommens in diesem Staat erzielt" für „EG-rechtmäßig" erklärt. Sie werde allerdings insoweit relativiert, als ihr Anwendungsbereich als Abgrenzungskriterium für Ungleichbehandlungen von beschränkt und unbeschränkt Steuerpflichtigen nur auf steuerliche Vergünstigungen bezogen werde, die die persönliche Lage und den Familienstand beträfen. Nicht gerechtfertigt werden könne dadurch die Anwendung eines höheren Steuersatzes.[877]

---

[872] STAPPERFEND in HERRMANN/HEUER/RAUPACH, Einkommensteuer- und Körperschaftsteuergesetz, Vor §§ 1, 1a EStG, Rz. 39 ff., § 1, Rz. 264.

[873] RAINER, in IStR 1995, 533, Anmerkung zum EuGH-Urteil v. 26.10.1995 („Biehl II"), EuGHE I 1995, 3599; *ders.*, in IStR 1996, 129, Anmerkung zu den Schlussanträgen des Generalanwaltes Léger v. 15.2.1996 im Fall „Asscher". Gemeint ist offensichtlich eine anteilige Berücksichtigung subjektiver Belastungen entsprechend des Verhältnisses der Inlandseinkünfte zum Gesamteinkommen. Vgl. auch RAINER, in IStR 1996, 332, Anmerkung zum Urteil des EuGH v. 27.6.1996 („Asscher"), EuGHE I 1996, 3089.

[874] KAEFER, in EWS 1996, 289, Anmerkung zum Urteil des EuGH v. 27.6.1996 („Asscher"), EuGHE I 1996, 3089.

[875] Vgl. EuGH v. 27.6.1996, EuGHE I 1996, 3089.

[876] DAUTZENBERG, in DB 1996, 2248.

[877] KISCHEL, in IWB, Fach 11a Rechtsprechung, S. 123, Anmerkung zum Urteil des EuGH v. 27.6.1996(„Asscher"), EuGHE I 1996, 3089.

Als einen Widerspruch zur bisherigen Rechtsprechung sieht *Kramer* das Urteil: Bisher habe der EuGH eine gerechtfertigte Diskriminierung grundsätzlich darin gesehen, dass der Quellenstaat die Berücksichtigung persönlicher Besteuerungsmerkmale beschränkt Steuerpflichtiger deren Wohnsitzstaat überlasse, er also die auf persönlichen Umständen beruhenden Vergünstigungen nur den unbeschränkt Steuerpflichtigen zukommen lasse. Im Fall „Asscher" weiche der Gerichtshof im Hinblick auf diesen Grundsatz von seiner bisherigen Rechtsprechung ab. Offenbar halte der EuGH einen Unterschied im Steuersatz für eine Differenzierung von ganz besonderer Art, die streng zu sanktionieren sei, während Unterschiede in der Bemessungsgrundlage milder beurteilt würden.[878]

cc) Vorlagebeschlüsse des FG Köln im Fall „Gschwind" und Reaktionen im Schrifttum

Das FG Köln bezweifelte die Vereinbarkeit der Einkunftsgrenzen des § 1 Abs. 3 Satz 2 EStG mit dem Gemeinschaftsrecht und legte den Fall „Gschwind" dem EuGH zu Vorabentscheidung vor.[879] Es liege nahe, in diesen keinen Rechtfertigungsgrund für eine Ungleichbehandlung bei der Anwendung der Wahl der Zusammenveranlagung und damit der unterschiedlichen steuerlichen Belastung - also Diskriminierung - von ganz oder teilweise unbeschränkt Steuerpflichtigen zu sehen. Der Vergleich mit einem Ehepaar niederländischer Staatsangehörigkeit, das in der Bundesrepublik wohne - wobei der Ehemann dort auch arbeite, die Ehefrau hingegen im Nachbarland -, zeige, dass in einer vergleichbaren Situation der Splittingtarif gewährt werde. Das Kriterium des Wohnorts könne daher die Einkommensgrenzen des § 1 Abs. 3 EStG nicht rechtfertigen. Unbefriedigend sei das Wohnortkriterium darüber hinaus, da durch das Halten eines Zweitwohnsitzes im Inland der Splittingtarif gewährt würde und dies jedoch eher eine Frage der finanziellen Möglichkeiten sei. Es bestünden auch keine verwaltungstechnischen Hindernisse, die eine Ungleichbehandlung rechtfertigen könnten, ob nun 10% oder 40% des Gesamteinkommens für die progressive Steuersatzberechnung in der Bundesrepublik miteinbezogen würden, mache keinen Unterschied bei der Veranlagung. Auch der BFH bzw. das FG Hessen

[878] KRAMER, in RIW 1996, 951 (953). Er weist darauf hin, dass in den Niederlanden vor dieser Regelung eine Abziehbarkeit der Sozialversicherungsbeiträge möglich war, die Einkommensteuerlast nach der Neuregelung durch die kombinierte Erhebung von Steuer und Sozialversicherungsbeitrag jedoch nicht mehr dadurch gemindert werden konnte. Den Wegfall dieser Abzugsmöglichkeit haben die Niederlande durch einen niedrigeren Steuersatz für Sozialversicherungspflichtige ausgeglichen.

[879] FG Köln v. 27.10.1997, EFG 1998, 210; siehe dazu auch die Anmerkung von KAEFER, in IStR 1997, 758; zum Sachverhalt im Fall „Gschwind" siehe unten FN886.

hatten Zweifel an der Vereinbarkeit der 90-Prozent-Grenze der §§ 1a Abs. 1 Nr. 2 und 1 Abs. 3 Satz 2 EStG.[880]

Thömmes wies erneut darauf hin, dass die Festlegung einer prozentualen oder betragsmäßigen Höchstgrenze für das der ausländischen Besteuerung unterliegende Einkommen nur Sinn mache bei der Gewährung von betragsmäßig feststehenden Steuerabzugsbeträgen, wie z.B. dem Grundfreibetrag. Bei Überschreiten der Einkunftsgrenze durch die ausländischen Einkünfte müsse gewährleistet sein, dass die im Ausland gewährten Abzugsbeträge noch in Anspruch genommen werden können.[881] Nach *Stapperfend* kann eine bestehende Diskriminierung nicht anhand des Einkünfteschemas des § 1 Abs. 3 Satz 2 EStG beurteilt werden. Es sei vielmehr stets ein Vergleich erforderlich, ob ein unbeschränkt Steuerpflichtiger, der dieselbe Tätigkeit ausübt und Einkünfte in ähnlicher Höhe bezieht, ebenso behandelt wird wie der beschränkt Steuerpflichtige.[882] Nach Auffassung von *Maßbaum* verstößt die 90%-Grenze des § 1 Abs. 3 EStG gegen das Leistungsfähigkeitsprinzip und die Besteuerungsgerechtigkeit und damit gegen Art. 3 Abs. 1 GG.[883]

Keine Zweifel an der Vereinbarkeit der bestehenden Regelung mit dem Gemeinschaftsrecht hatte *Heinicke*, nach ihm könne im Einzelfall ein Steuererlass in Betracht kommen, wenn ein Steuerpflichtiger darlegt, dass seine persönlichen Verhältnisse ausnahmsweise auch unterhalb dieser 90-Prozent-Grenze nicht berücksichtigt werden, beispielsweise weil er auch seine sonstigen Einkünfte nicht im Wohnsitzstaat erzielt.[884] Nach Auffassung von *Kischel* hat der EuGH - wie dargelegt - schon mit seinem „Asscher"-Urteil die 90-Prozent-Grenze „konkludent für EG-rechtmäßig" erklärt. Der vom FG im Vorlagefall „Gschwind" genannte Beispielsfall eines niederländischen Ehepaars in Deutschland sei nicht mit dem ihm zugrunde liegenden Sachverhalt im Sinne der Rechtsprechung des EuGH vergleichbar, da beide nach den Regeln eines Mitgliedstaates besteuert wurden, wohingegen im Sachverhalt „Gschwind" zumindest die Ehefrau lediglich im ausländischen Staat der Einkommensteuer unterliegt.[885]

---

880 BFH v. 24.3.1998, DB 1998, 1494; Vorinstanz FG Hessen, Beschluss v. 18.7.1997, EFG 1997, 1314.

881 THÖMMES, in IWB, Fach 11a Rechtsprechung, S. 246, Anmerkung zum Vorlagebeschluss des FG Köln v. 27.10.1997, EFG 1998, 210.

882 STAPPERFEND, in FR 1998, 61, Kommentar zum Vorlagebeschluss des FG Köln v. 27.10.1997, EFG 1998, 210.

883 Vgl. auch MAßBAUM, in IWB, Fach 3 Deutschland, Gruppe 3, S. 1139 (1150).

884 HEINICKE, in DStR 1998, 1332 (1336).

885 KISCHEL, in IWB, Fach 11 Europäische Gemeinschaften, Gruppe 2 S. 337 (340); vgl. auch Anmerkung zum „Asscher"-Urteil des EuGH, IWB, Fach 11a Europäische Gemeinschaften, S. 123.

dd) Rechtsprechung des EuGH in der Rechtssache „Gschwind" und Reaktionen im Schrifttum

Der EuGH stellte in seinem Urteil zum Fall „Gschwind"[886] fest, dass Art. 48 Abs. 2 EG-Vertrag (jetzt Art. 39 Abs. 2 EG) der Regelung eines Mitgliedstaats für Gebietsfremde nicht entgegensteht, die die Gewährung des Splittingtarifs für Ehegatten davon abhängig macht, dass mindestens 90 Prozent des Welteinkommens in diesem Staat der Einkommensteuer unterliegen, oder wenn dieser Prozentsatz nicht erreicht wird, dass ihre in diesem Staat nicht der Steuer unterliegenden Einkünfte einen bestimmten Betrag nicht überschreiten. Nach den Entscheidungsgründen befinden sich in einem Mitgliedstaat ansässige Personen und Gebietsfremde im Hinblick auf die direkten Steuern nicht in einer vergleichbaren Situation, da die Einkünfte des Gebietsfremden in der Regel nur einen Teil seiner Gesamteinkünfte darstellen. Wie bereits im „Schumacker"-Urteil wird festgestellt, dass die persönliche Steuerkraft des Gebietsfremden, die sich aus der Berücksichtigung seiner persönlichen Lage und seines Familienstandes ergebe, am leichtesten an dem Ort ermittelt werden könne, an dem der Mittelpunkt seiner persönlichen Interessen und seiner Vermögensinteressen liegt. Dieser Ort sei in der Regel der ständige Aufenthaltsort des Betroffenen. Die Versagung bestimmter Steuervergünstigungen für Gebietsfremde sei in Anbetracht der objektiven Unterschiede zwischen den jeweiligen Situationen hinsichtlich der Einkunftsquelle, persönlichen Steuerkraft oder persönlichen Lage und des Familienstandes nicht diskriminierend. So knüpfe auch das OECD-Musterabkommen bei der Aufteilung der Steuerhoheit in Fällen von Auslandsbeziehungen grundsätzlich an den Wohnsitz an.

Eine diskriminierende Unterscheidung zwischen Gebietsansässigen und Gebietsfremden im Sinne des EG-Vertrags liege nur vor, wenn sich beide Gruppen ungeachtet ihrer Ansässigkeit in einer vergleichbaren Lage befänden. Dies sei – wie im „Schumacker"-Urteil ausgeführt - der Fall, wenn der Gebietsfremde in seinem Wohnsitzstaat keine nennenswerten Einkünfte habe und er sein zu versteuerndes Einkommen im Wesentlichen aus einer Tätigkeit beziehe, die er im

---

[886] EuGH v. 14.9.1999 („Gschwind"), EuGHE I 1999, 5451, BStBl. II 1999, 841. Sachverhalt nach Vorlagebeschluss des FG Köln v. 27.10.1997, EFG 1998, 210: Der niederländische Staatsangehörige *Frans Gschwind* war in den Streitjahren 1991 und 1992 als Arbeitnehmer in Aachen tätig. Mit seiner Ehefrau und einem 1992 geborenen Kind lebte er zusammen in einem niederländischen Grenzort. Die in Deutschland steuerpflichtigen Einkünfte Herrn Gschwinds betrugen rund 74.000 DM, seine Ehefrau erzielte in den Niederlanden Arbeitseinkünfte in Höhe von 52.000 DM. Eine Zusammenveranlagung nach §§ 1 Abs. 3 und 1a EStG kam wegen Überschreitung der Absolutgrenze von 24.000 DM sowie der relativen Einkunftsgrenze von 10 Prozent durch die niederländischen Einkünfte der Ehefrau nicht in Betracht. Die darauf resultierende Mehrbelastung durch die Verweigerung des Splittingtarifes betrug 1.736 DM.

Beschäftigungsstaat ausübe. Dann sei der Wohnsitzstaat nicht in der Lage, ihm die Vergünstigungen zu gewähren, die sich aus der Berücksichtigung seiner persönlichen Lage und seines Familienstandes ergäben. Der Beschäftigungsstaat sei auf Grund eines fehlenden objektiven Unterschiedes im Vergleich zur Behandlung eines Gebietsansässigen nicht gerechtfertigt, den gebietsfremden Steuerpflichtigen hinsichtlich der Berücksichtigung der persönlichen Lage und des Familienstandes ungleich zu behandeln. Gerade durch die Festsetzung einer prozentual ausgedrückten Grenze für die in Deutschland zu versteuernden und einer in absoluten Zahlen ausgedrückten Grenze eröffne das deutsche Recht jedoch gerade die Möglichkeit, der persönlichen Lage und dem Familienstand der Steuerpflichtigen im Wohnsitzstaat auf einer ausreichenden Besteuerungsgrundlage Rechnung zu tragen. Die in § 1 Abs. 3 Satz 2 EStG festgelegten Grenzen entsprächen daher den Anforderungen des Art. 48 Abs. 2 EG-Vertrag (jetzt Art. 39 Abs. 2 EG).

Nach *Stapperfend* überraschte die Entscheidung, denn mit der Aussage, dass das deutsche Steuerrecht Steuerpflichtigen bei Nichteinhaltung der in § 1 Abs. 3 EStG genannten Einkommensgrenzen die Möglichkeit eröffne, ihre persönliche Lage und ihren Familienstand im Wohnsitzstaat auf einer ausreichenden Besteuerungsgrundlage berücksichtigen zu lassen, nehme der EuGH seine bisherige Rechtsprechung zum Gebot der Gleichbehandlung von Gebietsansässigen und Gebietsfremden teilweise zurück, ohne dies ausdrücklich zuzugeben. Bisher sei eine Diskriminierung nicht anhand starrer Grenzen festzustellen gewesen, sondern nur im Rahmen eines Vergleiches, ob dieser Steuerpflichtige ebenso behandelt werde wie ein unbeschränkt Steuerpflichtiger, der dieselbe Tätigkeit ausübt und Einkünfte in ähnlicher Höhe bezieht. Gerade im Fall „Asscher" sei noch die Anwendung eines höheren Steuertarifes für Gebietsfremde mit weniger als 90 Prozent Inlandseinkünften gegenüber vergleichbaren Gebietsansässigen beanstandet worden. Konsequenterweise hätte nach der Ansicht *Stapperfends* demnach auch im Fall „Gschwind" eine Diskriminierung auf Grund der 90-Prozent-Grenze und deren Auswirkungen bejaht werden müssen.[887]

Göttsche begrüßt das „klare Bekenntnis des EuGH zu den starren Grenzen des § 1 Abs. 3 EStG", es schaffe Rechtssicherheit. Neue Streitigkeiten könnten sich jedoch ergeben, wenn Gebietsfremde neben deutschen Einkünften noch weitere ausländische Einkünfte erzielen, die nicht im Wohnsitzstaat zu versteuern, sondern im Quellenstaat beschränkt steuerpflichtig sind. In diesen Fällen würde

[887] STAPPERFEND, in FR 1999, 1079, Kommentar zum Urteil des EuGH v. 14.9.1999 („Gschwind"), EuGHE I 1999, 5451, BStBl. II 1999, 841.

kein Staat die persönlichen Verhältnisse und subjektive Leistungsfähigkeit des Steuerpflichtigen beücksichtigen.[888]

Nach *Kischel* dürfte die Gefahr der Aufgabe des Wohnsitzkriteriums im Steuerrecht durch überlagerndes EG-Recht durch die ausdrückliche Anerkennung des Prinzips im vorliegenden EuGH-Urteil „zunächst gebannt sein". Die Urteilsbegründung beantworte jedoch nicht alle aufgeworfenen Fragen, eine Auseinandersetzung mit dem „Asscher"-Urteil sei völlig unterblieben. Gerade in diesem Urteil habe der Gerichtshof die Voraussetzung der nahezu ausschließlichen Einkünfteerzielung im Tätigkeitsstaat für tarifliche Benachteiligungen nicht anerkannt. Offenbar sei jedoch der Argumentation der Bundesregierung gefolgt worden, wonach es sich beim Splitting-Verfahren nicht um eine Tarif-Vergünstigung, sondern um eine Familienvergünstigung handele.[889]

Teilweise wurde vermutet, dass der EuGH durch dieses Urteil „auf die Empfindlichkeiten der Mitgliedstaaten hinsichtlich der Einkommensteuer" Rücksicht nehme. Denn im Vorfeld des Amsterdamer Vertrags hätten die Mitgliedstaaten versucht - durch ein letztendlich nicht verabschiedetes Protokoll zum EG-Vertrag - dem EuGH die Befugnis zu nehmen, aus den Grundfreiheiten Folgerungen für die Besteuerung zu herzuleiten.[890] Eine andere Auffassung hält die gegenwärtige Regelung des Ehegattensplittings in bestimmten Fällen für diskriminierend und als die Grundfreiheiten beschränkend, weil sie deren Nutzung weniger attraktiv mache. Die Gehalte der Entscheidungen des EuGH in den Rechtssachen „Asscher" und „Gschwind" seien zu unterscheiden: Im „Asscher"-Urteil gehe es um eine ungleiche Behandlung bei der Anwendung eines Steuersatzes auf die Einkünfte, im „Gschwind"-Urteil sei die Abzugsfähigkeit von Kosten und Pauschalen zur Berücksichtigung der persönlichen Lage und des Familienstandes behandelt worden. Das Ehegattensplitting sei daher in diesem Sinne nicht als Verfahren zur Bestimmung des Steuersatzes zu sehen, sondern vielmehr als Gewährung einer familien- oder ehebezogenen Vergünstigung aus sozialpolitischen Gründen, die lediglich die Gestalt eines Steuersatzvorteils habe, letztendlich aber eher dem Charakter von Sonderausgaben zur Berücksichtigung der subjektiven Leistungsfähigkeit gleichkomme. Nach der üblichen und unter den Staaten als sachgerecht akzeptierten Aufgabenteilung sei im Fall des inländischen Ehepaars die Bundesrepublik Deutschland zuständig, im Fall eines ausländischen Ehepaars dagegen nicht. Völlig offen sei jedoch, ob das BVerfG diese Interpretation des EuGH teilt. Hinzu komme ein weiterer Aspekt,

---

[888] GÖTTSCHE, in IStR 1999, 1613, Anmerkung zum Urteil des EuGH v. 14.9.1999 („Gschwind"), EuGHE I 1999, 5451, BStBl. II 1999, 841.

[889] KISCHEL, in IWB, Fach 11a Rechtsprechung, S. 398, Anmerkung zum Urteil des EuGH v. 14.9.1999 („Gschwind"), EuGHE I 1999, 5451, BStBl. II 1999, 841.

[890] CPD, in StuB 1999, 1112, Anmerkung zum Urteil des EuGH v. 14.9.1999 („Gschwind"), EuGHE I 1999, 5451, BStBl. II 1999, 841.

auf Grund dessen die Entscheidung nicht überzeuge: Unbeschränkte Steuerpflicht im innerstaatlichen Recht und „Ansässigkeit" im abkommensrechtlichen Sinne werde nicht auseinandergehalten. So würde eine internationale Konvention, die die Gewährung subjektiver Abzüge dem Staat der vorwiegenden Ansässigkeit zuordne, zwar Sinn machen, eine derartige Regelung unter den Staaten gebe es jedoch nicht. Unabhängig von der abkommensrechtlichen Ansässigkeit und der Berechtigung zur Besteuerung des Welteinkommens werde bei Vorliegen unbeschränkter Steuerpflicht innerstaatlich die persönliche Situation und der Familienstand durch Sonderausgaben und vergleichbare Regelungen berücksichtigt. Hinzu komme, dass in erster Linie Inländer, die ins Ausland ziehen, in der Lage sein würden, im Inland einen steuerlich anerkannten Zweitwohnsitz zu behalten. Sei nicht gerade diese Bevorteilung von ins Ausland gezogenen Ehegatten mit Zweitwohnsitz im Inland eine massive Diskriminierung ausländischer Ehepaare? Ferner stelle sich die Frage, warum das Ehegattensplitting, das - nach Auffassung der Bundesregierung - nicht eine bloße Modalität zur Ermittlung des Steuersatzes sei, sondern ein Verfahren, eine Steuervergünstigung wegen subjektiver Belastungen zu gewähren, bei betroffenen Ehepartnern gerade dann geringer wirke, wenn die Freiheiten des EG-Vertrags in Anspruch genommen würden und die Ehefrau im Ausland eine Vollzeitstelle annehme.[891]

Auch nach der Auffassung von *Thömmes* vermag das Urteil weder vom Ergebnis noch von seiner Begründung her zu überzeugen. So lasse es völlig eine Differenzierung zwischen den der Berücksichtigung der persönlichen Situation dienenden Abzugsbeträgen und einer tariflichen Vergünstigung wie des Splittings vermissen. Zudem berufe sich der Gerichtshof zur Untermauerung seines bereits in der „Schumacker"-Entscheidung aufgestellten Grundsatzes, die Berücksichtigung der persönlichen Lebensumstände einer natürlichen Person im Rahmen der Einkommensbesteuerung sei grundsätzlich Sache des Wohnsitzstaates, zu Unrecht auf das OECD-MA: Eine derartige Aufteilung der Steuerhoheit in Fällen mit Auslandsberührung sei diesem nicht zu entnehmen.[892]

Saß hält das Kriterium der „fast ausschließlich" aus dem Inland stammenden Gesamteinkünfte für Unterschiede beim Steuertarif für untauglich. Die vom EuGH festgestellte ungleiche Lage zwischen beschränkt und unbeschränkt Steuerpflichtigen bestehe nur in Bezug auf diejenigen persönlichen und familiären Verhältnisse, die in Form von Sonderausgaben und anderen Minderungen des Einkommens berücksichtigt werden könnten. Denn Inländer würden mit

[891] IMN, in FR 1999, 1195, Anmerkung zum Urteil des EuGH v. 14.9.1999 („Gschwind"), EuGHE I 1999, 5451, BStBl. II 1999, 841.

[892] THÖMMES, in IWB, Fach 11 Europäische Gemeinschaften, Gruppe 2, S. 399, Anmerkung zum Urteil des EuGH v. 14.9.1999 („Gschwind"), EuGHE I 1999, 5451, BStBl. II 1999, 841.

ihren inländischen und ausländischen Einkünften erfasst, das Einkommen verringere sich jedoch um Sonderausgaben, Freibeträge und andere Minderungen. Bei EU-Ausländern beschränke sich hingegen die Besteuerung auf die inländischen Einkünfte, würden sie sowohl im Tätigkeits- wie im Ansässigkeitsstaat die vollen Minderungen der Bemessungsgrundlage durch Sonderausgaben etc. erhielten, so würde ihre persönliche Lage und familiäre Situation doppelt berücksichtigt. Diese Gefahr doppelter Berücksichtigung sei die alleinige Rechtfertigung, die persönlichen Einkommensminderungen nur im Heimatstaat zu gewähren. Diese Überlegungen könnten lediglich besondere Regelungen zur Ermittlung der Bemessungsgrundlage begründen, nicht jedoch den anwendbaren Steuersatz. Zudem stelle sich beim Steuersatz aus der Natur der Sache heraus kein Problem möglicher doppelter persönlicher und familiärer Vergünstigungen in mehreren Staaten, es gehe nur um die Vergünstigung in einem Staat. Bei einem höheren Steuersatz trete stets eine Benachteiligung ein, unabhängig von der Höhe der inländischen Einkünfte. So sei auch im Urteil „Asscher" ein nachteiliger Steuersatz im Fall von weniger als 90 Prozent der Gesamteinkünfte im Inland als Diskriminierung verurteilt worden. Es bestehe kaum ein Unterschied in der objektiven Situation von in- und ausländischen Steuerpflichtigen, der die Verweigerung des Ehegattensplittings rechtfertigen würde. Lediglich der Charakter des Ehegattensplittings als „Familienvergünstigung" solle die Verneinung einer vergleichbaren Lage begründen. Der EuGH liefere dazu jedoch keinerlei Begründung, sondern berufe sich lediglich auf sein „Schumakker"-Urteil. Indes übersehe der Gerichtshof, dass hinsichtlich der Versagung des Splittingtarifs eine andere Situation bestehe als bei der Verweigerung persönlicher Einkommensminderungen. Minderungen der Bemessungsgrundlage und steuerliche Tarifvorteile seien grundverschieden, der EuGH behandle daher Ungleiches gleich. Letztendlich entstehe mit dem „Gschwind"-Urteil der Eindruck, dass die von ihm für die direkte Besteuerung von Unternehmen entwikkelten Grundsätze zugunsten der Mitgliedstaaten für die direkte Besteuerung natürlicher Personen offenbar nicht gelten sollen.[893]

Nach *Kaefer* lässt das Urteil insgesamt eine klare und durchgängig europarechtliche Argumentation vermissen: Restriktionen und Einschränkungen, unter denen die frühere Rechtsprechung des EuGH gestanden habe - insbesondere in den Fällen „Schumacker" und „Wielockx" zur direkten Besteuerung - würden betont, Argumente und Entscheidungen, die für die Gemeinschaftswidrigkeit der Verweigerung des Splittingtarifs sprechen, „totgeschwiegen". Im Lichte der bisherigen Rechtsprechung des EuGH sei die Entscheidung rechtlich schwer nachvollziehbar. Als möglicher Grund wird das Bestreben des EuGH um politische Akzeptanz seiner Entscheidungen angeführt, da gerade im Bereich der di-

[893] SAß, in FR 1999, 1297, Anmerkung zum Urteil des EuGH v. 14.9.1999 („Gschwind"), EuGHE I 1999, 5451, BStBl. II 1999, 841.

rekten Steuern die Mitgliedstaaten ihre nationalen Steuersysteme „mit Zähnen und Klauen" gegen alle europäischen Harmonierungsbestrebungen verteidigten.[894]

De Weerth bevorzugt die von der Kommission vorgeschlagene Einkunftsgrenze von 75 Prozent. Er hält eine Abkehr von der mit dem „Gschwind"-Urteil eingeschlagenen Richtung der EuGH-Rechtsprechung für denkbar, wenn ein Kläger hinreichend darlegt, auf Grund der Arbeitsaufnahme im EU-Ausland bei steuerlichen Sozialvergünstigungen erheblich schlechter gestellt zu sein, als wenn er weiterhin in seinem Ansässigkeitsstaat tätig gewesen wäre.[895]

ee) Erfordernis des Zusammenlebens im Inland als Voraussetzung für das Ehegattensplitting, EuGH-Urteil in der Rechtssache „Zurstrassen"

In der Rechtssache „Zurstrassen" ging es um die Frage, ob es zulässig ist, eine Zusammenveranlagung von Ehegatten davon abhängig zu machen, dass die Ehegatten im gleichen Mitgliedstaat wohnen und Ehegatten, die verschiedene Wohnsitze in zwei Mitgliedstaaten haben, von der Inanspruchnahme dieser Veranlagungsart ausschließen.[896] Der EuGH entschied, dass Art. 48 Abs. 2 EG-Vertrag (jetzt Art. 39 Abs. 2 EG) und Art. 7 Abs. 2 der Verordnung (EWG) Nr. 1612/68 v. 15. Oktober 1968 über die Freizügigkeit der Arbeitnehmer innerhalb der Gemeinschaft der Anwendung einer solchen nationalen Regelung entgegenstehen, die die einkommensteuerliche Zusammenveranlagung von Ehegatten, die weder tatsächlich noch auf Grund einer gerichtlichen Entscheidung getrennt leben, von der Voraussetzung abhängig macht, dass sie beide im Inland wohnen, und diese steuerliche Vergünstigung einem Arbeitnehmer verweigert, der im Inland wohnt und dort praktisch das gesamte Einkommen seines Haushaltes erzielt und dessen Ehegatte in einem anderen Mitgliedstaat wohnt.

---

[894] KAEFER, in BB 2000, 28, Anmerkung zum Urteil des EuGH v. 14.9.1999 („Gschwind"), EuGHE I 1999, 5451, BStBl. II 1999, 841; siehe auch KAEFER/TOIFL, in IWB, Fach 11a Rechtsprechung, S. 343, Anmerkung zu den Schlussanträgen des Generalanwaltes Damaso Ruiz-Jarabo Colomer v. 11.3.1999 im Fall „Gschwind".

[895] DE WEERTH, in RIW 1999, 893.

[896] EuGH v. 16.5.2000 („Zurstrassen"), EuGHE I 2000, 3337. *Patrick Zurstrassen* und seine Ehefrau waren beide belgische Staatsbürger. Herr Zurstrassen übte eine unselbständige Tätigkeit in Luxemburg aus und wohnte dort. Seine nichtberufstätige Frau und ihre Kinder wohnten insbesondere aus schulischen Gründen weiter in Battice in Belgien. Die Wochenenden verbrachte das Ehepaar in der Regel gemeinsam in Battice. Sein Einkommen erzielte Herr Zurstrassen zu 98 Prozent in Luxemburg, lediglich 2 Prozent waren belgische Einkünfte. Die Ehefrau verfügte über keine eigenen Einkünfte und war daher im Wohnortstaat Belgien nicht steuerpflichtig. Vgl. hierzu auch „IMN", in FR 2000, 675, Anmerkung zum Urteil des EuGH v. 16.5.2000 („Zurstrassen"), EuGHE I 2000, 3337.

ff) Stellungnahme

Die systematischen Begründungen des Europäischen Gerichtshofs zur Gemeinschaftskonformität der engen Einkunftsgrenzen des § 1 Abs. 3 Satz 2 EStG überzeugen im Ergebnis nur bedingt. Erzielt eine Steuerpflichtiger seine wesentlichen Einkünfte in einem ausländischen Tätigkeitsstaat und hat er keine nennenswerten Einkünfte im Heimatstaat, so ist eine Berücksichtigung subjektiver Lasten im Tätigkeitsstaat - zumindest im EU-Raum - zur Gewährleistung der Arbeitnehmerfreizügigkeit zwingend. Ansonsten gäbe es zu große Hindernisse, die die Inanspruchnahme der Grundfreiheiten des EG-Vertrages unattraktiv machten und somit zu einer versteckten Diskriminierung auf Grund der Staatsangehörigkeit (die sich in diesen Fällen in der Regel mit der ausländischen Ansässigkeit deckt) auswirken würden. Die Festlegung bestimmter Einkunftsgrenzen rechtfertigt sich grundsätzlich daraus, dass eine generell bestehende Abzugsmöglichkeit von Sonderausgaben und anderen Freibeträgen zur Berücksichtigung der persönlichen Situation und des Familienstandes im Tätigkeitsstaat zu Doppelvergünstigungen und somit zu ungerechtfertigten Minderbesteuerungen führen würde, da im Heimatstaat auf Grund unbeschränkter Steuerpflicht solche Vergünstigungen unabhängig von einer bestimmten Einkommenshöhe generell gewährt werden. Bei einer Gehaltsaufteilung beispielsweise von 40 Prozent im Ansässigkeitsstaat und 60 Prozent im Tätigkeitsstaat würde bei fehlenden Einkunftsgrenzen sowohl zweimal das Existenzminimum freigestellt als auch doppelt Sonderausgaben, Pauschalen und Freibeträge gewährt. Der grenzüberschreitend tätige Arbeitnehmer käme somit in den Genuss einer geringeren Steuerprogression in beiden Staaten, die selbst über die Einbeziehung der ausländischen Einkünfte in einen Progressionsvorbehalt nicht mehr ausgeglichen werden könnte.

Derartige systematisch nachvollziehbare Begründungen für die Gewährung von Vergünstigungen fehlen bei der Koppelung des Splittingtarifs für EU-Ausländer an bestimmte Einkunftsgrenzen nach § 1 Abs. 3 Satz 2 EStG. Denn eine Doppelbegünstigung von Ehepartnern durch das Ehegattensplitting sowohl im Ansässigkeits- als auch im Tätigkeitsstaat unter Einbeziehung ausländischer Einkünfte auch des Ehepartners in den Progressionsvorbehalt wäre ja bei einer generellen Befürwortung dieser steuerlichen Vergünstigung für Ehepartner in den Mitgliedstaaten geradezu systematisch wünschenswert. Selbst wenn die Möglichkeit eines Ehegattensplittings wie in der Bundesrepublik in anderen EU-Staaten nicht besteht, so könnte doch gerade ein im Inland tätiger Arbeitnehmer (oder eine sonst steuerpflichtige Einkünfte im Inland beziehende natürliche Person) von dieser Vergünstigung partizipieren, um zumindest in Deutschland eine dahingehende Gleichbehandlung und Berücksichtigung seiner familiären Situation sicherzustellen. Ungewünschte Minderbesteuerungen könnten durch die Einbeziehung ausländischer Einkünfte in einen Progressionsvorbehalt vermieden werden. Ausländische Einkünfte unterliegen auch jetzt schon nach § 32b Abs. 1 Nr. 3 EStG im Falle einer Veranlagung beschränkt steuerpflichtiger EU-Bürger nach § 50 Abs. 5 Nr. 2 EStG dem Progressionsvorbehalt.

Letztendlich ist die Versagung des Ehegattensplittings auf Grund Nichteinhaltung der in § 1 Abs. 3 Satz 2 EStG vorgegebenen Einkunftsgrenzen eine Differenzierung auf Grund der Staatsangehörigkeit, die im EU-Raum einer Rechtfertigung bedarf. Die vom EuGH „gebetsmühlenartig" wiederholte These der Rechtfertigung auf Grund einer ungleichen Lage zwischen beschränkt und unbeschränkt Steuerpflichtigen, die lediglich eine Gleiche sei bei Erzielung der wesentlichen Einkünfte im Tätigkeitsstaat und nicht nennenswerter im Ansässigkeitsstaat vermag in Bezug auf das Ehegattensplitting nicht zu überzeugen. Das Kriterium des Wohnortes bzw. des gewöhnlichen Aufenthalts ist zwar grundlegend für die Anknüpfung unbeschränkter Steuerpflicht in nationalen Steuerrechtsordnungen und prägt auch die Systematik der Verteilung von Besteuerungsrechten im Internationalen Steuerrecht und dem in diesem maßgeblichen OECD-Musterabkommen. Dieses sowie die anderen Musterabkommen treffen weder Aussagen über die Berücksichtigung der persönlichen Situation und des Familienstandes durch den Sonderausgabentatbeständen vergleichbare Regelungen oder Freibeträge und dergleichen, noch sind ihm Anhaltspunkte für eine systematische Begründung der Gewährung einer Tarifvergünstigung wie dem Ehegattensplitting im Ansässigkeitsstaat bzw. im Staat der überwiegenden Einkünfte zu entnehmen. Die Berücksichtigung der persönlichen Situation und des Familienstandes ergibt sich aus dem Konzept der Welteinkommensbesteuerung, die im Staat des Wohnsitzes und des gewöhnlichen Aufenthaltes entsprechend der objektiven und subjektiven Leistungsfähigkeit des Steuerpflichtigen zu erfolgen hat. Eine solche Berücksichtigung im Ansässigkeitsstaat ist jedoch nicht zwingend, wenn sie zumindest im Tätigkeitsstaat sichergestellt ist. Die Verpflichtung zur Berücksichtigung der subjektiven Lasten im Tätigkeitsstaat muss sich auch aus dem Gebot der Arbeitnehmerfreizügigkeit im EU-Raum und dem Verbot der Diskriminierung auf Grund der Staatsangehörigkeit ergeben, wenn das Prinzip der Besteuerung des Welteinkommens in den Mitgliedstaaten gilt. Eine Versagung der Abzugsmöglichkeit von subjektiven Belastungen im Tätigkeitsstaat - bei nichtbestehender Möglichkeit der Geltendmachung im Ansässigkeitsstaat - würde eine Ungleichbehandlung bewirken, die sich in der Art und Weise auswirkt, dass überwiegend Staatsangehörige anderer Mitgliedstaaten betroffen wären. Insoweit ist der Rechtsprechung des EuGH zuzustimmen, nach der die Berücksichtigung der persönlichen Lage und familiären Situation im Tätigkeitsstaat von einem relativen Mindesteinkommen im Tätigkeitsstaat bzw. von Nichtüberschreitung eines exakt festgelegten Höchsteinkommens im Ansässigkeitsstaat abhängig gemacht wird. Eine proportionale Abziehbarkeit von Ausgaben bzw. Pauschalen und Geltendmachung von Freibeträgen, die die persönliche Lage und familiäre Situation betreffen, entsprechend der Einkommenshöhe, würde zwar grundsätzlich der Zielsetzung einer wirksamen Berücksichtigung dieser Ausgaben bzw. Freibeträge entsprechen, wäre jedoch sicherlich nur praktikabel bei einer entsprechenden Harmonisierung der Einkommensteuersysteme im EU-Raum. Ohne weitere Abstimmung innerhalb der Gemeinschaft bzw. mit den Nachbarstaaten wird ein solches Anliegen jedoch unilateral durch den deutschen Gesetzgeber nicht zu regeln sein.[897]

Die gegenwärtige absolute Mindestgrenze eines zulässigen Einkommens, das nicht der deutschen Einkommensteuer unterliegt, sollte jedoch überdacht werden. Es ist fraglich, ob eine Absolutuntergrenze von 12.000 DM (ab 1.1.2002: 6.136 €) bzw. 24.000 DM (ab 1.1.2002: 12.272 €) bei Ehepartnern dem Postulat einer Berücksichtigung der persönlichen Lage und des Familienstandes gerecht wird, wenn diese Beträge nur knapp überschritten werden. Denn die absolute Bagatellgrenze - die immerhin noch entsprechend den Verhältnissen im Wohnsitzstaat gekürzt werden kann - deckt gerade das Existenzminimum ab, das in den meisten Staaten ohnehin freigestellt sein wird. Dieser Betrag muss sich immer am Existenzminimum orientieren und genug Raum für eine Geltendmachung individueller Belastungen lassen. Bei einem Grundfreibetrag von 14.093 DM im Veranlagungszeitraum 2001 bzw. 7.235 € im VZ 2002 in der Bundesrepublik dürfte eine absolute Mindestgrenze von 12.000 DM (ab 1.1.2002: 6.136 €) sicher für einige der an Deutschland angrenzenden EU-Staaten zu gering sein. Eine Berücksichtigung der persönlichen Lage und des Familienstandes ist bei geringwertiger Überschreitung der Einkunftsgrenzen durch die ausländischen Einkünfte gar nicht möglich, wenn sich diese auf einem Niveau des Existenzminimums bewegen. Eine überzeugendere Lösung, die eine Berücksichtigung subjektiver Merkmale ermöglicht, sollte sich an der von der EG-Kommission in ihrer Empfehlung vom 21.12.1993[898] vorgeschlagenen 75-Prozent-Einkunftsgrenze orientieren. Auch die Absolutgrenze sollte nicht weniger als 12.500 € bzw. 25.000 € für Verheiratete – unter Berücksichtigung einer Kürzungsmöglichkeit auf Grund der Lebensverhältnisse in bestimmten Staaten – betragen. Überlegenswert ist auch der Vorschlag, die Absolutgrenze durch Addierung eines fixen Betrags zum jeweils im anderen Staat geltenden Existenzminimum festzulegen. Dies bedürfte jedoch der Aufstellung einer Länderliste, in der die Absolutuntergrenzen angegeben sind und einer vergleichbaren Freistellung des Existenzminimums im jeweils anderen Staat.

[897] Vgl. zu den Problemen bei einer gesetzlichen Neukonzeption zur Vermeidung der Nachteile der beschränkten Steuerpflicht BENZ, Die beschränkte Steuerpflicht im Licht der EG-Freizügigkeit, S. 127 ff.

[898] ABl. EG 1994, Nr. L 39, S. 22.

Beim Ehegattensplitting ist dies anders: Hier besteht weder eine Möglichkeit, konkret anfallende subjektive Belastungen einzeln oder pauschaliert wie Sonderausgaben abzuziehen noch Freibeträge geltend zu machen, die die Bemessungsgrundlage schmälern und das steuerfrei zu belassende indisponible Einkommen vergrößern und so dem subjektiven Nettoprinzip im Rahmen der Welteinkommensbesteuerung entsprechen. Das Ehegattensplitting entspringt dem grundgesetzlichen Auftrag in Art. 6 Abs. 1 GG zur Förderung von Ehe und Familie und knüpft an das Zivilrecht an.[899] Es gewährt Ehepartnern eine Tarifvergünstigung durch Zusammenveranlagung ihrer Einkünfte, die sich günstig bei hohen Einkommensunterschieden der Ehepartner, am günstigsten bei Nichterwerbstätigkeit eines Ehepartners auswirkt. Zu einer Doppelberücksichtigung des Familienstandes durch Gewährung des Ehegattensplittings sowohl im Ansässigkeits- wie im Tätigkeitsstaat kann es nicht kommen, da die Bemessungsgrundlage in beiden Staaten jeweils entsprechend geringer ausfällt. Würde das Ehegattensplitting von allen Mitgliedstaaten in der Form gewährt, wie es in der Bundesrepublik geregelt ist, so wäre unerheblich, wo die Einkünfte erzielt werden. Bei grenzüberschreitender Einkünfteerzielung wäre ein Ehegattensplitting unter Einbeziehung nichtinländischer Einkünfte in einen Progressionsvorbehalt am gerechtesten, da im jeweiligen Staat der Besteuerung der Steuerpflichtige im Vergleich zu den inländischen Steuerpflichtigen gleich behandelt würde. Eine Bindung des Ehegattensplittings an die Einkunftsgrenzen des § 1 Abs. 3 Satz 2 EStG kann also nicht mit der Vermeidung einer Doppelberücksichtigung der persönlichen Situation und des Familienstandes systematisch begründet werden. Trifft eine Rechtsordnung die grundsätzliche Entscheidung der Förderung von Ehe und Familie, dann ist grundsätzlich eine Gleichbehandlung geboten. So ist Träger des Grundrechts aus Art. 6 Abs. 1 GG grundsätzlich jede natürliche Person, auch Ausländer und Staatenlose.[900] Art. 6 Abs. 1 GG schützt zudem auch nach ausländischem Recht geschlossene Ehen, wenn die Form der Eheschließung nicht deutschen Vorschriften genügt hat.[901] Dementsprechend muss die Vergünstigung für Ehegatten durch den Splittingtarif auch für ausländische Ehepaare gelten. Die Ungleichbehandlung verstößt auch gegen Art. 3 Abs. 1 GG, da keine sachliche Rechtfertigung ersichtlich ist.

Die Ungleichbehandlung bei der Gewährung des Ehegattensplittings auf Grund der Ansässigkeit stellt zudem eine versteckte Diskriminierung auf Grund der Staatsangehörigkeit dar, die den Grundfreiheiten des EG-Vertrags widerspricht, wenn sie nicht gerechtfertigt ist. Rechtfertigungsgründe sind – anders als bei der Geltendmachung von Sonderausgaben, Freibeträgen und dergleichen – nicht

---

[899] Vgl. TIPKE/LANG, Steuerrecht, § 4, Rz. 242 m.w.N. .

[900] JARASS/PIEROTH, Grundgesetz, Art. 6, Rz. 6 m.w.N.; BADURA in MAUNZ/DÜRIG, Grundgesetz, Art. 6 Abs. 1, Rz. 63.

[901] Sog. „hinkende Ehe", vgl. BVerfG v. 30.11.1982, BVerfGE 62, 323.

gegeben. Im Hinblick auf den Steuertarif besteht zwischen beschränkt Steuerpflichtigen und unbeschränkt Steuerpflichtigen bei gleichartiger Tätigkeit insbesondere keine ungleiche Lage, dies stellte der Gerichtshof bereits in seinem „Asscher"-Urteil fest. Unabhängig von der konkreten Höhe des im Tätigkeitsstaat erzielten Einkommens ist es dem Ansässigkeitsstaat gar nicht möglich, selbst durch ein dem deutschen Ehegattensplitting vergleichbares Verfahren der Zusammenveranlagung eine steuerliche Gleichstellung zu unbeschränkt steuerpflichtigen Ehepartnern in der Form sicherzustellen, dass eine diskriminierende Wirkung eines höheren Steuertarifs im Tätigkeitsstaat auch nur annähernd ausgeglichen würde.

Das Ehegattensplitting sollte daher grundsätzlich – im Falle einer Lohnsteuerveranlagung – allen verheirateten beschränkt Steuerpflichtigen unabhängig von einer Staatsangehörigkeit eines EU-Staates und unabhängig vom Erzielen eines festgesetzten Mindesteinkommens in der Bundesrepublik unter Einbeziehung ausländischer Einkünfte in den Progressionsvorbehalt gewährt werden. Da eine solche Einführung sicherlich mit erheblichen Steuerausfällen verbunden ist, ist die Zeitgemäßheit des Ehegattensplittings in seiner heutigen Form zu überdenken. Zu erwartende Steuerausfälle können keine Ungleichbehandlung rechtfertigen. Zielführender im Sinne des Art. 6 Abs. 1 GG und einer fortschrittlichen Familienförderung wären sicherlich Steuervergünstigungen, die nicht nur auf Grund des Zusammenlebens zweier Ehepartner gewährt werden, sondern die die besonderen Belastungen durch die Erziehung und Ausbildung von Kindern mit einbezieht. Dem permanenten Stückwerk des Gesetzgebers in der Kinderförderung durch die bruchstückhafte Anhebung des Kindergelds und der Kinderfreibeträge ist sollte endlich ein Ende zugunsten einer grundlegenden Reform der Familienbesteuerung gesetzt werden.[902] Eine genauere Betrachtung dieses Problems ist jedoch nicht Gegenstand dieser Arbeit und kann hier nicht vertieft werden.

Ob eine grundsätzliche Reformierung der beschränkten Steuerpflicht und der Unterscheidung zwischen unbeschränkter und beschränkter Steuerpflicht auf Grund der Ansässigkeit wünschenswert ist, ist auf Grund des beträchtlichen Umfangs der zu berücksichtigenden Erwägungen über die Berechtigung der Welteinkommensbesteuerung im Rahmen der unbeschränkten Steuerpflicht im Ansässigkeitsstaat und der Objektbesteuerung durch die beschränkte Steuerpflicht in einem Quellenstaat ebenfalls nicht Gegenstand dieser Arbeit. Problematisch wäre eine Aufgabe des Wohnsitzkriteriums als einem allgemeinen Prin-

[902] Zu den Reformüberlegungen des Ehegattensplittings siehe PFLÜGER in HERRMANN/HEUER/RAUPACH, Einkommensteuer- und Körperschaftsteuergesetz, § 26 EStG, Rz. 4 ff. m.w.N.; VOLLMER, Das Ehegattensplitting, S. 225 ff.. Vgl. zu diesem Thema auch „Verfassungsgericht verurteilt die Politik: Zurück zur Familie", im SPIEGEL Nr. 15/2001, S. 100 ff.

zip des Internationalen Steuerrechts sicherlich wegen einer dann drohenden Uneinheitlichkeit der Steuersysteme und Neuabstimmung sämtlicher darauf abstellender Doppelbesteuerungsabkommen. Angesichts einer fehlenden Kompetenz der EU zur Harmonisierung der direkten Steuern wäre es wohl zu weitgehend, einen Reformauftrag zur Aufgabe der hergebrachten Anknüpfung der Besteuerung an die Ansässigkeit aus der bisherigen EuGH-Rechtsprechung abzuleiten.

Die dargestellten Ungereimtheiten einer gerechten Besteuerung von grenzüberschreitend tätigen Arbeitnehmern verdeutlichen die großen praktischen Schwierigkeiten, die sich auf Grund eines fehlenden Harmonisierungsauftrags an die Organe der EU für die direkte Besteuerung ergeben. Eine echte Gleichbehandlung der ihre Grundfreiheiten nutzenden Unionsbürger und eine Vermeidung der Diskriminierung durch die direkte Besteuerung wird man nur durch angeglichene Steuersysteme erreichen. Aus den immer wieder auch die direkte Besteuerung betreffenden Entscheidungen des EuGH wird ersichtlich, dass gerade in diesem Bereich noch erhebliche Hindernisse bei der Verwirklichung des Binnenmarkts und der Freizügigkeit im EU-Raum bestehen. Langfristig wird wohl an einer Harmonisierung der direkten Steuern kein Weg vorbeiführen. Die bestehende Situation des ständigen Reagierens der nationalen Gesetzgeber auf Vorgaben der EuGH-Rechtsprechung hin, das Erfordernis des Einklagens einer gemeinschaftskonformen Besteuerung von den Mitgliedstaaten durch die Unionsbürger ist der europäischen Idee nicht dienlich. Die Regierungen der Mitgliedstaaten sollten daher endlich selbst die Initiative ergreifen und gemeinschaftskonform ihre Steuergesetzgebungen abstimmen und einen Harmonisierungsauftrag dieses Bereichs im EG-Vertrag festschreiben.

Überlegenswert ist auch eine Regelung innerhalb der Musterabkommen, die Vergünstigungen zur Berücksichtigung der persönlichen Situation oder des Familienstandes sowohl im Quellen- als auch im Wohnsitzstaat verhindert. Um die daraus resultierenden unerwünschten Minderbesteuerungen zu verhindern, sollte diese vorwiegend dem Ansässigkeitsstaat zugeordnet werden. Die Quellenstaaten sollten jedoch ebenfalls zur Berücksichtigung der persönlichen Situation verpflichtet sein, wenn das im Ansässigkeitsstaat erzielte Einkommen zur Geltendmachung dieser Abzüge und Freibeträge nicht genügt. Orientieren könnte man sich ebenfalls an den bereits vorgeschlagenen Einkunftsgrenzen von 75 Prozent, die bereits von der Europäischen Kommission in ihrer Empfehlung an die Mitgliedstaaten zur Neuordnung der Grenzpendlerbesteuerung ausgesprochen wurden.

Problematisch wird die hier vorgeschlagene Heraufsetzung der Einkunftsgrenzen zur Berücksichtigung der persönlichen Situation jedoch, wenn Gebietsfremde diese Grenze unterschreiten und neben deutschen Einkünften noch weitere ausländische Einkünfte erzielen, die nicht im Wohnsitzstaat, sondern im

Quellenstaat auf Grund beschränkter Steuerpflicht und Zuordnung des Besteuerungsrechts durch das DBA besteuert werden. In diesen Fällen würde kein Staat die persönlichen Verhältnisse und subjektive Leistungsfähigkeit des Steuerpflichtigen berücksichtigen. Auch hier wird zumindest im EU-Raum lediglich eine gemeinschaftskonforme Harmonisierung der direkten Besteuerung und der Abzugstatbestände und Freibeträge zur Berücksichtigung der persönlichen Situation eine vernünftige Lösung schaffen können, so dass eine proportionale Berücksichtigung der persönlichen Lage und Familiensituation entsprechend der zu besteuernden Einkunftsanteile im jeweiligen Staat möglich ist.

Die Grenzgängerregelungen in den DBA mit Belgien, Frankreich und Österreich sollten entsprechend der EU-weiten Harmonisierung der Grenzgängerbesteuerung ausgehend vom „Schumacker"-Urteil angepasst werden. Dieser Personengruppe soll auch eine Besteuerung ihrer Einkünfte und Berücksichtigung der persönlichen Lage und familiären Situation im Tätigkeitsstaat und somit die fiktive unbeschränkte Steuerpflicht nach § 1 Abs. 3 EStG auf Antrag ermöglicht werden. Diese Möglichkeit besteht auf Grund der bisher insoweit vorrangigen DBA-Grenzgängerregelungen nicht.[903] Da im Falle der Erfüllung der vorgebenen Einkunftsgrenzen - ob in der Höhe des § 1 Abs. 3 EStG oder in der hier vorgeschlagenen - für eine besondere Behandlung der Grenzgänger kein Erfordernis mehr besteht, sollte aus Gleichbehandlungsgründen zumindest die Möglichkeit einer Behandlung als fiktiv unbeschränkt Steuerpflichtiger entsprechend § 1 Abs. 3 EStG bestehen.

b) Progressionsvorbehalt nach § 32b Abs. 1 Nr. 3 Alt. 3 EStG

Bei nach § 1 Abs. 3 EStG fiktiv unbeschränkt Steuerpflichtigen werden die im Ausland erzielten Einkünfte nach § 32b Abs. 1 Nr. 3 Alt. 3 EStG in einen Progressionsvorbehalt einbezogen. Auf die Probleme des Progressionsvorbehaltes im Quellenstaat wurde oben bereits eingegangen, insoweit darauf hier verwiesen werden.[904]

c) Exkurs: EuGH-Entscheidung im Fall „Gilly", Bedienstete im öffentlichen Dienst

Nach dem EuGH-Urteil im Fall „Gilly" steht Art. 48 EG-Vertrag (jetzt Art. 39 EG) der Anwendung von Bestimmungen in Doppelbesteuerungsabkommen nicht entgegen, die eine unterschiedliche Besteuerung zum einen für Grenzgän-

---

903 Vgl. KRAMER in DEBATIN/WASSERMEYER, Doppelbesteuerung, Art. 13 DBA-Frankreich, Rz. 63; MALINSKI in DEBATIN/WASSERMEYER, Doppelbesteuerung, Art. 15 DBA-Belgien, Rz. 26; LANG/SCHUCH in DEBATIN/WASSERMEYER, Doppelbesteuerung, Art. 9 DBA-Österreich, Rz. 58. Zur Problematik siehe auch DAUTZENBERG, in BB 1995, 2397.

904 Vgl. oben unter Gliederungspunkt D V 2, Seite 230.

ger vorsehen, je nachdem, ob sie im privaten oder im öffentlichen Sektor beschäftigt sind und, wenn sie im öffentlichen Sektor beschäftigt sind, je nachdem, ob sie die Staatsangehörigkeit des Staates, in dessen Verwaltung sie beschäftigt sind, besitzen oder nicht, und zum anderen für Lehrkräfte, je nachdem, ob ihr Aufenthalt in dem Staat, in dem sie ihre Lehrtätigkeit ausüben, von kurzer Dauer ist oder nicht.[905] Der EuGH sah somit keine Diskriminierung auf Grund unterschiedlicher Besteuerungsverteilung von Einkünften aus nichtselbständiger Tätigkeit auf Grund einer Anknüpfung der DBA-Regelung an eine Tätigkeit als Privater oder als öffentlich Beschäftigter. Den beteiligten Staaten stehe die Befugnis zu, im DBA unterschiedliche Anknüpfungen zu wählen und die Kriterien für die Aufteilung ihrer Steuerhoheit untereinander festzulegen. Die Freizügigkeit der Arbeitnehmer werde dadurch nicht berührt.

[905] EuGH v. 12.5.1998, Rs. C-336/96, Fall „Gilly", EuGHE I 1998, 2793. Robert Gilly und seine Frau wohnten in Frankreich in der Nähe der deutschen Grenze. Herr Gilly war französischer Staatsangehöriger und arbeitete als Lehrer im öffentlichen Schulwesen in Frankreich. Seine Ehefrau besaß aufgrund der Heirat sowohl deutsche als auch französische Staatsangehörigkeit und arbeitete in Deutschland als Lehrerin an einer öffentlichen Schule im Grenzgebiet.

F. Resümee

Die Doppelbesteuerung von Arbeitnehmern, die grenzüberschreitend tätig werden wird durch Vorschriften des innerstaatlichen Steuerrechts sowie bei Bestehen eines Doppelbesteuerungsabkommens in der Regel ausgeräumt. Die Regelungen zeigen jedoch in einigen Fällen Schwachstellen auf, die überdenkenswert sind.

Meines Erachtens sind einige Vorschriften innerhalb der beschränkten Steuerpflicht noch nicht ausgereift genug, um europäischen Anforderungen an eine Freizügigkeit der Arbeitnehmer zu genügen. So sollte für beschränkt Steuerpflichtige generell eine Möglichkeit der Veranlagung eingeführt werden. Dementsprechend sollten bei der Veranlagung von beschränkt Steuerpflichtigen auch ausländische Einkünfte in einen Progressionsvorbehalt einbezogen werden, der nicht nur auf eine positive Summe der ausländischen Einkünfte beschränkt ist. Gleiches sollte in Doppelwohnsitzfällen gelten: Unbeschränkt Steuerpflichtige mit vorrangiger abkommensrechtlicher Ansässigkeit im DBA-Ausland sollten mit ihren nicht der deutschen Einkommensteuer unterliegenden Auslandseinkünften ebenfalls dem Progressionsvorbehalt im Inland unterliegen und § 32b Abs. 1 Nr. 2 EStG dementsprechend geändert werden. Dies gebietet die Gleichbehandlung mit beschränkt Steuerpflichtigen und zeitweise unbeschränkt Steuerpflichtigen. Nur dies kann dem Leistungsfähigkeitsprinzip der Besteuerung auch bei grenzüberschreitender Arbeitnehmertätigkeit gerecht werden und Steuervorteile im Vergleich zum im Inland tätigen Arbeitnehmer vermieden werden.

Auch die Formulierung des Art. 15 Abs. 2 OECD-MA ist teilweise unklar: Das vorherrschende Prinzip der Besteuerung von Arbeitnehmereinkünften im Staat der Abzugsfähigkeit der durch sie verursachten Ausgaben, das durch das Konzept des „wirtschaftlichen Arbeitgebers" verwirklicht wird, sollte dementsprechend auch im Wortlaut der 183-Tage-Regel verankert werden. Die bestehende Formulierung ist unverständlich und das derzeitige Verständnis von Art. 15 Abs. 2 Buchst. b) Alt. 2 OECD-MA entspricht nicht dem Wortsinn. Die Nennung eines Dritten, der die Arbeitsvergütungen wirtschaftlich trägt, entspricht nur dann dem Normzweck, wenn es auf dessen Ansässigkeit im Tätigkeitsstaat ankommt. Eine derartige Klarstellung sollte im Wortlaut des Art. 15 Abs. 2 Buchst. b) Alt. 2 OECD-MA in einer der hier aufgezeigten entsprechenden Neuformulierung[906] erfolgen.

Die geänderte Geschäftsführerbesteuerung seit dem BFH-Urteil von 1994 entspricht zwar dem Prinzip der Besteuerung am Tätigkeitsort, steht jedoch wie dargelegt im Widerspruch zu den Aussagen des Großen Senats des BFH von

[906] Vgl. oben unter Gliederungspunkt D II 3. b) bb) (2), Seite 168 (152).

1971. Auch hier ist eine Klarstellung durch das Gericht und eindeutige Abkehr von den Aussagen des Großen Senats wünschenswert.

Die bestehenden „subject-to-tax“-Klauseln der Doppelbesteuerungsabkommen sind als „Quellenregeln“ in einem weiten Sinne zu verstehen. Die Formulierung „in Übereinstimmung mit diesem Abkommen besteuert werden", bedeutet somit, dass Einkünfte und Gewinne zum einen einer abstrakten Steuerpflicht im Quellenstaat unterliegen müssen, zum anderen ist eine Konkretisierung erforderlich, um Missbrauchs- und Hinterziehungsfälle (inklusive Nichtabgabe von Steuererklärung) auszuschließen. Somit wird durch die „Quellenregel“ die Freistellungsmethode nicht ausgehöhlt. Die neue Regelung in Art. 23A Abs. 4 OECD-MA 2000 schließt die Freistellungsmethode hingegen aus, um doppelte Nichtbesteuerungen zu verhindern bei Qualifikationskonflikten zwischen Ansässigkeits- und Quellenstaat oder Uneinigkeiten zwischen beiden Staaten über die Tatumstände eines Falles.

Die Beeinflussung der Einkommensbesteuerung durch die Rechtsprechung des EuGH ist zu begrüßen. Solange jedoch keine Kompetenzen für die Organe der Gemeinschaft für die direkten Steuern bestehen, ist die Festlegung von Einkunftsgrenzen zur Ermöglichung einer fiktiven unbeschränkten Steuerpflicht sicher der praktikabelste Weg. Um ernsthaft eine Berücksichtigung subjektiver Merkmale zu ermöglichen, sollten sich diese jedoch an den von EG-Kommission in ihrer Empfehlung vom 21.12.1993[907] vorgeschlagenen 75 Prozent orientieren. Die Absolutuntergrenze sollte nicht weniger als 12.500 € bzw. 25.000 € für Verheiratete betragen, wobei Kürzungsmöglichkeiten dieser Beträge auf Grund der Lebensverhältnisse zu berücksichtigen sind. Gerechter wäre sicher noch die Feststellung von Existenzminima in den jeweiligen Staaten und die Zuaddierung eines festen Betrags zur Bestimmung dieser Untergrenze, wobei dieses Verfahren sicher an der praktischen Umsetzbarkeit scheitert.

Eine leistungsgerechtere Besteuerung im EU-Raum wird sicher erst durch weitere Harmonisierungen der direkten Steuern erreicht. Wie diese aussehen kann und welche Hindernisse zur Verwirklichung der Arbeitnehmerfreizügigkeit beseitigt werden sollten, sind durch die richtungsweisenden Entscheidungen des EuGH bereits angedeutet. Die angestoßene Entwicklung muss jedoch weitergehen und die Regierungen sollten hierzu die Initiative ergreifen. Bisher hielten die Staaten aus fiskalischen Erwägungen immer noch an bestehenden Hemmnissen bei der Verwirklichung eines gemeinsamen Marktes in ihrer Steuergesetzgebung fest. Will Europa jedoch für den Anforderungen einer globalisierten Wirtschaft gerüstet sein, bedarf es eines abgestimmten Vorgehens und Beachtung der gemeinsamen Interessen der Unionsbürger und weniger nationalstaatlicher Interessen der beteiligten Fisci. Erste Schritte hierfür sind durch die Recht-

---

[907] ABl. EG 1994, Nr. L 39 S. 22.

sprechung des EuGH getan, jetzt ist es an der Zeit, dass auch die Staaten selbst die europäische Integration durch abgestimmte und gemeinsame Initiativen zur Harmonisierung der direkten Besteuerung weiter vorantreiben. Die Regelungen über die Einkommensteuer insbesondere für die überwiegend nichtselbständigen Unionsbürger, sind dabei ein wichtiger Bestandteil.

Literaturverzeichnis

Achter, Johannes Zur Vereinbarkeit des Progressionsvorbehalts bei zeitweiser unbeschränkter Steuerpflicht und bei fiktiver unbeschränkter Steuerpflicht gemäß § 1 Abs. 3 EStG mit Verfassungs- und Völkerrecht am Beispiel von Arbeitnehmer-Entsendungen, IStR 2002, 73

Apel, Wolfgang/ Oltmanns, Martin Diskriminiert das deutsche Steuerrecht den Zu- und Wegzug?, DB 1998, 2560

Apitz, Wilfried Aktuelle Fragen zum Progressionsvorbehalt, DStZ 1993, 365

Avery Jones, John F. et al. Dual residence of individuals: The meaning of the Expressions in the OECD Model Convention – I, BTR 1981, 15

dies. Dual residence of individuals: The meaning of the Expressions in the OECD Model Convention – II, BTR 1981, 104

Baranowski, Karl-Heinz Die Neuregelung der Einkommensbesteuerung niederländischer Grenzgänger, Herne Berlin 1980

ders. Besteuerung von Auslandsbeziehungen, 2. Aufl., Berlin 1996

ders. Steuerfolgen bei Einschaltung eines „Ständigen Vertreters", IWB, Fach 3 Deutschland, Gruppe 2, S. 719

ders. Besteuerungsrecht nach Art. 15 OECD-MA und Aufwandszuordnung bei grenzüberschreitender Personalentsendung, IWB, Fach 3 Deutschland, Gruppe 2, S. 941

Becker, Enno/ Riewald, Alfred/ Koch, Karl Reichsabgabenordnung mit Nebengesetzen, Finanzgerichtsordnung, Kommentar, Band I, §§ 1 - 163 RAO, StAnpG, StSäumnG, 9. Aufl., Köln/Berlin/Bonn/München 1963

Becker, Helmut Die Steuerpflicht von unselbständig Tätigen mit Wohnsitz in den Niederlanden, Luxemburg und Dänemark (Grenzgänger), FR 1976, 597

Becker, Helmut/ Höppner, Horst-Dieter/ Grotherr, Siegfried/ Kroppen, Heinz-Klaus DBA-Kommentar, Herne/Berlin 2001, Loseblatt, Stand: September 2001, 9. Erg.-Lieferung

Beiser, Reinhold Doppelwohnsitz und Mittelpunkt der Lebensinteressen im zwischenstaatlichen Steuerrecht, ÖStZ 1989, 241

Bellstedt, Christoph Geschäftsführer und Vorstände im Internationalen Steuerrecht, Köln 1996

Bendlinger, Stefan Die steuerliche Behandlung nicht wesentlich beteiligter Gesellschafter-Geschäftsführer im zwischenstaatlichen Steuerrecht, SWI 1993, 284

Benner, Willi/ Bals, Bernhard Arbeitsentgelt im Sinne der Sozialversicherung und Arbeitslohn im Sinne des Lohnsteuerrechts, BB 1995, Beilage 1 zu Heft 1

Benz, Sebastian Die beschränkte Steuerpflicht im Licht der EG-Freizügigkeit, Diss., Bonn 1996

Bertram, Frank Sozialversicherungsrechtliche Folgen der Auslandstätigkeit von Arbeitnehmern – insbesondere bei Entsendung innerhalb Europas (EU), IStR 1996, 443

Birkholz, Hans Der Wohnsitz, seine Begründung, seine Aufgabe und deren Bedeutung im Rahmen des Steuerrechts, DStZ A 1979, 247

Blümich Kommentar zum Einkommensteuergesetz, Körperschaftsteuergesetz, Gewerbesteuergesetz, München 2001, Loseblatt, Stand: August 2001, 71. Erg.-Lieferung

Böcher, Alex Der Auslandstätigkeitenerlaß - Inhalt und Stellung im Steuersystem, StW 1991, 201

Bordewin, Arno/ Brandt, Jürgen Kommentar zum Einkommensteuergesetz, Heidelberg 2001, Loseblatt, Stand: Juli 2001, 210. Erg.-Lieferung

Borggreve, Carlo H. Der neue Auslandstätigkeitserlaß, RIW 1984, 625

v. Bornhaupt, Kurt Joachim Lohnsteuerrechtliche Fragen bei Entsendung von Arbeitnehmern ins Ausland und vom Ausland ins Inland, BB 1985, Beilage 16 zu Heft 35/36

ders. Aktuelle lohnsteuerrechtliche Fragen zu grenzüberschreitenden Arbeitsverhältnissen, BB 1987, 1639 ff.

Buciek, Klaus D. Auslandseinkünfte in Zuzugs- und Wegzugsfällen, DStZ 2001, 819

Burens, Claus-Peter Handbuch Auslandseinsatz: Band 1, Personalpolitik und Personalwirtschaft, Heidelberg 1984

Burmester, Gabriele Die Anrechnungsmethode im deutschen Steuerrecht, in: GASSNER/LANG/LECHNER, Die Methoden zur Vermeidung der Doppelbesteuerung, Wien 1995, S. 241

dies. Grundlagen internationaler Regelungskumulation und -kollision, unter besonderer Berücksichtigung des Steuerrechts, Baden-Baden 1993

dies. Begriff und Funktion des Steuergutes, StuW 1993, 221

Buschmann, Hans Aufteilung des Arbeitslohns bei Freistellung nach einem DBA oder nach dem Auslandstätigkeitserlaß, DB 1985, 2123

Clausnitzer, Martin EG-Rechtswidrigkeit der beschränkten Einkommensteuerpflicht bei Grenzgängern ohne wesentliche Auslandseinkünfte, NWB, Fach 3 Grenzgängerbesteuerung, Gruppe 3, S. 9443

Coulombe, Gérard Generalbericht, Besteuerung von Zahlungen an Nichtansässige für selbständige Arbeit, CDFI 1982, Volume LXVIIb, S. 63

Cöster, Manfred/ Meyer, Rolf Der einkommensteuerliche Progressionsvorbehalt bei steuerbefreiten Auslandseinkünften, RIW 1990, 45

„cpd“ Anmerkung zum „Gschwind“-Urteil des EuGH v. 14.9.1999, Rs. C-391/97, StuB 1999, 1112

„Da“ „Keinmalbesteuerung“ von Betriebstätten-Gewinnen?, IStR 1994, 166

Dautzenberg, Norbert Die Problematik der Grenzgängerregelungen nach dem Schumacker-Urteil des Europäischen Gerichtshofes, BB 1995, 2397

ders. Reformbedarf bei der unbeschränkten Steuerpflicht nach dem EuGH-Urteil in der Rechtssache Asscher, DB 1996, 2248

Debatin, Helmut Der doppelte Wohnsitz im internationalen Steuerrecht, AWD/BB 1966, 313

ders. Das Internationale Steuerrecht in der Entwicklung, DStZ/A 1967, 9

ders. System und Auslegung der Doppelbesteuerungsabkommen, DB 1985, Beilage Nr. 23/85

ders. - Replik von StB/Attorney at Law Prof. Dr. Helmut Debatin -, DB 1986, 510

ders. Doppelbesteuerungsabkommen und innerstaatliches Recht, DStR 1992, Beihefter zu Heft 23

Debatin, Helmut/ Wassermeyer, Franz (Hrsg.) Doppelbesteuerung, Kommentar zu allen deutschen Doppelbesteuerungsabkommen, München, 2001, Loseblatt, Stand: Juni 2001, 84. Erg.-Lieferung

Deppe, Hans Zur Vorhersehbarkeit von Entscheidungen zum „Gewöhnlichen Aufenthalt“ (§ 9 AO), StuW 1982, 332

Eckartsberg, Christian H. von Auslandseinsatz von Stammhaus-Personal, Diss., Frankfurt am Main 1978

Endres, Dieter Die Vertreterbetriebstätte im Konzern, IStR 1996, 1

ders. Steuerrecht international, ein Wegweiser für den Unternehmer beim Schritt über die Grenze, Schwäbisch-Hall 1996

Endres, Dieter/ Hogh, Matthias Grenzüberschreitende Arbeitnehmertätigkeit: Das Payroll Split-Modell, PIStb 1999, 30

Endriss, Wolfgang Zur (beschränkten) Lohnsteuerpflicht der ausländischen Geschäftsführer und Vorstandsmitglieder inländischer Kapitalgesellschaften, BB 1967, 752

Escher, Hans/ Fischer, Karlheinz Besteuerung des Arbeitslohns für vorübergehende Tätigkeit von Organmitgliedern inländischer Kapitalgesellschaften in Italien, RIW 1983, 108

Fajen, Hans-Georg Steuerfragen bei der Entsendung von Mitarbeitern ins Ausland, IStR 1995, 469

Firlinger, Robert Die abkommensrechtliche Ansässigkeit und die Methoden zur Vermeidung der Doppelbesteuerung, in: GASSNER/LANG/LECHNER, Die Methoden zur Vermeidung der Doppelbesteuerung, Wien 1995, S. 307

Flick, Hans/ Wassermeyer, Franz/ Baumhoff, Hubertus Außensteuerrecht, Kommentar, 6. Aufl., Köln 1999, Loseblatt, Stand: August 2001, 48. Erg.-Lieferung

Flick, Hans/ Wassermeyer, Franz/ Wingert, Karl-Dieter/ Kempermann, Michael Doppelbesteuerungsabkommen Deutschland-Schweiz (zitiert als: DBA-Schweiz), Kommentar, Köln 2001, Loseblatt, Stand: August 2001, 24. Erg.-Lieferung

Frerichs, Konrad Folgerungen aus der „Schumacker-Entscheidung" des EuGH für das Jahressteuergesetz 1996, FR 1995, 574

Frick, Jörg/ Corino, Carsten Unbeschränkte Steuerpflicht setzt keinen Mittelpunkt der Lebensinteressen in Deutschland voraus, Anmerkung zum BFH-Urteil v. 24.1.2001 in IStR 2001, 349, IStR 2001, 351

Förster, Hartmut Auskunftsaustausch: Die internationale Zusammenarbeit der Finanzbehörden, PIStb 2000, 251

ders. Die klassischen Grenzgängerregelungen mit Belgien, Frankreich und Österreich, PIStb 2001, 161

Förster, Jutta Das Grenzpendlergesetz: Ein weiterer Versuch zur Lösung des Grenzgängerproblems, DStR 1994, 1297

Froesch, Thomas Zur EU-Rechtswidrigkeit des Mindeststeuersatzes nach § 50 Abs. 3 S. 2 EStG, IStR 2001, 51

Frotscher Einkommensteuergesetz, Praxis-Kommentar, Hamburg Freiburg 1998, Loseblatt, Stand März 1999, 92. Erg.-Lieferung

Geiger, Otto/ Alscher, Karin Besteuerung von reisenden Arbeitnehmern – insbesondere Berufskraftfahrern - im grenzüberschreitenden Verkehr,IWB, Fach 3 Deutschland, Gruppe 2, S. 613

Geiger, Otto/ Hartmann, Rainer/ Alscher/Karin Neuregelung der Besteuerung von deutschen Grenzgängern in der Schweiz und schweizerischer Grenzgänger nach Deutschland ab 1.1.1994 (Teil 1), IStR 1994, 9

dies. Neuregelung der Besteuerung von deutschen Grenzgängern in der Schweiz und schweizerischer Grenzgänger nach Deutschland ab 1.1.1994 (Teil 2), IStR 1994, 62

Geray, Markus Arbeitsrechtliche Entwicklungen der Auslandstätigkeit von Arbeitnehmern - insbesondere bei Entsendung in Länder der Europäischen Union (EU), IStR 1997, 556

Giloy, Jörg Der Auslandstätigkeitserlaß, RWP 1984 (1122), SG 6.1, S. 161

Göttsche, Max Anmerkung zum „Gschwind"-Urteil des EuGH v. 14.9.1999, Rs. C-391/97, DStR 1999, 1612

Golenia, Reinhard Berücksichtigung von Unterbrechungen bei einer Tätigkeit nach dem Auslandstätigkeitserlaß (ATE) begünstigten Tätigkeit, IStR 1993, 421

Gosch, Dietmar Erlaß und Pauschalierung nach §§ 34c Abs. 5, 50 Abs. 7 EStG als Billigkeitsmaßnahmen, DStZ 1988, 136

Graffe, Ingo Einkünfte aus vorübergehender nichtselbständiger Arbeit in Italien - Neue Rechtsprechung zugunsten der Arbeitnehmer, DStZ 1986, 603

Gross, Ekkehard Steuerliche Auswirkungen der Tätigkeit von Arbeitskräften im Ausland, IWB, Fach 3 Deutschland, Gruppe 6, S. 347

Grotherr, Siegfried Zweifelsfragen bei der Anwendung der Rückfallklausel („subject to tax clause") gemäß DBA, IWB, Fach 3 Deutschland, Gruppe 2, S. 689

Grotherr, Siegfried/ Herfort, Claus/ Strunk, Günther Internationales Steuerrecht, Achim bei Bremen 1998

Gruen, B.R. Besteuerung von Arbeitslohn bei Abordnungen ins Ausland, FR 1985, 488

Grützner, Dieter Die Einkommensbesteuerung von Grenzgängern nach dem Jahressteuergesetz 1996, NWB 1995, Fach 3, 9563

Hauck, Anton Germany: Interpretation of the So-called 'regress-clauses' in Double Tax Treaties, Intertax 1996, 52

Heinicke, Wolfgang Diskriminierung im Ertragssteuerrecht der EG- und EWR-Staaten nach der Rechtsprechung des EuGH, DStR 1998, 1332

Hellwig, Peter Die bezahlte Untätigkeit im internationalen Steuerrecht - Gedanken zum BFH-Urteil vom 9. November 1997 I R 254/75 -, DStZ/A 1978, 83

ders. Schwierigkeiten mit dem Progressionsvorbehalt, FR 1984, 498

ders. Das Facelifting des § 32b EStG, DStZ 1996, 385

Henkel, Udo/ Fischer-Zernin, Justus Probleme bei der Besteuerung nach der sog. "183-Tage-Klausel" der DBA, FR 1986, 375

Hensel, Christian Anwendung des § 32b Abs. 1 Nr. 2 EStG i.d.F. des JStG 1996, IWB, Fach 3 Deutschland, Gruppe 3, S. 1183

ders. Möglichkeiten des Auslandstätigkeitserlasses konsequent ausnutzen, PIStb 2002, 88

Herrmann, Carl/ Heuer, Gerhard/ Raupach, Arndt Einkommensteuer- und Körperschaftsteuergesetz, Kommentar, 21. Aufl., Köln 1996, Loseblatt, Stand: Mai 2001, 201. Erg.-Lieferung

Herrmann, Harald/ Rösner, Maral More German taxes for executives abroad, International Tax Review, December/January 02, S. 42

Hey, Friedrich E.F. DBA-USA: „subject-to-tax-clause", Anmerkung zum BFH Urteil v. 11.6.1996, I R 8/96, RIW 1997, 82

Heydt, Volker Der Einfluss der Grundfreiheiten des EG-Vertrags auf das nationale Steuerrecht der Mitgliedstaaten und ihre Doppelbesteuerungsabkommen, in: LEHNER (Hrsg.), Grundfreiheiten im Steuerrecht der EU-Staaten, München 2000, S. 25

Hinnekens, Luc The salary split and the 183-day exception in the OECD Model and Belgian tax treaties (Part II), Intertax 1988, 321

Hogh, Matthias Internationale Entsendung von Führungskräften, Bielefeld 2000

Hoog, Günter Die Genfer Seerechtskonferenzen von 1958 und 1960, Frankfurt am Main/Berlin 1961

Hübschmann/Hepp/Spitaler Abgabenordnung, Finanzgerichtsordnung, Kommentar, 10. Aufl., Köln 1995, Loseblatt, Stand August 2001, 170. Erg.-Lieferung

„IMN" Kommentar zum „Gschwind"-Urteil des EuGH v. 14.9.1999, Rs. C-391/97, FR 1999, 1195

„IMN" Kommentar zum „Zurstrassen"-Urteil des EuGH v. 16.5.2000, C-87/99, FR 2000, 675

Isensee, Josef/ Kirchhof, Paul (Hrsg.) Handbuch des Staatsrechts der Bundesrepublik Deutschland, Band I, Grundlagen von Staat und Verfassung, Heidelberg 1987

Jacob, Friedhelm Das deutsch-amerikanische Doppelbesteuerungsabkommen von 1989 - Festbeitrag zum 65. Geburtstag von Adalbert Uelner am 27. Oktober 1992, DStZ 1992, 669

Jacobs, Otto H. Internationale Unternehmensbesteuerung, 4. Aufl., München 1999

Jann, Martin Die 183-Tage-Regel im OECD-Musterabkommen 1992, SWI 1994, 218

ders. Die 183-Tage-Regel, in GASSNER/LANG/LECHNER, Aktuelle Entwicklungen im Internationalen Steuerrecht, Wien, 1994, S. 195

Jarass, Hans D./ Pieroth, Bodo Grundgesetz für die Bundesrepublik Deutschland, 5. Aufl., München 2000

Kaefer, Wolfgang Neuregelung der Besteuerung Nichtansässiger im Grenzpendlergesetz II, BB 1995, 1615

ders. Anmerkung zum „Schumacker"-Urteil des EuGH v. 14.2.1995, DB 1995, 410

ders. Anmerkung zum „Schumacker"-Urteil des EuGH v. 14.2.1995, BB 1995, 441

ders. Anmerkung zum „Schumacker"-Urteil des EuGH v. 14.2.1995, DStR 1995, 329

ders. Anmerkung zum „Asscher"-Urteil des EuGH v. 27.6.1996, Rs. C-107/94, EWS 1996, 289

ders. Kritische Anmerkung zur 183-Tage-Regelung nach der neuen Rechtsprechung des BFH, IStR 1997, 365

ders. Verweigerung des Splittingstarifes für verheiratete Grenzpendler bei Überschreitung bestimmter Grenzwerte mit EG-Recht vereinbar? - Urteilsanmerkung zu EuGH-Vorlage des FG Köln v. 27.10.1997, 1 K 4228/97, IStR 1997, 758

Kaefer, Wolfgang/ Saß, Gerd Beschränkte Steuerpflicht und Diskriminierungsverbot im Lichte des EuGH-Urteils vom 14.2.1995, DB 1995, 642

Kaefer, Wolfgang/ Toifl, Gerhard Verweigerung des Splittingtarifs für verheiratete Grenzpendler mit EG-Recht vereinbar? – Anmerkung zu den Schlussanträgen des Generalanwaltes Damaso Ruiz-Jarabo Colomer v. 11.3.1999 im Fall „Gschwind", IWB, Fach 11a Rechtsprechung, S. 343

Kapischke, Annemarie Der Begriff "Dienstreise" im Lohnsteuerrecht und seine Bedeutung für den Vorsteuerabzug bei der Erstattung von Mehraufwendungen für Verpflegung, DB 1999, 454

Keine, Sabine/ Bertram, Frank J.W. Besonderheiten bei der sogenannten 183-Tage-Regelung der DBA, IWB, Fach 3 Deutschland, Gruppe 2, S. 591

Kempermann, Michael Die Bestimmung des „Arbeitgebers" und seiner Ansässigkeit in den „183-Tage-Klauseln" der DBA, DStZ 1982, 143

ders. Vergütungen des Geschäftsführers einer GmbH mit Sitz im Ausland (außer der Schweiz) sind im Staat der tatsächlichen Tätigkeit zu versteuern (Art. 15, 16 DBA Kanada), Anmerkung zum BFH-Urteil v. 5.10.1994 - I R 67/93, FR 1995, 158

Keßler, Rainer E. Nochmals: Zur Besteuerung im Ausland ansässiger und entlohnter, im Inland tätiger Arbeitnehmer - Überlegungen zu der Replik von Wassermeyer in FR 1990, 419, FR 1990, 505

Kirchhof, Paul EStG KompaktKommentar Einkommensteuergesetz, Heidelberg 2001

Kischel, Dieter Die Umsetzung des Schumacker-Urteils vom 14.2.1995, Rs. C-279/93 im Jahressteuergesetz 1996, IStR 1995, 368

ders. EG-rechtliche Vereinbarkeit der sog. 90%-Grenze in § 1 Abs. 3 EStG, IWB, Fach 11 Europäische Gemeinschaften, Gruppe 2, S. 337

ders. Diskriminierung bei der Besteuerung beschränkt Steuerpflichtiger, Anmerkung zum „Asscher"-Urteil des EuGH v. 27.6.1996, Rs. C-107/94, IWB, Fach 11a Rechtsprechung, S. 123

ders. EG-rechtliche Vereinbarkeit der sog. 90 %-Grenze in § 1 Abs. 3 EStG - Anmerkung zum „Gschwind"-Urteil des EuGH v. 14.9.1999, Rs. C-391/97, IWB, Fach 11a Rechtsprechung, S. 389

Klein, Franz Abgabenordnung, Kommentar, 7. Aufl., München 2000

Klöckner, Klaus Steuerfreiheit nach dem Auslandstätigkeitserlaß, DB 1983, 2596 *ders.* Steuerfreier Arbeitslohn bei Auslandstätigkeiten; in: Das Personalbüro in Recht und Praxis: Arbeitsrecht, Lohnsteuer, Sozialversicherung, Personalführung, Organisation, Freiburg im Breisgau, Loseblatt, Stand: 28.2.2001, Erg.-Lieferung 2a/01

Kluge, Volker Das Internationale Steuerrecht, 4. Aufl., München 2000

Knobbe-Keuk, Brigitte Freizügigkeit und direkte Besteuerung, EuZW 1995, 167

Koblenzer, Thomas Diskriminierung beschränkt Steuerpflichtiger - Unter besonderer Berücksichtigung des Jahressteuergesetzes 1996, Diss., Frankfurt am Main, Berlin, Bern, Brüssel, New York, Berlin 1999

Koch, Karl/ Scholz, Rolf-Detlev Abgabenordnung AO, 5. Aufl., Köln Berlin Bonn München 1996

Kokott, Juliane Die Bedeutung der europarechtlichen Diskriminierungsverbote und Grundfreiheiten für das Steuerrecht der EU-Mitgliedstaaten, in LEHNER, Grundfreiheiten im Steuerrecht der EU-Staaten, München 2000, S. 1

Krabbe, Helmut Die sog. 183-Tage-Klausel der Doppelbesteuerungsabkommen, INF 1985, 149

ders. Das Grenzpendlergesetz, IStR 1994, 377

ders. Freistellung und Mißbrauchsbekämpfung, in VOGEL/WASSERMEYER, Freistellung im Internationalen Steuerrecht, München 1996, S. 39

ders. OECD-Musterabkommen 2000, IStR 2000, 196

Kramer, Jörg-Dietrich Der Arbeitsort des leitenden Angestellten im Internationalen Steuerrecht, RIW 1995, 742

ders. Beschränkte Steuerpflicht und Europarecht - Anmerkungen zum Ascher-Urteil des EuGH, RIW 1996, 951

Krause, Hans-Jürgen/ Schaumburg, Harald/ Wassermeyer, Franz Besteuerung grenzüberschreitender Aktivitäten, Bonn 1996

Kratzenberg, Heidi Verrechungspflicht und -entgelt bei der Entsendung von Arbeitnehmern zu ausländischen Beteiligungsgesellschaften, StBp 1989, 205

Kroppen, Heinz-Klaus Arbeitnehmerentsendung, IWB, Kurznachrichten international, Transfer Pricing News, Nr. 20 v. 25.10.2000, S. 979

Kubaile, Heiko Steuerplanerische Gestaltungsinstrumente und Risiken bei internationaler Mitarbeiterentsendung, INF 2001, 15

Kühn, Rolf/ Hofmann, Ruth Abgabenordnung, Finanzgerichtsordnung, Nebengesetze, 17. Aufl., Stuttgart 1995

Lademann/ Söffing/ Brockhoff Kommentar zum Einkommensteuergesetz, 4. Aufl., Stuttgart/München/Hannover 1997, Loseblatt, Stand: Januar 2001, 130. Erg.-Lieferung

Lampe, Marc Auslegung der sogenannten Rückfallklauseln in DBA, IWB, Fach 3, Deutschland, Gruppe 2, S. 773

Lang, Joachim Die Einkünfte des Arbeitnehmers - Steuerrechtssystematische Grundlegung, in: STOLTERFOHT (Hrsg.), Grundfragen des Lohnsteuerrechts, DStJG Bd. 9, Köln 1986, S. 15

Lang, Michael Die Bedeutung des Musterabkommens und des Kommentars des OECD-Steuerausschusses für die Auslegung der Doppelbesteuerungsabkommen, in: GASSNER/LANG/LECHNER, Aktuelle Entwicklungen im Internationalen Steuerrecht - Das neue Musterabkommen der OECD, Wien 1994, S. 11

Larenz, Karl/ Canaris, Claus-Wilhelm Methodenlehre der Rechtswissenschaft. 3. Aufl., Berlin, Heidelberg, New York 1992

Lechner, Eduard Arbeitskräfteüberlassung, in GASSNER/LANG/LECHNER, Aktuelle Entwicklungen im Internationalen Steuerrecht, Wien 1994

Lederer, Lothar Walter Doppelter Wohnsitz natürlicher Personen im internationalen Steuerrecht, RIW/AWD 1981, 463

Lenz, Carl Otto Neuere Rechtsprechung des Gerichtshofes der Europäischen Gemeinschaften auf dem Gebiet der direkten Steuern, DStZ 1997, 541

Ley, Ursula Arbeitnehmerbesteuerung und Sozialversicherungspflichten im Fall der Entsendung in das DBA-Ausland, KÖSDI 1996, 10788

Littmann, Eberhard/ Bitz, Horst/ Pust, Hartmut Das Einkommensteuerrecht, 15. Aufl., Stuttgart 2001, Loseblatt, Stand: August 2001, 48. Erg.-Lieferung

Lohse, W. Christian/ Madle, Ulrich Rechtsprechungsänderungen des BFH bei Ertragsteuern und Umsatzsteuer im Jahre 1999, DStR 2000, 851

Lornsen, Birgitt Unilaterale Maßnahmen der Bundesrepublik Deutschland zur Ausschaltung der internationalen Doppelbesteuerung bei der Einkommen- und Körperschaftsteuer, Frankfurt/Bern/New York/Paris 1987

Loukota, Helmut/ Jirousek, Heinz Leitfaden – zum revidierten österreichisch-deutschen Doppelbesteuerungsabkommen, Wien 1994

Loy, Hartmut Nochmals: Einkünfte aus vorübergehender nichtselbständiger Tätigkeit in Italien - Neue Rechtsprechung des BFH zugunsten der Arbeitnehmer - Entgegnung zu GRAFFE in DStZ 1986, 603, DStZ 1987, 254

Lüdicke, Jürgen Zum Progressionsvorbehalt nach dem Auslandstätigkeitserlaß, DB 1985 , 78

ders. Merkwürdigkeiten bei der Umsetzung des Schumacker-Urteils, IStR 1996, 111

ders. Doppelansässigkeit, Ansässigkeit und Progressionsvorbehalt; in KLEINEIDAM, Unternehmenspolitik und Internationale Besteuerung, Festschrift für Lutz Fischer zum 60. Geburtstag, Berlin 1999, S. 731

ders. Mindeststeuersatz für beschränkt Steuerpflichtige gemeinschaftsrechtlich bedenklich, Anmerkung zum Urteil des BFH v. 5.2.2001, I B 140/00, IStR 2001, 286

Macharzina, Klaus/ Wolf, Joachim Handbuch Internationales Führungskräfte-Management, Stuttgart/Berlin/Bonn/Budapest/Düsseldorf/Heidelberg/Prag/ Wien 1996

Mahnke, Klaus Günstigere Regelungen zur Berücksichtigung ausländischer Steuern, DStZ 1980, 323

Maßbaum, Michael Verfassungsmäßigkeit der Besteuerung Nichtansässiger nach dem Jahressteuergesetz 1996, IWB, Fach 3 Deutschland, Gruppe 3, S. 1139

Maunz, Theodor/ Dürig, Günther (Hrsg.) Grundgesetz, Kommentar, München, Stand: März 2001 (38. Erg.-Lieferung).

Meilicke, Heinz/ Hohlfeld, Klaus Der Bundesfinanzhof und die Bundesregierung - Neue Steuergesetzgeber im Außensteuerrecht?, BB 1972, 505

Menck, Thomas Der Qualifikationskonflikt im neuen deutsch-kanadischen Doppelbesteuerungsabkommen, Intertax 1982, 417

Mikolaschek, Sylvia/ Friedrich, Armin Anmerkung zum „Schumacker"-Urteil des EuGH v. 14.2.1995, WiB 1995, 390

Mössner, Jörg Manfred Rechtsprechungs-Report Internationales Steuerrecht - Rechtsprechung der Jahre 1980 - 1989 mit Kommentierung, Herne 1991

ders. Die Neuregelung der temporären Steuerpflicht durch die Jahressteuergesetze 1996 und 1997, IStR 1997, 225

ders. Steuerrecht international tätiger Unternehmen, 2. Aufl., Köln 1998

ders. Rechtsprechung des BFH zu Doppelbesteuerungsabkommen in den Jahren 1999 und 2000, RIW 2001, 364

Müller, Andreas Die Entsendung von Arbeitnehmern in der Europäischen Union, Diss., Baden-Baden 1997

Neher, Max K./ Neher, Max W. Widersprechen sich Finanzgerichtsbarkeit und Zivilgerichte in der Frage des Orts der Geschäftsführung ausländischer GmbH-Geschäftsführer,GmbHR 1980, 64

Neyer, Wolfgang Die Besteuerung von Geschäftsführerbezügen bei grenzüberschreitender Tätigkeit, IStR 1997, 33

ders. Die bezahlte Untätigkeit im internationalen Steuerrecht, IStR 2001, 361

ders. Die zukünftige Besteuerung grenzüberschreitender Geschäftsführertätigkeit – Kritische Anmerkungen zur geplanten Neuregelung durch das StÄndG 2001, IStR 2001, 587

OECD Trends in International Taxation, Taxation issues relating to international hiring-out of labour, Paris 1985

The Taxation of Fringe Benefits, Paris 1988

The 183 Day Rule: Some Problems of Application and Interpretation, in: Model Tax Convention on Income and Capital, Volume II, Paris 1997

Offerhaus, Klaus Zur Aufteilung des Arbeitslohns bei Auslandsaufenthalten (Urteilsanmerkung zu BFH v. 29.1.1986), StBp 1986, 142

Paetzold, Verena Grenzgänger aus der Bundesrepublik Deutschland in der Schweiz, 2. Aufl., Zürich 1983

Paus, Bernhard Die Neuregelung der beschränkten Steuerpflicht durch das Jahressteuergesetz 1996, INF 1995, 673

Palandt Bürgerliches Gesetzbuch, 61. Aufl., München 2001

Peter, Alexander Kann eine Betriebstätte im Sinne der DBA Arbeitgeber sein?, IStR 1999, 456

Pflüger, Hansjörg Anmerkung zum Urteil des FG Nürnberg v. 6.6.2000, I 280/97, PIStb 2000, 259

Plenker, Jürgen Jahressteuergesetz 1996: Neuregelung der persönlichen Steuerpflicht beschränkt steuerpflichtiger Arbeitnehmer, DB 1995, 2135

Pohl, Dirk Zuzug und Wegzug – Aktuelle Rechtsentwicklungen im Ertragsteuerrecht, IStR 2001, 460

Popp, Michael Besteuerung von Arbeitnehmerentsendungen ins Ausland, DB 1976, 2081

Porzner, Wolfgang Die Besteuerung ausländischer Arbeitnehmer und Grenzgänger in der Bundesrepublik Deutschland, Diss., Würzburg 1984

Prokisch, Rainer Probleme der Besteuerung von „Pendlern“ aus EG-Mitgliedstaaten, RIW 1991, 396

Rädler, Albert J. Fragen aus dem Schumacker-Urteil des EuGH, DB 1995, 793

ders. Meistbegünstigung im europäischen Steuerrecht?, in: BURMESTER/ENDRES, Außensteuerrecht Doppelbesteuerungsabkommen und EG-Recht im Spannungsverhältnis, Festschrift für Helmut Debatin zum 70. Geburtstag, München 1997, S. 334

Rainer, Anno Anmerkung zum „Biehl II“-Urteil des EuGH v. 26.10.1995, Rs. C-151/60, IStR 1995, 533

ders. Anmerkung zu den Schlussanträgen des GA Légers im Fall „Asscher“: GA Léger gegen Steuerdiskriminierung, IStR 1996, 129

ders. Anmerkung zum „Asscher“-Urteil des EuGH v. 27.6.1996, Rs. C-107/94, IStR 1996, 332

Reimer, Ekkehart Die Auswirkungen der Grundfreiheiten auf das Ertragsteuerrecht der Bundesrepublik Deutschland - Eine Bestandsaufnahme -, in LEHNER, Grundfreiheiten im Steuerrecht der EU-Staaten, München 2000, S. 39

Reinhart, Richard Der Auslandstätigkeitserlaß, BB 1983, 2246

Roche, Matthias Neue Überlegungen und neue BFH-Rechtsprechung zur 183-Tage-Klausel, IStR 1997, 203

Rodi, Michael Das Kassenstaatsprinzip im nationalen und internationalen Steuerrecht, RIW 1992, 484

Rose, Gerd Grundzüge des Internationalen Steuerrechts, 4. Aufl., Wiesbaden 1999

Runge, Bernd Steuerliche Auswirkungen der Entsendung von Arbeitskräften ins Ausland, BB 1977, 182

ders. Wirtschaftliche Interpretation des Begriffs des Arbeitsgebers in den Doppelbesteuerungsabkommen, FR 1986, 479

ders. Internationaler Arbeitnehmerverleih und Personalentsendung: Der Arbeitgeberbegriff in Art. 15 OECD-Musterabkommen, IStR 2002, 37

Saß, Gerd Die Regelungen für Ausländer nach dem Jahressteuergesetz 1996 vor dem Hintergrund des „Schumacker“-Urteils des EuGH, DB 1996, 295

ders. Anmerkung zum EuGH-Urteil v. 27.6.1996, Rs. 107/94 („Asscher”), DB 1996, 1607 *ders.* Einfluss der EuGH-Rechtsprechung auf die direkten Steuern und Schadensersatzfolgen; in BURMESTER/ ENDRES, Außensteuerrecht, Doppelbesteuerungsabkommen und EU-Recht im Spannungsverhältnis, Festschrift für Helmut Debatin zum 70. Geburtstag, München 1997, S. 381

ders. Zur Rechtsprechung des EuGH und einigen Folgerungen für das deutsche Steuerrecht, FR 1998, 1

ders. EU-Vereinbarkeit der Versagung des Ehegattensplitting-Tarifs bei EU Ausländern; Anmerkung zum „Gschwind"-Urteil des EuGH vom 14.9.1999, FR 1999, 1297

Schanz, Thomas Steuerliche Behandlung von Arbeitsentgelten und Versorgungsmaßnahmen bei Personalentsendungen vom Ausland ins Inland, in: Fischer, Lutz, Besteuerung wirtschaftlicher Aktivitäten von Ausländern in Deutschland, Köln 1995, S. 135

Schaumburg, Harald Internationales Steuerrecht, 2. Aufl., Köln 1998

Scheidegger, Ralph Die rechtliche Erfassung der ausländischen Grenzgänger, Diss., Zürich 1987

Schieber, Paul-Hermann Lohnsteuerfreistellung nach dem „Auslandstätigkeitserlaß", DStR 1984, 59

ders. Besteuerung des Auslandseinsatzes von Mitarbeitern deutscher Unternehmen, Hefte zur Internationalen Besteuerung, Heft 39, Hamburg 1987

ders. Besteuerung des Auslandseinsatzes von Mitarbeitern deutscher Unternehmen, FR 1988, 261

ders. Lohnsteuerfreistellung bei Auslandstätigkeit in DBA-Ländern - Berücksichtigung von Urlaub, Krankheit und Reisetagen, FR 1989, 1

ders. Steuerfragen bei Personalentsendungen ins Ausland, Berlin 1990

Schmidt, Gerhard/ Paufler, Alexander Kriterien zur Beurteilung der beschränkten Steuerpflicht von in Nicht-DBA-Ländern tätigen Repräsentanten deutscher Unternehmen, Anmerkungen zum BFH-Urteil v. 12.11.86, RIW 1987, 525

Schmidt, Ludwig Einkommensteuergesetz Kommentar, 20. Aufl., 2001

ders. Einkommensteuergesetz Kommentar, 15. Aufl., München 1996

Schmitz, Werner Zur Erweiterung des Progressionsvorbehaltes bei Entsendung/Rückkehr von Arbeitnehmern ins/aus dem Ausland, IStR 1998, 533

Schnorberger, Stephan/ Waldens, Stefan Einkommenszuordnung bei grenzüberschreitender Personalentsendung im Konzern, IStR 2001, 39

dies. Ertragssteuerliche Aspekte der internationalen Personalentsendung - Begründung einer ertragsteuerlichen Präsens im Inland, IStR 2001, 313

Schön, Wolfgang Die beschränkte Steuerpflicht zwischen europäischem Gemeinschaftsrecht und deutschem Verfassungsrecht, IStR 1995, 119

Schuch, Josef Werden die DBA durch EU-Recht zu Meistbegünstigungsklauseln?, in GASSNER/LANG/LECHNER, Doppelbesteuerungsabkommen und EU-Recht, Wien 1996, S. 99

Schulze zur Wische, Dieter „Ausübung" und „Verwertung" im Inland als Anknüpfungspunkt der beschränkten Steuerpflicht, RIW 1987, 600

ders. Die Besteuerung von unbeschränkt Steuerpflichtigen und beschränkt Steuerpflichtigen nach dem Jahressteuergesetz 1996, IStR 1996, 105

Schwarze, Jürgen EU-Kommentar, Baden-Baden, 2000

Selent, Alexander/ Endres, Dieter Die Besteuerung des Arbeitslohns bei Auslandsdienstreisen, DB 1984, 84

Siefert, Bernd Die Besteuerung bei der Entsendung von Arbeitskräften in das Ausland, Diss., Franktfurt am Main 1985

ders. Der Arbeitgeberbegriff im deutschen Abkommensrecht, RIW 1986, 979

Sieker, Klaus Ist einer Vertreterbetriebstätte ein Gewinn zuzurechnen?, BB 1996, 981

Sorgenfrei, Ursula Zur Reichweite von „Subject to tax"-Klauseln, IStR 1999, 201

Springsguth, Ulrich Steuerbefreiung von Arbeitnehmereinkünften bei Auslandstätigkeiten, IWB, Fach 3 Deutschland, Gruppe 6, S. 285

Stapperfend, Thomas Kommentar zum Vorlagebeschluss des FG Köln v. 27.10.1997, 1 K 4228/97 in der EuGH Rs. C-391/97 („Gschwind"), FR 1998, 58

ders. Kommentar zum „Gschwind"-Urteil des EuGH v. 14.9.1999, Rs. C-391/97, FR 1999, 1079

Stockmann, Frank Völkerrechtliche Meistbegünstigungsklausel und internationales Steuerrecht, IStR 1999, 129

Thömmes, Otmar Behandlung beschränkt Steuerpflichtiger nach der Entscheidung des EuGH in der Rechtssache Schumacker, IWB, Fach 11 Europäische Gemeinschaften, Gruppe 2, S. 209

ders. Vereinbarkeit der Verweigerung des Splittingtarifs für verheiratete Grenzpendler mit europäischem Gemeinschaftsrecht, Anmerkung zum Vorlagebeschluss des FG Köln v. 27.10.1997, 1 K 4228/97 in der EuGH Rs. C-391/97 („Gschwind"), IWB, Fach 11a Rechtsprechung, S. 246

ders. Vereinbarkeit der 90 %-Grenze in § 1 Abs. 3 und § 1a Abs. 1 Nr. 2 EStG mit dem EG-Vertrag - zugleich Anmerkung zum „Gschwind"-Urteil des EuGH v. 14.9.1999, IWB, Fach 11 Europäische Gemeinschaften, Gruppe 2, S. 399

Tipke, Klaus Die Steuerrechtsordnung, Köln 1993

Tipke, Klaus/ Kruse, Heinrich Wilhelm Abgabenordnung, Finanzgerichtsordnung, 16. Aufl., Köln 1996, Loseblatt, Stand: August 2001, 95. Erg.-Lieferung

Tipke, Klaus/Lang, Joachim Steuerrecht, 16. Aufl., Köln 1998

Toifl, Gerald Die Besteuerung von Geschäftsführern, Vorständen und Aufsichtsräten international tätiger Unternehmen, in GASSNER/LANG, Besteuerung und Bilanzierung international tätiger Unternehmen, 30 Jahre Steuerrecht an der Wirtschaftsuniversität Wien, Wien 1998, S. 379

Vogel, Klaus Theorie und Praxis im Internationalen Steuerrecht, DStR 1968, 427

ders. Aktuelle Fragen bei der Auslegung von Doppelbesteuerungsabkommen, BB 1978, 1021

ders. Zu einigen Fragen des Internationalen Steuerrechts - Erwiderung zu dem Beitrag von Debatin, DB 1985 Beil. 23 -, DB 1986, 507

ders. Die Mär von den „Rückfall-Klauseln" in Doppelbesteuerungsabkommen, IStR 1997, Beihefter zu Heft 24/97

ders. Doppelbesteuerungsabkommen, Kommentar, 3. Aufl., München 1996

Vollmer, Franziska Das Ehegattensplitting, Diss., Baden-Baden 1998

Voos, Christoph Kritische Anmerkungen zum Mindeststeuersatz für beschränkt Steuerpflichtige (§ 50 Abs. 3 Satz 2 EStG), IWB, Fach 3 Deutschland, Gruppe 3, S. 1333

Wacker, Wilhelm H./ Seibold, Sabine Vorbehalte in Steuerabkommen, in: KLEINEIDAM, Unternehmenspolitik und Internationale Besteuerung, Festschrift für Lutz Fischer zum 60. Geburtstag, Berlin 1999, S. 285

Wassermeyer, Franz Die beschränkte Steuerpflicht, in: VOGEL, Grundfragen des Internationalen Steuerrechts, Köln 1985, S. 49

ders. Die Auslegung von Doppelbesteuerungsabkommen durch den Bundesfinanzhof, StuW 1990, 404 *ders.* Steuerfreie Einkünfte eines unbeschränkt steuerpflichtigen Prokuristen, der für eine ausländische Kapitalgesellschaft in der Schweiz tätig ist (Urteilsanmerkung zu BFH v. 8.4.1992, I R 68/91), IStR 1993, 331

ders. Anmerkung zum BFH-Urteil v. 11.6.1996, I R 8/96, IStR 1996, 537

ders. Anmerkung zum BFH-Urteil v. 10.7.1996, I R 4/94, IStR 1996, 590

ders. Die Vermeidung der Doppelbesteuerung im Europäischen Binnenmarkt, in: LEHNER (Hrsg.), Steuerrecht im Europäischen Binnenmarkt: Einfluß des EG-Rechts auf die nationalen Steuerrechtsordnungen, DStJG Bd. 19, Köln 1996, S. 151

ders. Zwingt die Rechtsentwicklung zum Abschluß multilateraler Abkommen?, DB 1998, 28

ders. Anmerkung zum BFH-Urteil v. 27.8.1997, Auslegung der Rückfallklauseln im DBA-Kanada, IStR 1998, 84

ders. Anmerkung zu BFH v. 15.12.1998 - Vermeidung der Doppelbesteuerung unbeschränkt steuerpflichtiger leitender Angestellter von schweizerischen Kapitalgesellschaften, IStR 1999, 118

Wassermeyer, Wolf Besteuerung von inländischen Berufskraftfahrern mit luxemburgischen Arbeitgeber, IStR 2001, 470

Waterkamp-Faupel, Afra Der Einfluß der EuGH-Rechtsprechung auf die Neugestaltung der unbeschränkten und beschränkten Einkommensteuerpflicht durch das Jahressteuergesetz 1996, FR 1995, 766

Weerth, Jan de Der gegenwärtige Stand des Gemeinschaftsrechts und das Steuerrecht - Zugleich Anmerkung zum EuGH-Urteil v. 14.2.1995 „Schumakker", RIW 1995, 395

ders. EG-Recht und direkte Steuern - Der 2. Teil einer Entwicklung, RIW 1995, 928

ders. Anmerkung zum „Gschwind"-Urteil des EuGH v. 14.9.1999, RIW 1999, 893

ders. Anmerkung zum Urteil des FG München v. 8.10.2001, IStR 2002, 30

Wichmann, Julia Dienstleistungsfreiheit und grenzüberschreitende Entsendung von Arbeitnehmern, Diss., Frankfurt am Main 1998

Widmer, Max Tendenzen in der Wahl der Methode zur Vermeidung der internationalen Doppelbesteuerung, RIW 1976, 566

Zabel, Martin Allgemeine Grenzgängerregelungen - grundsätzliches Änderungserfordernis insbesondere der Qualifikationsmerkmale, DStR 1989, 476

Zehetmair, Martin Steuerfragen bei der Entsendung von Mitarbeitern ins Ausland aus der Sicht der beteiligten Unternehmen, IStR 1998, 257

Zwick, Gerhard Einkommensbesteuerung von Grenzgängern, Diss., Berlin 1986

Verzeichnis der Entscheidungen

Datum und Gericht	Aktenzeichen	Fundstelle
Ständiger Internationaler Gerichtshof		
7.9.1927	Akten E.c.X. Register XII : 2	Entscheidungen des Ständigen Internationalen Gerichtshofs, Ausgabe in deutscher Übersetzung, Fünfter Band, S. 17 ff.
Europäischer Gerichtshof		
12.2.1974	152/73	EuGHE 1974, 153
9.6.1977	90/76	EuGHE 1977, 1091
11.7.1985	137/84	EuGHE 1985, 2681
28.1.1986	270/83	EuGHE 1986, 273
8.5.1990	C-175/88	EuGHE I 1990, 1779
28.1.1992	C-204/90	EuGHE I 1992, 249
26.1.1993	C-112/91	EuGHE I 1993, 429
13.7.1993	C-330/91	EuGHE I 1993, 4017
12.4.1994	C-1/93	EuGHE I 1994, 1137
14.2.1995	C-279/93	EuGHE I 1995, 225
11.8.1995	C-80/94	EuGHE I 1995, 2495
26.10.1995	C-151/94	EuGHE I 1995, 3599
27.6.1996	C-107/94	EuGHE I 1996, 3089
12.5.1998	C-336/96	EuGHE I 1998, 2793
14.9.1999	C-391/97	EuGHE I 1999, 5451; BStBl. II 1999, 841
16.5.2000	C-87/99	EuGHE I 2000, 3337
Bundesverfassungsgericht		
17.1.1957	1 BvL 4/54	BVerfGE 6, 55
19.4.1978	2 BvL 2/75	BStBl. II 1978, 548

21.10.1980	1 BvR 179/78 1 BvR 464/78	BVerfGE 55, 114
30.11.1982	1 BvR 818/81	BVerfGE 62, 323
3.10.1989	1 BvL 78/86 1 BvL 79/86	BVerfGE 81, 1
23.1.1990	1 BvL 4/87 1 BvL 5/87 1 BvL 6/87 1 BvL 7/87	BVerfGE 81, 228; BStBl. II 1990, 483
29.5.1990	1 BvL 20/84 1 BvL 26/84 1 BvL 4/86	BVerfGE 82, 60; BStBl. II 1990, 653
25.9.1992	2 BvL 5/91 2 BvL 8/91 2 BvL 14/91	BVerfGE 87, 153, BStBl. II 1993, 413
22.6.1995	2 BvR 552/91	BVerfGE 93, 165; BStBl. II 1995, 671

Reichsfinanzhof

13.2.1929	VI A 1614/28	RStBl. 1929, 199
26.2.1930	IV A 207/30	RStBl. 1930, 436
17.6.1931	VI A 868/31	RStBl. 1931, 814
15.12.1932	III A 302/32	RStBl. 1933, 92
1.2.1933	VI A 828/32	RStBl. 1933, 425
25.4.1933	VI A 988/31	RStBl. 1934, 417
20.9.1934	III A 300/34	RStBl. 1934, 1388
29.1.1935	I A 244/32	RStBl. 1935, 759
3.10.1935	III A 267/34	RStBl. 1935, 1399
30.10.1935	VI A 757/35	RStBl. 1935, 1445
24.6.1936	IV A 39/36	RStBl. 1936, 762
24.6.1936	III A 40/36	RStBl. 1936, 834
1.10.1936	III A 398/34	RStBl. 1936, 1209
5.11.1936	III A 167/36	RStBl. 1936, 1159
8.1.1937	III A 218/36	RStBl. 1937, 108
18.2.1937	III A 183/36	RStBl. 1937, 382
24.2.1937	VI A 657/36	RStBl. 1937, 899
29.4.1937	III A 44/37	RStBl. 1937, 615
26.5.1937	III A 109/37	RStBl. 1937, 733
22.7.1937	IV A 122/37	RStBl. 1937, 1024

25.11.1937	III 120/37	RStBl. 1937, 1247
25.11.1938	IV 213/38	RFHE 45, 252
8.12.1938	III 299/38	RStBl. 1939, 328
12.1.1939	III 3215/38	RStBl. 1939, 329
16.11.1939	III 252/39	RStBl. 1939, 1209
9.5.1940	IV B 4/40	RStBl. 1940, 562
19.10.1940	GrS D3/40	RFHE 49, 186
9.1.1941	IIIe 63/39	RStBl. 1941, 60
3.4.1941	IV B 1/41	RStBl. 1941, 290
25.9.1941	IV B 34/41	RStBl. 1941, 770

Bundesfinanzhof

12.8.1960	VI 300/58 S	BStBl. III 1960, 441
9.2.1962	VI 121/61	HFR 1962, 228
27.7.1962	VI 156/59 U	BStBl. III 1962, 429
1.3.1963	VI 119/61	BStBl. III 1963, 212
24.1.1964	III 252/61	HFR 1965, 80
24.4.1964	VI 236/62 U	BStBl. III 1964, 462
4.6.1964	IV 29/64 U	BStBl. III 1964, 535
5.2.1965	VI 334/63 U	BStBl. III 1965, 352
13.10.1965	I 410/61 U	BStBl. III 1965, 738
9.2.1966	I 244/63	BStBl. III 1966, 522
29.11.1966	I 216/64	BStBl. III 1967, 392
4.8.1967	VI R 261/66	BStBl. III 1967, 727
26.1.1968	VI R 224/66	BStBl. II 1968, 362
6.3.1968	I 38/65	BStBl. II 1968, 439
28.8.1968	I 254/65	BStBl. II 1968, 818
2.10.1968	VI R 56/67	BStBl. II 1969, 71
9.10.1969	IV 294/64	BStBl. II 1969, 320
24.10.1969	IV 290/64	BStBl. II 1970, 109
14.11.1969	III R 95/68	BStBl. II 1970, 153
9.10.1969	IV 294/64	BStBl. II 1970, 320
10.7.1970	VI R 48/67	BStBl. II 1970, 728
9.9.1970	I R 19/69	BStBl. II 1970, 867
16.12.1970	I R 203/66	BFHE 100, 534
23.7.1971	III R 60/70	BStBl. II 1971, 758
6.10.1971	I R 207/66	BStBl. II 1972, 88
15.11.1971	GrS 1/71	BStBl. II 1972, 68
20.1.1972	IV R 1/69	BStBl. II 1972, 214

27.1.1972	I R 37/70	BStBl. II 1972, 459
26.7.1972	I R 138/70	BStBl. II 1972, 949
28.2.1973	I R 145/70	BStBl. II 1973, 660.
18.7.1973	I R 52/69	BStBl. II 1973, 757
13.2.1974	I R 219/71	BStBl. II 1974, 361
31.1.1975	VI R 230/71	BStBl. II 1975, 358
13.10.1976	I R 261/70	BStBl. II 1977, 76
3.8.1977	I R 210/75	BStBl. II 1978, 118
5.10.1977	I R 250/75	BStBl. II 1978, 50
5.10.1977	I R 90/75	BStBl. II 1978, 205
9.11.1977	I R 254/75	BStBl. II 1978, 195
12.4.1978	I R 136/77	BStBl. II 1978, 494
12.10.1978	I R 69/75	BStBl. II 1979, 64
10.11.1978	VI R 127/76	BStBl. II 1979, 335
24.11.1978	VI R 171-172/76	BStBl. II 1979, 148;
11.5.1979	VI R 129/77	BStBl. II 1979, 474
12.10.1979	I R 69/75	BStBl. II 1979, 64
24.10.1979	I R 185/76	nv, zit. nach DEBATIN/ WASSERMEYER, Doppelbesteuerung, Art. 4 MA, Rz.60
8.9.1982	I B 9/82	BStBl. II 1983, 71
17.9.1982	VI R 75/79	BStBl. II 1983, 39
21.9.1982	VIII R 140/79	BStBl. II 1983, 289
20.10.1982	I R 104/79	BStBl. II 1983, 402
21.1.1983	VI R 87/79	BStBl. II 1983, 224
28.4.1983	IV R 122/79	BStBl. II 1983, 566
20.5.1983	VI R 39/81	BStBl. II 1983, 712
22.6.1983	I R 67/83	BStBl. II 1983, 625
10.8.1983	I R 241/82	BStBl. II 1984, 11
6.2.1985	I R 23/82	BStBl. II 1985, 331
22.3.1985	VI R 82/83	BStBl. II 1985, 532
21.8.1985	I R 63/80	BStBl. II 1986, 4
21.8.1985	VI R 12/82	BStBl. II 1986, 64
23.10.1985	I R 274/82	BStBl. II 1986, 133
19.1.1986	I R 296/82	BStBl. II 1986, 513
29.1.1986	I R 109/85	BStBl. II 1986, 442
29.1.1986	I R 22/85	BStBl. II 1986, 479
29.1.1986	I R 296/82	BStBl. II 1986, 513
21.2.1986	VI R 9/80	BStBl. II 1986, 768

24.2.1986	I R 143/84	BStBl. II 1986, 819
6.3.1986	I R 198/85	BFH/NV 1986, 734
21.5.1986	I R 37/83	BStBl. II 1986, 739
16.7.1986	I R 201/84	BFH/NV 1988, 235
7.8.1986	IV R 228/82	BStBl. II 1986, 848.
8.8.1986	VI R 28/84	BStBl. II 1987, 106
22.10.1986	I R 261/82	BStBl. II 1987, 171
12.11.1986	I R 144/80	BFH/NV 1987, 761
12.11.1986	I R 222/82	BStBl. II 1987, 256
12.11.1986	I R 268/83	BStBl. II 1987, 372
12.11.1986	I R 38/83	BStBl. II 1987, 377
12.11.1986	I R 69/83	BStBl. II 1987, 379
12.11.1986	I R 320/83	BStBl. II 1987, 381
12.11.1986	I R 192/85	BStBl. II 1987, 383
14.11.1986	VI R 209/82	BStBl. II 1989, 351
13.2.1987	VI R 230/83	BStBl. II 1987, 386
18.8.1987	VIII R 297/82	BStBl. II 1988, 139
24.2.1988	I R 143/84	BStBl. II 1988, 819
11.3.1988	VI R 106/84	BStBl. II 1988, 726
20.4.1988	I R 219/82	BStBl. II 1990, 701
25.5.1988	I R 225/82	BStBl. II 1988, 944
23.11.1988	II R 139/87	BStBl. II 1989, 182
25.1.1989	I R 205/82	BStBl. II 1990, 687
10.5.1989	I R 50/85	BStBl. II 1989, 755
30.8.1989	I R 215/85	BStBl. II 1989, 956
9.3.1990	VI R 48/87	BStBl. II 1990, 711
30.5.1990	I R 179/86	BStBl. II 1990, 906
5.7.1990	I B 17/90	BFH/NV 1991, 146
18.7.1990	I R 109/88	BFHE 161, 482
28.9.1990	VI R 157/89	BStBl. II 1991, 86
28.9.1990	VI R 98/89	BStBl. II 1991, 363
17.10.1990	I R 182/87	BStBl. II 1991, 136
24.10.1990	X R 161/88	BStBl. II 1991, 337
31.10.1990	I R 24/89	BStBl. II 1991, 562
6.2.1991	I R 125/90	BFHE 164, 29
26.3.1991	IX R 162/85	BStBl. II 1991, 704
14.6.1991	VI R 185/87	BStBl. II 1991, 926
27.6.1991	VI R 3/87	BStBl. II 1992, 365
5.2.1992	I R 158/90	BStBl. II 1992, 660
5.2.1992	I B 93/91	BFH/NV 1992, 646
8.4.1992	I R 68/91	BFH/NV 1993, 295

16.3.1993	XI R 10/92	BStBl. II 1993, 497
14.4.1993	I R 29/92	BStBl. II 1994, 27
13.5.1993	IV R 69/92	BFH/NV 1994, 100
4.6.1993	VI R 95/92	BStBl. II 1993, 687
10.11.1993	I R 53/91	BStBl. II 1994, 218
1.12.1993	I B 129/39	BFHE 173, 127
2.2.1994	I R 66/92	BStBl. II 1994, 727
16.3.1994	I B 186/93	BStBl. II 1994, 696
22.4.1994	III R 22/92	BStBl. II 1994, 887
27.7.1994	I R 25/94	BStBl. II 1995, 127
5.10.1994	I R 67/93	BStBl. II 1995, 95
10.10.1994	VI R 2/92	BStBl. II 1995, 137
8.2.1995	I R 42/94	BStBl. II 1995, 405
17.2.1995	VI R 41/92	BStBl. II 1995, 390
26.4.1995	I B 166/94	BStBl. II 1995, 532
17.5.1995	I R 8/94	BStBl. II 1996, 2
26.7.1995	I R 80/94	BFH/NV 1996, 200
15.12.1995	VI R 50/95	BStBl. II 1996, 169
11.6.1996	I R 8/96	BStBl. II 1997, 117
12.6.1996	XI R 43/94	BStBl. II 1996, 516
10.7.1996	I R 4/96	BStBl. II 1997, 15
10.7.1996	I R 83/95	BFH/NV 1997, R 35
24.7.1996	I R 74/95	BStBl. II 1997, 132
12.9.1996	XI R 43/94	BStBl. II 1996, 516
22.11.1996	VI R 59/96	BStBl. II 1997, 254
19.3.1997	I R 69/96	BStBl. II 1997, 447
13.8.1997	I R 65/95	BStBl. II 1998, 21
27.8.1997	I R 127/95	BStBl. II 1998, 58
24.3.1998	I B 100/97	BFH/NV 1998, 1172
22.4.1998	I R 54/96	BFH/NV 1998, 1290
15.12.1998	I B 45/98	IStR 1999, 117
16.12.1998	I R 40/97	BStBl. II 1999, 207
23.2.1999	IX R 86/95	BStBl. II 1999, 590
24.3.1999	I R 64/98	BStBl. II 2000, 41
27.4.2000	I B 114/99	BFH/NV 2001, 6
23.11.2000	VI R 107/99	BStBl. II 2001, 294
24.1.2001	I R 100/99	HFR 2001, 952; IStR 2001, 349
5.2.2001	I B 140/00	BStBl. II 2001, 598
19.12.2001	I R 63/00	JURIS-Online

Finanzgerichte

FG Baden-Württemberg

3.5.1985	II (III) 271/82	EFG 1985, 483
25.6.1990	II K 279/88	EFG 1990, 619
4.5.1993	11 K 100/90	EFG 1993, 708
24.3.1994	3 K 188/91	EFG 1994, 891
11.3.1998	11 V 50/97	EFG 1998, 923
27.3.1998	9 K 315/96	EFG 1998, 1526
16.2.1999	5 V 34/98	EFG 1999, 438
4.10.1999	12 K 69/97	EFG 2000, 72

FG Berlin

16.3.1999	IV 212/95	IStR 1999, 471

FG Düsseldorf

14.11.1974	I 81/70 K	EFG 1975, 116
17.10.1980	VII 484/77 E	EFG 1980, 447
19.1.1995	14 K 506/90 H (L)	EFG 1995, 531
12.10.1999	17 V 4982/99 A (E)	EFG 2000, 70
18.8.2000	17 V 2163/00 A (E)	EFG 2001, 26

FG Hamburg

16.4.1959	II 162-165/58	EFG 1959, 241
9.9.1960	II 101/58	EFG 1961, 75
9.10.1973	II 70/73	EFG 1974, 66
13.4.1981	II 101/80	EFG 1982, 18
28.10.1983	VII 57/82	EFG 1984, 294
7.3.1997	I 135/94	EFG 1997, 1153

FG Hessen

15.12.1976	I 179/75	EFG 1976, 267
18.7.1997	3 V 1449/97	EFG 1997, 1314
14.11.1997	2 V 4096/97	EFG 1998, 484
7.12.2000	10 K 1613/00	EFG 2001, 508

FG Köln

23.5.1982	V (XII) 271/77 E	EFG 1982, 607
10.1.1991	5 K 314/84 und 136/85	EFG 1991, 406

20.10.1994	5 K 314/84	EFG 1995, 273
18.12.1996	6 K 1222/94	EFG 1997, 725
27.10.1997	1 K 4228/97	EFG 1998, 210
12.3.1999	8 V 544/99	EFG 1999, 610
14.3.2000	8 K 543/99	EFG 2000, 1006

FG Mecklenburg-Vorpommern

5.5.1998	2 K 183/96	JURIS-Online

FG München

26.5.1982	IX 137/80 E	EFG 1982, 628
26.10.1984	VIII 363/81 L	EFG 1985, 302
3.3.1993	1 K 1082/87	EFG 1993, 522
8.10.2001	7 K 854/00	IStR 2002, 28

FG Münster

31.5.1975	II 1353/73 E	EFG 1975, 314
22.2.1984	V 2216/83 K	EFG 1984, 636

FG Niedersachsen

18.4.1977	IX L 2/76	EFG 1978, 111
5.2.1986	IX 452/85	EFG 1987, 170
22.3.1990	II 7/88	EFG 1991, 371
13.12.1994	VIII 102/91	JURIS-Online
15.1.1998	XIV 95/97 Ki	EFG 1998, 1524
23.9.1998	XII 397/93	JURIS-Online

FG Nürnberg

16.7.1996	I 291/95	EFG 1997, 190
6.6.2000	I 280/97	EFG 2000, 939

FG Rheinland-Pfalz

6.6.1978	III 356/77	EFG 1979, 86
22.7.1981	1 K 25/81	RIW 1981, 863
19.2.1988	3 K 257/85	EFG 1988, 403
23.4.1993	4 K 2089/92	EFG 1994, 140
16.3.1994	1 K 1714/93	EFG 1994, 784
4.4.2001	1 K 2597/00	EFG 2001, 1105

FG Saarland

5.3.2001	2 K 142/00	JURIS-Online

FG Schleswig-Holstein

12.5.1981	III 388/78	EFG 1982, 5
15.12.1995	I 824/94	EFG 1996, 553

Bayerisches Oberstes Landesgericht

30.4.1985	BReg 1 Z 16/85	BayObLGZ 1985, 158

Oberlandesgerichte

OLG Frankfurt

14.3.1977	20 W 113/77	DB 1977, 817

OLG Düsseldorf

20.7.1977	3 W 147/77	DB 1977, 1840

Schweizerisches Bundesgericht

19.6.1984		ASA 55 (1986/87), 585

Verzeichnis der Verwaltungserlasse

Finanzministerien

Bundesfinanzministerium (BMF-Schreiben)

9.7.1958	S 2227 - 3227/VB - 2	BStBl. II 1958, 109
17.9.1969	IV C 5 - S 1301 - Belgien - 66/69	BStBl. I 1969, 609
26.3.1975	IV C 6 - S 1301 - Schweiz - 3/75	BStBl. I 1975, 479
16.7.1979	IV C 5 - S 1300 - 224/79	BStBl. I 1979, 486
20.2.1980	IV C 5 - S 1301 - Fra - 2/80	BStBl. I 1980, 88
21.4.1981	IV C 5 - S 1300 - 171/81	BStBl. I 1981, 337
9.7.1982	IV C 5 - S 1301 - Belgien - 51/82	BStBl. I 1982, 629
22.6.1983	IV C 6 - S 2293 - 9/83	StEK EStG § 34c Nr. 127
31.10.1983	IV B 6 - S 2293 - 50/83	BStBl. I 1983, 470
8.12.1983	IV C 5 - S 1301 Ita - 90/83	BStBl. I 1983, 502
10.4.1984	IV C 6 - S 2293 - 11/84	BStBl. I 1984, 252.
1.7.1985	IV C 5 - S 1301 Fra - 108/85	BStBl. I 1985, 310
30.1.1987	IV C 5 - S 1301 Öst - 1 /87	BStBl. I 1987, 191
22.10.1987	IV B 4 - S 2103 - 22/87	FR 1987, 587
18.1.1990	IV A 5 - S 0062 - 1/90	BStBl. I 1990, 50
3.6.1991	IV C 5 - S 1301 Fra - 15/91	BStBl. I 1991, 548
3.6.1991	IV C 5 - S 1301 Fra - 15/91	BStBl. I 1991, 548
13.10.1992	IV C 6 - S 1301 Schz - 101/92	RIW 1993, 82
5.1.1994	IV C 5 - S 1300 - 197/93	BStBl. I 1994, 11
19.9.1994	IV C 6 - S 1301 Schz - 60/94	BStBl. I 1994, 683
2.12.1994	IV C 7 - S 1340 - 20/94	BStBl. I 1995, Sondernummer 1
5.7.1995	IV C 5 - S 1300 - 73/95	BStBl. I 1995, 373
27.2.1996	IV B 6 - S 2365 - 4/96	BStBl. I 1996, 115
3.6.1996	IV C 7 - S 1320 - 8/96	BStBl. I 1996, 644
11.6.1996	IV C 5 - S 1301 Fra - 16/96	BStBl. I 1996, 645
30.12.1996	IV B 4 - S 2303 - 266/96	BStBl. I 1996, 1506
7.7.1997	IV C 6 - S 1301 Schz - 37/97	BStBl. I 1997, 723
28.1.1999	IV C 5 - S 2353 - 11/99 IV A 5 - S 2228 - 2/99	BStBl. I 1999, 216
20.4.2000	IV D 3 - S 1300 - 42/00	BStBl. I 2000, 483

2.1.2001	IV D 3 - S 1300 - 219/99	BStBl. I 2001, 41
9.11.2001	IV B 4 - S 1341 - 20/01	BStBl. I 2001, 796

Finanzministerium Baden-Württemberg

25.7.1983	S 2293 A - 33/82	StEK EStG § 34c Nr. 127

Finanzministerium Bayern

10.12.1990	Zl. 35 - S 1301 E - 19893	StEK Dopp.Best. Österreich Nr. 20

Finanzbehörde der Freien und Hansestadt Bremen

12.8.1983	S 2293 - 210	StEK EStG § 34c Nr. 127

Finanzbehörde der Freien und Hansestadt Hamburg

5.7.1983	54 - S 2293 - 13/82	StEK EStG § 34c Nr. 127
2.7.1985	54 - S 2293 - 3/85	StEK EStG § 34c Nr. 141

Finanzministerium Hessen

20.7.1983	S 2293 A - 50 - II B 21	StEK EStG § 34c Nr. 127

Finanzministerium Niedersachsen

18.8.1977	S 1301 - 29 - 33 2	DB 1977, 1875
30.9.1982	S 2379 - 4 - 31	StEK EStG § 34c Nr. 121
4.8.1983	S 2379 - 4 - 31 3	StEK EStG § 34c Nr. 127

Finanzministerium Nordrhein-Westfalen

9.7.1958	S 2227 - 3227/VB - 2	BStBl. II 1958, 109
25.7.1983	S - 2293 - 28 -VB5	StEK EStG § 34c Nr. 127

Finanzministerium des Saarlands

25.7.1975	B/II - 665/75 - S 2293 A	BStBl. I 1975, 944

<u>Finanzministerium Schleswig-Holstein</u>

12.7.1983	VI 370a S 2293 - 49	StEK EStG § 34c Nr. 127
26.2.1999	VI 315-S 1300-486	JURIS Datenbank VV Steuer, Textausgabe

OFD-Verfügungen

<u>OFD Berlin</u>

17.2.1999	St 414-S 1300-13/94	JURIS Datenbank VV Steuer, Textausgabe

<u>OFD Düsseldorf</u>

15.11.1986	S 1301 A - St 121	DB 1987, 72
14.10.1987	S 1301 A - St 121	DB 1987, 2230
11.12.1996	S 1301 A - St 1121	IStR 1997, 53

<u>OFD Frankfurt</u>

14.8.1996	S 2293 A - 76 - St II 2a	IStR 1997, 210
28.8.1997	S 1300 A - 15 - St III 1a	RIW 1998, 85
18.12.1998	S 1301 A - 55 St III 1 a	FR 1999, 277

<u>OFD Koblenz</u>

21.8.1995	S 1341 A - St 34 1	Wpg 1995, 674
21.8.1997	S 1301 A - St 34 1	Wpg 1997, 725

<u>OFD Köln</u>

6.1.1987	S 1301 - 173 - St 112	FR 1987, 143
28.5.1997	S 2103 - 8 - St 124	IStR 1997, 729.

<u>OFD München</u>

10.5.1995	S 1300 - 95 St 425	FR 1995, 487

<u>OFD Münster</u>

18.12.1986		FR 1987, 241
22.1.1997	S 1315 - 42 - St 22 - 34	FR 1997, 503

OFD Nürnberg

31.1.1991	S 1301 - 638/St 21	StEK Dopp. Best. Österreich Nr. 20

Österreichisches Bundesfinanzministerium

22.12.1986	Zl. G 1246/1/3/ - IV/4/86	AÖFV 31/1987

FSC
www.fsc.org
MIX
Papier | Fördert
gute Waldnutzung
FSC® C083411

Kolibri 360 GmbH
Ferdinand-Jühlke-Straße 7
99095 Erfurt, Deutschland
produktsicherheit@kolibri360.de

Druck:
CPI Druckdienstleistungen GmbH
im Auftrag der
Kolibri 360 GmbH
Ferdinand-Jühlke-Str. 7
99095 Erfurt